“十三五”国家重点图书出版规划项目

列国志

GUIDE TO THE WORLD NATIONS

新版

吴国庆 著

FRANCE

法国

社会科学文献出版社
SOCIAL SCIENCES ACADEMIC PRESS (CHINA)

法国国旗

Liberté • Égalité • Fraternité

RÉPUBLIQUE FRANÇAISE

法国形象标识

凡尔赛宫

枫丹白露宫

巴士底广场七月革命烈士碑

戴高乐塑像

巴黎协和广场

巴黎歌剧院

巴黎大学（其前身为索邦大学）

卢浮宫

卢浮宫《蒙娜丽莎》油画

卢浮宫《断臂维纳斯》雕塑

卢浮宫《胜利女神》雕塑

圣米歇尔山

马赛旧港对面的伊夫岛，大仲马《基督山伯爵》中的主人公囚禁之岛屿

巴黎圣母院

里昂鸟瞰

欧洲议会所在地斯特拉斯堡

上莱茵省科尔马市镇，享有『法国小威尼斯』之美称

尼斯海滩

戛纳夜景

出版说明

《列国志》编撰出版工作自1999年正式启动，截至目前，已出版144卷，涵盖世界五大洲163个国家和国际组织，成为中国出版史上第一套百科全书式的大型国际知识参考书。该套丛书自出版以来，受到社会各界的广泛好评，被誉为“21世纪的《海国图志》”，中国人了解外部世界的全景式“窗口”。

这项凝聚着近千学人、出版人心血与期盼的工程，前后历时十多年，作为此项工作的组织实施者，我们为这皇皇144卷《列国志》的出版深感欣慰。与此同时，我们也深刻认识到当今国际形势风云变幻，国家发展日新月异，人们了解世界各国最新动态的需要也更为迫切。鉴于此，为使《列国志》丛书能够不断补充最新资料，更好地服务于社会各界，我们决定启动新版《列国志》编撰出版工作。

与已出版的144卷《列国志》相比，新版《列国志》无论是形式还是内容都有新的调整。国际组织卷次将单独作为一个系列编撰出版，原来合并出版的国家将独立成书，而之前尚未出版的国家都将增补齐全。新版《列国志》的封面设计、版面设计更加新颖，力求带给读者更好的阅读享受。内容上的调整主要体现在数据的更新、最新情况的增补以及章节设置的变化等方面，目的在于进一步加强该套丛书将基础研究和应用对策研究相结合，将基础研究成果应用于实践的特色。例如，增加了各国有关资源开发、环境治理的内容；特设“社会”一章，介绍各国的国民生活情况、社会管理经验以及存在的社会问题，等等；增设“大事纪年”，方便读者在短时间内熟悉各国的发展线索；增设“索引”，便于读者根据人名、地名、关键词查找所需相关信息。

顺应时代发展的要求，新版《列国志》将以纸质书为基础，全面整合国别国际问题研究资源，构建列国志数据库。这是《列国志》在新时期发展的一个重大突破，由此形成的国别国际问题研究与知识服务平台，必将更好地服务于中央和地方政府部门应对日益繁杂的国际事务的决策需要，促进国别国际问题研究领域的学术交流，拓宽中国民众的国际视野。

新版《列国志》的编撰出版工作得到了各方的支持：国家主管部门高度重视，将其列入“‘十二五’国家重点图书出版规划项目”；中国社会科学院将其列为创新工程学术出版资助项目，王伟光院长亲自担任编辑委员会主任，指导相关工作的开展；国内各高校和研究机构鼎力相助，国别国际问题研究领域的知名学者相继加入编辑委员会，提供优质的学术咨询与指导。相信在各方的通力合作之下，新版《列国志》必将更上一层楼，以崭新的面貌呈现给读者，在中国改革开放的新征程中更好地发挥其作为“知识向导”、“资政参考”和“文化桥梁”的作用！

新版《列国志》编辑委员会

2013年9月

前　言

自1840年前后中国被迫开关、步入世界以来，对外国舆地政情的了解即应时而起。还在第一次鸦片战争期间，受林则徐之托，1842年魏源编辑刊刻了近代中国首部介绍当时世界主要国家舆地政情的大型志书《海国图志》。林、魏之目的是为长期生活在闭关锁国之中、对外部世界知之甚少的国人“睁眼看世界”，提供一部基本的参考资料，尤其是让当时中国的各级统治者知道“天朝上国”之外的天地，学习西方的科学技术，“师夷之长技以制夷”。这部著作，在当时乃至其后相当长一段时间内，产生过巨大影响，对国人了解外部世界起到了积极的作用。

自那时起中国认识世界、融入世界的步伐就再也没有停止过。中华人民共和国成立以后，尤其是1978年改革开放以来，中国更以主动的自信自强的积极姿态，加速融入世界的步伐。与之相适应，不同时期先后出版过相当数量的不同层次的有关国际问题、列国政情、异域风俗等方面的著作，数量之多，可谓汗牛充栋。它们对时人了解外部世界起到了积极的作用。

当今世界，资本与现代科技正以前所未有的速度与广度在国际间流动和传播，“全球化”浪潮席卷世界各地，极大地影响着世界历史进程，对中国的发展也产生极其深刻的影响。面临不同以往的“大变局”，中国已经并将继续以更开放的姿态、更快的步伐全面步入世界，迎接时代的挑战。不同的是，我们所面临的已不是林则徐、魏源时代要不要“睁眼看世界”、要不要“开放”的问题，而是在新的历史条件下，在新的世界发展大势下，如何更好地步入世界，如何在融入世界的进程中更好地维护民族国家的主权与独立，积极参与国际事务，为维护世界和平，促进世界与人类共同发展做出贡献。这就要求我们对外部世界有比以往更深切、全面的了解，我们只有更全面、更深入地了解世界，才能在更高的层次上融入世界，也才能在融入世界的进程中不迷失方向，保持自我。

与此时代要求相比，已有的种种有关介绍、论述各国史地政情的著述，无论就规模还是内容来看，已远远不能适应我们了解外部世界的要求。人们期盼有更新、更系统、更权威的著作问世。

中国社会科学院作为国家哲学社会科学的最高研究机构和国际问题综合研究中心，有11个专门研究国际问题和外国问题的研究所，学科门类齐全，研究力量雄厚，有能力也有责任担当这一重任。早在20世纪90年代初，中国社会科学院的领导和中国社会科学出版社就提出编撰“简明国际百科全书”的设想。1993年3月11日，时任中国社会科学院院长胡绳先生在科研局的一份报告上批示：“我想，国际片各所可考虑出一套列国志，体例类似几年前出的《简明中国百科全书》，以一国（美、日、英、法等）或几个国家（北欧各国、印支各国）为一册，请考虑可行否。”

中国社会科学院科研局根据胡绳院长的批示，在调查研究的基础上，于1994年2月28日发出《关于编纂〈简明国际百科全书〉和〈列国志〉立项的通报》。《列国志》和《简明国际百科全书》一起被列为中国社会科学院重点项目。按照当时的计划，首先编写《简明国际百科全书》，待这一项目完成后，再着手编写《列国志》。

1998 年，率先完成《简明国际百科全书》有关卷编写任务的研究所开始了《列国志》的编写工作。随后，其他研究所也陆续启动这一项目。为了保证《列国志》这套大型丛书的高质量，科研局和社会科学文献出版社于 1999 年 1 月 27 日召开国际学科片各研究所及世界历史研究所负责人会议，讨论了这套大型丛书的编写大纲及基本要求。根据会议精神，科研局随后印发了《关于〈列国志〉编写工作有关事项的通知》，陆续为启动项目拨付研究经费。

为了加强对《列国志》项目编撰出版工作的组织协调，根据时任中国社会科学院院长李铁映同志的提议，2002 年 8 月，成立了由分管国际学科片的陈佳贵副院长为主任的《列国志》编辑委员会。编委会成员包括国际片各研究所、科研局、研究生院及社会科学文献出版社等部门的主要领导及有关同志。科研局和社会科学文献出版社组成《列国志》项目工作组，社会科学文献出版社成立了《列国志》工作室。同年，《列国志》项目被批准为中国社会科学院重大课题，新闻出版总署将《列国志》项目列入国家重点图书出版计划。

在《列国志》编辑委员会的领导下，《列国志》各承担单位尤其是各位学者加快了编撰进度。作为一项大型研究项目和大型丛书，编委会对《列国志》提出的基本要求是：资料翔实、准确、最新，文笔流畅，学术性和可读性兼备。《列国志》之所以强调学术性，是因为这套丛书不是一般的“手册”“概览”，而是在尽可能吸收前人成果的基础上，体现专家学者们的研究所得和个人见解。正因为如此，《列国志》在强调基本要求的同时，本着文责自负的原则，没有对各卷的具体内容及学术观点强行统一。应当指出，参加这一浩繁工程的，除了中国社会科学院的专业科研人员以外，还有院外的一些在该领域颇有研究的专家学者。

现在凝聚着数百位专家学者心血，共计141卷，涵盖了当今世界151个国家和地区以及数十个主要国际组织的《列国志》丛书，将陆续出版与广大读者见面。我们希望这样一套大型丛书，能为各级干部了解、认识当代世界各国及主要国际组织的情况，了解世界发展趋势，把握时代发展脉络，提供有益的帮助；希望它能成为我国外交外事工作者、国际经贸企业及日渐增多的广大出国公民和旅游者走向世界的忠实“向导”，引领其步入更广阔的世界；希望它在帮助中国人民认识世界的同时，也能够架起世界各国人民认识中国的一座“桥梁”，一座中国走向世界、世界走向中国的“桥梁”。

《列国志》编辑委员会

2003年6月

法国驻中国大使序

在本书再版之际，我欣喜地发现中国社会科学院社会科学文献出版社出版的《法国》在中国读者中所获得的成功：这证明了中国人民对法国的兴趣与日俱增，他们对法国的体制、经济、科技实力和文化都越来越感兴趣。

在我们即将庆祝法兰西共和国与中华人民共和国建立外交关系50周年之际，我为这项再版计划感到高兴，这项计划来得正是时候，它将有利于两国社会互相理解并加深对话。

事实上，将法国和中国联系在一起的是一种特别的关系，这种关系历史悠久，独一无二，这两个全球强国都和各自的历史与文化紧紧相连，都致力于维护一个多极的、语言多元化的世界。因此，这种关系不应当只满足于肤浅或粗略的认知，两国人民都能对对方有不断充实和加深的认识才是至关重要的。

我认为，对法国来说，这就是本书的目的所在，我也向作者在客观事实方面，严谨和透彻的研究工作致敬。

在努力了解对方的过程中，我们可以在分析的层面上，对双方的现状有着不同的解读和诠释。这是十分平常的，也正是通过不同之处，我们可以获取交流和讨论的题材，最终延续我们的关系，并使之更为充实和丰富。

无论如何，重要的仍是首先要相互了解，以便可以更好地相互理解。

因此，我希望所有关注这本涵盖面十分宽泛的著作的读者都能获得愉快的阅读体验。而法国驻华大使馆各部门自然也愿意接受与读者交流，并在此书以外帮助他们加深对今日法国丰富现状的认识和理解。

法国驻中国大使
白林

2013 年 10 月

CONTENTS

目录

CONTENTS

目录

CONTENTS

目录

CONTENTS

目录

CONTENTS
目录

CONTENTS

目 录

CONTENTS
目录

CONTENTS

目录

CONTENTS 目录

CONTENTS

目 录

CONTENTS

目录

CONTENTS

目 录

CONTENTS

目录

序　言

迄今《列国志·法国》已经出版了三版，这次的版本则是第四版了。与过去的《列国志·法国》版本比较，这版有许多重大的修改和补充。这是因为法国进入21世纪以来，在政治、经济和社会领域出现了不同程度的危机，从而使法国的“大国梦”“强国梦”难以为继，所以，法国当权者加大了改革和创新的力度，促使法国在政治层面、经济层面和社会层面进行转型，发展和增强法国的硬实力和软实力，延续法国的“大国梦”“强国梦”。《列国志·法国》第四版与时俱进地反映了法国再次现代化和第四次工业化的状况和面貌。

在硬实力中的经济领域，尽管法国经济在世界排名由于新经济体崛起下降到第五位，但是，法国绝对经济实力除了个别年份外在不断地增长。2017年，法国PIB①为22917亿欧元，人均PIB为34151欧元。法国是世界第五大对外贸易国，占全球市场份额的6.3%。法国是世界第四大成品出口国（主要是设备），第二大服务业和农产品出口国（特别是谷物和农业食品）。法国作为中等国家（按国土面积和人口数量比较），其经济实力排在世界第一梯队（前10名）实属不易。现任法国总统马克龙奋发图强，提出要把法国变成“创新型国家”，从“传统经济发展模式”转型为“创新经济发展模式”。法国前任总统奥朗德和现任总统马克龙相继在经济领域采取一系列措施，简政放权，改革《劳动法典》和不合理的规章制度，加大投资，以创新、研发和高科技促生产力、创建经济发展的各种新模式，从而使法国经济逐渐地走出低谷，恢复了国际竞争力，使法国经

① PIB是法文Produit intérieur brut的简称，译成中文就是“国内生产总值”。

济可持续地发展。2015年，法国在最创新的企业和机构排行榜上位居全球第三，领跑欧洲。法国员工的年工作时较少，而生产力在全球位居前列，仅次于美国。根据经济学人智库的报告，法国已有两年是“可持续性”排行榜的第一位。世界经济论坛于2018年10月公布的《全球竞争力报告》，在140个国家和地区中，法国的竞争力排名上升到第17名。

在硬实力中的军事领域，法国实施以核威慑为核心的独立自主和全方位的军事战略和军事政策，以便确保法国在世界各个地区的存在以及作为大国和强国的地位。法国先后公布了四版《国防与国家安全白皮书》，并根据白皮书提出《军事规划法》。法国完成了军队的职业化，极大地提高了军队的专业化程度；完成了对指挥系统的调整，加强诸军种兵种协同作战能力，提升了核威慑能力；建成作战计划与控制中心，全方位地改善法军的指挥、控制、通信及情报系统。马克龙认为，法国只有保持强大的军事能力才能维护国家独立并应对当前的各种危机，特别是应对恐怖的威胁。为此，法国增加军费（2025年军事预算将从目前占PIB的1.85%增至2%），更新军备，加强国防科技，增加军事人员。法国强大军事力量有着法国完备的国防科技和国防工业作后盾。法国列为全球第四大武器出口国，紧随美国、俄罗斯和中国之后，2015年上升为世界第一大武器出口国。正是依靠强大军事力量和军工，法国在国内反恐维护安全，在国外从事反恐战争、维和行动，建立军事基地，确保法国的地位、存在以及法国侨民的安全。

在硬实力中的科技领域，法国历史上素有欧洲工程师的称号，在这片土地上，一直以来就盛产科学巨匠，比如居里夫人、安培、笛卡儿、孔德、萨特等，不胜枚举。进入21世纪，法国加大了在科技领域的投入，从而使法国不仅保持了传统科技领域如航空、航天、能源、交通、医药、数学、生命科学、农业、哲学、经济学、历史学、社会学、语言学、考古学、汉学等的优势，而且积极地向IT、自动化、智能化等新科技领域进军。迄今为止，法国近30名自然科学家和人文社会科学家获得过诺贝尔奖（获奖者数量世界排名第四），19个菲尔兹奖（获得者数量世界排名第二）。2016年，法国科研和发展的投入占PIB的2.22%，高于欧盟国家投入的平均水平，仅次于瑞典和德国。2017年，法国获得科技创新的国家专利数量达16247件，向欧洲专利局申请的科技创新专利达10559件，位居欧盟第二。2018年，美国智库编制的世界科技大国排行榜上，法国被列为仅次于美国、英国、日本的世界第四科技大国。

法国软实力更是闻名遐迩。英国政治咨询和公关公司联合美国南加州大学公共外交学院一同编制的《2017年软实力30强》年度报告显示，法国从原先的第五名（2015年）一下子跃升到了全球软实力排行榜的榜首，超过了美国和英国。

在软实力中的政治领域，戴高乐创建的半总统半议会制已经存在半个多世纪，至今依然保持相当的生命力。原因在于不断地对现行建制进行改革，使其走向更加民主、平等和公正，更加贴近社会，更加贴近民众。通过改革，法国政治日益公开和透明，舆论和媒体的监督日益强化，民众的政治参与范围日益扩大。通过改革，反腐败日益深化，高官和高管必须申报家产，民选官员和民选代表任期开始和结束必须公示家产，以便接受选民的审查和监督。通过改革和立法，法国拥有了比较完整和健全的“政党法”，使法国政党在“政党法”框架下运行，遏制和大幅度减少了法国政坛的腐败。法国政党也在现代化和民主化，主要政党从中央到地方党党首和参加国家选举的候选人都由直选产生，党章由全党投票决定，非党员亦可参与党内的讨论和表决。通过改革，参加选举的候选人提名必须男女各半，从而基本上实现了法国男女在政治上的平等。

在软实力的社会领域，法国形成了中产阶级大、资产阶级和工人阶级两头小的橄榄型的社会阶级结构，从而保持了社会的稳定、进步和发展。法国提倡社会平等、公正和正义，通过财富的分配和再分配以及扶贫计划缩小了贫富差距，从而遏制了两极化现象。因此，法国的贫富差距和两极化程度没有美国和英国那么严重。法国城乡已经高度一体化，城乡的对立和差别已经消失，农村不仅是经济单位，而且是休闲、疗养和旅游的场所。法国早在20世纪70年代就建立起比较完备的社会保障制度，建立起“从摇篮到坟墓”的社会保障体系。法国社会保障年均开支几乎与PIB的年增长率同步，2017年支出占PIB的32.1%，占政府开支的43.1%。法国社保开支占PIB的比例自2014年至今居全球第一。迄今，法国医疗保险制度被世界卫生组织列入“最佳制度”的行列，这是因为法国医疗保险制度在覆盖面、医疗费报销范围、医疗设施、医生素质和医疗服务等方面都堪称世界一流水平。2016 年法国医疗卫生的支出占 PIB 的 8.7%，人均为 2977 欧元。马克龙总统表示要通过结构性的改革，建立“新的社会保障制度”，把法国建成“21 世纪新型福利国家”，它“不应再因人而异，而必须更加透明和普及”。2021 年要实现某些眼镜、假牙和助听器的全额报销。法国十分重视环境保护，制定了一系列环保的法律法规，并将《环境宪章》列入宪法。法国还是世界上高举应对气候变化旗帜的旗手。

在软实力的文化领域，尽管二战后西方文化的头把交椅转移到了大西洋彼岸的美国，但法国文化在西方文明中依然十分突出和抢眼。法国文化源远流长，勇于创新，标新立异，至今依然保持着多样性和多元化的特点，从而大大增加了法国文化在国内的活力和持久性，在国际的影响力、吸引力、美誉度和文化活力。在法国官方倡导的“文化例外”政策下，保持法国文化的独立性和自主性，捍卫法国本土文化的繁荣，并在西方文化中经常起着先锋和表率的作用。凭借着深厚的文化底蕴和历史文化传统，巴黎依然保持着昔日的风采，追逐时尚和潮流，诞生新的思潮和流派，依然是世界各国艺术家和文人墨客向往之地，趋之若鹜。

法国把教育视为国家长期战略，“教育是国家置于优先地位的事业”，改变法国从教育抓起，改变贫困从教育抓起。2017 年，法国教育总投入（中央政府、地方政府、其他公共行政机构、企业和家庭）为 1546 亿欧元，占 PIB 的 6.7%，其中，法国政府支出中教育经费占政府总支出的 9.6%。2017 年，法国教育经费平均每个学生的占有量为 8690 欧元，其中，初等教育学生为 6550 欧元，中等教育学生为 9890 欧元，高等教育学生为 11670 欧元。由于教育经费的高投入，法国人受教育的比例逐年上升。2019 年起 3 岁至 16 岁法国青少年实行义务教育。公立大中小学一律免费。膳食费用等都按家庭收入水平分许多等级，最低的完全免费。每年 8 月为广大收入较低的家庭发放入学补助。2016 年，25 岁至 64 岁年龄段的法国人拥有高等教育文凭的占全国人口的 35.2%，高于欧盟的平均水平。进入 21 世纪，法国接纳外国留学生的数量在世界排名中一直紧跟美国和英国之后，稳居第三位。

法国文学艺术源远流长，具有优秀的传统，出现过灿烂辉煌的时期，诞生过许多闻名遐迩的大师和世界上绝大多数的思潮和流派，迄今在世界文学艺术上依然占据极其重要的地位。世界上许多人都是通过阅读法国文学艺术作品认识和崇拜法国的，都在学习法国文学艺术中获得启迪和灵感，吸取人类文化的精髓。在文学方面，进入21世纪，在欧洲普遍存在文学疲软的情况下，法国文学依然十分繁荣，每年出版的小说在500部以上，每年夏季休假后便迎来了法国一年一度的“文学季”，一大批新文学作品如潮水般集中上市。这些文学作品风格独特、技巧创新、个性张扬，这些作品的作家对潜意识的挖掘、对概念的演绎、对心理的刻画都有独到之处。正因为法国文学在欧洲乃至世界的影响力和感染力，截至2014年，在111位诺贝尔文学奖获得者中，法国就有15位作家，占比超过10%，高居世界各国之首。在电影方面，法国是电影的发明国，在世界上创建了首个电影制片厂和创办了首个国际电影节。法国艺术电影成为法国文化业的标志。2017年，法国拥有的电影院和放映厅数量在欧洲排名第一，全球排名第四。法国是世界上第一个完成影院数字化的国家。2017年法国生产了300部影片，法国电影观众为2.092亿人，在欧洲国家中排名第一。法国国内电影的最高奖——法国电影凯撒奖（César Awards），有“法国奥斯卡”之称。此外，每年5月法国还举办戛纳国际电影节，评选金棕榈奖。进入21世纪，法国的戏剧、音乐、舞蹈、美术、雕塑也是流派纷呈，风格各异，呈现多彩单元的特点。

法国历来是体育强国，在世界近现代体育史上占据重要地位。法国教育家和历史学家顾拜旦倡导和发起奥林匹克运动会，主持制定国际奥委会章程、奥林匹克会徽、奥林匹克会旗，提出“更快、更高、更强”并成为奥运会的格言。因此，顾拜旦被誉为“现代奥林匹克之父”。

进入21世纪，平均每4个法国人中有1人经常参加锻炼。法国人喜爱足球、橄榄球等集体体育项目，也喜爱滑雪、滑冰、赛艇、网球、高尔夫球等竞赛体育项目，还有些法国人嗜好探险或冒险性体育项目，如自行车越野、远足、登山、滑翔等。法国被称为“爱好体育的国家”。在2016年里约第28届奥运会上法国获得奖牌数名列第7位，在2018年平昌第23届冬奥会上法国获得奖牌数名列第9位。法国是国际足球联合会发起国之一，又是世界杯足球和欧洲杯足球的创始国。法国足球十分普及，“10个法国人有 9 个会踢足球”。2018 年 7 月，法国国家足球队在俄罗斯举行的国际足联世界杯决赛中再次夺得冠军，时隔 20 年再次捧回“大力神杯”。法国每年都要举办“环法自行车赛”“法国网球公开赛”“达卡汽车拉力赛”等大型国际体育比赛，吸引国内外观众。法国赢得了 2024 年奥运会的举办权。

法国是旅游大国，这是因为法国旅游资源十分丰富，地理位置优越，交通便利，饮食文化和时装文化十分抢眼。法国又是文明古国，历史遗迹遍布全国各地，列入国家保护的古迹有 12000 个，列入世界文化和自然遗产的有近 40 个。巴黎在世界旅游城市中经常排名第一。法国每年还要评选法国最美丽的乡村与法国人最喜爱的乡村。旅游和度假已成为法国的时尚。法国人每年有 5 ~6 周带薪休假，3/4 的法国人每年至少一次在国内旅游和度假，1/4 的法国人每年至少一次到国外旅游和度假。法国人旅游主要是为了休闲和度假，了解目的地的历史文化和风土人情。2016 年，法国人旅游达 1.95 亿人次，其中，在法国本土旅游的占 68.7%，到国外旅游的占 25.4%。外国人到法国观光旅游的人数在逐年增加，20 世纪 90 年代末跃居世界第一位。2017 年法国接待外国游客近 8700 万人次，是世界排名第一的旅游目的地。2016 年，法国旅游业收入为 1589 亿欧元，占法国 PIB 的 7.1%。

在软实力的外交领域，法国历来坚守戴高乐所倡导的独立自主和纵横捭阖的外交。马克龙将其具体化为积极和务实的外交，以彰显法国的大国、强国地位和存在。马克龙就职第五共和国总统至今的外交政策，把国内和国际防恐反恐作为绝对优先，改革和促进欧洲一体化作为首选，实施大国平衡和均势，推行新型多边主义，反对单边主义。在美国总统特朗普“美国优先”理念下实施单边主义、孤立主义、某些领域“退缩主义”的情况下，在英国“脱欧”使英国在欧盟和欧洲的影响力下降的情况下，在德国总理默克尔受到“大联盟政府”中一些政党的牵制从而削弱了德国在欧盟和欧洲的“领头羊”地位和作用的情况下，法国外交价值和地位得以抬升，马克龙外交在西方世界和国际上的话语和活动空间得以扩大。年轻的马克龙总统在短短的一年中积极地参加各种国际会议，提出各种主张和建议，代表欧盟国家率先与美、俄两大国缓和关系，2017 年 12

月召集捍卫巴黎气候变化大会成果的“同一个地球峰会”，2018 年新年伊始是当年首位访问中国的西方国家元首，对非洲和中东的热点问题提出新建议，从而打破国际关系中沉闷和僵化的局面，为国际政治舞台带来新气象，使世界舆论刮目相看。他审时度势，顺势而为，灵活创新。他行事果断，充满自信。他无论对盟友还是非盟友，都勇于面对现实，直言不讳，坦诚以见，不回避分歧。他在国际事务中去意识形态化的同时，将对方的历史文化因素融入多边和双边关系之中，从而使马克龙顿时成为当今国际政治舞台上备受瞩目的外交明星人物，十分抢眼。

从奥朗德执政到马克龙担任总统，法中关系有了进一步发展，两国交往日益密切，两国人民往来日益频繁，因此，第四版《列国志 · 法国》尽可能地增加中国的元素，从而使读者对法中在政治、经济、社会和文化领域的交流有较为深入的了解和认识。

近代和现代史中的法国是西方社会的缩影，是西方社会变化的晴雨表和风向标，当代史中的法国亦是如此，二战后法国发生的重大事件，往往在西方社会引起激烈的反应和产生重大的影响。读者通过《列国志 · 法国》第三版不仅能够全面和深入地认识当代法国，而且还可以大体上把握当代西方社会的脉络和西方社会变化的动向。

吴国庆

2018 年 11 月 1 日

第一章

概　　况

第一节　国土与人口

一　国土面积

法兰西共和国（The Republic of France，La République Française），简称“法兰西”或“法国”（la France）。国名来源于古代的法兰克王国名——Frank，它在日耳曼语中原义为“自由的”“勇敢的”。今之 la France 是从拉丁文 francia 演变而来的。

法国位于欧洲大陆西部，面积为 551602 平方公里［包括科西嘉岛（Corse）和沿海岛屿，但不包括海外省（Départements d'Outre-Mer，简称 DOM）和海外领地（Territoires d'Outre-Mer，简称 TOM）］，占欧洲大陆面积的 5%，是西欧最大的国家，在欧洲仅次于俄罗斯位居第二位，在世界排名第 40 位。

二　地理位置

法国最北端在敦刻尔克（Dunkerque）东北角，处于北纬 51°50′；最南端在比利牛斯山脉（Pyrénées）东南，处于北纬 42°20′，科西嘉岛最南端处于 41°20′；最东端在阿尔萨斯（Alsace）东北角，处于东经 8°18′；最西端在布列塔尼半岛（Bretagne）最西头，处于西经 4°42′。法国领土除了地中海（mer Méditerranée）中的科西嘉岛外，大致呈六边形：三面临海，三面靠陆。东南临地中海，西濒比斯开湾［golfe de Gascogne (Biscaye)］和大西洋（océan Atlantique），西北隔拉芒什海峡（La Manche）和加来海峡（pas de Calais）与英国相望，正北面向北海（mer du Nord）。在陆地上，东北部紧靠比利时、卢森堡和德国，东部与瑞士、意大利和摩纳哥相邻，南部与西班牙和安道尔接壤。法国本土东西南北之间的距离大体上都在 1000 公里左右，布局比较均匀。例如，从最北部的敦刻尔克到最南部的卡尼古（Canigou）或从最西部的韦桑岛（île d'Ouessant）到东部的斯特拉斯堡（Strasbourg）的距离大体上都是 950 公里。从西北部的布雷斯特（Brest）到东南部的芒通（Menton）是 1050 公里。从西南部的昂代（Hendaye）到东北部的洛泰堡（Lauterbourg）则是 1000 公里。总之，法国本土没有一个地方距离海岸的直线距离超过 500 公里。正因为法国本土的边疆在地图上呈现出优美的和比较对称的六边形，所以法国常常被称为“六角国”或者“六边形”。

法国国境线全长 5500 公里，其中海岸线长约 3300 公里，在西欧国家中首屈一指；陆地边界中约 1000 公里沿山脉走向，并且一般是以山顶线为界，如比利牛斯山脉和阿尔卑斯山脉（Alpes）等；195 公里则是以莱茵河（Rhin）的左岸为界。但是，法国北部的边界则不是依据任何自然地理的因素，而是与邻国共同达成协议而划分，切断了从摩泽尔河（Moselle）至伊泽尔河（Yser）之间的很多河流及其流域。法国领土除了法国本土外，还有沿海诸岛屿，其中地中海的科西嘉岛最大，面积为 8680 平方公里。此外，沿着大西洋海岸线星罗棋布地分布着众多的岛屿，如韦桑岛、贝勒岛（Belle-Île）、努瓦尔穆捷岛（île de Noirmoutier）、约岛（île d'Yeu）、雷岛（île de Ré）和奥莱龙岛（île d'Oléron）等，大大小小岛屿总共有 150 多个。

法国处于地球北半球的中心，是世界各国、各大洲和各个地区的空中交通枢纽和中转站，是从陆路通往欧洲其他国家、南欧和西北欧的重要桥梁。法国首都巴黎（Paris）与欧洲联盟总部所在地布鲁塞尔相距仅 300 公里，与英国伦敦仅有 350 公里，与德国柏林相距约 400 公里。法国与东欧国家的距离也不算远。自巴黎到捷克的路程不过是巴黎到法国南部海滨城市尼斯（Nice）的距离。巴黎至俄罗斯首都莫斯科也只有3000公里。正因为如此，法国人常常把自己的国家称为西欧和欧洲联盟的中心。在西欧诸国中，只有法国成为大西洋、北海和地中海之间的桥梁，充当西欧和北半球通向北美、非洲和南半球的快捷通道。法国地理位置十分优越。

三 地形与气候

（一）地形

法国本土整个地势的特点是东南高西北低。东部和南部为山脉所环绕，其海拔高度都在500米和1000米以上。中南部是中央高原（massif Central），其海拔高度在250米和1000米之间，有些地方达到1000米以上。东北部的海拔高度在250米和500米之间。中部和中西部的海拔高度在100米和250米之间。法国本土的沿海地带海拔都在100米以下。

法国本土地形的另一特点是低地、平原和低台地多于山地，法国本土的海拔平均高度为342米充分证明了这一特征。占法国本土4/5的面积是平原和丘陵，其中海拔250米以下的平原地带占总面积的60%，处于海拔100米以下的低地占25%。介于250米至500米的丘陵地带占总面积的20%。500米以上的山地占总面积的17.8%（科西嘉岛除外）。因此，法国是一个以平原为主的国家。

如果以法国本土南部的努瓦尔山口（Noire）开始画线，向东北方向经过埃斯皮努斯山脉（monts de l'Espinouse）、塞文山脉（monts Cévennes）、里昂内山脉（monts Lyonnais）、博若莱山脉（monts Beaujolais）、沙罗莱山脉（monts Charollais），再向北通过科多尔台地（côte d'Or）、朗格勒高原（plateau de Langres）和福西耶山脉（monts Faucilles），最后到达阿尔萨斯的圆顶山（ballon d'Alsace），形成了S形的南北走向。这条S曲线把法国本土分为两部分：S曲线以西在地质构造上叫海西地区，S曲线以东是比利牛斯－阿尔卑斯地区。正是这个海西地区集中了法国本土绝大部分的低地、平原和台地，如巴黎盆地（bassin Parisien）、加龙平原（plaine Garonne）、阿基坦盆地（bassin Aquitain）、阿摩里卡丘陵地（massif Armoricain）、安格洛弗拉芒盆地（bassin d'Angloflamand)。在阿摩里卡丘陵地还分布着大大小小的盆地，如雷恩盆地（bassin de Rennes）、南特盆地（bassin de Nantes）、基乌盆地（bassin de Quiou）、沙托兰盆地（bassin de Châteaulin）等。其中，巴黎盆地位于法国北部，东西宽约450公里，南北长约300公里，大部分属于塞纳河（Seine）和卢瓦尔河流域（Loire）。阿摩里卡丘陵位于法国西北部，包括诺曼底（Normandie）和布列塔尼（Bretagne）。加龙平原位于中央高原的西南部，是河流冲积的一个大三角形盆地。S曲线以东也分布着一些平原和谷地，尤其从阿尔萨斯到鲁西永（Roussillon），形形色色、大大小小的平原、盆地和谷口位于山岳之前或者穿插在两个山脉分支之间。著名的索恩－罗讷谷地（Saône-et-Rhône）位于中央高原和阿尔卑斯山脉之间，谷地宽20～30公里，由北向南蜿蜒直达地中海沿岸，是地中海到法国内地的通道，在历史上是贸易、军事调动和殖民的必经之路。至于低地，主要分布在大西洋、拉芒什海峡和加来海峡的法国沿岸部分，面积辽阔。在地中海的法国沿岸部分也有相当面积的低地。正是这些低地、平原、低台地和谷地，使法国成为对外最敞开的国家，在世界之林中成为既有地理上的优越又有地形上优势的为数不多的国家之一。

中央高原也处在海西地区，位于法国中南部，海拔平均高度为715米，最高达到1886米。中央高原面积约8.6万平方公里，囊括了法国本土的22个省。法国本土的一些重要的河流都以此作为分水岭，从而形成中央高原的辐射状水系。中央高原在古老年代曾经是火山活动最活跃的地区，至今还留下了火山喷发所造成的遗迹。

法国本土地形的再一个特点是山脉的分布和构成对法国的农业和交通的发展都没有造成不利的影响。高山都分布在东部或边境上。

阿尔卑斯山脉 它位于法国东南部，地势最高。阿尔卑斯山脉的海拔平均高度为1121米，其主峰勃朗峰（mont Blanc）耸立在法国与瑞士和意大利交界的边境上，海拔高度为4807米，为欧洲的最高峰。其他山峰还有罗什布吕讷峰（pic de Rochebrune），海拔为3325米；大贝拉尔山峰（pic de Grand Berard），海拔为3048米。这些山峰终年为积雪和冰川覆盖。在北部阿尔卑斯山脉，分布着大大小小的“横谷”，如沙布莱横谷

(vallée de Chablais)、阿尔沃河谷(vallée d'Arve)、阿讷西横谷(vallée d'Annecy)、尚贝里横谷(vallée de Chambèry)、大沙特勒斯横谷(vallée de Grande Chartreuse)、格勒诺布尔横谷(vallée de Grenoble)、韦科尔横谷(vallée de Vercors)等。这些横谷使阿尔卑斯山脉对外联系更加方便,也造成了阿尔卑斯山脉北部气候的特殊性。在南部阿尔卑斯山脉,山峦起伏,连绵不断,直达地中海沿岸。

汝拉山脉(monts Jura) 汝拉山脉在阿尔卑斯山脉的西北部,比较低矮,海拔平均高度为660米。在汝拉山脉及其周围分布着一些高原和台地。

孚日山脉(Vosges)和阿登高原(plateau Ardennes) 孚日山脉位于法国东部阿尔萨斯大区内,平均海拔为500~1000米。阿登高原位于法国东北与比利时接壤的边境,是古老山地的残余,无明显的山脊,平均海拔仅为300米。

比利牛斯山脉 它横贯法国西南边境,从比斯开湾一直延伸到地中海,总长为450公里,宽80~140公里,平均海拔为1008米。比利牛斯山脉的山峰大都在海拔2000米以上,如卡尼古峰(pic de Canigou)为2784米,南比戈尔峰(pic du Midi de Bigorre)为2872米,阿尼峰(pic d'Anie)为2504米。一些山峰都有现代冰川覆盖。它的东西走向把法国与西班牙分隔开来,因而对这两国的交通有较大的影响。在比利牛斯山脉中,还深藏着一个与法国和西班牙接壤的内陆小国安道尔。

法国本土全境的河流为数众多,大大小小的江河溪流总共长约27.7万公里,水量充沛,地面水资源共有1万亿立方米。这些河流的大部分发源于中央高原,并以此为分水岭流向北方或南方。这些河流主要有:

塞纳河(Seine) 是法国北部最重要的河流。它发源于法国东部的朗格勒高原,横贯巴黎盆地,在勒阿弗尔港口(Le Havre)注入拉芒什海峡即英吉利海峡(English Chan)。塞纳河全长776公里,流域面积为7.86万平方公里,占法国本土面积的1/7,其中有540公里可通航。塞纳河的主要港口有勒阿弗尔、鲁昂(Rouen)和巴黎,其总货运量位居全国第一位。塞纳河流域是法国经济发达的地区。上游建有多座水电站,而沿岸地区的石油化工业和炼油业十分发达。塞纳河的主要支流有瓦兹河（Oise）和马恩河（Marne），并通过运河与莱茵河、索恩河（Saône）和卢瓦尔河连接起来。

卢瓦尔河（Loire） 是法国最长的河流。它发源于法国东南部的塞文山脉中的维瓦赖山（Vivarais），穿过中央高原，流经罗阿讷（Rôanne）、讷韦尔（Nevers）、奥尔良（Orléans）、图尔（Tours）、昂热（Angers）、南特（Nantes），在圣纳泽尔（Saint-Nazaire）注入大西洋中的比斯开湾，全长1012公里，流域面积约11万平方公里。卢瓦尔河通过运河与塞纳河和索恩河连接起来。

罗讷河（Rhône） 是法国第二条大河。罗讷河发源于瑞士南部的阿尔卑斯山脉，在法、瑞边境形成日内瓦湖，流经法国东南部的里昂（Lyon）、瓦朗斯（Valence）、阿维尼翁（Avignon），然后在马赛港（Marseille）附近注入地中海。罗讷河全长812公里，流域面积9.9万平方公里。在历史上，罗讷河是赫赫有名的黄金水道。大量的外来商品通过罗讷河从地中海沿岸运往内陆地区。因此，罗讷河流域不仅留下了大量的历史文化遗迹，而且在这条河的两岸工厂和企业星罗棋布，是法国重要的工业区。罗讷河的主要支流有索恩河等，并通过运河与马赛港以及法国北部和中部的主要水系连接起来。

加龙河（Garonne） 它发源于西班牙境内的比利牛斯山脉，流经图卢兹（Toulouse）、马尔芒德（Marmande）和波尔多注入大西洋中的比斯开湾。加龙河全长575公里，流域面积4.48万平方公里。河谷地带是法国主要的水果，特别是葡萄产地。加龙河与多尔多涅河（Dordogne）汇合后形成一个三角口，叫吉伦特河口（Gironde），注入比斯开湾。

在法国北方，还有许多河流发源于此，或上游在法国境内，流经邻国入海，如默兹河（Meuse）、摩泽尔河（Moselle）和莱茵河（左岸）等。

法国本土的河流及其支流彼此距离较近，能够用运河连贯起来，所以法国很早就开凿了运河。1604年至1643年开凿了第一条运河——布里亚尔运河（canal de Briare），在法国北部把塞纳河和卢瓦尔河连接起来。1666～1681年开凿的南运河（canal du Midi），在法国南部把加龙河和地中海连接起来。1693 年开始修建的斯卡尔普（canal de la Scarpe）运河则把斯卡尔普河和德尔河（Deûle）连接起来。

18 世纪开始，因为航运的需要，运河的开凿以更大的规模开展起来。在这个时期开通的法国运河计有：卢万运河（canal du Loing）、索姆河侧的运河（canal latéral à la Somme）、克罗扎运河（canal du Crozat）、诺福塞运河（canal du Neuffossé）、中央运河（canal du Centre）或称沙罗莱运河（canal Charollais）等。在法国大革命前，已开凿的运河达到了 1000 公里。

19 世纪，为了满足工业革命和工农业迅速发展的需要，法国开凿运河的速度进一步加快。从 1815 年至 1830 年运河的长度增加了一倍，1830 ~1848 年又增加了一倍。在当时修建的运河有圣康坦运河（canal du Saint-Quentin）、贝里运河（canal du Berry）、罗讷河和莱茵河之间的运河、马恩河（Marne）和莱茵河之间的运河、煤矿运河（canal des Houillères）或称萨尔运河（canal de la Sarre）、东部运河（canal de l'Est）、勃艮第运河（canal de la Bourgogne）、桑布尔河（Sambre）和瓦兹河（Oise）之间的运河等。

20 世纪开始，法国运河不仅在数量上进一步增加，而且还对老的运河进行整治，加以疏通，加深加宽。目前，运河像密密麻麻的蜘蛛网分布在法国本土尤其在法国本土中部和北部的土地上。

（二）气候

法国本土与赤道和北极的距离大体相等，恰好处在它们的中间，因此法国大部分地区处于温带，只有南部地区属于亚热带。又由于法国本土三面环海和三面靠陆，因而受海洋性气候、大陆性气候和地中海亚热带性气候的交互影响。总的来说，法国本土的大部分地区为海洋性气候，冬暖夏凉。年平均气温在 10℃ ~14℃之间，最低气温 0℃，最高气温 22℃。但是，法国各个地区的气候差别比较大。

法国本土西部面向大西洋，属于典型海洋性气候：冬暖夏凉，温和湿润，适宜农作物的生长。如地处法国西部的布列塔尼半岛 1 月平均气温为 7℃，8 月平均气温为 17℃。又如，在该半岛最西边的布雷斯特的海洋性气候十分典型，冬季不像所处同一纬度（约为 48°4′）的地区应有的那样严寒（1 月平均气温为 6.3℃），夏季不像所处同一纬度的地区应有的那样酷热（7 月平均气温为 16℃）。常年气温变化不大，只是在冬季向夏季或夏季向冬季转换时有较大的变化。

越向东，越向内陆，则内陆性气候的特征越来越明显，夏季和冬季的气温相差越大。例如，巴黎正处在西部布列塔尼和东部阿尔萨斯的中间，是海洋性和大陆性交叉混合型气候：从 10 月到来年的 4 月属于海洋性气候，4～9 月是大陆性气候。年平均气温为 11.2℃，1 月平均气温为 3.5℃，7 月平均气温为 18.4℃，冬季阴天多雨寒冷潮湿，夏季炎热晴朗少雨。东部靠近边境的斯特拉斯堡同西部的布雷斯特大体处在同一纬度上，但却是典型性的大陆性气候，从 1 月至 7 月气温和降水量逐渐增加，从 8 月至 12 月则逐渐减少。1 月平均气温为 0.4℃，7 月平均气温为 19℃，气温温差接近 20℃。

法国南部受地中海海洋性气候的影响，夏季干热，冬季充满阳光，春季和秋季多雨。夏季平均气温为 22℃，冬季平均气温为 8℃。例如，地处法国南部的尼斯面临地中海，1 月平均气温为 8.7℃，7 月平均气温为 22.9℃。波尔多（Bordeaux）面临大西洋的比斯开湾，秋季和冬季受比斯开湾强烈的海洋性气流的影响，降雨较多且雨量大；春季和夏季特别是夏季主要受地中海亚热带气流的影响，少雨炎热。波尔多 1 月平均气温为 5.6℃，7 月平均气温为 20.9℃。马赛濒临地中海，春季和秋季是最多雨的季节，而夏季降雨量在逐渐减少。该地区只有 4 月至 9 月是纯粹地中海型的气候。马赛 1 月平均气温为 6.7℃，7 月平均气温为 23.8℃。里昂 1 月平均气温为 2.6℃，7 月平均气温为 20.7℃。图卢兹是法国南部城市，但距离地中海较远，受海洋性气候影响减少，春季的降雨量超过秋季。

中央高原的高海拔以及处于北方平原和南方低地之间的位置，使之气候十分特殊。夏季酷热，但降雨量充沛；冬季多寒风和大雪。总之，中央高原的气候十分恶劣。

在法国这块六角形的土地上，陆地上和海上吹来的风在此形成交会点，使之成为真正的风口。长期以来，居民们对于使雪融化的风、带来雨水的风甚至冻坏他们庄稼和林木的风都起了不同的名字。比瑟风（Bise）是来自北部和东部的一种凛冽的寒风。塞尔斯凡风（Cers）来自阿基坦盆地，常常伴随着雨水。奥唐风（Autan）是来自比利牛斯山脉的狂风，能够驱散云层。密斯特拉风（Mistral）是穿过罗讷河峡谷的北风。这种风在冬季猛烈和冰凉，在不停的吹动中刮走了大量的水蒸气；而在夏季它使过热的大气更加干燥，常常卷起阵阵旋风般的尘土。

法国大部分地区雨量适中，年降雨量一般在600~1000毫米，少数地区在600毫米以下，如巴黎年降雨量为550毫米，1月为54.3毫米，7月为53.6毫米。只有几个地区的年降雨量在500毫米以下，如普罗旺斯（Provence）和朗格多克（Languedoc）的滨海地区、卢瓦尔河流域的伊利埃地区（Illiers）、博斯平原（plaine de Beauce）和佩尔什（Perche）之间的边界区、阿尔萨斯等。山区降雨量比较多，每年可达1000~2000毫米。特别是比利牛斯山脉和北阿尔卑斯山脉的几个最高山峰以及汝拉山和中央高原的几个山顶的年降雨量在2000毫米以上。降雨量从东向西递减，如斯特拉斯堡的年降雨量为700毫米，1月为51毫米，7月为73毫米。年降雨量较少的区域在南特（Nantes）、亚眠（Amiens）、穆尔默隆（Mourmelon）和普瓦捷（Poitiers）所形成的四边形内。总的来看，整个法国在秋季降雨量最大，春季和夏季次之，但在地中海和大西洋的沿岸地带秋季和冬季的降雨量也较多，如尼斯（Nice）的年降雨量为800毫米，1月为82.7毫米，7月为15.6毫米。

法国本土的霜冻期集中在冬季。地中海和大西洋沿岸地区的霜冻期不足一个月，但地处法国东部的洛林地区（Lorraine）的霜冻期可达80天以上。在海拔1000米以上的地区，霜冻期超过3个月，如朗格多克、普罗旺斯、索恩河-罗讷河（Saône-Rhône）和瓦朗斯以南的高地，霜冻期在3个月以上。中央高原的霜冻有时也会在春末和秋季出现，对农作物的生长危害极大。

法国本土大部分地区降雪的日子有限，但在海拔500米以上的高原地区如中央高原、洛林、上索恩省（Haut-Saône）等每年降雪达到20天。在海拔1000~1500米的山地以及中央高原海拔1200米以上的地区，积雪可延续 4 ~5 个月，那里即使在夏季也会降雪。

总体来看，法国本土的气候温和，大部分地区的气候得天独厚。但是，天有不测风云，在一些局部地区的确难免会出现反常的气象，其时间长短也不一样。尽管法国属于西方发达国家，但也会受到恶劣气候引起的自然灾害的困扰，给国民经济造成不小的损失，也使人民生命、财产和生活受到危害。

四　行政区划

法国的行政区划有大区（Région）、省（Département）和市镇（Commune）共三级。此外，法国还有 5 个海外行政单位（Collectivités d'Outre-Mer，简称 COM）和 3 个特别海外领地（Territoires d'Outre-Mer，简称 TOM）。

1. 大区

法国在实施经济和社会发展的中长期计划和领土整治时，意识到成立独立的经济大区的必要性，1959 年 1 月和 1960 年 6 月颁布两个法令，确定建立经济大区。每个大区由邻近的几个省组成，就经济发展计划和领土整治，会同民间经济社团来统筹和协调基金的分配和使用。1982 年通过权力下放的法令正式确认大区为地方行政单位。自此，法国行政区划由原来的省和市镇两级变为大区、省和市镇三级。

2015 年 1 月 16 日法律将法国本土 22 个大区合并为 13 个大区（见表 1 -1 编号 1 ~13）。其中，有的大区合并后保留原来的名称，如奥弗涅大区和罗讷 - 阿尔卑斯大区合并后称为奥弗涅 - 罗讷 - 阿尔卑斯大区，勃艮第大区和弗朗什 - 孔泰大区合并后称为勃艮第 - 弗朗什 - 孔泰大区；有的大区合并后使用新名称，如阿尔萨斯大区、香槟 - 阿登大区和洛林大区合并后改称大东部大区，阿基坦大区、利穆赞大区和普瓦图 - 夏朗德大区合并后改称新阿基坦大区，上诺曼底大区和下诺曼底大区合并后改称诺曼底大区，朗格多克 - 卢西永大区和南部 - 比利牛斯大区合并后改称奥克西塔尼大区，北部 - 加来海峡大区和皮卡第大区合并后改称上法兰西大区；有的大区没有合并，但改了名称，如中央大区改称中央 - 卢瓦尔河谷大区。

表 1-1 法国各大区的名称、面积、人口*、人口平均密度、首府和所属的省**

编号	大区	面积（平方公里）	人口（千人单位）	人口平均密度（每平方公里）	首府	所属的省
1	大东（Grand Est）	57428	5548.1	97	斯特拉斯堡	下莱茵省、上莱茵省、阿登省、奥布省、上马恩省、马恩省、默尔特-摩泽尔省、默兹省、摩泽尔省、孚日省
2	新阿基坦（Nouvelle Aquitaine）	84060	5994.3	71	波尔多	多尔多涅省、吉伦特省、朗德省、洛特-加龙省、大西洋岸比利牛斯省、科雷兹省、克勒兹省、上维埃纳省、夏朗德省、滨海夏朗德省、德塞夫勒省、维埃纳省
3	奥弗涅-罗讷-阿尔卑斯（Auvergne-Rhône-Alpes）	69711	8037.1	115	里昂	阿列省、康塔尔省、上卢瓦尔省、多姆山省、安省、阿尔代什省、德龙省、上萨瓦省、伊泽尔省、卢瓦尔省、罗讷省、萨瓦省
4	勃艮第-弗朗什-孔泰（Bourgogne-Franche-Comté）	47784	2813.3	59	第戎（Dijon）	科多尔省、涅夫勒省、索恩-卢瓦尔省、约讷省、杜省、上索恩省、汝拉省、贝尔福地区省
5	布列塔尼	27209	3336.6	123	雷恩（Rennes）	阿摩尔滨海省、菲尼斯泰尔省、伊勒-维莱讷省、莫尔比昂省
6	中央-卢瓦尔河谷（Centre-Val de Loire）	39151	2582.5	66	奥尔良	谢尔省、厄尔-卢瓦省、安德尔省、安德尔-卢瓦尔省、卢瓦雷省、卢瓦-谢尔省
7	科西嘉	8680	337.8	39	阿雅克肖（Ajaccio）	南科西嘉省、上科西嘉省
8	法兰西岛（或称大巴黎、巴黎大区（Île-de-France）	12011	12246.2	1019	巴黎	埃松省、上塞纳省、巴黎省、塞纳-马恩省、塞纳-圣但尼省、瓦勒德马恩省、瓦勒德瓦兹省、伊夫林省

续表

编号	大区	面积（平方公里）	人口（千人单位）	人口平均密度（每平方公里）	首府	所属的省
9	奥克西塔尼（Occitanie）	72724	5903.2	81	图卢兹	奥德省、加尔省、埃罗省、洛泽尔省、东比利牛斯省、阿列日省、阿韦龙省、热尔省、上加龙省、上比利牛斯省、洛特省、塔恩省、塔恩－加龙省
10	上法兰西（Hauts de France）	31813	6023.3	189	里尔（Lille）	北部省、加来海峡省、埃纳省、瓦兹省、索姆省
11	诺曼底（Normandie）	29907	3342.5	112	鲁昂（Rouen）	厄尔省、滨海塞纳省、卡尔瓦多斯省、芒什省、奥恩省
12	卢瓦尔河地区（Pays-de-la Loire）	32082	3787.4	118	南特	大西洋岸卢瓦尔省、曼恩－卢瓦尔省、马耶讷省、萨尔特省、旺代省
13	普罗旺斯－阿尔卑斯－蓝岸（Provence-Alpes-Côte d'Azur）	31400	5065.7	161	马赛	滨海阿尔卑斯省、上普罗旺斯阿尔卑斯省、罗讷河口省、上阿尔卑斯省、瓦尔省、沃克吕兹省
14	瓜德罗普（Guadeloupe）	1628	390.7	229	巴斯特尔（Basse-Terre）	瓜德罗普省
15	圭亚那（Guyane）	86504	281.6	3	卡宴（Cayenne）	圭亚那省
16	马提尼克（Martinique）	1128	371.3	329	法兰西堡（Fort-de-France）	马提尼克省
17	马约特（Mayotte）	376	259.2	693	朱尔藻德济（Dzaoudzi de jure）	马约特省
18	留尼汪（La Réunion）	2512	865.8	346	圣但尼（Saint-Denis）	留尼汪省

* 法国国家统计与经济研究所发布的 2018 年 1 月 1 日人口数据。** 法国国家统计与经济研究所发布的 2018 年 1 月 1 日大区人口平均密度数据。

此外，法国还有海外5个大区（见表1-1编号14~18），即瓜德罗普、圭亚那、马提尼克、马约特、留尼旺。它们既是海外大区，又是海外省。

新的行政划分所引起的最明显变化是法国本土大区之间差距有所缩小。各个大区人口差别和居民年龄差别缩小，老龄化严重的城市将与“年轻”城市相结合，特别是对于中等人口城市（500万~600万）尤为明显。各个大区之间在PIB[①]和贫富方面的差距也明显的缩小，最贫困大区和最富足大区的差距减少尤为明显。整合后的大区也意味着人文多样性分割的改变：阿尔萨斯和洛林地区将恢复为一个大区，重新回到都德《最后一课》里德军入侵法国前的样子；葡萄酒爱好者最热衷的勃艮第大区将和弗朗什-孔泰大区合并。重新整合地方行政构架，克服了地方行政组织老化和层级冗繁，精简中央派驻机构和人员以及地方行政人员，节约中央和地方的行政开支。

大区议会（Conseil régional） 大区的最高自治权力机构，既是大区议事机构又是大区执行机构，每季度至少召开一次例会。它由大区选民选举产生，任期六年。大区议会选出的大区议会主席、副主席（4~15名）和若干名成员组成常务委员会（Commission permanante）从事大区日常行政管理工作，每月至少召开一次例会。大区议会主要从事大区经济发展以及与此有关的工作，负责中等教育日常管理和校舍建设，进行大区的职业培训，安排大区的就业，组织大区的社会活动、文体活动和卫生。大区议会协助中央政府进行大区的领土整治和可持续发展，保护大区生态多样性，监视大区的气候、空气质量、能源和交通运输，支持大区的大学工作。

大区经济、社会和环境委员会（Conseil économique, social et environnemental régional） 大区的咨询性机构，由指定的企业代表、工会代表、社会团体代表和环保人士组成，就大区的经济、社会和环境问题向大区议会提供咨询。

---

① PIB是法文Produit intérieur brut的简称，译成中文就是“国内生产总值”。

大区区长（Préfet de région） 总统任命的驻大区代表，同时兼任大区行政机构所在省的中央驻省代表的职务。他监督大区议会和常务委员会的运作，领导大区所辖省的中央驻省代表，领导大区所属的中央派驻机构，维持大区的公共秩序和安全，贯彻中央政府有关发展大区经济的法律和政策，监督法律的实施和大区财政的运行。

每个海外大区设置一个议会，同时执行着大区议会和省议会的职能。

2. 省

法国总共有 101 个省，其中法国本土有 96 个省（见表 1－2 邮政编码前两位数码 01～95），海外还有 5 个省（见表 1－2 邮政编码前三位数码 971～975）。

省议会（Conseil départemental） 省的最高自治权力机构，既是省议事机构又是省执行机构，每季度至少召开一次例会。它由省选民选举产生，任期六年。省议会选出的省议会主席、若干名副主席和若干名成员组成常务委员会（Commission permanante）从事省日常行政管理工作，每月至少召开一次例会。省议会决定省财政预算，负责地方税收，管理城市、道路交通、医疗卫生、初中教育、环境保护、社会互助、老年人事务、事故与灾害救援、社团组织、文化事务、旅游等，与普通民众的切身利益关系密切。

省长（Préfet de département） 总统任命的驻省代表，其主要职责是确保地方公共安全，确保公民的权利和自由，监督地方政府法令的合法性，以及协调中央政府的就业、经济发展、环境、社会融合等政策在地方的落实。

每个省又被分割为数个专区（Arrondissement），驻有专区区长（Sous-Préfet），职责是辅佐省长的事务。法国总共有 342 个专区。

3. 市镇

市镇是法国的基层行政单位，也是法国最古老的行政区划。

法国大革命废除了封建制，改革了地方管理体制和制度，重新划分了地方行政单位，建立了新的、统一的市镇组织。这些市镇组织就是当代法国市镇的前身。第二次世界大战后（简称二战），随着法国经济和社会的发展，农村型的市镇迅速减少，城市型的市镇明显增加。但是，市镇无论

表 1-2 法国各省的名称、面积、人口*、人口平均密度**和省会

邮政编码	省份	面积（平方公里）	人口（千人单位）	人口平均密度（每平方公里）	省会
01	安(Ain)	5762	649.7	113	布雷斯地区布尔格(Bourg-en-Bresse)
02	埃纳(Aisne)	7369	534.3	73	拉昂(Laon)
03	阿列(Allier)	7340	339.0	46	穆兰(Moulins)
04	上普罗旺斯-阿尔卑斯(Alpes-de-Haute-Provence)	6925	161.7	23	迪涅(Digne)
05	上阿尔卑斯(Hautes-Alpes)	5549	141.6	26	加普(Gap)
06	滨海阿尔卑斯(Alpes-Maritimes)	4299	1080.6	251	尼斯
07	阿尔代什(Ardèche)	5529	328.6	59	普里瓦(Privas)
08	阿登(Ardennes)	5229	271.3	52	沙勒维尔-梅济耶尔(Charleville-Mézières)
09	阿列日(Ariège)	4890	152.3	31	富瓦(Foix)
10	奥布(Aube)	6004	331.6	55	特鲁瓦(Troyes)
11	奥德(Aude)	6139	370.3	60	卡尔卡松(Carcassonne)
12	阿韦龙(Aveyron)	8735	281.1	32	罗德兹(Rodez)
13	罗讷河口(Bouches-du-Rhône)	5087	2043.9	402	马赛
14	卡尔瓦多斯(Calvados)	5548	695.8	125	卡昂
15	康塔尔(Cantal)	5726	144.2	25	欧里亚克(Aurillac)
16	夏朗德(Charente)	5956	352.0	59	昂古莱姆(Angoulême)
17	滨海夏朗德(Charente-Maritime)	6864	648.2	94	拉罗谢尔(La Rochelle)
18	谢尔(Cher)	7235	304.8	42	布尔日(Bourges)

续表

邮政编码	省份	面积（平方公里）	人口（千人单位）	人口平均密度（每平方公里）	省会
19	科雷兹（Corrèze）	5857	241.9	41	蒂勒（Tulle）
2A	南科西嘉（Corse-du-Sud）	4014	159.9	40	阿雅克肖
2B	上科西嘉（Haute-Corse）	4666	177.9	38	巴斯蒂亚（Bastia）
21	科多尔（Côte-d'Or）	8763	536.8	61	第戎
22	阿摩尔滨海（Côtes-d'Armor）	6878	598.7	87	圣布里厄（Saint-Brieuc）
23	克勒兹（Creuse）	5565	118.7	21	盖雷（guéret）
24	多尔多涅（Dordogne）	9060	412.6	46	佩里格（Périgueux）
25	杜（Doubs）	5234	540.9	103	贝桑松（Besançon）
26	德龙（Drôme）	6530	516.2	79	瓦朗斯
27	厄尔（Eure）	6040	610.2	101	埃夫勒（Evreux）
28	厄尔－卢瓦（Eure-et-Loir）	5880	434.0	74	沙特尔（Chartres）
29	菲尼斯泰尔（Finistère）	6733	910.5	135	坎佩尔（Quimper）
30	加尔（Gard）	5853	748.2	128	尼姆（Nimes）
31	上加龙（Haute-Garonne）	6309	1388.4	220	图卢兹
32	热尔（Gers）	6257	191.3	31	欧什（Auch）
33	吉伦特（Gironde）	10000	1610.8	161	波尔多
34	埃罗（Hérault）	6101	1160.0	190	蒙彼利埃
35	伊勒－维莱讷（Ille-et-Vilaine）	6775	1073.9	159	雷恩
36	安德尔（Indre）	6791	218.5	32	沙托鲁（Châteauroux）
37	安德尔－卢瓦尔（Indre-et-Loire）	6127	611.1	100	图尔

续表

邮政编码	省份	面积（平方公里）	人口（千人单位）	人口平均密度（每平方公里）	省会
38	伊泽尔（Isère）	7431	1272.8	171	格勒诺布尔（Grenoble）
39	汝拉（Jura）	4999	259.4	52	隆勒索涅（Lons-Le-Saunier）
40	朗德（Landes）	9243	411.8	45	蒙德马桑（Mont-De-Marsan）
41	卢瓦－谢尔（Loir-et-Cher）	6343	332.6	52	布卢瓦（Blois）
42	卢瓦尔（Loire）	4781	762.5	160	圣艾蒂安（Saint-Étienne）
43	上卢瓦尔（Haute-Loire）	4977	227.4	46	勒皮（Le Puy）
44	大西洋岸卢瓦尔（Loire-Atlantique）	6815	1413.3	207	南特
45	卢瓦雷（Loiret）	6775	681.5	101	奥尔良
46	洛特（Lot）	5217	171.5	33	卡奥尔（Cahors）
47	洛特－加龙（Lot-et-Garonne）	5361	333.2	62	阿让（Agen）
48	洛泽尔（Lozère）	5167	75.5	15	芒德（Mende）
49	曼恩－卢瓦尔（Maine-et-Loire）	7166	820.7	115	昂热
50	芒什（Manche）	5938	497.0	84	圣洛（Saint-Lô）
51	马恩（Marne）	8162	573.3	70	沙隆（Châlons-en-Marne）
52	上马恩（Haute-Marne）	6211	175.1	28	肖蒙（Chaumont）
53	马耶讷（Mayenne）	5175	306.3	59	拉瓦勒（Laval）
54	默尔特－摩泽尔（Meurthe-et-Moselle）	5241	733.1	140	南锡
55	默兹（Meuse）	6211	187.4	30	巴勒迪克（Bar-le-Duc）
56	莫尔比昂（Morbihan）	6823	753.5	110	瓦讷（Vannes）
57	摩泽尔（Moselle）	6216	1038.6	167	梅斯（Metz）
58	涅夫勒（Nièvre）	6817	205.9	30	讷韦尔

续表

邮政编码	省份	面积（平方公里）	人口（千人单位）	人口平均密度（每平方公里）	省会
59	北部（Nord）	5743	2613.9	455	里尔
60	瓦兹（Oise）	5860	829.8	142	博韦（Beauvais）
61	奥恩（Orne）	6103	282.5	46	阿朗松（Alençon）
62	加来海峡（Pas-de-Calais）	6671	1475.1	221	阿拉斯（Arras）
63	多姆山（Puy-de-Dôme）	7970	655.2	82	克莱蒙费朗
64	大西洋岸比利牛斯（Pyrénées-Atlantiques）	7645	677.2	89	波城（Pau）
65	上比利牛斯（Hautes-Pyrénées）	4464	227.5	51	塔布（Tarbes）
66	东比利牛斯（Pyrénées-Orientales）	4116	482.1	117	佩皮尼昂（Perpignan）
67	下莱茵（Bas-Rhin）	4755	1125.3	237	斯特拉斯堡
68	上莱茵（Haut-Rhin）	3525	767.6	218	科尔马尔（Colmar）
69	罗讷（Rhône）	3249	1878.1	578	里昂
70	上索恩（Haute-Saône）	5360	234.3	44	沃苏勒（Vesoul）
71	索恩－卢瓦尔（Saône-et-Loire）	8575	553.1	65	马孔（Mâcon）
72	萨尔特（Sarthe）	6206	566.9	91	勒芒（Le Mans）
73	萨瓦（Savoie）	6028	433.8	72	尚贝里（Chambéry）
74	上萨瓦（Haute-Savoie）	4388	829.7	189	阿讷西（Annecy）
75	巴黎	105	2168.5	20652	巴黎
76	滨海塞纳（Seine-Maritime）	6278	1257.0	200	鲁昂
77	塞纳－马恩（Seine-et-Marne）	5915	1422.7	241	默伦（Melun）
78	伊夫林（Yvelines）	2284	1438.4	630	凡尔赛（Versailles）
79	德塞夫勒（Deux-Sèvres）	5999	375.7	63	尼奥尔（Niort）
80	索姆（Somme）	6170	570.2	92	亚眠

续表

邮政编码	省份	面积（平方公里）	人口（千人单位）	人口平均密度（每平方公里）	省会
81	塔恩(Tarn)	5758	392.4	68	阿尔比(Albi)
82	塔恩－加龙(Tarn-et-Garonne)	3718	262.6	71	蒙托邦(Montauban)
83	瓦尔(Var)	5973	1071.8	180	土伦(Toulon)
84	沃克吕兹(Vaucluse)	3567	566.1	159	阿维尼翁
85	旺代(Vendée)	6720	680.2	101	拉罗什(La Roche- sur-Yon)
86	维埃纳(Vienne)	6990	438.1	63	普瓦捷
87	上维埃纳(Haute-Vienne)	5520	374.2	68	利摩日
88	孚日(Vosges)	5874	364.9	62	埃皮纳勒(Épinal)
89	约讷(Yonne)	7427	338.3	46	欧塞尔(Auxerre)
90	贝尔福地区(Territoire de Belfort)	609	144.5	237	贝尔福(Belfort)
91	埃松(Essonne)	1804	1313.7	728	埃夫里(Évry)
92	上塞纳(Hauts-de-Seine)	176	1612.8	9164	楠泰尔(Nanterre)
93	塞纳－圣但尼(Seine-Saint-Denis)	236	1646.1	6975	博比尼(Bobigny)
94	瓦勒德马恩(Val-de-Marne)	245	1401.2	5719	克雷泰伊(Créteil)
95	瓦勒德瓦兹(Val-d'Oise)	1246	1242.8	997	蓬图瓦兹(Pontoise)
971	瓜德罗普	1628	390.7	229	巴斯特尔
972	马提尼克	1128	371.3	329	法兰西堡
973	圭亚那	86504	281.6	3	卡宴
974	留尼汪	2512	865.8	346	圣但尼
975	马约特	376	259.2	693	朱尔藻德济

* 法国国家统计与经济研究所发布的2018年1月1日省人口统计数据。** 法国国家统计与经济研究所发布的2018年1月1日省人口平均密度数据。

大小和无论哪种类型（巴黎、马赛和里昂除外），都一律平等，职权大体相同。

法国有35416个市镇（2017年1月1日数据）。[①] 法国本土市镇平均面积为14.88平方公里。大部分市镇人口不超过500人，约有41个城市人口超过10万。在这些市镇中，只有巴黎、马赛和里昂的人口超过50万，并享有特殊的地位。

市镇议会（Conseil municipal）是市镇的最高自治权力机构，既是市镇议事机构又是市镇执行机构，每季度至少召开一次例会。它由市镇选民选举产生，任期六年。市镇议会议员数量根据市镇人口数量的比例组成，最少100人以下为7名，最多30万人以上为69名。市镇议会组织和建立市镇行政机构和其他公共机构，讨论和通过市镇年度财政预算。

市长由市镇议会选举产生，任期6年。市长既是中央代表，又是市镇的最高行政长官。市长作为中央政府的代表，颁布和实施中央政府的法律、规章和法令，维持社会治安，管理户籍。市长作为市镇的最高行政长官，主持市镇议会工作，执行市镇议会的决议，任命市镇官员，领导市镇工程，主持市镇司法和公安工作。市政府由市长和市长助理组成。市长助理的数量按市镇的大小设置1~12名。市长助理由市镇议会选举产生，任期6年。

4. 巴黎市（Ville de Paris）

巴黎是法兰西第五共和国的首都，也是法兰西岛大区首府、巴黎省首府和巴黎市首府。根据1975年12月31日法律，它是一个具有特殊地位的领土单位。

巴黎在国家政治生活中举足轻重。巴黎市设市议会、市长和市政府。巴黎市议会同时行使巴黎省议会的职能。巴黎市议会有163位议员，一年开会9至10次，商讨本市事务。市议会下设九个委员会，根据自己承担的领域，事前研究待议提案，帮助议员获得必要信息，以备提上日程讨论。巴黎市长是法定的巴黎市议会议长。巴黎市长和市长助理由市议会选

① 未计人马约特省的市镇。

举产生，任期6年。

巴黎市议会在市一级范围里的职权包括城市规划、公共地区和私有的住房管理、社会住房管理、社会福利事业、托儿所和学校（不包括教师薪金）、图书馆、博物馆、表演场所等文化设施、体育与娱乐活动，以及公共服务，如水务、卫生、垃圾处理、市内道路的维修。巴黎市议会还提供社会福利帮助，对象是中小企业、残疾人、老年人、领取救济者；直接或间接地为经济发展提供援助、管理初中学校等。

法国议会于2017年2月16日通过的有关巴黎地位改革和本土整治的一套法案，也赋予首都市长新的权力，包括葬礼、浴场、违规车辆扣押、道路（单行道、自行车道等）管理权、取缔脏乱危住房的权力，签发国民身份证与护照的职权等。巴黎市长也收回了对违章停车开罚单的权力，之前这属于巴黎警察局公务员的职权。

巴黎市划分为20个区（Arrondissement），[①] 每个区设置区委员会和区长。区长主要负责与户籍有关的事务，也可以代表市长助理处理区里的紧急事务。区委员会由区内的市议会议员、区长和巴黎市议会推荐的成员组成。区委员会是咨询性的机构，每季度召开一次例会。应巴黎市市长或巴黎市议会的请求，区委员会要讨论提交市议会的草案。

5. 大都会（Metropole）

法国议会于2013年12月通过《地方公共行动现代化法》，法案规定设置大都会联合体。它们是：大巴黎（Grand Paris）、埃克斯－马赛－普罗旺斯（Aix-Marseille Provence）、尼斯、里昂、波尔多、格勒诺布尔、里尔、南特、雷恩、鲁昂、斯特拉斯堡、图卢兹、布雷斯特、蒙彼利埃，这些大都会的居民起码有40万。法国议会于2017年2月16日通过的有关巴黎地位改革和本土整治的一套法案，在原有的大都会的基础上再创立7个新的大都会，分别为圣埃蒂恩（Saint-Etienne）、土伦、奥尔良、第戎、

① 法国议会于2017年2月16日通过的有关巴黎地位改革和本土整治的一套法案，预定2020年把巴黎第一、第二、第三、第四区合并为一个行政区，只设一个区政府和区长，但保留巴黎20个区的邮政编码。

图尔、克莱蒙－费朗（Clermont-Ferran）以及梅斯。按照不同情况，国家、大区和省将移转部分权责，便于这些大都会在经济发展、交通运输、环境、高等教育科研，甚至住房、路政等方面进行全面管理，并提高这些大都会的国际知名度，其中，大巴黎和埃克斯－马赛－普罗旺斯大都会将拥有特别地位。大巴黎大都会包括现在的巴黎市和巴黎近郊 3 省（马恩河谷省、塞纳圣德尼省以及上塞纳省）的 124 个市镇，它将负责巴黎城市联合体的领土环境整治、住房以及长期发展事务。里昂将拥有省的全部职能。

6. 共同体（Intercommunalité）

为了加强各邻近市镇在公共交通、经济、公共工程等方面的合作，还建立了许多共同体，整合了不同层次的协作。

城市共同体（Communauté urbaine）。总共 14 个，是等级最高的市镇间合作组织，拥有至少 50 万居民，并且包括至少一个 5 万居民以上的城市。其职能包括经济规划、交通管理、用水管理、垃圾处理等。

城郊共同体（Communauté d'agglomération）。总共 156 个，由一个至少 1.5 万人口的城市的周围、5 万以上居民规模的社区组成，其职能通常比城市社区小。

市镇共同体（Communauté de communes）。总共 2334 个，没有人口限制，职能更小。

新集合体协作会（Syndicat d'agglomération nouvelle）。总共 6 个，是最小的协作组织。

7. 海外行政单位

法属波利尼西亚（Polynésie française） 由 118 个岛屿组成的五个群岛，位于澳大利亚以东约 6000 公里的南太平洋中，面积 4167 平方公里，人口 274217（2012 年），人口密度为每平方公里 66 人，热带气候，首府是帕皮提（Papeete），官方语言为法语，通用波利尼西亚语。法属波利尼西亚以农业、旅游业和海洋渔业作为经济支柱产业。作为法国海外行政单位，它具有高度自治的地位。它拥有一个领地议会（Conseil territorial），一个由领地议会选出的主席和数名成员组成政府，一个高级专员（Haut-commissaire）。领地议会主席有权与各国及各国际组织谈判协议。法属波利尼西亚下辖5个子行政区域（Subdivision administrative），下分48个市镇。

圣皮埃尔和密克隆群岛（Saint-Pierre-et-Miquelon） 由圣皮埃尔岛和密克隆岛等8个岛屿组成的群岛，位于加拿大纽芬兰岛以南25公里的北大西洋中，面积242平方公里，人口6034人（2014年），人口密度为每平方公里25人，湿冷大洋气候，首府是圣皮埃尔（Saint-Pierre），官方语言为法语。圣皮埃尔和密克隆群岛以渔业和旅游业作为经济支柱产业。作为法国海外行政单位，它具有高度自治的地位。它拥有一个领地议会，一个由领地议会选出的主席，一个中央派驻的代表（Préfet）。圣皮埃尔和密克隆群岛拥有两个市镇。

瓦利斯和富图纳（Wallis-et-Futuna） 主要由瓦利斯岛、富图纳岛和阿洛菲岛（Alofi）三个岛屿组成，位于距离法国本土16000公里的西太平洋中，面积124.2平方公里，人口12197（2013年），人口密度为每平方公里98人，热带气候，首府是马塔乌图（Mata-Utu），官方语言为法语。瓦利斯和富图纳以采集珍珠和贝壳作为经济支柱产业。作为法国海外行政单位，它拥有特别的地位。它拥有一个领地议会，一个由领地议会选出的主席，一个中央派驻的高级行政长官（Administrateur supérieur）。领地议会由三个王国国王（Rois coutumiers）和高级行政长官任命的三名成员组成。根据当地传统和习俗，法国将瓦利斯和富图纳分成三个王国（Royaumes）：阿罗（Alo）、锡加维（Sigavé）和乌韦阿（Uvéa），同时定界为三块区域（Circonscription）。每个王国都设置一个王国议会，由国王主持。王国议会拥有相当于市镇的权力和省议会的部分权力。

圣马丹（Saint-Martin） 法属部分于2007年2月22日脱离瓜德罗普成为独立的海外行政单位。位于加勒比海中的圣马丹岛北部，面积53.2平方公里，人口35107人（2014年），人口密度为每平方公里660人，热带气候，首府是马里戈（Marigot），官方语言为法语。圣马丹以旅游业作为经济支柱产业。作为法国海外行政单位，它拥有特别的地位。它拥有一个领地议会，一个由领地议会选出的主席，一个中央派驻的代表（Préfet délégué）。

圣巴泰勒米（Saint-Barthélemy） 2007年2月22日脱离瓜德罗普成为独立的海外行政单位。邻近加勒比海中的圣马丹岛，面积24平方公里，人口9427人（2014年），人口密度为每平方公里393人，热带气候，首府是居斯塔维亚（Gustavia），官方语言为法语。圣巴泰勒米以旅游业和建筑业作为经济支柱产业。作为法国海外行政单位，它拥有特别的地位。它拥有一个领地议会，一个由领地议会选出的主席，一个中央派驻的代表（Préfet délégué）。

8. 特别海外领地

新喀里多尼亚（Nouvelle-Calédonie） 是一个群岛，位于澳大利亚以东的太平洋中，距离法国本土16740公里，面积18575.5平方公里，人口268767人（2014年），人口密度为每平方公里14人，热带气候，首府是努美阿（Nouméa），官方语言为法语。新喀里多尼亚以采矿业（镍、铁等）、农业和旅游业作为经济支柱产业。它作为法国特别海外领地，拥有特别的地位和高度自治权力。根据1998年努美阿（Nouméa）协议，2018年11月进行了独立公投，结果显示56%的多数选民希望继续留在法国版图内。新喀里多尼亚拥有一个领地议会及领地议会选出的主席，一个地方参议院（Sénat coutumier），一个地方经济、社会和环境委员会，一个由部族选举产生的政府及主席，一个高级专员。新喀里多尼亚下分3个省和33个市镇。

法属南方和南极领地（les Terres australes et antarctiques françaises）

根据1955年8月法国法律，成立法属南方和南极领地。该特别海外领地分散在南印度洋，包括埃巴尔斯群岛（les îles Éparses）、克罗泽群岛（les îles Crozet）、凯尔盖朗群岛（les îles Kerguelen）、圣－保罗和阿姆斯特丹群岛（les îles Saint-Paul et Amsterdam）以及南极大陆东南的阿黛利地（la terre Adélie）。总面积为439437.4平方公里，专属海洋经济区为220万平方公里，人口196人（2012年），热带气候和极地气候。法属南方和南极领地发展渔业和旅游业。该特别海外领地划分为5个区，统一由驻守在法国海外省留尼旺的最高行政长官管理。在阿黛利地设有法国南极洲科学考察站，称为迪蒙·迪维尔站（la base scientifique Dumont - d'Urville）。

克利珀顿岛（Clipperton） 位于太平洋中的无人小岛，距离法国本土10677公里。面积1.7平方公里，它被列入法国国家公有财产列表中。它处于总理管辖下，由法属波利尼西亚高级专员具体负责。

五 人口、民族、语言

（一）人口[①]

2018年1月1日，法国人口总数达到6718.7万，其中法国本土6501.8万，海外省216.9万。2017年，法国人口新增加23.3万，比上一年增加0.37%。2016年，法国人口占欧盟27国人口总数的13.1%，仅次于德国，排名第二位。在欧洲，法国人口仅次于俄罗斯和德国，排名第三位。

1. 二战后人口的演变

高增长阶段（1946～1975年） 二战后至20世纪70年代中期，法国本土人口有了较快的增长，1946年法国人口为3984.8万，1970年为5052.4万，1971年为5101.2万，1972年为5148.5万，1973年为5192.1万，1974年为5234.0万，1975年为5264.3万。法国人口年均增长率1946～1968年为1.0%，1968～1975年为0.7%。法国人口迅速增长的主要原因是：首先，法国采取了鼓励生育和奖励多子女家庭的政策，从而大大提高了法国妇女的生育率，如1945～1949年年均为20.3‰，1975年为14.1‰。其次，法国建立了覆盖面广的社会保障制度，尤其是医疗和退休的社会保险体系，从而使死亡率大大降低，如1951年为12.2‰，1976年进一步降到10.5‰。再次，法国大量吸收外国移民。

稳定增长阶段（1976～2007年） 从20世纪70年代中期开始，法

① 法国年度的人口数量、生育数量和生育率、死亡数量和死亡率、净增数量和净增率都是当年1月1日发表的数据。1946～1984年的数据是法国本土的统计数据，1985～2013年的数据是法国全国数据（包括法国本土和除了马约特外的海外省），2014～2018年的数据是法国全国数据（包括法国本土和海外省）。

国本土人口进入了稳定年增长阶段，没有出现大起大落现象，如 1976 年为 5285.3 万，1985 年为 5644.5 万，1990 年为 5799.6 万，2000 年为 6050.8 万，2005 年为 6273.1 万，2007 年为 6360.1 万。法国生育人口每年保持在 70 万 ~85 万和生育率每年保持在 12‰ ~14‰，如 1985 年分别为 79.6 万和 14.1‰，1990 年分别为 79.3 万和 13.6‰，2000 年分别为 80.7 万和 13.3‰，2005 年分别为 80.7 万和 12.8‰，2007 年分别为 81.9 万和 12.8‰。法国死亡人口每年保持在 50 万 ~60 万和死亡率每年保持在 8.3‰ ~9.9‰，如 1985 年分别为 56.0 万和 9.9‰，1990 年分别为 53.4 万和 9.2‰，2000 年分别为 54.1 万和 8.9‰，2005 年分别为 53.8 万和 8.5‰，2007 年分别为 53.1 万和 8.3‰。

法国每年人口的净增数量和净增率，1985 年分别为 23.6 万和 4.2‰，1990 年分别为 25.9 万和 4.4‰，2000 年分别为 26.7 万和 4.4‰，2005 年分别为 26.9 万和 4.3‰，2007 年分别为 28.8 万和 4.5‰，每位法国妇女大约生育两个孩子，从而使法国成为世界上唯一一个婴儿出生率在这 30 年保持比较稳定的国家。其主要原因是法国每年用 5% 的 PIB 实施家庭政策（鼓励生育、多生多补助、开办托儿所和幼儿园等 20 多项措施），是其他欧洲国家的 2 倍。稳定的出生率和净增率让法国有一个较为合理的人口结构，控制了人口年龄结构老化和人口规模缩小对社会带来的挑战。

连续走低阶段（2008 ~2019 年）　自 2008 年起，法国人口增长连续走低，2008 年法国人口为 6396.2 万，2009 年为 6430.5 万，2010 年为 6461.3 万，2015 年为 6642.3 万，2016 年为 6660.3 万，2017 年为 6676.8 万，2018 年为 6789.1 万，2019 年为 6699.3 万。法国每年生育人口和每年生育率，2008 年分别为 82.8 万和 12.9‰，2009 年分别为 82.5 万和 12.8‰，2010 年分别为 83.3 万和 12.9‰，2015 年分别为 79.9 万和 12.0‰，2016 年分别为 78.4 万和 11.7‰，2017 年分别为 77.0 万和 11.5‰，2018 年分别为 75.8 万和 11.3‰。法国每年死亡人口和每年死亡率，2008 年分别为 54.3 万和 8.5‰，2009 年分别为 54.9 万和 8.5‰，2010 年分别为 55.1 万和 8.5‰，2015 年分别为 59.4 万和 8.9‰，2016 年分别为 59.4 万和 8.9‰，2017 年分别为 60.6 万和 9.1‰，2018 年分别为

61.4 万和 9.2‰。法国近年来死亡人口和死亡率有所增加的原因之一，是战后婴儿潮一代正进入死亡率较高的年龄层。预计到 2020 年，法国每年会有将近 80 万人死亡。

法国每年净增人口和每年净增率，2008 年分别为 28.6 万和 4.4‰，2009 年分别为 27.6 万和 4.3‰，2010 年分别为 28.2 万和 5.0‰，2015 年分别为 20.5 万和 3.7‰，2016 年分别为 19.0 万和 3.7‰，2017 年分别为 16.3 万和 3.3‰，2018 年分别为 14.4 万和 3.0‰。法国近年来净增人口和净增率走低，也是战后婴儿潮一代正进入死亡率较高的年龄层所导致。

自 2008 年来法国人口增长连续走低，其主要原因是二战后"婴儿潮"已进入老年期，从而导致死亡率上升；其次是经济不景气导致收入的减少，法国民众以降低生育数量和生育率来减轻家庭负担；再次是法国收紧移民政策，减少外来人口流入的数量。尽管如此，法国女性生育率一直在欧洲排名榜首。

2. 人口流动和人口密度

法国人口流动加快，特别是大区之间的人口流动更快。法兰西岛大区以及法国东部和北部老工业基地还有山区的人口在逐渐流失，例如，2009～2016 年年均人口流失的百分比，法兰西岛大区为 0.4%，上法兰西大区为 0.2%，大东部大区为 0.1%。法国流动人口则向着新经济地区以及沿海地区（气候湿润和空气新鲜）的法国西部和南部的大区集中，例如，2009～2016 年年均人口流入的百分比，奥克西塔尼大区为 0.7%，新阿基坦大区为 0.6%，布列塔尼大区为 0.5%。因此，这些大区的图卢兹、里昂、蒙彼利埃、南特、波尔多、雷恩等城市人口激增。

从历史上看，法国人口密度在逐渐提高。法国本土每平方公里人口平均密度：1800 年为 51.3，1900 年为 73.8，1950 年为 76.4，1990 年为 104，2000 年为 107，2010 年为 114，2015 年为 118，2016 年为 118，2017 年为 119，2018 年为 120。法国人口密度高于欧盟人口密度的平均值（114）。

在法国本土，人口密度因地区不同而不同，而且差别很大（见表 1－1）。经济发达的大区人口密集，如法兰西岛大区每平方公里达到 1019 人，上法兰西大区为189人；经济相对落后或偏远山区则人口稀少，如科西嘉大区每平方公里只有39人，勃艮第-弗朗什-孔泰大区为59人。

3. 性别比例和寿命

法国女性无论增长速度和数量都已超过法国男性。法国女性占法国总人口的比例：1970年为51.2%，1980年为51.2%，1998年为51.3%，2004年为51.4%，2014年为51.5%，2015年为51.6%，2016年为51.6%，2017年为51.6%，2018年为51.6%。2018年，法国女性总数为3465万，男性总数为3253万。事实上，在出生和孩提的时候，法国男性要多于女性，但是，成年男性因战争和工伤事故等原因其死亡率高于成年女性，因此使其比例关系颠倒过来。

无论男性和女性，由于工作和劳动条件的改善、生活质量的提高、社会保障制度的实行，其平均寿命都大大提高了。法国男性和女性的平均寿命，2000年分别为75.2岁和82.8岁，2005年分别为76.7岁和83.8岁，2016年分别为79.3岁和85.4岁，2018年分别达到79.4岁和85.3岁。随着时间的推移，法国男性和女性平均寿命差距有所缩小，从1997年差距为7.8岁缩小到2017年的5.8岁。20世纪初，法国人平均寿命仅在50岁左右，1950年为66.3岁，2000年增加到79岁，2015年为82.4岁，2016年为82.8岁。2016年法国人平均寿命高于欧盟平均寿命（80.9岁），仅次于西班牙和意大利，排在第三位。

4. 年龄结构

在法国本土，20岁以下的青少年占法国人口的比例1946年为29.5%，1950年为30.1%，1960年为32.3%，1970年为33.1%，1980年为30.6%，1990年为27.8%，2000年为25.6%，2010年为24.5%，2017年为24.1%，2018为24.0%，2019年为23.8%；20~59岁人口占法国人口的比例1946年为54.4%，1950年为53.6%，1960年为51.0%，1970年为48.9%，1980年为52.4%，1990年为53.2%，2000年为53.8%，2010年为52.7%，2017年为50.3%，2018年为50.0%，2019年为49.8%；60岁和60岁以上人口占法国人口的比例1946年为16.0%，1950年为16.2%，1960年为16.7%，1970年为18.0%，1980年为

17.0%，1990 年为 19.0%，2000 年为 20.6%，2010 年为 22.8%，2017 年为 25.6%，2018 年为 26.0%，2019 年为 26.4%，其中，75 岁和 75 岁以上人口占法国人口的比例 1946 年为 3.4%，1970 年为 4.7%，1980 年为 5.7%，1990 年为 6.8%，2000 年为 7.2%，2010 年为 8.9%，2017 年为 9.3%，2018 年为 9.3%，2019 年为 9.4%。

自 20 世纪 80 年代以来，法国青壮年人口在总人口中的比例不足一半，而 60 岁以上老人在法国人口中的比例越来越高，预计 2050 年的比例将提高到 35%，法国已经进入了老龄化的社会。根据统计，法国 85 岁以上老人有 150 万，其中百岁老人每年增加 1000 名以上，2010 年为 12000 人，2016 年为 21393 名，占 60 岁退休人口的 1.46%（2013 年），居欧洲之冠。在超过 100 岁的法国老人中，有 84% 的人为女性，即 17888 人；而在超过 110 岁的“超高龄老人”中几乎全是女性。法国社会向着长寿社会转型。

5. 城乡人口结构

根据法国国家统计与经济研究所的定义，拥有 2000 名居民以上的市镇称为城市。二战后，随着法国经济的发展，城市化日益加速，人口逐渐向城市集中。法国城市人口占全国人口的比重也不断地上升，1946 年为 53.2%，1999 年为 75.5%，2010 年为 77.5%，2017 年上升到 82%。近 30 年，法国城市人口增加了 20%。2017 年，拥有百万以上居民的法国城市有巴黎、里昂、马赛、图卢兹、波尔多、里尔、尼斯。法国城市化表明，法国总人口的 4/5 以上生活在城市及城郊，余下的 1/5 生活在乡间。

6. 家庭结构

2015 年，法国共有 2901.2 万个家庭。其中，丧偶家庭占家庭总数 35.3%，而寡妇家庭（20.2%）超过鳏夫家庭（15.1%）。一对夫妇无子女的家庭占家庭总数 25.5%，一对夫妇拥有子女的家庭占家庭总数 25.8%，单亲家庭占家庭总数 8.9%。在拥有未成年子女家庭中，一个未成年子女的家庭占 44.9%，两个未成年子女的家庭占 38.6%，三个未成年子女的家庭占 12.7%，四个和四个以上未成年子女的家庭占 3.8%。法国家庭的规模有所缩小，1968 年平均拥有 3.08 人，1990 年为 2.59 人，

1999年为2.42人，2015年减少到2.23人。

7. 人口问题

法国人口面临诸多问题，如2017年法国出生的所有婴儿中，有60%是“非婚生子女”，这一比例使得法国成为欧盟各国中的“冠军”。还有诸如人口老化、年龄结构不合理、男性和女性比例失调、结婚减少和同居增加、孤独人口增长、鳏寡家庭和单亲家庭越来越多（其中家长多为女性）、失业率高居不下等。

（二）民族

1. 法兰西民族

法兰西民族是法国的主要民族，属欧罗巴人种，约占法国人口的90%。

远在公元前1000年左右，被希腊人称为凯尔特人（Celtes）的种族自中欧山区向西迁居到塞纳河和加龙河之间。罗马的恺撒大帝（César）在征服高卢（Gaule）的记事里，称阿尔卑斯山、比利牛斯山和莱茵河之间的地方为高卢，称凯尔特人为高卢人（Gaulois）。正因为居住在高卢中心地带的高卢人是最早有文字记载和人口最多的种族，所以被史学家确认为法兰西民族的祖先。高卢雄鸡（Coq gaulois）也成了法兰西民族的象征。随后，在公元前后的漫长岁月里，高卢人与先后来高卢定居的伊拜尔人（Ibère）、罗马人（Romain）、勃艮第人（Bourguignon）和法兰克人（Francs）逐渐融合，终于在15世纪末至16世纪初形成了具有鲜明特性的法兰西民族。

从人种形态学上看，高卢人的后裔可以分为两大类型：一种为金发蓝眼，身材高大；另一种为圆头，棕色或灰色眼睛，中等身材。但由于法兰西民族是由许多种族长期融合而成，所以从人种形态上法兰西民族又呈现出多样性。它主要有三种类型：南部大多为地中海型，中部大多为阿尔卑斯型，北部大多为大西洋波罗的海型。

法兰西民族在长期演变和发展过程中也逐渐培养出自己的性格：热情奔放，浪漫，宽容，懒散，健谈，幽默，追求自由、平等、理想和法度。法国人爱思考，爱谈人生，爱谈理想，爱谈哲学。

2. 少数民族

法国的少数民族约占法国人口的10%。它们有阿尔萨斯族（Alsacien）、弗拉芒族（Flamand）、布列塔尼族（Breton）、巴斯克族（Basque）、科西嘉族（Corse）、犹太族（Juif）、罗姆族（Rom）等。阿尔萨斯族主要集中居住在法国东部阿尔萨斯地区，约有150万。弗拉芒族是日耳曼民族（Germains）中的法兰克人的后裔，主要集中居住在法国北部和东北部，约有10万人。布列塔尼族主要集中居住在法国西北部的布列塔尼半岛，是公元5~6世纪自大不列颠岛渡海迁居的部分布列通人（Breton）的后裔，约有370万人。巴斯克族主要集中居住在法国南部比利牛斯山脉西部，约有15万人。科西嘉族主要集中居住在科西嘉岛上，约有19.5万人。犹太族分散法国本土，约有60万人。罗姆族在50万~130万人。

正因为法兰西民族和少数民族的混合，所以"不存在一种人造的典型法国人，只有几种突出的类型：阿尔萨斯人瘦小、金发，阿尔卑斯山人（Race alpine）矮小圆颅，奥弗涅人（Auvergnat）肤色深，眼睛常常是蓝色的，巴斯克人长着大脚板，诺曼底人（Normand）肤色红润，发色金黄"。

（三）语言

法国的官方语言为法语。法语属于印欧语系中的罗马语族，从拉丁语演变而来。公元前，在法国定居的高卢族使用高卢语言，但在罗马的恺撒大帝入侵高卢后拉丁语作为征服者的语言在公元1世纪至4世纪逐渐占据统治地位。公元5~6世纪，法兰克人的占领带来了日耳曼语（亦称罗曼语）。公元7~12世纪使用古法语。12世纪末叶开始，法国封建王朝在政治上统一，巴黎成为法国的首都和文化中心，巴黎的法语也就统一了其他的方言。公元13~16世纪，法国使用中古法语，文字逐步地统一起来。1539年，法国国王弗朗索瓦一世（François Ⅰ）正式颁布命令，以法语为书面文字用于官方和私人的文件。17世纪，法国的语言及其文字进一步走向统一，进一步走向标准化和规范化。法语成为近代、现代和当代法国的国语。

18世纪以来，法语随着法国在世界上影响的扩大而成为一种国际交流的语言工具。尤其在欧洲各国的上流社会和外交界，法语成为时髦的和高尚的语言，不讲法语似乎有失贵族身份和风度。直到20世纪初，法语仍然保持相当的影响力，尤其是在联合国成为工作语言之一，同时也是国际条约和协定使用的标准文字。目前，法语除了法国本土和海外省、海外领地使用外，原法属殖民地的非洲国家仍然以法语为官方语言。还有一部分比利时人、瑞士人、加拿大人也使用法语。在亚洲，越南、柬埔寨和老挝使用法语。据统计，目前世界上日常和偶然使用法语的人数总共有2.74亿。

法语是比较优美的语言，语音上没有重读的音节，讲话快和平稳，柔美动听；文字具有严谨、可靠、规范和明晰的特点。但是，法语的语法比较复杂。动词需要变位还要分时态，在作为谓语时动词跟随主语变动。名词和形容词有阳性和阴性之分，还有单数和复数之别。名词之前还有冠词，也分为阳性、阴性、单数和复数。在发音方面，有小舌音，圆唇音多。法国人热爱自己的语言，很高兴使用本民族的语言与朋友和外国人交谈。如果外国人用英语而不用法语与法国朋友交流，甚至会引起对方的反感，导致双方的尴尬和不愉快。

法国出台了一整套法语保护性政策与措施。1994年8月法国议会通过的《法语使用法》（又称《杜邦法》）规定，禁止在公告、广告中，在电台、电视台播送节目中使用外语（外语节目除外）。2004年，法国政府禁止政府各部、官方文件、出版物或网站使用“E-mail”一词。上述政策与措施，都是为了捍卫法语的纯洁性。

法国的少数民族除了讲法语外，还有本民族的语言文字，如阿尔萨斯族讲德语的一种方言，巴斯克族讲不属于印欧语系的巴斯克语，弗拉芒族讲弗拉芒语，科西嘉族讲意大利语的一种方言。布列塔尼地区有近100万人讲布列塔尼语言，他们有自己的文化，出版自己的报刊。

六　国家象征

1. 国际代码

法国国际代码为“FR”。

2. 国旗

法兰西第五共和国宪法第二条规定，蓝、白、红三色旗为国旗。法国国旗呈长方形，长与宽之比为3∶2，旗面由三个平行且相等的竖长方形构成，从左至右分别为蓝、白、红三色。正因为如此，法国国旗又称为“三色旗”（drapeau tricolore，或者叫 tricolore，口头称作 couleurs），也称为“蓝白红旗”（drapeau bleu-blanc-rouge）。

法国国旗的来历有多种说法，其中最具代表性的说法是：1789 年法国大革命时期，巴黎国民自卫队就以蓝、白、红三色旗为队旗。白色居中，代表国王，象征国王的神圣地位；红、蓝两色分列两边，代表巴黎市民；同时这三色又象征法国王室和巴黎市民的联盟。三色旗也曾是法国大革命的象征，三色分别代表自由、平等、博爱。

3. 国徽

法国没有正式的国徽。法兰西第五共和国宪法第二条规定，蓝、白、红三色旗是法兰西第五共和国的国旗，同时也是国家的标志。

传统上，法国采用大革命时期的一枚黑、白两色的椭圆形纹徽作为国家的标志，纹徽的中心图案是一支代表正义与权威的束棒，庄严地宣告法兰西共和国的自由、独立和主权。束棒两侧交叉着象征和平与胜利的橄榄枝叶和月桂枝叶，掩映着饰带上书写的法国大革命的口号：“自由、平等、博爱”。纹徽下悬挂着一枚光荣勋章，象征 1789 年法国大革命的光辉将永载史册，彪炳千秋。

1999 年 9 月起，法国政府决定将“蓝白红三色旗”“玛丽安娜（Marianne）”“自由、平等、博爱”“共和国”整合成为一个全新的“标识”：背景是蓝、白、红三色旗，玛丽安娜头像嵌在三色旗的居中白色上，三色旗下面的小写字是“自由、平等、博爱”，再下面的大写字是“法兰西共和国”。它作为政府机构的统一形象标识，同时在相关的各种材料上出现，如小册子、内部的和公开的出版物、宣传活动、信笺抬头、名片等。中央政府率先使用这一新的形象标识，随后各部门和地方也相继效仿（它们也可以同时使用自己原有的标识）。

4. 国歌

法兰西第五共和国宪法第二条规定，国歌是《马赛曲》（*Marseillaise*）。

《马赛曲》又译《马赛进行曲》，原名《莱茵军团战歌》（*Chant de guerre de l'Armée du Rhin*），由多才多艺的青年军官克洛德·约瑟夫·鲁热·德·利勒（Claude Joseph Rouget de Lisle）上尉在1792年4月25日晚作于当时斯特拉斯堡市长家中，并于4月29日在当地的军械广场组织演唱，大受欢迎。同年6月下旬，马赛志愿军前赴巴黎时沿途上高唱这支歌曲。同年8月10日巴黎人民武装起义中，马赛义勇军又高唱这支歌冲进了王宫。从此，《马赛曲》风行全法国，被革命军民到处传唱。由于这支歌是由马赛义勇军带到巴黎的，所以被称为“马赛曲”。

《马赛曲》由于鼓舞人民为保卫祖国而战，发挥了巨大的团结、教育和战斗的作用，成为自由和民主之歌的代名词，因而被法兰西第一共和国于1795年定为法国国歌，并沿用至今。

5. 国花

法国是一个鲜花之国，首都巴黎有“花都”的美誉。法国国花是鸢尾科的“香根鸢尾”（Iris pallida），它体大花美，婀娜多姿。鸢尾花只有三枚花瓣，向上翘起；外围的另外三瓣乃是保护花蕾的萼片，向下翻卷。另有一些鸢尾的花心深处还长有三枚由雌芯变成的长舌形瓣儿。鸢尾花大而美，花朵既像起舞的彩蝶，又似翩飞的隼鹰。法国人用鸢尾花表示光明和自由，象征民族纯洁、庄严和光明磊落。

6. 国鸟

法国的国鸟是“公鸡”。公鸡除了有观赏和经济价值外，还有报时的本领，所以，自古以来受到法国人的喜爱。另外，公鸡勇敢、顽强的性格也受到法国人的青睐。直到今天，法国人以“高卢雄鸡”代表法国而自豪。

7. 国石

法国国石是“珍珠”。珍珠属非矿物质，具有光泽柔和与洁净美丽的外表，通常被视为圣洁和高雅的象征。

8. 绰号

法国有个绰号叫“玛丽安娜”（Marianne），漫画中常以戴一顶弗里吉亚三色帽（Bonnet phrygien）的女人来象征。其实，玛丽安娜（1536～1624）是西班牙的一位作家。法国一名叫弗朗索瓦·拉瓦亚克（François Ravaillac）的天主教徒受到玛丽安娜著作的启发，在1610年刺死了法王亨利四世（Henri Ⅳ）。19世纪中叶，法国共和党人的一个秘密团体即以“玛丽安娜”为名，从事推翻帝制和建立共和国的斗争。此后，“玛丽安娜”成为法兰西共和国的绰号和象征。二战后，法国政府时常选些为共和国做出贡献的女名人作为玛丽安娜的模特，以表彰她们为法兰西民族赢得的荣誉。国家将依照她们的外形制作出能够代表国家的塑像、邮票、硬币。法国政府还不断地更新玛丽安娜的形象，令她始终保持着清新、靓丽的外表。法国市长联合会已经于2012年选出时年47岁的法国电影女明星、曾有“法兰西第一美人”之称谓的苏菲·玛索（Sophie Marceau）作为玛丽安娜的新形象和代名词。2013年，法国新版邮票中的玛丽安娜具有“国际性的和超越时间的元素。她的双手具有文艺复兴时期特有的现实主义和高雅，她的双眼是当代法国连环画、20世纪80年代亚洲动漫和50年代美国动画片的现实主义的混合物”，她使法兰西共和国女神更年轻。

第二节　宗教与民俗

一　宗教

法国是一个政教分离的国家，也是一个宗教信仰自由的国家。根据法国民意调查所（IFOP）2011年统计[①]，基督教徒（包括天主教徒和新教徒）占法国人口65%，伊斯兰教徒占法国人口7%，犹太教徒占法国人口

① 法国官方为保护宗教信仰自由，禁止官方对宗教信仰的法国人进行统计，因此，现在的统计数据都是由民间机构进行统计。

1%，信仰其他宗教（东正教、印度教、佛教、道教）的教徒占法国人口2%，无宗教信仰者占法国人口25%。

从传统上和历史上看法国是一个天主教国家。公元1世纪，罗马帝国入侵高卢的同时也带来了基督教。法国封建社会初期，从基督教中分裂出来的天主教利用王权的衰落乘机扩展势力。卡佩王朝（Hugues Capet）则想方设法削弱教会的势力。自此，王权和教会的明争暗斗在法国历史上时起时伏，长年不断。11～13世纪，法国封建王朝以保护基督教的名义6次参加了十字军东征。16～17世纪上半叶，以东北部的贵族吉斯公爵（Guise）为首的天主教集团和以南部、西南部的贵族波旁家族（Bourbon）为首的新教（耶稣教）“胡格诺派”（Huguenots）发生了激烈的宗教战争，史称“胡格诺战争”。直到1598年，“胡格诺派”领袖亨利四世（Henri Ⅳ）宣布放弃新教，这场持续30多年的战争才宣告结束。亨利四世还于同年发布南特赦令（Ordre impérial de Nantes），宣布天主教为国教。18世纪法国启蒙思想家对宗教和天主教进行猛烈的抨击，法国大革命中曾经宣布政教分立。法国大革命后共和派和保皇党、改革派和保守派、左派和右派之间继续围绕政教分离还是政教合一展开了激烈的较量。直到法兰西第三共和国成立，才于1905年通过政教分离法，规定国家和教会互不相干，井水不犯河水。自此，宗教不能像过去那样直接干预和左右法国政治生活了，但是，法国政府和教会之间的纠纷和冲突经常发生，特别是在如何对待教会控制的私立学校问题上。改革派和左派主张私立学校“公立化”和“世俗化”，而教会则要坚决保留这个势力范围。直到今天，私立学校问题依然是法国政治生活中的热点。

2011年，法国有45000座天主教堂，3000座新教（耶稣教）礼拜堂，7000名神甫（2012年）。在法国，从城市到乡村可以随处看到大大小小的教堂，其中巴黎的巴黎圣母院（Notre Dame de Paris）和圣心大教堂（Basilique du Sacré Coeur）闻名遐迩。巴黎圣母院是巴黎一个最主要的宗教祷告场所，每天都要举行祷告活动。在那高大和深邃的哥特式建筑的殿堂里，信徒们点着蜡烛，进行宗教仪式。每逢宗教节日，巴黎圣母院更是热闹非凡。巴黎圣母院的圣诞节夜晚的弥撒由巴黎大主教亲自主持，信徒们纷纷前来参加。法国历来有“教会长女”之称谓，还有许多天主教的圣地和古迹，吸引着众多的善男信女前来朝圣。法国官方还为此专门成立了全国朝圣委员会，规划和安排天主教徒的朝圣活动。

伊斯兰教是法国的第二大宗教。2011 年，法国有 2400 座清真寺院和祷告坛，1800 名教长（2013 年）。绝大多数伊斯兰教的信徒是外籍移民，其中来自马格里布三国的占 80% 左右。此外，土耳其穆斯林占 8%、黑非洲穆斯林占 4%、欧洲穆斯林（包括法国人和欧洲移民）占 5%。

2011 年，法国犹太教徒有 280 座犹太教堂，还有 150 座佛教教堂，主要提供来自越南、柬埔寨和老挝三国的佛教徒进行宗教活动。此外，道教在法国产生越来越大的影响，有关道教著作的法译本十分畅销。

法国权威人士 2014 年调查后指出，法国宗教发展趋势是：基督教徒（包括天主教徒和新教徒）将逐渐减少，从 2010 年占法国人口 63.0% 减少到 2020 年 58.1%；伊斯兰教徒将有所增加，从 2010 年占法国人口 7.5% 上升到 2020 年 8.3%；其他宗教教徒也有所增加，从 2010 年占法国人口 1.5% 增加到 2020 年 1.7%；无宗教信仰者增加比例大，从 2010 年占法国人口 28.0% 上升到 2020 年 31.9%。

在保护宗教信仰自由的同时，一方面，通过立法禁止在学校和公共场所佩戴宗教标志的饰物；另一方面，通过 2001 年《反邪教法》加强了对邪教组织的监控和防范。根据这项法律，被判处犯有伤害人身、非法行医、非法售药、做欺骗性广告和走私等罪行的邪教组织，高等法院有权予以取缔。

二 节日

法国是一个节假日众多的国家。在这些假期内，法国的商店、公司及机关单位都停止工作。这里介绍的是全国性的节日，分为宗教节日和民众节日两部分。

（一）宗教节日

“三王来朝”节（Fête des rois） 或者称为“王朝节”。天主教节日。1 月 6 日这一天，人们要吃“三王来朝饼”，这种饼内藏有一种叫蚕豆的小东西。由家中最小的成员蒙上眼睛，将饼分给大家。吃到蚕豆的人被封为国王（王后），并挑选他的王后（国王）。全家人或朋友们举杯高颂："国王干杯，王后干杯。"它象征让人交好运。

圣蜡节（Chandeleur） 2月2日是圣诞节传统的结束日子。根据宗教礼拜仪式，圣蜡节是圣母玛利亚行洁净礼，也是带初生耶稣到主堂瞻礼。这一天，家家都做鸡蛋薄饼，鸡蛋饼煎得又薄又黄，像太阳似的金黄色。

复活节（Paques） 每年春分月圆后第一个星期日（3月21日至4月25日之间）为天主教和新教的复活节，因为根据《圣经·新约》记载，耶稣在被钉死后于这一天复活。这就是复活节的由来，故又称为"耶稣复活瞻礼"或"主复活节"。复活节也是一个重要的宗教节日，法国于这一天起放假两周。法国人正是利用这个长假和春天的明媚时光外出旅游、探亲访友、参观、购物等。这一天习惯给孩子们送些用巧克力制作的钟、蛋、鱼、鸡等。

耶稣升天节（Ascension） 根据《圣经·新约》记载，耶稣复活后第40天升天（5月1日至6月4日之间），故被定为"耶稣升天节"。这个节日一般在星期四，法国要放假一天。

圣灵降临节（Pentecôte） 传说耶稣复活和升天后第50天，派遣"圣灵"降临。门徒领受圣灵后开始传教。因此，6月13日这一天被教会规定为"圣灵降临节"。法国于这一天起放假两天。

圣母升天节（Assomption） 天主教节日。传说8月15日这一天，圣母升天，故又称"圣母安息日"。法国于这一天放假。

万灵节（Toussaint） 也称"诸灵瞻礼"，基督教节日之一。法国每年于11月1日放假一天。法国人于这一天到墓地凭吊已故的亲人，并献上作为祭祀用的白菊花，相当于中国的清明节。注意千万不要将这些花送给其他人。

圣诞节（Nôel） 传说上帝之子耶稣于12月25日夜里诞生，故称"圣诞节"。为了庆祝这个宗教节日，法国与其他西方国家一样，从12月24日起加上周末及随之而来的元旦放假10天左右。在节日期间，大人们利用假期走访亲戚、拜访朋友和旅游休闲，相互赠送礼物。圣诞节晚上，法国人全家团聚在一起共进晚餐，传统的菜肴有肥鹅肝、牡蛎、火鸡、奶酪和甜点等，喝葡萄酒和香槟酒。家长分发圣诞节礼物，孩子们围着挂满彩灯的圣诞树玩耍和嬉闹，也可先去睡觉等待圣诞老人的来访。午夜过后，人们聚集到广场唱歌、跳舞、表演节目，狂欢到黎明。在街头巷尾，白须红袍的圣诞老人向儿童分发糖果和玩具。根据圣诞节的宗教传统，所有教徒都要在12月24日深夜11点钟到教堂参加弥撒，相互祝愿“圣诞快乐”，交换礼物。但是现在进行这种宗教活动的人越来越少。实际上，圣诞节已经走向社会化和民间化。

（二）民众节日

儿童生日 吃生日蛋糕，父母要为其点燃生日蜡烛。亲戚朋友的贺卡，以邮寄方式为好。

元旦（Jour de l'an） 同世界各国一样，是为迎接和庆祝新年到来的节日。但在1564年以前，法国的新年是4月1日。直到1564年，查理九世（Charles Ⅸ）才下令将法国新年改为1月1日。元旦这一天，向家人、亲戚和朋友祝“新年好”和“身体好”，家庭团聚，吃年饭，也可馈赠红包和小礼物。如元旦没能见面，可寄新年贺卡，整个1月份都可以寄。还可以向过去一年中为自己和家庭服务的佣人、邮递员、守门人等馈赠红包。

圣瓦朗坦节（Saint-Valentin） 亦称“情人节”（Fête des Amoureux）。法国安德尔省有一个圣瓦朗坦村，地处贝里香槟地区（Champagne berrichonne）中部，每年在距离2月14日最近的那个周末，都要举行情人节活动，其影响超越了当地，成为“情人村”。每逢节假日，越来越多的游客来到“情人村”，在小村的情人花园、爱情柳树、情人之家、情人邮局、情人商店、情人亭和教堂观光，享受情人的乐趣。在法国其他地方，2月14日这一天情侣结伴出去，或去餐馆，女孩子们收到鲜花和首饰。

愚人节（Poisson d'avril） 也称万愚节、幽默节，是西方社会民间传统节日。每年4月1日这一天，人们以多种方式开周围人的玩笑，如在别人的衣背上贴上纸鱼开玩笑，上当者当被告知是愚人节时，才恍然大悟，所以这一天总是能够引出许多笑话。

五一节（Fête du travail） 国际劳动节，法国放假一天。送一束铃兰花，若一株有13朵小白花则表示有好运。

二战胜利日（Victoire 1945） 5月8日，这一天法国各村镇都要向烈士纪念碑送鲜花。

音乐节 6月21日，这一天音乐家和音乐爱好者会在大街小巷演奏节目。在首都巴黎凯旋门、戴高乐广场和香榭丽舍大街，来自各国的音乐家演奏乐曲，听众熙熙攘攘，热闹非凡。

电影节 6月底或7月初为期三天，影院门票很便宜。

国庆节（Fête national） 1789年7月14日，巴黎人民攻占了法国封建王朝的巴士底监狱，爆发了震惊世界的法国大革命。7月14日这一天，曾经一度作为法国的国庆节。但1814年封建王朝复辟后被废除。直到法兰西第三共和国议会于1880年6月通过决议，把1880年7月14日定为法国国庆节。从那年开始，7月14日就成为法兰西共和国的国庆节。每年7月14日，全国放假一天。为庆祝这个最隆重的节日，法国家家户户挂国旗，公共场所张灯结彩，一片节日气氛。法国还要在香榭丽舍大街上举行盛大的阅兵和游行，国家元首要发表演说和颁发奖章。入夜，还要放五彩缤纷的烟火。在凯旋门上空，红、白、蓝三色探照灯的光柱摇曳，十分壮观。有些村庄会组织火炬游行、跳舞等。

冥节（Jour des Morts） 11月1日这一天，在陵园、墓地被菊花点缀。

停战节（Armistice） 法国定于每年11月11日庆祝第一次世界大战的胜利和纪念第二次世界大战中的烈士。总统或总理要亲自向有功的官兵和两次世界大战中生还的英雄颁发奖章。法国许多机构和企业坚持放假一天。

圣-喀德琳节（Sainte-Cahterine） 25岁及以上未婚姑娘的节日。11月25日这一天25岁尚未婚嫁的年轻姑娘们梳妆成圣-喀德琳。这些庆祝圣-喀德琳节的姑娘在位于与其同名的大街上的圣女雕像前献花圈。

年轻姑娘们戴着许多黄色和绿色的小帽子，一个比一个新颖。在大的女装店内，人们跳舞，喝香槟。圣－喀德琳是当日的女皇。

此外，周六和周日为假日，职工每年还可享受法定五周带薪休假的待遇。法国大多数人一般选择在7～8月度假，也有少数人在冬季度假。在节假日，工厂停工，企业休息，商店关门，除了度假区热闹非凡外，一般城市比较冷清。

三　民俗

1. 姓名

法国人的姓名深受拉丁文化和天主教的影响。在古代，法国人只有一个称呼，无所谓姓。中世纪，法国的婴儿出生后都要到教堂举行洗礼并起一个教名，教名都从为数不多的圣人名字中选择。公元9～10世纪，法国人往往在教名之后加一个别名，以避免同名现象，后来世代沿用便形成了姓。1539年颁布的法令规定，法国人在身份登记时必须有姓和名。自此以后，法国人或是以社会职业、身份、亲属关系为姓，如Pasteur（职业是牧羊人，译为巴斯德）；或是以采邑、地名或地理特征为姓，如Normand（地名诺曼底，译为勒·诺尔曼），又如17世纪法国寓言诗人Fontaine（属于地理特征有喷泉，译为拉封丹）；或是以绰号、诨号、外貌、性格特征、动物名称为姓，如Boivin、Boileau（嗜好是爱饮酒、爱喝水，译为布瓦万、布瓦洛），又如Camus（外貌或诨号为扁鼻子，译为加缪）。封建贵族在他们的姓的前面还要加上“De”以示血统和身份的高贵。1804年颁布的拿破仑法典首次规定，法国公民必须代代相传地使用一个不变的家姓（主要是父姓）。

当代法国人的姓名，通常由一姓一名组成，名在前，姓在后。例如，前任法国总统Jacques Chirac（雅克·希拉克），Jacques（雅克）是名，Chirac（希拉克）是姓。但是，当代法国人的姓名也有3个甚至4个。例如，法国前总统戴高乐的全名是Charles André Joseph Marie de Gaulle（夏尔·安德烈·约瑟夫·玛丽·戴高乐）。法国人往往把自己所尊重的名人或家族中某个人的名字加在自己的名字里以示纪念，但人们称呼或书写时往往只用本名，如戴高乐总统一般叫夏尔·戴高乐。

法国人的姓没有男女之分，但名有时可以分出性别来。例如，Pierre（皮埃尔）、Louis（路易）、Georges（乔治）等都是男子名；Anne（安娜）、Rose（罗丝）等都是女子名。同一名字妇女使用时有性的变化，如Jacques（雅克）的阴性是Jacqueline（雅克琳）。20世纪以前，法国女子婚后即从夫姓。现在，已婚法国妇女使用夫姓的同时，也可以保留娘家姓。

法国人也有用复姓的，复姓一般是将夫妇两人的姓合在一起，夫姓在前，妻姓在后。复姓在书写时用短横线连接起来。

2. 礼仪

今日欧美的许多礼仪多来自法国。其中，最为典型的是尊重妇女的风尚，即所谓“骑士风度”，便是中世纪法国的创造。

法国人讲究礼仪，常用的称呼是“先生”“夫人”“小姐”。对方有职务、学衔、学位，则在姓或姓名之后冠以职务、学衔、学位，如Lionel Jospin Premier ministre（利昂内尔·若斯潘总理）、Briot Professeur（布里奥教授），有时还可以在姓名之前冠以“先生”“夫人”，如M. Briot Professeur（布里奥教授先生）、Mme. Prévost Secrétaire général（秘书长普雷沃夫人）等。初次见面称呼姓，不能随便称呼名字。只有最亲近和非常熟悉的人才能直接称呼名字。

在法国，已婚妇女和未婚妇女称为“Madame”（夫人、太太、女士）或“Mesdames”（夫人们、太太们、女士们）。如果加在某些女子职称前则是尊称，如Madame la Présidente（主席女士）、Madame la Députée（议员女士）。对已婚女子不能称“小姐”，对老年妇女不能称呼“老太太”。

为表示对妇女的尊重，法国人在举止行动上讲究“女士第一”。男女见面时，男子要待女子先伸出手才能与之相握。走路、入室、就座都让妇女先行一步。在社交场合，如一方年龄或地位与对方很悬殊时，应先把年少的介绍给年长的，把地位低的介绍给地位高的。此外，均应先把男子介绍给女方，然后把女子介绍给男方。在宴请时，上菜敬酒先女后男，告别时先向女主人道谢。

与法国人初次见面，在通常情况下一边握手并相互说“您好吗?”或“您身体好吗?”或“见到您真高兴”等寒暄的话。在告别时，相互可以说“见到了您真愉快”或“希望能再见到您”等客套话。如果是熟人，相互可以简单地打招呼说“您好”。法国人之间见面时则是以亲面颊或贴面颊替代握手。

在日常生活中，法国人常用的礼貌用语是“谢谢”和“请原谅”。对任何人提供的帮助和服务，法国人都要说“谢谢”。做错一件事，无论有意或无意，都要主动向对方表示歉意，说“请原谅”。

法国人如同其他欧美国家的人一样，在与陌生人交谈时不能打听对方的年龄、收入、婚姻状况、宗教信仰等。他们认为这些都是个人隐私，不愿意向他人吐露。

3. 饮食和宴请

法国是世界上屈指可数的“美食大国”之一，其美食闻名于全球，其饮食文化与中国饮食文化齐名。早在中世纪，法国初步形成了一套独特的饮食文化。2010 年，法国美食被联合国教科文组织列入世界非物质文化遗产名录。法国人重视美食教育，从小学就开始进行健康饮食的教育。1990 年起，法国每年 10 月都在中小学举行“味觉周”（Semaine du goût）活动，厨师们走入学校，与学生一起分享他们的烹饪知识和技能，让孩子体验什么是法国传统的美食文化。2010 年起，法国每年 9 月下旬举办一年一度的美食节（Fête de la gastronomie）和“人人下馆子”（Tous au restaurant）活动，进行法兰西吃货总动员，让众人聚集在创新和愉快的氛围中弘扬法国崇尚美食精神，推广健康、优质有机食品理念。美食节已经成为全法国一起庆典的节日，也展现法国美食的丰富多彩。2015 年起，法国 LA · LISTE 国际美食排行榜每年在 165 个国家的 16000 个优秀美食地点中评出全球最杰出 1000 家餐厅，以发扬法国和世界各国的美食文化。“2018 世界杰出 1000 家餐厅榜单”揭晓，其中，中国 123 家、法国 118 家分别排在第二位和第三位。

法国人十分讲究吃，认为烹饪和就餐是一大乐趣，也深以法国的烹饪而自豪。他们认为吃是一种最基本的生活艺术，值得花大量时间去张罗。

烹饪和饮食是法国人文化意识的表现。法国烹饪的特色，简单地讲就是量大、质精、花色多。烹饪方式方面，虽然没有中餐那么全，但也有炖、煎、蒸、炸几种做法，讲究原汁原味，特别注重调味品。

法国人也是一日三餐。早餐比较随便和简单，主要是一杯咖啡，或一杯咖啡加牛奶，或一杯可可。主食或是羊角油酥面包，或是抹上黄油或果酱的棍子面包（Baguette），或是羊角面包（Croissant），或是面包片。午餐传统的吃法应该有冷盘、以肉类为主的正菜、奶酪和尾食。当代法国人劳动、工作和学习紧张，中午常常吃快餐。下班后回到家里，需要放松和享受，所以晚餐是名副其实的正餐。就餐前，先要喝开胃酒，然后是汤、以肉类为主的正菜、蔬菜、奶酪、点心和水果，还要配上各种酒类。

在法国人传统的饮食中，面包、葡萄酒和奶酪是必不可少的。法国面包的花样品种繁多，长的、方的、圆的、扁的，形状各异，共有 700 多个品种。按其原料配方不同可分为三类：以纯小麦面粉制成的白面包；以小麦面粉和黑麦面粉混合制成的灰面包；在面粉中加鸡蛋制成的黄面包。棍子面包属于白面包，是法国家庭在餐桌上必备的大众化食品。棍子面包必须严格地按照法国政府规定的配方制作。在法国城市的街道上，下班的工薪族手里拿着或腋下夹着刚刚从面包店或超级市场买来的又粗又长、外焦里嫩的棍子面包，急匆匆往家里赶，成为法国社会生活的一大景观。

法国人饮酒是一大嗜好，无论在就餐时还是日常交往中，都要来一杯酒，久而久之就形成了法国特有的酒文化。法国盛产葡萄，并以葡萄为原料酿造红白葡萄酒、白兰地和香槟酒。而法国葡萄酒的酿造已有 300 多年的历史，因此，法国素有“葡萄酒故乡”之称。2014 年法国议会通过决议将葡萄酒列为国家文化遗产，2015 年联合国教科文组织将法国香槟的葡萄园、酒庄、酒窖和勃艮第葡萄园风土列为世界文化遗产，这都说明葡萄酒文化在法国人生活中的分量。法国人饮酒的学问多，在就餐前喝香槟酒、马丁尼酒或鸡尾酒来开胃，在喜庆举杯祝贺时也使用香槟酒，香槟酒酒精度数小，呈浅黄色，加汽，有甜味，主要产地是香槟；在就餐时，法国人往往几种酒混合饮用：吃鸡鸭等红肉饮用红葡萄酒；吃海鲜等白肉菜肴时饮用白葡萄酒。如果再着意追求法国饮食文化和酒文化的话，哪种菜最适合配哪几种牌子的酒都有严格的规定。在就餐接近尾声时，法国人还要喝上一杯白兰地或甜烧酒，以便帮助消化。法国人饮酒，还讲究视觉、嗅觉和味觉。在饮用前，手托着酒杯晃动，让酒与空气充分接触，使酒产生某些变化，也使酒味随着流动的空气四溢。然后，用眼睛看酒的成色，是浑浊还是清澈，酒的成色越透亮越好。还要用鼻子凑近闻一闻，也能闻出酒的好坏。最后，在喝第一口时，用舌尖将酒液沾满口腔，可以品尝酒的质地优劣。

法国人在就餐接近尾声时，还要端上一碟奶酪来享受。法国于1791年发明奶酪以来，已经有200多年的历史。目前，法国生产的奶酪不仅产量高，而且品种繁多，达到400多种。因此，法国被誉为“奶酪王国”。

法国人好客，常常盛情邀请客人吃饭。午宴带有业务特性，但不正式；晚宴较为正式。如果是午宴，邀请时，一般打个电话就可以了。如果是晚宴，一般需发请柬邀请客人。请柬，印制的或手写的均可，需邮寄给客人，注意给客人留有答复的时间。在宴请中，一般少不了当地的名菜。

畜牧业最发达的诺曼底，著名的葡萄酒产区波尔多，河流和湖泊纵横的中南部大城市里昂，以及南方地中海沿岸，是法国四个主要的美食代表区。诺曼底的特产是奶油、牛奶和奶酪等乳制品，清蒸海味浇上乳酪浓汁和酒烩牛肉是当地的名菜。里昂的各式香肠最为脍炙人口。马赛的烩杂鱼汤十分可口。地中海沿岸的橄榄油煨茄子和生菜沙拉，香气四溢。法国名菜还有蜗牛菜（escargots）、烤龙虾、鹅肝酱（foie gras）、贻贝佐大葱（moules marinières）、扇贝土豆泥（coquilles saint-jacques）、螯虾佐香芹（homard persillé）、鲑鱼奶白酥（soufflé au saumon）、蛙腿（cuisses de grenouilles）、牛排配土豆（bifteck avec pommes frites）、黄油煎小羊排（noisettes d'agneau）等。

出席晚宴，着装较为讲究。女士，一般穿着颜色较深的无袖、较短的连衣裙或外衣；佩戴手镯、项链、耳环等；整理发型，发蜡不宜过多；袜子的颜色，视季节而定，冬季穿黑色的，夏季穿较透明的；天气凉爽时，可带上披肩；一般都带上个化妆包。男士，一般穿深色套装，白色长袖衬衫；领带新颖大方，不易过花；皮鞋上蜡，袜子长一些的为好。

餐厅迎接客人，邀宴的主人不应迟到。如果与客人一同去餐馆，进餐馆时，主人应走在前面。如果客人中有女士，男士先进餐馆，需对女士彬彬有礼地说声："太太，请允许我走在您的前面。"

餐厅座位安排主人右边的座位，留给社会地位最高的受尊敬的年长者，左边座位留给排行第二的客人。需等年长者坐下后，其他人才能入座。

餐具搭配比较讲究，第一道菜，用最外面的刀叉。如果是鱼，只用叉子就行了，这样可显得高贵。酒杯，大号的是水杯，中号的是红葡萄酒杯，小号的是白葡萄酒杯。所有的酒都是当着主人、客人的面开瓶以示尊重，保证是刚开启的新鲜酒。任何正式的宴会都不会对此有一点马虎，否则将会引起宾客的不快。

请客时间，午宴不宜过长，这样客人下午头脑还清醒，可以继续工作；晚宴，时间可以长些。

用餐付款，招呼买单，迅速看一眼单子，然后用信用卡支付，以避免掏出钞票，让客人觉得不自在；如果邀请主人是女士，客人是男士，女主人付款有三种办法，或进入餐馆时就将信用卡交给餐馆，或就餐结束时起身去柜台付款，或注视服务员，让他明白将由女主人付款。

4. 服饰

法国人一向在服饰方面追求时尚。早在封建王朝时期，统治阶级对华丽和时尚衣着的提倡和鼓励、纺织工业的发展和法国优越的地理位置，使巴黎于17世纪50年代就成为欧洲时装中心，并逐渐获得"世界时装之都"的美名。

法国人的服饰因阶层和收入的不同而有所差别。总的来看，法国人日常生活着装比较讲究舒服、实用和简便，但是依然要追求品位。首先，法国人在日常生活中的穿戴选择根据个人的爱好，从款式、色彩到服饰配件的搭配都要注重表达个性和体现美感。其次，法国人日常生活的着装不拘一格，千姿百态，在公共场所难以看到穿着雷同的人。为了剪裁合体和突出个性，相当多的法国人愿意定做自己的服饰，因此专门迎合个人爱好和需要的小裁缝店在法国特别是巴黎十分发达。总之，日常生活中的穿着也反映了法国人所受到的法国服饰文化的熏陶。

除了日常生活的着装外，法国人还讲究不同场合有不同的服饰。白天，蓝领（主要指体力劳动者）穿着蓝色劳动服；白领（主要指办公室职员）男士穿西服打领带，白领女士则穿职业套装或连衣裙。晚上，法国人无论哪个阶层，在参加活动时（出席晚宴、进剧院、访亲问友），都要认真梳妆打扮，穿上时髦和心爱的服饰，有时要换上晚礼服。

巴黎以“时装之都”闻名于世，主要还在于它的高档时装，因此巴黎时装实际上就是指高档服装。巴黎高档时装大多数是由法国著名的服装设计师设计，例如我们比较熟悉的皮埃尔·卡丹、伊夫·圣洛朗（Yves Saint-Laurent）等，配以高档面料和华丽的饰物，再由服装技师用手工精心缝制而成。在法国，这种高档服装店也只有20多家，其价格十分昂贵。因此，去巴黎购置高档时装和穿着法国名牌服装成为西方世界的社会名流显示财富和地位的象征。在巴黎，每年举行两次高档时装表演：冬季的时装表演推出春季和夏季时装；夏季的时装表演推出秋季和冬季的时装。时装表演盛况空前。届时在巴黎，从名贵的时装店到一般的超市，从凡尔赛宫到杜依勒里公园，从爱丽舍田园大街到协和广场，到处都有别出心裁、标新立异的演出。高档时装表演吸引了世界各地的时装专家、客商、新闻记者和社会名流。他们从中获得了灵感，进行模仿或者再创造。在时装节上，人们可以了解到世界最新时装的发展趋势，以及服装发展的最新潮流。每年举办这种时装盛会已成为巴黎的传统。

5. 婚姻

根据法国的传统习俗，法国人十分重视结婚联姻。至今，仍有许多法国人按照传统习俗结婚。按照这种传统习俗，经过媒人牵线搭桥相识或者在公共场合邂逅，男女双方再经过一段时间的接触和交往相互感到满意后，男方托媒人向女方家长提亲。如果对方同意，这对恋人便可以联袂出席舞会或参加其他的公开活动。在这期间，各方都在了解对方的经济和财产情况以及对方的个人发展前途，决定是否订婚。如果同意订婚，则要举行隆重的订婚仪式，由女方设宴招待两家的亲友。在宴席上，男方家长向未来的儿媳赠送贵重的首饰。结婚前夕，新郎和新娘分别宴请亲友，表明与单身生活告别。举行婚礼的当天，新郎到女方家迎亲，然后由乐队开道，穿着结婚礼服的新郎和新娘在前，亲朋好友跟随其后，来到教堂或市府，由神父或市府官员主持婚礼。

法国人的婚姻观总的来说还是遵循传统的，绝大多数法国夫妻愿意在一起生活，双方有牢固的感情基础，能够厮守终身。但是，二战后一些年轻人的婚姻观发生了变化，出现了反传统的现象。他们不重视公证结婚，更不重视结婚仪式了。他们认为自由同居比正式婚姻好。这是因为，这些年轻人追求性解放，把婚姻视为束缚了自由。另外，结婚容易离婚难，还造成财产的纠纷，而自由同居可以避免这些难题的发生。从而造成结婚人数减少，结婚率的下降，但从 2013 年起趋向稳定。法国结婚人数和结婚率，2000 年分别为 30.5 万和 5.0‰，2010 年分别为 25.2 万和 3.9‰，2015 年分别为 23.6 万和 3.5‰，2016 年分别为 23.3 万和 3.5‰，2017 年分别为 22.8 万和 3.4‰。

与此同时，法国离婚人数和离婚率有所增加，法国离婚人数和离婚率，2000 年分别为 11.7 万和 1.9‰，2010 年分别为 13.4 万和 2.1‰，2014 年分别为 12.4 万和 1.9‰，2015 年分别为 12.4 万和 1.9‰，2016 年分别为 12.8 万和 1.9‰。

1999 年 11 月颁布的“共同责任的民事协约法”允许签约的异性或同性同居。法国政府向同居者颁发证明书，同居者享有与结婚者相同的权利，如医疗保险、妇产保险、家庭补贴等，他们的子女也有合法的身份，从而使男女同居现象越来越多。签约的同居者，2000 年还只有 2.7 万对，2010 年达到最高峰 21.1 万对，此后逐渐减少，2012 年为 16 万对，2014 年为 16.7 万对，2015 年为 16.7 万对。

2013 年 4 月 22 日，法国同性婚姻法获得议会通过，该法律允许同一性别的人结婚。法国成为世界上允许同性结婚的第 15 个国家。法国的首对同性夫妻登记于 2013 年 5 月，2014 年有 10000 对，2015 年有 8000 对，2016 年有 7000 对。

6. 生肖与禁忌

我国 12 种生肖，除“龙”是虚构的外，均为常见的飞禽走兽，且每种代表一年，而同欧洲各国大体相同的法国人的生肖，则是天文学上黄带的12个星座，如：白羊、金牛、双子、室女等，这12种生肖分别代表一年12个月，而不是一年一生肖。

法国人忌讳“13”和“星期五”，认为这些数字隐含着凶险。法国人大多喜爱蓝色、白色与红色，他们所忌讳的色彩主要是黄色与墨绿色。忌送菊花、康乃馨等黄色花，认为黄花象征不忠诚。玫瑰花只能送单数，表达爱情。菊花、牡丹、玫瑰、杜鹃、水仙、金盏花和纸花，一般不宜随意送给法国人。

在人际交往之中，法国人对礼物十分看重，但又有其特别的讲究。宜选具有艺术品位和纪念意义的物品，不宜以刀、剑、剪、餐具或是带有明显的广告标志的物品。在接受礼品时若不当着送礼者的面打开其包装，则是一种无礼的表现。

第三节 特色资源

一 名胜古迹

法国是一个历史悠久的国家，拥有众多名胜古迹和古建筑，其中近40处被列入联合国教科文组织的世界文化和自然遗产，与意大利、西班牙、中国等同为世界遗产最多的国家。现介绍其中的一部分。

卢瓦尔河流域的古堡群 卢瓦尔河素有“法国花园”美称，这里集中了一大批古堡群。法国中世纪兴建了许多古堡，达3.6万座，构成法国文化遗产的重要组成部分。法国堪称古堡之国。其中在巴黎西南部的卢瓦尔河流域以图尔为中心周围200公里地带集中了140多座古堡，是法兰西文明的见证。法英百年战争时期，法国王室曾到卢瓦尔河谷地区避难，王公贵族和达官贵人纷至沓来。他们在这个风景秀丽、植被茂密、气候宜人的河谷大兴土木，修筑富丽堂皇的宫殿和城堡，作为休闲和享乐之地。古堡的建设一直延续到16世纪。这些古堡星罗棋布地坐落在山谷绿荫树丛之中，古堡内部装饰豪华气派，雕梁画栋，独具匠心。参观卢瓦尔河流域的古堡，不仅把游客带入仙景，而且带回到遥远的年代，感受法国中世纪的历史生活。所以这段河谷被后人称为“帝王河谷”，联合国教科文组织将其列入世界文化遗产。在这些古堡中，最著名的有17座，如富丽堂皇的昂布瓦斯城堡（château d'Amboise），创作旷世名作《蒙娜·丽莎》[portrait de Monna Lisa，绰号称“拉约孔德”（La Joconde）]的达·芬奇（Da Vinci）曾经在这座城堡附近度过晚年并在城堡里谢世。此外，还有富有浪漫情调的“水上城堡”——舍农索（château de Chenonceaux）、贞德（Jeanne d'Arc）晋见王太子请缨抗英的希农城堡（château de Chinon）、达·芬奇亲自设计的尚博尔城堡（château de Chambord）等。

枫丹白露（Fontainebleau） 位于巴黎市中心东南偏南55公里处。枫丹白露原意为“美泉”。这里风景绮丽，森林茂盛，古迹众多，自古以来就是狩猎避暑的胜地。最美的是弗朗索瓦一世的画廊。室内有众多的寓意画，水果装饰品、花环彩带和丰富的石膏花饰，雕塑品，是带意大利风格的法国文艺复兴艺术的典范。在枫丹白露宫中有一个中国馆，收藏和展览圆明园珍宝。这座16世纪的宫殿，直到19世纪它的修缮扩建都未停止过，各个时期的建筑风格都在这里留下了痕迹，众多著名的建筑家和艺术家参与了这座法国历代帝王行宫的建设。

凡尔赛宫（château de Versailles） 位于巴黎西南15公里处，伊夫林省省会，人口8.6万（2015年）。17世纪由路易十四（Louis XIV）下令修建凡尔赛宫殿和花园，后来成为三代帝王之家，法国的政治中心。

凡尔赛宫殿是欧洲最宏伟、最辉煌、最美丽的皇家宫苑。宫殿为古典主义风格建筑，立面为标准的古典主义三段式处理，即将立面划分为纵、横三段，建筑左右对称，造型轮廓整齐、庄重雄伟，被称为是理性美的代表。其内部装潢则以巴洛克（Baroque）风格为主，少数厅堂为罗可可（Rococo）风格。凡尔赛宫是法兰西艺术的瑰宝。

这座以奶油色砖石砌成的庞大宫殿，以东西为轴，其中轴线长达3公里，南北对称。整个宫殿占地面积为111万平方米，其中建筑面积为11万平方米，园林面积为100万平方米。宫殿西面是一座风格独特的法兰西式大花园，风景秀丽，大小道路都是笔直的，形成几何图案。道路两旁耸立着栩栩如生的人物石雕，被称为“跑马者的花园”。其宫殿外观宏伟壮观，内部陈设及装潢也富有艺术魅力。500 多间大殿小厅金碧辉煌，非常豪华。墙面多由五彩大理石镶制，或用锦缎裱糊。宫室里吊着各种巨型水晶灯，晶莹璀璨。主要宫殿的墙壁和天花板上布满壁画和天顶画，题材主要是神话故事和国王战绩。著名的镜厅，位居宫殿中央西侧，长 73 米、宽 10.5 米、高 12.3 米。镜厅墙面嵌着 17 面长方形的大镜子，每面镜子由 483 块镜片组成，在光线的反射下闪闪发亮，令人头晕目眩。

朗布依埃城堡（château de Rambouillet） 朗布依埃城堡位于凡尔赛市西南，它以古老的伊夫利纳（Yveline）森林中心的庄园——朗布依埃命名，地处谢弗洛兹（Chevreuse）上山谷天然公园中。城堡的花园向外延伸，水在小山谷低凹处流淌，并交错形成了六个小岛。拿破仑一世把朗布依埃城堡建成了一个狩猎聚集地和住宅区，1870 年城堡成为法国国家财产。

圣日耳曼昂莱城堡（château de Saint-Germain-en-Laye） 距巴黎西郊 23 公里，是文艺复兴式的建筑艺术风格。它始建于 16 世纪，曾经是历代国王的行宫，路易十四诞生在这里。其周围有一座美丽的花园环绕。城堡现已辟为国家古代文物博物馆。圣日耳曼昂莱城堡附近是一座拥有 4 万人口的同名城市。

圣米歇尔山（mont-Saint-Michel） 法国著名古迹，又是天主教除了耶路撒冷和梵蒂冈之外的第三大圣地，位于芒什省一个小岛上，距海岸 2 公里。小岛呈圆锥形，周长 900 米，高 88 米，由耸立的花岗石构成。涨潮时，海水铺天盖地滚滚而来，淹没岛屿四周的沙滩，形成孤岛独悬；退潮时，滩涂无垠，岛陆相连。涨潮与落潮的潮差为 14 米，堪称自然奇观。古时这里是凯尔特人祭神的地方。公元 8 世纪，在岛上最高处修建一座小教堂城堡，奉献给天使米歇尔，成为朝圣中心，故称米歇尔山。公元 969 年在岛顶上建造了本笃会隐修院。1211 ~ 1228 年在岛北部又修建了一个以修道院为中心的 6 座建筑物，具有中古加洛林王朝古堡和古罗马式教堂的风格。在这孤悬的袖珍小岛上修建规模宏大的建筑，创造了鬼斧神工的“西方奇迹”“法国第一景”。其中的大教堂为欧洲哥特式建筑中最古老、最杰出的建筑之一。圣米歇尔山上还珍藏有数量可观的珍贵书籍，有“书城”之雅号。圣米歇尔山已被联合国教科文组织列入世界文化遗产。

圣艾蒂安大教堂（cathédrale St-Étienne） 位于谢尔省会、法国的地理中心——布尔日市中心。始建于1195年，历时60多年才完工。是第一批哥特式建筑，隶属于同种风格建筑中的佼佼者。它以均匀的比例、雕刻、绘画以及彩色玻璃闻名。它设计风格俭朴，两个侧面的走廊、两个回廊，没有教堂的十字形翼部。它坐落在一个花团锦簇的花园中。由于没有十字形翼部，广场的空间获得了侧面的透视效果和紧凑感。第一个回廊的天花板的高度是21.3米，第二个是9.3米。两个回廊天花板高度的不同使第二个回廊也能像第一个那样修建三拱式拱廊和天窗。第一个回廊、小型化处理的第二个回廊和中心广场的空间构成了独特的金字塔空间形式。大门上粘贴的图画是《最后的审判》的主题画。其后右侧大门上的是“圣艾蒂安”主题画，左侧的是“圣母玛丽亚”的主题画。在欧洲的哥特式建筑中，圣艾蒂安大教堂堪称典范。

亚眠主教堂（grande cathédrale Amiens） 位于索姆省亚眠市的索姆河畔。亚眠大教堂建于1220年，由3座殿堂、1个十字厅和1座后殿组成。其中十字厅长133.5米，宽65.25米，从地面到拱顶内侧高为42.3米。外观为尖形的哥特式建筑，墙壁几乎全被每扇12米高的彩色玻璃窗代替，几乎看不到墙面，开启了建筑史上的新阶段。教堂的墙壁上雕饰有基督教先知、信徒和法国历代国王的画像。教堂有巨大的连拱，拱门与拱廊之间用花叶纹装饰。教堂的支撑柱都是4根细柱和1根圆柱组成的束形柱。亚眠大教堂门洞里，表现宗教题材的雕像非常著名。三座门上的雕刻群表现各种宗教修养、圣人传以及创造大地的历史，有人称其为“石头上的百科全书”。正门雕塑的是《最后的审判》，北门雕塑的是殉道者，南门雕塑的是圣母生平，这一组雕像被称为“亚眠圣经”，是极富表现力的雕刻精品。人们无一不为这座哥特式教堂的宏伟和雕刻群的瑰丽气势而惊叹折服。

普罗万（Provins） 是法国塞纳-马恩省市镇，位于巴黎东南77公里处。它在中世纪是一座防御城镇。由于交通便利，它在12~13世纪成为香槟地区乃至整个欧洲的重要市集，曾一度发展成为仅次于巴黎和鲁昂的法国第三大城市。2001 年 11 月 13 日，普罗万古城和中世纪集市入选世界遗产名录。

二 著名城市

法国有着许多既古老又现代化的城市，其中的一些城市在世界上闻名遐迩。这里介绍其中的巴黎、圣但尼（Saint-Denis）、里尔、里昂、马赛、戛纳（Cannes）、尼斯、图卢兹、波尔多、南特、阿维尼翁和斯特拉斯堡。这些城市与中国北京的时差为晚 6 小时。

巴黎 法国首都，世界大都市之一。位于法国北部巴黎盆地的中央，市内面积 105 平方公里，人口为 219 万（2016 年）。周围 7 个省连同巴黎市区形成法兰西岛大区，也称为大巴黎，总面积达 1.2 万平方公里。

巴黎是一座历史悠久的古城。最早，它只是塞纳河中间斯德岛（Cité）上一个高卢族的巴黎人居住的小渔村。公元 4 世纪，它逐渐发展成为小市镇，并取名为巴黎。6 世纪初，巴黎成为法兰克王国的首都。自此以后，巴黎逐渐地向塞纳河两岸扩展，到 18 世纪前后巴黎已经成为一座大城市，包括巴黎发源区、香榭丽舍大街、塞纳河上的石桥、协和广场和卢浮宫等，相当于现在的 1 ~ 10 区范围。19 世纪的第二帝国时期，著名城市建筑师乔治 - 欧仁 · 奥斯曼男爵（Baron Georges-Eugène Haussmann）对巴黎进行了第一次大规模的改造和建设，拆除了大量的旧建筑，典型的巴黎楼宇采用天然白色大块方石建造而成，体现了奥斯曼风格。巴黎像切蛋糕似的开辟出一条条宽敞的大道，基本奠定了巴黎今天的城市格局。经过改造，巴黎从中世纪城市摇身一变成为现代化都市。巴黎出现了大小凯旋门、歌剧院、埃菲尔铁塔、塞纳河上的金属桥、火车站和地铁等，造就了巴黎亲切、便利、优雅、浪漫的特殊风情。20 世纪 60 年代，巴黎开始了第二次改造。这次改造不再在老城区上“动刀子”，而是通过建设新城区，将工业、金融业等行业迁出中心区域，并通过修建配套工程、高等级公路、高速地铁等措施，将巴黎市与法兰西岛大区联系起来。在第二次改造中，在巴黎西部出现了拉德方斯（La Défense）商业区。2014 年，法国政府出台一项雄心勃勃的基础建设“以人为本”的“大巴黎改造计划”。该方案涉及巴黎大区的各个城市，将在住宅、交通、城市功能、能源等各个方面进行综合性的城市规划、改造，城市改造预计到 2020 年结束。此外，巴黎市政机构也出台了多项改造计划，几乎涵盖了整个巴黎。改造计划将使巴黎一年一个样，三年大变样，将巴黎打造成多样性、包容性的世界之都。2024 年巴黎奥运会拉开帷幕的时候，巴黎将发生翻天覆地的变化。届时，游客将看到一番后汽车时代“碳中性”城市的巴黎景象。

巴黎是法国的政治中心，作为法国的首都，总统府、总理府、中央政府、议会两院、最高司法机构等中央政治机构都设在这里。

巴黎是国际活动的场所，联合国教科文组织总部所在地，许多国际专业机构也常设在这里。据国际协会联盟公布的排行榜，巴黎连续 27 年被列入世界会议之都。每年在巴黎都要举行近千次国际会议、博览会和展览会。巴黎共有五个大型国际性会议的会议中心：凡尔赛门展览中心、北维勒班特展览中心、热布尔歇展览中心、巴黎会议中心、拉德方斯会展中心。仅这五个场所就拥有 54.5 万平方米的展览面积，1.1 万个会议座位。此外，巴黎还拥有许多中型和小型国际会议的会场。

巴黎是法国的经济中心。巴黎集中了全法国工业生产总值的约 1/4。巴黎的工业，特别是汽车、飞机、电器、光学、精密仪器、纺织和化妆品等都很发达。巴黎还是法国的金融中心和商业中心。在距离凯旋门以西仅 5 公里远的拉德方斯，是法国和欧洲最现代化的商业区。这里也是欧洲最大的公交换乘中心，拥有 67 公顷的步行系统，集中管理的停车场设有 2.6 万个停车位，交通设施完善。它代表欧洲的现代经济形象。拉德方斯的标志性建筑是“国家工业科技中心”“四季商业中心”“新凯旋门”等。

巴黎是法国和欧洲交通中心，市内交通也十分快捷。巴黎共有三个机场：戴高乐机场、奥利（Orly）机场和布尔热（Bourget）机场。巴黎地铁自 1898 年第一条线路通车，到 1938 年已经基本上形成了地下交通网。现在，巴黎拥有 16 条线路，全长 180 公里，设有 360 个车站，其中有 100

多个换乘站，基本上能够通向巴黎市各个角落和各个旅游景点。巴黎地铁在地下形成一个纵横交错的四层结构，与地铁相连的还有 4 条快速地铁，全长约 200 公里，设有 133 个站，通向巴黎近郊区和远郊区及其景点。当然，巴黎地面公共汽车线路也十分密集。为了旅游方便，巴黎还专门开辟了旅游观光的汽车线路和塞纳河上游艇线路。此外，巴黎拥有 1800 多家旅店和 9 万多张床位，在住宿方面也非常方便。

巴黎市区塞纳河上的桥共有 37 座，建造年代不同，建筑式样各异。其中 26 座桥的历史在百年以上。这些用石砖、钢铁建造的桥记录了战争的演变，王朝的兴衰，历史的变革。多少电影艺术家、歌词作曲家，多少诗人、画家、文人墨客，曾在桥上沉思遐想，汲取灵感。巴黎的每一座桥都有一段历史，诉述着历史的变迁和人民的哀乐。塞纳河上最古老的桥称“小桥”，连接西岱岛（île de la Cité）和河的左岸（南岸），据说该桥已有 2000 年的历史。最著名的桥是“新桥”，最壮观的桥是“亚历山大三世桥”，还有“夏尔·戴高乐桥”。巴黎改造计划将有三座新式桥梁将横跨塞纳河。特别之处在于，除了传统的通行功能，新桥上将承载商铺、花园甚至办公室，为步行者、自行车、滑板等设置专用通道。那时，走在新桥上，除了欣赏塞纳河风景，还可以逛逛花园、咖啡馆和商铺。

巴黎是一座世界历史名城，拥有众多的名胜古迹，如现代巴黎的象征——高耸入云的埃菲尔铁塔（tour Eiffel）、世界三大建筑之一的哥特式教堂——巴黎圣母院（cathédrale Notre Dame de Paris）、肃穆壮观的圣心教堂（Sacré-Coeur）、气魄宏伟的凯旋门（arc de Triomphe）和著名的夏尔·戴高乐广场（place Charles de Gaulle）、繁华的香榭丽舍大街（av. des Champs-Élysées）、富丽堂皇的凡尔赛宫和爱丽舍宫（palais de l'Élysée）、建筑之花——枫丹白露、内有拿破仑墓的荣军院（hôtel des Invalides）、雄伟壮观的协和广场（place de la Concorde）和广场中心耸立的埃及尖顶方碑、著名的巴士底广场（place de la Bastille）、艺术家心中的圣地——蒙马特尔（Monmartre）、令人敬仰的巴黎公社社员墙（mur des Fédérés），还有许多名人如雨果、巴尔扎克、周恩来等的故居，安放法国历史名人骨灰如伏尔泰、卢梭、左拉、雨果、饶勒斯等的先贤祠（Panthéon）。

巴黎是世界文化中心之一。它拥有80多个国家和市级博物馆，被称为“博物馆之城”。除了陈列1.2万件精美艺术品的世界级博物馆卢浮宫（musée du Louvre）外，还有别具一格的现代派建筑蓬皮杜文化中心（Centre culturel de Pompidou）、罗丹雕塑博物馆（musée Rodin）、毕加索博物馆、奥赛博物馆（musée d'Orsay）、时装博物馆、吉梅博物馆（musée Guimet）、布尔德尔博物馆（musée Bourdelle）、扎德金博物馆（musée Zadkine）、巴尔扎克之家（maison de Balzac）、雨果之家（maison de Victor Hugo）、法国历史博物馆、巴黎市现代艺术博物馆、艺术和新作博物馆、非洲与大洋洲博物馆、群众艺术与传统博物馆、装饰艺术馆，还有几家展示中国和亚洲艺术的博物馆。此外，尚有军事、海军、人文、自然、技术、海洋博物馆及钱币、邮政、广播、时装、电影、乐器、钟表、眼镜等博物馆，还有格雷万蜡像馆。

巴黎拥有许多著名的高等专科学院。其中巴黎索邦大学（Sorbonne）、综合科技大学（Ecole polytechnique）、国立行政管理学院、高等师范大学（Ecole normale de Paris）等培养了一批又一批高级技术、行政和管理人才。法国的总统、总理、部长和科学家等大多毕业于这些学校。设置在巴黎市环形路南边的巴黎大学国际城（Cité internationale universitaire de Paris）有许多国家的留学生宿舍，居住着各个国家的留学人员。

巴黎市区以塞纳河为界分为塞纳河右岸（塞纳河北岸）和塞纳河左岸（塞纳河南岸）。塞纳河右岸是繁华的商业街区。塞纳河左岸是文化和艺术街区，它拥有高等学府，如法国科学院、巴黎国家图书馆、闻名遐迩的拉丁区（quartier Ladin）等。塞纳河左岸还布满了美术馆、剧院、餐馆、咖啡馆、啤酒店、书店、旧书摊、画室等，散发着迷人的魅力。塞纳河左岸是文化人荟萃之地，是文学家和艺术家的摇篮，许多文化人、艺术家和文学家如毕加索等都是在左岸修成“正果”的。塞纳河左岸的“街头艺术”——民间文艺活动长久不衰。

坐落在圣心大教堂山脚下的红磨坊（Moulin Rouge）拥有闻名的红磨坊夜总会，其歌舞经常推陈出新，别具一格，享誉世界。巴黎郊区还有欧洲最大的迪士尼游乐园。

巴黎代表着优雅、浪漫、时尚、艺术，是历史感与现代感完美相融的城市，不愧有“世界之都”“浪漫之都”“艺术之都”“花都”“光明城”“都市中的女王”“时装之都”的称呼。

圣但尼 巴黎北郊的卫星城市，人口11.1万（2016年）。圣但尼堪称法国的“十三陵”。历代国王，从5世纪的克洛维斯国王（Clovis）到19世纪的路易十八（Louis XVIII），差不多都安葬在圣但尼的大教堂里。他们坟墓的雕刻是非凡的珍品。

里尔 诺尔-加莱大区的首府，又是北部省的省会，也是法国北部的一个重镇。市中心有23.2万人（2016年），加上周围卫星城市共约118.5万人，从而形成了“大里尔”都市圈。它仅次于巴黎、马赛和里昂，为法国第四大都市。

里尔地处西欧心脏，高速火车南下巴黎不到一小时，通过英法海底隧道到伦敦也不过一小时多一点。交通的四通八达和便捷使里尔成为国际性的经济、金融、商贸和文化中心。

里尔市及其所在大区是法国重要的工业区之一，早先以冶金和纺织业为主，现已发展成综合工业基地。其铁路器材产量占全国总产量的50%，电力生产居全国第二位，印刷业居全国第二位，机械制造位居全国第三。欧洲最大的纺织企业——“霞日”集团（Groupe Chargeur）生产基地就在该地区。

里尔市中心的旧交易所是历史上著名的交易市场，其西北有一座军事城堡，即城堡式的要塞，其南部有一个在国际上享有盛誉的巴斯德研究所（Institut de Pasteur）。

里昂 法国第三大城市，人口有51.6万（2016年）。它位于索恩河和罗讷河的交汇处，是北欧南下和南欧北上的战略走廊。远在中世纪开始它就逐渐发展成为欧洲丝织业中心和丝织品集散地，故有“丝绸之乡”的称呼。目前，里昂纺织品产量占法国的80%。此外，里昂的冶金、机械制造、电力、化学、环保业都很发达。里昂大学在世界很有名气。1921年创办的里昂中法大学，为新中国培养了一批革命和建设人才，如周恩来等。里昂市图书馆还珍藏着许多古版书和孤本书。里昂也是“法国烹调之都”，其美味佳肴久负盛名。

里昂拥有一座占地500公顷的古城，其名气与历史价值仅次于意大利的威尼斯。它被联合国教科文组织列为世界文化遗产。

“蓝色海岸”和马赛、戛纳、尼斯 法国东南部延绵300多公里的地中海海滨通常被称为“蓝色海岸”。这里气候温和湿润，阳光充足，风光旖旎。蓝色的海水、金黄色的沙滩、绿色的棕榈树，加上粉红色的屋顶嵌在山间，海面绿色的岛屿星罗棋布，构成了一幅幅绚丽的风景画。法国著名的旅游城市如马赛、戛纳、尼斯等像一串珍珠排列在“蓝色海岸”线上。一年四季，这里游人如织，尽情地享受大自然赐予的阳光、海水和沙滩。“蓝色海岸”是法国旅游业的第二大景点。

马赛是法国第二大城市，又是法国第一大海港。人口有86.2万（2016年）。马赛是法国历史名城，在法国大革命时期，马赛500名士兵进军巴黎途中高唱《马赛进行曲》，激发了革命的热情，后来它成为法国国歌，马赛的名字也就响亮于世界了。马赛港分为旧港和新港。旧港是15世纪路易十二时代所建。港湾呈长方形，航道狭窄，地势险要，为马赛的心脏地带，城市繁华街道都集中在这里。正对着旧港的伊夫岛（îl d'If）是游览胜地，大仲马（Alexandre Dumas pére）在《基督山伯爵》中描写的主人翁被囚禁的监狱就在此。新港是法国最大的对外贸易港口。马赛市内还有中世纪著名的建筑和大教堂等古迹。

戛纳地处法国东南部，人口有7.4万（2016年）。戛纳面对地中海，海水蔚蓝，棕榈树高大，彩色沥青铺路。沿岸耸立着国际会议中心和豪华的大饭店，港湾停泊着大大小小挂着各国国旗的游艇。这里几乎天天举行国际会议、商品展销、节日和文艺活动，其中每年5月中旬举办的戛纳国际电影节堪称世界第一大国际电影节，所颁发的金棕榈大奖是各国电影业人士力争的对象。电影节期间，世界各国当红的电影明星荟萃于此，走在红地毯上向观众展示自己的风采。每逢夏天，戛纳海滩上挤满来自世界各地的游人，或晒太阳，或下海游泳。晚上，滨海大街举办各种文艺活动。对面的莱兰岛（îl de Lérins）是旅游胜地，设有国际少年营地。东边不远的戈尔夫瑞昂（Golfe Juan）是当年拿破仑一世从囚禁的小岛逃回登陆并向巴黎进军的地方。东北部不远的格拉斯（Grasse）是著名的法国香水产地，素有“世界香水之都”的美称。瓦洛里（Valauris）则是法国陶器之乡，著名的画家毕加索定居之地。

尼斯地处法国东南部的帕隆河（Paillon）河口，濒临地中海，人口有34.3万（2016年）。它呈现一派地中海式的旖旎风光：滨海林荫大道长达4000米，彩砖铺地，花坛似锦，棕榈摇曳，入夜灯火辉煌。尼斯拥有国际航空站、铁路线和海上航线，通向巴黎和国外重要的城市。尼斯每年2~3月举行的狂欢节，与巴西里约热内卢狂欢节和意大利威尼斯狂欢节齐名。每届狂欢节时间持续3周左右。狂欢节期间，“鲜花大战”“彩车游行”等活动为主，每年吸引约60万人热情参与。花车游行、观众欢腾、儿童嬉戏，直到深夜。街道两旁出售玩具、假面具、气球以及彩纸、彩带的摊位比比皆是。尼斯狂欢节每年都吸引成千上万的外国游客来尼斯观光游览。

图卢兹 图卢兹位于法国西南部加龙河畔，人口有47.5万（2016年），是法国第四大城市。它同法国其他南部城市一样，散发着天然和古朴的气息。作为中比利牛斯地区的首府和一个开满鲜花的城市，它的魅力不仅来自丰富多彩的历史，而在于与未来紧紧相连的活动。

图卢兹早在中世纪就已经发展成为大西洋沿岸和地中海沿岸之间的经济文化中心。目前，它已经拥有了航空航天工业、化工、机械、电器、轻工业等多种传统行业，以及科技含量更高的机器人、信息、微电子、生物工程等新兴行业。其中，图卢兹的航空航天工业更是闻名于世，这里生产的各种型号的“空中客车”飞机和火箭都是业内佼佼者。

在图卢兹市内，有许多文化古迹，其中有罗马式的大教堂以及中世纪的雅各宾修道院、剧院等。

西部和波尔多 法国西部濒临大西洋，有陡壁悬崖、峡谷幽林，也有沙滩和阳光。布列塔尼是别具一格的法国乡间风光。圣米歇尔山是最负盛名的景点之一。圣马洛（St. Malo）是有名的石头城。昂热周围是古堡群。

波尔多地处法国西南部的加龙河下游，人口有25.2万（2016年）。它是法国西南部经济、交通和文化中心，造船业和酿酒业十分发达。尤其是波尔多的葡萄酒和白兰地闻名遐迩，其中红葡萄酒被誉为世界葡萄酒的皇后。法国大量的葡萄酒等名酒正是通过波尔多港口运往世界各地。

南特 法国西部城市，位于卢瓦尔河河口，是卢瓦尔河大区首府和大西洋岸卢瓦尔省省会。人口有30.7万（2016年），是法国第六大城市。

南特是法国西部大西洋重要港口和工商业城市。其工业主要有造船业、化学工业（主要是肥料和油漆）、机械制造业（机车和飞机零部件）、有色金属冶炼和食品等工业。在食品工业中，主要生产传统的果品和干货。港口贸易以进口石油为主。

历史悠久的南特老城区弥漫着中世纪的气息：笼罩着神秘气氛的大教堂，耸立着的古老城堡，纵横交错的狭窄街道，宁静的广场。在南特市区，充满文化的氛围。凡尔纳博物馆介绍“世界科学幻想小说之父”儒勒·凡尔纳（JulesVerne）的生平及其作品。

阿维尼翁 位于法国南部，沃克吕兹省省会，人口有9.2万（2016年）。14世纪时，罗马教皇居住在这里的教皇宫，故阿维尼翁有“教皇城”之称。13世纪末，由于罗马政教各派别之间的激烈斗争，直接威胁到教皇的安全。因此，在法王菲利普四世（Philippe Ⅳ）的支持和安排下，1309年教皇克莱芒五世（Clément Ⅴ）决定从罗马迁居到阿维尼翁，直到1378年。由于教皇的迁居，教徒们就把阿维尼翁作为朝拜的圣地。从教皇宫俯视阿维尼翁城市，可以看到环城的城墙和12世纪遗留下来的横跨罗讷河的古朴桥梁。在这座哥特式建筑下面的广场上，小宫殿和圣母院教士的罗马主教堂构成了一组特殊的纪念碑，凸显阿维尼翁在14世纪基督教化的欧洲所扮演的突出角色。阿维尼翁于1947年开始创办艺术节，每年7、8月间举行。它是法国历史最长、影响最大的艺术节之一。阿维尼翁已被联合国教科文组织列入世界文化遗产。

斯特拉斯堡 地处法国东北部边境，阿尔萨斯大区的首府，下莱茵省省会，人口有27.9万（2016年）。它属于温带半大陆性气候，夏季温度高。它是法国东北部水陆空交通枢纽，新兴工业中心。斯特拉斯堡是欧洲议会和欧洲联盟其他许多机构的所在地，故有“欧洲心脏”之称谓。

斯特拉斯堡古城具有两千年的悠久历史，老城区保持了完好的古老风貌：广场、教堂、博物馆、旧市场星罗棋布。城市西部河滨的“小法兰西”河道纵横，圣母院大教堂（cathédrale Notre Dame）高耸入云，其建筑风格堪称哥特式建筑的典范。斯特拉斯堡被联合国教科文组织列为世界文化遗产。

三 “法国最美丽乡村”

在法国，乡村保护与发展的历史由来已久。从1930年的《风景名胜地保护法》将小城镇和乡村列入保护对象，到目前的“优秀乡村中心政策”“乡村复兴区政策”“大区自然公园政策”及各种专项政策。1982年3月6日，法国创建了“法兰西最美丽乡村协会”（Association des plus beaux villages de France），旨在“重塑各成员乡村的活力并使其通向美好的未来，避免其被沦为没有灵魂的‘村居博物馆’或鄙俗的‘游乐园’”。协会的主要工作是评选“法国最美丽乡村”。申请“法国最美丽乡村”称号的乡村必须符合下列条件：①居民数量符合乡村条件，即2000个居民及其以下；②拥有优质的建筑遗产或自然遗产或两者兼有，并为此设立两个正式的保护区；③遗产的质量与价值须符合一系列建筑学和景观学的条件，如乡村周围环境幽雅，乡村的建筑在体量、色彩、形制、材质、风格上要和谐一致并有地方特色，建筑物高低错落有序等。根据上述的条件，每座“法国最美丽乡村”几乎都是一部建筑艺术和人居环境的样板。这里仅介绍历次“法国最美丽乡村”评比中10个典型的乡村。

阿讷西（Annecy） 位于上萨瓦省，距瑞士日内瓦只有22英里，是法国美丽乡村中最大、最受欢迎的一个，素有“小威尼斯”之称。它的亮点在于连接各个运河的露台和闻名的岛宫，这一造型优美如画的城堡于12世纪建成，坐落于一条运河的正中间。

阿尔布瓦（Arbois） 位于汝拉省山区的葡萄美酒之乡。它地域虽小，但盛产法国人最爱的奶酪Comté和很特殊的葡萄酒品种——黄葡萄酒（Vin jaune），这种产量少、味道惊艳的佐餐酒被当地人称为“液体黄金”。远远望去，在山坡上绵延碧绿的葡萄园映衬下，阿尔布瓦宁静而祥和，古老的教堂钟楼巍然耸立，静静地守护着这片古老的土地。在这里，阿尔布瓦人悠闲地雕琢着生活，碧绿的葡萄园与赭黄色的石头、美丽的田园风光和古朴的石屋村庄，让来到这里的游客流连忘返。

巴拉聚克（Balazuc） 位于阿尔代什省境内的火热河（Rivière fougueuse）向南奔流，沿河有个令人印象深刻的悬崖，高 80 多米，其山巅的一座古老的小村庄巴拉聚克居高临下。老镇在靠近悬崖的一侧墙上缀满了当地浅蓝色的石块，别致而美丽。这座海拔 159 米的小石头村庄仿如世外桃源，傍河而居、玲珑别致，郁郁葱葱的绿树隐天蔽日，探索其中，中世纪遗留下来的拱形冗道蜿蜒曲折。

波姆莱美西厄（Baume-les-Messieurs） 位于罗讷省，坐落在山谷里，其周围几乎都被约 200 米高的石灰岩峭壁所包围，形成独特的景观。一系列由河水侵蚀而成的天然洞穴和一座保留至今的罗马修道院是这里的特色。整个村庄由建于 11 ~ 12 世纪的修道院所主导，修道院可谓朱拉山脉地区罗马艺术和建筑的代表，教堂内有 16 世纪的彩瓷祭坛，修道院的门上是 15 世纪的精致雕刻。俯瞰村庄，红瓦石墙的建筑绕着修道院布置开来，错落有致且统一的红瓦屋顶建筑同周围的环境和谐共存。

沙隆堡（Chateau-Chalon） 位于罗讷省，坐落在一块高地上，是勃艮第 - 弗朗什 - 孔泰大区地势最高的酒乡，可俯瞰塞耶河山谷和布雷斯平原。古朴的建筑群凌驾于大片的葡萄园之上，建筑以红瓦屋顶灰墙为主，局部依山势呈梯田状分布。村庄内保留有罗马式的圣皮埃尔修道院及古老的要塞。沙隆堡村庄内的酒窖均为半地下，夏季和冬季有温差，酿造出了独特的黄色葡萄酒，闻名于世。

科尔马尔（Colmar） 位于上莱茵省，是法国的另一个“小威尼斯”。这里充盈着颜色明丽的房屋、装饰可爱的店面以及鲜花点缀两岸的运河，为科尔马尔营造出童话般优美的氛围。游历过这富有魅力的街道后，许多游客选择来一次运河旅行，或者坐在水边的咖啡馆，点上一盘松脆薄饼，看人来人往。

孔克（Conques） 位于阿韦龙省洛特山谷的心脏地带，是法国文化历史重镇。这个小村庄隐匿了无数的珍宝：围绕着木筋墙的建筑，矗立着 11、12 世纪建造的圣 - 福瓦修道院，这座修道院有着 250 根廊柱、现代派的花窗及代表了最后审判的12尊人物雕像，还有圣－福瓦修道院的珍宝馆，覆盖着黄金和宝石的圣物盒。

埃吉桑（Eguisheim） 是法国大东部大区的一颗明珠，坐落在上莱茵省葡萄酒街道上的小村落美得让人不忍离去。早在1989年就被赋予“遍布鲜花”的街区称号，2003年又获得“法国最美丽乡村”称号，而2013年在“法国人最喜爱乡村”评比中获得优胜。埃吉桑位于葡萄酒产区的心脏地带，被高低起伏的葡萄田包围着，被认为是葡萄种植发源地。它引人注目的是呈现同心圆向外辐射的街道布局，民宅一家挨着一家，形成一个同心圆。顺着同心圆朝着一个方向走，最终会回到起点。家家户户门口摆着花草。每一家的门窗都经过精心布置与刻画。有些人家门口或侧面墙上有块碑，上面写着房屋建筑日期和主人家夫妻的名字缩写字母等。还有的家庭门上刻画的图案，可以看出这家主人的职业。因为以酿酒为生的人多，所以葡萄的图案也最多。它除了一直以来吸引品酒行家的众多的酒窖和白葡萄酒吧之外，另一特点是其令人愉悦的童话气息，就如一名游客说道，“这里唯一缺少的就是灰姑娘！”

戈尔德（Gordes） 位于沃克吕兹省内，地处沃克吕兹高原的一侧，房舍环绕着山顶处雄伟的城堡和教堂层层布置开来。山城风貌和建于中世纪的石头建筑是当地的特色之一。乡村遵循着古罗马时期的城镇防卫格局，依山而建，建筑层层叠叠，道路随地势起伏，小巷密布。在村庄中，就地取材的理念得到了充分的发挥，鹅卵石铺就的街道、高大的石头建筑、石围墙、石阶、石凳遍布村庄。村的中心区位于山顶处，中心广场上分布着文艺复兴时期的城堡和教堂。这里，适宜的地中海气候和放松的生活步调可以让游客尽情探索一条条羊肠小道，登上城堡，可俯瞰周围的田园风光，还可欣赏薰衣草田之上日落的壮丽景色，吸引了许多明星和艺术家在这里安家落户。

卢尔马兰（Lourmarin） 位于上普罗旺斯－阿尔卑斯省。卢尔马兰的典雅魅力来自其常春藤覆盖的街道、精致小巧的画廊和露台以及空气中薰衣草的香味。所以这里能成为法国一些最著名的艺术家和作家的故乡，不足为奇。

四　建筑艺术

在法国的名胜古迹和著名城市中，存在着风格迥异的形形色色的建筑物：从教堂、城堡、宫殿、桥梁、钟楼到城市的布局、建筑、广场、集贸市场、民宅，无不渗透着艺术的风格，游走其中，可以深深地感受到法兰西建筑艺术的魅力。正是这些建筑艺术，吸引了来自世界各国的艺术家和观光者，从中获得灵感，激发出创造力。

1. 建筑艺术发展史

早年凯尔特人（高卢人）建造了一些城堡神庙。公元前 6 世纪初，法国南部沿海地带出现了希腊的殖民地，这一带的建筑物使用了希腊的柱式。公元前 2 ~1 世纪，罗马征服高卢后在罗马艺术影响下具有一定规模的城市开始出现。公元 8 ~9 世纪，在查理大帝（Charles le Grand）倡导下，出现了复兴古代文化运动，11 ~12 世纪中世纪艺术进入了繁荣阶段。在这期间，罗曼式（Roman）、哥特式（Goth）、巴洛克风格的建筑物相继风靡一时。

17 世纪，法国进入了古典主义（classicisme）时期，其中，宫廷古典主义日益占上风。这种古典主义追求造型严谨，应用古典柱式结构，内部装饰丰富多彩。在这个时期，建造了许多宫廷和纪念性广场等建筑群，以及离宫别苑和园林，为欧洲其他国家所仿效。1715 年路易十四死后，法国建筑艺术不再忍受古典主义的严肃理性和巴洛克的喧哗，从事追求华美和闲适，从而诞生了罗可可建筑艺术风格，并引领了欧洲建筑艺术的潮流。罗可可风格讲究精致典雅、小巧可爱，给人一种温馨的感觉。这个时期，大量舒适安谧的城市住宅和小巧精致的乡村别墅出现了。当然，古典主义风格的建筑艺术并没有消失，它仍然表现在一些建筑物中，如巴黎的协和广场和南锡市中心广场。

18 世纪末至 19 世纪初，法国是欧洲资产阶级革命的中心，也是古典复兴建筑活动的中心。法国流行折中主义建筑艺术，巴黎高等艺术学院是当时传播折中主义艺术和建筑的要地。总的来说，折中主义建筑思潮依然是保守的，没有按照当时不断出现的新建筑材料和新建筑技术去创造与之相适应的新建筑形式。折中主义建筑的代表作有巴黎歌剧院，剧院立面仿意大利晚期巴洛克建筑风格，并掺进了烦琐的雕饰，它对欧洲各国建筑有很大影响。

19 世纪末，工业化的完成和科技革命的方兴未艾猛烈地冲击了法国的建筑艺术，促使法国古典主义和折中主义的没落，加速了现代主义建筑艺术风格的兴起。其主要表现为以钢铁替代石料作为建筑的主要材料，以现代主义的艺术理念设计和建设会馆、展览厅、博物馆、标志性建筑物、广场、住宅等。例如，1889 年在巴黎建设了高耸入云的埃菲尔铁塔，1977 年建成了酷似化工工厂的蓬皮杜文化艺术中心。

20 世纪 80 年代，法国建筑及建筑艺术进入了一个崭新的发展阶段。随着后现代主义的喧嚣声日渐低落，建筑及其艺术的多样化表达却日益明显。但这些表现遵循的仍然是现代主义建筑的一些基本原则，即运用现代机器美学的原理，将建筑的工业化特征加以艺术的表述，表达一种现代、高科技、光洁、精美，体现速度、效率与环境的建筑艺术风格。其代表作有巴黎的新凯旋门（Grande Arche）、卢浮宫的玻璃金字塔入口、法兰西国家图书馆等。

2. 五彩缤纷的建筑艺术

罗曼式建筑艺术 又称为罗马式的建筑艺术，因古罗马式的券、拱而得名。它是以古罗马建筑艺术为基础，同时受到东方和蛮族文化的影响。它是 9 ~ 13 世纪法国主要建筑风格，其建筑形式以修道院和教堂为主。主要特征是厚实的砖石墙，狭小的窗口，半圆形拱券，逐层的门框装饰，高大的塔楼。其代表作是安德尔 - 卢瓦尔省省会图尔市的圣马丹教堂（Basil St Martin）。

哥特式建筑艺术 11 世纪下半叶，哥特式建筑首先在法国北部兴起，随后向欧洲其他国家发展，一直延续到 16 世纪。哥特式建筑艺术的特点是，以垂直线和拱券为主，给人挺拔、高雅之感。它采用细长的立柱代替墙面支撑整个建筑，立柱间的空间镶嵌了巨大的彩色玻璃窗，十分鲜艳夺目。

巴黎圣母院是法国早期哥特式教堂的代表作。它位于法国巴黎市中心的西岱岛上，是天主教巴黎总教区的主教堂。巴黎圣母院建于1163~1250年。它的建造全部采用石材，其特点是高耸挺拔，辉煌壮丽，整个建筑庄严和谐。雨果在《巴黎圣母院》中将它喻为“石头的交响乐”。站在塞纳河畔，远眺高高矗立的圣母院，巨形大门的四周布满了雕像，一层接着一层，石像越往里层越小。所有的柱子都挺拔修长，与上部尖尖的拱券连成一气。中庭又窄又高又长。从外面仰望教堂，那高峻的形体加上顶部耸立的钟塔和尖塔，使人感到一种向蓝天升腾的雄姿。巴黎圣母院的主立面是世界上哥特式建筑中最美妙、最和谐的，立柱和装饰带把立面分为9块小的黄金比矩形，十分和谐匀称。后世的许多基督教堂都模仿了它的样子。

索姆省省会亚眠的亚眠大教堂（cathédrale d'Amiens）是法国哥特式建筑鼎盛期的代表作（1220年），被联合国教科文组织列为世界文化遗产。它长137米、宽46米，横翼凸出甚少，东端环殿成放射形布置7个小礼拜室。中厅宽15米，拱顶高达43米，中厅的拱间平面为长方形，每间用一个交叉拱顶，与侧厅拱顶对应。柱子不再是圆形，4根细柱附在1根圆柱上，形成束柱。细柱与上边的拱券气势相连，增强向上的动态。教堂内部遍布彩色玻璃大窗，几乎看不到墙面。教堂外部雕饰精美，富丽堂皇。这座教堂是哥特式建筑成熟的标志。

此外，还有马恩省兰斯市的兰斯大教堂（cathédrale Notre Dame de Reims），又称为兰斯圣母院和厄尔－卢瓦尔省省会沙特尔的沙特尔大教堂（cathédrale de Chartres），它们与亚眠大教堂和瓦兹省省会博韦的圣皮埃尔教堂一起，被称为法国四大哥特式教堂。斯特拉斯堡大教堂也很有名，其尖塔高142米。

法国哥特时期的世俗建筑数量很大，与哥特式教堂的结构和形式很不一样。由于连年战争，城市的防卫性很强。城堡多建于高地上，石墙厚实，碉堡林立，外形森严。但城墙限制了城市的发展，城内嘈杂拥挤，居住条件很差。多层的市民住所紧贴狭窄的街道两旁，山墙面街。二层开始出挑以扩大空间，一层通常是作坊或店铺。结构多是木框架，往往外露形成漂亮的图案，饶有生趣。富人宅邸、市政厅、同业公会等则多用砖石建造，采用哥特式教堂的许多装饰手法。

文艺复兴式（renaissance）建筑艺术 15世纪产生于意大利，随后传到欧洲和法国，从而在欧洲各国形成了各自的建筑艺术风格。在法国，形成了法国文艺复兴式的建筑艺术风格。

法国文艺复兴式的建筑艺术风格的主要特征是，用精美大理石雕塑，以表现人文主义的人体立体雕像和浮雕装饰立柱和墙体，还以人文主义的人体绘画来装饰穹顶和墙面。法国文艺复兴式的建筑艺术风格主要代表作是卢浮宫、巴黎市政厅（Hôtel de Ville）、凡尔赛宫、荣军院。

卢浮宫位于巴黎市中心的塞纳河北岸，始建于1204年，历经800多年扩建和重修，特别在16世纪的改建中具有了文艺复兴式建筑艺术的风格。卢浮宫占地面积45公顷，建筑面积为4.8公顷。全长680米，整体建筑呈“U”形，分为新、老两部分，老的建于路易十四时期，新的建于拿破仑时代。宫前的金字塔形玻璃入口，是华人建筑大师贝聿铭设计的。卢浮宫是法国历史上最悠久的王宫，曾经居住过50位法国国王和王后，1792年法国大革命时期的国民议会宣布作为博物馆。卢浮宫博物馆闻名天下，不仅仅在于其展品之丰富和珍贵，更在于博物馆本身便是一座杰出的艺术建筑。卢浮宫东立面是欧洲古典主义时期建筑的代表作品。自东向西横卧在塞纳河的右岸，两侧的长度均为690米，整个建筑壮丽雄伟。用来展示珍品的数百个宽敞的大厅富丽堂皇，大厅的四壁及顶部都有精美的壁画及精细的浮雕，处处都是呕心沥血的艺术结晶，让人叹为观止。参观这座艺术殿堂是一次难以忘怀的美好享受。

巴黎市政厅是巴黎自1357年以来的市政厅所在地，位于巴黎市区塞纳河北岸。由意大利著名建筑师包加多尔（Bocador，绰号红胡子）设计，1533年动工。红胡子沉浸于文艺复兴精神，拆除“柱房”，制订了高大、宽敞、光明、完善的建设计划。该建筑于1628年才告完成。目前的巴黎市政厅是在1871年5月原大楼被焚毁后重新修建的。

新落成的市政厅长120米，宽50米，内含三个庭院。除中央主楼接近原貌外，其余建筑均反映19世纪盛极一时的新文艺复兴风格。主楼正面的壁龛饰有196座名人塑像，右侧栏杆上两组青铜群雕分别象征“科学”和“艺术”，主楼正面的两组石雕象征“劳动”和“塞纳河与马恩河”；钟座上方雕塑名为“巴黎市”，三角楣上的两座雕塑分别象征“谨慎”和“警惕”。市政厅内部装饰极其华丽。各类风格的油画、壁画、镶嵌画、饰毯等装饰工程曾调动150位艺术家，花费了近30年的时间。

巴洛克式建筑艺术 17～18世纪意大利文艺复兴建筑基础上发展起来的一种建筑和装饰风格。“巴洛克”一词的原义是奇异古怪的珍珠。其特点是外形自由，追求动态，喜好富丽的装饰和雕刻、强烈的色彩，常用穿插的曲面和椭圆形空间。这种风格在反对僵化的古典形式、追求自由奔放的格调和表达世俗情趣等方面起了重要作用，对城市广场、园林艺术以至文学艺术部门都产生影响，一度在欧洲广泛流行。随后，法国成为巴洛克世俗建筑中心，修建了许多巴洛克式的城堡、广场、宫殿等。法国巴洛克式建筑艺术的代表作是凡尔赛宫宫内装饰、路易十四广场、胜利广场、巴黎郊区的拉斐特城堡（Maisons Laffitte）等。

罗可可式（Rococo）建筑艺术 18世纪20年代产生于法国，是在巴洛克式建筑的基础上发展起来的，主要表现在室内装饰上。罗可可风格的基本特点是纤弱娇媚、华丽精巧、甜腻温柔、纷繁琐细。罗可可风格的装饰多用自然题材作曲线，如卷涡、波状和浑圆体；色彩娇艳、光泽闪烁，象牙白和金黄是其流行色；经常使用玻璃镜、水晶灯强化效果。罗可可建筑艺术风格反映了法国路易十五（Louis XV）时代宫廷贵族的生活趣味，故别称为“路易十五式”。罗可可在形成过程中还受到中国艺术的影响，特别是在庭院设计、室内设计、丝织品、瓷器、漆器等方面。由于当时法国艺术取得欧洲的中心地位，所以罗可可艺术的影响也遍及欧洲各国。这种风格的代表作是巴黎苏俾士府邸公主沙龙和凡尔赛宫的王后居室。

现代主义建筑艺术 以现代主义的建筑艺术理念设计和建造房屋、标志性建筑物、展览馆等，并用钢铁代替石料作为建筑的基本原料。其代表作是埃菲尔铁塔、蓬皮杜文化艺术中心等。

埃菲尔铁塔屹立在巴黎市中心的塞纳河畔。1884年，为了迎接世界博览会在巴黎举行和纪念法国大革命100周年，法国政府决定修建一座永久性纪念建筑。经过反复评选，亚历山大·古斯塔夫·埃菲尔

(Alexandre Gustave Eiffel) 设计的铁塔被选中，1889年建成后铁塔就以埃菲尔的名字命名。塔高320多米，4个塔墩由水泥浇灌，塔身全部是钢铁镂空结构，共有1万多个金属部件，用259万个铆钉连接起来，灯泡2万个，总重量约为11500吨。埃菲尔铁塔是世界上第一座钢铁结构的高塔，铁塔共有4层，每层有一个平台，在铁塔塔顶可以观赏巴黎全城迷人的景色。从1985年圣诞节起，铁塔改用碘钨灯照明，夜晚塔身呈现金黄色，既节省电，也更加美观。埃菲尔铁塔已成为法国和巴黎的标志性建筑。

蓬皮杜文化艺术中心于1977年建成。整座建筑占地7500平方米，建筑面积共10万平方米。文化艺术中心的外部钢架林立、管道纵横，并且根据不同功能分别漆上红、黄、蓝、绿、白等颜色。因这座现代化的建筑外观极像一座工厂，故又有"炼油厂"和"文化工厂"之称。中心大厦南北长168米、宽60米、高42米，分为6层。大厦的支架由两排间距为48米的钢管柱构成，楼板可上下移动，楼梯及所有设备完全暴露。东立面的管道和西立面的走廊均为有机玻璃圆形长罩所覆盖。大厦内部设有现代艺术博物馆、图书馆和工业设计中心。它南面小广场的地下有音乐和声学研究所。中心打破了文化建筑所应有的设计常规，突出强调现代科学技术同文化艺术的密切关系，是现代建筑中重科技派最典型的代表作。

后现代主义建筑艺术 20世纪80年代起，法国建筑艺术混合了现代主义建筑艺术和后现代主义建筑艺术，从而使法国建筑艺术日益多样化。其突出的特点是充分利用现代建筑的设计理念，并充分使用高科技和新兴的原材料表现现代化的建筑物，如巴黎的新凯旋门、法兰西国家图书馆等。

新凯旋门是为了纪念法国大革命200周年而兴建的标志性建筑，于1992年建成。它是一座结构简洁却又惊人壮观的巨大建筑物。从远处望去，就像是一个巨大的"门框"，屹立在拉德方斯新区的现代建筑之中。正因为它的造型与戴高乐广场的凯旋门十分相像，所以又被人们俗称为"新凯旋门"或"现代凯旋门"。新凯旋门与市中心的卢浮宫及凯旋门在同一条轴心线上，卢浮宫高25米，凯旋门高50米，于是决定把新凯旋门的高度确定为100米，正好是成倍增长，步步高升。同时又因为卢浮宫门前的广场宽 100 米，香榭丽舍大街的宽度也是 100 米，所以新凯旋门的宽度也就确定为 100 米。把城市建设的整体性与艺术性如此巧妙地结合在一起，确实令人赞叹不已。新凯旋门与老凯旋门都被人称为“门”，但在实际用途上却是截然不同的。老凯旋门完全是一座纪念性建筑，新凯旋门则有着实实在在的使用价值。新凯旋门两边的门柱其实是两座百米高的办公大楼，而顶部相连起来呈门状的地方是一个巨大的餐厅和空中花园。整座建筑面积达 6 万平方米，里面不仅设有政府的办公机构，而且还设有国际通信中心、会议中心、展览馆、画廊和音乐厅等，每年这里都要接待来自世界各地数以万计的客人和观光者。

法兰西国家图书馆，又称为“密特朗图书馆”（bibliothèque Mitterrand），1995 年建成。密特朗图书馆位于巴黎东南塞纳河边。这座由法国前总统密特朗决定建造的超级图书馆占地 7.8 公顷，总面积为 35 万平方米。它以 4 幢直插云霄、相向而立、形如打开的书本似的钢化玻璃结构的大厦为主体，4 座大厦之间由一块足有 8 个足球场大的木地板广场相连。中央是一片苍翠茂盛的树林，围绕着这片浓密的树林是它的两层阅览室，其中有 2 个主阅览室分别均有 2 个足球场大小。图书馆拥有 2000 个座位的普通阅览室和 1500 个座位的学者阅览室，珍藏了 1100 万册书籍，30 万余种杂志，2000 份专业资料和 1500 万幅珍贵的版画等。新楼除阅览室外，还有 1 个视听室、1 个大会议室、6 个小会议室，以及每年举行像音乐会、研讨会、展览等各类文化活动的设施。图书馆设有餐厅、咖啡厅、专卖店、书店等，为读者提供各种方便服务。

第二章

历　史

第一节　上古简史

一　史前时期（公元前1000年以前）

公元前50万年，在法国这块土地上已经有了人类的活动。他们是旧石器时代的远古居民，普遍使用火，用粗石、兽骨和兽角制造工具，穴居，以游牧、狩猎和捕鱼为生。这些远古居民在从事经济活动的同时，还从事原始艺术的创造，特别是洞穴艺术的创造，它包括雕刻和绘画两种形式。在多尔多涅河和索姆河之间的地带所发现的洞穴画，画中的野牛和驯鹿栩栩如生，显示了当时游牧和狩猎的社会生活。

公元前约5000年，法国的远古居民进入了新石器时代。这些古老居民开始大规模地垦荒，种植大麦、稞麦、小麦和黍，农业替代了渔猎业。他们饲养山羊、绵羊、牛、猪、马、狗等家畜。他们以羊毛和麻来纺线，织成布匹，制作衣服。他们以磨光的石器作工具，以黏土烧制陶器，编织渔网等。这个时期，在法国出现了闻名欧洲的巨石文化，其中在西部的布列塔尼和西南部的夏朗德尤为著名。这些巨石古冢和巨石古道显示了当地居民发达的造石工艺。

公元前约2000年，法国的古老居民进入了青铜器时代。他们开采锡矿和铜矿，并用这些金属混合熔炼来制造斧、匕首、刀、剑等生产工具和战争武器，还用来制造项圈、手镯、指环等装饰品。在农业方面，他们进一步扩大耕地和农作物品种，开发山区和森林。他们开始加强了对外的交往。墓葬中发现的大量金属武器和装饰品表明，在青铜器时代的末期，氏族和部落的首领已拥有特权，法国原始社会中出现了社会分化和社会不平等现象。正是青铜器时代的末期，中欧、希腊、西班牙和埃及等地的氏族和部落纷纷向法国殖民。他们带来了先进的生产力以及有别于当地居民的习俗和礼仪，从而使法国于公元前约1000年进入了铁器时代，它宣告了法国史前时期的结束。

二　凯尔特人的高卢（公元前1000~公元前58年）

公元前约1500年，被希腊人称之为“凯尔特”人，又被后来罗马人称之为“高卢”人的部族首次来到法国的中央高原及其周围地区并在此过着游牧生活，后来又来到塞纳河流域和北方。他们与当地人混合融合，形成了新的种族群落——原始凯尔特人。公元前1000年，第二批来自中欧的凯尔特人用火葬仪式代替了土葬，即骨灰瓮文化。到公元前500年，在整个法国大地上都有凯尔特人的足迹。他们沿着河流和草地开辟牧场，砍伐森林，建立村庄。他们用木料和黏土建造住房，在地面上以麦秆或干草为垫，铺上兽皮为床。在住房周围有围墙，院子里挖有储藏粮食的土窖。凯尔特人进一步与当地土著人以及先后来到高卢的其他氏族和部落融合。根据估计，高卢人在公元前1000年约有70万人，公元前400年增加到300万人。到罗马人征服高卢之前，高卢人有400万~1600万人。

凯尔特人已进入了铁器文化时代。他们在高卢开发铁矿，其铁器冶炼和制造技术已达到相当高的水平，不仅用铁制造各种刀、斧、箭镞和矛头，而且还能制造出具有特色的铁犁铧、铁镰刀、雕镂花纹及带有图案的短剑。

在经济方面，凯尔特人主要从事农业和畜牧业。他们在高卢的土地上集体占有耕地，使用马和铁制农具进行耕作、种植和收获。他们种植的农作物主要有小麦和大麦，其次是不同的地区种植黍、黑麦和燕麦。他们还栽培甜菜、洋葱、蒜等蔬菜以及亚麻、大麻等经济作物。他们还在地中海沿岸种植葡萄，并以此酿造葡萄酒。凯尔特人饲养马、牛、羊、猪等，其中尤为擅长养马和羊。

凯尔特人以手艺灵巧著称，拥有一批著名的木匠、车匠和箍桶匠。他们在金、银等金属加工方面的技术有相当高的水平，加工带有装饰图案和雕刻花纹的手镯、别针和腰牌，将兵器和头盔装饰得华丽多彩。正是在手工业发展的基础上，凯尔特人开始了商业活动，他们不仅在各个部落之间开展商品的交换，而且还同地中海沿岸和欧洲其他地方进行贸易往来。他们向外输出金、银、锡等及其手工艺品以及牲畜和皮制品等，输入象牙、珊瑚、玻璃制品、青铜器、酒等。为了方便内外贸易，凯尔特人还在高卢修建道路，设置商品集散地、码头，建立关卡。为了商业和贸易的需要，凯尔特人开始铸造原始的货币，其式样和图案或仿造希腊的钱币，或铸造各种人物和几何图形。

在社会制度方面，凯尔特人在公元前1000年处在父系氏族社会中，部落是最高的社会组织。公元前1世纪在高卢有数百个这样的部落，并结成60多个“族”（Populus）和“邦”（Civitas），实际上是原始社会的部落联盟。各邦之间被茂密的森林、山川和沼泽隔开。各邦都是独立的，根据地理条件设置堡垒式的城墙。现在法国的某些城市，都是以当时的高卢部落来命名，如巴黎来自部落巴里西人（Parisii），亚眠来自安比亚尼人（Ambiani），南特来自南内特斯人（Namnetes），普瓦捷来自皮克塔维人（Pictavi），图尔来自图罗内人（Turones）。各个部落内，设有议事会、人民大会和军事首领。人民大会由全体成年男子参加，讨论和决定战争、结盟等部落内的重大问题。军事首领在战争期间拥有军事指挥权，但要受到人民大会和议事会的制约。

公元前1世纪，贵族、酋长、军事首领、祭司拥有越来越多的权力和财产，平民和奴隶日益受到剥削和压迫。这两大社会集团的矛盾日益尖锐，其斗争也十分激烈。凯尔特人的原始公社开始解体。

凯尔特人的宗教因地而异，多种多样。尽管凯尔特人的宗教有差别，但都有一种尊奉大地为母的古老观念：大地既是生命的源泉，又是死者的归宿。

三　罗马（Rome）统治下的高卢（公元前58年至5世纪）

公元前58年，罗马军事统帅恺撒应高卢埃杜安部落（Eduens）的请求，率领军队远征高卢，击败了已占领高卢东半部的日耳曼部落埃尔维特人（Helvètes）和叙埃沃人（Suèves），并把他们赶回到原来的定居点。恺撒趁此机会将自己的部队留下驻扎在高卢。到公元前约56年，罗马军队占领了整个高卢，高卢沦为罗马帝国的行政省。恺撒在高卢的各个重镇和交通要冲驻扎军队，建立冬令营，强迫高卢诸邦提供人质和纳贡。

罗马帝国给高卢带来奴隶制的模式，加速了高卢原始社会解体，使高卢在政治、经济、文化各方面极大程度地罗马化。高卢的地主贵族使用奴隶从事田间和家务劳动，开采矿藏和进行公共工程。奴隶主在奴隶身上烙上印记，任意鞭打、监禁和处死奴隶。高卢的凯尔特语为拉丁语所代替，并经过长期的演变成了法语。罗马帝国还强迫高卢人信奉基督教，严禁其他宗教，违者以死刑论处，从而使高卢人不得不放弃自己的多神教，改奉基督教。

罗马帝国在对高卢进行残酷的统治的同时，也带来了先进的生产技术和工艺，使高卢的经济有较大的发展。高卢的农业进一步转变为多种经营，生产的谷物、橄榄油、葡萄酒、火腿等农副产品远销罗马帝国各地。采矿、冶金、采石、烧陶、毛纺织品等行业十分繁荣。毁于战火的高卢主要城镇在布局和建筑风格上吸收了罗马城镇的特点建立起来，如街道呈南北或东西走向，十分笔直和整齐；市中心有一大广场，点缀着神庙、凯旋门、竞技场、剧场；城镇周围建有四方塔楼保护着的坚厚的城墙。至5世纪，全高卢有100多座这样的新城镇。

罗马帝国对高卢的统治延续了几百年。2世纪末，高卢经济开始走向衰落，手工业凋敝，大批农民破产。在此期间，不堪忍受残酷的奴役和压迫的高卢人民多次举行起义，沉重地打击了占领者。到公元3世纪，日耳曼部落纷纷入侵高卢，从而使罗马帝国在高卢的统治及其奴隶制度逐渐走向崩溃。

第二节 中古简史

一 中世纪初期（5～10世纪）

375年，匈奴人向西扩张，迫使定居在莱茵河和多尔多涅河流域的日耳曼部落大举南下，出现了所谓的“民族大迁移”，高卢由此被日耳曼部落逐渐分割。

在高卢境内的日耳曼部落中，定居在默兹河和埃斯科河［Escaut（Scheldt）］之间的法兰克人在酋长克洛维斯的率领下于5世纪后期开始南征北战，逐渐吞并了其他日耳曼部落，占领了整个高卢，从而使克洛维斯从一个部落的酋长一跃而为法兰克国家唯一的国王，把部落军事领袖的权力转变为世袭的王权，并移驻巴黎。自此，在高卢建立起法国历史上第一个王朝（公元481～751年），即墨洛温王朝（Mérovingiens）。

墨洛温王朝在打败罗马帝国的军队后，于507年征服了西哥特王国（Visigoths），于534年征服了勃艮第王国（Bourgogne），挫败了莱茵河东岸的日耳曼各个部族。到公元6世纪中叶，法兰克王国已拥有广阔的疆土，包括今天的法国、比利时、荷兰以及德国的西部地区。

在征服高卢的过程中，法兰克王朝把夺来的土地进行重新分配。一种是在农村建立起农村公社，把土地分给公社社员，为集体所有；另一种是把土地赏给贵族和教会，由地主使用农奴耕作劳动。在这期间，农村公社和大地主所有制并存。公元7～8世纪，随着农村公社社员的分化和破产，大地主所有制逐渐占统治地位，从而使封建的生产关系建立和普及起来。

墨洛温王朝的官吏由王室家臣和地方长官组成。王室家臣有宫相、大法官、传旨官和御马监等。宫相原本是管理王室庄园的财产和财务的管家，随着时间的推移其政治势力日益加强，其地位也越来越突出，高踞于其他官员之上。墨洛温王朝末期，大权旁落到宫相手中。8世纪，宫相查理·马特（Charles Martel）废除了土地赏赐制度，实行土地分封制度，即把土地分封给大地主，后者必须向分封的王国承担骑兵义务。受封者死后必须将土地交回，不能世袭相传，这种分封制被称为“采邑制”。查理·马特正是依靠采邑制建立起骑兵武装，迅速地壮大起来，实际上成了法兰克王国的最高统治者。

751 年，查理·马特的儿子矮子丕平（Pépin le Bref）继任宫相后，利用教会的支持废除了墨洛温王朝，建立加洛林王朝（Carolingiens）（751～987 年）。为报答教皇，丕平两次出兵意大利打败了伦巴底人（Lombardie），迫使伦巴底国王将所侵占的罗马中部地区的城镇交给了教皇统治。这就是历史上所称的“丕平献土”。从此，在法国出现了一个世俗的教皇国。

丕平的继任者查理曼（Charlemagne，意为查理大帝）频频发动战争，极大地扩充了加洛林王朝的版图，建立起庞大的帝国。该帝国东部抵达易北河和多瑙河，西部临大西洋，西南部延伸到西班牙，北部临北海和波罗的海，南部到意大利中部。800 年，罗马教皇给查理加冕，称为“罗马人的皇帝”，法兰克王国改称查理帝国。

查理大帝把土地分封给大封建主和贵族，大封建主和贵族再分封给小封建主和小贵族，如此类推，形成了一整套的封建等级制度。10～11 世纪，查理大帝推行爵位制：国王是最高封建主，下面依次是公爵、伯爵、子爵、男爵，边区封为地侯，最低爵位是骑士。下一级封主是上一级封主的附庸，附庸要服从封主，封主也要保护附庸。这样，国家的权力被封建主分割，从而形成了分权君主制。

日耳曼各族占领高卢后，开始编创法典，将其习惯法变为成文法。其中克洛维斯国王晚年所编撰的《萨利格法典》，反映了 5～6 世纪法兰克社会的状况。在墨洛温和加洛林王朝通行的司法原则是“法随人定”，国王的法庭是最高法庭，伯爵和子爵也都享有司法权。贵族在他们的庄园内则拥有对居民的私人审判权。

法兰克国家的文化是罗马帝国文化和日耳曼文化碰撞的产物，特别是受罗马帝国文化和基督教文化的影响。教会是法兰克封建文化的体现者，教育、学术、文学、艺术等无不打上宗教的烙印。

843 年，查理大帝的三个孙子订立了瓜分帝国的《凡尔登条约》，将帝国一分为三：莱茵河以东归日耳曼路易（Louis Germains），即东法兰克王国；马斯河和斯海尔德河（Schelde）以西归秃头查理（Charles le Chauve），即西法兰克王国；从北海到意大利中部归洛泰尔（Lothaire）。870年，秃头查理和日耳曼路易瓜分了洛泰尔的治地，秃头查理的西法兰克王国就基本上构成了法兰西国家的疆域。西法兰克王国由于严重的封建割据使其领地仅限于巴黎一带，又叫“法兰西岛”。从9世纪末起，加洛林家族和罗贝尔家族（Robert）之间争夺王位达百年。987年，西法兰克王国加洛林王朝绝嗣，罗贝尔家族的于格·卡佩（Hugues Capet）登上王位，建立了卡佩王朝。自此，法兰克王国（Royaume des Francs）改称法兰西王国（Royaume de France），“法兰西”这个词一直沿用至今。

二　中世纪中期（10～15世纪）

中世纪中期，法国先后经历了卡佩王朝（987～1328年）和瓦卢瓦王朝（Valois，1328～1589年）。这两个王朝是法国政治统一的重要时期。

卡佩王朝初期，王室直接控制的领地仅仅限于塞纳河和卢瓦尔河之间的地区，各大公国、伯国恃势割据，有如独立王国。英国通过联姻和继承关系占领了法国西部的大片领土，占当时法国国土的一半以上。日耳曼君主是法国国土统一的障碍。12世纪初，国王路易六世（Louis Ⅵ，1108～1137年）花了30年时间，首先把王室内不驯从的封主制服，从而巩固和加强了王权和王室的地位。接着，路易七世（Louis Ⅶ，1137～1180年）和菲利普二世（Philippe Ⅱ，1180～1223年）与英国展开了斗争。尤其是菲利普二世外交和军事手段兼施，并经过与英国三个国王的战争，收复了大部分被占领的国土。1214年7月，在布维讷（Bouvines）战役中，法军击溃了英王、日耳曼皇帝和弗朗德尔伯爵（Flandres）的联军。布维讷战役被称为法国第一次民族胜利，菲利普二世被誉为中世纪最伟大的法国统一的“建筑师”。

路易九世（Louis Ⅸ，1226～1270年）进行了重大的改革：统一币制，控制司法权，建立正规军，平息封建领主的叛乱等，从而促进了法国的统一。卡佩王朝千方百计削弱教会的势力，菲利普四世（Philippe Ⅳ，

1285～1314 年）利用罗马教皇卜尼法斯八世（Boniface Ⅷ）突然去世的机会怂恿新教皇把教廷从罗马迁至靠近法国边境的阿维尼翁。此后近 70 年，教皇处在法国国王控制之下，历史上称为“阿维尼翁之囚”。

1302 年，菲利普四世为解决征收新税问题召开了法国历史上首次由僧侣、贵族和市民参加的全国三级会议。1308 年，他为开辟财源再次召开三级会议。三级会议的召开使法国的政权形式发展到一个新阶段，形成了等级君主制。

1328 年，菲利普四世死后无嗣，由支裔瓦卢瓦家族继承了王位，称为瓦卢瓦王朝。1337～1453 年，法国与英国进行了百年战争。战争初期，法国受挫，土地大片失陷，国王被俘虏，再加上黑死病流行，法国丧失了数百万人口。巴黎市民和巴黎北部的农民先后起义，尤其是造反的农民提出了“消灭一切贵族，一个不留”的响亮口号。尽管起义被镇压下去，却使许多农民摆脱了依附地位。直到 1453 年，法军才彻底打败英军，百年战争以法国的胜利而宣告结束。至此，法国基本上完成了政治上的统一。巴黎作为法国政治、经济和文化中心的地位开始确立。

在此期间，法国文化得到了发展。从 12 世纪开始，除了教会学校外，还出现了许多城市学校，1215 年创建了巴黎大学，此后一些重要城市都成为法国的教育中心。在文学方面，法国出现了许多体裁的文学，如英雄史诗、骑士文学、城市文学、宫廷文学、民间文学等。以巴黎圣母院为代表的哥特式的建筑艺术达到高峰。

三　中世纪晚期（16～18 世纪）

17 世纪下半叶，法国封建专制制度得到高度的发展。路易十四（Louis ⅩⅣ，1638～1715 年）亲政，不再需要首相，自称“代表整个民族”“朕即国家”“法律出自我”。他加强中央对地方的控制，极大地削弱地方贵族的权力。他进一步推行重商主义，建立庞大的舰队和商船队，推行保护关税的政策，成立对外贸易公司，鼓励商品出口。他建立“王家工厂”，修铁路，开凿运河，取消国内部分关卡，降低税率，鼓励工业生产。他还竭力推行殖民政策，参与西欧国家掠夺殖民地的竞争，大大地扩展了法国的势力范围。

路易十五（Louis XV，1715～1774 年）统治时期，法国王室过着奢侈糜烂和挥霍无度的生活，财政拮据；另外，路易十五继续推行穷兵黩武的政策，对外战争连绵不断，耗费了法国的财力和人力。尤其是 1756～1763 年，法、奥联合对英国和普鲁士的七年战争，涉及欧洲、北美和印度，但是，法国遭到惨败，它在北美和印度的殖民地被英国夺取。

18 世纪，法国资本主义取得了进一步的发展。法国大革命前夜，工场手工业发展迅速，其中尤以采矿业、冶金业、奢侈品工业和纺织业为最。一些手工工场的规模已相当可观，雇工数量往往以千百计。18 世纪中叶，机器生产在法国开始出现。在纺织业中，纺纱机、织布机和印染机先后采用。法国开始从手工业向机器工业的过渡。对外贸易方面，法国不仅同欧洲国家有贸易往来，而且与西亚、北美、北非、西印度洋群岛的贸易也很频繁。在农村，资产阶级化的地主驱逐佃农以扩大领地，雇用农业工人，建立资本主义大农场。

随着资本主义经济和生产关系的发展，法国社会结构也进一步发生变化。从第三等级中又分化出新兴的资产阶级。最上层的是金融资产阶级，包括转化为地主的资产阶级、买到官爵的资产阶级、包税人、银行家、军火供应者、国家特许公司的股东等。工商业资产阶级有强大的经济实力，但是在政治上没有地位，因此强烈要求自由发展经济，参与国家政策的制定，推翻障碍资本主义发展的桎梏——封建主义制度。自由职业者，如律师、作家、教师和医生等是中间阶层，他们接受启蒙思想，严厉批判旧制度，主张温和的改良或激进的改革。广大农民（包括农业工人）更是法国封建社会的最底层，没有丝毫的经济地位和政治权利。在中世纪晚期，法国农民不断地掀起造反和起义的浪潮，到 18 世纪末反抗封建专制的斗争更是风起云涌，一浪高过一浪。

在反对封建主义制度的斗争中出现了启蒙运动。它们反对蒙昧主义、专制主义和宗教迷信。启蒙运动从兴起到发展长达一个世纪之久，涉及宗教、哲学、伦理学、经济学、政治学、史学、美学、教育和文学艺术等各个领域。它们的代表人物是伏尔泰（Voltaire）、孟德斯鸠（Montesquieu）、卢梭（Rousseau）、狄德罗（Diderot）、孔多塞（Condorcet）等。他们通过著作和文章，高举理性的大旗，猛烈抨击封建主义和宗教，启发人们的理智，为革命作舆论准备。

法国国王路易十六（Louis XVI，1754～1793 年）在位期间，封建的君主专制制度迅速衰落，政治危机、经济危机和财政危机接踵而来。1789 年春天爆发了一系列农民起义，他们要求分配土地，取消封建贡赋和贵族特权。法国资产阶级积极行动起来领导即将来临的革命大风暴。

第三节　近代简史

一　法国大革命（1789～1799 年）

1789 年 5 月 5 日，路易十六为了解决经济危机和财政危机在凡尔赛宫召集了中断已久的三级会议。在人民的支持下，第三等级于 6 月 17 日通过决议，宣布自己是代表人民利益的国民议会。7 月 9 日，国民议会改称制宪议会，以便从事立法和制定宪法。国王进行反扑，调兵前来镇压起义的巴黎人民，并宣布解散制宪议会。7 月 14 日，忍无可忍的巴黎人民举行起义，攻克了象征封建统治堡垒的巴士底监狱（Bastille）。这一天标志着法国大革命的开始。

从攻克巴士底监狱起，革命席卷了法国各地。正是在全国革命浪潮的冲击下，政权从王室转到了制宪议会手中。制宪议会于 8 月 4 日至 11 日陆续通过决议（即《八月法令》）：废除教会的什一税，减少农民的某些税务，取消封建领主和贵族的特权，废除领主的狩猎、兔囿、鸽舍权和司法权。8 月 26 日，制宪议会通过《人权和公民权宣言》（Déclaration des Citoyens et des Hommes，简称《人权宣言》）。宣言宣布：自由、财产、安全和反抗压迫是天赋不可剥夺的人权；言论、信仰、著述和出版自由；人民主权、代议制和三权分立；法律面前人人平等、罪行法定主义和无罪推定；私有财产神圣不可侵犯。宣言第一次把 18 世纪法国启蒙思想家所阐述的思想和提出的主张以法律的形式肯定下来。宣言沉重地打击了封建制度，启发了人民的革命意识，具有伟大的历史意义。

路易十六准备反革命政变，于10月初召集反动军官聚集在凡尔赛宫。消息一经传出，革命的群众十分愤怒，结队涌向凡尔赛。在愤怒的巴黎人民面前，路易十六被迫答应批准《人权宣言》。与此同时，制宪议会加紧制宪工作和进行改革。1791年9月3日，制宪议会通过了宪法，即1791年宪法。该宪法规定法国实行君主立宪制。

1791年10月1日成立新的立法议会。在该立法议会中，斐扬派（Feuillants）坚持君主立宪制，是右派，占多数；吉伦特派（Girondes）代表工商业资产阶级的利益，属中间派，占第二位；雅各宾派（Jacobins）是激进民主派，属左派，人数较少。1792年8月10日，巴黎群众再一次发动起义，攻入王宫，逮捕国王路易十六。立法议会在人民的强烈要求下，废除了君主制，通过了召开国民公会的决议。国民公会召开之时，立即宣布废除王政，并于1792年9月22日宣布成立法兰西第一共和国（1792～1804年）。国民公会还颁布革命历法，把建立共和国这一年称为共和元年。国民公会中占多数的吉伦特派执政以后，在人民的坚决要求下把路易十六送上了断头台。

吉伦特派统治期间，国际上在英国积极策划下组成了第一次反法联盟，在国内爆发了王党的武装叛乱，经济恶化，物价上涨。在这种危急形势下，吉伦特派倒行逆施，激起了巴黎人民的愤怒，终于在雅各宾派的领导下，于1793年6月推翻了吉伦特派的统治，政权转到雅各宾派手中。

雅各宾派时期，其领袖罗伯斯庇尔（Robespierre）等推行了一系列激进的改革。他首先解决革命的中心问题——土地问题，使一些贫苦的农民获得了土地，废除一切封建权利，豁免农民的各种义务（包括地租和封建苛税），从而使广大的农民都成了小土地私有者。国民公会于1793年6月24日通过了一部新宪法，即1793年宪法（或称共和元年宪法）。宪法宣布法国是统一不可分割的共和国，设置由年满21岁的男子普选产生的立法会议、执行会议。宪法规定公民享有人身、信仰、出版、请愿、结社等自由，人民还拥有起义权。1793年宪法是法国宪法史上最民主的宪法，它对欧洲和世界的革命运动产生了深刻的影响。

从1793年7月起，法军在前线连遭失败，英国、荷兰、普鲁士、奥地利、西班牙等国的军队纷纷攻入了法国领土。国内叛乱蔓延到60个郡。消息传到巴黎，愤怒的群众于9月4～6日连续举行大规模武装示威，要求采取极端措施。国民公会被迫于5日通过决议，同意建立革命军，改组革命法庭，制定全面限价法令，实行恐怖政策等。违反法令者按嫌疑犯对待。国民公会还于10月10日通过决议，将临时政府改为革命政府，行政官员必须接受救国委员会监督。正是这些恐怖的统治，击退了国内外敌人猖狂的进攻，遏制了物价上涨的势头，稳定了政局。从1794年春开始，雅各宾派逐渐取消某些极端的政策，但仍然存在一些滥用恐怖政策的行为。到6月，罗伯斯庇尔为了摆脱困境，进一步加强了恐怖统治，使恐怖扩大化，从而失去了群众的支持。罗伯斯庇尔为首的雅各宾派越来越孤立。

反对罗伯斯庇尔"独裁者"及其恐怖政策的各派人物结成热月党（Thermidoriens），于1794年7月27日发动"热月政变"并把罗伯斯庇尔送上断头台。"热月政变"标志着法国大革命上升路线的终止，此后法国大革命逐渐走向低潮。法国大革命是人类历史上比较彻底的资产阶级民主革命，它推翻了千余年的封建制度，建立了资产阶级的政治统治，为资本主义的经济发展开辟了广阔的道路。法国大革命震撼了整个欧洲，动摇了欧洲的封建体系，促进了欧洲各国革命的到来。

热月政变使政权从资产阶级激进民主派手中转到资产阶级温和派手中。在热月党人统治期间，封闭雅各宾俱乐部，取消最高限价法令，解散巴黎革命市政府，释放一部分在押的不合法律手续的嫌疑犯，恢复经济自由，结束恐怖统治，建立了资本主义正常统治秩序。与此同时，热月党人坚决打击和镇压逃亡的贵族和王党分子的暴动，捍卫了大革命的胜利果实。国民公会于1795年8月22日通过共和三年宪法。新宪法规定成立督政府的集体行政制度。第二督政府期间，王党分子的叛乱接连不断，热月党人政权因镇压人民运动而失去了群众的支持，热月党的内部纷争，欧洲第二次反法联盟的侵略，造成了政治危机。正是在这种背景下，拿破仑·波拿巴（Napoléon Bonaparte）于1799年11月9日发动了政变（即"雾月18日政变”），成立了以拿破仑为首的执政府。雾月政变和执政府的建立，标志着法国大革命的结束。

二 执政府（1799～1804年）和第一帝国（1804～1815年）

执政府期间，拿破仑采取了一系列军事、政治、法律、宗教方面的措施。

拿破仑于1800年击溃了在意大利的奥地利军队，并向奥地利南部进军，迫使奥地利皇帝签订和约。他于1802年粉碎了第二次反法联盟，沉重地打击了欧洲封建反动势力，解除了对法国的外来威胁。他为了争取天主教的支持，于1802年与罗马教皇签订了《教务协议》，承认天主教为大多数法国人的宗教。他严惩王党复辟分子。他整顿财政，改革税制，使国家财政走向稳定。他取消了自大革命以来实行的地方自治，地方行政长官均由中央任命，从而形成了高度中央集权的管理制度和一整套官僚机构。

拿破仑为了巩固法国大革命的胜利成果，亲自主持和制定了《法国民法典》，并于1804年3月正式颁布。这部法典，是根据大革命前后所颁布的法律、法令、法学家的学说和罗马法制定出来的，对资本主义生活的各个方面作了规定，体现了全体公民民事权利的平等原则、契约自由原则、私有财产不可侵犯的原则。法典确定了新的土地关系，肯定了小农经济所有制，保证农民能够耕种自己的土地。这部法典不仅对法国资本主义发展起了巨大的促进作用，而且对其他资本主义国家的民事立法也产生重大的影响。

拿破仑在执政期间所采取的措施，巩固了法国大革命的胜利成果和资本主义制度。元老院为了报答他，于1802年宣布第一执政为终身任职，于1804年5月把共和国改为帝国。同年12月，拿破仑在巴黎圣母院举行加冕，称拿破仑一世（Napoléon Ⅰ）。从此开始了法兰西第一帝国时代。

拿破仑在成立法兰西第一帝国后同英、俄争夺欧洲的霸权，相继粉碎了第三次、第四次和第五次反法联盟。到1810年，法兰西第一帝国控制了除英国以外几乎全部西欧国家和地区。拿破仑所到之处，破坏了这些国家的封建基础，或多或少地废除了封建义务，推广了《法国民法典》，促进了这些国家资本主义的发展。

法兰西第一帝国期间，拿破仑进一步加强中央集权制，皇帝任免省长，省长则对地方进行统治。保民院被废除，立法院形同虚设。拿破仑通过听命于他的参事院和元老院来直接颁布法令。他改组司法部门，改变陪审员的遴选方式。他设置一批世袭的封土爵位，分别赐给文武功臣。但受封者只冠以名义和领取俸禄，并不真正享有领主的权力和占有土地。拿破仑培育起帝国贵族，建立起一整套宫廷官制，恢复了繁缛的朝仪。为了战争和个人独裁的需要，拿破仑进一步限制人民的自由，对出版社、印刷所、剧院等建立审查制度。

拿破仑继续主持和制定其他的法典，1806 年的《民事诉讼法典》、1807 年的《商法典》、1808 年的《刑事诉讼法典》和 1810 年的《刑法典》，统称为《拿破仑法典》。他整顿文化教育，建立公立学校，统一教学计划和学校纪律，建立国家师资考试制度等。他重视知识分子和科学家，鼓励科学研究，从而在第一帝国时期涌现出许多优秀的科学家。

拿破仑的穷兵黩武，加上农业危机和商品匮乏，法国人民不堪重负，反抗拿破仑专制独裁的斗争日益高涨。在被法兰西帝国侵占的土地上，被压迫的民族和人民也在奋起反抗。拿破仑因此内外交困。他企图以征服俄国来挽救危局，于 1812 年 6 月率 42 万大军侵入俄国，但遭到惨败。从此，法兰西第一帝国由盛极走向衰落。1813 年第六次反法联盟建立，同年 10 月拿破仑率 60 万大军在莱比锡与联军展开决战，结果遭到失败。1814 年 3 月 31 日，联军进入巴黎。拿破仑被迫退位，被放逐在地中海上的厄尔巴岛（île d’Elba）。波旁王朝的路易十八（Louis XVIII）即路易十六之弟登位。封建王朝复辟，大批逃亡的贵族返回法国进行报复，激起了法国人民的不满。拿破仑利用这种大好时机，于 1815 年 3 月 1 日率领千名士兵从法国南部的戈尔夫瑞昂湾登陆，20 日返回巴黎重登帝位。但是，拿破仑在抗击第七次反法联盟中于 1815 年 6 月 18 日在比利时滑铁卢（Waterloo）会战时大败。拿破仑于 6 月 22 日再次退位，法兰西第一帝国寿终正寝。拿破仑第二次登位仅100天，故被称为“百日政变”。

三 复辟王朝（1814～1830年）和七月王朝（1830～1848年）

路易十八第一次复辟时感到要完全恢复旧的封建制度已无可能，只得与大资产阶级进行妥协，于1814年6月4日签署宪章，确立了君主立宪制度。

波旁王朝在第二次复辟后借助国外封建势力实行白色恐怖，设军事法庭和特别法庭，审讯大批爱国者和革命者，截至1815年8月，被捕者达7万人以上，分别被判处死刑、徒刑或流放。波旁王朝还加强书报检查制度，限制个人自由，禁止一切集会和结社。反动贵族进行反攻倒算，夺回革命时期被没收的财产。天主教会重新掌握学校教育，组织“金色青年团”来训练大批暴徒，疯狂地迫害革命者和新教徒。波旁王朝的倒行逆施，激起了法国人民的强烈不满，1821年出现了秘密革命社团“烧炭党”，准备使用武装暴力推翻波旁王朝，但几次起义均告失败。

1824年9月，路易十六另一个弟弟阿图瓦伯爵（Artois）继承王位，称查理十世（Charles X）。他极端仇视革命和君主立宪制度，发誓“宁可去锯树也不能按英国那种方式进行统治”。他于1830年7月公开违背1814年宪章，先后颁布四道敕令，封闭报刊，解散议会，规定只有土地所有者才拥有选举权。“七月敕令”成为导火线，全国学生、职员、小商、部分士兵和退伍军人首先发难，接着工人和广大群众积极参与，举行武装起义，“打倒波旁王朝!”的口号此起彼伏。起义者攻入王宫，查理十世仓皇逃往英国。七月革命获得了胜利。

七月革命的成果被银行家、铁路大王、大矿山主、交易所大王等组成的金融贵族集团所窃取，他们拥护与他们关系密切的奥尔良公爵路易－菲利普（Louis-philippe）继承王位，从此开始了七月王朝的统治。

七月王朝如同复辟王朝一样，实行君主立宪制，但已经发生了某些变化。与1814年宪章比较，1830年宪章删除了前言部分，把天主教从“国教”改为“大多数人民的宗教”；恢复三色旗为国旗；废除出版物的审查制度；取消贵族的特权；限制国王的权力，扩大下议院的职能，降低选民财产资格的限制，从而使新的君主立宪制具有二元制的特征，国王和议会是两个权力中心。在七月王朝的初期，菲利普对内进行了某些改革，对外竭力避免与英国、俄国、普鲁士、奥地利发生冲突，担心战争会损害金融贵族的利益；另外，积极推行殖民主义的侵略政策，继续进行对阿尔及利亚的殖民战争，直到1847年在阿尔及利亚建立起殖民统治。

七月王朝时期，法国工商业随着工业革命进一步的深入获得了较快的发展。工业中广泛采用大机器，如1830年只有蒸汽机约600台，1848年达到4850台，从而促进了工业的发展。法国工业1830～1835年的年增长率为3.36%，1835～1840年为3.07%，1840～1845年为3.36%。农业在缓慢地增长，七月王朝时期共增长了37%。法国金融业有了较快的发展，出现了一批银行和银行家，他们通过贷款或直接投资，控制了金融、粮食、铁路、矿山、工业企业，在当时的经济生活中取得了优势地位。

七月王朝的经济发展，促进了法国社会阶级结构发生变化：包括银行家、工业巨头在内的大资产阶级及其势力迅速膨胀，主宰了法国的政治和经济生活，构成了七月王朝的社会基础。中、小资产阶级进一步分化，他们受到七月王朝的限制和金融集团的压迫。工人阶级的数量激增，1848年有600万人左右，其中产业工人约占1/5。他们在法国资产阶级以原始资本积累方式的残酷剥削下处境极为悲惨，有着革命的愿望和要求，先后在巴黎和里昂发动过起义。

19世纪上半叶，法国的科技和思想文化有了较大的发展。在科技方面，法国的数学、物理、化学、天文、医学都有了重大的发现和发明创造，超过了英国，成为自然科学发展的新中心。在意识形态方面，出现了许多社会主义思潮，如圣西门（Saint-Simon）、傅立叶（Fourier）的空想社会主义，路易·勃朗（Louis Blanc）和蒲鲁东（Proudhon）的小资产阶级社会主义，卡贝（Cabet）和布朗基（Blanqui）的空想共产主义。在文学艺术方面，先是以维克多·雨果（Victor Hugo）为代表的浪漫主义流派的诞生和发展，之后是以司汤达（Stendhal）和巴尔扎克（Balzac）为代表的批判现实主义从浪漫主义的流派中脱颖而出。在史学界，首先是收集和出版了许多回忆录、通信、手稿等，然后是反思和解释历史，探索历史事变的真正原因，出现了如梯叶里（Thierry）、基佐（Guizot）、梯也尔（Thiers）这类历史学家。

四 第二共和国（1848~1852年）和第二帝国（1852~1870年）

1845~1846年，法国农业歉收引发经济危机，并与社会危机和政治危机交织在一起。巴黎工人阶级和学生、市民等群众于1848年2月奋勇而起，举行规模浩大的示威游行，高唱着《马赛曲》，和平示威转变成武装起义，高喊“打倒路易－菲利普”“共和国万岁”等口号。二月革命推翻了七月王朝。但是，二月革命的胜利成果被以拉马丁（Lamartine）、赖德律－洛兰（Ledru-Rollin）为首的资产阶级共和派所篡夺，于2月24日成立临时政府，并在革命群众的强大压力下于2月25日宣布实行共和制度，成立法兰西第二共和国。

临时政府公布了一系列与劳动人民的利益直接有关的法令和措施：在三色国旗的旗杆上系上红色丝条来象征革命；保证每个公民都有工作做，创办国家工厂来安置10多万失业工人，并成立了工人问题委员会（因设在卢森堡宫，故又称卢森堡委员会）来调解劳资之间的纠纷；每天工作日缩短一小时；废除选民财产资格的限制，实行普选，从而使选民数量由24万人猛增到930万人；实行出版、集会和结社自由，废除民事拘禁、债务囚禁法、政治犯死刑、恐怖制度、殖民地奴隶制度，取消参加国民自卫军的资格限制，释放政治犯；在经济方面，实行货币流通，重新开放巴黎交易所，提高银行存款利息，改革酒税，取消盐税，等等。临时政府的社会和经济政策给第二共和国打上了无产阶级的烙印。

与此同时，临时政府不断地强化资产阶级的权力机构和镇压工具，增加对农民的税收，挑拨无产阶级与小资产阶级尤其与农民的关系。特别是在制宪议会和新政府成立后，资产阶级共和派实现了其独占统治。当6月22日政府宣布解散国家工厂时，巴黎工人于第二天就掀起轰轰烈烈的武装起义，并提出了“不能劳动而生，毋宁战斗而死!”“打倒人剥削人的制度!”“民主的社会共和国万岁!”等口号和标语，充分反映了六月起义的无产阶级性质。反动政府对起义者进行了残酷的镇压，枪杀工人达 1.1 万，逮捕、判刑、流放工人达 3 万。六月起义是无产阶级试图推翻资产阶级统治和建立自己统治的第一次大搏斗，尽管遭到挫折，但它所表现出的法国无产阶级不怕牺牲和敢于斗争的精神为后人所敬仰。

资产阶级共和派为了从法律上巩固自己的统治地位，于 11 月 4 日通过了宪法，即 1848 年宪法。这部宪法规定法兰西第二共和国实行总统制。在总统选举中，拿破仑一世的侄子路易·波拿巴（Louis Bonaparte）利用农民对法国大革命和拿破仑一世土地政策的怀恋、城市小资产阶级对资产阶级共和派税收政策的不满、大资产阶级君主派欲复辟君主制的愿望获得压倒多数的选票，于 1848 年 12 月登上总统的宝座。他进一步集中总统的权力，取消普选制，限制人民的民主和自由。他于 1852 年 11 月强迫人民投票赞同恢复帝制。法兰西第二帝国从此诞生。

法兰西第二帝国推行了一系列有利于经济发展的经济政策，从而完成了工业革命，使法国成为资本主义世界仅次于英国的第二大工业国。巴黎已成为世界金融中心。在此期间，法国人口由 3578 万增加到 3850 万。

在国内政局稳定和在国外重新获得欧洲的优势之后，拿破仑三世着手对政治体制进行改革，如实行政治大赦、放宽对社会生活的控制、增加代议制机构的权限、制定新闻法和集会法、扩大人民的民主权利等，特别是 1870 年 4 月通过的一项元老院法令，使皇帝权力进一步削弱，从而使 19 世纪 50 年代的“专制帝国”逐渐地向 60 年代的“自由帝国”转变。

但是，拿破仑三世步其叔父的后尘实行对外扩张。拿破仑三世的内外反动政策加剧了国内的阶级矛盾，导致了政治危机。为消除国内革命危机和满足大资产阶级的愿望，他于 1870 年 7 月对普鲁士宣战。但是，战争一开始法军就连连败退，特别是在色当（Sedan）战役中法军大量伤亡，拿破仑三世最终被迫于 9 月 2 日竖起白旗，和麦克马洪（Mac-Mahon）等将领及 8 万多部队成为普军的俘虏。消息传来，巴黎人民义愤填膺，推翻了法兰西第二帝国。

第二帝国时期，法国主要城市发生了重大的变化，其中首都巴黎面貌的变化最为典型。从1853年起，巴黎开始了扩建工程，历时17年之久，耗资25亿法郎，使巴黎城市的面积扩大了一倍，变成了雄伟、庄重、整洁而又美丽的世界名城。第二帝国时期，在法国文坛上，批判现实主义文学成为文学创作中的主流，其主要代表是福楼拜（Flaubert）。批判现实主义文学不仅对过时的封建社会进行无情的批判，而且对现存的资本主义社会的弊端进行揭露和鞭挞。在绘画领域，印象主义画风十分盛行，其代表人物是德加（Degas）、莫奈（Monet）等。在哲学领域，奥古斯特·孔德（Auguste Comte）的实证主义思想具有广泛的影响。在此期间，法国的科学技术也有了很大的发展，尤其在生物、化学、医学、工程技术等方面的成就十分突出，在这些领域内产生了一些国际上知名的专家和学者，如创建了微生物学的巴斯德（Pasteur），发明了平炉炼钢法的马丁（Martin）等。

五　第三共和国的确立（1870~1879年）和巴黎公社（1871年3月18日至5月28日）

色当的惨败和拿破仑三世投降的消息一经传开，立即震动了整个巴黎。9月3日晚，成千上万的工人、学生、国民自卫军和市民纷纷涌上街头，高喊“打倒帝国”“共和国万岁”等口号。9月4日下午，议会中以甘必大（Gambetta）为首的共和派带领示威群众来到市政厅，宣布了由共和派拟定的临时政府的名单，从而废除了第二帝国，建立了法兰西第三共和国。革命的成果落入了资产阶级共和派和奥尔良派的手中。

清一色的共和派临时政府于9月5日吸收奥尔良派参加并改组为国防政府，以便依靠掌握军权的奥尔良派将领抵御普军的入侵。但是，以奥尔良派为总理的国防政府奉行对外投降、对内镇压革命群众的政策。普军趁机长驱直入，包围了巴黎。国防政府于1871年1月5日不战而降。在此危急时刻，法国工人阶级和其他革命群众于3月18日举行武装起义，占领了政府机构，解放了巴黎。

巴黎公社（Commune de Paris）从3月18日至28日为第一阶段。国民自卫军联盟中央委员会负责建立革命秩序，保证巴黎安全，供应粮食和与外省联系，镇压反革命。26日至28日，巴黎举行公社选举。当选的公社委员基本上是由巴黎群众代表组成，其中大多数是工人或是公认的工人阶级的代表。

3月28日至5月1日为第二阶段。巴黎公社在这期间颁布了一系列旨在打碎旧国家机器的法令，建立起新型政权机构——公社委员会。公社委员会由普选产生，对选民负责，可以随时撤换。公社委员会建立了直属公社的10个委员会，具体分管法律、军事、粮食、财政、司法、治安、经济、社会、教育和对外联络。公社确定了公职人员的公仆地位和待遇，成立调查委员会进行监督。在经济方面，公社组织劳动生产，保证工人利益，没收逃亡的资本家企业，工人管理工厂，等等。在教育方面，公社实行政教分离，把教士驱逐出学校。

5月1日至28日为第三阶段。逃亡到凡尔赛的梯也尔政府纠集了反革命武装，并勾结普鲁士军队于4月20日开始进行反扑。巴黎公社战士为保卫自己的胜利果实，英勇地同敌人浴血奋战。5月1日成立的“救国委员会”集中权力领导对敌斗争。5月21日，梯也尔军队突入巴黎并占领巴黎的西南角。救国委员会发出号召，进行全民动员。整整一周时间，公社战士进行了顽强的抵抗，和敌人展开激烈的巷战，直到5月28日最后一批公社战士在拉雪兹神父公墓（La Chaise）壮烈牺牲。在“五月流血周”内，3万名公社战士倒在巴黎街头。

梯也尔政府攻占巴黎后继续进行镇压，4万多名公社战士或被处死，或被流放，或被终身监禁，或逃亡国外。巴黎公社虽然失败了，但它给人类历史留下了宝贵的财富。巴黎公社的芳名永垂史册。

法国资产阶级在镇压了巴黎公社之后才真正着手解决国家政治体制问题。新总统麦克马洪上台后，国民议会中形成了奥尔良派与温和共和派占多数的格局。1875年1月，温和共和派议员瓦隆（Wallon）在宪法草案关于总统选举的方式上提出包含“共和国总统……由众、参两院选举产生”内容的修正案以一票的多数优势获得通过。共和制就像“从窗户潜入”那样被勉强接受。到1875年7月，法兰西第三共和国宪法全部获得通过。

1878 年 12 月，共和派再次组阁，夺回了行政权。1879 年 1 月，共和派在参议院改选中又赢得了多数。麦克马洪见大势已去，被迫辞去总统职务，由共和派朱尔·格雷维（Jules Grévy）顶替。至此，众、参两院及内阁、总统职位已尽数被共和派所掌握。从法国大革命开始，经过革命和反革命、复辟和反复辟、前进和倒退的激烈较量，经过君主立宪制、帝制、共和制的多次反复变换，“共和派的共和国”的政治体制终于得到最后的确立。正是在这种力量对比的情况下，参、众两院做出几项决议：将国家机构从凡尔赛迁回巴黎；将《马赛曲》定为法国国歌；7 月 14 日为法国国庆日；对巴黎公社的流亡者予以赦免。[①]

六　19 世纪末至 20 世纪初的法国（1879 ~ 1914 年）

19 世纪末至 20 世纪初，法国经济尤其是冶金、电力、汽车、化学等新兴工业得到了较快的发展。1900 年至 1913 年，法国钢产量增加了 3 倍，达到 468 万吨，占世界总产量的 7%。法国的汽车工业和航空工业居世界首位。法国垄断组织最早出现在冶金、采矿和机器制造等重工业部门并得到迅速的发展，尤其是法国银行资本的集中和垄断使法兰西银行的 200 个大股东控制了法国经济命脉，形成了财政寡头集团——两百家族。法国的资本输出占世界的第二位。法国已从自由资本主义阶段发展到垄断资本主义和高利贷帝国主义阶段。

19 世纪 80 年代，温和派共和党人执政，它强化议会的权力和完善议会制度，努力实现政权和社会生活世俗化、民主化，对军队、法院、地方行政机构进行改革，全面推行文官考试制度，修改宪法并规定“政体的共和制形式不容成为宪法修正案的对象”“曾经统治过法国的家族成员不得当选为共和国总统”。经过修改过的 1875 年宪法，才由君主主义和共和主义妥协的产物逐渐变成一部具有共和议会制精神的宪法。温和派共和党

① 之后，直到巴黎公社成立 145 周年之际，法国国民议会才于 2016 年 11 月 29 日通过“为所有遭镇压的 1871 年巴黎公社社员平反”的 844 号决议，还受害者公正、名誉和尊严，恢复历史的本来面目。

人执政期间，还对教育进行改革，实行世俗国家来领导教育和免费的小学义务教育，恢复和整顿公民的民主自由权利，实行言论、出版、结社自由，废除臭名昭著的《勒沙普利埃法》（lois de Le Chapelier），承认劳资各方组织行业工会的权利，使广大的公民享受比过去更多的民主自由权利，从而促进了全国工会运动的迅速发展。

法国工人运动在巴黎公社失败后逐渐恢复了元气，1879 年成立了法国工人党，它也是在法国近代历史上诞生的第一个政党。在其领袖朱尔·盖德（Jules Guesde）和保罗·拉法格（Paul Lafargue）领导下工人运动和社会主义思想的影响日益增长。1893 年，社会主义派别在议会中获得了 50 个席位。1894 年，反动势力诬告犹太军官德雷福斯（Dreyfus）出卖军事机密，妄图借此接管共和政府。社会主义者在德雷福斯案件和独立社会主义者米勒兰（Millerand）入阁问题上发生尖锐的对立，分别组成法兰西社会党和法国社会党，前者反对米勒兰入阁，后者表示支持。到 1905 年，这两大派联合组成统一社会党。此后，工人运动进一步高涨，连续爆发罢工，但先后遭到镇压。

20 世纪初，是激进共和派统治时期。激进共和派对反对共和制的教权派进行打击，解散了 34 个教会组织，封闭了 3000 所教会学校。激进共和派为主的议会还于 1905 年通过了《政教分离法》。该法使政教分离，规定教会不得干预政治，政府不给予宗教津贴，从而保证了法国人的信仰自由和进一步打击了教会势力。

无论是温和派共和党人执政还是激进共和党人执政，对外政策的主要目标是准备对德复仇和进行殖民扩张。从 19 世纪 80 年代开始，把法国的殖民领土面积扩张到相当于法国本土面积的 20 倍，成为仅次于英国的殖民大帝国。在欧洲，法国为了摆脱自己的孤立地位，于 1892 年与俄国缔结军事同盟，1904 年与英国缔结协约。从而形成了以英、法、俄协约国为一方和以德、奥、意同盟国为另一方的两大军事集团。它们积极扩军备战，重新瓜分世界。

19 世纪末至 20 世纪初，法国文化又有了新的发展。在文学方面，占主导地位的是自然主义和象征主义流派，前者的主要代表是左拉（Zola）

和莫泊桑（Maupassant），后者的主要代表是马拉梅（Mallarmé）等。在哲学方面，20世纪初出现了贝格松（Bergson）哲学的热潮，对后来的哲学流派、文学艺术以及政治和宗教都产生重大的影响。在艺术方面，印象主义分裂为依据科学原理来取得预期效果的新印象主义和更强调个性表现力的后印象主义。雕塑方面的主要代表是罗丹（Rodin）。在音乐方面，法国继承了民族音乐的传统，创作了一批优秀的作品。

第四节 现代简史

一 一战中的法国（1914～1918年）

1914年8月，第一次世界大战爆发（简称一战）。它是以法、英、俄、美等协约国为一方，以德、奥、意、土耳其、保加利亚同盟国为另一方。法国参战的目的，就是对德复仇，夺回阿尔萨斯和洛林地区，侵占萨尔煤矿区（Sarre），分裂德国，恢复在欧洲的霸权地位。

早在战争爆发之前，法国就已经积极做准备。法国政府于8月1日发布总动员令，各个党派组织，都在“保卫祖国”“保卫法兰西”的幌子下联合起来。它们在议会中一起投票通过了军事拨款，宣布法国处于军事状态，实行书报检查制度。8月26日，进一步扩大的“神圣联合”内阁成立，它是战时的“国民联合”内阁，包括了法国主要党派。“国民联合”内阁是在“保卫法兰西”的名义下，动员一切力量参加战争。

战争初期，西线德军兵分五路进入法国北部地区，从8月21日至24日，接连进行了洛林、阿登、蒙斯（Mons）、沙勒罗瓦（Charleroi）4个边境战役。其结果是法、英、比利时军队全线溃退。法军伤亡约有14万人。德国第一军长驱直入，威胁巴黎的安全。法国政府紧急改组，并仓皇地撤离到波尔多。但是，法国军队的主力集中在东北战线，在洛林一带向德军进攻。当法军加强左翼一带的防卫来保卫巴黎时，德军受到了法军两面夹击的威胁。9月5日起，法德两军在马恩河一带展开激烈的战斗，双方共投入100多个师和200多万兵力。到10日，德军逐渐地不支，败退到埃纳河一带。马恩河战役粉碎了德国的冒险计划，巴黎得救了，整个西线也转危为安。协约国曾经利用在这个地区兵力上的优势于春季和秋季在香槟和阿图瓦（Artois）等地区发动攻势，但未能奏效。自此，在西线协约国和同盟国的两军形成了对峙的局面。

1916 年，双方在法国形成拉锯战。1917 年 4 月，法军企图以闪电战的方式在 24 小时内突破德军防线，结果伤亡惨重，一无所得。战争的灾难、工农业生产的破坏、物价飞涨、物资的匮乏，促使法国人民觉醒和反战情绪高涨。加上 1917 年俄国二月革命特别是十月革命的影响，法国劳动人民反对帝国主义战争和争取和平的斗争此起彼伏。前线大部分法国士兵处于骚动状态。1917 年 11 月组成的克雷孟梭内阁（Clemenceau）对内采取高压政策，不仅镇压人民的反战运动，而且还要逮捕、监禁统治集团内的反对派；对外则要强化战争。

1918 年，法国福煦（Foch）被任命为法英军队联合总司令，统一指挥军队。美军参战并于 2 月增援到欧洲战场，从而使协约国军力大大增强。7 月 18 日，协约国军队在马恩河一带展开攻势，俘虏德军 3 万人。8 月 8 日又在亚眠地区全歼德军 16 个步兵师。9 月，协约国军队全面出击，使德军的主力迅速瓦解，德国于 1918 年 11 月正式投降。第一次世界大战结束。

二　20 年代的法国（1918～1929 年）

法国作为战胜国，通过 1919 年签订的《凡尔赛和约》，收回了 1870 年丧失的阿尔萨斯和洛林，共有 15400 平方公里土地和 190 万人口；可以利用萨尔的煤；获得了巨额的战争赔款；扩大了殖民地范围。

正是利用获得的赔款和新的领土等有利条件，法国经济得以恢复和发展。1921～1929 年，法国工业生产增加了 1 倍多，其中工业年平均增长率约为 5%，超过了英国和德国同期的增长速度。20 年代，法国工业结构发生了重大变化：新兴工业部门迅速地崛起，传统工业逐渐没落。1924 年农业总产量达到战前 1913 年的水平。农业生产逐渐走向现代化。国内贸易十分活跃，外贸总额 1913～1929 年增长了 50%。当时法国外贸总额已占世界贸易总额的6%。随着经济的发展，法国城市人口迅速增加。1921 年城市人口占人口总数的46.4%，1931 年提高到51.2%。20 年代，法国已经从农业－工业国一跃而为工业－农业国。

1920～1924 年，由右翼政党组成的“国民联盟”执掌政权。该联盟对内实行反动的政策，禁止公务员参加工会和罢工，拒绝实行 8 小时工作制，反对劳资签订集体协议。在对外政策上，该联盟推行反苏抑德的政策。法国反对修订《凡尔赛和约》，坚决要求德国赔款。当得不到满足时，法国联合比利时于 1923 年 1 月强占了鲁尔区（Ruhr）。

国民联盟的内外反动政策激起了法国劳动人民的强烈不满，他们行动起来进行抵制反动政策的斗争。1920 年 2 月至 3 月，法国工人发动罢工，参加者达百万人之多，罢工者要求增加工资和实行 8 小时工作制。与此同时，法国社会主义运动也出现了新的潮流。1920 年 12 月在图尔召开的社会党代表大会上，以加香（Cachin）为首的多数派投票赞成加入共产国际，并拉出队伍来成立法国共产党（简称法共）。1922 年，法国总工会中的革命少数派经过长期斗争，另成立统一总工会。法共的成立进一步促进了法国社会主义运动的发展。

1924～1926 年，“左翼联盟”上台执政，对部分人实行大赦，从鲁尔区撤出了法国占领军，承认了苏联并正式建立了外交关系。1924 年 8 月，法国被迫接受振兴德国经济、复活德国军火工业以保证赔款支付的“道威斯计划”。1925 年 10 月，在美国幕后支持下，协约国与德国缔结了《洛迦诺公约》。“道威斯计划”和《洛迦诺公约》的签订使法国丧失了对德国的一张王牌，削弱了法国在欧洲的政治地位。

“左翼联盟”推行强硬的殖民主义政策。他们于 1925 年春伙同西班牙共同发动殖民战争，经过一年的血战绞杀了法属摩洛哥和西属摩洛哥交界处的里夫共和国。他们还于 1927 年秋出兵镇压了叙利亚的民族起义。殖民战争使法国财政状况进一步恶化，“左翼联盟”政权终于在 1926 年 7 月寿终正寝。法国各个右翼政党联合起来，组成了国民联合政府。它实际上是“国民联盟”政府的翻版。

20 年代，法国文学和艺术有了新的变化。在文学方面，盛行于第一次世界大战期间的"达达"(Dada)思潮，由于它的反理性和反传统的虚无主义的特征，在20年代丧失了市场而走向没落。以阿拉贡(Aragon)为代表的超现实主义文学逐渐兴起。他们试图挖掘和解放被理性和传统所压抑的意识和感情，捕捉人们思维活动的原始状态和梦幻。与此同时，批判现实主义有了进一步发展，社会主义现实主义文学也开始出现，其代表人物是罗曼·罗兰(Romain Rolland)。20年代是法国戏剧繁荣的年代，特别是喜剧题材的作品受到广大群众的欢迎。"先锋派"电影的影响不断地扩大。在绘画方面，占主导地位的是立体派艺术。

三 30年代的法国(1929~1939年)

1930~1936年，法国爆发了经济危机。经济危机激化了法国社会的各种矛盾，并在德国法西斯的影响下，法国极右势力抬头，法西斯组织纷纷出现，如产生了"法兰西行动""火十字团""法兰西团结""法兰西主义""爱国青年"等10多个组织。其中，"火十字团"是当时最大的法西斯组织，共有30多万成员。这些极右组织反对多党制和议会制，反对传统的民主制度，主张在法国建立个人专制独裁。它们还宣传反犹太主义，鼓吹民族沙文主义。希特勒在德国的上台对法国的法西斯主义运动起了推波助澜的作用。

在法西斯威胁的紧急关头，法共、社会党、激进党抛弃前嫌，逐渐地联结起来。它们于1935年7月共同组织了50多万人参加的游行示威，接着建立了人民阵线全国委员会，联合了法国所有的左派力量。人民阵线(Front Populaire)正式成立了。人民阵线在1936年议会选举中取得了辉煌的胜利，在议会的559席中占有337席。接着，人民阵线组成了以社会党人勃鲁姆为总理的第一届人民阵线政府。法共虽然没有入阁，但公开发表声明表示将全力支持左翼政府。

勃鲁姆政府主持劳资谈判并达成大幅度提高职工工资的《马提翁协议》(Matignon)，实行每周40小时工作制，职工每年两周带薪休假制度，完善集体合同制度。勃鲁姆政府加强了国家对经济的干预，对部分军火工业实行国有化，对法兰西银行实行监督，建立全国铁路公司等。勃鲁姆政府还下令解散所有的法西斯组织。在对外政策方面，勃鲁姆政府纵容德国和意大利法西斯武装干涉西班牙，绞杀西班牙的民主革命运动。它极力回避与苏联就《法苏互助公约》具体化问题达成协议。它还极力寻求与德国的和解，以让步和妥协来换取德国的谅解。

1938 年 4 月，激进党人达拉第（Daladier）组成以激进党为主体、吸收中派和右翼人士参加的政府。达拉第抛弃了人民阵线纲领，实行货币贬值，增加直接税和间接税，取消了每周 40 小时工作制，从而导致物价上涨和人民购买力下降。与此同时，激进党千方百计地寻求机会断绝与人民阵线的关系，于 11 月正式宣布退出人民阵线。自此，人民阵线彻底瓦解了。在对外政策方面，达拉第政府与美英一起推行“不干涉主义”，即“绥靖政策”。它于 1938 年 9 月与德国、英国和意大利举行四国首脑会议，签订了《慕尼黑协定》。该协定使捷克丧失了 1/3 以上的经济资源，并为德国法西斯向东欧和东方的扩张扫清了道路。

当 1939 年希特勒先后吞并捷克、把罗马尼亚和匈牙利变成德国的附庸之后，当希特勒与苏联签订了《苏德互不侵犯条约》后，达拉第政府才打破了祸水东引的幻想。但是为时已晚，一场灾祸即将降临到法国国土上。

30 年代，法国自然科学的研究在世界上的地位有所下降，但在原子物理学和现代数学等某些领域仍然处于世界领先的水平，如约里奥·居里夫妇（Joliot Curie）发现了人工放射性，它是人类改造微观世界的一个突破。他们因此于 1935 年获得诺贝尔化学奖。在文学方面，关心“人类处境”的小说应运而生。以萨特（Sartre）为代表的存在主义文学开始出现。

四 二战中的法国（1939～1945 年）

1940 年 5 月，希特勒在欧洲西线发动强大的攻势，在占领荷、比、卢之后，用装甲部队绕过法国的“马其诺防线”（Maginot），从北面长驱直入法国。5 月法英联军在敦刻尔克大撤退。6 月 14 日，巴黎沦陷。6 月 16 日，刚刚上任的贝当（Pétan）总理代表法国政府向德国投降。根据法德双方签订的《法德停战协定》，法国的东部和北部约占全国面积 2/3 领土归德国占领。贝当政府偏安维希，改称“法兰西国家”。法兰西第三共和国存在 65 年后寿终正寝。

正当法国的大半壁江山遭受德国法西斯蹂躏时，曾任雷诺政府（Renaud）陆军部副国务秘书的夏尔·戴高乐（Charles de Gaulle）只身飞往伦敦，于 6 月 18 日发表了《告法国人民书》。在讲话中，戴高乐高举争取民族独立的大旗，号召法国人民继续抗战到底。他在英国组织“自由法国”运动。自此，戴高乐及其领导的“自由法国”（后改为“战斗法国”）的影响迅速扩大，并赢得了国内尤其是海外的支持。到 1940 年底，“自由法国”领导的殖民地人口已超过 1200 万。法国的抵抗运动依靠法属非洲的辽阔土地和丰富资源进行斗争。“自由法国”还在法国本土开辟战场，团结和协调法国本土的抵抗运动。到 1942 年，“自由法国”的军队已达到 7 万人以上，并拥有空军和海军。他们在北非和法国本土同德国法西斯的军队浴血奋战。

在法国本土，从德国法西斯占领开始就产生了自发的、各自分散的抗德斗争。到 1940 年末，已经出现了许多抗德的组织，各个阶层都有人参加。这些抗德组织散发传单，出版地下刊物，收集德军情报。从 1941 年夏季起，法国本土的各个抵抗组织加强了相互间的联系，建立了地区性和职业性的民族阵线委员会，从而使国内的抵抗运动如火如荼地开展起来。1943 年 9 月，科西嘉岛的抵抗组织发动起义，赶走了德军和意军，解放了全岛领土。

为了统一领导法国本土的抗德斗争，戴高乐指派代表让·穆兰（Jeans Moulins）于 1943 年 5 月成立全国抵抗委员会。在全国抵抗委员会领导下，各省和地方也相应建立了省和地方抵抗委员会（又称解放委员会）。全国抵抗委员会还于 1944 年 3 月宣布了其纲领：惩办卖国贼，保障民主自由，实行一系列改革。同年，法国本土的所有抵抗组织联合成为一个统一的军队，即“法国国内战斗部队”，简称“内地军”，其数量已达到 50 多万人。在内地军中，法共领导的“游击队和自由射手”占一半。在海外，戴高乐于 1943 年 6 月建立了“法国民族解放委员会”作为法国的中央政权机构，从而使法国国内和国外的抗德斗争有了一个领导核心。“法国民族解放委员会”于8月获得苏、英、美的承认，先后与26个国家建立了外交关系。1944年6月，戴高乐宣布将法国民族解放委员会改组为法国临时政府，领导国内外的抗德斗争。此时，法国临时政府已拥有23万野战军、15万殖民地军、5万海军、32万吨位的舰队、3万空军和500架飞机。

当苏军对德国法西斯的军队展开全面大反攻时，美英联军于1944年6月6日在法国西北的诺曼底登陆，开辟了对德作战的第二战场。8月，美英联军又在法国南部的土伦、马赛登陆。此时，法军与美英联军在法国国土上与德军共同作战。内地军也在加紧打击敌人，并解放了全国一半以上的领土。同年8月19日，在法共推动下，全国抵抗委员会和巴黎解放委员会通过举行起义的决议。8月25日，巴黎人民发动起义，并解放了巴黎。法国临时政府迁往巴黎并进行改组，吸收国内抵抗运动成员参加。戴高乐回到法国后立即解除法共领导的武装，于8月28日下令解散内地军，9月19日又命令内地军与正规军合并，并解除了所有抵抗组织的武装。此时，临时政府继续对德作战，直到1945年法国全部解放。

第二次世界大战期间，法国许多文学家投身抵抗运动，如萨特、阿拉贡等。他们一扫以往颓废的气氛，创作了许多优秀的抵抗文学作品。

第五节 当代简史

一 临时政府（1945～1946年）

1945年5月8日，德国法西斯无条件投降，炮火连天和硝烟弥漫的欧洲战场终于沉寂下来。劫后余生的法国面临许许多多亟待解决的难题。

临时政府于1945年10月举行制宪议会的选举。选举中贯彻了妇女参加投票的普选制度和比例代表制的原则。通过选举，由法共、人民共和党、社会党占主导地位的制宪议会一致推举戴高乐为总理，并组成了以这三大党为主体的新临时政府。

临时政府对维希分子和通敌分子进行了毫不留情的清洗和惩办。一大批法奸受到法庭的审判，有4783人被判处死刑，其中786人被立即处死。

临时政府根据全国抵抗委员会的纲领，将雷诺汽车厂、法国航空公司、北方煤矿和主要新闻机构国有化，将法兰西银行等5家银行，以及34家保险公司、电力公司、煤炭公司、煤气公司国有化。

临时政府针对日益严重的通货膨胀坚决执行紧缩通货的政策，同时冻结物价和工资。它先后两次发行公债，以便缓解财政困难。它还实施了社会保险、家庭补助、奖励生育、带薪休假15天、缩短每周工作时间等有利于劳动人民的社会政策和劳动政策。它还于1945年2月推行职工的企业参与制，在企业中建立资方、劳方和工会代表共同组成的企业委员会，以便讨论劳动条件、审议有关企业生产经营情况的报告。临时政府还推行计划化，从1946年1月开始实施第一计划，集中力量优先发展基础工业，以便带动和促进其他经济部门的发展。

在对外政策上，临时政府推行以恢复法国在大国中的地位和维护法兰西民族尊严和独立的方针。它还根据1944年1月布拉柴维尔会议的精神，改变了殖民地的统治方式，允许一些殖民地国家和地区自治。

新的临时政府成立不久，戴高乐与制宪议会之间立即产生了激烈的冲突，冲突实质涉及政府与议会关系的原则问题，实行何种政治体制问题。戴高乐在与制宪议会冲突中，深感自己孑然一身，形影相吊，便于1946年1月辞职。他静观法国政局的变化，意图东山再起，施展他的“雄心大志”。

二　第四共和国（1946～1958年）

在没有戴高乐的新临时政府期间，制宪议会制定了法兰西第四共和国宪法草案并于1946年10月在公民投票中获得通过。1946年11月选举了法兰西第四共和国第一届国民议会，1947年1月选出共和国总统并任命总理和组成政府，法兰西第四共和国正式运作。

第四共和国时期，先后举行过三届国民议会的选举，并根据每届国民议会的政治结构组成了各届政府。从1947年1月至1956年1月，法国先后成立过三党联合政府（社会党、人民共和党和法共）、“第三势力”10届政府（社会党、人民共和党、激进党和温和派）、右翼中间派5届政府。

三党联合政府内部，尤其是法共与社会党和人民共和党之间在许多政策上意见相左。在经济方面，1947年初，法国经济每况愈下：煤产量下降，粮食供应继续减少，肉类来源几乎断绝。在这种情况下，物价扶摇直上，而工资则受到严格的控制。4月，雷诺汽车制造厂工人发动罢工，要求增加工资。法共阁员在内阁会议上支持工人的要求，反对政府冻结工人的工资。在殖民地方面，以社会党人拉马迪埃（Ramadier）为总理的政府在越南进行殖民战争，派兵残酷地镇压马达加斯加人民的起义，法共的议员和阁员都坚决反对。为了排除法共阁员的干扰以便推行反动的内外政策，拉马迪埃于1947年5月5日解除了政府内法共阁员的职务。而法共部长被驱逐出政府，意味着三党联合政府的寿终正寝。

从1947年11月至1952年2月，是“第三势力”执政时期。“第三势力”由社会党、人民共和党、激进党和温和派等为主体的多个政党组成。在拉马迪埃排斥法共阁员前夕，戴高乐领导的法兰西人民联盟于4月14日成立。“第三势力”既反对法共，也反对日益壮大的法兰西人民联盟。“第三势力”先后更换了10届内阁，这些内阁要么由于社会经济原因，要么由于外交或殖民地方面的原因逐个倒台。

“第三势力”政府进一步加强了国有化，继续实施经济和社会发展计划，并完成了第一计划，从而使法国的基础工业如能源、交通等得到了加强。它努力争取美援，从而加快了法国经济恢复和发展的步伐。“第三势力”政府在中后期推行了某些“自由放任主义”的经济政策，有利于经济按市场经济规律发展。此外，“第三势力”第一届政府的外长舒曼提出的建立欧洲煤钢联营计划，加强了法国与西欧国家的经济联系。1948年法国的工业生产已恢复到战前1938年的水平。随着国民经济的好转，法国在战后初期所实行的配给制度已逐步取消，游行示威越来越少，工人运动走向低潮，法国社会趋向安定。但是，“第三势力”政府的经济和社会政策也造成了严重的后果，如出现财政赤字、通货膨胀、工资受到抑制等。

在对外政策方面，“第三势力”政府于1948年4月与英、荷、比、卢组织“西欧联盟”，1949年4月加入“北大西洋公约组织”，1950年派兵参加美国的侵朝战争。“第三势力”政府还允许美国在法国领土上建立军事基地，一些法国的重要港口、机场、铁路和公路也在美军的控制之下。

战后初期，法国推行肢解德国的政策。1947年以后，在美国的压力下“第三势力”政府对德的态度软化下来，同意德国问题纳入美国的战略计划：建立联邦德国，并武装联邦德国。

在殖民政策方面，“第三势力”政府力图通过法兰西联邦的新形式继续维持其在殖民地的统治。面对风起云涌的民族解放运动，法国殖民者一方面疯狂地镇压法属殖民地的民族解放运动，另一方面玩弄政治手腕。它扩大了对印度支那的殖民侵略。在北非，“第三势力”政府用所谓不妥协政策取代了前期所采用的自由化政策，从而加强了对北非殖民地的控制和镇压。

从1952年3月至1956年1月，是右翼中间派即右翼的独立党和中间派的激进党、人民共和党结成联盟的统治时期。它先后出现过5届政府。

以独立党人安托万·比内（Antoine Pinay）为总理的第一届内阁于1952年3月成立之时，法国财政困难重重。比内内阁决定紧缩财政，发行黄金公债，实行工资指数化。比内内阁的后期，为了进一步抑制物价上涨的势头将自由放任主义经济改为统制经济，决定将物价冻结，并向国外大举借债以便解决国库的亏空。但是，比内内阁于12月在预算问题上未能得到人民共和党的支持而倒台。

由激进党人勒内·梅耶（René Mayer）于1953年1月组成的新政府仅存在4个多月就下台了，之后，法国出现了一月有余的内阁危机。直到6月27日，独立党人约瑟夫·拉尼埃（Joseph Laniel）的新政府成立才使法国政局稳定下来。拉尼埃政府在近一年统治期间，遇到诸如经济、罢工、《欧洲防务集团条约》、印度支那等许多棘手的问题。在处理这些难题时，右翼政府的僵硬政策和做法经常遭到反对派的攻击，法国某些讽刺作品把这种愚笨的统治称为“牛头专政”。在印度支那问题上，拉尼埃政府因为在越南奠边府的失败在议会中受到追究而倒台。这是法国战后以来第一次因殖民地问题被推翻的政府。

1954 年 6 月，激进党左翼领袖孟戴斯－弗朗斯（Mendès-France）组成新政府。孟戴斯－弗朗斯是以许下结束在越南的殖民战争的诺言而上台的，因此在法国和参加日内瓦会议的中国、越南、苏联的努力下，终于在 7 月 21 日签订了在印度支那停止敌对行动的《日内瓦协议》，结束了这场“肮脏战争”。与此同时，孟戴斯－弗朗斯在把《欧洲防务集团条约》提交议会讨论时暗示了反对该条约的意向而被否决，从而埋葬了争论达 3 年多的《欧洲防务集团条约》。

1955 年 2 月至 1958 年 6 月，法国先后成立了 5 届政府。在这期间，法国在阿尔及利亚进行着旷日持久的殖民战争，耗尽了财力、物力和人力，使法国财政恶化，国内阶级矛盾加深，导致内阁危机和社会危机。在这期间，政府更迭的频率加快，内阁危机的时间延长，正如当时的法国总统科蒂（Coty）在 1958 年新年贺词中指出：“从基本上说，我们的政治体制已经不能够适应新时代的步伐了。”在阿尔及利亚的法国殖民军举行叛乱并企图蔓延到法国本土的危急形势下，科蒂总统力请戴高乐出山解救危难。于是，戴高乐组成新政府并获得制定新宪法的权力。第三届国民议会在批准新内阁和赋予它制宪权后立即休会，这标志着第四共和国寿终正寝。

20 世纪 50 年代是法国经济持续稳定发展的时期。工业生产有了长足的发展，1958 年工业生产指数为 1939 年的 2 倍。法国的电力、煤炭、石油、汽车、飞机等方面的发展尤为迅速。劳动生产率大大提高。随着工业的发展，法国工业结构也发生了很大的变化，生产专业化的程度日益提高。在农业方面，1954 年与 1951 年相比，小麦产量增长了 48%，马铃薯产量增长了 32%，葡萄酒产量增长了 11%。畜牧业也有了较快的发展，它在农业总产值中的比例不断地提高。法国已成为仅次于美国的世界第二大农产品出口国。

第四共和国时期，以萨特为代表的存在主义哲学在法国思想界和理论界占据主导地位。但这个时期的存在主义哲学已从思辨转向对社会问题的思考，变成了行动哲学。其重点是讲人道主义，强调存在先于本质，反对宿命论，宣扬选择自由和人的社会责任。这个时期，存在主义文学迅速发展并达到鼎盛时期，它对荒诞派戏剧、黑色幽默、新小说等文学流派产生了很大的影响。

三　第五共和国（1958 年～）

戴高乐第一任总统时期（1958 年 12 月～1965 年 12 月）和第二任总统时期（1966 年 1 月～1969 年 4 月）

二战后，戴高乐以实现法国的“大国梦”“强国梦”作为执政的宗旨和目的。他在《战争回忆录》第 1 卷第 1 章开宗明义地表明他的心迹：“我对法国一向有一种看法”，法国“除非站在最前列，否则法国就不能成为法国……总之，法国如果不伟大，就不成其为法国”。伟大、地位、大国、强国构成戴高乐主义的核心内涵。戴高乐复出后的“雄心大志”，就是更加强烈、更加迫不及待地实现法国的“大国梦”“强国梦”，并将“大国梦”“强国梦”与增强法国硬实力和软实力紧密地挂钩。

戴高乐深知，欲实现“大国梦”“强国梦”，必须改革第四共和国政治体制。1958 年 9 月 4 日，戴高乐在解释按照新宪法所建立的政治体制时说，它“将使共和国变为强大”“也重新得到了它成为伟大的机会”。新宪法草案的起草在司法部长米歇尔·德勃雷（Michel Debré）领导下于 1958 年 7 月完成，于 9 月 28 日在公民投票中通过。新宪法的通过标志着第五共和国的诞生，半总统半议会制的建立。戴高乐在两任总统时期正是依靠第五共和国政体着手增强法国硬实力和软实力。

戴高乐把经济的强大作为实现“大国梦”“强国梦”的先决条件。针对以谨慎、保守、分散和处于受保护地位为满足的传统经济，他提出“扩张、高产、竞争、集中”。他坚持国有化、计划化，加速工农业改造并使之现代化，改革货币以稳定币值，加强商品的竞争力，提高在国际贸易中的地位。正是在戴高乐的经济思想和政策指导下，法国经济在 20 世纪 60 年代至 70 年代初得到了比 50 年代更高速度的发展。1960～1967 年，法国国内生产总值年均增长达到5.5%，超过了联邦德国。1967～1973年达到5.6%。从第五共和国成立至20世纪70年代初期，被法国经济学家称为“辉煌30年”（1946～1975年）中的最辉煌时期。在这个最辉煌时期中，法国经济实力已经在世界排名中居第四位，仅次于美国、联邦德国和日本，并形成了法国特色经济制度，构成了以国家市场为特征的法国经济发展的模式。

戴高乐大力发展科技，提高科技人员的地位。他加大对科技的投入，从而使20世纪50年代末至70年代初的科技预算年均增长达到5.7%。从20世纪50年代中期到60年代中期，法国科研经费增加近10倍。许多重要的科研机构和实验室相继建立起来，基础研究受到高度重视，高科技项目纷纷亮相，科研队伍越来越壮大，科研人员的素质日益提高。到20世纪60年代末，法国在核能利用、航空航天、铁路、电信、医学和农业等许多方面的技术和科学水平，都处在世界领先的地位。

在军事领域，戴高乐于1959年11月3日在法国高等军事学院的演说中指出：“法国必须有自己的防务，法国必须靠自己的力量、为自己的利益并用自己的方法来保卫自己。”于是，法国建立起独立的防务和完整的国防工业体系，制定全方位的军事战略。在建立法国独立防务过程中，他把重点放在发展独立核打击力量上。20世纪70年代，法国完成了军事现代化，一跃成为世界上第三大军事强国，仅次于美国和苏联。

在外交领域，戴高乐说道：“主要的是我们所说的和所做的必须保持独立性。我重新执政以来，这就是我们的规则！”第五共和国对外政策的总目标，是在维护国家主权和民族独立的基础上，恢复法国在世界政治中的大国地位，保持法国在国际舞台上的伟大形象。他反对美苏霸权，均衡东西方关系。他推进欧洲一体化，建立第三极以发展多极化世界。他宣布在外交上要实施“世界范围的政策”，以“非殖民化—合作”政策保持非洲，承认中华人民共和国等重返亚洲，鼓励拉丁美洲国家独立等插手美国后院的事务。戴高乐纵横捭阖的外交从软实力方面展现法国作为“大国”“强国”的地位和作用。

戴高乐执政的后期，法国国内经济和社会问题逐渐严重起来，失业人数增加，通货膨胀日益严重，广大劳动人民的生活和劳动开始受到威胁。尤其是学生们感到前途渺茫，加上对陈旧的教育制度、不合理的教学管理体制和教学方法的不满，巴黎西郊楠泰尔（Nanterre）大学文学与人文学院学生率先起来造反，引发1968年“五月风暴”。在5月份，学生运动波及法国全社会，法国工人举行全国总罢工，声援学生运动。“五月风暴”使学校停课，工厂停工，店铺、银行和邮局关门，交通停顿，电话中断，全国处于瘫痪状态。“五月风暴”震撼了法国和全世界，促进法国当局采取措施，提高职工工资和待遇，改革行政和教育制度。

1969年4月，戴高乐总统最终因参议院和地方改革的失败提前下野。同年6月的总统选举中，乔治·蓬皮杜（Georges Pompidou）当选。从此，开始了蓬皮杜总统的任期。

蓬皮杜总统时期（1969年6月~1974年4月）

蓬皮杜作为“现实的戴高乐主义者”，首先保证戴高乐政策的延续性，同时推行“开放”政策，以谋求大国和强国的地位。他还着力抓经济，编制以调整工业结构为重点的第六个经济和社会发展计划，在经济领域实行分权，加强国家对经济的干预。与此同时，他于1969年12月颁布根据物价上涨幅度确定各行业最低增长工资额的规定。这期间，法国经济发展平稳，法国社会也比较安定。蓬皮杜坚持戴高乐独立自主外交的基本方针，同时也体现开放性。他小心翼翼地维持东西方之间的平衡，于1970年先后访问美国和苏联，并利用各种机会多次同美苏首脑会晤。他以法德为轴心推动欧洲联合，一反戴高乐拒绝英国加入欧洲经济共同体的立场，于1971年同英国就此问题达成协议。他扩大同第三世界的合作，多次出访非洲，加强同中国的联系。

吉斯卡尔·德斯坦总统时期（1974年5月~1981年5月）

1974年，西方爆发了二战后最严重的经济危机，瓦莱里·吉斯卡尔·德斯坦（Valéry Giscard d'Estaing）第四任总统采取扩大公共开支和增加就业机会的政策造成了更加严重的后果。自此，“辉煌30年”宣告结束，法国进入了长期的滞胀时期，但经过“辉煌30年”后，法国社会发生了重大变化：形成以中产阶级为主体的社会结构、城乡一体化、健全的社会保障和社会保险体系等。之后，他的总理继任者雷蒙·巴尔（Raymond Barre）则采取紧缩的政策同通货膨胀做斗争，但也收效甚微。1980 年，法国工业生产开始下降，农业生产也停滞不前。

外交方面，吉斯卡尔·德斯坦继承了戴高乐外交的基本原则，其提出的世界主义理念实质是大国、地位的同义语，根据国际形势的新特点开展多极外交。他维护法国的独立和安全，不接受“超级大国统治”。他针对苏联威胁日益严重的情势，加强同北约的军事合作，把“全面防御”的战略改为重点在东方的“前沿战略”，同时以缓和为手段保持法苏的“特殊关系”。他推动欧洲经济共同体向政治和军事联合的方向发展。他倡导“南北对话”。他于 1980 年访问中国，加强了与中国的联系。

密特朗第一任总统时期（1981 年 5 月～1988 年 5 月）和第二任总统时期（1988 年 5 月～1995 年 5 月）

弗朗索瓦·密特朗（François Mitterrand）作为左翼社会党领袖，在第五任和第六任总统时期的雄图大略就是把追寻法国的大国梦、强国梦与实现法国式的社会主义紧密联系。他实施社会党纲领，在“平静的革命”中实现“法国式的社会主义”。他大刀阔斧地改革，推行扩大的国有化，进行地方权力下放，改革司法制度，增加劳动者的权利。在经济政策方面，他推行“膨胀计划”，力图通过扩大公共支出和增加财政赤字刺激国内消费，以达到振兴经济和增加就业的目的。结果造成严重的通货膨胀，财政赤字激增，贸易逆差扩大，经济增长迟缓。他被迫于 1982 年转向紧缩。在 1986 年 3 月的国民议会选举中，右翼一跃而成为多数派。密特朗总统不得不任命多数派领袖雅克·希拉克（Jacques Chirac）为总理并组成右翼政府，出现第一次左右“共治”。希拉克政府反其道而行之，推行私有化和自由化的经济政策。

密特朗第二次当选总统后组成左翼政府，从而结束了为期两年的左右“共治”。密特朗总统及其左翼政府推行“温和的纲领”，强调“全国团结”和“政治开放”，积极向中间思想和路线靠拢，放弃国有化和高税率等原来社会党的主张。但是，由于法国经济仍然不景气，失业日益严重，财政赤字居高不下，左翼在 1993 年国民议会换届选举中惨败，右翼一跃而成为多数派。法国出现了第二次左右“共治”。

外交方面，密特朗推行“社会党色彩的戴高乐主义”，即延续性与现实主义、均势原则与社会民主主义相结合的新色彩的外交政策。基于欧洲平衡被苏联打破，他要倚美抗苏，在东西方关系中表现为“大西洋主义”，但又在东西方关系中充当“中间人”“调停者”的角色。他在南北关系中表现为“第三世界主义”，推行社会党的理念和突出人权外交。他推动欧洲一体化进程，积极地在欧洲建设“第三种势力”。

希拉克第一任总统时期（1995 年 5 月 ~ 2002 年 5 月）和第二任总统时期（2002 年 5 月 ~ 2007 年 5 月）

希拉克就任第七届就是要实现“法兰西民族复兴”，他大幅度地调整法国的内外政策。他同失业进行斗争，打算消除各种社会排斥现象。他紧缩公共开支，减少财政赤字，力求达到首批参加欧洲经货联盟的标准。他改革社会保障制度，采取一系列廉政措施。但是，这些措施使法国经济增长速度减缓，失业更加严重，社会保障制度的改革触动了法国中下层的利益，1995 年底爆发了自 1968 年“五月风暴”以来规模最大的罢工浪潮。法国出现了第三次左右“共治”。以社会党领袖利昂内尔·若斯潘（Lionel Jospin）为总理的左翼联合政府推行青年就业计划、每周 35 小时工作制、缩短总统任期、提高妇女的政治地位。若斯潘大力发展高科技的“新经济”，并宣布法国进入了“新社会”，即“知识社会”。但是，左翼政府并未从根本上解决失业问题，同时使国内治安进一步恶化。

希拉克连任第八届总统和右翼获得议会选举的胜利，从而结束了第三次左右“共治”。在这期间，法国继续推行高科技的经济政策，加强治安，降低个人所得税，改革医疗保险，开展社会对话。但是，由于经济的不景气，失业激增，加上欧洲宪法的被否决，促使让 - 皮埃尔·拉法兰（Jean-Pierre Raffarin）政府下野。多米尼克·德维尔潘（Dominique De Villepin）政府实行“孤注一掷”的经济和社会政策，以减税刺激经济增长，采取措施促进就业，但并未达到预期的效果，两届政府在社会保障制度改革上也受到挫折，引起学潮和工潮，导致社会动荡。

希拉克调整法国的外交政策，推行“更加务实的外交和防务”。他积极推动欧洲建设，加强同德国的合作，坚持如期实现欧洲经货联盟。他同美国保持既合作又抗争的关系，反对单边主义。他加强法俄的政治和经济关系。他开拓发展中国家的“新疆界”。他重返中东，力图打破美国垄断中东事务的局面。他发展同亚洲的伙伴关系，尤其通过其1997年5月对中国的访问，建立了法中长期的、全面的伙伴关系，把法中关系推进到历史最好时期。

萨科齐总统时期（2007年5月~2012年5月）

右翼尼古拉·萨科齐（Nicolas Sarkozy）就任法国第九届总统，要同“旧法国”决裂，为法国打一个“翻身战”，塑造一个“新法国梦”，但2008年下半年遭遇金融危机，并向实体经济蔓延，法国政府不得不转变经济和社会政策，采取措施应急救市，以渡过难关。与此同时，萨科齐果断地进行改革，调整立法与行政关系、精简机构和人员、改革“豪华的”退休制度、收紧移民政策等。所有这些，并未达到预期的目的，反而导致法国经济的衰退，并陷入了财政危机，预算赤字和公共债务大幅度攀升，大大地突破了欧盟所规定的标准。于是，弗朗索瓦·菲永（François Fillon）政府又走向极端，采取严厉的紧缩政策，从而导致经济的进一步衰退，失业剧增，购买力萎缩，工潮不断。

萨科齐实施“真正现实主义”的外交。他推行坚实和强有力的安全与防务，全面回归北约。在欧洲，他提出欧宪简化版，解决欧债危机，加强法德轴心，打造法、德、英三角关系。他修复法美关系，但保持在两国关系中的独立自主地位。他解冻法俄关系，并逐步建立起“特殊关系”。他加快重返中东的步伐，建立地中海联盟。他提出“非洲优先”，实行维稳并进行人道主义干涉。他深化与印度和巴西的关系。在法中关系上，则是一波三折，直到他执政的后期才恢复到正常的轨道。

奥朗德总统时期（2012年5月~2017年5月）

社会党人弗朗索瓦·奥朗德（François Hollande）就任第十届总统，从而结束了法国右翼长期执政的历史。他要与过去“决裂”，在新世界格局中把法国塑造成一个“真正的强国”。

奥朗德总统成立了具有特色的政府，公布《政府成员职业道德宪章》，欲打造一个“廉洁高效”的形象。他还雄心勃勃地提出厉行节约促进增长的计划，但是在政治、经济和社会改革上畏首畏尾，从而使财政赤字并未达到预期的目标，公共债务高筑，受到欧盟委员会的警告；国民经济长期处于衰退中，未能走出低谷；失业率和失业数量创近10多年来新高。正因为如此，奥朗德总统的支持率一再下降。

在外交方面，奥朗德总统显示“沉着、稳健、低调”，但是，在维护法国利益、国家主权和独立问题上尽心尽职。他推行大国外交和经济外交，力图以经济外交摆脱国内经济和财政的困境。在欧洲建设问题上一改“德国跟班”形象，发挥领导的作用。在法美关系上进行调整，改变前任总统的“亲美”形象。他大力经营非洲和地中海，积极地插手西亚和叙利亚事务，重视发展与亚洲的关系。他建立和发展紧密长久的法中全面和优先战略伙伴关系。

马克龙总统执政以来（2017年5月~）

中间政党共和国前进党领袖埃马纽埃尔·马克龙（Emmanuel Macron）就任第十一届总统两大任务之一，就是恢复法国人民的信心，将法国塑造成“一个更强大、更团结与更开放”的国家。

他摒弃左或右意识形态，左右并蓄，提倡进步主义。他锐意政体改革，进一步克服机构臃肿和腐败现象。他简化行政手续，简约财政开支，努力达到马约标准。他改革劳动法典，使企业和劳动力市场有更多的灵活性。他降低企业税收，为企业松绑。他加大投资力度，呈现凯恩斯主义的回归。他公布反恐法以取代紧急状态。

马克龙开展面向世界的全方位出击的外交，不仅继承和凸显了法国传统的独立自主的外交，还把历史文化因素巧妙又精准地融入了外交领域，大幅提升了法国的国际地位，也为当今混乱不明的国际政治局面带来了一股法兰西式的清新气息。马克龙宣示其外交政策的“三大轴心”，分别为安全、法国的独立地位以及法国在世界上的影响力。他重筑法德轴心，以“默克龙”共同推动“重振欧洲”计划，建设“多速欧洲”。他加强与美国的互动，以紧密与美的关系。他与普京沟通和对话，改善法俄关系以平衡欧美与俄罗斯的关系。他启动1991年建立的法德波“魏玛三角”，稳定中东欧。他继续法国在非洲的存在，积极地插手中东事务。他显示在亚洲的影响力，推进与印度、中南半岛三国、日本的合作。他进一步提升中法全面战略伙伴关系水平。

第五共和国期间，法国文化又有了新的变化和发展。在社会科学方面，结构主义取代存在主义占据了统治地位，建立了诸如“结构主义人类学”“结构主义心理学”等学科学说和理论。20 世纪 60 年代初，在西方马克思主义中产生了“结构主义马克思主义”的流派。60 年代中后期，在结构主义中又繁衍出了后结构主义，它的理论和主张与结构主义迥然相异。在科技方面，由于政府的重视和加大投入，科技得到了飞快的发展，数学、核物理学、医学、航空、电信、宇宙学和生命科学等领域处于世界领先水平。在文学艺术方面，出现了“新小说派”的小说，“新浪潮派”的电影，以及从“新浪潮派”中衍生出来的“左岸派”电影。自 80 年代中期以后，无论社会科学还是文艺领域，不再有领衔的和影响着法国上层建筑的流派，而是各种理论或思潮交织和融合在一起。

第六节　著名历史人物

一　民族英雄和政治家

贞德（约 1412 ~ 1431 年）

贞德（Jeanne d'Arc），百年战争时期的民族英雄。1428 年 10 月，英军攻打巴黎以南的奥尔良城，企图吞并整个法国。在此民族存亡之际，贞德觐见了统治法国南部的王子查理，说服其委派她为军事指挥，前去解救奥尔良。1429 年 5 月，贞德率军经过英勇奋战终于击败了围城的英军。人民称颂她为“奥尔良姑娘”。1430 年 5 月 23 日，贞德在贡比涅城（Compiègne）附近与英军及其同盟者勃艮第党人作战时被俘，英军以异端和女巫罪判处其死刑。1431 年 5 月 30 日贞德就义于火刑柱上。

路易十四（1638 ~ 1715 年）

法国国王。1661 年亲政后信奉“君权神授”，自称“朕即国家”，实行绝对君主专制统治，人称“太阳王”。他不设宰相，亲自掌管和处理国内外重大政策和问题。1667 年至 1685 年，他先后颁布《民法》《水利森林法》《刑法》《商法》《海运法》《殖民地法》，从而结束了各地方法规不统一和混乱状态。他对内发展经济、商业和交通；对外开拓国外市场，扩张国界，企图在欧洲大陆和海外建立霸主的地位。他在位 54 年中，就有 31 年穷兵黩武，连续征战。

罗伯斯庇尔（1758～1794 年）

马克西米利安·玛丽·伊西多尔·罗伯斯庇尔（Maximilien Marie Isidore Robespierre），法国大革命时期雅各宾专政的首脑。1758 年 5 月 6 日出生于法国阿图瓦省首府阿拉斯城的一个律师世家。1790 年当选为雅各宾俱乐部主席。他相继推翻了君主立宪派和吉伦特派的统治，建立了雅各宾专政。在这时期，他推行了一系列恐怖政策，使革命转危为安，完成了资产阶级革命的基本任务。但之后他进一步使恐怖扩大化，从而激起了反对派和人民的不满。1793 年 7 月“热月政变”，罗伯斯庇尔被送上断头台，牺牲时年仅 36 岁。

拿破仑一世（1769～1821 年）

拿破仑·波拿巴，法兰西第一帝国皇帝。1769 年出生于科西嘉岛的阿雅克肖城一个没落的小贵族家庭。1795 年任法国国防军司令。1799 年发动“雾月政变”，成立拿破仑为首的临时执政府。1804 年加冕称帝。1804～1810 年，他颁布了《拿破仑法典》，把法国大革命的成果以法律形式固定下来。1807 年，他开始了对外战争，占领和控制了欧洲大陆的西部和中部。1814 年 3 月反法同盟军攻陷巴黎，拿破仑一世退位被放逐。1815 年他建立了百日王朝。6 月 18 日在滑铁卢会战中惨败第二次退位，被终身流放到大西洋的英属圣赫勒拿岛（Sainte-Hélène），1821 年 5 月 5 日病逝。

甘必大（1838～1882 年）

莱昂·米歇尔·甘必大（Léon Michel Gambetta），第三共和国总理。1838 年 4 月 3 日出生于法国南部一个犹太商人家庭。1869 年当选议员并成为共和反对派领袖。在 1870 年 9 月革命中，他拟订了临时政府名单，建立起第三共和国。在国防政府中，他是唯一主张抗击普鲁士入侵的内阁成员。1871 年 2 月为抗议签署《停战和巴黎投降协定》辞去政府职务。他创办《法兰西共和报》，为共和制度呐喊，终于促使 1875 年宪法的诞生，他也成为法兰西第三共和国的奠基人。1879～1881 年任众议院议长，促成大赦巴黎公社社员和解散耶稣会法律的通过。

饶勒斯（1859～1914 年）

让·莱昂·饶勒斯（Jean Léon Jaurès），法国社会党著名的前领袖之一。1859 年 9 月 3 日出生于法国南方塔恩省一个中产阶级家庭。1890 年宣布信仰社会主义，在报刊上发表一系列论述社会主义的文章。1893 年再度当选为议员。1902 年，他建立法国社会党，与早一年成立的法兰西社会党抗衡。1904 年创办法国社会党的机关报《人道报》。1905 年法国社会党和法兰西社会党合并后，他成为新党的最有影响的领袖。1914 年 7 月 31 日，他被一名保皇派枪杀身亡。著有《社会主义法国大革命史》《社会主义研究》。

勃鲁姆（1872～1950 年）

安德烈·莱昂·勃鲁姆（André Léon Blum），曾任法国总理。1872 年 4 月 9 日出生于巴黎一个布店富商家庭。1902 年参加法国社会党，后成为社会党领袖之一。1920 年 12 月在图尔代表大会后他重建法国社会党。1934 年，他与法共签订《统一行动公约》，共同反对国内外法西斯主义。1936 年和 1938 年先后领导两届人民阵线政府，进行了大规模的社会改革。1943～1945 年被囚禁在德国，后被盟军释放回国重建社会党。1946 年 12 月至 1947 年 1 月他重新出山，组成一个过渡性的内阁。1950 年 3 月 30 日病逝。著有《论政府改革》《布尔什维克主义和社会主义》。

莫内（1888～1979 年）

让·奥梅·玛丽·加布里埃尔·莫内（Jean Omer Marie Gabriel Monnet），欧洲煤钢共同体高级机构主席。1888 年 11 月 9 日出生于法国夏朗德省科尼亚克市一个葡萄酒出口商家庭。1946 年主持和制定了法国现代化计划。1950 年向舒曼外长提出法德和解的设想和欧洲煤钢共同体的建议。1952～1955 年任欧洲煤钢共同体高级机构主席。1955 年创建欧洲合众国行动委员会，并任该组织主席。他推动西欧联合导致了罗马条约的诞生，被誉为“欧洲之父”。欧洲理事会于 1976 年 4 月通过决议，授予莫内《欧洲荣誉市民》的称号。著有《莫内回忆录》。

戴高乐（1890 ~ 1970 年）

夏尔·安德烈·约瑟夫·玛丽·戴高乐，第五共和国首任总统。1890 年 11 月 22 日出生于法国诺尔省里尔市一个教师家庭。1940 年 6 月任陆军部副国务秘书，6 月 17 日飞往伦敦发表了著名的“6·18”号召，呼吁法国人民奋起抗德。1941 ~ 1943 年领导海外和国内的抗德斗争。1944 年 9 月 ~ 1946 年 1 月，他组织临时政府并任临时政府首脑。1958 年 6 月 1 日，在国内政治危机的时刻再度出山，当选为第五共和国总统。在任期间，他改革了政治体制和发展了经济，解决了阿尔及利亚问题和法属殖民地问题，推行独立自主的外交。1964 年 1 月 27 日承认中华人民共和国并与中国建交。1965 年再次当选为总统。1969 年 4 月因地区改革和参议院改革的失败而毅然辞职。著有《剑刃》《建立职业军》《法国和它的军队》《敌人内部的倾轧》《未来的军队》《战争回忆录》《希望回忆录》等。

密特朗（1916 ~ 1996 年）

弗朗索瓦·莫里斯·密特朗，前法国总统。1916 年 10 月 26 日出生于法国夏朗德省一个实业家家庭。1942 年参加抵抗运动。1947 ~ 1957 年先后任退伍军人部长、内政部长、司法部长。1971 年当选为新社会党第一书记。1981 年 5 月当选总统。任职期间，他大刀阔斧地进行经济和社会改革。1988 年 5 月再度当选总统。密特朗曾经多次访问中国。著有《在法兰西联邦的边界》《法国的存在和退出》《中国面临挑战》《长期性政变》《我所了解的真相》《可行的社会主义》《拳中的玫瑰》《稻草和稻谷》《蜜蜂和建筑师》《此时此地》。

西蒙娜·韦伊（1927 ~ 2017 年）

西蒙娜·韦伊（Simone Veil），争取妇女权利和欧洲和解的代表性人物。1927 年出生于一个崇尚共和的犹太家庭。1944 年 3 月底，年仅 17 岁并刚刚获得高中会考文凭的韦伊被遣送到了奥斯威辛集中营。1957 年进入法国司法部工作，开始公职生涯。1974 年任法国政府卫生部长，推动人工流产法律的通过。1979～1982 年当选欧洲议会议员并担任欧洲议会议长。1984 年和 1989 年，连续两次当选为欧洲议会议员。1993 年，重返法国政坛，担任社会事务、卫生与城市部长。1998 年为宪法委员会委员。2008 年当选法兰西学院院士。她去世后进入先贤祠。著有《一生》（Une Vie）。

二 思想家、哲学家和社会科学家

蒙田（1533～1592 年）

米歇尔·埃康·德·蒙田（Michel Eyquem de Montaigne），法国文艺复兴后期、16 世纪人文主义思想家、作家、怀疑论者。1533 年 2 月 28 日生于法国阿奎坦地区。主要作品有《蒙田随笔全集》《蒙田意大利之旅》《随笔集》《蒙田随笔》《蒙田随笔集》《热爱生命》。他是启蒙运动以前法国的一位知识权威和批评家，是一位人类感情的冷峻的观察家，亦是对各民族文化，特别是西方文化进行冷静研究的学者。在 16 世纪的思想家中，很少有人像蒙田这样受到现代人的崇敬和接受。

笛卡儿（1596～1650 年）

勒内·笛卡儿（René Descartes），哲学家和自然科学家。出身于一个贵族家庭。毕业于普瓦捷大学。1629～1649 年隐居在荷兰潜心研究，发明笛卡儿坐标和笛卡儿曲线，是解析几何学的奠基人。他提出“我思故我在”这一流传至今的名言，认为精神主体是存在的。同时，他也肯定物质世界的客观存在。他的哲学就是唯心主义的唯理论和二元论，强调理性和逻辑推理而轻视经验。著有《哲学原理》《形而上学的沉思》《方法谈》等。

孟德斯鸠（1689～1755 年）

夏尔·路易·德·孟德斯鸠（Charles Louis de Montesquieu），启蒙思想家和法学家。出身于一个法国贵族家庭。1728 年进入法兰西科学院，潜心研究和著书立说。他无情地抨击和鞭挞封建专制制度和宗教愚昧，主张建立“最理想的”政体——君主立宪制。他还主张以法治国，以便保障公民的自由。他提出行政、立法和司法“三权分立”而又互相制衡。著有《论法的精神》《波斯人信札》《罗马盛衰原因论》等。

伏尔泰（1694～1778年）

弗朗索瓦·玛丽·阿鲁埃·德·伏尔泰（François Marie Arouet de Voltaire），哲学家、启蒙思想家、作家和历史学家。出身于一个公证人家庭。1746年当选为法兰西科学院院士。他一生反对封建专制制度，主张开明的君主执政，强调自由和平等。在哲学上，他认为物质世界是客观存在的，强调人的感觉经验是认识的唯一源泉。但他片面强调理性认识，坚持理性主义和怀疑主义。他认为宗教和教会是人类理性的主要敌人，从而把矛头直接指向封建制度赖以生存的基础——宗教蒙昧主义。著有《哲学通信》《牛顿哲学原理》《哲学辞典》等。

卢梭（1712～1778年）

让·雅克·卢梭（Jean Jacques Rousseau），启蒙思想家和哲学家。出身于日内瓦（Genève）一个钟表匠家庭。长期定居法国。在政治思想上，他认为人之初是自由的、平等的、淳朴的和善良的，如原始社会的“自然状态”下，人人享受“天然”的自由和平等。他主张订立契约，成立公民的社会，从而消除人类社会中的不平等现象。他主张主权属于生而自由平等的全体人民，统治者如果破坏社会契约，人民有权推翻它。卢梭的政治思想对法国大革命和以后的法国政治思潮具有深远的影响。著有《社会契约论》《论人类不平等的起源和基础》《爱弥儿》《论科学和艺术》。

狄德罗（1713～1784年）

德尼·狄德罗（Denis Diderot），启蒙思想家、哲学家和作家。出身于法国一个手工业家庭。他主编《百科全书》，历时20多年得以完成。他认为物体是存在的、多样的和活动的，并具有各自的特性。他承认物质的第一性，肯定一切物体都充满活动力，其运动是绝对的，静止则是相对的。在政治思想方面，他认为只有人民才享有主权，国家应为人民谋福利，公民在法律面前一律平等。他认为应从教育入手，启发人的“理性”，以便建立一个合理的社会。著有《哲学思想录》《对自然的解释》《关于物质和运动的哲学原理》《修女》等。

圣西门（1760～1825年）

克洛德·亨利·德·鲁弗鲁瓦·圣西门（Claude Henri de Rouvroy

Saint-Simon)，空想社会主义者。出身于法国一个贵族家庭。参加过美国独立战争。他支持法国大革命，并放弃贵族头衔。他主张建立一个“人人平等”“个个幸福”的新社会。他反对用群众暴力的手段实现社会改造，认为应该组织实业家政党，以便和平地实现新制度。在新社会中，由国家组织生产，实行全社会协作制，推行体力劳动和脑力劳动义务制，为人数最多的阶级谋最大的福利。圣西门的思想成为科学社会主义思想的来源之一。著有《人类科学概论》《论实业制度》《新基督教》《一个日内瓦居民给当代人的信》等。

傅立叶（1772～1837年）

夏尔·傅立叶（Charles Fourier），空想社会主义者。出身于法国一个富商家庭。他于1798～1799年形成了其政治思想体系。他指出资本主义是一种“每个人对全体和全体对每个人的战争”的制度，资产阶级的文明就是奴隶制的复活。他幻想建立以农业为主、工业为辅的生产和消费协作组织，个人利益和集体利益一致的社会主义社会。他还认为可以通过宣传和示范来实现这种世界大同的社会。著有《普遍统一论》《新的工业世界和协作的世界》《关于四种运动和普遍命运的理论》等。

孔德（1798～1857年）

奥古斯特·孔德，实证主义创始人和社会学的奠基人。出身于法国蒙彼利埃的一个税吏家庭。1826年开始建立实证主义的哲学体系，进行讲学，并著书立说。他认为人类知识的发展经历了神学阶段（或称虚构阶段）、形而上学阶段（或称抽象阶段）、科学阶段（或称实证阶段）共三个阶段。他认为绝对的认识是不可能的，可获验证的相对认识是可能的。他认为唯物论和唯心论既然都是讨论一些感觉经验之外的东西，就是“不确实的”。他首次使用“社会学”一词，并认为每一代人的责任是改进社会结构。著有《实证主义哲学教程》《实证主义政治体系》。

托克维尔（1805～1859年）

阿历克西·德·托克维尔（Alexis de Tocqueville），政治思想家和历史学家。出生于巴黎诺曼贵族的一个家庭。前期热心于政治，1838年出任众议院议员，1848 年参与制定第二共和国宪法，1849 年出任外交部长。第二帝国时期，他逐渐认识到自己“擅长思想胜于行动”，转向研究政治理论和历史，成为坚定的民主主义者，出版了《论美国的民主》。1841 年当选法兰西科学院院士。他还经过 5 年深入研究于 1856 年出版了《旧制度与大革命》，论证了“旧制度”与法国大革命之间的关系。

萨特（1905～1980 年）

让·保罗·萨特（Jean Paul Sartre），哲学家、作家和评论家。1905 年 6 月 21 日出身于法国一个巴黎海军军官家庭。二战期间，他积极参加法国的抵抗运动，并从事文学创作。20 世纪 50 年代，他创作了大量的作品，被誉为法国战后重要哲学和文学流派存在主义的创始人。1968 年在“五月风暴”的影响下，他转向极端主义。萨特在作品中主张作家干预生活，宣扬个人生活、自由、自我存在等。著有《恶心》《存在和虚无》《存在主义是一种人道主义》《自由之路》《恭顺的妓女》《恶魔与上帝》《辩证理性批判》等。

里克尔（1913～2005 年）

保罗·里克尔（Paul Ricoeur），哲学家、当代最重要的解释学家之一。1913 年 2 月 27 日生于法国南部瓦朗斯市。1935 年获哲学教授资格文凭。1949 年发表《关于意志的哲学》的第一卷《意愿者与非意愿者》。1960 年发表《关于意志的哲学》第二卷《目的性与意志》。1990 年发表《作为他者的自身》。1993 年发表《读书评论集第三卷：在哲学的边界》。2004 年 11 月被美国国会图书馆授予有人文与社会科学领域的诺贝尔奖之称的“克鲁格奖”。

福柯（1926～1984 年）

米歇尔·福柯（Michel Foucault），著名的结构主义的历史学和文化史的代表人物。1926 年 10 月 15 日生于法国普瓦捷。20 世纪 70 年代起任法兰西学院教授。福柯认为人类社会的文化历史的各个阶段都有各自的特定知识结构，它决定着文化历史的更替。由此，他把人类社会的文化历史分为文艺复兴阶段、古典阶段和现代阶段，与此同时，还存在三个不同的知识结构。福柯反对主体的概念，主张排除自我。福柯的结构主义的历史学和文化史是形而上学的和虚无主义的。著有《古典时代癫狂的历史》《知识考古学》《性史（第1卷）：知识的意志》等。

德里达（1930～2004年）

雅克·德里达（Jacques Derrida），哲学家、符号学家、文艺理论家和美学家，解构主义思潮创始人。生于阿尔及利亚一个犹太人家庭。19岁时回法国就学，1956～1957年在美国哈佛大学深造。20世纪60年代成为《泰凯尔》杂志的核心人物，一直在巴黎高等师范学校任教，还是国际哲学学院创始人和第一任院长。他的思想在60年代以后掀起了巨大波澜，成为欧美知识界最有争议性的人物。德里达的理论动摇了整个传统人文科学的基础，也是整个后现代思潮最重要的理论源泉之一。主要代表作有《论文字学》《声音与现象》《书写与差异》《散播》《哲学的边缘》《立场》《丧钟》《人的目的》《胡塞尔现象学中的起源问题》《马克思的幽灵》《与勒维纳斯永别》《文学行动》等。

三 自然科学家

拉瓦锡（1743～1794年）

安托万·洛朗·拉瓦锡（Antoine Laurent Lavoisier），化学家。出身于法国一个律师家庭。1768年在皇家自然科学院任职。先后担任过包税人、火药委员会主任、农业委员会委员、皇家自然科学院院长、度量衡委员会委员、财政委员会委员等职。在这期间，他抛弃了旧燃素学说，从而结束了旧化学学说的时代，建立了近代化学学说。著有《化学基础教程》。

拉普拉斯（1749～1827年）

皮埃尔·西蒙·拉普拉斯（Pierre Simon Laplace），天文学家、物理学家和数学家。18岁时被推荐为巴黎军事学院教授。1799年曾经任拿破仑的内政部长。1803年任元老院副院长。1817年升任法兰西科学院院长。他把牛顿的万有引力理论运用于太阳系研究，从而发现了行星运行的恒定性，提出了木星和土星不规则运动的原因。他还提出了星云学说。著有《宇宙体系概说》《论天体力学》等。

法国

安培（1775～1836年）

安德烈·马里·安培（André-Marie Ampère），化学家、数学家和物理学家。1775年1月22日生于里昂一个富商家庭。1802年在布尔让－布雷斯中央学校任物理学和化学教授。1814年被选为帝国学院数学部成员。1824年担任法兰西学院实验物理学教授。他发现了一系列的重要定律、定理，推动了电磁学的迅速发展。1827年他首先推导出了电动力学的基本公式，建立了电动力学的基本理论，成为电动力学的创始人。在电磁作用方面的研究成就卓著，对数学和化学也有贡献。电流的国际单位安培即以其姓氏命名。

巴斯德（1822～1895年）

路易·巴斯德（Louis Pasteur），微生物学家、化学家，近代微生物学的奠基人。1822年12月27日出生于法国东尔城，毕业于巴黎大学。他研究了微生物的类型、习性、营养、繁殖、作用等，把微生物的研究从主要研究微生物的形态转移到研究微生物的生理途径上来，从而奠定了工业微生物学和医学微生物学的基础，并开创了微生物生理学。他在战胜狂犬病、鸡霍乱、炭疽病、蚕病等方面都取得了成果。从此，整个医学迈进了细菌学时代，得到了空前的发展。他发明的巴氏消毒法直至现在仍被应用。

居里（1859～1906年）

皮埃尔·居里（Pierre Curie），物理学家。出身于法国一个医生家庭。16岁在巴黎大学专攻物理学。19岁任巴黎自然科学学院助教。1880年发现了晶体的压电现象。1891年发现了磁性物质的失磁温度即居里点和居里定律。他与居里夫人共同发现了放射性的镭和钋，为打开原子的秘密做出了划时代的贡献。1903年，居里夫妇获得了诺贝尔物理奖。1904年被任命为巴黎大学物理学教授。1905年进入自然科学院。1906年4月19日因车祸不幸去世。

居里夫人（1867～1934年）

玛丽·斯克洛多夫斯卡·居里（Marie Skłodowska-Curie），物理学家和化学家。出身于波兰一个知识分子家庭。1891年在巴黎大学学习。1895年与居里结婚。她同丈夫共同研究放射性元素，发现了镭和钋。

1903 年获得诺贝尔物理学奖。1906 年任巴黎大学教授。1911 年再次获得诺贝尔化学奖。著有《放射性通论》《放射性物质的研究》等。

内尔（1904～2000 年）

路易·欧仁·费利克斯·内尔（Louis Eugène Félix Néel），物理学家。1904 年 11 月 22 日生于法国里昂市。就读于巴黎师范学院。1937 年任斯特拉斯堡大学教授。1946～1976 年任格勒诺布尔大学教授、格勒诺布尔原子核研究中心主任、法国物理学会会长等职务。1953 年当选为法国科学院院士。先后获得许多国外大学授予的荣誉博士学位。他在磁学领域发表了 200 多篇论文。由于他开创了固体磁性的研究，和瑞典天文物理学家阿尔文分享了 1970 年度诺贝尔物理学奖。

莫诺（1910～1976 年）

雅克·莫诺（Jacques Monod），生物化学家。1910 年出生于巴黎。在大学就读古典生物学。第二次世界大战期间，他参加抵抗运动。1954 年任巴斯德研究所细胞生化系主任。1971 年任该所所长。1961 年，他与同僚就基因的作用提出“运作说”。因此，他与他的同僚共同获得了 1965 年诺贝尔生理学和医学奖。

多塞（1916～2009 年）

让·多塞（Jean Dausset），医学家。1916 年出生于法国图卢兹。1945 年获巴黎大学医学博士学位。后任巴黎大学血液免疫实验教授。他首次发现了人体组织相容性抗原系统，创立了迅速方便地确定器官移植的相容性抗原系统的组织分类血液试验法，从而有效地减少了组织“排异”发生的可能性。由于他在免疫学方面做出的贡献，获得了 1980 年度的诺贝尔生理学和医学奖。

阿尔贝·费尔（1938～）

阿尔贝·费尔（Albert Fert），物理学家。1938 年 3 月 7 日出生于法国的卡尔卡松。1962 年获得巴黎高等师范学院数学和物理硕士学位。1970 年获得巴黎第十一大学物理学博士学位。目前为巴黎第十一大学物理学教授。1970～1995 年一直在巴黎第十一大学固体物理实验室工作，后任研究小组组长。1995 年至今则担任国家科学研究中心—Thales 集团联合物理小组科学主管。1988 年发现巨磁电阻效应，同时他对自旋电子学做出过许多贡献。2004 年当选法国科学院院士。2007 年获得诺贝尔物理学奖。

四 文学家和艺术家

莫里哀（1622～1673 年）

原名让－巴蒂斯特·波克兰（Jean-Baptiste Poquelin），艺名莫里哀（Molière），古典主义喜剧作家。1622 年 1 月 15 日出身于巴黎一个富商家庭。1643 年宣布放弃世袭权力，成立“光耀剧团”，致力于戏剧事业。1658 年在巴黎演出和创作。他一生中曾经主演过 24 个角色，创作了 37 部古典主义喜剧，是古典主义喜剧的创建者。在作品中，他猛烈抨击各种社会恶习，揭发封建贵族和教会的伪善和腐朽，揭露资产阶级的贪婪和吝啬。他的作品对欧洲的戏剧发展具有重大的影响。代表作有《吝啬鬼》《伪君子》等。

博马舍（1732～1799 年）

原名皮埃尔·奥古斯丁·卡龙（Pierre Augustin Caron），喜剧作家。出身于巴黎一个钟表匠家庭。1753 年发明一种新式钟表零件。1757 年改名为博马舍（Beaumarchais）。1761 年被授予贵族称号。他深受法国启蒙思想家的影响，酷爱文学和戏剧。他站在第三等级的立场上，讽刺和揭露封建社会的黑暗。他既支持法国大革命又主张建立君主立宪制。著有《费加罗的婚礼》《塞维利亚的理发师》等。

司汤达（1783～1842 年）

原名亨利·玛丽·贝勒（Henri Marie Beyle），批判现实主义作家。1783 年 1 月 23 日出身于法国东南部格勒诺布尔市一个律师家庭。1796～1799 年在格勒诺布尔市的中心学校学习。1799 年到巴黎参加革命运动。1806～1814 年在拿破仑军队中任职。1814 年波旁王朝复辟后，他流亡意大利，从事创作活动。1821 年回国到巴黎，又开始文学创作。1830～1842 年任法国驻意大利领事。在这期间，他坚持写作。著有《红与黑》《拉辛与莎士比亚》《巴马修道院》《回忆拿破仑》等。

德拉克鲁瓦（1798～1863年）

欧仁·德拉克鲁瓦（Eugène Delacroix），画家，浪漫主义画派的典型代表。1798年4月26日生于瓦勒德马恩省沙朗通－圣莫里斯市镇。1816年进入巴黎美术学院学习。他继承和发展了文艺复兴以来欧洲各艺术流派，作品充满浪漫主义风格。他的作品共9000多件，其中油画853件，水粉画和水彩画1525件，素描6629件，铜版画24件，石版画109件，速写本60余本，另外还有构思的草图、记忆画、古代大师作品的临摹等。其代表作《自由引导人民》，构图奔放而生动，色彩鲜明而沉郁，气氛热烈而激昂，再现了1830年7月巴黎人民爆发的推翻波旁王朝的革命运动中巴黎巷战的激烈景象，具有深刻而巨大的震撼力和感染力，成为浪漫主义画派的典型作品。

巴尔扎克（1799～1850年）

奥诺雷·德·巴尔扎克（Honoré de Balzac），批判现实主义作家。1799年5月20日出生于法国图尔市一个中产阶级家庭。1819年起从事文学创作。1829年完成历史小说《朱安党人》，一举成名。此后，他由浪漫主义转向现实主义，创作了91部小说。1829～1848年写作社会长篇小说《人间喜剧》。该小说反映了19世纪上半叶法国社会的各个侧面，是世界文学史上批判现实主义的代表作。其中重要作品有《高老头》《幻灭》《农民》《幽谷百合》《老姑娘》《欧也妮·葛朗台》《驴皮记》《贝姨》《邦斯舅舅》等。

雨果（1802～1885年）

维克多－玛丽·雨果（Victor-Marie Hugo），浪漫主义作家。1802年2月26日出生于法国东部贝桑松一个军官家庭。1827年发表了《克伦威尔》和《克伦威尔序言》剧本，成为积极浪漫主义者。1841年进入法兰西科学院。1848年由君主主义转向共和主义。1851年，他反对路易·拿破仑政变并参加共和党人的起义，失败后流亡国外长达19年。1870年回国。他为1871年的巴黎公社辩护，并设法营救公社的流亡者。著有《悲惨世界》《巴黎圣母院》《九三年》《笑面人》《海上劳工》等。

柏辽兹（1803～1869年）

埃克托尔·路易·柏辽兹（Hector Louis Berlioz），作曲家、指挥家、评论家，法国浪漫乐派的主要代表人物。1803 年 12 月 11 日生于法国柯特－圣安得烈。1826 年进入巴黎音乐学院学习。1830 年创作《幻想交响曲》出名。

鲍狄埃（1816～1887 年）

欧仁－埃德蒙·鲍狄埃（Eugène-Edmond Pottier），诗人和《国际歌》歌词的作者。出生于巴黎。他参加了 1848 年巴黎工人的二月革命和六月起义。1865 年参加了第一国际巴黎支部。1871 年参加巴黎公社的战斗，被选为公社委员。巴黎公社失败后，他于 6 月创作了《国际歌》歌词。此后，他流亡国外，被缺席判处死刑。1880 年大赦时回国，仍然积极参加革命斗争。著有《革命诗歌集》《鲍狄埃全集》。

罗丹（1840～1917 年）

奥古斯特·罗丹（Auguste Rodin），19、20 世纪初最伟大的现实主义雕塑艺术家。1840 年 11 月 12 日生于巴黎一个贫民家庭。毕业于巴黎美术工艺学校。1875 年游意大利，深受米开朗基罗作品的启发，从而确立了现实主义的创作手法。他善于用丰富多样的绘画性手法雕塑神态生动且富有力量的艺术形象。他一生勤奋工作，敢于突破官方学院派的束缚，走自己的路。罗丹是欧洲两千多年来传统雕塑艺术的集大成者、20 世纪新雕塑艺术的创造者，其作品架构了西方近代雕塑与现代雕塑之间的桥梁。他的代表作共 186 个，其中有一巨作《地狱之门》，历时 37 年，直到他逝世也没有完成，其中的《思想者》《吻》等被放大，独立成为享誉世界的名作。

戈蒂埃（1845～1917 年）

朱迪特·戈蒂埃（Judith Gautier），女诗人和汉学家。1845 年 8 月 25 日生于巴黎一个知识分子家庭，从小学习汉语，积累了丰富的中国历史文化知识，写出以东方社会为背景的《洪秀全传奇》《帝龙》《天之娇女》《东方之花》《蜻蜓诗》和《卖笑妇》等小说、诗歌、戏剧，以及描绘异域风物的《中国》《奇异民族》《篡夺者》《征服天堂》《爱的郡主》《伊斯坎德尔》《白鸽》和《冷酷的爱》，作品除中国外还涉及日本、印度、埃及、波斯、以色列、土耳其等国。她又是最早将中国唐宋诗词译成法文的杰出汉学家，19 世纪下半叶就翻译出李白、杜甫、苏东坡和李清照的诗词，合辑成《白玉诗书》（Livre de jade）在巴黎出版。她自豪地宣称："我是个转世中国公主。"朱迪特是第一位当选龚古尔文学院院士的女诗人。

莫泊桑（1850 ~ 1893 年）

亨利－勒内·阿尔贝·居伊·德·莫泊桑（Henri-René Albert Guy de Maupassant），批判现实主义作家。1850 年 8 月 5 日出生于法国诺曼底一个没落贵族家庭。1880 年因发表短篇小说《羊脂球》而一举成名。此后，在短短 10 年中，他创作了 350 多篇中短篇小说、6 部长篇小说、3 部游记以及其他有关文学和时事评论的文章。他被誉为"世界短篇小说巨匠"。在作品中，他歌颂法国人民的爱国主义，揭露普鲁士侵略军的暴行和法军的腐败。主要作品有《她的一生》《温泉》《俊友》等。

德彪西（1862 ~ 1918 年）

阿希尔－克洛德·德彪西（Achille-Claude Debussy），作曲家、革新家，近代印象主义音乐的鼻祖，对欧美各国的音乐产生了深远的影响。1862 年 8 月 22 日出生于圣日耳曼昂莱一个农民世家。1872 年进入巴黎音乐学院学习，崭露出创新精神。他将法国印象派艺术手法运用到音乐上，创造出了其别具一格的和声。其音乐对自他以后的作曲家产生了深远的影响。他的许多作品已经成为印象主义音乐的典范，其中著名的有歌剧《佩列阿斯和梅丽桑德》，管弦乐曲《牧神午后》《夜曲》，交响曲《海：三首交响素描》，钢琴曲《版画集》等，此外还有一些声器乐和室内乐作品。第一次世界大战期间，他写过一些对遭受苦难的人民寄予同情的作品，创作风格也有所改变。

罗曼·罗兰（1866 ~ 1944 年）

罗曼·罗兰（Romain Rolland），作家。1866 年 1 月 29 日出生于法国中部一个中产阶级家庭。1895 年获得艺术博士学位。1915 年获得诺贝尔文学奖。一战期间，他发表文章反对帝国主义战争。1925 年创办《欧罗巴》杂志。30 年代从事反战活动，支援西班牙人民的反法西斯斗争。二战中，他支持法国和世界人民的反法西斯斗争。著有《约翰·克利斯托夫》《狼》《丹东》《贝多芬传》《七月十四日》《理性的胜利》《母与子》《爱与死的较量》等。

普鲁斯特（1871～1922 年）

马塞尔·普鲁斯特（Marcel Proust），作家。1871 年 7 月 10 日生于巴黎一个富裕家庭。毕业于巴黎大学。少年和青年时代，他热衷于出入交际场所，注意观察生活，积累素材，磨炼分析批判能力。他是具有独特风格的语言大师，他的句子有如九曲十八弯的江河，蜿蜒伸展，但有时也极其简洁、自然、锋利、辛辣。1913～1927 年创作的《追忆逝水年华》描绘了 20 世纪初期巴黎上层社会广阔的画面和众多人物的内心世界，具有独特的艺术形式，将高度敏感性与高度精神性融为一体，表现出小说创作的新观念和新技巧，突破了小说写作的传统模式，呈现了一个由感官展开的色彩斑斓的世界。

马尔罗（1901～1976 年）

安德烈·马尔罗（André Malraux），作家。1901 年 11 月 3 日出生于巴黎。毕业于法国国家东方语言文化学院。1920 年开始从事文学创作。1933 年出版以 1927 年上海工人起义为背景的小说《人类的命运》，获得龚古尔奖。1936～1939 年，他率领一支国际飞行中队在西班牙作战。二战期间，参加了戴高乐领导的抵抗运动。战后，他当选为法兰西人民联盟主要领导人之一。1959～1969 年先后任新闻部长和文化部长。除《人类的命运》外，还著有《希望》《征服者》《被砍伐的橡树》《反回忆录》。

加缪（1913～1960 年）

阿尔贝·加缪（Albert Carmus），著名的文学家、戏剧家和哲学家。1913 年 11 月 7 日出生于阿尔及利亚农村一个贫困的农民家庭。1935 年开始从事戏剧活动。1947 年起成为职业作家。加缪以“荒诞的世界”的观点从事创作，写荒诞的人和事，被称为“荒诞派文学”。他在作品中精心塑造人物和安排情节，其语言明朗、纯洁、质朴，具有极强的表现力和感染力。1957 年获得诺贝尔文学奖。著有《局外人》《鼠疫》《反抗的人》《堕落》《误会》《卡利古拉》《戒严》《流放和王国》等。

第三章

政　　治

第一节　政治概况

一　2017 年大选和立法选举及其意义

2017 年适逢法国五年一度的大选和立法选举年。在这年大选 4 月 23 日第一轮投票中，前进党总统候选人埃马纽埃尔·马克龙获得 24.01% 有效票，国民阵线总统候选人玛琳娜·勒庞（Marine Le Pen）获得 21.30% 有效票。他们是获得最多有效票的前两位的总统候选人，因而双双进入第二轮角逐。在 5 月 7 日第二轮投票中，39 岁的马克龙以获得 66.10% 有效票战胜仅获得 33.90% 有效票的玛琳娜·勒庞，当选第五共和国第十一届总统，也是第五共和国历届总统中最年轻的总统。

2017 年 6 月迎来第五共和国第十五届立法选举。马克龙所依靠当选总统的前进党改名为共和国前进党，在立法选举中与民主运动结盟。它们在 6 月 11 日第一轮投票中获得 32.33% 有效票，排在其他政党前列，形成一股势不可当的旋风，而左右传统两大党——社会党和共和党一败涂地。它们在 6 月 18 日第二轮投票中获得 49.12% 有效票，两轮投票共获得 350 席（共和国前进党 308 席，民主运动 42 席）。共和国前进党在国民议会总共 577 席中占据过半数的绝对多数，成为国民议会中的多数派，是为法国第一大党。

2017年大选和立法选举在第五共和国政治史中意义非凡。第一，促使法国政治力量发生左翼和右翼衰退、新中间力量兴起的变化，从而诞生了新的政治生态和新的政党格局，即由原来的以左翼（社会党）居优的三极化（左翼社会党、右翼共和党、极右国民阵线）政治生态和政党格局转变为以中间政党（共和国前进党）居优的四极化（中间政党共和国前进党、左翼社会党、右翼共和党、极右国民阵线）政治生态和政党格局。第二，它打破了第五共和国的“历史定律”和“历史魔咒”，从此不再是传统左右翼两大党总统候选人赢得大选并轮流入住爱丽舍宫，而是中间党派的总统候选人也能够获得大选的胜利并轮流坐庄，从而彻底地改变了法国政治格局和政党生态中非左即由或非右即左的“钟摆原理”。第三，它不仅有力地遏制和沉重地打击了法国民族主义势力、民粹主义势力和极端主义势力，而且法国作为欧盟和欧洲具有举足轻重的国家，主张对外开放和进步主义的马克龙选胜也有力地遏制和沉重地打击了欧盟乃至欧洲正在抬头的民族主义势力、民粹主义势力和极端主义势力，从而为这一年还将举行大选和议会选举的德国等国家树立了范例，开了好兆头。第四，法国是欧洲一体化的主要创始国，又是“欧洲之父”——让·莫内的故乡。正当英国退欧成功并在欧洲掀起“疑欧”“反欧”“退欧”思潮的关键时刻，作为“挺欧派”的马克龙取得大选胜利，成功地制止了又一个退欧的“黑天鹅”出现，而且有力地遏制和沉重地打击了法国和许多国家的“疑欧”“反欧”“退欧”思潮。第五，马克龙当选第十一届总统和共和国前进党成为多数派，有利于对第五共和国政治、经济和社会进行深刻的改造，恢复和增强法国硬实力和软实力，以便延续戴高乐将军梦寐以求并为第五共和国历届总统所传承的法国的“大国梦”“强国梦”。

二　菲利普政府的组成及其特点

马克龙总统就职后，任命46岁的爱德华·菲利普（Edouard Philippe）为新一届政府的总理，也成为自1984年洛朗·法比尤斯（Laurent Fabius）组阁以来法国最年轻的总理。菲利普于5月17日组成新政府。在国民议会换届选举后，6月21日菲利普组成第二届新政府，亦即第五共和国成立以来的第 41 届政府。本届政府经过 2017 年 11 月 24 日微调后总共 32 名成员，其中总理 1 名，部长 19 名，国务秘书 12 名。

菲利普政府的组成具有如下的特点：第一，马克龙总统兑现了他在竞选时提出的新政府中实现性别均衡的承诺。经过 2017 年 11 月微调的菲利普政府 32 名成员中，男女各占一半，正好均衡，男性占 16 名，女性占 16 名，成为法国政坛一道亮丽的风景线。菲利普政府成员平均年龄为 50 岁。

第二，菲利普政府不拘一格地选择人才，吸收了众多的社会贤达。在第 41 届政府中，社会贤达多达 13 人，其中 10 人为部长，3 人为国务秘书。这又是法国政坛一道亮丽的风景线。

第三，为了实践马克龙及其政党超越左右和寻求政治平衡的政治理念，菲利普政府中除了共和国前进党人 9 名成员外（2 名部长和 7 名国务秘书），还吸收了 3 名社会党人任部长、2 名左翼激进党人任部长、2 名民主运动人士分别担任部长和国务秘书、4 名共和党人分别担任总理、部长（2 名）和国务秘书。

迄今为止，尽管菲利普政府经过多次改组，但依然保持上述特点。

三　重建对政治生活的信任

在大选前的 2017 年 1 月，法国民意机构频频地进行民意测验表明，共和党总统候选人弗朗索瓦·菲永人气日益旺盛，是最热门的总统候选人，很可能会是下一任总统。出人意料之外的是，擅长披露法国政治界丑闻的《鸭鸣周刊》于 2017 年 1 月底至 2 月初连续爆料，菲永妻子及子女三人以议员助手名义领取工资但并未真正工作，一时间法国媒体哗然，形成“空饷门”事件。“空饷门”事件和司法机构的立案调查使法国选民再次看到法国政界的腐败，菲永个人信誉则受到重创，民意支持率随即暴跌，从而彻底地改变了法国总统选举的选情。法国选民对传统两大党共和党和社会党极度失望，将目光转向一颗正在升起的新星——前进运动领袖马克龙及其政党。法国官场和政治精英的腐败让法国民众对法国政治极度失望，失去了信任。

为了重建对法国政治生活的信任和遏制官场和精英的腐败，菲利普第二届政府出台《政治生活信任法》并于 8 月 9 日获得议会通过。该法律的主要内容包括：

限制裙带关系，禁止部长、议员和地方民选代表雇用自己的亲属作为助理。具体而言，直接亲属（夫妻、同居伴侣、父母、岳父母、子女及其配偶）属于绝对禁止之列，非法雇用可判处三年徒刑和 4.5 万欧元罚款，还必须归还发放的薪酬；除此之外的其他亲属关系（前任配偶、兄弟姐妹及其配偶、侄子侄女等）不被禁止，但需要向“政治生活透明高等权力机构”（HATVP）和议会两院的职业伦理委员申报。“交叉雇用”（其他议员或部长的亲属）行为也必须申报。

终止发放“议员任职费用津贴”，而代之以“根据议员提供的证明报销有关的费用”的机制。议会将制定允许议员报销的费用名单并确立审核制度。议员助理薪酬将会被更加严格地审计，以确保真正用于履行职务；与此相应的是，议员助理这一职位将逐渐正规化，获得正式法律地位，不能由议员随意确定标准，也不能由院外游说集团来支付薪酬。取消议员储备金（réserve parlementaire）制度，传统上这笔钱用来分配给议员，补贴同他们有关联的各个市镇或者协会，一直被诟病为有收买人心的性质。新法律生效后将逐步削减，直到 2024 年完全取消。要求参加选举的候选人对利益冲突和营利活动进行申报，议员在任职之前一年时间内和任职期间不得开展咨询业务。

部长人选确定之前，总统可以核实其税务状况和犯罪记录。政府将公布政令，对政府成员的招待与交际活动费用规定报销方式并加以限制。政府必须报告高级公务员转入私人企业的情况。针对实施犯罪或有损廉正行为的公职人员，包括歧视行为，煽动种族、性别或性取向仇恨的行为，可以附加剥夺被选举权的惩罚。

授权政府创立“民主银行”，并任命“信用协调人”，帮助各类选举候选人及其政党同银行进行协商，安排竞选财政。除欧盟银行与贷款机构以外，禁止任何法人（公司等）借钱给政党，对自然人借钱给政党加强监督。违者判处 3 年徒刑与 4.5 万欧元罚金。在政府公报上公布各个政党的详细账目。

第二节　国体与政体

一　国体与政体的演变

1789 年大革命前，代表着积极向上的那些非常革命的法国启蒙思想家开展了对法国封建专制彻底地揭露和无情地批判。他们在鞭挞“君权神授”理论的同时，针锋相对地提出“天赋人权”学说，并据此建立了民主的国体与政体的基本政治原则：主权在民、三权分立和相互制衡、法治、自由与平等、私有财产神圣不可侵犯。

法国大革命初期，法国国民制宪议会于 1791 年 9 月通过了法国第一部宪法。该宪法宣布法国实行君主立宪制：立法权属于选举产生的立法议会；行政权归国王。但是，国王路易十六不满足现有的权力，企图以武力恢复已失去的天堂，其结果被送上了断头台。

继后，法国国民公会于 1792 年 9 月 22 日宣布成立法兰西第一共和国，并于 1793 年通过宪法。宪法确认第一共和国的目的是谋求公共福利；最高立法权属于由直接选举产生的立法议会；最高行政权属于 24 人组成的行政委员会，对议会负责；主权属于人民，人民有权反抗政府的压迫；公民享有劳动权、社会经济权和受教育权；成年男子享有普选权。这种政治结构通常被称为法兰西共和国中最民主的结构。

在国内外危机四伏的紧急情势下，法兰西第一帝国宣告成立。拿破仑·波拿巴称帝伊始，立即着手建立适应帝国需要的国家机构。他使行政权日益集中，立法机构形同虚设。他严密控制出版自由、言论自由和表达自由。正是利用帝国的这种政体，他在击溃外国入侵者后转为对外穷兵黩武，侵略扩张，争夺欧洲和世界霸权。

法兰西第一帝国覆灭后，波旁王朝的代表国王路易十八签署了 1814 年宪章，又一次建立起君主立宪制。宪章赋予国王很大权力，他可以否决议会通过的法案，直接颁布法令。实行议会两院制，即贵族院和众议院，前者由国王任命，后者的选举有很高的财产资格限制。宪章只给公民有限的人身自由和言论自由。1824 年 9 月继位的国王查理十世妄图复辟封建君主制度，终于导致政治和经济危机，使君主立宪制又一次覆灭。

1830 年七月革命导致了七月王朝的建立。它也实行议会两院制，但议会加强了对政府的监督，如议员拥有质询权和倒阁权。它的内阁必须得到议会和国王的双重信任。但是，七月王朝仍然拒不实行普选制，广大的人民群众和中、小工商业资产阶级仍被排除在政权之外，掌握政权的只是一小撮金融贵族，终于导致 1848 年二月革命中君主立宪制的灭亡。

1848 年二月革命中成立了法兰西第二共和国并公布了 1848 年宪法。宪法规定，第二共和国为民主的、统一的和不可分割的共和国。以自由、平等、博爱为原则，以家庭、劳动、财产和公共秩序为基础。宪法规定实行总统制：总统由普选产生，任期 4 年；总统为国家元首和行政首脑。议会实行一院制，议员由普选产生，任期 3 年。国民议会不受监督，不得解散，拥有立法权和宣战权。

这种总统制把法国引向专制帝国的道路。路易·波拿巴通过政变建立了法兰西第二帝国，由总统变为终身制的皇帝，称拿破仑三世。他集行政、立法和司法权力于一身，一切机构和官员都要听从他的旨意行事。但是，第二帝国的经济危机给人民带来灾难，发动对普鲁士战争，最终导致第二帝国的灭亡。

法兰西第三共和国的建立标志着以民主共和为内容的国体与政体经过 80 多年的君主立宪制、帝制和共和制的多次反复交换，终于最后确立下来。在法国国体与政体发展史上构成重要的里程碑。法兰西第四共和国的建立是法国抵抗运动和左翼进步力量反对德国法西斯所取得的伟大胜利成果，也具有重大的历史意义。

这两个共和国都实行多党议会制。议会由两院组成。民选的议会拥有很大的权力，体现了“主权在民”的原则；实行三权分立，相互制约；内阁由议会产生，并对议会负责；公民不仅享有政治民主，还享有经济民主和社会民主。普选权由第三共和国成年男性公民拥有发展到第四共和国成年男女公民拥有。第三和第四共和国比较充分地体现和贯彻了法国启蒙思想家的基本政治理论和原则，从而促进了法国经济和社会长足的发展。

二 第五共和国国体与政体的选择

随着时间的推移，法兰西第四共和国国体与政体的弊端日益显现，它给法国带来严重的后果，致使内阁更迭频繁。在第四共和国存在的 11 年半中，内阁像走马灯似地更换了 20 届，每届政府的平均寿命不足 6 个月，其中最长寿命的不过一年多，最短的只有两天。第四共和国国体与政体的弊端越来越使国家机构难以正常运转，使政局十分动荡。到了第四共和国后期，每届政府执政时间越来越短，内阁危机的时间却越来越长。第四共和国最后一届总统科蒂在 1958 年元旦贺词中终于不得不承认第四共和国政治制度已经不能够适应新时代的步伐。

正是在国内政治危机的时刻，戴高乐作为科蒂总统的“最后的一张牌”，被任命为总理，议会也授予戴高乐政府修改宪法的权力。以戴高乐政治思想和主张为基础，遵循议会通过的新宪法制定应遵守的原则，借鉴了第四共和国国体与政体在实践中的经验教训，并参考了英美等国宪法及其政体的机制和运行状况，戴高乐政府制定了新宪法，并于 1958 年 9 月由公民投票通过。1958 年宪法是法国大革命以来的第 16 部宪法。正是根据这部宪法，成建立了法兰西第五共和国的国体与政体。

三 半总统半议会制及其特征

第五共和国创始人戴高乐对第五共和国政体的选择具有决定性的作用。他断然地拒绝某些人提出建立美国式总统制和英国式议会制的主张，选择了半总统半议会制，从它的内涵和外延到基本构架都做了具体的指导。正因为如此，人们把第五共和国政体称为“戴高乐政体”“戴高乐政治思想的体现和化身”。

第五共和国半总统半议会制具有如下的特征：

（1）总统是国家权力的中心。1958 年宪法极大地扩充了总统的职权。对此，戴高乐做过这样的评价：“宪法的主要特点之一，就是它真正地使共和国总统成为法国的元首和向导。如果没有这一特点，的确，宪法就会变得同过去一样。”尤其是 1962 年公民投票通过总统由普选产生后，大大地加强了总统的地位。自此，国家权力已经从以第四共和国以议会为中心变成了以总统为中心。

（2）政府的权力和地位得到加强。1958 年宪法加强了政府的职责，收回了曾经转移到议会手中的某些行政权力，严格地划定了政府和议会之间的关系。不仅如此，由于掌握实权的总统直接领导政府的工作和活动，由于宪法赋予政府某些原先属于议会的权力，政府处于大大优于议会的地位。但是，政府必须对议会负责。

（3）议会的合理化。第三和第四共和国议会之所以滥施权威，首先是因为议会地位无比优越，议会权力特别大，其次是因为议会内部缺乏规章制度来约束自己。1958 年宪法抑制了“议会至上”“议会万能”，从而使第五共和国议会“合理化”。1958 年宪法赋予议会三大传统职权，即立法权、财政预算表决权和监督政府的权力，使议会在第五共和国政治生活中能够发挥重大的作用。但是，由于总统的地位不再受到议会牵制，总理的任命和政府的组成也无须议会的批准，议会的三大传统权力也受到不同程度的限制。

（4）建立了新的多党制。第五共和国仍然实行多党制，但与过去的多党制相比无论从内涵还是外延看都有很大的不同：第一，1958 年宪法初步确立了政党的地位和作用。第二，制定了一系列有关政党的法律法规，建立了比较完备的政党制度，从而使第五共和国政党在“政党法”框架下运行。

世界各国所采取的国体与政体纷繁多样，千差万别。西方大国不是实行总统制，就是实行议会制，也有一些国家实行半总统制，但这些国家的半总统制同法国的半总统半议会制有所不同。第五共和国政体既兼有美国总统制的特点，但是不是美国的总统制；它也兼有英国议会制的特点，但是也不是英国的议会制，所以说是半总统半议会制。总之，第五共和国政体是法国和戴高乐的创新，在西方国家中别具一格。

四　现行建制的走向

第五共和国政体已经运行整整 60 年了，其命运如何？2017 年法国大选中出现了特有的现象，所有的11位正式总统候选人集体反建制。从右翼到中间政党到左翼，从大党到小党，无论极右还是极左，都提出反建制的主张。在本届总统候选人反建制中，要求建立第六共和国的呼声十分强烈。

然而，在本届大选中，民众更迫切地呼吁对第五共和国进行深刻的和结构性的改革。巴黎政治学院政治生活研究中心于2016年1月发表了"民意之路"的民意调查显示，2009年至2015年，希望对现行建制进行改革的被调查者年年保持在90%以上，其中，希望对现行建制进行深刻改革的被调查者年年保持在46~53%。由此可以看出，进入21世纪，对法国现行的第五共和国建制进行深刻改革的呼声十分紧迫和强烈。

法国选民把这项迫切任务寄托于新当选的总统身上。2016年5月19日法国埃拉布民意调查所（ELABE）做了一份调研报告：法国人眼中的理想总统是什么样子？根据调查结果显示，57%的法国人希望总统有为且坚定。具体来说，即使冒着引发大规模社会运动的风险，他也依旧能够对法国社会进行深度改革。2017年大选，法国选民则把这项迫切的任务赋予马克龙。

马克龙总统在2017年5月14日就职演说中表示，他在五年任期内的两大任务之一，就是要带领法国人民恢复信心，经历一次非凡的法兰西复兴，以进步主义、务实主义和实用主义为指导，通过深度的改革把法国塑造成为21世纪的强国。

第三节 宪法与选举制度

一 1958年宪法

与第四共和国宪法比较，第五共和国宪法增添了许多新的内容，打破了以往宪法的结构和某些陈套旧习。

1. 规定了第五共和国的国体

宪法第一章主权中的第二条规定："法兰西是不可分的、世俗的、民主的和社会的共和国。”在第二条规定中，首先宣告国体是共和国，而且是民主的和社会的。根据同一条规定，这个国体“保证所有公民，不分出身、种族或者宗教，在法律面前一律平等”。同一条声明，“它的原则是：民有、民治、民享的政府”。第三条则宣告，“国家主权属于人民，由人民通过其代表和通过公民投票的方法行使国家主权”。根据第二条和第三条结合第五共和国宪法序言承认1789年的《人权宣言》以及第四共和国宪法扩充了的人权和主权原则，确认为第五共和国的国体。

2. 确定了第五共和国的政体

1958年宪法通过第二章共和国总统、第三章政府、第四章议会以及第五章议会和政府的关系的条文的规定，重新调整了立法、行政、司法三种权力之间的关系，建立了这三种权力新的平衡，从而确定了第五共和国半总统半议会的政体。

3. 建立了比较完整的监督体系、咨询体系、维权机构以及反腐和廉政制度

1958年宪法第七章规定设置一个宪法委员会，主要从事违宪监督，同时兼有司法和咨询职能。宪法委员会的组成、任命方式、委员的任期以及不可更换性，保证了它在行使职能时的独立性和中立性。1958年宪法第十一章还规定设置一个经济、社会与环境委员会，并使该委员会在结构上和职能上比第四共和国的经济委员会都有所发展。1958年宪法第十一章乙权利保护人，监督行政尊重权利与自由。法国还建立了比较健全的反腐和廉政制度。总之，监督体系、咨询体系、维权机构以及反腐和廉政制度的建立，使第五共和国政治体制逐步完善，走向现代化和科学化，将政治民主、经济民主和社会民主提高到一个新的水平。

4. 初步确认了政党地位和作用

1958年宪法第一章第四条规定，政党和政治团体协助投票选举，为此它们可以自由地组织起来和开展活动。这是在法国政治史上首次把政党载入宪法，它说明1958年宪法承认了法国政党和政治团体作为政治实体存在的事实，并初步规定了它的地位和作用。

5. 发展了直接民主

1958年宪法第3条规定，人民可以通过公民投票表达他们的“主权”，同时扩大了公民投票的内容和范围。与此同时，人民有权直接选举总统、议会议员以及地方议员，使公民有较多的机会直接参与政治民主的生活，接触到国内外重大的决策，从而提高了总统和政府所推行政策的透明度。

至今，第五共和国宪法已经经过24次修改和补充。为了适应欧洲一体化发展新形势的需要，1992年的修宪增加了第15章，章名为“欧洲共同体和欧洲联盟”，2005年改为“欧洲联盟”。2007年的修宪，将“任何人都不得被判处死刑”写入宪法第66条，从而保障了公民的生存权利，体现了法国人的宽容和包容的传统，表现了人道主义的精神。2008年的修宪进一步限制了总统和政府的权力，加强了议会的监督权限，提高了议会的地位和作用，扩大了公民的知情权和参政权，加强了对公民政治权、经济权、社会权和文化权的保障，从而建立了第五共和国政体的新平衡。

二 选举制度

（一）选举制度的主要内容

选举制度是近代、现代和当代法国政治制度的一个重要组成部分。法国大革命在反对封建专制制度的斗争中建立起了近代法国选举制度。从法国大革命到第三共和国成立前，在近代法国选举制度中，围绕着选民与候选人资格，实行有限选举还是普遍选举，经历了反复的变化。直到第三共和国成立，才最终确立了现代法国的以普选为核心的选举制度。但是，现代法国选举制度仍然具有局限性：妇女没有选举和被选举权；拥有选举权的男性公民年龄偏高，必须年满21岁；普选仅限于在众议院实行，总统和参议员则是间接选举产生。二战后，当代法国选举制度得到很大的发展，1944年妇女拥有了选举权，1974年又将选民的年龄从21岁降低为18岁，从而使当代法国选举制度即普遍、平等、直接、秘密的选举原则得到了较好的贯彻。当今的法国选举制度，亦即第五共和国选举制度，除了参议院由间接选举产生外，总统和其他的民选机构都是直接普选产生。

第五共和国选举制度分为全国选举制度和地方选举制度。前者有总统选举、国民议会选举、参议院选举、欧洲议会选举；后者有大区议会选举、省议会选举、市镇议会选举、市镇共同体议会选举。

无论全国选举还是地方选举都要遵守如下的原则：政党通过国家选举表达公民的诉求并参政或执政；遵守国家主权和民主的原则；平等地对待政党之间的关系，平等地对待男女选民和候选人，各级选举中各政党提出的候选人名单里男女各占一半（总统选举例外）；候选人或当选者不可兼职的原则；候选人和当选者财产申报原则。

全国选举和地方选举的程序：①选举人的确定。凡年满 18 岁享有公民权和政治权的法国男女在选举前在所在市镇登记均为选举人。在法国的欧洲公民可参加法国的欧洲议会选举。②参加选举的政党必须根据全国选举和地方选举规定的条件提出候选人参加选举。③竞选活动。政党和政党候选人可以自由地组织竞选集会和在大众媒体上发表竞选的宣传文章，宣传本党的竞选纲领，听取选民的意见和诉求。在选举月前，由官方统一在各个市镇专门设置的选举广告牌上粘贴由官方印刷的同等大小的候选人或候选人名单。从投票日的零时起，政党和政党候选人必须停止竞选宣传活动。④规定总统选举和立法选举公费资助的上限。每届选举，国家规定对候选人两轮投票的公费资助的上限，并对候选人提供补助，但是，该候选人在第一轮投票中获得选票低于 5%，则不能享受国家的补助。一个自然人对选举的赞助，在同一次选举中总数不得超过 4600 欧元。自然人对一个候选人的赠款在 150 欧元以上必须以支票形式存入候选人的“选举财务管理组”或者“财务管理代理人”在银行的账户。自然人对一个候选人的现金赞助总数不得超过官方规定竞选宣传开支的 20%（15000 欧元）。候选人不得接受外国政府或者外国法人金钱赞助和物质赞助。⑤候选人和民选代表必须进行财产申报，并受政治生活透明高等权力机构的监督。⑥在竞选中，政党和政党候选人必须接受宪法委员会和全国政治资金和竞选运动账户委员会的监督。选举结束后，候选人的竞选账目必须提交全国政治资金和竞选运动账户委员会进行审查。⑦违反上述规定，政党及其候选人要负民事或刑事责任。

总统选举（亦称大选，élections présidentielles） 总统（présidents）由普选产生，每五年选举一次，连选连任，但不得超过两届。选举采用“单记名两轮多数投票制”，即第一轮投票中实行绝对多数制，第二轮投票中实行相对多数制。在第一轮投票中总统候选人获得超过半数选票即可当选。如果在第一轮投票中无人获得超过半数的选票，则在第一轮投票中获得最多选票的前两名候选人进入第二轮角逐。在第二轮投票中，候选人获得相对多数即可当选。第一轮投票一般在4月22日所在周的星期日举行，第二轮投票在第一轮投票后的第二个星期日举行。

总统候选人必须是年满23岁的法国公民，同时还需获得来自法国至少30个以上省份和地方的500名民选代表（市镇长或议员、参议员）的保荐书。总统候选人一般由法国政党提前一年甚至两年酝酿提名，当然也有毛遂自荐的“独立候选人”。所有的总统候选人必须在首轮选举之前向公共生活透明度最高机构申报个人财产，当选后公布其财产。

宪法委员会审核总统候选人资格，正式公布总统候选人名单，正式公布选举的结果。法国政府组织实施总统选举，在中央设置全国监督委员会，监督全国选举活动的正常进行。地方成立地方监督委员会，监督地方选举活动的正常进行。法国内政部组织选举具体事宜并统计投票的结果。在两轮投票前，宪法委员会重新公布总统选举法，规定了两轮投票公费资助的上限。

国民议会选举（亦称立法选举，élections législatives） 国民议会议员（députés）由普选产生，选出577名议员。每五年选举一次，在总统换届选举后6月份进行。候选人必须年满25岁，具有法国国籍，享有公民权利且完成服兵役义务的男女公民。候选人必须男女各占50%。国民议会的选举在小选区内进行（又称单选区，只选出1名议员）。议员选举采用“单记名两轮多数投票制”，由选民直接选举产生。在第一轮投票中，候选人获得本选区绝对多数选票始得当选。如果无一人获得过半数选票，在一周后举行第二轮投票，由在第一轮投票中获得12.5%以上选票的候选人进入角逐。在第二轮投票中，候选人获得相对多数即可当选。在选票率相同的情况下，年长的候选人当选。

根据选举法规定，全法国（包括法国本土、海外省、海外领地）共划分为577个选区，其中法国本土划分为539个选区，海外省19个选区，海外领地8个选区，分散海外各地的法国侨民划分为11个选区。总的来说，选区以行政区划为基础，以人口数量为依据。由于每个选区选举1名国民议会议员，所以法国本土有539名议员，海外省有19名议员，海外领地有8名议员，分散海外各地的法国侨民有11名议员。

国民议会的选举还实行“替补制度”。候选人的选票都要附上“替补人”（suppléant）的姓名和其他基本情况。如果候选人在第一轮投票中获得进入第二轮投票的资格，但在第二轮投票前突然死亡，则由“替补人”接替参加第二轮角逐。如果议员被任命为内阁成员，也由“替补人”自动接替。

参议院选举（élections sénatoriales） 参议员（sénateurs）由间接选举产生，选出348名参议员。参议员任期6年，每3年改选一半。参议员的候选人年龄必须在30岁以上。

为了保证全国各省在参议院中都有他们的代表，参议员的选举以各省为单位设置选区。参议员由各个省的选举团选举产生，选举团由省内的国民议会议员、大区议会议员、省议会议员以及市镇议会的代表组成，统称为选举人。选举方式视省分配的参议员名额而定：省拥有4名或4名以下参议员名额采用“单选（或者复选）两轮多数投票制”，省拥有5名或5名以上参议员名额采用“复选比例代表投票制”。

欧洲议会选举（élections européennes） 欧洲议员（eurodéputés）由普选产生，选出751名欧洲议员。各国议员数按人口比例及政治协商分配，最多的是德国，法国次之，有74名（英国“脱欧”后为79名）。欧洲议会每5年改选一次。选举采用“名单一轮比例代表投票制”。2019年5月欧洲议会选举恢复全国单一选区制。

大区议会选举（élections régionales） 大区议会议员（conseillers régionaux）由普选产生，选出1910名。议员任期6年。选举采用“名单两轮多数及‘多数席位奖金’投票制”（scrutin majoritaire de liste à deux tours avec “ prime majoritaire ”）。政府成员、议会两院议员、法国欧洲议

会议员均可以作为候选人。候选人名单按省份分割，每份名单根据每省得票数量分配议席。在第一轮获得绝对多数的名单，可自动获得 1/4 席位，其他席位则按比例分配给至少获得 5% 选票的名单（包括多数名单）。如无任何名单在第一轮获得绝对多数，则举行第二轮选举；只有在第一轮中得票率至少获得 10% 的名单才能参加第二轮竞选（名单可以合并），席位则按照名单获得选票的比例分配。

省议会选举（élections départementales） 省议员（conseillers départementaux）由普选产生，选出 4108 名议员。议员任期为 6 年，议员任期结束全部重新改选。省议会以“两轮多数投票制”选举产生。选区（canton）单位共 2054 个，每个选区选出两名省议员。

省议会施行一男一女“结对子”的选举机制，即每个选区的候选人必须是由一男一女结对参选。这样可以保证所有当选的省议会议员中男女各半，此举意在为男女两性平等参政创造机会。结对参选的两个搭档可以是来自不同党派，而且一旦当选，两人则分别单独行使其议员职责。这个形式看来是世界上独一无二的。

“两轮多数投票制”规定，任何一对搭档，若要在第一轮投票中胜出，必须获得 50% 以上的选票，并且票数不低于注册选民数的 25%。如若没有人在第一轮中当选，则进行第二轮投票。在第一轮中得票率居前两位的搭档有资格进入第二轮选举，如果还有其他搭档在第一轮中的得票率超过注册选民数的 12.5%，亦有资格参与第二轮竞选。第二轮选举无论投票人数多少，只要获得相对多数票的两位搭档即可当选。如遇多名候选人获得同样多的选票，则其中年龄最大的两位搭档当选。

市镇议会选举（élections municipales） 市镇议员（conseillers municipaux）由普选产生，选出 526341 名市镇议员（2014 年）。议员任期 6 年，每 6 年改选一次。3500 个居民以下的市镇选举采取“复选两轮多数投票制”（scrutin majoritaire plurinominal à deux tours），3500 个居民及 3500 个居民以上的市镇选举采取“名单两轮比例投票制”。1000 个居民以上的市镇候选人的提名必须男女各占一半。国民议院议员和参议员可在本人当选省的任何一个市镇参加市镇议员的竞选。市镇议员数量按市镇人口数量而定，一般在 9～39 人（巴黎、里昂和马赛例外）。

巴黎、里昂和马赛在法国市镇中拥有特殊的地位，市里还划分许多行政区，因此，选举市议会的同时，还举行区议会选举。巴黎市议会法定为 109 名议员，任期 6 年，每 3 年改选其中的一半。选举采用“名单两轮比例投票制”。

市镇共同体议会选举（Élections communautaires） 市镇共同体议员（conseillers communautaires）由普选产生，议员任期 6 年，每 6 年改选一次。市镇共同体议会选举与市镇议会选举同时进行。1000 个居民以上的市镇共同体议会选举采用“名单两轮比例投票制”，1000 个居民以下的市镇共同体议会由市镇议会选举选出的市镇议会在第一次会议上选出的市镇长、副市镇长以及得票最多的议员组成。

公民投票（亦称全民公决，refehendum） 除了总统根据政府的建议行使这种特权外，法国议会 1/5 的议员提议并获得 1/10 的选民支持，也可以就某个重大的问题举行公民投票。2003 年 3 月 28 日法律修改第五共和国宪法第 72 条第一款，规定地方也可以就地方的重大问题举行公民投票，从而又把法国的民主政治向前推进了一大步。

（二）选举制度的意义

（1）法国选举制度，是法国政党上台执政的必经途径。正是通过法国选举制度，实现了“政治替换”。自第五共和国成立以来，通过法国选举制度，不是右翼戴高乐派政党单独执政或联合执政，就是左翼社会党单独执政或联合执政，甚至实现了左右共治。2017 年起则是中间政党共和国前进党执政。正因为法国选举制度的重要性，无论执政的右翼、左翼或中间政党，都要根据自己的理念和政治需要，经常在选举制度上做文章，修改选举法，使自己在选举中处于有利的地位，获得更多的选票。

（2）自第五共和国建立以来的历次选举，都是政治变化的风向标。正是在选举中，无论是全国性选举还是地方选举，都能够证明选民的政治意向，对法国左、中、右、极右的取舍，从而导致法国政治力量的变化：或者是左升右降，或者是右升左降，或者中间政党上升、左右下降。

(3) 选举是法国公民权的最主要体现。正是通过法国选举制度，法国公民拥有“一人一票”的权利，并通过选举推荐自己喜爱的候选人，从而实现了公民的政治参与。

(4) 所有的中央和地方的民选代表以及大区和省的行政长官、3 万人以上居民的市长、国有企业的高管，都必须向“公共生活透明高级机构”申报财产，接受社会监督。其中，总统和政府成员的财产还要向法国民众公示。

第四节 行政

一 总统

法国总统的职务始见于 19 世纪中叶的第二共和国，实行的是共和政体下的总统制。第三和第四共和国也设置总统，却是议会制。作为政府行政“拱顶石”的第五共和国总统，与第二、第三和第四共和国总统有所不同。

1958 年宪法规定：“共和国总统监督遵守宪法。他通过自己的仲裁，保证公共权力机构的正常活动和国家的持续性。共和国总统是国家独立、领土完整和遵守共同体协定与条约的保证人。”第五共和总统要体现“国家的持续性”，起着“保证人”和“仲裁”的作用。

(1) 任免总理和组织政府的权力。1958 年宪法规定：“共和国总统任命总理。总统根据总理提出的政府辞呈，免除其职务。”“共和国总统根据总理的建议，任免政府的其他成员。”

(2) 解散国民议会的权力。1958 年宪法规定，当政府同国民议会发生冲突时，总统在同总理及议会两院议长磋商后，可以宣布解散国民议会，重新进行选举。唯一的限制是连续两次解散议会的间隔应为一年。因此，解散议会成为总统对付议会反对派的最有效武器，成为悬挂在反对派议员头上的“达摩克利斯剑”[①]。

---

① 希腊神话故事中的一把剑，是“即将临头的危险”的同义语。

（3）举行公民投票的权力。1958年宪法规定了总统有权把某些重要法案直接提交公民投票决定，这些重要法案有政府权力机构、政治和经济或者是民族社会方面的法律改革修订、批准共同体协议或条约。迄今为止，第五共和国已经举行过10次公民投票。

（4）1958年宪法规定，总统在国家出现“紧急状态”时，有权根据形势采取必要的措施，行使某些非常权力。该条文规定“紧急状态”指的是“如果共和国制度、国家独立、领土完整或国际义务的履行受到严重的、直接的威胁时，以及宪法上规定的公共权力机构的正常活动受到阻碍时”，二者缺一不可。

第五共和国总统虽然拥有许多重大的权力和特殊权力，但只能在1958年宪法和法律范围内行使，并受到1958年宪法和法律的约束。1958年宪法第九章后进一步规定，如总统失职，其行为与其职务显然不能相容，就可以对他展开革职程序，其中包括成立特别高等法院（Haute Cour）进行审判。

总统的办事机构是设在爱丽舍宫（palais de l'Élysée）的总统府。总统府是政治决策中心，指导和监督政府的活动，被称为“法国的隐蔽政府”。总统府的官员被称为“超级部长”。总统府的主要机构有四个：总秘书处、办公厅、私人秘书处、军事参谋部。

第五共和国总统设置总统特别顾问，直接与总统接触，就某方面的问题向总统提供意见或建议，或者作为总统的代言人。总统特别顾问是总统所信任的专家或密友。他们的职称有时为顾问，有时为特派员。他们的意见或建议对总统做出决定有很大的影响。

法国爱丽舍宫于2017年8月21日首次公布了《有关总统配偶地位的透明守则》，明确规定了法国总统夫人布丽吉特·马克龙（Brigitte Macron）的角色、行动范围以及配备的人手和活动经费。守则规定：总统夫人在国际会议期间扮演着“代表角色”，在爱丽舍宫招待会上起着“监督”作用；参加与其他国家元首配偶一起计划采取的国内外行动，特别是遏制气候变化，打击对妇女和儿童施暴行为等；负责与在残障、教育、卫生、文化、保护儿童及男女平等领域从事活动的社会贤达和组织保持联系，倾听他们的声音；总统夫人没有报酬，也没有招待费或她个人的预算，她的事务费及其办公室费用将算在总统府预算内。

自2008年起，法国总统的月薪开始法制化，目前，马克龙总统的税前月薪为14910欧元，依公务员薪金的指数微调。根据调查，2015年全球最富有的12个国家中，法国总统的月薪排名第七，排在美国总统、德国总理和英国首相之后。

总统在当选后以及任职期满离职后，必须向“宪法委员会”申报财产情况，并公布在《政府公报》上，接受选民和社会的监督。根据规定，总统卸任后享受相关职务津贴和其他一些礼遇，但这些特殊待遇并不是终身制的。奥朗德卸任后每月可领取税后15000欧元退休金[①]，一套配备家具的公寓，一辆配备2名司机的专用车，7名助手，2名服务员，电话专用线，免费乘坐火车和飞机。但是，卸任总统待遇采取递减的原则，即5年后助手由7名减为3名，服务人员从2人减少至1人。法国国营铁路公司提供的各种优惠也将终止。

二 总理和中央政府

1. 政府成员及其职权

第五共和国政府除总理外，还由国务部长、部长级代表和国务秘书组成。法国政府成员人数无法律上的限制，由总统根据需要决定。

总理的设置，一是为了辅佐总统行使权力。二是为了实现政府对议会负责，使总统超脱议会之外，避免因为议会的纠葛而损害总统的权威。因此，法国总理被幽默地比作总统的“保险丝”或“避雷针”。三是领导政府的活动，实现政府的职能。四是在必要时，他可以代理总统主持最高国防会议和防务委员会。五是在特殊情况下，他还可以代替总统主持部长会议。

① 这笔退休金包括4项津贴：前总统津贴5184欧元（税后），前科雷兹省议员津贴6028欧元（税后），前审计院成员津贴3473欧元（税后）以及前科雷兹省议会主席津贴235欧元。

总理为政府首脑，其职权有政治和行政两方面：在政治方面，总理负责组织政府，决定政府的活动方针，并就总政策和政策问题对国民议会负责。总理协调各部门的活动。在行政方面，总理掌握行政机构和武装力量，确保法律的实施，行使制定条例的权力，任命总统任命高级官员以外的官员，召集部际会议，监督预算的编制。

总理的办事机构设在马提尼翁大厦（hôtel de Matignon）内的总理府。总理府的办事机构主要有办公厅、总秘书处、国防总秘书处。总理还负责附属于总理府的机构，如国家行政学院、行政和公务员管理总署等。

在政府成员中，国务部长的地位仅次于总理。他在政府决策中拥有较大的发言权，受到总统或总理的重视。历来法国政府中国务部长人数不等，任命的动机也不尽相同。或是出于照顾有名望的前辈政治家，或是为了安插亲信，或是为了平衡政府中的派系力量，或是为了把某项工作和政策置于突出的地位。

部长主管一个部的工作。他可以根据法令所赋予的职权，在部内做出决定，发布命令。他参加政府的决策，代行总理委托的某些权力，副署由他负责执行的总统或总理的法令。他在议会中有答辩权。

部长级代表的地位仅次于部长。他负责总理或部长委托的某项专门工作。

国务秘书的地位次于部长级代表，共有三种。第一种是独立国务秘书，其地位最高。他负责一个规模仅次于部的部门工作，但其权限相当于一个部，可以提出单独预算和法案。第二种是总理府国务秘书，其地位稍次之。他受总理的委托处理某项特殊的任务。第三种是部长的国务秘书，其地位比前两种都低。他协助部长处理某项重要工作。

宪法以及有关法令和组织法都对政府成员的行为作了严格的规定。宪法第 23 条规定，“政府成员不得兼任任何议会议员职务”，凡接受参加政府的议员，必须在一个月内放弃议员的职务。总理和政府成员必须向“政治生活资金透明委员会”申报财产并公布在《政府公报》上，接受该委员会的跟踪与审查。

政府成员不得兼任全国性职业代表的职务和其他一切公职，不得从事一切职业性的活动。这样的规定从法律上可以避免政府成员贪赃枉法和假公济私的行为。

2. 中央政府各部的设置

随着法国经济、政治和社会的发展，法国国家和政府职能的扩大，法国政府机构也迅速地增加。19 世纪下半叶，法国政府设置 5 个或 6 个部，第三共和国每届政府平均有 8 个部，第五共和国每届政府增加到 14 ~ 30 个部。

第五共和国部的结构具有两个特点：第一，层次分明。从纵向面看，多数部共有 5 层，即部长，部长办公厅，司、局、委员会，处，科。个别的部如新闻部只有部长和处两个层次。从横向看，各部设置的司、处、科的数目相差很大，最多的是经济与财政部，共设 22 个司和局，最少的是对外贸易部，它的具体业务由经济与财政部中的对外经济司管理。第二，相互借用。任命政府成员时，不一定设置相应的部。他们可以借用一个大部内的机构来执行他们的任务。各部之间，为了避免机构的重叠，也可以相互使用。

3. 中央政府的会议制度

这是行使集体权力的主要手段。部长会议是第五共和国宪法明文规定的政府行使集体权力的主要会议形式。它表现出两大特征：第一，共和国总统亲自主持部长会议，并自始至终起着主导的作用。第二，会议坚持集体一致的原则。开会时，与会者经过充分讨论，在一致赞同的基础上，就某个问题作出决议和结论。特别是在处理紧急和重大问题时，部长会议更加体现全体一致的“圆桌会议”精神。

法国政府还召开另外两种会议，作为部长会议的补充。一个是限制性部长会议。它由总统主持，有关部长参加，讨论特定的、技术性较强的问题，为部长会议准备文件。另一个是部际委员会。它由总理或总理指定的部长主持，有关的部长、国务秘书、高级官员、专家和办公厅主任参加，讨论和解决专门的问题，为部长会议提供文件和资料。

三　地方管理制度

法国大革命废除了封建式的中央集权的地方管理制度，确定法兰西是

“统一的和不可分割的”共和国，并建立了新的国家行政区。根据新的规定，全国分为83个人口大致相同的省，省下面再分为区、县和市镇，省和市镇是两个基本的地方行政单位。与此同时，建立了新的中央集权的政治和行政管理体制，统一领导和管理地方国家机构，允许选出的地方代表进行地方自治，给予地方民选机构许多权力。直到今天，人们还把法国大革命时期建立的中央集权的地方管理制度和管理体制称为“雅各宾传统”“雅各宾精神”“雅各宾制度”等。

拿破仑·波拿巴建立军事独裁后，又一次对法国地方管理制度和地方行政区划进行改革。他取消了地方选举制度和地方自治权，建立起省、区和市镇三级地方行政单位。从省长到普通地方官吏，都得由中央政府委派。地方议会的议员不再由民选产生，而是由中央或省长指定。地方议会协助省、区和市镇行政长官工作。

随着二战后法国经济、政治和社会的发展，这种地方管理制度的弊端日益严重起来。它主要表现在：高度的中央集权对地方进行严密的控制，抑制了地方的主动性和积极性；中央派驻地方机构庞大和重叠，官员臃肿，行政手续繁杂，办事效率低下，致使法律、法令和政令难以推行；少数民族和地区都要求地方自治，要求拥有“选择权”或“保留祖籍权”，反对抹杀地区差异和民族的特色。

上述弊端已成为“法兰西沉疴”。法国于1982年3月颁布了《关于市镇、省和大区的权力和自主权法》，该法律规定：增加了大区行政单位，使法国地方行政单位由省、市镇两个层次变为大区、省和市镇三个层次：给予地方行政单位相当多的权力和自由，使地方民选的机构和官员能够独立自主地管理本地的事务。2013年《地方公共行动现代化法》规定设置21个大都会联合体，2014年《地方行政组织改革法》将22个大区合并为13个大区并就省的部分职权转移到大区，2015年有关巴黎地位改革法将巴黎市与巴黎省合并称为巴黎市。改革使法国的大陆法系的地方自治形式兼有英美法系的地方自治的特点。

扩大地方自治权有利于调动地方的主动性和积极性，从而增加了地方的生机活力。它能让地方充分调动本地的财力、人力和物力，发挥各地的自然资源优势，促进国民经济的发展，确保法国经济计划和社会计划的实施。它还能缓解高度官僚集权现象，减轻中央的行政负担，简化审批手续，减少文牍数量，从而提高了行政效率。

四　监督机构、咨询和研究机构、维权机构

1. 监督机构

宪法委员会（Conseil constitutionnel）　1958 年宪法中列为第七章规定，宪法委员会成员为 9 人，总统、国民议会议长、参议院议长各任命 3 名。成员任期为 9 年，不得连任。成员每 3 年更新 1/3。现任宪法委员会主席是洛朗·法比尤斯（Laurent Fabius）。宪法委员会成员不可兼任的职务有：政府部长、议会两院议员、政府中除部长外的其他职务，也不得兼任经济、社会和环境委员会成员。

为保证宪法委员会成员相对于公众舆论的独立性，宪法委员会成员通过向总统宣誓，承诺严格履行使命，即便在离任后还依然恪守辩论与投票秘密，并对曾经或可能受宪法委员会裁决的案件不采取任何公开立场。

宪法委员会以违宪监督为己任，同时还兼有司法职能和咨询职能。

（1）审查议会两院通过的法律是否合宪。各个组织法、议会两院的规章在施行前，都必须提交宪法委员会就其是否符合宪法进行审议并做出裁决；法律在公布前，在总统、总理、议会两院中的任何一院的议长、60 名国民议会议员或者 60 名参议员向宪法委员会提出申诉时，该委员会应进行是否合宪的审议并做出裁决。

宪法委员会行使合宪性审查时，最初只依据 1958 年宪法条款，自 20 世纪 70 年代起则依据“合宪性整体”（bloc de constitutionnalité），即除了 1958 年宪法外，还扩展到了 1789 年的《人权与公民权宣言》和 1946 年宪法序言以及“共和国法律所认可的基本原则”。

宪法委员会裁定整个法律违宪，则不得公布或实施。如果认为法律的特定条款违宪，则可以公布除违宪的条款外的部分，或者要求议会就整个法案作进一步的审议，使整个法案都符合宪法的规定，然后再公布实施。该委员会的裁决是终局裁决，不得上诉，并对公共机构及所有行政机构、

司法机构都有约束力。

（2）裁决议会与政府之间的权限争议。1958 年宪法第 34 条将议会的立法范围与政府的条例范围进行了划分，但是，它们两者之间仍然有模糊和灵活之处。如果政府认为议员的提案不属于议会立法的范围而属于政府条例规定的范围，则总理可以向宪法委员会提出裁决请求。如果法律已经公布生效，总理也可以将该法律提交宪法委员会进行重新审查，以确定该法律属于谁的立法范围。

（3）裁决国际条约的合宪性。应总统、总理、国民议会议长、参议院议长的请求，宪法委员会审查签署之前的国际条约是否合宪，如果存在不一致的地方，则应当按照修宪的规定修改宪法，使宪法的内容适应国际条约的内容。

（4）监督总统选举和立法选举的合法性。在大选前，该委员会审查候选人并正式公布候选人名单；在选举中，该委员会可派出监票人到各地巡视，监督选举合法进行；在投票结束后，该委员会受理有关投票的诉讼并进行审理，公布投票结果。在国民议会议员选举及参议员选举发生争议时，宪法委员会就此做出裁决。

（5）监督总统行使紧急状态权。在总统行使紧急状态权 30 日后，应议会两院任何一位议长、60 名国民议会议员或者 60 万参议员请求，宪法委员会依据宪法裁定是否继续具备实施紧急状态的条件，并做出决议予以公布。总统行使紧急状态权 60 日后或其后的任何时间，该委员会得主动进行审查并做出决议。

（6）保障公民的基本权利和自由。法院在受理诉讼过程中，如认为一项法律构成对公民基本权利和自由的侵犯，经由最高行政法院或最高法院提请宪法委员会进行审查，该委员会应在一定期限内做出裁决。

（7）宪法委员会监督公民投票合法进行，并宣布其结果。

（8）宪法委员会对 1958 年宪法规定的各个国家权力机构的权力分配进行权威性的解释，就总统能否动用宪法第 16 条的非常权力提供咨询。

宪法委员会通过对宪法实施的监督树立起了“法治国家”担保人的形象。

审计院（Cour de comptes） 1958年宪法规定：“审计院协助议会监督政府行为，协助议会和政府监督财政法与社会保障财政法的实施及评估公共政策，并通过其公共报告向公民提供信息。”“公共机构账目应合法和真实，忠实提供其管理结果、资产及财政状况。”从中可以看出，审计院是法国行政系统中的监督机构，其主要职能就是实施财政监督。

审计院由院长、主任、主审计官、审计官、审计助理、报告人、会计组成。审计院院长由总统任命，现任院长是迪迪埃·米戈（Didier Migaud）。审计院共设7个审计室，各个室分工负责不同部门的财政监督和审计事务，包括中央政府、国营企业、社会保障机构、公共服务、由政府拨款的组织、由公共拨款的组织。

在行使财政监督、调查、评估以及建立公共报告过程中，审计院自始至终严格遵守三项基本原则：①独立性。审计院既独立于行政权，也独立于立法权，与上述两个权力保持不偏不倚的等距离关系。审计院的独立性还表现为拥有三大自由：选择监督目标的自由；做出评估和结论的自由；书写公共报告的自由。②合议性。审计院的任何一个作品都不是个人的成果，而是审计院成员集体合议的结果。委托一位或者几位审计院成员在某个部门组织从事监督、调查和评估的作品，都必须由所在室的全体成员共同审议。在合议过程中，还必须委托一位成员作为反对方，提出异议，从而保证作品或者公共报告的质量。审计院坚持合议性原则并在审议过程中允许不同观点的争论，显示了审议院的客观性和中立性。③对立面。审计院向有关方和被监督方负责人提交的报告成果（包括调查的事实真相、做出的评估、提出的批评和建议）都是作为对立面的异议，并准备听取有关方和被监督方负责人的陈述和驳斥，与有关方和被监督方进行对话，从而使审计院的最终成果具有客观性、公正性、合理性、合法性。

审计院每年呈交一份年度报告给总统和议会并向公众公布。年度报告列出政府财政详细账目，并对政府的财政做出评估，包括治理和公共资金使用，对使用不当或者违反财政纪律提出批评和改进的建议。审计院还要随时随地监督公共财政的运作，并对出现的财政问题及时提出警告。

审计院领导大区审计院，听取来自大区审计院的上诉，并对大区审计院发布命令和行政指示。大区审计院监督和管辖市镇、省、大区和海外领地的账务，并拥有对地方财政的初始司法权。

督查团（corps d'inspection） 或者称为督察署（service d'inspection）。法国中央政府各个部门一般要设置督察团，它保持相对的独立性，只接受所在部门的部长领导，督察人员是终身职务。在督察长领导下协助政府部长在行政管理、财务会计和经济方面对所在部门、机构、公务员实施监督。监察员或受命进行专项调查，或受命为所在部门的高级公务员做出评价，为最重要的岗位物色人选。在法国中央政府各部的督查团中，财政总监察长、社会事务总监察长、行政总监察长的地位特殊，他们在必要时进行跨部的督察。这三个部门的督察人员大多来自国家行政学院的毕业生。

督查团在事前开展预防性的监督，有助于预防行政决策事务的不合法和管理中的严重差错与漏洞。督查团在事后开展的惩戒性监督，也是对事发部门一次警示，杜绝事件的再次发生。法国督查团在促进法国中央政府部门廉洁方面发挥着至关重要的作用。

2. 咨询和研究机构

法国官方的咨询和研究机构（亦称为委员会、研究中心、研究所等）十分发达，仅中央政府的咨询机构就有2000多个。法国官方的咨询和研究机构的组成有政府官员、各种专家和利益集团代表等。法国咨询和研究机构成立的目的，旨在利用官方以外的专门知识，协调行政机构之间的关系，沟通行政机构与公民之间的意见。

法国官方的咨询和研究机构存在如下的几种类型：①宪法和法律规定成立的咨询机构，如“经济、社会与环境委员会”“全国人权咨询委员会”等。此外，宪法还规定宪法委员会、审计院、最高行政法院除了本身拥有的主要职能外，还规定兼有咨询职能。例如，最高行政法院的主要职能是受理行政诉讼案件，但对政府的法律、法令、条例和其他法规草案提出意见和建议。②国家和政府成立的咨询和研究机构，如有国家科学研究中心、法国国家统计与经济研究所、全国人口研究所、法国战略研究和培训高等委员会等。它们就法国的经济、科技、人口、战略进行独立的研究或接受国家和政府委托的课题进行研究，并向有关部门提出对策和建议。③中央政府部门设有专门的研究和咨询机构，进行与本部门业务有关的经济、政治、国际、贸易、财政、税收、城市、社会、人口等问题的研究，目的是促进国家的社会和经济现代化，提供决策参考，减少决策失误。④法国的综合性大学、高等学院都设置了不少研究机构，如巴黎政治学院、法国巴黎高等商学院、巴黎高等师范学院等。这些高等院校研究机构的规模普遍不大，但对促进科研与教学相结合，繁荣、活跃、发展和推动法国的决策咨询起到了重要作用。⑤除了上述固定设置的咨询机构外，总统、政府和议会还就某个专题设置临时的咨询机构。

这里主要介绍经济、社会与环境委员会和全国人权咨询委员会。

经济、社会与环境委员会（Conseil économique，social et environnemental，CESE） 设在耶拿宫（Palais d'Iéna）。该委员会由雇主、工会和社会组织共233名委员组成。委员任期五年，可以连续任期两届。现任委员会主席是帕特里克·贝尔纳斯科尼（Patrick Bernasconi）。

在233名委员中，经济生活和社会对话代表140名，领工资者代表69名，私营工业、商业和服务业企业代表27名，农业经营和农业经济代表20名，手工业者代表10名，自由职业者代表4名，资深经济代表10名，从事社会和领土团结与社团活动的代表60名，互助、合作与非农团结经济代表8名，从事农业生产和加工的互助与合作组织代表4名，家庭联合会代表10名，联合会和基金会代表8名，海外大区、省和领地代表11名，青年与大学生代表4名，从事社会活动、科技、文化、体育领域的资深人士代表15名，环保代表33名，环保组织和环保基金会代表18名，从事环保和可持续发展的资深人士15名。

1958年宪法规定，经济、社会与环境委员会就政府提交的经济、社会与环境的法律、法令、命令草案以及法律提案发表意见，政府和议会就所有经济、社会与环境问题必须向经济、社会与环境委员会咨询意见。政府也必须就计划法草案确定的公共财政长期方针向该委员会咨询意见。所有的经济、社会和环境方面的计划或计划法草案均需交由该委员会提出意见。经济、社会与环境委员会也可以主动就经济、社会与环境问题提请政府和议会注意并提出改进的意见和建议。经济、社会与环境委员会还得受理申诉。在审查申诉后，该委员会得通知政府和议会其建议采取的行动。

经济、社会与环境委员会下设九个组，每个组有27~29名成员。九个组分别是：社会事务和卫生组，劳动和就业组，可持续领土整治组，经济与财政组，欧洲与国际事务组，经济活动组，农业、渔业与食品组，文化教育与通信组，环保组。

在各个大区，设置大区经济、社会与环境委员会，就大区的经济、社会与环境问题向大区政府提供对策和建议。

全国人权咨询委员会（Commission nationale consultative des droits de l'homme，CNCDH） 该委员会由民间人权社团代表、资深人权人士、法学和维权人士组成。全国人权咨询委员会全体成员由行政法院副院长、最高法院首席院长、审计院首席院长组成的委员会提名，经总理任命。现任全国人权咨询委员会主席是克里斯蒂娜·拉泽尔热（Christine Lazerges）。

该委员会的职责是：就《世界人权宣言》和国际人权公约文件制定和实施的公共政策向公共权力机构提出咨询和建议；监督《世界人权宣言》和国际人权公约文件在国内执行的情况；监督法国遵守人权和国际人权的国际义务；反映广大民众对人权的看法；报告与种族主义、反犹太主义和排外主义做斗争的情况；报告与非人道的虐待和盘剥做斗争的情况；对政府有关人权法律草案提出咨询意见和建议。

3. 维权机构

法国议会于2008年对1958年宪法进行修改，增加了第十一章乙，该章的提名叫“公民权利捍卫专员”（Défenseur des droits）。

它是独立的维权行政机构，由治安职业道德部、维护和促进儿童权利部、反歧视与促进平等部组成。三个部门共有250名成员。公民权利捍卫专员拥有三位副手，分别负责和领导三个部门。公民权利捍卫专员由总统任命，对总统承担责任，每年向总统和议会提交一个年度报告。他任期为6年，任期内不可撤职和不得兼任政府成员和议员职务，任期届满不得连任。他的副手则由总理任命。现任公民权利捍卫专员是雅克·图邦（Jacques Toubon）。

其职责包括：监督国家行政机构、地方行政机构、公共机构、其他承担公共服务机构尊重权利与自由。任何人认为其权利因公共服务运作而受到侵犯，皆可向公民权利捍卫专员提请维护。公民权利捍卫专员也可以自行提出请求。

公民权利捍卫专员还在地方设置地方公民权利捍卫机构，总共配置400名成员。它监督地方政府和公共机构尊重地方民众的权利和自由，并受理地方民众的申诉和维护地方民众的权利和自由。

五 反腐败和廉政制度

在“透明国际”廉政指数排名中（180个国家），法国2012年为22名，2015年、2016年和2017年均连续位居第23名，法国在“透明国际”廉政指数排名中远远落后于北欧各国，同时也落后于德国、英国和美国。法国腐败主要表现为政党为筹措选举的资金不择手段，也表现在一些高级官员贪污行为。法国当局决心加强反腐败措施，提高法国廉政指数。

最早，1988年3月的《政治生活资金透明法》和同年12月的《政治生活资金筹措法》，严格地规范了政党的财政和参加选举候选人资金的筹措和收支，规定总统候选人和议员竞选的经费由国家财政统一支出。《政治生活资金透明法》还规定，实行高级公职人员和主要民选代表的个人财产申报制度，即总统、政府成员、议会两院议员、欧洲议会议员、大区议会议长、省议会议长和3万人口以上城市的市长以及经营规模较大的国营企业负责人必须依法对其拥有的财产状况，包括财产数量、来源、增减等情况向“政治生活资金透明委员会”（CTFVP）进行申报，以接受审查和监督。对于当选的总统候选人，在当选后两个月内必须申报并公布他的个人财产状况，卸任后两个月内公布他的个人财产状况，以便公众监督。无论高级公职人员还是民选代表和国营企业负责人一旦发现所拥有的财产与其合法收入不符，而又不能说明其正当来源，即视为非法所得并予以惩处。

1993年的《预防腐败和经济生活与公共程序透明法》（即《反贪法》）主要内容是对最容易滋生腐败现象的一些行业和部门（如房地产业、公共服务业、公共市场、国际贸易、城市建设等）活动的透明度作出规定，并要求这些行业和部门制定切实可行的防患未然的计划。《反贪法》宣布建立以预防腐败为使命的专门机构“预防贪污腐败中心”，由来自税收、警察、宪兵、海关、司法和内政部门不同行业的专家组成。全体成员每四年更换。“预防贪污腐败中心”加强部门间的协作配合，监视、预防和发现腐败现象，加大惩治的力度。“预防贪污腐败中心”每年向总理和司法部长提交一份年度报告，其内容主要是就可能出现腐败特别是最容易滋生腐败的部门（如公共卫生、交通、能源、教育部门等）进行分析并提出预防性建议和制裁措施。“预防贪污腐败中心”还具有向政府部门提供反腐咨询、帮助大型企业建立职业规范、开展国际防腐败合作职能。与此同时，贝雷戈瓦政府（Pierre Bérégovoy，1992～1993 年）还出台《道义法规》和《专门的道义法规》，与《公务员总章程》一起作为公务员的行为规范和准则。

1995 年的《政治生活资助法》进一步规定，对自然人向政党及其候选人的捐赠进行数量上的限制，禁止法人向政党及其候选人的捐赠，包括以低于市场价提供优惠的间接赠予，为此还专门成立了一个独立委员会来监督法律的实施，违法者将被取消候选人资格。

进入 21 世纪，法国反腐败制度进一步健全和发展。在预防腐败教育方面，法国于 2003 年 11 月专门出版了一本以大学生为主要对象的题为《面对腐败》的反腐败教材。除大学生外，中学生甚至小学生也将被逐步纳入教育范围。

奥朗德总统领导下的艾罗政府（Jean-Marc Ayrault，2012～2014 年）为了打造新政府“廉洁高效”的形象，成立之初要求政府成员自动减薪 30%，并在法国历史上首次制定了《政府成员职业道德宪章》（简称《道德宪章》）。《道德宪章》规定了“团结与合议制”的原则，“咨询与透明”的原则，“公正”的原则，“廉洁与模范”的原则。

艾罗政府还于 2013 年 4 月出台《提高公共生活透明法案》，将申报财产和收益的官员和民选代表扩大到 8000 人，并成立“政治生活透明高等权力机构”替代“政治生活资金透明委员会”，以加强监督以及对瞒报和谎报的惩罚力度。自此，在欧洲国家中除了斯洛文尼亚不实行官员财产公示外，其他国家都已经实行官员财产公示制度。

2013 年 10 月成立“政治生活透明高等权力机构”，旨在推动官员的诚实廉洁。作为监督机构，它负责接受约 8000 名议员、政府成员，以及总统、议长和部长的主要合作者、主要公共机构负责人的个人财产申报并进行监督，以促使政治生活符合道德规范，鼓励官员清廉诚实执政。它发布年度监督报告，递交给总统、总理和议会。它执行调查任务时，议员、官员或公共机构负责人拒绝向其提供有关信息和资料，可能被判处 1 年监禁和 1.5 万欧元罚款。如果忽略申报其财产的一个重要部分，或者对其财产进行欺骗性申报，可能被判处 3 年监禁和 4.5 万欧元罚款。

2016 年的《提高经济生活透明法》〔简称《萨班Ⅱ法》（Sapin Ⅱ）〕进一步加强防范和打击收受贿赂的一系列措施：①升级国家反腐机构。成立“国家反腐局”，取代原来的“预防贪污腐败中心”。国家反腐局人员将从预防贪污腐败中心的 16 个人增加到约 70 人，年度预算也将增加到 1000 万～1500 万欧元。国家反腐局的主要职能包括：制定国家反腐战略、为行政机构及企业提供反腐举措的建议、监督法国企业遵守反腐规定和法院对涉腐案件判决的执行。国家反腐局最高负责人将由法国总统直接任命，人选从法国司法系统内的资深法官中挑选，每任任期 6 年，且任期内不得更换。②大企业须切实反腐。该法规定，雇用员工 500 人以上以及年度营业额 1 亿欧元以上的法国大型企业，和具有工业或商业性质的公共机构，均必须履行反腐义务。反腐义务包括必须定期以书面形式分析和评估企业所在行业以及企业业务所在地区的腐败风险，必须评估客户及供应商面临的腐败风险，必须建立内控或外部审查机制以保证任何人无法掩盖腐败事实等。这些机构还必须设立惩罚机制，对机构内涉腐人员进行处罚或移交司法机构。国家反腐局可以随时到法国大型企业或公共机构进行检查，以保证他们履行反腐义务。③着力打击海外贿赂行为。法国检察机关可起诉在海外涉贿的法国企业，一些非政府组织对法企在海外涉贿行为提出的起诉也将得到法国司法系统认可。此外，定居在法国的外国人如涉及贿赂等腐败行为，也会受到起诉。

《萨班Ⅱ法》还规定，设立一个院外压力集团登记簿，受“政治生活透明高等权力机构”管辖。若想行使利益代表的作用，就必须在这个登记簿上登记，人人都可以查询，以便杜绝向公务员赠送高档礼品的腐败行为，否则要受罚。《萨班Ⅱ法》规定，工业企业必须公布账目。《萨班Ⅱ法》还规定，设立一个“报警人”保护法，给这些勇敢的报警人提供法律保护，包括负担他们的律师费。2017 年的《政治生活信任法》进一步加强了对国家领导人和民选代表的廉政建设。

有人做过统计，自 1992 年以来法国已经有过 13 次反腐败和廉政立法，一次比一次严谨和严厉，的的确确在相当程度上遏制了政党、官员和高企的贪腐行为，初步建立起廉政制度，从而获得国际社会的好评，也使法国在“透明国际”的排名中从 2010 年第 25 位开始有所提升。尽管如此，透明国际组织指出：法国政府在政治伦理与政治生活透明度方面“进展不足”，特别是政党集资的改革处于“停滞状态”。

六　公职人员制度

第五共和国成立之后，于 1959 年 2 月 4 日颁布了新的《公务员总章程》，并陆续发布了一些法令和条例，对总章程作进一步补充和修改，使公职人员制度趋向完善和科学。

2015 年，法国公职人员总数 564.8 万，占就业人口 19.9%，占领工资者 23%。其中，国家公职人员 247.8 万，占公职人员总数 44.0%；地方公职人员 198.4 万，占公职人员总数 34.7%；医务公职人员 118.7 万，占公职人员总数 21.3%。法国居民与公职人员的比例为 1000∶85。

在国家公职人员总数中，政府部门及附属机构公职人员 191.5 万，占国家公职人员总数 79.8%；行政公共机构（EPA）[①] 公职人员为 56.3 万，占国家公职人员总数 20.2%。在政府部门公职人员中，国民教育、高等教育和研究部的公职人员最多（包括教员和研究人员），为 101.1 万，占国家公职人员 42.2%，属于政府部门第一大部。

---

① 在中央或地方政府控制下为履行一个整体利益使命并拥有独立自主管理和财政的公法法人行政机构。

在地方公职人员总数中，地方行政单位公职人员 147.4 万，占地方公职人员总数 74.3%；地方行政公共机构（EPA locaux）公职人员 51.0 万，占地方公职人员总数 25.7%。在地方行政单位公职人员总数中，大区公职人员 8.3 万，占地方公职人员总数 4.1%；省公职人员 36.7 万，占地方公职人员总数 18.5%；市镇公职人员 153.4 万，占地方公职人员 77.3%。

医务公职人员总数中，公立医院公职人员（医生和行政人员）104.1 万，占医务公职人员总数 87.7%；养老院和其他社会医疗机构公职人员 14.6 万，占医务公职人员总数 12.3%。

1. 公职人员的管理体制

法国对公职人员进行分类，并建立相应的管理机制，从而形成了现代的和科学的管理体制。

（1）公职人员的分类。法国公职人员按职位和文化程度分为 A、B、C 三大类。A 类公职人员集团还可以分为 A + 类高级干部，如司长、局长、教授、督察、顾问等；A 类非技术性公职人员集团，如行政法院文官集团、外交文官集团等；A 类技术性公职人员集团，如矿业集团、桥梁和道路工程集团等。B 类公职人员集团是一般政策实施者，分为 B 类行政公职人员集团、B 类技术性公职人员集团、B 类办事公职人员集团。C 类公职人员集团担任执行性质的职务，分为 C 类行政公职人员集团、C 类技术性公职人员、C 类办事公职人员。2015 年，在公职人员总数中，A 类占 34.8%，B 类占 19.9%，C 类占 45.3%。在公职人员总数中，女公职人员占 62%，其中，A 类占 64%，B 类占 56%，C 类占 63%。

（2）公职人员的管理机制。法国公职人员的管理实行部内制，在行政机构系统内设置公职人员管理机构处理公职人员的一切事宜。

法国总理府设置的“行政和公职总局”，管理着全国公职人员的事务，监督《公务员总章程》和其他有关公职人员的法律、法令和条例的实施，促进公职人员制度和管理体制的改革，推动公职人员管理机制的现代化和科学化，直接向国民议会和政府就公职人员问题提出意见、建议和报告。

（3）公职人员的咨询和监督体系。在法国公职人员管理体制中，也相应地建立了比较完整和科学的咨询和监督体系，它由“公职最高委员会”“对等行政委员会”“对等技术委员会”组成。“公职最高委员会”是有关公职人员事务的最高咨询机构，它有权讨论有关公职人员的一般性问题，对有关公职人员的章程、法律、法令和条例草案提出修改意见，调解公职人员在鉴定、晋升、惩戒中出现的纠纷。“对等行政委员会”对行政部门处理公职人员的鉴定、晋升、调动、惩戒、解雇等问题进行监督和提出意见，听取公职人员个人的申诉。行政部门就公职人员一般性或特殊性问题，也要征求“对等行政委员会”的意见。“对等技术委员会”负责起草和修改本部门公职人员管理的规章制度，讨论行政工作方法的现代化和科学化，对公职人员个人的保健和安全问题提出意见等。

（4）公共部门和国有企业的高级公职人员，必须向“政治生活透明高等权力机构”申报财产情况，以便让该委员会跟踪审查。

2. 公职人员制度的主要内容

（1）通过考试择优录取。除了政府成员、总统和总理直接任命的高级官员以及民选的官员外，所有的公职人员无论是外部招收还是内部晋升，都要通过考试择优录取。考试录取遵循平等原则，以品行和才能作为衡量的唯一标准。

（2）加强培训。凡被录取为高级公职人员，在分配工作前还要到专门学校培训2～3年。凡被录取为普通公职人员在分配工作前也要经过半年的业务训练。另外，政府部门有计划、分期分批安排在职公职人员轮训，以便更新他们的知识和专业。

（3）定期考核和鉴定，按功过晋升和奖罚。每两年要对公职人员的工作和表现写出评语和鉴定。考核和鉴定项目视职位而定：高级公职人员的考核和鉴定有14个项目，普通公职人员的要求低一些，但考核项目也至少有6项。

法国公职人员的晋升有晋级和提职两种。晋级主要看资历，公职人员工作一定的年限，根据职业的差别、鉴定的优劣进行综合考核，够条件的就自动升级。提职由行政长官根据公职人员三次鉴定进行挑选，然后由晋升委员会逐个审议提出意见，考试委员会进行业务考核，择优提职。

（4）待遇和福利。待遇由基本工资和各种补助、奖金组成。

工资制度 它遵循三个原则：第一，指数化原则。公职人员的工资按级别和职务列入从最低 100 到最高 1015 的表格中，把工资直接与物价挂钩，即工资等于工资指数乘以最低生活费，而后者每年根据物价指数来调整。第二，缩小工资差别的原则。二战后初期，公职人员最低和最高工资的差别幅度为 1 至 8 之间。此后，法国政府不断地增加低工资的指数起点，并通过工资累进税制限制高级公务员的工资收入，使平均净工资差别幅度逐渐缩小到 1 至 2.5 的范围。第三，协商原则。每年就公职人员的工资问题与公职人员工会举行谈判协商，并使之制度化。

2015 年法国公职人员月平均净工资 2208 欧元，其中，国家公职人员 2495 欧元，地方公职人员 1891 欧元，医务公职人员 2239 欧元。2015 年，10% 公职人员最高月平均净工资与 10% 公职人员最低月平均净工资的差距为 2.33，而这年私人企业职工月平均净工资差距为 3.01。

津贴制度 津贴按季度支付，计有住房津贴、安家津贴、出差津贴、重活累活津贴、危险工种津贴、服务方式津贴等，不一而足。2015 年，法国公职人员的津贴和奖金占月平均毛工资 22.6%。

福利制度 公职人员享有较为优厚的福利待遇，如每年享有带薪休假 5 周、公费医疗、病假和工伤假、女公务员的产假等。这些福利政策和措施可以改善公职人员的工作条件，解决他们的后顾之忧，增进他们的身体健康，满足他们的娱乐和业余文化生活的需要。

（5）退休制度。19 世纪末，法国开始实行公务员退休制度。第五共和国对原有的退休制度做了补充和修改，使之更加完善和符合国情，使公务员队伍不断地新陈代谢，从而保证了公务员队伍老、中、青的合理结构，增添了政府部门的活力和提高了工作效率。

（6）权利和义务。公职人员的基本权利：第一，公职人员享有信仰某种政治思想、哲学观点和宗教的自由，主管部门不得横加干涉，不得由此剥夺其担任公职和晋升的权利，也不得把它载入公职人员的档案。第二，公职人员有权参加政党和政党活动，有权参加未被禁止的示威游行和集会、参加竞选或帮助他人竞选。第三，公职人员有权组织和参加工会，除了公安警察、狱吏、法官、军人和国营保险公司职工外，其他公职人员有权组织和参加罢工。

公职人员应尽的义务：忠于职守，执行上级的命令和指示，遵守法制、纪律和规章制度，廉洁奉公，严禁从事有利可图的活动或兼任有报酬的其他公职或赢利性的私人职务，严守职业机密，在工作中不得发表政治见解，等等。

3. 高级公职人员的摇篮——国家行政学院（École nationale d'administration，ENA）

国家行政学院是法国著名大学之一，于1945年建立，隶属于总理办公厅，设置在斯特拉斯堡。它选拔和培养法国以及国际高级公职人员，毕业生统称“埃纳克”（les énarques）。国家行政学院成立70周年之际，它已经为法国培养了5600名高级公职人员，2600名外国留学生，其中为第五共和国培养出4位总统、8位总理、众多的政府成员、议员以及80%高级公职人员和企业高级管理人员。国家行政学院被誉为“法国总统的摇篮”“高级公职人员的摇篮”“法国顶尖政治精英的摇篮”。

国家行政学院办学独具特色，入学考试、实习、教学等紧紧围绕着为政府行政部门培养业务素质高、实际工作能力强的高层次公职人员的目标开展，强调实习在学院整个培训中的地位。它没有专职教师队伍，为学生授课的大多数是有经验的官员或者相关人士，讲述行政经验。教材大多是临时编写的，展示如何解决具体的案子，案例和情景模拟为主，以适应将来工作环境。学制总共27个月，其中15个月的在校学习，12个月的实习。课程包含3个必修板块（欧洲板块、地方行政板块、公共管理板块）和一个选修板块（团队自我管理板块），学生可得到14门外语的培训，听取大量的学术讲座，在法国和外国高级职能部门实习。除了短期培训与国际关系培训在巴黎旧址进行外，其他课程均在斯特拉斯堡进行。

在针对留学生的培养方面，国家行政学院对在职的外国高级公务员进行为期6个半月的深造培养，其内容是：①使外国高级公务员获得与法国行政部门接触所需的实用技能；②使外国高级公务员回到原属国，实践行政管理能力；③为有意深入了解欧洲管理体制的公务员、企业高层管理者、工会人员、记者、议员提供相关知识体系。

国家行政学院的入学考试非常严格苛刻，170 名招考评审委员负责选拔学生。每年招考 80～100 名学生，其中 1/3 是外国留学生。生源主要来自巴黎政治学院、师范学院、普通大学毕业生或有 8～10 年工作经验的社会人士（40 岁以下），选拔率为 7%～8%。国家行政学院也与中国合作，协助中国培养所需的行政管理人才。

第五节 立法与司法

一 立法

近代法国议会是在法国大革命中诞生的，它以法国启蒙思想家的三权分立和“主权在民”的理论原则为指导，把封建王朝的三级会议改造成为代议制机构。在第三和第四共和国期间，法国议会的职能日益扩大，其权威也日益提高，直至变成了“万能的议会”，凌驾在行政和政府之上，从而破坏了立法、行政、司法的平衡。

第五共和国创始人和第五共和国宪法制定者吸取了第三和第四共和国议会制度的经验教训，有意识地对第五共和国议会的权力、地位和作用进行有力的限制。1958 年宪法把议会排在第四章，在第二章共和国总统和第三章政府之后，就足以证明议会在第五共和国政治体制中已经降格。第五共和国议会的权力缩小了，不再是全能的了，它趋向“合理化”。

1. 议会的结构

在法国议会史中，多采用两院制，使上下两院相互牵制，又互为补充。不过，在法国实行议会两院制的各个时期，均衡原则的表现方式也不尽一致，它随着法国议会制度的发展日益完善。

第五共和国议会也实行两院制，即参议院和国民议会。国民议会的权力、地位和作用方面固然大大优于参议院，但参议院在两院制中也起着相当重要的作用：第一，如果选出的参议院多数派与国民议会中的多数派不一致时，势必对议会两院的立法活动产生影响。第二，参议院有权审查、修改国民议会的决议。第三，在必要时参议院可以成为政府用来抗衡国民议会的工具。第四，参议院议长在总统辞职和病故时履行临时总统的职务。

2. 议会的组织和活动

参议院设在卢森堡宫（Palais de Luxembourg），国民议会设在波旁宫（Palais de Bourbon）。

（1）议长和议员。参议院议长和国民议会议长分别是法国国家领导层中的第三号和第四号人物，在第五共和国政治生活中扮演着重要的角色，起着重要的作用。

议会两院议长分别由参议院和国民议会选举产生。在第一轮投票中，候选人以绝对多数票当选，如未获法定的票数，在第二轮投票中仍以绝对多数当选，如还未获得法定的票数，则在第三轮投票中以相对多数当选。如果在第三轮投票中两位候选人得票数量相等，年长的候选人当选。参议院议长任期三年，国民议会议长任期五年。现任参议院议长是共和党人热拉尔·拉尔谢（Gérard Larcher），第15届国民议会议长是共和国前进党人里夏尔·费朗（Richard Ferrand）。

议会两院议长主持议会会议，组织辩论，组织议会投票表决，宣布投票结果，通报议会会议情况。他们负责议会内外安全，维持会议秩序。他们协调议会两院各组织机构和委员会之间的关系和活动，定期召集各种委员会主席会议，应政府的请求召集有关委员会会议。他们还对议会党团之间的争执、议会党团参加辩论人数和时间进行协调和仲裁。

议会两院议员不得兼任无论是选举产生还是非选举产生的官方职位；不得兼任政府、欧洲联盟、外国和国际组织中的公职；不得兼任宪法委员会委员，经济、社会和环境委员会委员，法官等职务；不得兼任另一议院的职务，不得兼任政治性职业和有利可图的私人职业。议员“代表性”的委托权，独立于任何其他权力，代表着“整体利益”而不是局部和部分利益，因此，对议员做出强制性的嘱托或指令均属无效和非法的。

历来第五共和国国民议会议员居多由中上层和中产阶级组成，第15届国民议会（2017~2022）议员中，工人阶级和手工业者占7%，中产阶级占37%，企业高管、律师、医生等中上阶层占56%。女议员占

38.65%。

议会两院议员月津贴由三部分组成：基本津贴、住房津贴和职位津贴。其中，议员基本津贴和住房津贴需要纳税。议长、副议长、委员会主席等除了领取议员的津贴和福利外还会得到额外津贴，但最高不能超过议员基本津贴和职位津贴的1.5倍。此外，为了满足议员任期各项职务花费，实行"议员提供的证明报销有关费用"的机制，如交通费和通信费。在物质方面，每个议员拥有一间独立办公室并配置办公设施。议员还可以雇用1~5名助理。如果议员没有连任可以领取3年失业补助，补助的来源为每月在任议员所交的分摊金。

（2）委员会。设置常设委员会和非常设委员会。

常设委员会是议会立法工作的主要场所，也是议会监督政府和行政权的主要手段。议会两院设置常设委员会最多不得超过8个。第15届国民议会设有8个常设委员会，即外交事务常设委员会，国防与军事力量常设委员会，财政、宏观经济与预算监督常设委员会，宪法、立法和共和国行政常设委员会，文化与教育事务常设委员会，经济事务常设委员会，社会事务常设委员会，可持续发展与领土整治常设委员会。此外，第15届国民议会还在体制外设置一个由共和国前进党主持的欧洲事务常设委员会。2017年9月改选后的参议院设置7个常设委员会，即外交、国防与军事力量常设委员会，经济事务常设委员会，社会事务常设委员会，财政常设委员会，文化、教育与通信常设委员会，宪法、立法、普选、规章和行政管理常设委员会，可持续发展与领土整治常设委员会。常设委员会审议有关的议案并做出结论，然后提交大会讨论和表决。常设委员会的意见和建议往往成为议会决议的基础。

非常设委员会有特别委员会、调查委员会和监督委员会三种。特别委员会是应政府或者议会的请求为审查法律草案和建议案而设置的。调查委员会就政府出现的但构不成司法诉讼的事故查明真相。监督委员会负责监督公共事业和国有企业。在第五共和国议会实践中，调查委员会和监督委员会发挥了重要的作用，议会几乎每年都成立临时的调查委员会或者临时的监督委员会，对发生的重大事件或某公共事业和国有企业进行调查和监督，提出报告，做出结论，引起法国有关部门的注意。

（3）议会党团。国民议会中一个政党至少拥有 15 名议员、参议院中一个政党至少拥有 10 名议员、附有党团成员名单并发表一个共同政治声明，才能组成一个议会党团。议会党团拥有自己的组织机构（如主席、副主席和办公室），建立各自的组织纪律。它们参与议会委员会和其他机构的任命，参加议长会议以便决定议会的工作日程，决定议会的工作方法等。它们还经常单独集会，决定对重大问题的态度和立场，研究贯彻的方法。因此，议会党团在第五共和国议会的工作和活动中，起着相当重要的作用。

第 15 届国民议会有七个议会党团：共和国前进党党团，共和党党团，民主运动党团，建设派党团，新左翼党团，不屈服的法国党团，民主与共和左翼党团。2017 年改选后的参议院也有七个议会党团：共和党党团，社会主义与共和党团，中间联盟党团，共和国前进党党团，民主与欧洲社会联盟党团，共产主义、共和、公民与生态联盟党团，共和与领土—独立人士党团。

（4）议会的活动。议会两院按照议事日程进行活动。会议有三种形式：一种是例会，每年举行两次例会：第一次会议的会期从 10 月到 12 月，会期 80 天，主要用于讨论预算；第二次会议从翌年 4 月到 6 月，会期 90 天，主要用于从事立法。另一种是特别会议，在例会闭会期间应多数议员或总理的请求召开，特别会议召开时间在 7 月或 9 月。再一种是两院联席会议，是为了表决宪法修正案而召开的。

例会中每个月为一轮：两个星期讨论政府的法案，一个星期讨论议员的提案，另一个星期对政府监督的活动。

会议的讨论有三种形式：一种是公开的讨论，由发言者事先报名，议长安排发言。另一种是有组织的讨论，由议长按照议会党团的大小和人数比例分配发言时间。再一种是有限制的讨论，只允许有限的人发言。公开的会议占绝大多数。

3. 议会的职权

第五共和国议会的主要职权有立法权、财政权和监督权。

（1）立法权。1958 年宪法关于“法律应由议会投票通过”的规定，明确了议会最基本任务是从事立法。

1958 年宪法确定了议会的立法范围，划定了法律和条例的界限。议会的立法项目包括有关公民权及其保障的法律；有关个人的国籍、身份、婚姻制度、继承权等方面的法律；有关司法制度的法律；有关税收和货币发行制度的法律；有关议会和地方议会选举制度的法律；有关公务员保障的法律；有关设立公共机构、转让国营企业和公共企业财产给私人所有的法律；有关国防、地方自治、教育、劳动和工会等基本原则的法律。议会只能在这些划定的法律范围内从事立法活动，不得逾越。

在议会立法活动中，议员和政府都享有法律的倡议权，但政府在这方面处于比议员更加优越的地位。首先，议会必须优先讨论政府的法律草案和政府同意的法律建议案。其次，政府为了迅速通过急需的法案，可以使用“单一投票”的表决程序，中断议会的辩论，就法案的文本全部或部分进行表决。

（2）财政权。议会按各部预算和财政法案的篇名进行审议和表决。为了避免议会两院在辩论和表决时有意或无意（文本在两院之间穿梭往返造成）拖延时间，政府把财政法案首先提交国民议会。如果后者在 40 天期限时未能一读通过，政府则提交参议院，并在 15 天内做出决定。如果议会两院发生意见分歧，每院二读后均未能通过，那么总理有权召开由两院人数相等的混合委员会，共同拟订一个文本，再给两院讨论和表决。如果仍然未能通过，政府可以在议会两院再读之后，要求国民议会做出最后的决议。国民议会议而未决使财政法案在议会已逾 70 天，法案则以法令的形式自动生效。

（3）监督权。对总统在执行其职务中所做的行为进行监督，如有叛国行为罪便提出起诉并由议会两院组成高级法院进行审判。它还对政府活动进行监督，对政府成员在履行其职务中的所作所为进行监督。议会的监督程序主要有询问、跟踪监督和调查、信任投票、弹劾等。

询问有书面和口头两种形式。书面询问由议员通过书面方式向总理或部长提出问题，总理或部长必须在 1～2 个月内作出答复。书面询问可以涉及政府的政策和政府成员的个人问题。议员的口头询问被正式列入议会议程，它分为不可讨论和可以讨论两种。在前一种中，议员分别有 2 分钟或 5 分钟口头提问，政府有关成员回答，然后议员进行回驳，政府有关成员再答辩。在后一种中，议员分别用 10 分钟或 20 分钟提问，政府有关成员回答，然后其他议员发表看法，政府有关成员再次辩解。书面和口头询问都不得作出决议和进行表决。议会和宪法委员会对询问过程进行监督，防止产生变相的质询。议员在询问过程中，揭露了政府中相当多的问题和丑闻，对监督政府起了不小的作用。

跟踪监督和调查通过委员会进行。委员会在跟踪监督时，可以使用各种手段和方法、通过不同的渠道收集、分析信息和资料，举行听证会，实地调查取证，得出结论并提出报告。

信任投票程序又称为倒阁程序，对政府的施政纲领或总政策声明、对总理就某一文本（法案或提案）承担政府的责任，国民议会就信任问题进行投票表决以决定政府的去留。

弹劾程序是国民议会采取主动态势来追究政府的责任，是国民议会实施“政府对议会负有政治责任”的主要表现，是指议会对总统和政府成员叛国罪和危害国家安全罪所进行的弹劾程序。1958 年宪法第 49 条规定了极其严格的弹劾程序，如弹劾案至少要有 1/10 议员签名方能受理，提出弹劾案 48 小时后才能进行辩论，然后投票表决，弹劾案获得绝对多数赞成票才能通过。1959 年以来，国民议会共提出过数十起弹劾案，其中只有 1962 年一起获得成功，迫使当时的蓬皮杜政府下台。

二　司法

1. 法律体系

法国是大陆法系的发源地，其民法是大陆法系的摇篮，又是行政法母国，当代法律中有很多重要原则和制度起源于法国。无疑，法国法律体系在世界法律发展史上占据着重要地位。法国法律体系的特征，代表了大陆法系国家法律的基本特征。在西方世界，法国还率先以三权分立为理论基础，建立起了现代司法制度，独具特色，同样引人瞩目。

法国大革命风暴猛烈地冲垮了封建法律体系及其原则，先后颁布了几个宪法、《人权宣言》，以单行法形式明确了民事立法的基本原则，初步肯定了反封建的胜利成果，为法国法律体系的建立打下了基础。1800 年 8 月，第一执政拿破仑决心以法治国，先后制定了《法国民法典》《民事诉讼法典》《商业法典》《刑事诉讼法典》《刑法典》，这五部法典以及拿破仑一世以后制定的《法院编制法》，构成了基本六法，成为当代法国法律体系的基础。

第五共和国成立以来，当权者不断地对基本六法进行修改。与此同时，法国各部门还纷纷制定单行法以弥补基本法的不足。法国普通法院参考、研究和引用判例的现象也日益增加，特别是高等法院的判决，往往成为下级法院或法庭审判的指导原则和根据。总之，修改后的基本六法、不断涌现的单行法和少量的判例构成了当代法国法律体系。

2. 司法制度的特点

法国司法制度具有如下的特点：①二元化的法院体制。设置普通法院和行政法院两大系统。两种法院相互独立、并行运转，有各自管辖的诉讼案件，并都能够做出终审判决。为了解决两个法院系统在管辖方面的争议，法国设有权限争议法庭。②司法过程的民众参与。为了充分体现还司法权于民的理念，法国司法积极鼓励公众通过多种途径参与司法活动。例如，商事法院法官是从商人中通过选举产生；劳动法院法官由劳资双方同等数量的代表构成；重罪法庭的合议庭由三名职业法官和九名陪审员共同组成。为了防止职业法官对陪审员施加影响或进行干涉，法国刑事诉讼法专门规定，“职业法官应当在陪审团所有成员发表完意见后才能阐述自己的观点”。③独创的执行员制度。法国法院设有执行事务所，其执行员承担执法任务。执行员是处于中立地位的特殊自由职业者，其主要职责是执行法庭的判决，必要时，他们还可以强制执行，并有权申请警力协助。执行员在执行中负责接收、评估、拍卖或变卖财产。④理论素质与实践能力并重的法官制度。法国法官具有专业知识与实际运用相结合的能力，具有公正、独立、尊重法律等职业道德理念。⑤法国法律制度在保障人权，维护公平，促进民主，缓解劳资冲突、官民矛盾、民众之间不和等方面发挥了积极作用。

3. 司法机构

法国司法机构十分复杂，主要分为普通法院和行政法院两大系统，此外，还有特殊法院体系、权限争议法庭、特别高等法院和共和国法院、检察院。根据统计，法国司法部拥有 76650 名公职人员，其中 8140 为法官和检察官，每 10 万名居民中平均拥有 11.9 名。法国拥有 166 个大审法院和初审法院，36 个上诉法院，42 个行政法庭，8 个上诉行政法院。

（1）普通法院系统。普通法院系统可分为民事法院系统和刑事法院系统两大类：前者依照民法审理民事案件；后者依照刑法审理刑事案件。无论民事法院系统或刑事法院系统都分为三级：普通法院、上诉法院和最高法院。

普通法院（tribulaux de droit commun） 法国基层司法机构，分为普通民事法院和普通刑事法院两个系统。

普通民事法院有：①大审法院（tribunal de grande instance）。审理家事案件和合同案件，审理标额 1 万欧元以上的商事案件，还有离婚案件、不动产拍卖案件、知识产权案件。它审理民商事案件原则上实行合议制，简易民事案件实行独任制审判。大审法院每个省份设置 1 个，人口众多的省份则设置多个。②小审法院（tribunal d'instance）。受理标额 1 万欧元以下的合同和劳动争议等民事案件。此外，也审理消费者破产案件并按专门的消费者破产处理程序进行审理。小审法院每个省份设置 5 个。③近民法院（tribunal de proximité）。对 4000 欧元以下的小额诉讼、消费者权益案、邻里纠纷以及前四级违警罪进行简易快捷的审查处理。

普通刑事法院有：①初审法院（tribunal d'instance）。严重犯罪案件被正式审理前，首先经过初审法院预审，初审实行二审终审原则。②违警罪法院（tribunal de police）。是审理 2 个月以下徒刑或罚金 1500 欧元以上的违警案件。它设在每个城市的区一级，审理案件通常实行独任制。③轻罪法院（tribunal correctionnel）。审理 2 个月至 5 年徒刑的犯罪案件。它设在每个省省会，在人口密度较大的省里设有若干个轻罪法院。④重罪法院（cour d'assises）。审理 10 年以上徒刑和无期徒刑的案件。它设在每个省的省会，并以该省省名命名。

上诉法院（cour d'appel）　法国第二级司法机构，是法院体系中主要二审法院。上诉法院是审理民事和刑事上诉案件的主要审判机构，除大审法院行使部分上诉审判职能外，一般案件的上诉审理均由上诉法院承担，但案件标额必须高于4000欧元，并有权变更下一级法庭的判决。上诉法院分设审判庭和重要庭。前者受理一般上诉案件，后者受理重要上诉案件。审判庭有：①民事法庭（chambre civile）。审理民事和商事上诉案件。②社会法庭（chambre sociale）。审理社会保险案件、劳动合同案件以及社会法律适用案件的上述案件。③预审法庭（chambre d'instruction）。预审法庭负责审理对预审法官裁决不服的上诉案件。④轻罪法庭（chambre correctionnelle）。审理轻罪上诉案件以及违警罪上诉案件。⑤未成年人法庭（chambre des mineurs）。审理未成年人上诉案件。⑥刑罚适用法庭（chambre de l'application des peines）。审理对刑罚适用法官和刑罚适用法院判决或裁定不服的上诉案件。⑦征收法庭（chambre de l'expropriation）。审理对大审法院征收法官判决不服的上诉案件，分设：A. 重要庭（audience solennelle），审理法律规定的重要案件的上诉案件。B. 联席庭（assemblée des chambres），管理司法职业，如接受法官的宣誓、针对律师行业委员会的上诉等。原则上，2～4个省设置一个上诉法院。此外，巴黎上诉法院成立一个新的国际商事法庭，庭审将用英语进行，判决书也使用英法双语。

最高法院（cour de cassation）　最高一级的司法机构，受理民事和刑事的上诉案件，它审理上诉案件的判决所引用的法律是否准确而不是审查原案的事实。如果最高法院发现下级法院原判不当，可将原判和法律上应做的"正当解释"一并交由原审判法庭同级的法庭再审；如果最高法院审定原判得当，则维持原判，并最终了结案件。最高法院的结论具有权威性，下级法院必须服从。最高法院分为审判庭（chambre）、混合法庭（chambre mixte）、大法庭（assemblée plénière）。审判庭有：①第一民事审判庭。审理民事合同纠纷和国际法律纠纷。②第二民事审判庭。审理侵权纠纷和与民事程序有关的纠纷。③第三民事审判庭。审理不动产、建造有关的纠纷。④商事与金融法庭。审理商事案件和与税法有关案件。⑤社会法庭。审理劳动纠纷和社会保险纠纷。⑥刑事庭。审理与刑法有关的案件。混合法庭是对法庭之间权限的纠纷进行裁决。大法庭是最高法院最高级别的审判机构，有权直接对案件进行裁决。

（2）行政法院系统。法国是西方国家中的行政法院发源地。法国大革命初期，为了保证行政权的独立性，更好地发挥中央集权在反封建斗争中的作用，1791 年宪法明确禁止司法机构侵犯行政领域的活动，强调有关行政事务的诉讼应由行政机构本身来处理。这些规定为大革命后行政法院的建立提供了法律根据。随后，拿破仑一世在巴黎创建了一个参政院和在各省建立了省级参事院，成为行政法院的前身。19 世纪末，参政院终于成了一个有一般管辖权的初审和终审法院，直接管理一般行政诉讼案件，并具有司法机构的一切特征。从此，这些机构归属司法部门，自成体系，并独立于普通法院。1953 年，参政院改名为行政法院，省参事院改名为行政法庭。行政法院分为专门行政法院、初审行政法院、上诉行政法院和最高行政法院。

专门行政法院 专门行政法院有几十种，如财政法院、社会与卫生法院等，就专门领域进行行政诉讼的审理。专门行政法院具有司法职能，同时具有行政管理职能。它既是司法机构，也是行政机构。例如医生专门委员会、建造师专门委员会负责处理该职业内的纪律惩戒案件。专门行政法院由部分职业法官和行政人员组成。

行政法庭（tribunaux administratifs） 是地方行政审判机构，法国几个省设置一个，共有 39 个行政法庭。其职权主要有两项：审判和咨询。其审判职权主要根据事物管辖和地域管辖两个方面来确定：在事物管辖方面（又称级别管辖），一切行政案件除法定由其他法院受理外，均以行政法庭为第一审法庭。不服行政法庭的判决，可以向上诉行政法院和最高行政法院上诉。在地域管辖方面，行政法庭原则上对其管辖区内行政机构的决定和行政合同的诉讼有管辖权。

上诉行政法院（cour administrative d'appel） 目的是减轻最高行政法院的工作负担，加速行政诉讼的进程。它受理行政法庭的上诉案件。上诉行政法院法官，至少必须具备行政法庭一级法官资格，而且还需要有6年的工作经验，其中4年必须是从事审判工作。法国共有8个上诉行政法院。

最高行政法院（Conseil d'État） 受理行政诉讼案件，充当这些案件的初审法院。受理上诉行政法院的上诉案件，并充当这些案件的终审法院。它还受理有关市镇议会、省议会议员选举的争议。最高行政法院受理的行政纠纷案件有一个明确的范围：有关执行性公务的诉讼以及因营业性的活动而要求国家或地方赔偿损失的诉讼，才归行政法院审理。最高行政法院的审判与普通法院不同之处在于：第一，前者审判案件不是依据基本六法，而是行政法。行政法主要是判例法，它由最高行政法院历来的判决和解释所构成，而成文的、经过法律或法令规定的行政法仅占很小部分。第二，最高行政法院的成员不是法官，而是行政官员。他们由政府部门任命和调动。

最高行政法院对政府的法律、法令、条例以及其他法规草案（如组织法、行政法）提出意见和建议，其中包括审查这些内容是否与现行法的内容协调一致。它还就行政管理和行政改革方面的措施提出意见和建议。它有权监督和检查行政管理措施在各政府部门实施的情况。

最高行政法院由司法部长领导，一名副院长主持日常工作。它设置一个行政组和一个诉讼组，诉讼组人员多，力量也最强。他们通过工作获得行政工作经验，熟悉官场的活动，然后调到其他政府部门担任高级职务，因此，行政法院实际上也是输送人才的“学校”。

（3）特殊法院系统。法国特殊法院系统按案件的性质又可分为特殊民事法院系统和特殊刑事法院系统两大类。

特殊民事法院有：①商事法院（tribunal de commerce）。审理一审商事争议纠纷案件，同时还受理商事公司之间的纠纷及公司的债务清偿、重整和司法清算。商事法官并非职业法官，而是通过商人选举产生的。商事法院均设有一名院长，他是经过全体商事法官会议投票选举产生的，任期4年。还设置巴黎商事法院处理国际商事纠纷案件。②劳资争议委员会（conseil des prud'hommes）。又称为劳资调解委员会，负责处理劳动合同和试用合同纠纷案件。法国设置208个劳资争议委员会，每个劳资调解委员都设有农业、工业、商业等部门。劳资调解委员中来自劳资双方的人员各占一半，委员会主席由劳资双方委员轮流担任。劳资调解委员任期五年。③社会保险法院（tribunal des affaires de sécurité sociale）。审理一审社会保险普通纠纷，包括社会保险机构与参保人之间缴纳分摊金和支付金之间的纠纷。法国设置116个社会保险法院。它由1名职业法官和2名陪审员组成，其中一名陪审员代表雇主，一名陪审员代表受雇人。任期3年。④农村租约对等法院（tribunal de paritaire des baux ruraux）。审理农村租约过程中出现的纠纷案件。设置在相应的小审法院。它由1名小审法院法官和4名选举产生的陪审员组成（2名土地出租人代表和2名土地承租人代表）。

特殊刑事法院有：①未成年人法院（tribunal de mineurs）。设置少年法官、少年法庭（tribunal pour enfants）、未成年人重罪法庭（cour d'assises des mineurs）。少年法官审理18岁以下未成年人违警罪和轻罪案件。少年法庭设置在大审法院内。它由3人组成，其中1名少年法官，2名非职业法官。任期4年。它审理未满18岁未成年人所犯违警罪和轻罪案件以及16岁以下未成年人所犯重罪案件。未成年人重罪法庭审理16岁和18岁之间的未成年人所犯重罪案件。②军事法院体系。分为和平时期军事司法体系和战争时期军事司法体系。和平时期军事法院审理法国领土外的军事犯罪，法国领土内的军事犯罪则由普通法院审理。普通法院体系中的军事法庭有特别轻罪法庭、特别重罪法庭；战争时期军事司法体系又分为领土内军事法院（领土内的军事法庭、高等军事法庭）和领土外军事法院（军队军事法庭、军事法庭）。③海商事法庭（tribunal maritime commercial）。审理海上违法犯罪案件。在法国港口设置14个海商事法庭。它由5人组成，其中庭长由所在地的大审法院法官担任，另有2名海上安全管理部门公职人员和2名船员。海商事法庭判决为终审判决，但当事人有权向最高法院提出法律复审。

（4）权限争议法庭（tribunal des conflits）。为了解决普通法院和行政法院之间的争端，法国在这两个司法系统之上又设置了权限争议法庭。

权限争议法庭的主要职责是处理以下三类纠纷案件：当普通法院和行政法院都认为某一案件不属自身管辖范围时，则将该案件转交争议法庭。该法庭对案件本身不进行审理，只是确定其审理的权限归属问题。当普通法院和行政法院都认为某一案件自身有权审理而发生争议时，则应把该案件提交争议法庭，由它确定审理机构。当某一案件既与行政部门或某官员有关，又同某个公民有关，而普通法院和行政法院双方做出相互矛盾的裁决时，争议法庭则有权重新审理该案，并做出裁决。由此可见，争议法庭实际上是解决权限归属普通法院或行政法院的裁决机构。

（5）特别高等法院和共和国法院。根据1958年宪法第九章和第十章的规定而设置，是有别于普通法院和行政法院的特殊司法机构。

特别高等法院（haute cour） 由国民议会议长担任院长，并从议会两院的议员中选出特别高等法院的组成人员。

由于总统在任职期间不承担民事和刑事责任，不得被任何司法机构和行政机构审讯或追诉，普通法院和行政法院都无权受理总统的案件，只能成立这种特别的司法机构进行审理。特别高等法院对总统在任期间与其职责不相符的重大失职行为的认定负有政治责任，以全体成员的2/3的多数通过，才可以罢免总统职务。

共和国法院（cour de justice de la république） 由15名成员组成，其中12名由国民议会和参议院各选出6名议员，另外3名为最高法院的法官。其中1名法官任共和国法院院长。

共和国法院对包括总理、部长、部长级代表、国务委员在内的政府成员具有刑事管辖权，对政府成员在履行职务中的重罪和严重轻罪进行审理，判明对其职务行为应承担相应的刑事责任，并根据《刑法典》做出判决。

（6）检察院。法国检察院表现出典型的大陆法系的特征，附属在法院系统内，所以法国检察官同审判官的地位一样，同为司法官。不过，法国审判官叫作“坐着的法官”，法国检察官叫作“站着的法官”。

法国检察院有着自己的特点：第一，自成一个单一的、不可分割的组织系统。这个组织系统与法国各级法院相平行：初审法院的检察院、大审法院的检察院、上诉法院的检察院和最高法院的检察院。第二，法国检察官保持一定的独立性，根据个人意见和上级检察院的命令独立地做出结论和提出公诉状，不受同级法官的约束。法国检察官直接受上一级检察官和司法部长的监督和领导。第三，法国检察官的任命按法国公务员总章程办理，其职务也不是终身制。

法国检察院就刑事案件进行起诉、公诉和执行刑罚。在预审阶段，检察院以司法警官的身份，领导预审和侦察、监督公诉活动的过程，对预审法官的裁决提出抗诉。检察院要尊重审判法院的最终判决，并根据最终判决监督执行刑罚。法国检察院就民事案件作为诉讼当事人或诉讼参与人一方参与诉讼。在民事案件中，检察院可以查阅有关卷宗，监督法律、法令和规章条例的执行，对涉及社会治安的案件做出决定。法国检察院领导其所属的司法警察官兵的一切活动，有权调查经纪人、拍卖估价人和司法助理人员（如公证人、律师等）的档案，对他们的活动进行监督和控制。

4. 审判制度

法国刑事诉讼、民事诉讼和行政诉讼都有各自不同的程序。

在刑事诉讼方面，在发生刑事案件后，首先由预审法官秘密地进行侦察，审问有关证人，按情节的轻重将报告分别移交相应的检察院，由该检察院检察官准备起诉。其中，如违警罪法院不设检察院，则由警方担任公诉人；如报告涉及重罪，应先送交地方上诉法院的起诉法庭，由该法庭发出起诉批准令，移交重罪法庭审理；如确定为轻罪则交给轻罪法庭；如确定为违警罪交违警罪法庭审理。起诉书包括犯罪事实、各种罪证、起诉理由和法律依据。起诉书由检察官起草，全体检察官署名，以避免在起诉中发生诬告和枉屈之事。开庭时，由书记官宣读起诉书，首席法官审讯被告，被告据实回答。接着，检察官、证人宣誓后陈述证词。然后，法官、检察官和陪审员均可提问，证人回答。证人作证结束后，各方开始辩论。检察官和被告辩论律师之间的辩论尤为激烈。通过辩论，可以澄清事实。辩论结束后，首席法官要求陪审团（如果设有陪审团）就事实进行裁决。陪审团进入陪审室讨论，以秘密投票方式、少数服从多数的原则做出决定。法官根据这项决定判决罪名，宣告刑罚。

在民事诉讼方面，一般由原告（或原告律师）向有关法院起诉，被告进行答辩。法院对双方进行调解或做出裁决。

在行政诉讼方面，由原告向行政法院或行政法庭递交一份呈文后，查案员进行调查，听取原告和被告双方的意见，写出报告并提出自己的见解。然后开庭审判，根据调查报告、证词和被告的申诉，司法组全体成员做出裁决。

无论刑事诉讼、民事诉讼和行政诉讼，如果有一方不服法院的判决，都可以依据法定程序提出上诉或复审。

5. 司法人员和其他法律工作人员

法官 又称为“坐着的司法官”。按所属系统，分为司法法院法官与行政法院法官。按法官来源，可分为职业法官与非职业法官：前者由政府任命，接受严格的职业培训；后者通过抽签或选举产生。法国非职业法官包括重罪参审员、商事法院法官、劳动争议委员会法官以及农村租约对等法院法官。按职能还可以分为庭审法官与履行特别职责的法官，后者有自由与羁押法官、少年法官、执行法官、刑罚适用法官等。

法官为终身任职（职业法官），独立行使司法权，不受外界因素的干扰。同时，法官有不能兼职的义务、回避的义务和不能从事一些特定活动的义务。

检察官 又称为“站着的司法官”。分为驻最高法院检察官、驻上诉法院检察官、驻大审法院检察官。检察院保持“上令下从”的程序，但检察官行使职权时保持相对独立性、一体性（代表整个检察院）和免责性（无须为自己职务行为承担责任）。

公证员 法国公证员既是公务助理人员，又是自由职业者，具有双重身份。他们负责协调社会公共利益及其客户利益之间关系的特殊使命。他们对接收到的文件进行审查、监督、认证并制作公证书。他们还可以充当企业法律顾问的角色，为企业提供建议、起草协议，履行法律规定的各种手续。

司法警察 指执行刑事侦查任务的宪兵、警察以及其他司法行政人员。司法警察的任务主要包括受理控告和检举、进行预先侦察和现行犯罪调查以及依法请求武警力量协助其执行任务。

律师 在法国，律师享有崇高的声誉和社会威望，这是因为律师曾经充当过法国大革命的代言人，在现实生活中自觉地以雄辩术来维护法律和公共生活道德准则。

法国律师分为三大类：第一类律师可以出庭辩论并代理大审法院一级的诉讼程序方面的业务。第二类上诉法院律师。也称为上诉代理人，代理上诉法院的业务。第三类最高法院和最高行政法院律师。律师是独立和自由的职业，享有自由和不受侵犯的权利。

律师的职责之一是代理诉讼，代理当事人处理涉及案件的所有程序性事务，制作诉讼文件。职责之二是协助当事人，为其提供法律咨询和代表当事人在法庭上进行口头辩论。

第六节 政党、社团与民间智库

一 政党

1. 政党的诞生及其演变

1901 年 7 月，第三共和国颁布了《结社法》，允许自由组建党派和民间团体。于是，早已存在的政治派别纷纷组成政党，并建立起第三共和国政党制度。这个政党制度突出的特点是政党林立、软弱、涣散、多变。

第四共和国仍然实行多党制，并继承第三共和国政党制度的特点。在第四共和国时期，政党的分化组合和政府更迭的频率要比第三共和国快得多，这就使国家机构难以正常运转，导致政局动荡。

2. 第五共和国政党制度及其特点

第五共和国仍然实行多党制，不过，第五共和国多党制的内涵已经发生了很大的变化。2017 年大选和立法选举以前，法国多党制经历了右翼居优的三极化时期（1958 ~ 1974）、右左翼轮流居优的两极化时期（1974 ~ 1988）、左右翼轮流居优的三极化时期（1988 ~ 2017）。

2017 年大选和立法选举中，法国多党制的内涵再次发生变动，从而使法国多党制进入了新的历史时期。新历史时期的法国多党制具有如下的特点。

（1）形成以中间政党居优的四极化政党格局。2017 年大选和立法选举促使法国政党发生左翼和右翼衰退、新中间力量兴起的变化，即由原来的以左翼（社会党）居优的三极化（左翼社会党、右翼共和党、极右国民阵线）政党格局转变为以新中间政党（共和国前进党）居优的四极化（中间政党共和国前进党、左翼社会党、右翼共和党、极右国民联盟）政党格局。

法国全国性的政党按政治属性分为左翼、中间政党、右翼、极右、激进左翼和极左。

左翼政党：社会党（1905 年）、欧洲生态 - 绿党（2010 年）、法共（1920 年）、左翼激进党（1972 年）、民主人士和生态主义者联盟（2015 年）、民主人士阵线（2014 年）、生态主义党（2015 年）、生态主义一代（1991 年）、独立生态主义运动（1994 年）、进步主义者运动（2009 年）、明天起（2017 年）、7 月 1 日运动（2017 年）等。

中间政党：共和国前进党（2016 年）、民主运动（2007 年）、民主人士和独立人士联盟（中间人士党、瓦卢瓦激进党、民主欧洲力量、现代左翼、新民主生态等于 2012 年组成）、基督教民主党（2009 年）、我们抵制运动（2016 年）、我们公民们（2013 年）、公民一代（2015 年）、自由民主党（2008 年）、领土运动（2015 年）、公民联盟（2014 年）、激进运动（2017 年）等。

右翼政党：共和党（2015 年），独立人士和农民全国中心（1949 年），法兰西崛起（2014 年），保卫法兰西运动（1994 年），保卫法兰西联盟（1992 年），正直的法国（2012 年），保卫法国主权和独立联盟（2003 年），法国纳税人联盟（1999 年），保皇党人联盟（2001 年），新生态主义党（1993 年），狩猎、钓鱼、自然与传统运动（1989 年），共和人民联盟（2007 年），行动党（2017 年）等。

极右政党：国民联盟（2018 年），法兰西党（2009 年），南方同盟（2010 年），共和全国运动（1999 年），主权、身份与自由党（2011 年），法兰西民族主义党（1983 年），法兰西行动（1898 年），爱国者党（2017 年）等。

激进左翼和极左政党：不屈服的法国（2016 年）、左翼党（2009 年）、反资本主义左翼（2011 年）、共和与公民运动（2003 年）、共和与社会主义党（2009 年）、工人斗争（1939 年）、反资本主义新党（2009 年）、独立工人党（2008 年）、法国工人共产党（1979 年）、社会主义新左翼（2015 年）、革命左翼（1992 年）、共同目标与替换党（2009 年）、齐心协力党（2013 年）等。

社会党、共和国前进党、共和党、国民联盟拥有党员数量、选民数量以及在议会两院中拥有的席位数量在它们同属的政治派别中都居首位，是同属政治派别中第一大党。共和国前进党现为全国第一大党，从而形成了中间政党居优的四极化政党格局。中间政党居优的这种政党格局打破了自第五共和国成立以来左右翼轮流执政的“钟摆原理”，从此，中间政党也在法国政坛上参与政治替换。

（2）多党多变十分突出。法国政党 2015 年为 338 个，2016 年为 493 个，2017 年为 365 个。法国政党数量 2017 年比 1990 年增长了 13 倍（1990 年仅有 28 个）。人们曾经风趣地比喻第三共和国政党数量之多与法国素负盛名的奶酪品种不相上下。今天，以拥有 200 多个品种的法国奶酪来形容当前法国政党数量已经远远不够了，法国舆论界冷嘲热讽地说，法国不产石油产政党。

法国政党不仅众多，而且变化莫测。左翼主要政党社会党成立时原名“社会党，工人国际法国支部”，1969 年 5 月保留社会党称谓，但不再加上“工人国际法国支部”的副称，1969 年 7 月改名为新社会党，1971 年再次命名为社会党。戴高乐派政党于 1958 年成立时原名保卫新共和联盟，先后改名为保卫新共和联盟 - 劳工民主联盟、第五共和国民主人士联盟、共和国民主人士联盟、保卫共和联盟、人民运动联盟、共和党。戴高乐派政党 6 次变换名称，吉斯卡尔派原来是议会中的独立共和党党团，1966 年成立独立共和人士全国联盟，先后改名为共和党、法国民主联盟。自 20 世纪 90 年代以来，法国民主联盟不断地裂变，分离出来许多中间政党，如新中间党、民主运动等。激进党从 20 世纪 70 年代起分裂为左翼激进党和右翼激进党。2017 年大选和立法选举后，共和党、社会党、法共、国民阵线因为败北都在求变。国民阵线改名为国民联盟。此外，法国还有许多极左、极右、宗教和地方等极端性小党派或微型党，它们更加软弱和涣散。法国政党变化有许多原因，但是每次改变名称、政治主张和组织结构后，希望与历史切割，重新获得法国民众的青睐。

（3）积极推进民主建设。进入 21 世纪，法国政党重视党员和基层组织的民主建设，调动党员和基层组织参与党的政治生活的积极性。其最重要的改革则是各级党首由间接选举改为直选，例如 2012 年社会党新党章规定，从全国第一书记、省联合会第一书记到支部书记，都采取直选产生。全国第一书记由全党投票选举，省联合会第一书记由所在省的全省党员投票选举，支部则由支部全体党员投票选举。不仅左翼政党采取党首直选，右翼政党也是普遍地采取直选。法国主要政党都对党内的总统候选人和其他重要候选人预先在党内进行初选，亦即直接投票选出。

（4）跨国化。法国政党纷纷“走出去”，加入了泛欧洲政党，如社会党早就是欧洲社会党成员，共和党加入了欧洲人民党，法共加入了欧洲左翼党，国民阵线加入了欧洲极右组织。此外，法国欧洲议会议员作为法国政党代表与欧洲联盟其他成员国的欧洲议会议员一起，依据不同的意识形态或政治倾向组成相应的跨国议会党团。这些都说明法国政党逐渐地跨国化。

（5）在政党法下运行。法国虽然没有一部统一的政党法，但是，通过 1901 年《结社法》、《1958 年宪法》、《选举法典》、议会两院章程，加上 1988 年《政治生活资金透明法》、1990 年《政治生活资金筹措法》、1993 年《预防腐败与经济生活和公共程序透明法》、1995 年《政治生活财政法》、2017 年《政治生活信任法》等一系列有关政党的法律和法规所构成的具有法国特色的政党法，对政党的产生、组织、运作、财政、纪律、监督、处罚做出了十分详细的规定，在严格和严厉程度上甚至超过了某些欧洲国家所拥有的一部完整的政党法。

正是通过国家法律和政党法规的互动，法国政党自 20 世纪 90 年代开始已经由无序的“法国模式”逐渐地走向法治化和规范化，从而在相当程度上遏止了法国政党及其要人的腐败行为，在相当程度上减少了法国政治生活中的丑闻，并促使第五共和国政治生活在民主化和现代化道路上迈出了一大步，也使法国政党在法治轨道上运行。

3. 第五共和国主要政党

共和国前进党（La République en marche !，REM 或 LREM、LRM）

埃马纽埃尔·马克龙 2016 年 4 月 6 日在自己的家乡亚眠创建了一个名为“向前行!”的新型政治运动，亦即前进党，在当选总统后于 2017 年 5 月 8 日将前进党改名为“共和国前进党”。

共和国前进党是一个共和的、进步主义的、世俗的和欧洲的政治运动，属于社会-自由主义范畴，超越左翼和右翼的中间政党，采纳和兼容左中右之长，推行“真正的中庸之道”。在经济领域，共和国前进党的理念与右翼共和党的主张非常接近；在社会领域，它又维护了左翼社会党的许多理念；在政治层面，它接近中间派而主张廉洁政治、反对一人多职。经过 2017 年大选和立法选举，共和国前进党成为法国第一大党，控制了总统宝座和第 15 届国民议会，但在 2017 年 9 月参议院部分改选和 2019 年 5 月欧洲议会选举中受挫，仅分别获得 23 席和 21 席（英国“脱欧”后为 23 席）。共和国前进党的组织结构有别于法国传统政党，设有全党大会、理事会、执行局、全国财政协会、候选人提名委员会、道德委员会、争端委员会。领导人称为总代表，总代表领导下负责有关方面工作的人称为全国代表。组织运行方式也有别于法国传统政党，它吸收跨党派的党员，党员不必要缴纳党费。以“自行遴选”“协商一致任命”“抽签”等方式任命党首或者代表。党员实行参与式民主。总代表是斯坦尼斯拉斯·格里尼（Stanislas Guerini）。正是共和国前进党的政治理念、组织架构、运行方式在某种程度上具有与法国传统政党不同之处，故被法国媒体和舆论称为“新型政治力量”、“第四种政治力量”、新中间政党。

2018 年 1 月共和国前进党拥有 39.3 万名党员。党员主要来自管理人员和自由职业者（58%），主要由中产阶级中的上层组成。他们主要是城市居民、年轻、拥有高等教育的学历（81%）。

共和党（Les Républicains，LR） 戴高乐派政党保卫共和联盟联合自由民主党和法国民主联盟部分人士于 2002 年 11 月 17 日成立“人民运动联盟”，2015 年 5 月 30 日改名为“共和党”。

共和党高举戴高乐主义的旗帜，主张自由－保守主义，以“自由、尊严、责任、互助、世俗、家庭、国家、欧洲”作为价值观，主张奉行务实、开放的经济政策，重塑社会市场经济理念，推动欧盟建设。

戴高乐派政党自第五共和国成立以来作为右翼主要政党多次上台执政，但在2012年和2017年大选和立法选举中连遭失败，导致党内发生分裂。一些共和党议员在第15届国民议会内成立“建设派”议会党团，支持马克龙及共和国前进党的改革。建设派于2017年11月成立新党——“行动党”（Agir）。行动党强调与共和党的“民族身份认同、疑欧派以及极端保守的路线”有别。在这种情况下，共和党则清理门户，剥夺“亲马克龙派”党籍。一些共和党要员自行脱党。目前，共和党正在整顿组织，图谋东山再起。共和党在第15届国民议会中拥有98席，在参议院中拥有145席。共和党是仅次于共和国前进党的第二大党，是最大的反对派。2018年2月补选中，共和党再增加2席，但在2019年5月欧洲议会选举中惨遭大败，仅获8席（英国“脱欧”后仍是8席）。共和党2017年拥有23.5万名党员，党员主要来自工商业雇主、中高级管理人员、商人、农民、自由职业者。党员和选民主要集中在北部、西部、东南部和巴黎。共和党设主席、总书记。全国性的领导机构有全联盟大会、全国理事会、政治局、方针指导委员会、全国书记处。地方组织有小组、选举区、省联合会、大区理事会。共和党代理主席是让·莱奥内蒂（Jean Leonetti）。

社会党（Parti socialiste，PS） 成立于1902年，1905年4月与法兰西社会党合并为统一社会党，或称工人国际法国支部。1920年发生分裂，其中少数派仍坚持社会党。20世纪30年代，它在勃鲁姆领导下与法共结成人民阵线并成立人民阵线政府。1951年参与创建社会党国际。社会党支持戴高乐重返政坛。1959年成为在野党并发生分裂，党员减少。1969年7月社会党联合其他左翼小党派成立新社会党，1970年新社会党与共和制度大会党合并。1971年召开的社会主义者统一代表大会上创立社会党，密特朗任第一书记。新的社会党不再是传统的工人阶级政党，而是以新中产阶级和知识分子为主体的政党。1981年社会党取得总统选举和议会选举双胜利后，进行了激进的社会民主主义改革。1986年因政绩不佳，社会党成为在野党，1988 年又重新上台执政，1993 年再次成为在野党，1997 年在议会选举中获胜，再次上台执政。2002 年和 2007 年在总统和议会选举中连遭失败，再次成为在野党。2012 年取得总统和议会选举的双胜利，又一次上台执政。社会党以民主社会主义作为党的理论，以平等、自由、互助、世俗、正义、和平作为党的价值观和民主社会主义的理论基础。

社会党在执政期间（2012～2017 年）政绩不佳，因而在 2017 年大选和立法选举中连遭惨败，其总统候选人伯努瓦·阿蒙（Benoît Hamon）在第一轮投票中被淘汰，社会党在立法选举中仅获得 29 席，在 2019 年 5 月欧洲议会选举中仅获得 5 席（英国“脱欧”后为 6 席）。社会党的败北导致党内发生分裂，阿蒙拉出队伍成立“七一运动”欲取代社会党成为左翼支柱，前总理社会党人曼努埃尔·瓦尔斯（Manuel Valls）宣布退出社会党。社会党力量被严重地削弱，党内改革和重组的呼声高涨。2017 年 8 月，社会党制定出“重建路线图”，以便东山再起。2018 年 4 月，社会党召开第 78 届党代会，决定同马克龙政府奉行为富人谋利的“阶级政策”和削弱公共服务的“破坏政策”划清界限，也与法共、欧洲生态－绿党、“不屈服的法国”以及社会党左翼试图组成的“反马克龙阵线”保持距离。

据 2016 年 11 月统计，社会党有 12 万名党员，有所减少。他们主要分布在法国南部、西南部和中部地区。社会党的全国性领导机构有全国代表大会、全国理事会、全国局、全国书记处。地方机构有地方支部、联合会、大区联盟。社会党的基层组织是地方支部或企业支部。一个省的支部组成省联合会。社会党第一书记是 2018 年 3 月 29 日当选的奥利维耶·富尔（Olivier Faure）。

法国共产党（Parti communiste français，PCF） 1920 年 12 月，社会党在图尔举行的代表大会上发生分裂，以加香为首的多数派另行组建法共。1935 年与社会党等组成人民阵线。1939 年被宣布为非法，被迫转入地下。1940～1945 年，它积极参加抗德的斗争，赢得了法国人民的同情和支持，并壮大了队伍。1946 年在议会选举中获得众多选民的支持，党员总数达到 80.4 万人，成为法国第一大党。1947 年 5 月被排挤出政府。1968 年提出通过议会道路向社会主义和平过渡。1972 年与社会党等结成左翼联盟。1976 年法共第 22 大宣布放弃无产阶级专政，提出“法国式的社会主义”。1979 年法共第 23 大删去了党章中有关“马克思列宁主义”的字眼，代之以“科学社会主义”的提法。1981 年参加联合政府。1994 年法共 28 大正式放弃民主集中制，代之以“民主”的运转原则。1996 年法共 29 大进一步抛弃“法国特色的社会主义”的提法和“阶级斗争”的口号，代之以“新共产主义”，主张实行共产主义变革，提出“公民干预”的理论。2013 年法共第 36 大宣布新的党员证上以“欧洲左翼党标志”取代镰刀斧头标志。

20 世纪 70 年代以来，法共一直在衰退，选民和选票在 10% 以内。进入 21 世纪进一步衰退。2002 年大选法共总统候选人在第一轮投票中仅获得 3.37% 有效票，在第 12 届国民议会中拥有 21 席；2007 年大选法共总统候选人在第一轮投票中得票率下降为 1.93%，在第 13 届国民议会中下降为 15 席；2012 年和 2017 年两次大选法共已经提不出本党的总统候选人，在第 14 届国民议会中法共与左翼阵线联盟获得 10 席，在第 15 届国民议会中法共获得 10 席。法共历史性的衰退最主要原因是法国社会结构发生重大变化，工人阶级数量大幅度减少及其在法国社会中地位的下降导致法共社会基础的缩小。此外，法共生存的欧洲环境、内部的分裂以及纲领、策略和口号未能适应法国现实也导致法共实力的严重削弱。

2018 年 11 月，法共召开 38 大，决定取消党徽上传统的镰刀和斧头图案而代之以欧洲左翼党的五角星标志，通过了题为《21 世纪共产党宣言》的文件，重提共产主义未来目标，开启了发展新征程。

2016 年法共拥有 13.8 万名党员，缴纳党费的党员为 5.7 万人。其中工人占 43%，职员占 33%，技术人员、教员和管理人员占 15%。法共的最高权力机构是全国代表大会，全国理事会及其下属的全国局和书记处是执行机构，企业支部、地方支部和农村支部是基层组织。现任全国书记是法比安·鲁塞尔（Fabien Roussel）。法共机关报是《人道报》。

欧洲生态－绿党（Europe écologie Les Verts，EELV） 2010 年 11 月 13 日，以绿党为主体，联合欧洲生态联盟和大区生态主义者成立新党——欧洲生态－绿党。欧洲生态－绿党提倡保护欧洲、法国的生态和环境。

自成立以来，欧洲生态－绿党的势力有所发展，成为法国左翼中除了社会党和左翼阵线外的第三大力量。但是，它在2014年一系列选举中连续失败，导致该党党员数量减少，实力严重削弱。在2017年大选中其总统候选人未能凑够500名民选代表的签名放弃竞选，在第15届国民议会中没有席位，在2017年9月参议员部分改选后仅剩下3席，但在2019年5月欧洲议会选举中获得12席（英国“脱欧”后为13席），取得较好的成绩。

2017年，欧洲生态－绿党仅剩下1500名党员，其中大多数是中级和高级管理人员、大学和中学教员、研究人员、信息员等知识分子和新中产阶级。全国书记为达维德·科尔芒（David Cormand）。

激进党（Parti radical，PRV） 成立于1901年，曾经是第三和第四共和国的重要左翼政党，在第三和第四共和国政治舞台上发挥着举足轻重的作用。它在第五共和国成立后转变成为中间政党，1972年严重分裂，激进党元气大伤，并逐渐向右翼靠拢。1979年加入法国民主联盟，2002年加入人民运动联盟，成为中右政党。2011年下半年开始独立自主的活动。为表明它的传统性，激进党还将该党初建时党部所在地——巴黎1区瓦卢瓦（Valois）地名加在激进党名称前，故激进党又称为“瓦卢瓦激进党”（Parti Radical Valois，简称PRV）。激进党自独立自主活动以来，不断地裂变，最终于2017年12月9日召开的激进党人重新统一大会上加入激进运动（Mouvement radical）。自此，激进党进入休眠时期。

左翼激进党（Parti radical de gauche，PRG） 1972年从激进党中分裂出来的成员，支持左翼共同纲领，于1973年成立激进－社会主义左翼运动，成为中左政党。它主张社会－自由主义、激进主义、共和、世俗、欧洲。此后，它向左翼靠拢，经常与社会党、生态主义者结成联盟参加选举。1998年改名为左翼激进党。2012年参加艾罗政府，有数名左翼激进党人入阁。2017年12月9日加入激进运动。

激进运动（Mouvement radical，MRSL或MR） 成立于2017年12月9日，全称叫“激进、社会、自由运动”。它是由激进党和左翼激进党召开激进党人重新统一大会后合并重新命名的，定位为中间政党。

激进运动是以自由、平等、博爱、世俗、安全、环保、欧洲、人道主义的原则和价值观推动共和国现代化。口号是“开放、联合、独立”。

2017 年，激进运动拥有 1.5 万名党员，10 名国民议会议员，20 名参议员，2 名欧洲议会议员。激进运动领导实行联合总书记制，即是：纳塔莉·德拉特（Nathalie Delattre）和纪尧姆·拉克鲁瓦（Guillaume Lacroix）。

民主人士和独立人士联盟（Union des démocrates et indépendants, UDI） 以激进党为主体，联合其他 6 个中间、中右、中左小党派，于 2012 年 9 月 18 日成立“民主人士和独立人士联盟”。该党定位为“开放、富有建设性的反对派”“和平、可信的替代力量”，欧洲建设、绿色增长和经济竞争力是首要关切，提出建设“人性化的自由主义”。

民主人士和独立人士联盟在 2017 年大选中支持共和党总统候选人弗朗索瓦·菲永（François Fillon），但菲永的“空饷门”事件被揭发出来后民主人士和独立人士联盟顿时陷入严重的分裂。该党执行局决定在第 15 届立法选举中继续支持共和党。它本身在第 15 届立法选举中成绩平平，在第 15 届立法选举后继续处在危机状态，激进党和中间主义者先后脱离民主人士和独立人士联盟而去，从而使民主人士和独立人士联盟实力被严重削弱。

2017 年民主人士和独立人士联盟拥有 2 万党员，在第 15 届国民议会中拥有 20 席，在参议院中拥有 20 席。党主席是让 - 克里斯托夫·拉加德（Jean-Christophe Lagarde）。

民主运动（Mouvement démocrate, MoDem） 法国民主联盟（Union pour la démocratie française, UDF）主席弗朗索瓦·贝鲁（François Bayrou）在 2007 年大选第一轮投票中获得 18.57% 有效票，排在第三位。但是，法国民主联盟在第二轮投票后发生分裂：一部分支持尼古拉·萨科齐（Nicolas Sarkozy）的成员成立新中间党（Nouveau centre）；以贝鲁为首的另一部分与萨科齐拉开距离的成员于 2007 年 5 月 10 日成立民主运动。民主运动在当年的立法选举中仅获得 4 席。

民主运动的意识形态是社会 - 自由主义、人道主义和欧洲联邦主义。它在政治上采取独立的中间主义和机会主义立场，反对法国政治左右两极化，但在选举中时而采取独立立场，时而左右逢源。它主张独立自主、民主、共和、欧洲和全球化。

在2017年大选中，民主运动最初支持共和党总统候选人，在菲永的"空饷门"事件被揭发出来后，特别是前进党总统候选人满足贝鲁提出条件后（政治生活道德化、立法选举采用比例制、提高劳动者待遇等）转向支持马克龙。马克龙当选总统后，民主运动参加菲利普政府。在第15届立法选举中，民主运动与共和国前进党结盟，获得41席。在2017年9月改选后的参议院中拥有5席，在欧洲议会中拥有2席。

2017年，民主运动拥有1.2万名党员。民主运动主席是弗朗索瓦·贝鲁。

国民联盟（Rassemblement national，RN） 2018年6月1日由国民阵线（Front national，FN）改名。国民阵线成立于1972年12月，由形形色色的极右组织和极右分子组成。20世纪80年代，在法国经济不景气和极右思潮抬头的情况下，该党有所发展，在选举中取得引人注目的成绩。在1984年欧洲议会选举中，该党一举获得10.95%有效票，赢得10席，从而冲击了以左翼居优的两极化政党格局，法国舆论惊呼"国民阵线现象"。

国民联盟的主要纲领是坚决保卫经济自由主义、反对欧洲建设、反对经济全球化、反对外来移民和提倡精英统治。该党坚持民族主义、国家主义、民粹主义和极端主义，其口号是："法国是法国人的！"在法国民族主义、民粹主义和极端主义盛行之下，国民联盟吸引了许多下层民众，特别是低端的法国民众。

国民阵线主席让-马里·勒庞（Jean-Marie Le Pen）在1988年、1995年、2002年、2007年总统选举第一轮投票中分别获得14.6%、15%、16.86%、10.44%的选票，从而突破了原有的政党格局，形成了左翼、右翼、极右翼三极化的政党格局。2011年1月16日，让-马里·勒庞的女儿玛琳娜·勒庞（Marine Le Pen）接替她的父亲担任国民阵线主席。她实施去"妖魔化"战略，从而在2012年总统选举第一轮投票中获得17.9%有效票，成为法国第三大政治力量。接着，国民阵线在2014年市镇选举、欧洲议会选举和参议院选举以及2015年省议会选举和大区选举中节节取得胜利。玛琳娜·勒庞在2017年大选第一轮投票中获得21.3%有效票，与前进党总统候选人共同进入第二轮角逐。但是，在2017年第15届立法选举中由于左右翼联合阻击，国民阵线仅获得 8 席，在 2017 年 9 月参议院部分改选后拥有 2 席，但在 2019 年 5 月欧洲议会选举中获得 22 席（英国“脱欧”后为 23 席），继续保持优势地位。国民阵线在 2017 年大选和立法选举后由于利益的冲突，国民阵线二把手、欧洲议员弗洛里安·菲利波（Florian Philippot）拉出队伍成立爱国者党，自任党主席，从而导致国民阵线势力有所削弱。国民阵线求变，整顿组织，更换党名。

国民联盟的最高权力机构是全国代表大会，常设机构是全国理事会、全国书记处、政治局。根据统计，2016 年该党拥有 8.3 万党员，缴纳党费的党员有 5.2 万名。国民联盟主席是玛琳娜·勒庞。

不屈服的法国（France insoumise，FI） 让-吕克·梅郎雄（Jean-Luc Mélenchon）于 2016 年 2 月 10 日宣布作为不屈服的法国的总统候选人参加 2017 年大选，这个日期也就是不屈服的法国诞生的日子。之后，不屈服的法国实力不断增长，在 2017 年法国大选第一轮投票中，其总统候选人梅郎雄获得的选票在 11 位总统候选人中排名第四位，在 2017 年 6 月法国第 15 届国民议会选举中不屈服的法国一举夺得 17 个席位并组成议会党团，在 2019 年 5 月的欧洲议会选举中不屈服的法国夺得 6 个席位（英国“脱欧”后仍是 6 席），成绩良好。

不屈服的法国号召“公民革命”，建立第六共和国，将“总统君主制”改为“稳定的议会制”。对高收入实行高税收，对收入超过平均中等收入 20 倍的富人征收 100% 的个人所得税。在对外政策上，要求法国退出北约，脱离欧盟，反对全球化。根据不屈服的法国理念和纲领，法国舆论将其归属为极左政党。不屈服的法国支持者主要是法国下层民众。

2017 年 4 月拥有党员 32.8 万人，党首是让-吕克·梅郎雄。

二 社团

1. 社团的诞生和沿革

19 世纪末，第三共和国放宽了对社会生活的控制，1881 年 6 月颁布关于集会自由的法令规定，集会无须官方批准。1884 年 3 月颁布的《职业团体法》，承认劳资各方组织工会、公会等的结社权利。1901 年 7 月的《结社法》，允许自由成立政党和社团，并给予已成立的社团合法的地位。自此，法国社团的存在有了法律依据，并趁机纷纷建立和大量地繁衍起来，如重要的工会和雇主组织都是在这个时期出现的。20 世纪 30 年代，在经济危机打击下，法国政局动荡，社会矛盾激化，阶级斗争尖锐，法国各种政党、派别和社会集团蜂拥而起，使利益集团又有了进一步的发展。

二战后，第四共和国推广政治、经济和社会民主，扩大公民民主自由，进一步放宽对社会生活的控制，从而为社团组织的发展提供了政治保证。第四共和国经济和社会问题的增多、国际环境日益复杂，则为社团的活动提供了广阔的舞台。

2. 第五共和国社团及其特征

第五共和国的建立，标志着社团的发展进入了一个新阶段。1958 年宪法序言继承了第四共和国宪法序言所确定和补充的人权和国家主权的原则，包括“任何人皆有借职工团体之行动维护其利益，并加入其所选择之职工团体”的原则，在政治上奠定了当代法国社团发展的基础，从而使社团蓬蓬勃勃地发展起来。第五共和国社团具有如下的特征。

（1）多样性和复杂性。按问题分类，有以社会问题、文化问题、城市问题、农村问题、工业和农业问题、环境问题、移民问题、吸毒问题、艾滋病问题等的解决为目标的社团。按社会行业分类，有各种雇主协会和公会，代表大、中和小资本家的利益；有各种工会和联合会，代表不同倾向的劳动人民的利益；其他社会阶层和集团也有各自的社团。

（2）活动范围扩大。第五共和国社团的活动范围从经济领域扩大到政治领域和社会领域，从物质领域扩大到精神领域，如保护生态平衡、维护妇女权利和提高妇女地位、保卫人权等。

（3）制度化。第五共和国社团的活动纳入了官方和半官方的轨道。1958 年宪法还设专章，规定了经济、社会与环境委员会的宗旨和原则，并增加了社团参加的人数。地方上还设有地方经济、社会与环境委员会。此外，20 世纪 70 年代以来法国政府部门纷纷建立起咨询性组织或顾问委员会，吸收有关的社团参加。第五共和国官方宣称社团为“社会伙伴”，并定期与社会伙伴对话和协商。

3. 第五共和国主要社团

（1）雇主组织 雇主组织是法国资产阶级组成的社团组织。主要有法国企业运动、中小企业总联合会、青年雇主中心、法国基督教雇主中心、冶金公会、工商会，等等。这些形形色色的雇主组织，主要用来影响国家权力机构，其中最有势力和最有影响的是法国企业运动。

法国企业运动（Mouvement des entreprises de France，MEDEF） 1998年建立，其前身是1946年成立的法国雇主全国委员会。目的是使人了解企业主的观点和要求，通过立法反映企业主的愿望，发扬企业精神，推动企业与社会和政府进行对话，推动企业参与经济全球化，在欧洲雇主组织中维护法国企业的利益。它以众多的会员、充足的财源、雄厚的实力和广泛的联系而著称。它代表雇主资方与工会代表和政府进行对话和谈判。

它拥有85个职业联合会或协会，600个职业公会。它代表了法国工业、商业和服务行业（银行、保险、运输）中的30万至35万个公司企业，其中大型公司企业占全国大型公司企业的80%以上。2018年7月3日，法国企业运动选出新主席若弗鲁瓦·鲁·德·贝齐厄（Geoffroy Roux De Bezieux）。

（2）工会 法国工会历史悠久并呈现多元化。尽管工会会员仅占职工总数8%，但是法国《劳动法典》赋予了工会与政府对话和谈判的权利。目前，列入《劳动法典》的工会有5个，即法国总工会、法国劳工民主联合会、劳工－工人力量总工会、法国基督教劳动者联合会、法国干部联合会－管理人员总联合会。

法国总工会（或称法国劳工总联盟，Confédération générale du travail，CGT） 按支持率是法国第一大工会，1895年建立。2017年拥有会员42.7万，总书记是菲利普·马蒂内（Philippe Martinez）。法国舆论认为，法国总工会是“抗议型工会”。

法国劳工民主联合会（Confédération française démocratique du travail，CFDT） 按支持率是法国第二大工会，1919年建立。它的口号是“为每个人担保，为所有人行动”。2013年拥有会员86.4万，总书记是洛朗·贝尔热（Laurent Berger）。法国舆论认为，法国劳工民主联合会是“谈判型和接近基层的工会”。

劳工－工人力量总工会（Confédération générale du travail-force ouvrière，CGT-FO） 按支持率是法国第三大工会，1947 年建立。它的口号是“工会的力量”。2011 年拥有会员 50 万人，总书记是伊夫·韦里耶（Yves Veyrier）。

法国基督教劳动者联合会（Confédération française des travailleurs chrétiens，CFTC） 按支持率是法国第四大工会，1919 年建立。它的口号是“捍卫生活”。2012 年拥有会员 14.2 万，主席是菲利普·路易（Philippe Louis）。

法国干部联合会－管理人员总联合会（Confédération française de l'encadrement-confédération générale des cadres，CFE-CGC） 按支持率是法国第五大工会，1944 年建立。它的口号是“工会至上”。2013 年拥有会员 16 万人，主席是弗朗索瓦·奥梅里（François Hommeril）。

上述五大工会拥有相当大的权利，具有强大的影响力。同时，法国各行各业都有相应的工会，他们代表各行各业的工会会员，与雇主对话和协商，反映基层会员的诉求。

所有的法国工会代表都是通过直接选举产生，工会代表的权利受到法律的保障。他们的工资由会费支付。

（3）农民组织　农民仅占法国人口很小比例，但是能够在法国政治中发挥重要的作用，其主要原因之一就是法国农民高度的组织化。除了一般的农业经济合作组织外，法国还有三种农会组织，即农民工会、农民协会、农业议会。

农民工会　实现会员制，加入者广泛。它代表农民与官方谈判并代表农民工会参与农业政策的制定，保护农民的权益。例如，法国农业总联盟、全国农业经营者工会联合会（Fédération nationale des syndicats d'exploitants agricoles，FNSEA）、全国农业青年中心（Centre national des jeunes agriculteurs，CNJA）、农民联盟（Confédération paysanne）等。

其中的全国农业经营者工会联合会 1946 年建立，是法国最大的成年农民专业工会，拥有60%的农业经营者和农场主。它在大区、省、市镇都设置地方联合会。它下设19个行业协会，如小麦、水果、牛奶生产者协会，还有女农民协会、老农民协会等。

联合会每年召开一次全国大会，参加者为所有协会代表。联合会全国大会决定联合会方针，选举全国理事会，再由理事会选举产生由17人组成的执行委员会。执行委员会主席就是联合会主席。联合会主要职责是保护农业经营者的权益，根据农业经营者不同诉求设置专业委员会，如税收委员会、保险委员会、环保委员会、绿色食品委员会等。联合会可以直接与官方对话和谈判，也可以通过议员反映农民诉求，还可以通过游行示威、罢工甚至组织农民占领某个部门达到目的。

农民协会　特定农民群体组织，主要参与者是农场主和农业公司的管理人员。

农业议会　半官方的农业职业性组织，为政府制定农业政策提供咨询。

（4）非职业性的社团　法国还存在数量巨大的非职业性的社团，它们在动员舆论及对政府有关问题的决策和影响不可等闲视之。全国规模的非职业社团可分为：学生组织、退伍军人组织、家长—教师联合会、家庭协会、妇女组织等咨询性的社团；消费者联盟、环保组织等公共性的社团；国有化企业集团、文官利益集团等公共机构内部的社团。这种社团与官方关系十分密切，它们经常向有关政府部门反映自己的利益和要求。反之，政府有关部门接受它们就有关经济和社会问题的咨询，委托它们处理有关事宜。

4. 法中委员会和法中友好协会

法中委员会（Comité France-Chine）　法中委员会于1979年1月成立。它拥有120家会员，多为面向中国市场的法国支柱型大企业。它的宗旨是协助其会员在中国拓展市场和业务，负责中法两国的高层联络与信息传递，组织安排法国工商业界人士与来法访问的中国领导人会晤，定期举办经济方面或法律方面的信息会，邀请法中方面有关专家出席，解析中国热点问题。自1995年至今，它每年都在中国举办“法中经济研讨会”，近几年还举办中法市长圆桌会议，加强中法城市间在经济、技术等方面的合作。法中委员会的很多会员已经进入中国的经济领域，如水处理和环保领域的苏伊士环境集团和威望迪环球集团，金融领域的法国巴黎银行，保险领域的安盛集团，电信领域的阿尔卡特公司等。

法中委员会由一个董事会来管理，董事会成员均为杰出企业的领导人。自 2015 年起，法中委员会设双主席：施耐德电气有限公司总裁让－帕斯卡尔·特里夸尔（Jean-Pascal Tricoire）和苏伊士环境集团总经理让－路易·肖萨德（Jean-Louis Chaussade）。

法中友协联合会（Fédération des association franco-chinoises，FAFC） 1993 年由六个法中友协地方分会联合成立。它聚集了全法国来自不同社会阶层、拥有不同信仰的普通公民。他们都对中国感兴趣，同时希望保持并发展与中国长期务实的友好合作关系。法中友协联合会在法中民间交往方面扮演不可或缺的角色，这表现在以下方面：向法国民众介绍宣传法中合作关系；通过对中国的考察和了解，为地方议员和地方决策者提供有关中国现实的信息。

目前，法中友协联合会拥有 22 个地方分会，地方分会在当地组织不同的活动，目的在于激发、保持及增进法国民众对中国的兴趣。其中，包括中文学习班、中文书法班、中餐厨艺培训班和中式健身课程；有关中国现状及历史的会议、展览、演出、电影放映及其他活动；与中国社团、中国留学生及中国华侨联系并组织活动；深入了解中国的考察旅行；参加沙龙、艺术节、展览及各种大型文化集会或主题集会；与教育界开展合作交流以便更好地了解中国及中文发展；传播有关中国的信息。法中友协地方分会保证了中国在法国城市和地方的影响力。

法中友协联合会主席是阿兰·拉巴（Alain Labat），秘书长是阿兰·卡波罗西（Alain Caporossi）。

三　民间智库

1. 概述

20 世纪 70 年代以前，法国存在一些民间智库，如穆兰俱乐部（Club

Jean Moulin）、思考俱乐部、前景俱乐部、贤人委员会等，但智库数量少，已有的许多智库完成特定的任务后解散，存在时间短。

1979 年建立的法国国际关系研究所标志着民间智库发展的转折点，20 世纪 80 年法国民间智库有所发展，90 年代以来得到迅猛发展，截至 2016 年法国已经拥有 180 个民间智库，在世界排名第六，在欧洲位于英、德之后排名第三。之所以这个时期法国民间智库得到长足的发展，其原因是：第一，自 20 世纪 90 年代以来，面对法国、欧洲和世界的经济、政治、社会和环境问题越来越纷繁复杂的形势，法国民间深深感到责任的担当。第二，法国民间认为，官方咨询和研究机构日益成为“官僚化身”，对面对的战略问题分析弱化，失去了影响力。第三，法国民间对法国政党在解决法国经济、政治和社会问题上深感失望，成立独立于公共机构的智库，客观和公正地提出医治法国病的有效药方。第四，法国民间智库可以使用现代化的通信手段和高科技网络迅速地传播研究成果，扩大自己的影响。

法国民间智库有如下几种类型：①独立的智库。它既不属于官方旗下的机构，也不属于某个党派的组织，采取中立立场，如法国国际关系研究所、国际关系和战略研究所、我们的欧洲（Notre Europe，1996 年）、蒙田研究所、思想共和国（République des idées，2002 年）等。②政党的或具有政治倾向的智库。社会党或具有左翼倾向的智库有：让－饶勒斯基金会、科佩尔尼克基金会（Fondation Copernic，1998 年）、泰拉·诺瓦协会（Terra Nova，2008 年）等。共和党或具有右翼倾向的智库有：政治创新基金会、行政与公共政策研究基金会（Fondation pour la recherche sur les administrations et les politiques publiques，Fondation iFRAP，2009 年）等。③大企业公司的智库。有企业研究所、工业制造等。

法国民间智库具有如下的特点：第一，法国民间智库人员少，资金薄，规模小。多数法国民间智库不同程度上依靠公共财政的补助，第二，法国民间智库大多由退休高官和知名学者担纲或组成。他们经验丰富、阅历精深、人脉广泛、熟悉政策操作流程，所提供的决策咨询更合理，从而可以有效影响政府政策的制定，扩大智库的影响力。第三，98% 的法国民间智库集中在法国首都巴黎，大大方便智库与公共机构的联系，也有利于智库与官方的对话和交流。第四，一些法国民间智库虽然成立时间不久，但是已经发挥重大的作用，在法国和国际上具有很大的影响力，如法国国际关系研究所，已成为欧洲十大智库之一。

2. 著名的民间智库

法国国际关系研究所（Institut français des relations internationales, IFRI） 法国最大的、独立的、最具影响力的综合性研究机构。该所成立以来，吸引了大量法国国际关系学界和政界精英，在国际上建立起庞大的研究所网络，密切跟踪、分析和展望国际局势的发展。目前有60多名工作人员，30多名法国和外国的研究员。所管理委员会主席是蒂埃里·德蒙布里亚尔（Thierry de Montbrial），所长是托马·戈马尔（Thomas Gomart）。法国国际关系研究所与法国外交部关系密切。

该所的宗旨是：从事多学科的战略性研究，包括世界经济、安全、战略、地区政治和经济等学科，侧重点是欧洲、美国、东亚、中东和马格里布、俄罗斯问题，为法国政府和私营企业中长期的决策出谋划策。每年的研究课题根据国际形势变化以及法政府和企业的要求进行调整，研究重点是动向和展望；提供一个非官方的讨论和辩论平台，在研究者、专业人士、政策决策者和意见领袖之间进行深度和有建设性的对话，以利于相互间的交流和沟通。为此目的，该所每年要举行几次论坛和国际会议。

该所组织年度研讨活动和论坛的成果，主要以研究报告发表。出版物有国际关系年度报告《RAMSES》和《外交政策》两种刊物，《RAMSES》发行量达到1万份，在欧洲和世界范围内具有一定影响。

国际关系和战略研究所（Institut de relations internationales et stratégiques, IRIS） 1990年成立，是一个独立的研究机构，研究人员55人。现任所长是帕斯卡尔·博尼法斯（Pascal Boniface）。国际关系和战略研究所与法国国防部关系密切。

该所的宗旨是：建立真正独立的，以战略、地缘政治和国际问题为主的研究中心；深入研究战略问题，特别是要厘清法国在战略领域中的薄弱环节以及未来发展等问题；为战略部门领导人、高级官员、工业家、军事指挥官、专家和大学教师等建立一个对话和思考平台；向公众开放，吸收所有愿意从事国际关系研究或对此感兴趣的集体和个人参与研究所活动，帮助公众更好地了解国际时事；从事高级人才的培养。

该所每年召开一次战略年会，法国国防部长到会并作重要发言。会议主题密切联系当年的国际形势。该所每年还组织约100场各类型研讨会，主要邀请各国政府和国际组织的领导人以及国内外专家、大学教师、重要新闻机构领导和记者、企业领导人参加。该所出版《国际与战略》《战略年鉴》等刊物。

蒙田研究所（Institut Montaigne） 成立于2000年，其成员由企业管理人员、高级官员、大学教授、民间社团代表总共18名组成。该所预算由企业提供，其他财源不超过2%。所管理委员会主席是亨利·德卡斯特里（Henri de Castries），所长是洛朗·比戈尔涅（Laurent Bigorgne）。

该所主要任务是：从事研究和分析经济竞争力，包括企业、中小企业、能源、运输、数字的应用等；从事研究和分析社会团结，包括就业、教育、职业培训、机会与平等；研究公共行动，包括退休、正义、卫生、社会保障、欧洲、高等教育等；从事研究和分析公共财政，包括财政开支、税收、地方行政单位、地方财政等。

该所每年提供的研究成果颇丰，常有惊人之举，引起法国和国际社会的注意。2015年的一份报告指出，2014年法国雇主为全工的最低工资付出的成本大约是1.95万欧元，而美国联邦的最低工资是1.26万欧元，认为目前法国最低工资的水平过高，主张降低有关法定最低工资的劳动成本。2016年的一份报告指出，将数字化教学工具引入小学教育可以有效预防学业失败。

让-饶勒斯基金会（Fondation Jean-Jaurès） 1992年建立，社会党的智库。该基金会的宗旨是：支持对工人运动和国际社会主义的研究，通过研究和讨论促进民主和人道思想的发展，为加深对人类和环境的认识做出贡献，与各国进行经济、文化、政治交流与合作。现任基金会主席是亨利·纳莱（Henri Nallet）。

该基金会的中心任务是：继承工人运动和国际社会主义的传统，传播社会主义思想；作为法国和欧洲的智库进行理论和政策的探索和研究，组织研讨会和开放或闭门对话会，进行专题研究；开展国际交流与合作，促进世界民主的发展。

该基金会收集和保持有关工人运动和国际社会主义的档案和资料，出版有关基金会研究的成果以及组织研讨会或专题研究的成果。

企业研究所（Institut de l'entreprise） 1975年成立，由大企业、高等院校、职业工会联合会等120家成员组成，参加企业的营业额占法国PIB的20%。该研究所旨在促进企业主对经济和社会领域的得失进行思考，为企业在社会中的所起的基本作用提供更多的建议。该所方针委员会主席是安托万·弗雷罗（Antoine Frérot）。

进入21世纪，该所围绕着企业与环境保护之间的关系进行反思和研究，具体内容包括公共开支的评价、税收的现代化、后危机的企业发展、企业危机的预防原则、工业的专业化、企业的研究与创新、企业现代化等。

该所组织企业家与学者和民间人士的会见，召开有关企业与公共政策的研讨会，出版有关企业的刊物。

工业制造（Fabrique de l'industrie） 2011年由工业和冶金行业联盟发起成立，具有自由主义倾向的民间智库。旨在就工业问题以及与之相联系的经济和社会问题进行反思和讨论，并就法国面临的工业得失和经济挑战提出自己的观点和对策。该智库遵守独立、客观、开放的职业道德和价值观。工业制造联合主席是：圣戈班集团董事长皮埃尔-安德烈·沙朗达尔（Pierre-André de Chalendar）和白茹-雪铁龙集团监察委员会主席路易·加卢瓦（Louis Gallois）。

该智库主要任务是：收集和了解政治、经济和社会问题决策者有关工业的信息；确立法国工业在欧洲和世界上中长期发展的观点和看法；促进有关专家学者与工业界之间就法国工业进行分析和讨论；就工业的公共政策进行研讨；就工业的发展做出有创新的分析，使工业的生产方式向着更加协调和可持续发展的方向发展。

该智库每年组织各种类型的讨论会，出版研究成果和报告，组织实物和图片展览，组织工厂参观活动。

第四章

经　济

第一节　经济概况

一　二战后经济发展的过程

“辉煌30年”的高增长时期（1946～1974年）　二战后至20世纪70年代中期法国经济和社会的高速发展，称为法国“辉煌30年”。

二战后，为了医治战争创伤、恢复经济并使之现代化，法国加强了国家对经济的宏观调控：①国有化。将许多与国民生计息息相关的企业和银行收归国有，并做大做强国有经济，以此解决国民生计和促进国民经济发展。②计划化。从1947年起开始实行发展经济的“现代化与装备计划”：第一计划（1947～1953年）重点建设基础工业部门；第二计划（1954～1957年）实现经济“全国平衡的发展”，增强国际竞争力；第三计划（1958～1961年）强调在“货币稳定和国际收支平衡的条件下，实现一种高速经济增长率”；第四计划（1962～1965年）起改为“经济与社会发展计划”，以“扩张、现代化和优先投资”与“增长成果的分配和领土整治”为基本目标；第五计划（1966～1970年）通过“工业现代化”，加强产品在国际市场上的竞争力；第六计划（1971～1975年）继续强调工业化，使经济获得“大幅度的、有竞争力的和平衡的增长”。③倡议成立的欧洲煤钢联营，推动欧洲共同市场建设，实施共同农业政策，加速了法国农业的发展。④利用第三次科技革命的成果，大大地提高了工农业的生产力和劳动效率。

正是上述有利条件下，法国经济在二战后的 30 年间得到了较快的发展。1950～1974 年 PIB 年均增长为 5.6%，仅次于日本和联邦德国，在西方大国中排名第三位。其中，1958～1974 年 PIB 年均增长为 5.4%。在这个辉煌时期中，法国经济实力已经在世界排名中居第四位，仅次于美国、联邦德国和日本。

在“辉煌 30 年”中，法国建立起国家市场经济发展模式。在“辉煌 30 年”中，法国经济结构发生了急剧的变动，第一、第二、第三产业占 PIB 的比例 1973 年分别为 6.4%、41.8%、51.8%，第三产业超过了第一和第二产业。工业布局也焕然一新，法国产品具有国际竞争力。

逐渐减弱的增长时期（1975～2007 年） 经过经济高速发展和经济部门急剧膨胀以后，法国经济各部门的比例失调，生产和市场的矛盾日益尖锐，加上 1974 年和 1979 年国际石油价格两次暴涨，沉重地打击了法国经济。为了让经济走出困境和应对全球化的挑战，法国采取了如下的措施：①交替实施新自由主义或新凯恩斯主义的经济政策。②从 20 世纪 80 年代初期的扩大的国有化，到 80 年代中期的私有化，到 90 年代的“既非国有化也非私有化”，再到 21 世纪初的私有化。③1992 年取消经济与社会发展的中期计划，实施国家－大区计划合同（contrats de Plan Etat-Region）的方式，在全国贯彻国家经济发展战略。④在财政政策上，交替使用扩张财政政策和紧缩财政政策，即以扩大财政赤字和增加公共债务来刺激经济增长，也以减少财政赤字和降低公共债务来应对通货膨胀、外贸赤字和欧盟限制成员国赤字的要求。⑤进一步推动欧洲一体化建设，以便借助欧洲一体化的力量来克服法国经济不景气和发展法国经济。

法国经济已经不能延续“辉煌 30 年”的景观，而是进入了逐渐减弱的增长期。1974～2007 年，法国 PIB 年均增长只有 2.3%，每 10 年下降半个百分点。在逐渐减弱增长期，法国经历了二战后两次最严重的大衰退：第一次大衰退是 1975 年，PIB 呈现－1.0% 的增长；第二次大衰退是 1993 年，PIB 下降到－0.6%。法国经济实力和总量已经在世界各国经济的排名中退居第五位。

经济增长逐渐减弱，使法国在21世纪初失去了“欧洲经济火车头”的作用，导致法国产品的国际竞争力下降，外贸赤字增加，社会保障和社会福利开支猛增，财政赤字和公共债务迅速上升，国民收入减少，失业日益严重，贫富两极分化有所发展。

经济危机及危机后的经济低迷时期（2008～2016年） 2008年美国金融危机，迅速地波及法国的金融业和实体经济，外贸形势持续恶化，赤字迅速上升。萨科齐总统时期法国及时地推出一系列政策和措施：①推行“调节自由主义”，减税和减轻企业负担以刺激经济活力。②重新强调国家干涉主义，对金融体制进行改革，颁布《经济现代化法》《消费信贷改革法案》《银行和金融机构监管法》，对一些法国银行进行兼并和重组。③一项总额高达3600亿欧元的救市方案，用于化解金融和银行危机。建立“法国战略投资基金”，资助受经济危机打击的企业。实施两年重振经济计划，以265亿欧元进行投资，刺激经济的发展。

所有这些措施和改革，使金融业渡过了难关，遏制了经济的进一步下滑。2008～2013年，法国PIB年均下降到0.3%，其中，2009年为-2.9%，是二战后第三次最严重的大衰退。第三次大衰退持续时间长，衰退后5年内的PIB年均增长率比衰退前年均增长率还要低。

在金融和经济危机期间，法国产业结构继续发生变化。2012年，第一产业、第二产业和第三产业的比例分别为1.9%、18.3%和79.8%，在西方国家中法国第三产业在三大产业中所占比例是最高的。但法国财政赤字和公共债务双双创下历史新高。外贸赤字增加，失业进一步恶化。法国虽然不再是“欧洲病夫”，但却是欧洲“问题儿童”。

为了克服经济危机后经济低迷状态、遏制财政赤字和公共债务增加、降低失业率和失业数量，奥朗德总统时期的法国继续采取如下措施：①转变思路，以促进经济增长作为首要任务。②通过实施《促进经济活动、经济增长与机会平等法案》，打破束缚法国经济发展的桎梏，为法国经济注入新的活力。③出台总额达570亿欧元的两期“新工业法国计划”（第二期也称为“未来工业计划”），以提高工业的竞争力。④推出“第二轮未来投资计划”和“第三轮未来投资计划”，用来重振法国工业和制造业。⑤利用欧盟的“容克（投资）计划”的资金，实施 2015 ~ 2017 年总额达 480 亿欧元的宏伟投资计划。⑥落实“责任和团结公约”和简化《劳动法典》，减轻资方负担，给予企业活动更加灵活的自主权。⑦连续推出就业的一系列措施，加大解决失业的力度。⑧节约公共支出，力争达到欧盟规定的标准。

奥朗德总统的经济政策和措施收到成效。法国 PIB 2013 年回升为 0.7%，2014 年为 0.2%，2015 年为 1.3%，2016 年为 1.2%。但是，法国经济依然处在低迷状态。财政赤字接连下降，公共债务却继续攀升。法国失业率和失业数量依然维持在高水平。

起伏不定的增长时期（2017 年至今） 马克龙总统为了实践其“大国梦”“强国梦”，加强法国的硬实力，对法国经济无论结构和增长方式上进行深刻的改造、调整和转型（详见第二节经济政策）。马克龙总统的做法，使法国经济取得立竿见影的效果，2017 年法国 PIB 达到 2.2%，超过预期；财政赤字率控制在 3% 以下的欧盟标准内；失业率降至 9.5%。2017 年法国经济为近十年来最好的年份。

法国存在重振经济的有利因素：①2015 年以来法国连续 10 年蝉联欧洲吸引工业投资项目最多的国家。②对外投资 2012 年列全球第四、欧洲第三位。法国企业在国外的分支机构共实现 1 万亿欧元的营业额，雇员近 500 万人。③创新的摇篮。2015 年，法国在最创新的企业和机构排行榜上位居全球第三，并领跑欧洲。④拥有高素质的员工。法国员工的年工作时长是 1479 个小时，与其他国家相比较少，而生产力在全球位居前列，仅次于美国。⑤人口红利。在全球发达国家中，法国是唯一没有因金融危机而大幅降低生育率的国家。⑥法国拥有 1100 万平方公里的水域，使其列于世界海运大国之林。⑦全球第一大旅游目的地。

上述的有利因素，不仅使法国经济走出金融和经济危机的阴影，而且促进法国经济自 2017 年起进入了起伏不定的增长时期。

二　经济水平和经济成就

经过二战后半个多世纪的发展，法国已成为世界经济强国。2016 年，法国经济总量占世界经济总量3.3%，法国在世界经济中排名第五位，[①]仅次于美国、中国、日本、德国，在西方国家中保持第四经济强国的地位，仅次于美国、日本、德国，在欧洲联盟中仅次于德国保持第二位。但是，由于世界上新经济体的迅速崛起，法国在世界经济大国中的地位有所下降。2017年，法国PIB总量为22917亿欧元，排在美国、中国、日本、德国之后，居全球第五位。人均PIB为34151欧元。进出口贸易总额达14407亿欧元，其中，出口为7077亿欧元，进口为7330亿欧元。法国是世界第五大对外贸易国，占全球市场份额为6.3%。法国是世界第四大成品出口国（主要是设备），第二大服务业和农产品出口国（特别是谷物和农业食品）。

法国经济在世界上拥有许多强项和优势，如农业食品加工业、银行、保险、旅游和传统的高档消费品（皮具、服装、香水、化妆品、酒类等）、军民用飞机、高速火车和地铁技术、天文学、生物学、遗传学、神经系统、药品业、化学工程、生物工程、加工技术、土木工程、计算机软件、理论和应用化学、地球物理和地球化学、核动力工程、石油技术、原子物理、高能物理、核物理、固体物理、机器人视觉、综合机器人学、远程通信、火箭和卫星制造技术、卫星遥感和对地观察、核电和核安全、国防电子工业等。

在这些强项和优势中，法国的文化产业、奢侈品、医药、航天航空、核工业和旅游业在全球占据领先地位，具有竞争力。这些行业中的200家法国大型企业在全球拥有领先优势，为法国创造了28%的就业和50%的出口。

第二节　经济政策

为了改变经济的不景气和遇上国际竞争力下滑，为了增强法国硬实力以便实现“大国梦”“强国梦”，奥朗德和马克龙两届总统决心实施新的经济政策，在经济领域奋起直追。

① 2014年和2015年法国经济被英国超过，在世界经济中排名第六位。

一 促进经济转型，使企业具备强劲的创新和竞争力

1. 简政放权，实施《马克龙法案》，深化《劳动法典》改革，释放经济活力

法国进行简政放权的改革：2013 年 3 月推出“简化行政手续猛药疗法”，简化行政首批程序，提高办事效率。2014 年 4 月和 10 月推出两批 50 条措施，对企业简化行政措施，“减少个人企业的章程数目，减轻企业成立的预先批准程序”等，减少建筑部门、企业招工以及企业日常运作中烦冗复杂的行政文件和手续。2015 年 6 月再次推出近百项简政措施，惠及农业和为企业环保松绑。2016 年 2 月公布 170 条旨在惠及个人和企业的简政措施。2018 年春出台的《建立行政机构与民众之间信任关系的公共服务法》，旨在个人用户（或企业）与行政机构之间建立“信任”关系，提出更多便民措施，限制对中小企业的稽查，行政手续非物质化。

2015 年 7 月的《马克龙法案》（《促进经济活动、经济增长与机会平等法案》），旨在打破束缚法国经济发展的桎梏，为法国经济注入新的活力。其中 5 项重点是：解禁原有周日购物限令；放开国家管控行业（如律师业）；变卖 50 亿 ~100 亿欧元的国有资产；客车业松绑；改革雇佣制度以及促进员工持股制度。马克龙的改革措施，打破了 1906 年规定法国商店周日不营业的条例，设在“国际旅客观光区”的商店将允许营业至午夜。

2016 年 2 月提出《劳动法典》改革草案，主要措施如下：法定工作时数仍是一周 35 小时（亦即从第 36 小时起，加班每小时工资将加倍），但一周最多工作时间增加到 60 小时；雇主可以在最多 5 年的期间内自由调整职工的工作时数与工资额；企业与工会达成的“大多数”协议必须获得代表组织中至少 50% 的票数的支持（目前的规定为 30%）；增加成年学徒的工作时间，可从一周 35 小时增加到 40 小时，每日最多工作时间从 8 小时增加到 10 小时。

2017 年 8 月公布深化劳动法改革的法令，主要内容：①扶持微型企业和中小企业。简化和放宽拥有 50 名员工以下的小型企业内部谈判决策

机制，允许企业与员工代表直接谈判，签署集体协议。少于20名员工的企业，允许企业与员工直接进行劳资谈判，做出有关工作规章制度的集体决策。雇主拥有解雇的自由，并设立强制的解雇补偿金上限与下限，使可能会面临的解雇赔偿诉讼变得更具保障性和可见性。②给予企业更多信任和灵活性。简化的"多数职工支持协议"可涉及工时、薪酬和职业流动。拥有50名雇员以上的企业，简化企业内部劳资对话。③给予领薪职工新的权利和保障。企业理事会可以加强职工和工会代表在企业管理方面的职能，尤其在决定职工生活方面的公司战略（如培训计划、男女平等），以及所有可以由协议来决定的议题。一旦与雇主发生诉讼，设置劳资调解法庭裁定的补偿金额上限和下限。职工职位调动程序更透明和公正。

2. 振兴企业，改善企业生存环境，增强企业的竞争力

2018年4月，法国推出《企业运作法》，旨在促进法国经济增长和帮助企业应对自身变化的行动计划。企业应该是可持续和负责任的，应该预期并考虑经济、社会和环境影响。

2018年6月出台"推动企业增长与转型行动计划"，改善企业生存环境，增强企业的竞争力。其主要内容：①修改企业定义。有关企业的定义始于19世纪初的拿破仑法典，行动计划对企业"社会责任目标"（即民法所规定的企业责任）的界定根据社会与生态环境的变化而有所改变。②简化企业"门槛"。简化企业的税务和福利"门槛"，取消职工满20人企业必须相应的缴纳各种福利费及对企业内部的一些规定，企业可以在5年过渡期后才开始实施相关规定。③简化创业规定。为了鼓励创业，行动计划设立统一费用标准，简化5人以下、营业额不超过75万欧元的小企业倒闭的司法清算手续。④国家控股企业部分私有化，筹集资金用于对"创新基金"的投资。⑤提高企业审计的门槛，为中小企业减负。行动计划采用欧盟惯例，即50人以上、营业额达到800万欧元的企业才必须通过审计。⑥行动计划规定250人以下企业将免交分红"福利税"，50人以下企业将免交参股收入"福利税"。⑦加强对外来投资的审查。行动计划将监管范围扩大到航空航天、信息数据储存及人工智能等领域。

二　研发和创新是重中之重

法国把研发、创新和科技作为重中之重。进入 21 世纪以来，法国历年的研发和创新投入占有 PIB 的比重都在 2% 以上，2015 年为 2.23%。

法国总统主持的“国家科研与技术高级理事会”从事国家科技管理的顶层设计，把握科技的发展方向。

法国制定新的《科研指导法》，统筹规划未来科技发展。该法提出建立战略思路清晰、机能运转高效的“国家创新系统”，核心是通过提高原始创新能力来提高法国的国际竞争力。该法就未来科研发展手段提出了主要目标：加强战略性原始创新能力建设和优先领域的前瞻发展；建立严格、透明和一致的科研评估体系；营造富有吸引力和良性发展机制的科研环境；提高创新活力，构建公共科研与企业更加紧密的合作关系；加强法国科研体系与欧洲研究区的集成，最大限度地利用外部科技资源。采取的重大措施有大幅增加科研投入和科研岗位。

2004 年成立“国家科研署”（ANR），旨在加强和扩大社会科学研究的数量与规模，促进公共科研机构与企业的研发合作，引导和强化科学的发展方向，创造更多、更广的新知识，以加强国家科学技术基础。主要模式是通过遴选科研项目并为之提供资金支持。法国对新型产业研究实行科研免税政策。2005 年成立“创新署集团”（OSEO），提出创新激励计划，旨在创新突破，获得所处领域技术与市场的绝对优势，以创新带动法国科技和经济的发展。正是在此基础上，法国共建立 71 个创新产业集群，集群以某一主题为中心，将研发机构、生产企业等相关单位集合在一起，保证产品不断创新，确保技术领先。

法国先后提出“竞争力极点计划”（2004 年）、四轮“未来投资计划”（2010～2017 年）、两期“新工业法国计划”（2013 年和 2015 年），旨在通过大力地研发和创新，促进法国经济转型和发展，提高法国经济和企业的国际竞争力。2017 年 6 月，全球最大的创业孵化中心（Station F）在巴黎 13 区落成，占地 34000 平方米，能够同时容纳上千家创业公司。

马克龙要把法国建设成为一个“创新型国家”，要使法国从传统经济发展模式转变成“创新经济发展模式”。为了鼓励科技创新和激发科技人员的积极性，法国还设立了许多公共科研计划和设置了许多种科技创新奖项，如2015年5月推出“法兰西科技创新奖”等。2016年，法国在全球1372人参赛中评选出50名“法兰西科技创新奖”得主。

法国拼命“砸钱”的方法确实收获了不少，2014～2016年在拥有10名职工以上的非农业公司企业中约有一半公司企业出现创新产品。目前法国在环境、新能源、纳米技术、航空航天及生物制药领域都多有不俗的成绩，出现许多创新的科研成果。在汤森·路透集团（Thomson Reuters）公布的2015年排行榜，法国在最创新的企业和机构数目排行榜上位居全球第三，仅次于日本和美国，在欧洲各国中独占鳌头。世界权威知识产权机构（Clarivate Analytics）在2016年全球百强创新企业报告中，法国荣登欧洲创新企业第一国，全球排名第三，仅次于美国和日本。

三　投资，投资，再投资

法国提出“投资，投资，再投资”的口号和政策，于2009年12月宣布作为国家战略性的“未来投资计划”。在“投资总署”领导下，成立了创新型投资管理体制，确保投资项目的高收益性。“未来投资计划”分期分批进行。

2010年的第一轮“未来投资计划”，投资总额在150亿欧元和200亿欧元之间，用于296个发展项目和1700家需要援助的企业。其中，有尖端研究中心、医疗保健与生物技术、交通运输、城镇建筑、科研院所、能源与循环经济、数字经济、就业与社会公正、扶持企业等。

2013年的第二轮“未来投资计划”，总投资额为120亿欧元，用于能源、科技创新、数字技术、房地产和卫生健康等重点领域投资，其中包括为了减少温室气体排放在全国范围内致力于生态与能源的过渡、推广宽带上网计划、实施大巴黎地区交通扩展和现代化项目、每年建造15万套低租金住房等，以促进经济增长。法国还资助地方重点行业，特别是交通基础设施、覆盖全国各地的高速互联网、地热供暖等，以促进地方经济和社会事业的发展。

2016年的第三轮“未来投资计划”，配备资金100亿欧元，用于国家战略性领域的研究和创新，以便迎接第四次工业革命的到来。其重点仍然是教育和科研，特别是数字、医疗保健和可持续发展几个领域，还有法国具有优势的领域，如农业食品加工及旅游。

2017年的第四轮“未来投资计划”，是为期五年的570亿欧元大规模投资计划。其中，200亿欧元用于环保与能源，包括90亿欧元用于扩大房屋建筑热能设备更新的效果，70亿欧元用于发展再生能源，40亿欧元用于清洁汽车；90亿欧元用于国家机构数字科技转换；150亿欧元用于培训与教育；130亿欧元用于创新。法国宣布到2040年禁止汽油车、燃油车销售，减少对环境的污染。

截至2017年底，法国已在四轮“未来投资计划”框架内投资近千亿欧元，促进法国经济加快发展的步伐。

四　从“去工业化”到“再工业化”

在奥朗德总统时期，法国意识到“工业强则国家强”，要在工业领域奋起直追，并提出“工业爱国主义”“再工业化”的口号。2012年5月新成立的法国政府特别建立生产振兴部，意在重振法国工业并具体规划“再工业化”的计划。此外，在生产振兴部中还设置一个国务秘书，专门负责中小企业、创新和数字经济。2013年1月起，法国实施“竞争力与就业税抵免”（CICE）政策。同年9月推出第一期“新工业法国计划”（也称“未来工业计划”）战略，旨在通过创新重塑工业实力，振兴“法国制造”，从而在世界上保持法国工业强国的地位。

2015年4月推出第二期“新工业法国计划”，对前期计划进行了大幅调整，优化国家层面的总体布局，从而形成“一个核心，九大支点”。一个核心，即“未来工业”主要内容是实现工业生产向数字制造和智能制造转型，以生产工具的转型升级带动商业模式变革。九大支点，包括大数据经济、环保汽车、新资源开发、现代化物流、新型医药、可持续发展城市、物联网、宽带网络与信息安全、智能电网等。在实施过程中，法国工业将与德国工业4.0平台“自然对接”，共享工业经验，建立统一技术标准，从而加速法国工业的升级换代。

2017年6月，法国政府特别设置“工业重整事务跨部级代表”，旨在进一步加强“再工业化”运作。同年11月，法国公布“国家与企业结成伙伴关系”的工业战略，对设立的100亿欧元运作基金从2018年起进行运作。

经过几年的努力，法国再工业化显现成效，工业加快了复苏的步伐。第一，2015年法国的工业劳力工时成本（37.1欧元）已低于德国（38.4欧元）。第二，增加值中的工业比率保持稳定。第三，一些法国工业企业开始回迁法国本土。第四，在宣布开创的就业岗位中，工业岗位的占比有所增加。开业的工厂数量增多，关闭的工厂数量减少。第五，2015年法国吸引外资项目598个，其中工业投资项目212个，高于德国的142个，连续10年蝉联欧洲吸引工业投资项目最多的国家。特别是马克龙当选法国总统后产生的“马克龙效应”，吸引了国内外投资的热潮。世界经济论坛于2014年9月公布的最新竞争力排行榜上，法国2014～2015年如同2013～2014年一样名列世界第23名，而此前法国的名次连续4年下降。法国经济已经走出竞争力下降的恶性“怪圈”。世界经济论坛于2018年10月公布的《全球竞争力报告》上，在140个国家和地区中，法国的竞争力排名上升到第17名。

五 依靠欧盟振兴法国经济

根据欧委会主席容克于2014年11月宣布的向欧盟成员国为期三年总金额达3150亿欧元的“容克（投资）计划”，法国于2014年12月向欧盟呈交了一份2015～2017年宏伟投资计划，包括32个项目，总金额达480亿欧元。这个投资规模是德国的近两倍。

该投资计划有三大特点：其一是重点在创新和数字经济，占投资总额40%，而欧盟28个成员国的平均比率是20%。巴黎是创新和数字经济投资的主要地区。其二是横向关联效益计划多于特殊项目，例如热能创新、向投资机器人技术的中小企业放贷计划。其三是筛选的项目能迅速启动。基础设施投资也不少，如索恩河谷输气管道、戴高乐机场快线、大巴黎快线地铁、地铁快线E线向拉德方斯延长等项目。巴黎还推出连接欧洲北部和西班牙的部分铁路网翻修计划，货运铁路线现代化计划。法国还有一个年投资额估计为50亿欧元的市区翻修计划（10年250亿），以期使200个状况最糟的平民街区重获新生。

六　与中国共建“一带一路”，与《中国制造2025》对接，借助中国振兴法国经济

法国认为，中国“一带一路”倡议为亚洲、中东、北非到欧洲的许多国家带来经济发展的机遇。法国作为欧洲大陆最西端“一带一路”终点之一，要发挥自身的重要作用，与中国共建“一带一路”，并以此契机振兴法国经济。

2015年3月，法国正式加入亚洲基础设施投资银行，成为亚洲基础设施投资银行的创始成员国，说明法国等欧洲主要国家（英国、德国、意大利等）支持“一带一路”倡议并与“一带一路”倡议对接，从而加快欧亚板块经济一体化的进程。2016年，法中两国开通了连接武汉和里昂两个重要城市的铁路线路，在“一带一路”倡议的框架下，这条铁路线将不仅仅是一条交通路线，还将成为两国之间友谊的纽带，也将借助中国“一带一路”建设之力推动法国经济发展。法国官方认为法中双方在工业现代化、以创新和高科技引领、合作开拓第三方市场等方面的理念不谋而合，可以借助中国经济来进一步推动法国经济的发展。

此外，法国还认为，发展与中国的旅游业能够进一步繁荣法国的旅游业，为法国成为世界第一旅游大国助力，进而促进法国经济的发展。为了吸引中国游客到法国旅游和购物，法国采取许多措施，如缩短签证时间和简化签证程序、加强游览区的保安等，从而使赴法旅游的中国游客人数迅速增长。

第三节　经济制度

一　国家市场经济

法国是发达的资本主义国家，毫无疑问，推行的是市场经济。但是，

法国又具有强大的国家主义传统，即柯尔贝主义传统（colbertisme），或者叫作重商主义，强调国家干预的传统。自 17 世纪国王路易十四的财政大臣柯尔贝开始在经济和贸易上推行统制主义和保护主义政策以来，始终强调国家的力量，经济自由主义思想和政策一直不占统治地位。

二战后，法国在推行市场经济的过程中，几乎都加强了对经济的干预，在法国经济危机或经济不景气期间尤为如此，因此叫“新柯尔贝主义”（néo-colbertisme）。1981 年社会党上台执政，大力推行新凯恩斯主义的经济政策，把国家干预推向顶峰。也有几届政府推行自由放任主义的经济政策，但只是为了减少国家干预，并未彻底地放弃国家干预。因此，市场经济与国家干预相结合构成了法国经济制度的一大特征。

进入 21 世纪，在其他发达国家正忙于促进企业自由竞争之时，法国却反其道而行之，多次做出轰动经济界的重大举措，制止外国公司对本国大型和重点企业的收购和兼并，从而保证国家的“经济安全”。法国称之为“经济爱国主义”行动。与此同时，无论是左翼或右翼执政，都不再搞大规模的国有化或私有化，而是推行“企业重组”的政策，在国有企业中吸收私人资本，在私人企业中引入国家参股。2017 年的第四轮“未来投资计划”的启动则标志着凯恩斯主义的复兴，新柯尔贝主义的卷土重来，将促进法国经济“再出发”。

2016 年，法国拥有的国有企业（包括直接和间接控制的企业）共 1702 家，拥有职工 77.8 万人。2016 年法国国有企业比上一年增加 71 家。在这一年法国国有企业总数中，农业国有企业 7 家，职工 9100 人；工业国有企业 438 家，职工 16.9 万人；建筑业国有企业 60 家，职工 2500 人；第三产业 1197 家，职工 59.7 万人。国有企业的固定资产占总固定资产的 17%，国有企业的增加值占总增加值的 6%，国有企业职工占职工总数的 6%。许多国有公司企业是掌握国家经济命脉的大型企业，如国家邮政局、法国铁路公司、法国电信公司、法国电力公司。法国核电、航空航天、飞机、汽车等产业巨头多为政府垄断。此外，法国还有国家少量参股的 540 家公司或企业。法国依然保持强大的国有经济，作为法国经济制度的基石。

由此可见，法国国家主义的传统依然存在，仍旧坚持使用市场经济与国家干预相结合的手段，从而形成了国家市场经济的经济制度。它包含了社会市场经济所涵盖的内容，又比社会市场经济模式更加强调和突出国家的地位和作用。

二 混合经济

法国混合经济，有着与其他欧美国家不同的特点。它除了拥有私人所有制和国家所有制外，还拥有不可忽视的社会所有制——合作经济。

私人所有制在法国国民经济中占主导地位，不过，与欧美其他资本主义国家比较，法国私人经济成分在国民经济中所占的比重要小一些。特别在20世纪80年代初左翼政府实行扩大的国有化后，法国私人经济成分仅占国民经济的65%～70%，经过几次私有化后才上升到80%～85%。

目前，西方发达国家都实行混合经济，都拥有不同程度的国有经济成分。在法国，三次国有化的浪潮，使国家所有制在国民经济中占很大比重并发挥着重要的作用。特别在20世纪80年代初左翼政府实施扩大的国有化后，国有经济成分在国民经济中占比高达20%～25%，经过几次私有化后才略有下降，占比在10%～15%。

法国还存在大量的合作经济，目前占国民经济的5%。它们已经遍布法国生产、消费、供应、销售、运输、信贷、保险和旅游等各个领域，涉及农业、手工业、建筑业、渔业、商业、金融以及教育等许多部门。合作经济的活动关联着约法国1/4人口的经济和社会，特别是在法国农业生产上下游占据了十分重要的地位，成为有影响的经济和社会力量。合作社是合作经济的基础，是地地道道的社会所有制企业。法国合作组织不以营利为目的，采取一人一票的民主管理制，自愿参与和退出，实行分红制，旨在帮助社员解决生产和生活中的困难。

三 计划合同制

法国经济制度另一重要内容，就是实行计划合同制。法国是最早实行计划化的国家，于1946年设置了计划总署，负责制订计划。计划包括总体目标、方针和政策、宏观经济总量指标，还包括为实现这些目标所采取的政策和手段。计划具有指导性、协调性、协商性、灵活多样性和连续性的特点。自二战后以来已经制定了10个每4~5年的中期经济和社会发展计划（1947~1992年）。从1993年起，法国为适应国内外形势新变化放弃了实施近50年的国家经济和社会发展计划。

放弃中长期经济和社会发展计划，并不意味着国家放弃对经济和社会的直接干预。其一，通过“计划合同制”，即“国家-大区计划合同”和“国家-企业计划合同”来引导经济发展方向，贯彻国家的发展战略，实现国家计划项目，从而使国家发展目标与地区和企业的经济活动协调一致。其二，通过选择具有战略意义的少数领域作为优先行动的项目，以此指明未来几年国家总体经济发展目标和方向，供经济部门和企业制定国民经济中期计划。

四　创建经济发展新模式

进入21世纪，法国在发展经济过程中，创建了许多经济发展新模式，除了已经介绍过的数字经济模式和可持续发展模式外，还有低碳经济模式、绿色经济模式、循环经济模式、分享经济模式、社会和互助经济模式、银发经济模式等。

低碳经济模式　法国低碳经济的发展一直处于世界先进水平，目前法国人均温室气体排放量比欧洲平均水平要低21%。为了应对全球气候变暖和可持续发展，法国提出低碳经济发展模式并出台了一系列政策措施，2000年1月实施“预防气候变化全国行动计划”，同年12月又出台了“全国改善能源消耗效率行动”方案，2001年法国通过了节能规范标准。

2008年，法国把发展低碳经济提升为国家发展的重大战略，并选择可再生能源、环保汽车、核能作为突破口。2015年《能源转型法》提出了多个重要的目标：①减少能源消耗。中期目标是到2030年，能源总消耗比2012年减少30%，温室气体排放比1990年降低40%，并且增加32%的可再生能源产品的利用。②调整能源供应结构。计划到2025年，核能发电量由现在的77%降低到50%，并将核能发电量限制在当前4360亿度水平。③鼓励可再生能源产业的发展，简化可再生能源产业监管的框架结构，同时进一步加大市场竞争在行业中的作用。

法国于2014年开始针对天然气、石油和煤炭等化石能源征收碳税。法国碳税税率将在2020年达到每吨二氧化碳56欧元，到2030年继续提高到每吨100欧元。法国通过碳税杠杆来减少化石能源的二氧化碳排放，通过低碳经济实现经济发展方式的转变。

绿色经济模式 法国要争当全球“生态先锋”，加速迈向“绿色大国”的步伐。2009年7月，法国议会通过的新环保法草案，涉及气候、能源、交通、农业等多个领域，明确了法国未来的环保发展方向。2015年1月，法国成立“绿色经济委员会”（CEV），旨在尊重自然与社会的平衡，发展更加节约自然资源的生产和消费型的模式，并制定绿色经济政策，积极推动绿色经济的增长。

“绿色经济委员会”在就业与培训、经济、税收、科研与创新四个方面，提出建设绿色经济的17项指标。例如，确定绿色经济行业的供求平衡关系；规定绿色经济的增加值以及增加值在国内生产总值中的占比；规划绿色经济的出口比例；确定绿色经济的税收总额；规定能源工业的投资；规划绿色经济的科研与创新的开支等。

在促进绿色经济增长方面，计划到2050年，全部建筑须符合“低耗能建筑”标准；增加电动汽车充电桩数量；2016年1月1日起全面禁止一次性塑料袋的使用；2020年起禁止使用一次性塑料餐具。法国在绿色经济发展方面走在了欧洲乃至全球的前面。

循环经济模式 2013年10月，法国在第二届环境大会上雄心勃勃地提出了建设“循环经济”的构想，即改变对传统能源的依赖，使经济发展不仅不以牺牲环境为代价，还能促进就业和技术创新。自此，法国开始把循环经济提升为国家战略，并要逐步在向循环经济转变中建立起法国循环经济的模式。

分享经济模式 分享经济（économie du partage）也叫协作经济，是指通过互联网等技术平台，帮助人们以高效的方式分享彼此的财产、时间和技能等闲置资源。在法国，个人消费观念逐步由注重“拥有”向注重“使用”转变，个人间物品和服务的交换非常普遍，二手物品的买卖尤为常见，为分享经济的萌生和发展提供了良好的市场基础。新技术的兴起扩大了人们的联系范围，拼车、团购、以物易物等推动了法国“分享经济”的发展。

2015 年法国发布的《分享经济的挑战与前景》报告，将法国和美国、西班牙一同位列世界上分享经济最发达的三个国家。法国分享经济企业非常具有活力，它们涉足衣、食、住、行、娱乐、购物、服务、融资和交通仓储等各个领域。

社会和互助经济模式 社会和互助经济是指以合作社、互助社、协会、基金会等形式组成的、内部管理和相关活动建立在互助和社会效应的原则基础上的企业或机构的总称。2014 年的《社会互助经济法》规定，这些企业内部管理方式上注意集体参与、讲究民主，经营所得利润的使用受到严格限制，禁止个人分红，必须用于再投资，因此政府也向该领域注资。2010 ~ 2015 年，法国社会和互助经济从业人员数量增长 26%，2015 年超过 239 万人，占私营领域就业总数的 1/8。目前，法国已经建立起成熟的社会和互助经济模式。

银发经济模式 从 60 岁以上老人占法国人口的比例看，法国已经是老龄化社会，向着长寿社会发展。老龄化社会给法国经济带来巨大挑战，同时也提供了创新的机遇。一是老年人需要相应的照护服务和商品，二是老年人也需要娱乐和精神寄托。为了应对人口的转型，法国正在发展银发经济。2013 年，法国在法兰西岛大区的马恩河谷地方设立了“银谷”（silver valley），一批专门为老年人服务的企业汇聚其中，如机器人技术、家庭自动化产业、远程协助和监控、远程医疗等，积极为老年人服务，提高老年人生活质量，同时也活跃了当地的经济和增加了就业机会。银发经济和围绕老年人的新兴市场正在法国发展起来。

第四节 农业

一 农业概况

法国气候适宜，土地肥沃，为农业发展提供了得天独厚的条件，但是，二战前，法国小农数量众多、农业技术落后、经营分散且规模小的农业经济一直制约法国经济发展和农业经济的现代化。二战后，法国把农业放在优先发展的位置，采取积极干预农业政策，加大支农投入；加强农业和农村基层设施建设，完成道路交通互联互通；对农业进行结构调整，实施技术改造；开展领土治理，推动土地适度集中；发展农业互助组织、联合体和合作社，并使这些一体化农业组织不断地扩大其功能；推进农业专业化和商品化；建立和健全农民的社会保障制度和农业的社会保险等措施。20 世纪 70 年代初，法国顺利完成从传统农业到现代农业的转型，实现了农业现代化。

20 世纪 90 年代，欧盟大幅度减少对法国农产品价格（包括出口价）的补贴，而作为共同农业政策最大受益国的法国在这种形势下不得不加大对法国农业及其结构战略性调整的力度。法国于 1995 年实施农业现代化法，涉及 22 个方面的农业政策措施。1999 年新的《农业指导法》，鼓励青年从事农业经营，规定了改善农民生产条件、提高农民生活水平、改进农民社会保障体制以及保证并逐步提高农民养老金金额等目标。2000 年实施《2000～2006 年全国农村发展计划》，加大兴农扶农政策的力度，如对创办多功能农业和绿色农业项目的农业经营者提供优惠贷款和资金援助，向扎根农村的青年农业经营者提供安置援助和优惠信贷，减免他们的所得税和社会保障摊款。在赋税方面，除了减少青年农民的转让和继承税以外，在立业后的头 5 年可以享受减少所得税 50% 和减少非建筑土地税 50% 的待遇。对陷入困境的农民，国家提供跟踪援助，并采取措施减轻其财务负担、税务负担和社会摊款负担等。

正是上述的政策和措施，解决了法国的“三农”问题，释放了农业生产力，从而使法国农业以较高的速度发展，从二战后到 2008 年经济危机前，法国农业年均增长率为 3%。受经济危机和气候变化的影响，2008～2017 年年均增长率降为 1.9%。

总之，经过半个多世纪的努力，法国农业以崭新的面貌展示在世人面前。法国农业无论产量还是产值，在欧盟中都居首位，保持欧盟中第一大农产品国的地位。法国的粮食、葡萄酒、甜菜、牛肉、家禽肉、鸡蛋等主要农产品产量都居欧盟第一位。从20世纪70年代末起法国是仅次于美国的第二大农产品特别是谷物和农业食品出口国，而在此以前在国际市场上法国农产品出口仅占第七位。自1971年以来（1978年除外），法国农产品在对外贸易中一向是顺差大户，对弥补法国外贸逆差和增加法国外贸中的顺差起着不可替代的作用。在法国，出口的农产品和农业食品被称为“绿色石油”，为法国带来巨额的外汇收入。20世纪初，法国一个农民的年生产量仅能养活2.5人，80年代可以养活30人，90年代起可以养活40人，21世纪20年代则可以养活89人。

2015年，法国拥有可耕地面积为2799.9万公顷，占法国本土面积的51%，占欧盟农业土地面积的23%。2018年，法国农作物产值为431.3亿欧元，占欧盟农作物总产值的19.4%，法国畜牧业产值为257.6亿欧元，占欧盟畜牧业总产值的14.7%。

法国谷物（小麦和玉米）产量1990年为5510万吨，2000年为6560万吨，2010年为6550万吨，2017年为6860万吨。其中，小麦产量（包括软小麦和硬小麦）1990年为3340万吨，2000年为3740万吨，2010年为3800万吨，2017年为3660万吨。玉米产量1990年为940万吨，2000年为1600万吨，2010年为1410万吨，2017年为1450万吨。牛产量1990年为2140万头，2000年为2130万头，2010年为1960万头，2017年为1900万头。猪产量1990年为1230万头，2000年为1510万头，2010年为1430万头，2017年为1290万头。羊产量1990年为1140万头，2000年为960万头，2010年为800万头，2017年为690万头。

法国酒产量1970年为74.4亿升，1990年为65.5亿升，2015年为47.9亿升，2017年为36.8亿升。酒的产量自1974年以来一直在减少，是因为法国正在逐步调整酒生产的结构，大幅度减少中低档酒的产量，大力提高高档酒如精制葡萄酒的产量。2017年，法国葡萄酒产量为34.7亿升，在世界蝉联第二大葡萄酒生产国，也是法国第二大出口产品。法国精制葡萄酒产量（2009年改名为“被保护原产地葡萄酒”〔AOP葡萄酒〕）2012年为19.7亿升，2015年为31.1亿升，2017年为24.4亿升。

法国渔业和水产养殖业十分发达，在欧盟中仅次于西班牙和英国，排名第三位。法国拥有海洋捕鱼船队 1995 年为 6646 艘，2000 年为 5859 艘，2005 年为 5380 艘，2017 年为 3929 艘。法国海洋捕鱼量 2000 年为 40.8 万吨，2010 年为 44 万吨，2016 年 47.8 万吨。法国水产养殖业产量 2015 年为 16.3 万吨。尽管如此，但仍然不能满足国内对水产品日益增长的需求，每年要大量进口，2017 年进出口入超 81 万吨，总价值达 43.7 亿欧元，其中相当大部分属于名贵的品种。

近年来，法国农业面临很大的困境和挑战：其一，农业耕地面积日渐减少。其二，农业劳动力数量锐减。其三，一些地区的农村贫困程度加重，农民收入不足以支撑其生活和发展，兼职现象随之出现。其四，随着德国和荷兰等国的农业现代化发展，法国农业的现代化水平已逐渐落后。

二　农业结构的变化

从法国农业中的种植业和畜牧业两大部门对比来看，二战后到 50 年代，种植业产值超过畜牧业产值。50 年代以后，畜牧业产值开始超过种植业产值，1970 年畜牧业产值和种植业产值分别为 56.8% 和 43.2%，1981 年分别为 55% 和 45%。80 年代，法国种植业迅速增长，增加了近 40%，而畜牧业才增加 5%，从而使这两大部门的比例又发生了逆转性的变化。2018 年，种植业产值为 448 亿欧元，畜牧业产值为 256 亿欧元，两者的比例分别为 60% 和 40%。法国种植业的迅速发展，是国际市场特别是欧洲联盟市场对法国种植业需求扩大的结果。

随着法国农业的发展，农业劳动力①数量急剧减少，1990 年为 132.6 万，2000 年为 96.7 万，2010 年为 97.5 万，2011 年为 78.5 万，2012 年为 77.4 万，2013 年为 76.7 万，2017 年再减为 69.8 万。农业劳动力占就业人口比例，1990 年为 5.7%，2000 年为 3.9%，2006 年为 3.4%，2017 年降为 2.6%。

从农业经济的规模看，从事小规模农业经营的农民数量 2000 年为 27.8 万人，2010 年减为 17.8 万人，2016 年再减为 13.7 万人；从事中等规模农业经营的农民数量 2000 年为 21.8 万人，2010 年减为 15.1 万人，

① 农业劳动力包含农场主、农业经营者、农业家庭辅助劳动力、非农业家庭劳动力。

2016 年再减为 11.5 万人；从事大规模农业经营的农民数量 2000 年为 16.8 万人，2010 年为 16.2 万人，2016 年增加到 18.5 万人。由统计数据可以看出，如同二战后法国农业经营规模的发展脉络一样，法国大规模经营的农场主数量不断地增加，其使用的土地面积不断地扩大，他们平均使用土地面积超过 100 公顷。而中小规模农业经营者的数量在减少，其使用的土地面积平均为 11 公顷。在大型农场中，3/4 属于联合体或合作社的农场。其中 3/4 是农业有限责任经营体，1/4 是农业共同经营联合体。

2017 年，从事农业劳作的结构如下：农场主和联合体的会员占 57.9%，夫妻和非领工资的亲友占 6.2%，常年雇佣的领工资者占 20.0%，季节性的领工资者占 16.0%。由此可见，法国从事农业劳作者绝大多数是农业经营者。

二战前，法国农业地区主要以传统的混作方式经营，二战后则向着专业化的方向发展，从而改变了法国农业的生产结构和地理结构。法国农业专业化可以概括为区域专业化、农场专业化和作业专业化三种类型。在区域专业化方面，依据自然条件和农业资源全国形成四个商品产区：①大耕作区，分布在巴黎盆地和中部地区，以种植粮食、甜菜、蛋白或脂肪植物等为主，其小麦产量占全国的 33%，甜菜种植面积占全国的 73%。②畜牧业区，分布于法国西部，以发展奶牛、肉牛、肉羊、猪和禽等饲养业为主，如布列塔尼畜牧生产基地提供全国猪肉产量的 40%、禽肉的 30%、牛肉的 32%、蛋的 20%。③园艺生产区，分布于法国南部，以生产水果、蔬菜等为主。④农业兼营区，主要在山区和某些工业区。在农场专业化方面，按经营内容大体分为畜牧农场、谷物农场、葡萄农场、水果农场、蔬菜农场等，大部分专业农场只经营一种产品。作业专业化农场是将过去由一个农场完成的全部工作，如耕种、田间管理、收获、运输、储藏、营销等，大部分环节由农场以外的企业来承担。

三　大力发展绿色农业

20 世纪 80 年代，法国农业耕作中广泛使用化肥和农药，这在一定程度上提高了土地单产量，但也带来了土壤板结、肥力下降、水土流失、生物链和生物多样性遭破坏、生态环境退化、农产品质量降低和国际市场竞争力下降等一系列问题。法国环保组织呼吁保护农业生态，转变农业生产方式。法国政府也意识到食品安全以及农业生态环境保护的重要性，于1981年提出要大力发展“绿色农业”。

在法国，绿色农业是指在现代农业种植过程中，通盘考虑和全面兼顾生产者经济利益、消费者需求和环境保护，以实现农业可持续发展。也是指在农产品的生产、仓储、保鲜当中不使用合成化学产品，不采取转基因技术的农业。法国还于1986年创立了专门用于绿色农业的符号“AB”，只有95%以上的原料是生态绿色原料的农产品才有资格获得“AB”标志。

为鼓励绿色生态农业和食品加工业发展，法国于2008年发布“绿色生态农业与食品加工业2012远景计划”，旨在提高绿色生态农业产量，力争绿色农业耕种面积占可耕地面积的6%。其主要措施包括设立1500万欧元的绿色未来基金，用于支持生态农业结构调整，形成产品生产、收购、加工、销售的渠道。法国还对从非绿色农业向绿色农业转变的农户提供免税等优惠待遇。与此同时，法国十分注意农业生态环境的问题，制定并实施了保护农业环境的政策，限制城市向农村排放未经处理的废料和垃圾；在全国推广有机农业与减少农药的使用；对于农业自身对环境的污染，还专门实施了一套政策，用经济鼓励的办法来达到控制污染的目标。法国从1999年起每年举办一次以“今天我吃绿色食品”为主题的全国绿色农业周。绿色农业周期间，法国农业生产者、食品加工商、食品批发商等所有绿色农业领域的单位和个人策划数百种活动，其中包括绿色农业讲座、品尝绿色食品以及参观绿色食品种植加工过程等。此外，法国不断加强对绿色农业生产的支持和人员培训，如在生态农产品消费方面，强制要求所有食堂和餐厅菜谱中有20%为绿色食品。

到2010年末，法国从事绿色农业生产的农地面积达到84.5万公顷，比2009年增长25%，占农地总面积的3.09%，从事绿色农业的经营者超过3万个，绿色农产品分销商2819个。

目前，绿色食品受到越来越多法国人的青睐，食用绿色食品更是一种风尚。在法国大街小巷，我们经常会看到很多的绿色食品商店。他们的商标上会明显的标注绿色的“BIO”字样，用来告诉消费者这些商品全部是绿色无公害的。

四 农业合作社

法国农业合作社产生于19世纪末期，1972年关于合作社法律规定合作社的法律地位：合作社实行统一章程，章程由国家的法令进行规范；“农业合作社及其合作社联盟是不同于民事企业和贸易企业的一类特殊企业，它具有独立法人权利和完全民事权利”；“农业合作社的目的是，农民共同利用便于发展其经济活动的相关手段，以扩大该经济活动的效益”；合作社不追求社员所要求的经济与社会利益以外的其他利益。

在法国，合作社的组建是基于农民的自愿合作，而不带有任何的被迫性质。社员入社的程序根据合作社的规模大小而有所区别。规模较小的合作社，社员入社前要填写申请书，由理事会决定是否接纳入社；规模较大的合作社则设分区管委会，申请入社只需征得分区管委会同意后即可到合作社总部办理登记手续，无须理事会批准。社员入社时一般都要按照与合作社预期交易量的多少缴纳股金。股金不参与分红，但每年可根据全体大会的决定支付一定的利息，利息一般低于同期银行活期利率。社员大会是合作社的权力机构，规模较大的合作社则设立社员代表大会。理事会由社员大会或社员代表大会选举产生，它向社员大会或社员代表大会提出年度工作报告和利润分配方案，由社员大会或社员代表大会研究、讨论和表决。法国农业合作社的表决实行一人一票制。法国农业合作社有独立的财务制度和核算办法。法国合作社的盈余分配主要有两部分组成，一是按照社员与合作社的交易额向社员进行盈余返还，二是留作合作社的发展基金。

20世纪80年代以后，合作社规模逐步扩大，数量减少，经营内容也扩展到加工、贮藏和销售领域。法国农业合作社有如下的功能：①农业生产资料（种子、化肥、农药）的生产、采购和供应；②生产过程的技术服务，包括土壤成分分析，农作物的生长管理，化肥、农药使用的时间、数量指导，动物营养和保健等；③统一建立农产品质量标准，并负责这些标准的落实；④共同使用农业机械；⑤统一进行农产品的贮藏、运输、加工和销售；⑥信息服务，包括市场信息、法律咨询等；⑦农业科研服务。

法国农业合作社主要有五种类型：①农业共同经营联合体（GAEC）；②农业有限责任经营体（EARL）；③农产品营销合作社（CCPA）；④农业经营合作社公司（SCEA）；⑤共同使用农业生产资料合作社（CUMA）；⑥牲畜选育与人工授精合作社（CEIA）；⑦农业互助信贷合作社（CCAM）。其中，农业共同经营联合体和农业有限责任经营体是最主要的、使用最广泛的合作组织。

农业共同经营联合体诞生于1962年，它是一种农业家庭合作组织。这种组织至少由两个以上的个人农场组成，其成员大多具有血缘关系，但是夫妻两人不得组成这种联合体。它的特点是组织的成员必须出资，可以是资金，也可以是农业生产设备、房屋、土地等实物，资本在股东之间按份额分配。与一般的工商业公司不同的是，农业共同经营联合体中带来资本的人必须参与劳动，共同使用生产工具和土地，或设立生产车间共同管理经营，但仍可保留自己农场在经济、社会、税收方面的独立的法律地位。2009年，法国共有3.8万个农业共同经营联合体。这些联合体大都属于中等规模，并朝向饲养牛羊等畜牧业的专业化方向发展。

农业有限责任经营体出现于1985年，是一种农产品生产合作社。该经营体可以由一个农业经营者成立，也可以由多个农业经营者组成。其成员不一定都参加劳动，但需要提供资金。农业有限责任经营体可以常年雇用劳动者。为了扶持农业有限责任经营体的发展，法国《农业指导法》规定其纳税方式可采用农业利润方式纳税，而不必按照公司税纳税。农业有限责任经营体的优点在于可以利用更多的农业外部资金，有利于维护农业的发展。2009年，法国共有6.82万个农业有限责任经营体。这些经营体大都属于大型规模，并朝大田作物的专业化方向发展。

第五节 工业

一 工业概况

从二战后到20世纪70年代中期，由于丰富的劳动力资源、国际市场上廉价的能源和原料、科技发明在工业中的应用和推广、西欧共同市场的建立和运转，特别是60年代工业企业的集中、工业资本的高积累和投入比例的提高，法国工业得到了高速的发展。1949～1969年，法国工业生产年平均以5.3%的速度增长，高于同期PIB增长。正是第三次工业革命时期，法国诞生了许多新兴的和尖端的工业，如石油精炼工业、核能工业、合成纤维、运输和电信、信息和电子工业，等等。也正是这个时期，法国诞生了新的大工业集团，如佩希内集团（Groupe Péchiney）、罗讷－普朗集团（Groupe Rhône-Poulenc）、汤姆森集团（Groupe Thomson）等。

20世纪70年代中期，由于经济危机和国际石油价格的上涨、投资大幅度下降和国际市场中商品的激烈竞争，法国制造业增长的速度放慢了，1980～1989年年均仅为1.5%，1989～2000年年均为2.5%，2000～2007年年均为0.8%。金融和经济危机期间，法国制造业受到沉重打击，2007～2012年年均下跌为－1.9%，2013年为－0.5%，2014年开始回升为0.3%。但是，法国“再工业化”，先后推出两期《新工业法国计划》以及《国家与企业结成伙伴关系》的工业战略已经初见成效，2015年为1.9%，2016年回落到0.9%。“法国制造”的新产品不断涌现，法国工业和制造业在经济中的比重开始回升，其国际竞争力有所提高。

总之，经过半个多世纪的努力，法国在欧洲是仅次于德国的第二大工业国，在世界上是仅次于美国、日本、德国和中国的第五大工业国。法国工业在国际市场上拥有许多强项，其中文化产业、奢侈品、医药、航天航空、核工业和旅游业在全球占据领先地位。法国的能源价格由于核工业的优势地位，在欧洲和全球都极具竞争力。在法国制造业中，排名第一位至第三位的行业分别是农副产品工业、汽车工业及化工业。

2016年，法国工业企业总共有26.1万家，其中，制造业为21.6万家，采掘、能源、水务、垃圾和污染治理为4.5万家；工业企业职工总数为289.9万人，其中，制造业职工为256万人，采掘、能源、水务、垃圾和污染治理职工为33.4万人；营业总额为10616亿欧元，其中，制造业营业额为9085亿欧元，采掘、能源、水务、垃圾和污染治理营业额为

1531 亿欧元；增加值总额为 2709 亿欧元，其中，制造业增加值为 2289 亿欧元，采掘、能源、水务、垃圾和污染治理增加值为 420 亿欧元；外贸出超总额为 787 亿欧元，其中，制造业外贸出超为 590 亿欧元，采掘、能源、水务、垃圾和污染治理外贸出超为 197 亿欧元。

二 工业布局

二战后初期，法国工业大多集中在北部地区、东北部地区、巴黎地区、塞纳盆地和里昂地区。如果从西北的勒阿弗尔向东南的马赛画一条分割线，那么以东则是法国的工业区，特别是东北方向，以西则是非工业区，比较荒凉。东北部以洛林为主，是传统的钢铁工业区。汽车工业主要集中在巴黎、里昂、斯特拉斯堡、圣艾蒂安；航空工业主要分布在巴黎、图卢兹、波尔多、马赛、特尔贝斯等；电力工业主要在布列塔尼、卢瓦尔河流域和罗讷河地区；化学工业主要集中在里昂、巴黎、南锡等。从 20 世纪 50 年代起法国推行工业分散化的政策，特别 1963 年成立“领土整治和地区行动代表团”以及欧洲经济共同体的成立，加速了法国工业布局的变化。

目前，西部地区和西南部地区已经变为新兴工业地区。在西部的卡昂、雷恩、勒芒等发展汽车工业，在布列塔尼北部发展电器工业和电子工业，在巴黎盆地特别是中央高原和勃艮第发展高科技工业。法国工业的最亮点现在在西南部和地中海沿岸地带，波尔多、塔布、图卢兹和蒙彼利埃一带是法国航空和航天工业基地。从勒阿弗尔至马赛以西地区已经拥有了先进的工业，地中海沿岸马赛—福斯石油工业和石油化工工业，罗讷河口的福斯临海钢铁企业。

拥有法国第一代工业（采矿、纺织等）和第二代工业（冶金、汽车等）的传统工业地区经过工业结构的调整和技术改造，其面貌也焕然一新。阿尔萨斯不仅保留了传统的纺织工业，还发展了电子工业和汽车配件工业。在洛林地区设有许多外资企业，特别是德国投资的企业。北部－加来海峡地区已成为法国第一大工业区，那里集中了法国的汽车和冶金工业。法兰西岛和巴黎 20 世纪 90 年代以来也成为法国多种工业的中心。南部的阿尔卑斯、蓝色海岸发展化学工业和微电子工业。

法兰西岛大区是法国首屈一指的经济大区，也是法国首屈一指的工业大区，它的工业产值、职工、外贸额均占全国1/4以上，传统的时装设计、纺织、化妆品工业更是举世闻名。奥弗涅-罗讷-阿尔卑斯大区是法国第二大经济区，其中有生物医药工业，占法国该行业的1/5；电子和信息工业；化学和类化学工业，是法国最大的化学工业群；机械工业，排名法国第一；汽车工业；塑料加工业，排名法国第一，其产量为全法国的1/5；高科技纺织业和服装业企业；食品加工业。值得一提的是大区的能源生产亦居法国第一位，全法国约40%的水力发电、1/4的核能发电、1/5的热能均来自该大区。

三 工业部门

1. 能源工业

自20世纪70年代以来，法国为减少对国外能源进口的依赖，大力发展本国的能源工业，从而使法国能源工业有了较大的发展。法国初级能源生产，包括石油、煤、电力、核能、天然气、风力和其他再生能，1973年仅有0.44亿相当石油级吨，1990年上升为1.11亿吨，2002年为1.35亿吨，2013年为1.38亿吨，2014年为1.39亿吨，2016年为1.30亿吨。法国能源自给率，2014年为56.5%，2016年为52.5%。

石油工业 法国石油2017年生产100万吨，仅满足全国1%的需要，绝大部分依赖进口。法国进口石油的绝大部分是用来提炼石油产品。法国大力发展炼油厂，一方面满足国内对石油产品的需要，另一方面用于出口来减少进口原油的巨额赤字。法国拥有13家炼油厂，年提炼石油产品8600万吨，提炼石油的能力在世界上排在第九位，石油产品占世界石油产品总量的2.3%。法国提炼石油技术仅次于美国，居世界第二位。

法国道达尔集团（Groupe Total）创建于1924年，是全球四大石油化工公司之一，总部设在法国巴黎，旗下由道达尔（Total）、菲纳（Fina）、埃尔夫（Elf）三个品牌组成。近几年来，道达尔集团加紧实施扩张再生能源、清洁能源和电力业务的战略。

电力工业 二战后法国电力工业发展很快，1950 年发电量为 330 亿度，1960 年为 721 亿度，1970 年为 1406 亿度，1980 年为 2457 亿度，2000 年为 5400 亿度，2015 年为 5680 亿度，2017 年为 5380 亿度。20 世纪 80 年代初起，法国电力不仅满足了国内的需要，而且开始向周边国家输出。

在 2016 年法国电力生产总量中，核电占 72%，热力发电占 10%，水力发电占 12%，风力发电占 4%，光伏发电约占 2%。其中，传统热力发电 2013 年比 2012 年减少了 3.3%，2014 年又比 2013 年减少了 33.9%，可见，法国制造逐渐地淘汰高污染的热力发电。

法国电力公司（EDF）成立于 1946 年，是法国最著名的国有企业，也是全球最著名的电力公司之一。2015 年，它收购阿海珐集团核反应堆部门后，在核能方面进一步增强。作为在核能、热能、水电和可再生能源方面具有世界级工业竞争力的大型企业，法国电力集团可提供包括电力投资、工程设计以及电力管理与配送在内的一体化解决方案。

阿尔斯通有限公司（Alsthom）于 1928 年成立，原名通用电气阿尔斯通，1998 年改为现名。它提供的发电设备现已占全球总装机容量的 25%，在世界轨道交通市场拥有 18% 的市场份额。阿尔斯通开发出的创新、环保的领先技术已成为全球发电和轨道交通行业的基准。

核电能 法国核电站于 1960 年开始建设，1974 年石油危机后加快了建设核电站的步伐。核发电 1970 年为 51.5 亿度，2000 年为 4150 亿度，2015 年为 4370 亿度，2017 年为 3790 亿度。目前，法国拥有核电站 18 座，核发电机组 58 个。其发电占法国发电总量的比例在工业国家中居首位。法国已成为仅次于美国的世界第二核电能生产大国。

法国民用核电领域居世界领先地位，法国既拥有从铀矿开采、提炼，核电站整体设计、建造，到核废料处理等全过程系统技术，又具有强大的产业化能力。法国核反应堆至今没有任何一座发生过重大事故。法国建立了一套严密的制度，对核电站采取了系列化和标准化的管理，从核设施的设计到退役销毁，再到放射物的运输，都有法可循。目前，法国正在利用第三代核电技术，即欧洲压水堆技术（Epr）改造原有的核电站，从而使核电站运行更加安全可靠。此外，法国还投资巨额资金用于发展第四代核反应堆。不过，2015 年的《能源转型法》对核电生产能力设立了上限，并逐步淘汰老旧的核反应堆，从而减少对核能的依赖。

阿海珐集团（Groupe Areva）于 2001 年成立，是法国最著名的国有企业，也是全球领先的核能源建设公司。它集中在核燃料采矿、核燃料提炼和销售、废料回收等，且在拥有回收核废料再加工销售的核心技术。阿海珐集团与法国电力公司互有分工。前者主要负责核设备和核系统设计，采购核设备，建好核电站；后者主要负责新堆型的开发，负责核电站的总体和初步设计。2016 年，该集团拥有职工 3.6 万人，营业额为 1100 万欧元。

可再生能源和氢能源 法国拥有大量水电、风电、太阳能、地热、生物质能等可再生资源，是欧洲可再生能源第二大生产国和第二大消费国，其可再生能源生产量和消费量已经从 2005 年的 1537.9 万吨石油当量上升到 2016 年的 2407.7 万吨石油当量，占其全部能源产量的 16.4%。

在太阳光伏电能利用方面，2011 年，法国在法国南部建设尼斯智能电网，它是欧洲第一个智能太阳光伏电能示范项目。2016 年 12 月，法国在诺曼底大区奥恩省图鲁伏尔村（Tourouvre）铺设长达一公里的全球首条太阳光伏电能公路。法国计划 5 年内铺设 1000 公里长的太阳光伏电能公路。

在生物燃油生产方面，法国则位居美国、巴西、德国后，列世界第四位。法国主要生产两类生物燃油，一是用于与汽油混合使用的生物乙醇汽油，主要来源于甜菜、甘蔗、小麦、玉米、土豆等。二是用于与柴油混合使用的生物柴油，主要来源于油菜籽、葵花籽、大豆等。法国生物燃油和垃圾热能产量和消费从 2005 年的 850.6 万吨石油当量上升到 2016 年的 1024.7 万吨石油当量，约占世界总产量的 5%。

法国共拥有 56 个生物燃油生产基地，其中 32 个生产生物柴油。法国生物柴油工业公司（Diester industrie）是世界第一大生物柴油生产企业，年生产能力达到 235 万吨，占整个欧洲生物柴油生产的近 20%。该公司在欧洲共设有 14 家工厂，其中 7 家设在法国。

法国海洋能产量和消费从2005年的4.1万吨石油当量上升到2016年的4.2万吨石油当量。法国地能的电能和热能产量和消费从2005年的11.5万吨石油当量上升到2016年的13.3万吨石油当量。法国生物沼气的产量和消费从2005年的9.0万吨石油当量上升到2016年的34.6万吨石油当量。法国推出"氢能源展望"规划，于2009～2016年投入1.9亿欧元，使氢燃料电池等燃料电池产业得到了显著发展。

天然气工业 法国绝大部分天然气要从挪威、俄罗斯、荷兰、阿尔及利亚、尼日尼亚、卡塔尔等国家进口，以满足法国经济发展和人民生活的需要。2016年，法国总共进口412亿立方米天然气。现在，法国准备开采洛林大区和北部－加来海峡大区的煤层气，其储量分别达3710亿立方米和600亿立方米。这将满足法国超过10年的天然气消费。

2. 汽车业与造船业

汽车业 早在1769年，法国试制成功了世界上第一辆具有实用价值的蒸汽汽车，从而引发了世界性的研究和制造汽车的热潮。1828年法国制造了一辆蒸汽牵引汽车，其独创的差速器及独立悬挂技术至今仍在汽车上广泛应用着。1890年法国生产第一辆汽油汽车。19世纪末诞生的标致汽车生产公司和雷诺汽车生产公司大幅度地提高了法国汽车生产量，汽车产业成为法国的经济支柱之一，在历史上曾经为法国带来过一个个辉煌，也曾经把法兰西的浪漫文化撒播到全世界。

目前，法国是世界第四大汽车生产国，也是欧洲第二大汽车生产国。2017年法国在世界各地生产小汽车和卡车共782.8万辆，其中在法国国内生产为190.7万辆。法国汽车总体特点就是车体较小而设计新颖，符合大众化的方向，因此在西欧成为家庭轿车的热门。创立于1898年的巴黎车展是世界上第一个车展，也是世界五大车展之一。从1976年起，巴黎车展每两年举办一届。

为了发展环保型机动车，法国于2012年公布了一份汽车扶持计划，从而推动了环保型机动车产量的提高。与此同时，随着法国人环境保护意识的增强，污染较小的轿车越来越受到青睐，目前法国销售的低污染轿车占47%，占据了法国汽车市场的半壁江山。

标致汽车公司（Groupe Peugeot Citroën）创立于1890年，生产出法国第一辆汽油汽车，此后汽车产量激增。1976年标致公司吞并了法国历史悠久的雪铁龙公司，从而成为一家以生产汽车为主，兼营机械加工、运输、金融和服务业的跨国工业集团。20世纪80年代更是超过雷诺而登上榜首。

雷诺汽车公司（Groupe Renault）创建于1898年，1945年被改为国有。雷诺汽车公司生产汽车、拖拉机、农业机械、机床、农业食品等，在国外设有许多分公司，是国际上有名的跨国公司。1996年完成私有化，国家仅控制雷诺集团19.74%的股份，是最大的股东。

造船业　是法国传统的工业之一。20世纪70年代，法国造船业曾经达到过鼎盛时期，1974年造船135万吨，处于世界造船业第五位。自此以后，由于世界造船业的过剩和国际市场上的激烈竞争，法国造船业向下滑坡。20世纪80年代，法国五大造船厂合并为两大集团，其中设在圣纳泽尔（Saint-Nazaire）的大西洋船厂在造船技术和市场经营方面进行了重要改革，抢占海上游船市场，对法国造船业恢复生机也起到了相当大的推动作用。

法国著名的大西洋造船厂建于1861年，是法国最大的造船厂，也为法国海军生产军舰。法国政府拥有该造船厂的少数股权，韩国STX集团控股。它以建造大型邮轮闻名，世界最大的邮轮“玛丽女王二世”就出自该造船厂，法国第一艘核动力航母“戴高乐”号的船体亦由其制造。大西洋造船厂建造的“海洋和谐”号于2016年交付客户。它不仅是法国造船业迄今为止建造的最大邮轮，也是目前世界上最大的邮轮。“海洋和谐”号的建造，象征着法国造船业的重新繁荣。

3. 钢铁工业与化学工业

钢铁工业　法国铁矿资源丰富，储量居西欧首位。洛林铁矿是全国最大铁矿，储量占全国4/5以上，产量占全国铁矿石总产量的95%。但其品位较低，含磷较高。

法国现代化的钢铁工业始于19世纪70年代，一战后得到较大发展，二战后技术水平迅速提高，生产规模继续扩大。为了提高法国钢铁工业的竞争能力，利用良好的港口条件和进口富矿石和炼焦煤，从20世纪50年代末开始，兴建临海钢铁企业。一个是北部的敦刻尔克建有全国最大的现代化钢铁联合企业，另一个是地中海滨、罗讷河口左岸的福斯（Fos-Sur-Mer）建立了第二大临海钢铁联合企业。

20世纪80年代，法国对钢铁企业进行重组，对老的钢铁工业基地进行技术改造，从单纯追求产量改为注重提高钢铁的质量和科技含量，从而使法国钢铁工业焕然一新。但是，进入21世纪，法国钢产量又遭到金融和经济危机的打击。法国钢产量从1996年1700万吨下滑到2015年1499万吨。2015年，法国是欧盟中第三钢铁生产大国，其钢产量占欧盟钢总量的9%，仅次于德国（25.7%）和意大利（13.2%）。

法国钢铁工业主要集中在三个地区：一是洛林区，是法国最大的钢铁工业基地，其最大的钢铁工业中心有隆维、提翁维尔、梅斯、南锡等；二是北部煤矿区，主要中心有莫伯日、圣阿芒、敦刻尔克；三是里昂区，中心有里昂、圣太田。

法国北方钢铁联合公司（又称为“于西诺尔钢铁集团”〔Usinor〕），成立于1941年。该公司发展重点放在生产扁平材、不锈钢、特殊钢等具有高附加值的产品上。1995年该公司私有化后成为欧洲最大的冶金企业。该公司在法国国内钢铁产量已占法国钢铁产量的90%以上，并已成为世界著名钢铁集团。

化学工业 法国是世界上最早建立化工工业的国家，主要包括基础化工、边缘化工和医药化工三大部分，在世界上仅次于美国、日本和德国，占第四位，在欧洲仅次于德国，占第二位。法国化学工业是世界第三大出口国，仅次于德国和美国，也是法国主要创汇行业之一。

20世纪五六十年代是法国化学工业发展的黄金年代。70年代中期爆发的能源危机，石油价格猛涨，致使法国化学工业蓬勃发展的形势一落千丈。从1983年开始实施对化学工业的调整，进行化工企业的重组与经营分工重新布局，以提高企业的生产效率和竞争实力，适应国际市场竞争的需要，从而维护了法国化学工业的大国地位，做大做强法国化工领域一批骨干企业，增强了法国化学工业发展的活力。

进入 21 世纪，法国化学工业由于投资下滑和国际竞争力激烈，10 年间化工品产量年均增幅仅为 0.8%。在金融危机和经济危机期间，法国化学工业进行了升级换代，从而使法国化学工业加快复苏。2016 年，法国化学工业产值为 877 亿欧元，其中，基础化工和边缘化工产值为 622 亿欧元，医药化工产值为 255 亿欧元。法国化学工业在世界上排名第六，居中国、美国、日本、德国、韩国之后，其中，法国医药化工是欧洲第一，全球第三大制药市场。法国医药化工也是出口创汇较多的行业之一，约有 1/3 的药品向全球 120 多个国家和地区出口。

萨诺菲－安万特集团（Sanofi-Aventis）成立于 2004 年，是世界第三大制药公司，在欧洲排名第一。该集团开发创新的治疗方案，在七大治疗领域居领先地位：心血管疾病、血栓形成、肿瘤学、糖尿病、中枢神经系统、内科学和疫苗，产品在各自的治疗范围都属世界领先的药物。

法国香水早在一战前就享有世界声誉。目前，法国每年生产的香水约有 1/4 用于出口，故很少受到法国经济危机和衰退的影响。法国香水及化妆品业在世界同类行业的贸易中一直名列前茅，这不能不说是法国工业的骄傲。格拉斯、里昂和巴黎是生产香水和香料的三大中心。在国际上享有盛誉的有克里斯蒂安·迪奥（Christian Dior）、伊夫·圣－洛朗（Yves Saint-Laurent）、尼娜·里奇（Nina Ricci）、香奈尔（Chanel）等。从 1990 年起，法国化妆品生产超过了香水的产量，欧莱雅（Oréal）是世界第一的化妆品生产厂家。

迪奥成立于 1947 年，是国际集团是世界奢侈品的代表，经营高级女装、高级成衣、香水、化妆品、珠宝，以及包括手表、高级女包、女鞋、太阳眼镜等在内的配件。包中最有名的就是马鞍形 logo 图案包。经典香水有“毒药”系列（poison）、Miss Dior、沙丘等。

欧莱雅集团创建于 1907 年，是知名度最高、历史最为悠久的大众化妆品品牌公司，主要生产染发护发、彩妆及护肤产品。欧莱雅集团的香水品牌有阿玛尼（Giorgio Armani）、拉尔夫·劳伦（Ralph Lauren）、卡夏尔（Cael）、维果 & 罗夫（Viktor & Rolf）等。

橡胶工业是法国工业的强项之一，是世界第三大橡胶出口国。著名的公司是米其林公司（Société Michelin），成立于1889年，其生产的轮胎和内胎占世界生产量的19%，是世界第一大轮胎和内胎生产公司。

4　尖端产品工业

航空和航天工业　法国航空工业历史悠久，二战前就已经很发达。二战后经过重建，也得到了长足的发展。法国航天工业于60年代起步，经过几十年的努力取得了显著的成绩。为了提高在国际市场上的竞争力，法国航空工业和航天工业加强了与欧洲国家特别是欧盟成员国的合作，共同生产和开发航空和航天工业品。20世纪70年代以来，法国航空航天工业形成了一个基础比较雄厚、技术比较先进、结构比较完整的教学、科研、设计和生产配套的航空航天体系。

法国航空航天工业在欧洲仅次于英国居第二位，从业人数约为11万，销售额居欧洲首位。其航空航天产品的种类很多，包括战斗机、轰炸机、运输机、直升机、航空发动机和火箭发动机、航空航天电子设备、火箭、战略弹道导弹、战术导弹、通信卫星和观察卫星等。

空中客车集团（Groupe Airbus）前身是法国飞机公司，1970年与德、英、西班牙联合成立，总部设在图卢兹。它是全球第二大航天企业，专门生产民用飞机。它除了整机设计、制造和集成组装外，关键环节技术方面的复杂电子系统和关键部件的飞机发动机均由法国制造或集成制造。该集团生产单通道的A320（A318/A319/A320/A321）系列、宽体A300/A310系列、远程型宽体A330/A340系列、全新远程中等运力的A350宽体系列，以及超远程的双层A380系列。2018年，空中客车集团推出A220系列飞机，包括A220-100和A220-300两种型号，作为对空客现有最畅销机型A320neo系列飞机的补充。截至2016年6月，空中客车集团获得总订单合计16674架，已交付合计9859架，储备订单合计6815架，飞机正航总数为8967架。

阿丽亚娜太空公司（Arianespace SA）是以法国空间研究中心为主、欧盟14个成员国共同参与，于1980年建立的。它接手阿丽亚娜（Ariane）系列运载火箭计划中火箭建造、操作与商业营运等方面的任务，并在法属圭亚那建立圭亚那太空中心火箭发射场。

马塞尔·达索工业集团（Groupe industriel Marcel Dassault）是家族式私营工业集团，成立于1929年。它开展多种经营，曾以生产“幻影”战斗机闻名遐迩，目前是欧洲唯一的小型喷气式商务客机制造商，在业内分得世界市场的半壁江山。成立于1992年的欧洲直升机公司，是世界上负载较重直升机的制造商，目前以占据世界市场的50%而位居全球第一。

电子工业 法国的电气和电子工业在西方国家中仅次于英国和德国，及亚洲日本，一直保持较高的发展速度。产品包括专业电子设备、电子计算机、电气设备、家用电器等。其中激光发生器、光纤制导系统、声呐等在世界上享有盛誉。

法国生产电子产品的企业，绝大多数是中小企业，其产品主要为小型电子计算机和微型数字处理器。此外，法国还利用电子元件生产小型或微型医疗手术器械。在法国东南部的格勒诺布尔市，拥有8000多家生产高技术电子产品的企业，被称为法国的“硅谷”。主要大公司有生产经营通信、电子、电气机械和电缆的通用电气公司及生产经营电子设备和家用电器的汤姆森-布朗特公司。

机器人 法国于2013年推出了《法国机器人发展计划》，旨在创造有利条件，推动机器人产业持续发展，并实现“到2020年成为世界机器人领域前五强”的目标。

法国拥有专注于机器人领域的极富竞争力的工业园区，如布列塔尼大区的Images et Reseaux园区、罗恩-阿尔卑斯省的Minalogic和Imaginov园区、巴黎的Cap Digital园区、阿基坦-利穆赞-普瓦图-夏朗德大区的Aerospace Valley园区以及奥弗涅-罗讷-阿尔卑斯大区的ViaMeca园区。

人工智能 法国于2017年推出《法国人工智能战略》，着手解决AI发展过程中的具体问题，包括完善科研成果商业化机制，培养领军企业、扶持新兴企业，加大公私合作、寻求大量公私资金资助，给予国家政策倾斜并建立专门执行机构等。2018年3月，法国决定在2022年前投资15亿欧元，在法国创建一个国际级的研发中心和一个“欧洲主权云空间”，培养法国在人工智能领域的人才。其中，约4亿欧元专门用于相关颠覆性创新项目的招投标，重点结合医疗、汽车、能源、金融、航天等法国较有优势的行业来研发人工智能技术。同年12月，法国再推出《国家发展人工智能战略计划》，预定在2022年以前斥资6.65亿欧元，把人工智能发展提升到全球最高水平，特别在卫生保健等领域成为人工智能应用方面领先的国家。

生物工程 法国生物技术公司处于前沿水平，正在开发的治疗产品有160多项。法国通过对基因的研究以及相关的酶、芳香剂、抗生素、试管农作物和园艺、环保工业中二酯和乙醇合成的研究并应用于实际，使法国生物工程形成了工业生产规模，从而开辟了“绿色市场”和生态工业。法国水处理、大气处理和垃圾处理的生物技术都走在世界的前列。

目前，法国有8个以生物技术和健康产业为主的技术开发区。它们是奥弗涅－罗讷－阿尔卑斯大区的“里昂生物技术开发区”（Lyonbiople），法兰西岛大区的“医药学技术开发区”（Medicen），阿尔萨斯的“阿尔萨斯生物谷”（Alsace BioValley），上法兰西大区的“营养、健康、长寿开发区”（Nutrition Santé Longévité），卢瓦尔河地区大区的“大西洋生物治疗技术开发区”（Atlantic Biothérapies），新阿基坦大区的“生产创新技术开发区”（Prod'Innov），奥克西塔尼大区的“欧洲生物医疗技术开发区”（Eurobiomed）和“癌症－生物－健康技术开发区”（Cancer-Bio-Santé）。在这些开发区中安家的外国企业有60多家。

5. 农产品加工业与纺织品工业

农产品加工业 20世纪50～70年代，法国农产品加工业处于落后状态，从80年代起奋起直追，其年均产量的增长率1980～1989年为2.1%，1989～2000年为1.6%，2000～2007年为0.8%。20世纪80年代末，法国农产品加工业一跃成为世界农产品加工业最发达的国家之一。21世纪初，法国农产品加工业依然保持发展的势头，法国是欧盟成员国中仅次于德国的第二号农产品加工的生产国。

法国加工农产品的对外贸易从20世纪80年代初开始从原来的净进口转变成为净出口，90年代末出超的余额在不断地扩大，1986年还只有6.8亿欧元，2017年为58.7亿欧元。在出口中，法国的酒和含酒精饮料是龙头产品，其次是谷物、奶制品。法国加工农产品的外贸盈余，为减少法国制造业产品的外贸乃至法国整体外贸的逆差做出了贡献。

法国农产品加工业已成为联结农业生产、农产品销售的关键环节。法国畜产品 80% 及种植业产品 30% 都由食品工业部门加工，其中肉类和奶类加工行业产值约占食品工业的 50% 左右。法国农产品加工业通过建立全面的质量管理体系，完善的政策支持，健全的科技推广体系推动着法国农产品加工业的发展。

2016 年，法国共有 59756 家农产品加工企业，雇用常年的领工资者共有 53.4 万名，营业额达 1797.3 亿欧元，增加值达 400.4 亿欧元。法国农产品加工业（除了烟草企业外）都是私营企业或合作社企业，属于中小型企业。

达能集团（Group Danone）是世界著名的食品集团，创建于 1966 年。达能是法国最大的食品集团，也是欧洲第三大食品集团，并列全球同类行业前六名。达能是世界和欧洲最大的鲜乳制品、饼干生产商，世界和欧洲第二大矿泉水生产商，欧洲最大的酱料及调味品生产商，欧洲第二大的啤酒和面条生产商，法国最大的婴儿食品生产商。

纺织工业 是法国传统的工业部门，也是法国第一次工业化过程中举足轻重的轻工业部门。从 19 世纪末开始，法国一向是纺织品的生产国和输出国。20 世纪末，随着新兴国家纺织工业的崛起并占据越来越大的全球纺织品市场的份额，法国从纺织品输出国变成输入国。在国际市场激烈的竞争中，法国调整纺织工业结构，半数以上纺织品企业倒闭，另一部分企业转向生产以高科技纺织品和奢侈纺织品为主的纺织品。

2016 年，法国纺织工业（包括纺织、成衣、皮革、鞋）共有企业 20302 家，职工 1.5 万人。法国的服装业一直兴旺不衰，以男装素雅，女装设计新颖、款式时髦而驰名于世。法国纺织品生产在欧盟排名第三，排在意大利和德国之后。法国人均消费纺织品在欧盟排名第四，排在意大利、德国、英国之后，每人每年消费纺织品 17.6 公斤。

法国纺织生产基地主要分布在上法兰西大区（纺织工业和高科技纺织工业）、奥弗涅－罗讷－阿尔卑斯大区（化学纤维）、大东大区（针织）、奥克西塔尼大区（针织）以及诺曼底大区。

5. 建筑和公共工程

建筑和公共工程是法国工业中最大的部门，也是法国经济中最大的支柱产业之一。然而，它遭遇金融和经济危机以及后危机的严重的打击。法国立即出台最新的刺激房地产业增长的行动计划，从而使2015年法国建筑和公共工程开始逐渐地走出低谷。

2016年，法国建筑和公共工程企业共有50.7万家，其中住房建设为6.3万家，土木工程为5944家，专门建筑工程为43.8万家。职工总数为127.6万，总营业额达2765.3亿欧元，总增加值为864.7亿欧元。法国建筑和公共工程的特点是小型企业众多，雇用10人以下小企业占96%。然而，雇用250人以上的大企业的营业额却占该行业营业额的1/4。

圣戈班集团（Group Saint-Gobain）于1665年创立，是实用材料的设计、生产及销售的世界领先集团。生产销售的材料包括汽车和建筑玻璃、玻璃瓶、管道系统、砂浆、石膏、耐火陶瓷以及晶体。

布伊格集团（Group Bouygues）成立于1978年。建筑业是布伊格集团的最基本的业务，也是其创业之本。该集团下设布伊格建筑公司，于20世纪90年代承建了香港会展中心、匈牙利和克罗地亚的高速公路、法国诺曼底大桥、拉德芳斯大拱门和法兰西体育场。

6. 环保产业

法国环保产业主要有萃取工业、净化工业、水处理、垃圾回收和管理、清除和防止污染等。环保产业是法国优先发展领域之一，自2006年以来得到迅猛发展，成为法国工业领域的亮点之一。进入21世纪，法国加大清除和防止污染的投入，2000年为432.9亿欧元，2010年为640.1亿欧元，2014年为682.5亿欧元，2016年为663.3亿欧元。法国用于清除和防止污染的科研，2000年为32.2亿欧元，2010年为37.1亿欧元，2014年为50.1亿欧元，2016年为46.7亿欧元。法国通过制定目标、出台规划和给予财税支持等多种措施积极推动法国环保产业发展。2015年，法国环保企业共有4.2万家，职工33.5万人，营业额达1533亿欧元，增加值达421亿欧元，环保产品在外贸中盈余198亿欧元。

威立雅环保集团（Groupe Veolia Environnement）于1853年成立，是

世界唯一提供全方位环保服务的的企业集团，其业务包括水资源管理（威立雅水务）、废弃物管理（威立雅环境服务）、公共交通（威立雅交通）以及能源服务（威立雅能源）。

苏伊士集团（Groupe Suez）于 2003 年由苏伊士 - 里昂水务集团更名，是一个国际化的工业和服务集团，致力于可持续发展，在能源和环境领域提供崭新的解决方案。现为全球最大的水务公司之一，业务遍及 130 多个国家。在能源以及工业服务方面为欧洲第一，在环境服务方面位居欧洲第二，提供水务和环卫服务以及废物处理服务。

第六节 交通与邮政通信

一 交通

法国交通运输业历史悠久，17 世纪初出现了内河航运和公路运输，19 世纪铁路成为主要的交通运输。经过二战后建设，法国交通运输业发生了深刻的变化。目前，法国交通形成了以公路交通为主体、铁路和其他各类交通为辅的格局，构成了十分密集的交通网。法国交通网，是以巴黎为中心，呈现“蜘蛛网状态”向周边、全国以及邻国辐射。

法国交通运输客运总量 1990 年为 7378 亿客运公里，2000 年为 8507 亿客运公里，2017 年为 9413 亿客运公里，2017 年比上一年增长 1.0%。法国交通运输货运总量（包括石油管道运输）1990 年为 2760 亿吨公里，2000 年为 3640 亿吨公里，2017 年为 3590 亿吨公里，2017 年比上一年增长 5.7%。

1. 公路

法国是世界上公路交通最发达的国家之一，2015 年公路总长 106 万公里（包括国家级、省级、市镇级），其密集度是每 100 平方公里有公路 146 公里。其中，高速公路为 11882 公里，国家公路为 10193 公里，省级公路为 380132 公里，市镇级公路为 658381 公里。进入 21 世纪，法国把国家公路的管理权逐步下放给地方。法国公路就其质量和密度而言，均居西方国家首位。高速公路有力地推动了公路网的建立，对开发落后地区，活跃法国国内经济起了重大作用。

在法国，私家车保有量 1990 年为 2330 万辆，2000 年为 2780 万辆，2017 年为 3250 万辆。私家车运行 1990 年为 5987 亿客运公里，2000 年为 6976 亿客运公里，2017 年为 7573 亿客运公里，2017 年比上一年增长 0.4%。公共汽车、旅游大客车和有轨电车运行 1990 年为 464 亿客运公里，2000 年为 497 亿客运公里，2017 年为 581 亿客运公里，2017 年比上一年减少 1.3%。公路货运 1990 年为 1970 亿吨公里，2000 年为 2774 亿吨公里，2017 年为 3077 亿吨公里，2017 年比上一年增长 6.5%。

2. 铁路

法国从 1827 年开始修建铁路，1830 年第一次使用蒸汽机牵引。从第二帝国起，法国铁路建设加快了步伐。1939 年开始建设电气化线路。二战后，铁路作为法国交通运输的重要工具，以较快的速度发展。2015 年，法国铁路总长度为 31939 公里，其中，电气化铁路 14176 公里，高速铁路 1850 公里（Trainà Grande Vitesse，TGV），复线铁路 12132 公里。法国高速铁路完全可以称为世界的领头羊，从 20 世纪 60 年代初开始研发的法国高铁，经过约 20 年的努力，第一列高速火车于 1981 年便投入商业化运行。目前，法国阿尔斯通运输公司自主开发的第四代高速列车 AGV（Automotrice à Grande Vitesse）与 TGV 相比，其动力更加强劲。到那时，法国第四代高速火车将以每小时 360 公里的速度奔驰。法国在发展高速火车方面走在世界前列。

法国铁路客运 1990 年为 751 亿客运公里，2000 年为 823 亿客运公里，2017 年为 1005 亿客运公里，2017 年比上一年增长 6.0%。其中，法国高铁客运 1990 年为 152 亿客运公里，2000 年为 352 亿客运公里，2017 年为 596 亿客运公里，2017 年比上一年增长 8.9%。

法国铁路货运 1990 年为 522 亿吨公里，2000 年为 577 亿吨公里，2017 年为 334 亿吨公里，2017 年比上一年下降 2.7%。其中，国内货运 1990 年为 315 亿吨公里，2000 年为 299 亿吨公里，2017 年为 206 亿吨公里，2017 年比上一年增长 0.6%。国际货运 1990 年为 150 亿吨公里，

2000 年为 185 亿吨公里，2017 年为 92 亿吨公里，2017 年比上一年增长 4.8%。

法国国营铁路公司（Société Nationale des Chemins de Fer Français，SNCF）成立于 1937 年，现统一经营和管理法国铁路，是欧洲最大的铁路运输公司之一。法国议会于 2018 年 6 月通过铁路改革法案，法国国营铁路公司改成股份制公司，并制定一个在欧盟范围内开放竞争的日程表。

3. 河运和海运

17 世纪初期，法国内河航道的开发和利用已经开始，并且成为主要的运输方式。2015 年，法国内河航道总长 14932 公里，其中运河航道长 8500 公里。在内河航道中，实际可以利用的有 6969 公里，其中 3900 公里可以航行 350 吨载重量的驳船，1860 公里可以航行 3000 吨载重量的驳船。目前法国内河航道承担了 80% 的笨重散装货物如矿物、建筑材料、煤炭和石油等的运输任务。法国内河货运 1990 年为 72 亿吨公里，2000 年为 73 亿吨公里，2017 年为 67 亿吨公里，2017 年比上一年下降 1.8%。

法国海运也非常发达，2013 年法国拥有千顿级以上的商船 409 艘，总共有 1100 万吨位。法国海港年吞吐量在 1000 万吨以上的就有 6 个：马赛、勒阿弗尔、敦刻尔克、南特、鲁昂和波尔多。其吞吐总量占全法国海港吞吐总量的 85% 以上。马赛是法国第一大海港，是法国通向印度洋和太平洋各国的要港。勒阿弗尔是法国第二大海港，是法国通往欧洲和大西洋沿岸各国的要港。在马赛海港货运中，石油占 85% 以上。

4. 航空

法国航空运输也十分发达，在全国拥有 475 个飞机场，其中，巴黎是法国最大的航空站，主要有两个机场：戴高乐机场和奥利机场。巴黎北部的戴高乐机场是法国最大的机场，也是世界和欧洲航空中心之一。在国际航空方面，法国地处欧洲的中转站，从而使法国国际航空业十分发达。

法国航空客运 1990 年为 114 亿客运公里，2000 年为 151 亿客运公里，2017 年为 154 亿客运公里，2017 年比上一年增加 4.0%。其中，巴黎戴高乐机场进出旅客 2017 年达 6950 万人次，比上一年增加 5.4%。戴高乐机场货运量 2017 年为 229.5 万吨。

法国航空－荷兰皇家航空集团（Air France-KLM）是由法国航空公司（Air France）于 2004 年收购荷兰皇家航空公司并获得该公司 89% 的控制权而成立的公司集团，从而成为仅次于美利坚航空公司和联合航空公司之后的全球第三大航空公司。

二 邮政通信

1. 邮政

法国邮政通信是由国家经营，1990 年进行邮政通信体制改革，将电信业务分离出来，于 1991 年在原来法国邮电部邮政总局基础上成立邮政服务集团（La poste）。该集团为了增强竞争力，出台了四大发展战略：注重后劲的积蓄和可持续发展，提出不断改善产品质量，以简捷、可靠、适用为目标，满足不同用户的需要；依靠改进产品，实施开发创新，使企业利润得到增长；通过开办有吸引力的业务，特别是金融业务，使邮政网点能够为所有人提供优质服务；加快邮政企业的现代化步伐，重视员工素质的提高和能力的培养。

正是根据新的发展战略和规划，该集团扩大了业务范围和渠道，其主要业务分为信函业务、包裹和物流业务、金融业务三大部分。目前，该集团管理法国 17000 多个网点中的 82%，在偏远的农村地区设置 1048 个邮局，并在当地政府、超市和独立零售商等设置近 3000 家代办支局、社区邮局和用邮点，提供多种基本邮政服务。与此同时，该集团还开辟家庭银行业务，提供多渠道的金融服务，邮政用户足不出户就可通过电话、互联网或自动柜员机办理个人银行业务，约有 500 万的用户注册使用法国邮政的 24 小时信息和交易业务。该集团改变传统做法，根据不同地区的不同需求和不同的用邮习惯，灵活调整营业时间。以用户为中心的邮政网络、灵活多样的服务，满足了不同用户的需求，也使邮政的服务家喻户晓，深入人心。正是根据新的发展战略和规划，该集团积极地对外扩张。该集团在 20 多个国家拥有近 200 个子公司、17000 个投递点、22 架飞机和 3 列高速火车。

2. 电信

法国电信十分发达，由光纤电缆和同轴电缆等现代化技术组成的自动电话中心网络、无线电广播和电视中继站、因特网以及民用通信卫星系统组成的网络覆盖了全法国，为法国和世界客户提高四通八达的电信服务。法国传统的电信设备是固定电话，它早已普及到全国各地和每家每户。移动电话由于价格低廉而成为新宠和时髦。根据法国高速宽带计划，2022年前铺设覆盖全部100个省级行政区的新一代高速宽带，为所有企业和个人提供不低于30兆比特每秒的高速宽带服务。

在法国，固定电话一直由法国电信（France Télécom，现改名为橙色电信集团［Orange］）进行垄断式的经营和管理。移动电话则是由橙色电信集团、SFR、布伊格电信（Bouygues Telecom）和 Free Mobile 等四家电信公司分担经营，但橙色电信集团承担大部分业务。

橙色电信集团原名法国电信，成立于1988年，总部位于巴黎。它是法国最大的企业，全球第四大电信运营商，拥有全球最大的3G网络Orange。2013年法国电信集团更名为橙色电信集团。经过改革，橙色电信集团从一个电话公司向一个综合信息通信公司的转变，拥有固话、移动、电视、互联网和商业服务等业务。橙色电信集团是欧洲乃至世界上最富创新精神，其推出的Windows智能手机、移动宽带、3G服务等都成为移动通信业界的经典案例。

第七节 商业、商业性服务业与旅游业

一 商业

1. 战后法国商业的变化

20世纪50年代，法国还是以传统的商业销售形式为主，如小店铺、连锁商店、消费合作社、百货公司等。早在1852年，巴黎出现了世界上第一家百货商店，它实行明码标价、薄利多销、自由选购、自由退换的营销方式受到顾客的欢迎。自此，巴黎相继出现了卢浮百货商店（1855

年）、市府百货商店（1856 年）、春天百货商店（Printemps，1865 年）、拉斐特百货公司（Galeries Lafayette，1893 年，即“老佛爷”百货公司）。自 20 世纪 50 年代末起，法国商业开始走向集中，营业面积 400 ~ 2500 平方米的大型超市（supermarché）相继出现。它们的商品价格低廉，品种繁多，而且顾客可以在货架上自由挑选，非常方便，因而受到欢迎。另外，库存商品周转期加快，采购中心对提供商品的厂家付款及时，因而也受到供货单位的欢迎。

从 20 世纪 60 年代开始，随着商业的竞争日趋激烈，营业面积 2500 平方米以上的特大型超市（hypermarché）脱颖而出，它不仅销售食品，而且还经营其他商品，从而使商品品种更加多样化，例如 1959 年建立的家乐福超市（Carrefour）和 1961 年建立的欧尚超市（Auchan）。法国专营商店很发达，专门销售某种商品，如体育用品超市、家用电器超市等。法国连锁店也以新的面貌出现。目前，法国零售巨头凭借其无所不在的超市和连锁店占据着法国 85% 以上的零售市场份额。他们合力打造了一个企业联盟，并协商分配了法国市场：欧尚占据了法国北部，勒克莱克和 Intermarché 瓜分了法国西部，Casino 独占东部及东南部，而家乐福则是在法国遍地开花。尽管如此，传统商业仍然是法国商业中一支不可忽视的力量。许多著名的传统百货公司如拉斐特百货公司、春天百货公司等大多设在繁华地段，形成了重要的商业中心。

此外，法国邮购业务、传销商品业务也很发达。早在 1867 年法国首创邮购公司，出版邮购商品目录。顾客可以在商品目录上选择所需商品，并通过邮件和电话进行采购，由商家送货上门，可以免除顾客奔波之苦。法国网络零售业起步虽晚，但发展极为迅猛。特别是近 10 年来，网络零售额连年保持两位数的增速，法国网购人数居于欧盟平均水平之上。法国人使用手机购物占网络购物的比例 2014 年为 15%，2015 年上升为 20%。自此，法国人使用移动通信技术的移动商务领域得到快速的发展。

2017 年，法国全年销售总额为 14094 亿欧元，其中，批发销售为 6479 亿欧元，零售额为 5074 亿欧元，汽车销售和修理总额为 1274 亿欧元，居间商销售为 1267 亿欧元。商业职工（批发商、零售商、汽车销售和汽车修理）2000 年为 291.2 万人，2005 年为 305.8 万人，2017 年为 314.4 万人。在 2017 年商业职工中，批发商业职工为 96.9 万人，零售商业职工为 179.3 万人，汽车销售和汽车修理职工为 38.1 万人。法国商业网点在欧洲大国中是最密集的，因此，法国被称为“商业社会”。

家乐福集团（Groupe Carrefour）成立于 1959 年，是超大规模商场的首创者。它是欧洲第一大零售商集团，也是世界第二大国际零售连锁集团。家乐福集团以三种主要经营业态引领市场：大型超市，超市以及折扣店。此外，家乐福还在一些国家发展了便利店和会员制量贩店。

欧尚集团（Groupe Auchan）成立于 1961 年，是法国第二大以经营零售业为主的商业集团，全球十大零售商之一。欧尚集团主营大型超级市场、超级市场、便利店，同时涉足加工生产和金融业，将“自选、廉价、服务”三者融为一体。

2. 巴黎商业

巴黎不仅是法国政治、经济和文化中心，而且也是法国商业中心。巴黎商业营业额占全法国商业营业总额的 1/3，每 3.5 个巴黎市民中就有 1 个商业服务人员，其比例占世界首位。巴黎被称为“购物的天堂”。

巴黎较重要的商业街就有 60 多条，其中有许多历史上遗留下来的富有特色的商业专区，如香榭丽舍大街、蒙泰涅大街（Montaigne）专门出售名贵时装，卢浮宫一带专门出售古董和工艺品，塞纳河沿岸和拉丁区（Ladin）集中了书店和旧书摊。

香榭丽舍大街位于卢浮宫前的小凯旋门、协和广场、凯旋门和拉德方大凯旋门的中轴线上，全长约 1910 米。香榭丽舍大街经久不衰的盛景繁华源于其深厚的文化底蕴：梧桐、喷泉、雕塑、路灯、长椅、报亭、街头杂耍和露天咖啡吧……既保留了香街的传统形象，又体现了法兰西民族浪漫。香榭丽舍大街因此吸引了 110 多个世界名牌名店以及景点在此落户，服务涉及奢侈品、高档时装、高级轿车、风味餐厅、专卖店、电影院、夜总会等，平均每天高达 30 万人次的游客光顾于此，其中很大一部分是外国人。香榭丽舍大街最火爆的商店是丝芙兰香水店，每天接待大量来自世界各国的游客。总之，香榭丽舍大街作为巴黎最繁华的商业地段，从大街上喧腾和热潮中可以体会到它的人气、名气、财气和文化之气息。

在巴黎西部，顺着卢浮宫—协和广场—凯旋门轴线可以看到一片密集的高层楼群，那就是拉德方斯区，亦称为“巴黎的曼哈顿”。目前，拉德方斯已成为法国经济和商业中枢，上千家跨国公司和法国最大的公司都在这里建立总部或办事处，职工超过10万人。来往这里的法国和世界企业家终年不断，商谈业务和进行商业交易。拉德方斯已经成为世界三大CBD（中心商务区）之一。

在巴黎城区内，就有13000多家副食或食品店，4000多家小杂货店，100多家超级市场。总之，巴黎的副食供应网点密、品种全、数量多。每年平均售出蔬菜和水果150多万吨、肉类50万吨、奶制品25万吨、水产品10多万吨。为了保证这些巨大数量商品集中后分配到各个商业网点，巴黎南郊建立了巴黎副食供应中心，其规模之大在世界上首屈一指。它占地400公顷，有几十座大小营业厅。该菜市场由官方、地方和经营者代表组成的行政委员会负责管理。该菜市场70%的商品供应巴黎，其余远销国外。

巴黎老佛爷百货公司，成立于1893年，坐落在奥斯曼大道，紧邻巴黎歌剧院。它曾经凭借豪华如宫殿的装修轰动一时。在拜占庭式的巨型镂金雕花圆顶下，来往的人影绰约，像赴一场中世纪的聚会，购物真正成了一种享受。巴黎老佛爷百货的含义早已经超出一家百货公司，成为巴黎时尚文化的缩影和策源地。巴黎老佛爷百货公司每年庆祝中国春节，已经成了固定的“商业黄金周”，商店也专门设立了由华人主持的中国部，以便吸引中国游客。

二　商业性服务业（有偿服务业）

法国商业性服务业十分发达，根据2016年统计，它拥有181.9万家企业，其中，住店和饭店为27.1万家，信息和通信为13.4万家，房地产业为27.5万家，科技服务业为48.2万家，行政服务业为21.3万家，其他服务业为44.4万家。2016年，该服务业的从业人员为395.4万人，其中，住店和饭店业为82.9万人，信息和通信业为71.9万人，房地产业为20.5万人，科技服务业为93.3万人，行政服务业为95.2万人，其他服务业为31.7万人。2016年，该服务业的营业额为7843亿欧元，其中，住店和饭店业为960亿欧元，信息和通信业为1850亿欧元，房地产业为864亿欧元，科技服务业为2085亿欧元，行政服务业为1491亿欧元，其他服务业为593亿欧元。2016年，该服务业的增加值为3750亿欧元，其中，住店和饭店业为402亿欧元，信息和通信业为865亿欧元，房地产业为490亿欧元，科技服务业为974亿欧元，行政服务业为799亿欧元，其他服务业为219亿欧元。

近年来在法国越来越火爆的“礼盒订购”服务。这一商业模式最先始于美国，很快便风靡法国，起先主要针对化妆品市场，但渐渐发展到各大领域，尤其在美食料理界发展迅猛。这些商品经由电子商家挑选，并精心摆放于漂亮的礼盒内，每月送货上门一次，这样的“礼盒订购”种类在法国已将近250种。用户一旦进行网上订购，每月都会收到装满商品的包裹。

法国非金融商业性服务业的外贸逐年增长，其出口额和进口额2013年分别为783.6亿欧元和715.1亿欧元，出超为68.5亿欧元；2014年分别为885.5亿欧元和820.3亿欧元，出超为65.2亿欧元；2015年分别为978.0亿欧元和958.0亿欧元，出超为20.0亿欧元；2016年分别为1038.8亿欧元和974.4亿欧元，出超为64.4亿欧元；2017年分别为1057.8亿欧元和975.3亿欧元，出超为82.5亿欧元。

三 旅游业

法国旅游业已成为法国经济中的优势产业，成为法国经济的重要支柱之一，特别是在金融和经济危机期间，法国旅游业很好地抵御了危机，成为法国经济的亮点。

二战后，特别是近30年来，旅游和度假已成为法国群众性的活动，成为法国人的时尚。法国人每年有5~6周带薪休假，因此，进入21世纪以来，3/4的法国人每年至少一次在国内旅游和度假，1/4的法国人每年至少一次到国外旅游和度假。法国人旅游主要是为了休闲和度假，了解目的地的历史文化和风土人情。在国内旅游和度假中，44%左右的法国人利用休假探亲或者访问朋友，75%左右的法国人选择自驾车游，58%的法国人选择夏天到海边进行日光浴，或者到农村进行绿色度假以便呼吸新鲜空气，或者洗温泉浴进行保健旅游。近几年来，越来越多的法国人选择冬天度假，到高山上滑雪。2016年，法国人旅游达1.95亿人次，其中，在法国本土旅游的占68.7%，到国外旅游的占25.4%。在法国本土旅游中，沿海旅游的占22.%，高山旅游的占20.3%，农村旅游的占23.9%，城市观光的占30.2%。到国外旅游中，主要是到欧洲各国旅游，其次亚洲，再其次是美洲。

外国人到法国观光旅游在逐年增加，从20世纪90年代初占世界第二位到90年代末跃居世界第一位。进入21世纪，外国旅游者每年保持在7000万和9000万人次之间，加上转机和路过的游览者，每年达到1.96亿人次。2017年法国接待外国游客近8700万人次，到法国的外国徒步旅行者为1.2亿人次，同比增长5.1%，创历史新高。法国仍然是世界排名第一的旅游目的地。

近些年来，法国的外国游客主要来源于欧盟和欧洲，来自亚洲的游客有所增加。2016年，在外国游客中，英国为1190万人次，德国为1140万人次，比利时和卢森堡为1070万人次，意大利为670万人次，瑞士为600万人次，西班牙为580万人次，荷兰为430万人次，美国为420万人次，中国为200万人次，澳大利亚为100万人次。在前往巴黎的中国游客中，许多游客到老佛爷百货公司和春天百货公司、香榭丽舍大街上的奢侈品店以及物美价廉的大型购物中心去“血拼”。

法国旅游业兴旺发达，与它的服务行业密切相关。第一，法国地理位置好，有密如蜘蛛网的航空线、铁路线、公路线和海上航线，形成立体的交通网将法国同世界各地紧紧地联系起来。巴黎因其世界遗产、环境质量、航线和国际会议会展的综合优势，在世界旅游城市中经常排名第一。第二，法国西临大西洋，南临地中海，东有崇山峻岭，风光旖旎，气候宜人；又是文明古国，历史遗迹遍布全国各地，列入国家保护的古迹12000个。正是这些古老的文化、历史的遗迹和美丽的风景深深地吸引了世界各地的旅游者和观光者。第三，法国的饮食文化，吸引外国人去享受。法国的时装文化，吸引各国名流去采购。第四，法国的住宿条件和设施完善。第五，2014 年以来法国实施了一系列便利措施，如巴黎机场免费无线上网、出租车统一定价、机场和巴黎市中心开辟一条交通快道、周日商场和夜间某些商业区营业等。第六，法国对旅游从业者的能力和专业知识、权利和义务都有明确规定。法国导游有收入上的保障，很少有欺诈游客的事情发生。法国是欧洲国家中成熟的旅游市场。

2016 年，法国旅游景点按观光人数排名如下：巴黎迪士尼游乐园为 1340 万人次，卢浮宫为 698.9 万人次，凡尔赛宫为 670.1 万人次，埃菲尔铁塔为 593.4 万人次，蓬皮杜文化艺术中心为 333.6 万人次，奥赛博物馆为 299.8 万人次，圣米歇尔山为 225.4 万人次，维莱特科学和工业城为 219.6 万人次，国家自然博物馆为 158.6 万人次。

2016 年，法国旅游业收入为 1589 亿欧元，占法国 PIB 的 7.1%，其中，国际旅游收入为 384 亿欧元。

第八节 财政与金融

一 财政

1. 财政管理体制和监督体制

法国实行中央、省和市镇三级公共财政管理体制。各级财政独立，自行安排收支。中央和地方预算由各级政府分级编制，但是由于法国是高度中央集权的国家，因此财政立法大权在中央，地方财政严重依赖中央财政的拨款。不过，20 世纪 80 年代以来，由于地方权力下放，地方的财政权有所增加，地方预算支出的比例在逐步提高。在国家预算中，中央预算约占 80%，地方预算约占 20%。

法国于 2006 年实施新《财政法组织法》对国家财政体制进行了深刻的改革：①引入绩效预算机制，确立国家预算新结构。新结构分为任务、项目、行动三级。“任务”反映国家财政担负的主要公共政策，每一任务划分为若干项目。②在保证目标、效益的前提下，各部门公共政策项目负责人可自由调剂各项支出使用的预算额度，承担更多的责任。③改革现行收支实现制会计制度，决定采用权责发生制（应计制）会计制度，以更加全面及时地向议会提供预算执行情况。④建立新的政府财政管理信息系统，涉及预算执行、会计和财务报告、税收征管、工资管理和项目管理等。该系统可以适时更新，并可充分共享。

法国国家财政预算的编制分为三个阶段：第一阶段，由财政部提出概算。第二阶段，由各部编制预算草案，包括维持性支出（即上一年的刚性支出）和发展性支出（即新发展需要的支出）。第三阶段，由财政部汇总编制国家财政预算草案。政府编好的预算草案，在每年秋季经过议会长达三个月的审查讨论，最后通过会议决议批准，以法令的形式公布，成为年度财政法。

根据新《财政法组织法》的规定，所有的公共支出都要经历四个阶段：承诺、清算、发出指令、支付。其中，前三个阶段构成支出决策的过程，是由各部的部长授权本部的支出决策者做出支付决定，即开具拨款凭证。第四阶段由公共会计执行。在整个过程中，拨款凭证必须经过财政监察专业员核准。最后，财政监察专员签字之后，把拨款凭证送给国家公共会计由其做出支付拨款。在这个过程当中，法国财政部通过在每个部和大区设置财政监察员和公共会计的监察机制，实现对支付执行全过程的控制。

为了实施年度财政法，法国建立了比较完备的监督体制。在议会方面，国民议会中的财政、总体经济与预算监督常设委员会和参议院中的财政常设委员会要经常地、紧紧地跟踪和监视政府及其部门的财政开支，严格地审查财政决算。新《财政法组织法》的实施，使议会对预算的监控力度进一步增强。一是扩大了议会对预算批准的范围。二是在预算法案辩论和表决时，提高了议会获取政府经济财政方针报告和大量分析报告等相关信息的质量，同时建立了恰当的预算管理原则。三是建立各种机制，便利议会在预算领域的工作。

法国通过财政监察专员制度进行财政监督。由财政部向各部门派驻财政监察专员，负责对预算支出进行监督检查。财政监察专员要检查支出的合法性，即支出是否与现行法律和法规一致。

此外，法国还设有财政监督机构——审计院。每年由审计院对政府报表进行审计，政府在提交给议会的报告中既要包含财务信息，也要包含公共政策业绩信息。

同时，根据新《财政法组织法》，法国还建立起新的机构监控管理体系，加强对公共支出全过程的监控管理和绩效监督，用绩效预算的原则来监督每个项目的执行情况，扩大部门内部审计职能的范围，让每个公共政策项目执行者承担更多的责任。

2. 中央和地方财政预算

法国财政预算有中央财政预算（即国家财政预算）、地方财政预算、国家社会预算（即中央和地方各类社会保险机构）。这三种预算分别反映各类行政机构的财政收支，从而构成了法国整个财政预算体系。

法国财政的收入（包括税收和社会提成的收入、公共资产的收入、公共产品销售的收入、其他转移的收入）和支出增长较快，2015 年分别为 11690 亿欧元和 12440 亿欧元，2016 年分别为 11848 亿欧元和 12639 亿欧元，2017 年分别为 12328 亿欧元和 12940 亿欧元。法国财政收入和支出占 PIB 的比例，2015 年分别为 53.2% 和 56.7%，2016 年分别为 53.2% 和 56.4%，2017 年分别为 53.8% 和 56.5%。这首先是因为公共债务利息的支付呈现上升趋势。其次，法国政府在社会救助金和社会支出在国家预算中的比例也在逐渐地提高。再次，公务员的报酬和退休金在法国一般财政支出的比例也在逐年提高。最后，法国政府加强了经济干预和社会干预，加大了对环保等的投入。2017 年，法国财政支出的结构如下：社会保障占 43.1%，公共卫生和保健占 14.2%，普通公共服务占 10.6%，经济事务占 10.5%，教育占 9.6%，国防占 3.2%，其他占 8.9%。

自 1982 年权力下放以来，地方政府建立了相对独立的财政预算。大区财政主要负责经济发展和职业培训；省财政主要负责社会保险和高等学校以外的教育管理、公路管理以及支持农业和规模耕作等；市镇财政主要负责日常生活，如市镇级公路、小学、托儿所、垃圾处理等事宜。三级财政之间不存在隶属关系，其财政预算由各自的议会决定之。法国地方财政虽然拥有自主权，但是，它受到中央的严格监督。预算监督权主要由省长行使，大区审计院对市镇财政进行监督，每年审核一次。市镇有一名公共会计，他隶属于经济和财政部下属的公共会计司，对开支是否合法进行监督。

法国省和市镇的收入主要来自四个方面：一是地方税收。市镇税收分为直接税和间接税。直接税包括居住税、职业税、建筑土地税、非建筑土地税和其他一些直接税。前四大直接税收入约占市镇预算收入的1/3，税收收入的80%以上。间接税包括国家转让的工资税、财产转让税、娱乐税和其他间接税。二是中央预算的转移支付。中央对地方的转移支付分为四种方式：一般性补助，即按各市镇的人口多少等因素来确定；专项补助金，即对地方兴修的专项工程给予的补助；中央用退税的方式来支持一些地区和产业的发展；由中央财政代替某些无纳税能力的企业或自然人向地方交税来实现的。三是服务性收费收入。这些主要来自市政财产和公共事业的收入。四是借款收入。

地方财政的支出主要包括文教卫生费、市政住宅、地方治安、社会福利支出、行政管理经费和地方债务还本付息等。在法国地方财政支出结构中，用于社会公共服务的支出位居第一，其次是地方经济活动的支出，一般公务活动的支出位居第三。

法国三级地方财政预算中的收入和支出，2015年分别为2166亿欧元和2157亿欧元，2016年分别为2158亿欧元和2141亿欧元，2017年分别为2211亿欧元和2200亿欧元。在2017年地方财政支出中，大区为308亿欧元，省为672亿欧元，市镇为889亿欧元。

3. 税收

税收是法国财政收入的主要来源。二战后，法国税制经过几次改革。1954年，法国将营业税改为增值税，征收范围从生产环节扩展到批发环节，1968年又扩展到零售环节，从而形成了比较完整的增值税制度。1959年，法国从分类所得税改为综合所得税，统一征收个人所得税。

法国宪法规定，税种的开征与停征、税目的增减和税收的减免等由法国议会决定。税收立法权集中于中央。对于地方税，在法国议会确定基本税率范围的前提下，地方各级议会可以根据实际情况每年确定土地税和居住税等地方税的适用税率。法国税收法律包括税收实体法（各税种法）和税收程序法（征管法）两大部分。法国年度财政法案所包括的年度税收法案也是税收法律的重要组成部分。每年10月份，政府向议会提交的年度财政法案草案中包括了年度收入法案草案和支出预算法案草案。年度收入法案，是政府为了筹集满足预算开支所需资金，根据宏观经济发展与社会管理需要提出的税收收入和非税收收入立法议案的总称，其中有关税收政策调整的内容经议会审议通过后，即编纂进入税法典相应部分。

法国现行的税制十分复杂，按照收入归属，可划分为中央税和地方税两大类。中央税主要包括所得税、商品和劳务税和部分财产税；地方税主要包括土地税、居住税和房产空置税、地方经济捐税等财产和行为税和垃圾清理税等其他税收。此外，为弥补社会保障资金的不足，除社会保险分摊金外，法国还征收社会保险相关税收。在国家财政收入中，税收一般占财政收入的85%左右。

按照课税对象的不同，可划分为所得（收入）税、商品和劳务税、财产和行为税三大类。其中，所得（收入）税包括公司所得税、个人所得税、工资税；商品和劳务税包括增值税和消费税；财产和行为税包括不动产销售登记税、商业实体产权转让登记税、公司登记税、继承与赠予登记税、印花税、机动车执照税及其附加、私人机动车污染附加税、公司机动车税、已开发土地税、未开发土地税、居住税和房产空置税、财富税、股份转让税、金融交易税、地方经济捐税，以及垃圾清理税和特别发展税等。

根据统计，法国共有360种税（包括税收和社会保障提成），其中，有153种是针对企业的税收。税收（包括社会提成）总额占PIB比例，2015年分别为10446亿欧元和47.5%，2016年分别为10599亿欧元和47.6%，2017年分别为11057亿欧元和48.3%。

2016年，法国主要税种的税额和它占当年捐税总数的比例如下：所得税（个人所得税和公司所得税等）为2273亿欧元，占35%；增值税为1542亿欧元，占24%；商品税（能源消费税、烟草税等）为999亿欧元，占15%；生产的其他税（生产的土地税、生产的增加值税等）为657亿欧元，占10%；工资税和劳动力税为353亿欧元，占5.5%；财产税和其他收入税（居住税、团结互助税等）为246亿欧元，占3.9%；资本税为124亿欧元，占0.2%。从这里可以看出，法国主要的税种是所得税、增值税、商品税、生产的其他税。

2016年，法国税收和社会保障提成占PIB的比例为47.6%，在欧盟所有成员国中排名第一，而欧盟成员国的税收和社会保障提成占PIB的平均比例为40.0%，欧元区成员国的税收和社会提成占PIB的平均比例为41.3%。所以，法国税收和社会保障提成占PIB的比例是比较高的，法国被称为“万税之国”。

2019年1月1日开始实行所得税代扣制：在领薪职工方面，雇主发工资时，根据税务机构转交给雇主的每个职工的征税率，直接从工资中扣除职工所需缴纳的税金并上缴国库；在退休人员方面，则由退休保险金库在发放退休金时负责执行代扣所得税的业务；独立经营者每个月或每个季度按税务机构根据当事人前几个月的收入计算出的数字缴纳一笔预付税款，以后再按实际收入调整，多退少补。全国3700万纳税户可以在网上申报所得，以便税务机构计算应交的税款。

法国推行“劫富济贫”的捐税，并将从高收入者获得的捐税用于援助低收入家庭，可以体现法国朝向“社会公平正义”的努力，有利于缩小贫富差距。法国贫富差距远低于美国和英国，就是实施税收上“劫富济贫”的效果。但如果税收维持过高水平，如向富人征收“巨富税”，就可能会挫伤法国企业家投资的积极性，障碍法国经济的发展。所以，推行高税收既能够促进经济发展又能够实现社会公平正义，是法国努力寻找的平衡点。

4. 赤字

20世纪60～70年代初，法国采取削减支出和增加税收的办法，达到收支平衡甚至还出现了盈余。但是，1974年遭受经济危机的打击之后，法国不断地出现财政赤字。它占PIB的比例1975年为2.4%，1990年为1.6%，1991年为2.0%，1992年为3.9%，1993年大衰退中飙升到

5.7%，1994 年为 5.6%，1995 年为 5.0%，1996 年为 4.0%。

为了首批加入欧元区和达到加入欧元区的标准，法国从 1997 年开始下定决心，通过增收和节支减少财政赤字，从而使此后几年法国的财政赤字有了明显的下降，1997 年占 PIB 的比例为 3%，1998 年为 2.9%，1999 年进一步下降到 2.5%，2000 年达到 2%，2001 年为 1.9%，创造了自第五共和国成立以来的最低水平。但是，从那以后的几年由于经济增长低，收入减少而开支却继续增加，法国财政赤字又开始抬头，2002 年为 3.2%，2003 年达到 4.1%，2004 年为 3.6%，2005 年为 3%，2006 年为 2.5%。

然而，金融和经济危机再次使法国财政受到重创，法国财政赤字上升，2008 年为 3.4%（562.7 亿欧元），2009 年急剧上升到 7.5%（1380.3 亿欧元），2010 年为 6.8%（1358 亿欧元），2011 年为 5.1%（1050 亿欧元），2012 年为 4.9%（1016 亿欧元）。法国财政赤字和公共债务均大大地超过欧盟《稳定与增长公约》规定的标准。在这种背景下，欧盟总部不断地对法国和其他违约国发出警告，提出降低财政赤字和公共债务的要求。为了应对欧盟的要求，法国采取一系列政策和措施，并先后两次向欧盟总部提交《法国稳定计划》，承诺减赤的诺言。在法国政府的努力下，法国财政赤字在逐年下降，2013 年为 4.0%（854 亿欧元），2014 年为 3.9%（839 亿欧元），2015 年为 3.6%（797 亿欧元），2016 年为 3.5%（791 亿欧元），2017 年为 2.7%（614 亿欧元），在欧盟规定标准以下，但欧元区的平均赤字比例是 0.9%。

5. 公共债务

二战后，法国公共债务一直在增加，1950 年为 63 亿欧元，1960 年为 129 亿欧元，1970 年为 151 亿欧元，1980 年为 941 亿欧元，1990 年为 3749 亿欧元，2000 年为 8712 亿欧元，2007 年为 12531 亿欧元。法国公共债务占 PIB 的比例也在增加，1980 年为 20.8%，1990 年为 35.4%，2000 年为 58.7%，2007 年为 64.4%。

为了度过金融和经济危机、促进国民经济增长，法国大举借贷和发行国债，从而使法国公共债务占 PIB 的比例也随之迅速上升，2008 年为

67.5%（13187亿欧元），2009年为79.0%（15318亿欧元），2010年为81.6%（16317亿欧元），2011年为87.8%（18080亿欧元），2012年为90.6%（18925亿欧元），2013年为93.4%（19777亿欧元），2014年为94.9%（20398亿欧元），2015年为95.6%（21012亿欧元），2016年为98.2%（21883亿欧元），2017年为98.5%（22578亿欧元）。2017年，法国公共债务超过欧盟成员国公共债务平均水平（81.6%），也超过欧元区成员国公共债务平均水平（86.8%）。

鉴于公共债务的飙升，欧盟总部不断地向法国提出警告，标准普尔、穆迪和惠誉三大国际评级机构调低了法国信用制度的等级，法国两次向欧盟总部提交《法国稳定计划》中承诺今后几年在降低财政赤字的同时，也承诺减缓法国公共债务增长的速度。

二　金融

法国金融业拥有十分悠久的历史，从1800年建立法兰西银行起法国金融体系就在不断地演进。

二战前后，法国继承柯尔贝主义传统，对货币、资本和外汇市场加强干预，从而使巴黎金融市场的发展水平一直落后于美国纽约和英国伦敦。20世纪60年代起，法国逐步地开放金融市场：放宽并淡化存款银行与商务银行间的分工界限；允许在法国自由开设营业柜台；创立货币市场，使银行融资条件更为灵活；取消利率的最低限度。正是这些措施，使巴黎吸引大量的外资银行和金融机构前来入驻，并逐步发展成为世界性金融中心之一。

1984年新《银行法》拉开了法国金融体制改革和创新的序幕，法国金融业经历了国有银行私有化、金融自由化、金融监管体制创新、银行业重组、金融机构的并购高潮等一系列重大的事件。法国通过大力发展资本市场，开发各种金融工具，开放期货市场，丰富企业融资手段，提高了利率工具的宏观调控功能，金融业日益壮大，金融地位显著提高，对法国经济发展和就业都起着重要的作用。

2003年的《金融安全法》旨在控制和化解法国金融风险。该法分为三个部分：监管机构的现代化；金融和银行领域上门证券推销业务的改革；账户监管和公司透明度的现代化。该法对冗繁的法国金融监管机构进行大刀阔斧的改革，但依然奉行分业监管的原则：对银行业的监管主要由投资公司和信贷机构委员会以及银行委员会负责；对保险业的监管主要由保险业、医疗互助保险业和互助机构监督管理委员会负责；对证券市场的监管由金融市场管理局负责。《金融安全法》成为当代法国金融和银行业奠基之法规。

2008 年国际金融危机冲击着法国金融市场，许多家大型金融机构陷入财务危机。正是在这样的背景下，法国及时推出的 3600 亿欧元救市计划，向金融业和银行业注资，同时宣布对本国所有个人银行账户提供担保，以稳定存款人的信心。正是这些措施，使法国金融业和银行业度过资金短缺的困难，克服了金融危机。为了应对金融业的危机，法国于 2009 年进一步整顿金融机构，将银行业、保险业和证券市场“三驾马车式”的监管体制进行合并，设立唯一的金融市场管理局并增加其监管权力，其主要目的是确保法国金融体系的稳定。2010 年的《银行和金融规范法》进一步规定：对金融工具买卖、金融衍生产品、碳交易和评级机构等金融交易和活动做出规范；禁止裸卖空交易，加强对衍生产品市场和评级机构的监管；成立审慎监管局，作为单一的监管机构对银行和保险进行监管，规范金融市场操作员的报酬；成立金融调节和系统风险理事会来规避金融风险；加大针对不规范交易和活动的惩罚力度。

经过整顿和改革的法国金融业，具有如下特点：其一，法国金融机构已经大大地减少。尽管如此，法国金融机构与其他西方国家的金融机构相比依然十分庞大，并保持多元化、门类齐全和分工细致的特征。2016 年，法国共有 15.6 万家金融和保险公司，职工约为 80 万人。其二，由“三驾马车式”的监管体制，改革成为单一的金融监管模式，从而使监管金融市场的权力集中和统一使用，发挥更大的效益。其三，金融体系是银行主导型，但向市场主导型靠拢，向综合化、地区化和国际化方向发展。进入 21 世纪，法国金融业在各国金融业中位居第 7 位，巴黎是纽约、东京、伦敦和法兰克福之后的第五大国际金融中心。

2016 年，英国公投支持脱离欧盟后不久，法国摩拳擦掌，谋夺欧洲金融中心的位置。法国政府决定采取三大举措，增强巴黎金融市场对外国企业和投资者的吸引力：第一，落户法国的外企高管和员工可享受收入税收减免待遇的期限从 5 年延长至 8 年，且减税范围也从原来的资本收入扩大到工资收入。第二，到法国发展的外国企业设立“单一进入柜台”机制，在长期签证发放、子女上学、寻找办公地点等多方面提供便利。将为外国企业的员工子女建立国际学校，保证他们能够用母语上课。第三，企业税率将从 33% 降低到 28%。第四，中央和地方政府与金融界已组成“同盟”，旨在增强巴黎金融市场的竞争力，欢迎国际性银行和投资基金重新在欧盟范围内“再平衡”他们的业务活动以及落户地点。

目前，巴黎汇集了欧洲前 20 大银行中的 5 大银行和世界前 25 大保险公司中的 3 大公司。巴黎也是欧洲大陆最大的资产管理中心，资产管理规模达 3.6 万亿欧元，仅次于伦敦，此外还汇集了世界四大资产管理公司。法国拥有欧元区最大的股市和大量储蓄，其公司债发行量位列世界第三。巴黎也是最具创新活力的金融中心，在股票衍生品、短期证券市场以及金融科技等方面均已成为领军者。

1. 银行

20 世纪 60 年代初，法国许多专业银行的职能在不断地扩大，存款银行向工业领域投资，抢占属于实业银行势力范围的地盘。反之，实业银行也向存款银行的职能靠拢，在各地设立银行分支网，吸收当地居民的存款。与此同时，随着法国经济的发展，金融资本和银行逐渐走向集中，形成了一些大的银行垄断集团。

20 世纪 80 年代，法国原有的银行法律体系早已跟不上时代的发展和需求，于是诞生了 1984 年新《银行法》，即现行的银行法。这部“关于信贷机构经营与监管”的法律主要有四大目标：为信贷机构提供现代化的法律框架；改革银行机制；统一可实施的法律；改进信贷机构与其顾客的关系。

20 世纪 80 年代以来，为了提高银行的竞争力，法国银行投入巨额资金进行了技术改造，普遍安装了电子计算机互联网，推广使用信用卡来替代支票。为了实现欧洲经济和货币联盟，法国实现对欧洲联盟许下的诺言，国家逐步退出金融领域，以互助保险银行取代国有机构。与此同时，法国银行越来越参与全球化进程，出现了跨国银行垄断财团，如巴黎银行与美洲银行等六家大银行组成“欧洲金融公司”，里昂信贷银行与德国商业银行等成立了“欧洲金融合营集团”。

2008 年国际金融危机爆发，法国各大银行采取稳守本土、多样经营的策略，以及在投行业务上相对保守，使得它们免于金融风暴的致命打击，并未出现巨亏、倒闭。在这期间，法国政府推出救市计划，以保证它们有充足资本金继续向企业和个人发放贷款。到 2009 年秋季，法国银行业在整体上很好地抵御了国际金融危机的冲击，不仅已基本还清政府救助资金，而且还上交国库约 24 亿欧元利息。

之后，法国对银行业进行整顿，2013 年 7 月的《银行改革法》规定，银行业将所有交易活动与存款业务严格分离，从而保护储户和纳税人不会因为潜在的高风险投资而蒙受损失。要求银行把纯投机性交易活动转入另外成立的实体。禁止银行从事高频交易和大宗商品衍生品交易，公开银行在全球子公司和全球业务活动的信息，以打击避税及财务欺诈行为。

法国银行的最高领导机构是法国经济、财政与工业部，国家信贷委员会则具体管理信贷业务，审批银行的注册、开业和歇业，拟订银行业务的规章制度，就信贷政策向财政部提供咨询，建立和控制一些专业银行，负责许多中、长期信贷。银行管理委员会确定银行流动资金和准备金的数额，审查银行账目，裁决银行的有关案件。银行协会是法定的银行同业组织，它是银行界与国家信贷委员会和银行管理委员会之间以及银行之间的联络机构。

2016 年，法国国内拥有 274 家大型银行，37623 家银行分支，58640 个自助银行点，平均每百万居民中有 570 家银行网点，而在欧洲每百万居民只有 450 家银行，法国银行的密度是欧洲最大的。法国主要银行有法兰西银行（Banque de France）、巴黎银行（BNP Paribas）、兴业银行（Société générale）、农业信贷银行（Crédit agricole）、里昂信贷银行（Crédit lyonnais）、巴黎国民银行（Banque nationale de Paris）、国民互助信贷银行（Credit mutuel confédération nationale）、欧洲联合银行（union européenne de CIC）、互助银行（Crédit mutuel）等。

法兰西银行成立于1800年，1806年被置于国家控制之下。1848年起成为发行货币的唯一银行。1945年法国政府将其国有化，成为中央银行。该银行接受政府的委托发行货币，管理政府部门和国库的开支、外汇，指导银行的金融活动，负责与国际银行机构的联系，制订法国国际收支计划。自1993年起，它与国家脱钩，成为独立自主的金融机构。1998年6月，欧洲中央银行体系建立，法兰西银行成为其一部分。1999年1月，欧元体系启动，法兰西银行参与欧洲中央银行制定和实施欧元区单一货币政策，与其他成员国中央银行共同维护区内支付体系的安全和正常运转，并负责发行法国欧元硬币的工作。在法国国内，法兰西银行在金融领域还承担着以下重要工作：参与对银行金融活动的调节与监管，维护投资和存款安全，参与银行与金融机构委员会、信贷机构和投资企业委员会、银行委员会、国家证券与信贷委员会等法国金融机构的管理工作。

兴业银行成立于1864年5月，全称为“法国促进工商业发展总公司”。最初为私营银行，1946年被国有化，1979年国家控制该行资本的93.5%，后转为全额控制。1983年改现名。1987年将兴业银行股票向公众出售，这样，兴业银行又成为私人银行。兴业银行在全世界80个国家拥有500家分支机构，为全世界500万私人和企业客户提供从传统商业银行业务到投资银行业务的全面、专业的金融服务。

2. 保险

法国保险业的发展迄今已经有300多年的历史，是当今世界上保险业最发达的国家之一。20世纪90年代起，为了适应欧洲统一大市场和欧洲经济和货币联盟的需要，法国保险业在战略上和结构上进行了大调整。首先，法国保险业向着私有化和自由化方向发展。根据欧洲联盟关于国家退出金融领域的要求，法国逐渐对国有保险公司私有化。其次，法国保险业向着纵深方向发展，保险范围越来越大，投保人数也越来越多。最后，法国保险公司展开激烈的兼并和资本集中。正是通过这种兼并和集中，法国保险公司的规模和资本日益壮大，进一步扩张业务范围，积极向国外投资，开办分支机构。

法国保险业有三种类型根据三种不同的法规来管理：保险公司类，包括私人控股公司和某些特定的相互保险机构受《法国保险法》约束；其他的相互保险机构适用《法国相互保险法》；一些互济协会受《法国社会保障法》的管理。以上机构都被认作保险企业，且隶属于统一的欧洲大陆法系。不同在于，保险公司可以对所有类型的风险提供保障，互济协会和由《法国相互保险法》管理的相互保险机构主要是提供个人保险特别是健康保险，以在基本社会保障体系中作补充。法国保险市场是欧洲第二大保险市场，是世界第五大保险市场。

安盛保险集团（Group Axa）成立于1985年，是全球最大的保险集团，也是全球第三大国际资产管理集团。其业务网络覆盖全球五大洲逾50个国家及地区。主要业务为保险及资产管理。在保险方面，法国安盛保险集团经营寿险、个人财产和意外伤害险、企业财产和意外伤害险、再保险、金融服务和房地产投资等业务。

国家人寿保险公司（Caisse Nationale de Prévoyance，CNP）成立于1959年，是法国第一大寿险公司。它采用一种比较特殊的营销策略，即公司自身和被保险人并没有直接的联系，而是借助银行、邮局等客户网络进行分销。从1991年开始，国家人寿保险公司便成为法国首屈一指的面向个人的保险公司，分别是储蓄、抚恤金、个人风险保险、康复和贷款保险，在法国保险市场上占有20%的份额。

3. 证券

1967年，法国成立证券和期货管理委员会（COB），管理逐渐发展起来的法国证券和期货市场。该委员会规定，以1966年的《商业法》来规范证券发行公司的行为，1972年的《证券推销法》禁止募集买卖有价证券使用招徕、推销等不当手段。

1988年至1989年间，法国开始了又一轮证券法市场相关法规之改革，以期赶上欧洲其他主要证券市场。1988年的《证券交易法》规定，对证券商之设立实行许可制，上市证券之交易应经由注册证券商为之。该法还规定成立证交所管理委员会（CBV）和证券商公会（SBF），前者主管证券市场和证券商营业活动，并有权制定有关制度规范；后者主要负责监督证券经纪人之活动、证券经纪商登录之交易、公开交易纪录等。1996年的《金融现代化法》要求金融管理局（CMF）制定规章，使其国内资本市场适用欧盟单一市场。此外，为加强对法国资本市场之管理及提升市场效率，法国出台了《金融安全法》，为法国证券市场提供安全保证。

法国证券发行者主要是国营和私营的工矿企业，其次是私营或是国营或是公私合营的其他企业，再就是银行机构和外国企业。法国有许多证券交易所，分布在法国大中城市。它们都是私营机构，但是要接受由经济、财政与工业部指定成员组成的交易所委员会的领导和监督。

巴黎证券交易所（Paris Bourse/Paris Stock Exchange，PSE）是法国最大的证券交易所，1724 年建立。在世界证券交易所中，它排名第四位，仅次于纽约、东京和伦敦的证券交易所。该交易所发行全国性、国际性和外国证券。该交易所从 1988 年 6 月 5 日开始发布法国 CAC－40 指数（cotation assistée en continu 40），反映法国证券市场的价格波动。该指数以其前 40 大上市公司的股价编制、基期为 1987 年底，较新的 CAC-General 指数由 100 只法国股票构成，使用更广泛。

法国新兴证券市场（Nouveau Marche/Nouveau Marche）是巴黎证券交易所开设的新市场，设立于 1996 年 2 月。它是巴黎交易所的全资公司，但独立于巴黎交易所。其宗旨是为新生企业提供股票筹资市场，它的上市标准比现存的市场更为灵活。该市场正努力成为全欧洲的市场。

4. 货币

2002 年 1 月 1 日以前，法国法定货币单位是法郎。20 世纪 90 年代开始，法国经济、财政和法郎都在为实现欧洲经济与货币联盟而努力，通货膨胀率、利率和汇率都要达到《马斯特里赫特条约》（简称马约）规定的标准。法国在这方面取得了积极的成果，顺利地度过了欧洲经济与货币联盟的第一阶段和第二阶段。在第三阶段过渡期（1999～2001 年），法郎无论利率和汇率都按照欧洲中央银行规定的方向发展。从 2002 年 1 月 1 日起，欧元正式流通。法国在短期内将法郎兑换为欧元，流行了 6 个多世纪的法郎寿终正寝，完成了它的历史使命。

此外，法国地方还发行地方货币。作为与欧元并行不悖的补充货币，本地货币与欧元等值交换，发行者不是政府或银行而是协会。它的用法类似于“饭票”，只会被地方的商家们所接受，但不会被银行利用，从而能够刺激当地经济的发展。目前，法国地方已经发行了 60 多种地方货币，还有 80 多种尚在酝酿之中。2018 年 5 月 12 日起，由名为“Unemonnaiepour Paris”的协会在巴黎正式启用地方货币，取名 Pêche。目前，“Pêche”流通于巴黎东北部的 8 个区，分别是 10 区、11 区、12 区、14 区、15 区、18 区、19 区和 20 区。

第九节 对外经济关系

一 对外贸易

1. 二战后对外贸易的发展

二战后，法国外贸的发展大体上经历了三个时期：(1) 恢复和发展时期（1945～1958 年）。这个时期，法国经济正在恢复和发展，加上推行贸易保护主义政策，从而使法国外贸在恢复到战前水平后发展比较缓慢，1950～1958 年进口年均增长 6.7%，出口年均增长 4.8%。(2) 高速发展时期（1959～1974 年）。这个时期，法国实行对外开放和国内外自由主义贸易政策，欧洲经济共同体的实施，法郎两度贬值，从而使法国外贸得到了迅速的发展。法国出口年均增长 10.3%，进口年均增长 10.4%，大大高于 BIP 年均增长率。法国出口占 PIB 比例，由 1958 年的 8.9% 上升到 1973 年的 14.7%。法国已成为外向型经济的国家。(3) 缓慢发展时期（1975～2007 年）。这个时期，两次石油涨价，1982 年和 1985 年两次美元升值，国际市场对法国产品需求的减少，法国通货膨胀高居不下和出口商品竞争力的削弱，给予法国外贸沉重的打击。法国出口 1980～1989 年减少了 10%，特别是工业品的出口停滞不前。与此同时，法国进口则大幅度上升，从而造成巨额的外贸逆差。法国在世界贸易总量中的比例也相应下降。20 世纪 90 年代，随着经济和产业结构的调整，出口商品质量和价格竞争力的提高，欧洲统一大市场的启动，国际贸易形势的好转，法国外贸从 1993 年起走向长期盈余，1993 年为 20 亿欧元，1995 年为 10 亿欧元，1999 年为 95 亿欧元。但自 2003 年起，法国外贸开始又出现赤字：2000 年为 79 亿欧元，2004 年为 141 亿欧元，2005 年为 216 亿欧元，2006 年为 271 亿欧元，2007 年为 388 亿欧元。（4） =4〔GB2 下降、恢复和低速增长时期（2008 ~ 2017 年）。受全球金融危机打击，法国外贸有所下降，2008 年外贸总额为 10794 亿欧元，其中出口为 5156 亿欧元，进口为 5638 亿欧元；2009 年为 10297 亿欧元，其中出口为 4922 亿欧元，进口为 5375 亿欧元。从 2010 年起法国外贸开始恢复和低速增长，2011 年外贸总额为 11325 亿欧元，其中出口为 5382 亿欧元，进口为 5943 亿欧元；2014 年为 13002 亿欧元，其中出口为 6378 亿欧元，进口为 6624 亿欧元；2015 年为 13576 亿欧元，其中出口为 6726 亿欧元，进口为 6850 亿欧元；2016 年为 13623 亿欧元，其中出口为 6720 亿欧元，进口为 6903 亿欧元；2017 年为 14407 亿欧元，其中出口为 7077 亿欧元，进口为 7330 亿欧元。这个时期，法国外贸赤字 2008 年为 482 亿欧元，2009 年为 453 亿欧元，2011 年为 561 亿欧元，2014 年降为 246 亿欧元，2015 年收窄为 124 亿欧元，2016 年为 183 亿欧元，2017 年收窄为 253 亿欧元。

经过二战后外贸的发展，法国外贸占 PIB 比例已经大幅度提高，法国出口占 PIB 比例，从 1949 年的 14% 提高到 1991 年的 20.8%，2017 年上升到 30.9%。法国进口占 PIB 比例，从 1949 年的 13% 提高到 1991 年的 21.8%，2017 年上升到 32.0%。2016 年，法国有 21.9 万家企业从事出口贸易，占法国企业总数（不包括农业、金融业、微型企业）的 9.1%。

法国外贸在世界贸易中所占的份额有所下降，1980 年为 6.3%，2000 年为 4.7%，2012 年降至 3.4%。法国货物外贸占世界货物贸易的份额也从 1980 年的 6.4% 逐渐减少到 2000 年的 5.1%，2012 年降至 3.1%。但总的来说，法国是外贸大国，目前在世界贸易中排名第五位。

2. 外贸体制和外贸政策

为了促进和扩大对外贸易，法国建立了比较完备的外贸体制。早在

1974年，法国政府中新设置了一个对外贸易部长，总管法国的对外贸易事务。为了实施奥朗德的经济外交优先战略，瓦尔斯政府决定将对外贸易和旅游事务交由外交部管辖。为此，法国外交部机构做了相应调整，在“全球化总局”下设“企业局”，以便贯彻“经济外交优先”的对外政策。

法国工商会（Chambre de commerce et d'industrie française），为法国外贸提供国外市场和经济信息，与国外保持联络。法国对外贸易中心（Centre français du commerce extérieur），专门为外贸公司企业提供出口国的信息和资料。法国对外贸易担保公司（Compagnie française d'assurance pour le commerce extérieur，COFACE），专门负责对特别的外贸风险提供担保。出口信贷银行（Crédits à l'exportation）和纳特克西信贷银行（Banque de financement et d'investissement du groupe BPCE，Natexis），不仅对出口商提供信贷，而且也对国外客户提供信贷服务。法国对外经济展览委员会（Comité français des manifestation économique à l'étranger），专门负责在国外举办各种展览、沙龙和博览会以便展示法国的经济成就和出口产品。

法国外贸始终保持着对外开放的政策，积极参与经济全球化和地区化，积极参与国际市场的竞争，竭力扶持出口，以便争夺国际市场。法国推行经济外交优先的政策，在总统、总理或者政府官员出访时，往往率领庞大的、由企业家组成的代表团，利用访问机会签订大批合同或协定，用外交促进法国对外贸易的发展。

法国实施鼓励出口的政策，一般商品都可以自由出口，仅对少数产品施行出口管理，如对农产品的出口补贴管理，对军事装备、高技术产品和核技术设备的出口进行管理。法国为支持促进出口，还根据每个时期国内外经济及市场形势，不断采取一些措施。法国对出口货物实行零税率。自2012年以来，法国鼓励法国中小企业走向世界，寻找商机，从事外贸活动。

3. 外贸商品结构

农产品和农业食品工业产品是法国出口的第一大强项，仅次于美国居世界第二位。在法国对外贸易逆差年份中，法国农产品和农业食品工业产品往往盈余，并能够抵消外贸中的赤字。而农业食品工业产品的顺差从1994年起超过了农产品的顺差，它证明了法国农业食品工业发展快，其增加值也在提高。

民用工业品也是法国对外贸易的强项。它的进出口在1986~1991年连续入超，但自1992年起开始出现顺差。在民用工业中，法国20世纪90年代以来形成的民用工业品出口强项大多集中在专业设备品里，如空中客车、阿丽亚娜火箭、深海潜水器、超凤凰核电反应堆、汽车、化工、医药、香水，等等。空中客车是法国专业设备进出口中的龙头产品，此外，卫星发射、移动电话、船舶、石油平台出口情况良好。但是，法国进口的能源、工业原料、中间工业品和日用消费品则经常出现入超。

法国从事服务业出口的企业，2015年为43639家，占出口企业9.3%，出口为1409亿欧元，进口为1554亿欧元，逆差为145亿欧元。

4. 地区结构

法国外贸的主要对象是欧盟，1997年已占法国外贸总额的63%，这要比20世纪60年代提高了近20个百分点。不过，受到金融危机和经济危机的影响，法国对欧盟外贸总体呈现下降趋势。2017年仅占法国外贸总额的59.4%。2018年，法国对欧盟货物贸易总额为6092亿欧元，其中出口为2864亿欧元，进口为3228亿欧元，逆差为364亿欧元。德国、意大利、西班牙、英国、比利时是法国在欧盟内最大的5个贸易伙伴。

自2008年起，亚洲地区替代美国成为法国除欧盟外的第一大市场。2018年，法国对亚洲货物贸易总额为1623亿欧元，其中出口为664亿欧元，进口为959亿欧元，逆差为295亿欧元。中国已上升为法国第四大贸易伙伴国，也是法国在亚洲地区最大的贸易伙伴，其次是日本、新加坡、韩国和印度。

美洲地区继亚洲之后，为法国除欧盟外第二大市场。2018年，法国对美洲货物贸易总额为1023亿欧元，其中出口为544亿欧元，进口为479亿欧元，顺差为65亿欧元。法国对美国货物贸易总额为738亿欧元，其中出口为384亿欧元，进口为354亿欧元，顺差为30亿欧元。美国是法国第六大贸易伙伴国。

非洲地区是法国除欧盟外第三大市场。2018 年，法国对非洲货物贸易总额为 513 亿欧元，其中出口为 248 亿欧元，进口为 265 亿欧元，逆差为 17 亿欧元。非洲多数国家是法国的传统市场，法国对非洲地区出口最主要的国家是阿尔及利亚、摩洛哥、突尼斯、埃及和南非。

中近东地区是法国除欧盟外第四大市场。2018 年，法国对中近东货物贸易总额为 270 亿欧元，其中出口为 146 亿欧元，进口为 124 亿欧元，顺差为 22 亿欧元。沙特、阿联酋、伊朗、卡塔尔和以色列是法国在该地区最主要市场。

二 对外投资与外来投资

法国是世界上主要的资本输出国。20 世纪初，法国输出的资本总额居世界第二位。二战后，由于受到战争的破坏等原因，法国资本输出减少。从 20 世纪 50 年代中期开始，随着法国经济的恢复和发展，资本输出迅速增加。从 1985 年开始，法国成为直接资本的净输出国，输出的直接资本大于输入的直接资本。20 世纪末至 21 世纪初，法国刮起了大公司企业兼并和资产重组之风，跨国公司和集团建立起来，并纷纷开辟国外市场，法国对外直接投资呈现高速增长的态势。

早在 20 世纪 90 年代中期，法国不仅取消了对外直接投资的限制措施，并且推出了一系列鼓励和刺激本国企业对外直接投资的政策措施。这些措施包括信息和技术援助、直接的财政金融支持、投资保险、税收优惠，所有这些进一步激发了法国投资者对海外投资的积极性。自 2012 年以来，法国更是鼓励法国中小企业对外投资，从而使法国中小企业对外直接投资迅速增长。

法国对外投资涉及的领域，主要为工业制造业、金融服务业，以及房地产和商业。因国别经济结构不同，法国在不同投资目的国的投资结构各异，甚至存在很大差异。法国对外直接投资的形式，以参股和控股为主，其中，又以控股为主要方式。

法国对外直接投资额 2011 年为 370 亿欧元，2012 年为 246 亿欧元，

2013 年为 188 亿欧元，2014 年为 323 亿欧元，2015 年为 403 亿欧元，2016 年为 572 亿欧元，2017 年为 516 亿欧元。在 2017 年法国对外直接投资总额中，对欧盟投资 334 亿欧元，占对外直接投资总额的 64.7%；对其他发达国家投资为 189 亿欧元，占对外直接投资总额的 36.6%。进入 21 世纪，法国在国际直接投资领域始终保持第五大投资国的地位。

外国投资者也看好法国的国内市场，以及法国人的高素质、稳定的货币、绿色的经济环境和条件、先进的技术。法国也积极鼓励外资进入法国，并放宽投资条例和为外国投资者创造投资条件。因此，20 世纪 90 年代以来，法国吸收外资年平均数额居世界第 4 位。进入 21 世纪，外国投资进一步增长，2010 年为 152 亿欧元，2011 年为 228 亿欧元，2012 年为 132 亿欧元，2013 年为 323 亿欧元，2014 年为 115 亿欧元，2015 年为 427 亿欧元，2016 年为 256 亿欧元，2017 年为 442 亿欧元。2017 年，欧盟为法国最大的外资来源地区，总计为 307 亿欧元，其中欧元区国家为 121 亿欧元。2017 年，外国在法国的投资、设址、扩张项目总共有 1019 项，比 2016 年大幅增加了 31%。这使得法国在吸引外来投资项目排行榜上仍然排名第三，位于英国（1205 项）和德国（1124 项）之后。

三　对外援助

法国对外援助的目的是维持其在该地区的存在，以及施加和扩大法国在该地区经济、政治、文化的影响。虽然如此，法国对外援助政策紧密遵循联合国、经合组织的发展援助政策，即消除贫困和促进受援国可持续发展。

自 1998 年起，法国对外援助机构进行了深入改革，由法国外交部、财政部和移民部等共同组成的“国际合作与发展部际委员会”（CICID），每年制定一份年度总体对外援助规划，决定法国援助的方向，并根据经合组织发展委员会的战略，初步确定法国与其他国家双边官方发展援助的战略方向和优先领域。

与此同时，法国调整了对外援助地区的政策，由原来“阵营国家”（法语国家）和“阵营外国家”的二元划分，转变为“优先团结地区”

政策。“优先团结地区”不仅包括最不发达法语国家，同时也向非法语国家开放，从而保证地区行动的更好协调。“优先团结地区”包含的国家可以获得更加广泛的合作手段和最优惠的援助资金。

1999 年初，法国确定了“优先团结地区”包含的61 国家。除了原37 个“阵营国家”外，又增加了很多其他撒哈拉之南非洲国家，主要为中非和南非英语国家（因为“阵营国家”已经包括了葡语国家）。但是，对于“优先团结地区”所包含的国家，法国每年进行一次调整，这样就避免受援国家的习惯性接受，使得受援国更加珍惜有限的援助资金，保证了援助资金的有效使用。另外，对于“优先团结地区”的国家援助，法国划分了主次，确定重点地区和重点国家，对于在政治和经济领域与法国关系密切的国家，进行重点援助。最后，法国对外援助与受援国的政权建设和文化交流相结合，把对受援国的扶贫与社会经济的发展紧密相连，力争使受援国在不同领域摆脱贫困。

法国对外援助金额和占当年 PIB 比例，2012 年分别为 88.6 亿欧元和 0.42%，2013 年为 79.7 亿欧元和 0.38%，2014 年为 73.2 亿欧元和 0.34%，2015 年为 86.9 亿欧元和 0.4%，2016 年为 83.5 亿欧元和 0.38%，2017 年为 85.4 亿欧元和 0.38%。法国对外援助资金占世界的 10%，是全球第四大发展援助提供国。即便如此，法国对外援助始终没有达到联合国规定的占法国当年 PIB 0.7% 比例的要求。

四 与中国的经贸关系

法中两国间的经贸关系有着悠久的历史，早在 17 世纪开始了法中两国间的贸易往来。中国的丝绸、瓷器和茶叶等陆续输往法国，并享有良好声誉。

新中国成立后，法中两国就有了小规模的经贸往来。1964 年法中两国正式建交，为经贸的发展创造了有利的条件。1971 年 7 月，中国总理周恩来在会见法国国民议会代表团时表示，凡是中国要从西欧进口的商品，在同等条件下优先考虑从法国进口。这一原则在法国朝野特别是工商界产生了强烈的反响。1974 年，法中两国双边贸易额达 9.14 亿美元，占同期中国对外贸易总额的6.3%，仅次于日本和港澳地区，跃居第三位。在中国的进口贸易中，法国一度是第二大供应国。

20世纪70年代末成立的法中经贸混合委员会，进一步加强两国的经贸关系。1978年12月，法中两国签订了关于发展经济关系和合作的长期协定，确定了1979~1985年双方扩大进出口的努力目标，这是西方大国与中国签订的第一个长期经济合作协定。1985年在这个协定基础上续签了第二个发展经济关系与合作的长期协定。为促进上述长期合作协定的实现，1979年10月法中两国又签署了《关于法中经济关系的发展》文件。为了适应法中两国经济贸易关系迅速发展的需要，1979年法国200多家企业和金融机构组成了法中委员会，负责组织和安排法国厂商同中国有关部门和企业之间的经济贸易活动。

20世纪80年代，法中两国间的经贸关系进一步向纵深发展，出现了全面发展的新局面。双方的经济合作扩大到许多领域，双边贸易额迅速增长。1988年法中两国双边贸易额增长到12.94亿美元，其中中国出口额为4.89亿美元，进口额为8.05亿美元，都比1979年增长1倍左右。双方进出口商品结构也发生了显著变化。法中双方开展经济技术合作的领域已扩大到能源、通信、铁路运输、航空、机械、电子、化工、原材料、建筑、食品、医疗卫生以及金融等各个行业，并灵活采用了合资经营、合作经营、合作生产、联合开发、技术转让、补偿贸易等多种方式。1979~1988年，法国企业在中国直接投资项目近40个，累计协议金额达5亿多美元。双方共同兴办了一批生产性企业，还办了一些非生产性的旅馆、饭店和租赁公司。

与此同时，法国各地区和城市与中国省和市之间的经贸往来逐渐增多，双方陆续建立了20多个友好省区、城市或地区经济合作关系。有不少中国省、市分别在法国一些大中城市举办展览活动。这些活动对扩大中法双方经济交流和贸易往来，推动两国中小企业之间的合作，增进两国人民之间的了解和友谊都起到一定的作用。

1997年法中两国建立全面合作伙伴关系后，双方经贸合作得到恢复和加强。2000年法中贸易额为136.9亿欧元，法国是中国在欧盟的第四大贸易伙伴。2004 年法中两国把“全面伙伴关系”提升到“全面战略伙伴关系”新高度，双边的经贸关系进一步深化。尽管还有全球金融和经济危机的影响，但是，总体来说，法中经贸关系一直保持良好的发展势头。

2013 年 4 月，奥朗德总统访华，重点则是“经济外交”，提升法中经贸关系，减少法国对中国贸易的赤字。法方表示，法国对中国的经贸除了继续发展传统的领域外（航空、核电站、高速火车），将适应中国经济的转型，开拓农业与食品加工业、医药卫生以及可持续城市建设三个领域。在奥朗德总统访华期间，法中签署了航空领域和核能源几个大单子，显示出中法合作的实质性进展。2018 年 1 月，马克龙总统访华进一步提升紧密持久的中法全面战略伙伴关系水平，两国在经济领域进一步开放，特别在核能源、航空、现代生态农业、食品加工等领域，以及第三方市场和“一带一路”倡议沿线国家进一步探讨或深化合作，从而进一步提升法中的经贸水平。

法中的货物贸易额 2012 年为 565 亿欧元，2013 年为 558 亿欧元，2014 年为 592 亿欧元，2015 年为 648 亿欧元，2016 年为 624 亿欧元，2018 年为 709 亿欧元。2018 年，法国对中国出口贸易额为 208 亿欧元，是法国第八大出口国；法国从中国进口为 501 亿欧元，是法国第二大进口国。总之，中国是法国在欧盟以外的第二大货物贸易伙伴，仅次于美国。

在法中双边贸易中，法国一直存在逆差，2000 年入超为 73 亿欧元，2012 年扩大为 263 亿欧元，2013 年为 264 亿欧元，2014 年为 268 亿欧元，2015 年为 288 亿欧元，2016 年为 304 亿欧元，2018 年降为 293 亿欧元。法国政府在加强与中国贸易的同时，一直致力于缩小与中国之间的贸易差距；中国政府也表示，中国并没有刻意追求与法国的贸易顺差。

法对华出口的前 10 大类商品是：飞机及航空产品，电器设备，有机化工品，专用机器，机械设备，药品，化妆品和奢侈品，汽车设备，酒类，有色金属。法在华投资主要集中在能源、汽车、化工、轻工、食品等领域，大部分为生产性企业。法自华进口的前 10 大类商品是：办公用信息设备、服装、体育和娱乐用品、音像传输及录放设备、皮革及旅游用品、电器设备、冶金产品、家用电器、家具、塑料制品。

第五章

军　事

第一节　军事简史

一　临时政府军事简史

1940年6月，正当希特勒军队入侵法国并几乎要占领法国半壁江山时，时任法国政府陆军部国务秘书的戴高乐毅然地飞往英国，并在伦敦发表了“6·18号召”，呼吁法国人民拿起武器，奋起抗战。他成立“自由法国委员会”，组织自由法国部队。1941~1943年，戴高乐将自由法国军改名为战斗法国军，以阿尔及利亚的阿尔及尔作为总部，领导和指挥抗德的斗争。随着时间的推移，戴高乐领导的海外抵抗部队日益壮大，并收编了许多维希政权在法属殖民地的伪军，组织和参与了在地中海地区、中东地区、北非、非洲法国殖民地的军事行动。戴高乐还组建志愿军，远赴苏联，与苏军一起抵御德国法西斯军队对苏联的侵略。

为了统一领导国内外的抵抗运动，戴高乐成立了军事行动委员会，组织法国内地军，以便吸收和团结法国本土的各种抵抗力量。1944年6月3日，戴高乐将法兰西民族解放委员会改组为临时政府，并被委任为政府首脑。6月14日，临时政府领导的法国海外部队随同盟军登陆诺曼底，并一路直捣巴黎。法国国内抵抗部队也积极地配合盟军和法国海外部队，组织在首都的起义，一举解放了巴黎。法国临时政府进入巴黎后，一方面与盟军一起继续向东推进，进入德国境内作战；另一方面，解放各个省份。

这样，法国集合了海外和国内的部队总共有 125 万人，其中 7 个步兵师和 3 个装甲师开赴德国境内作战，并在战争结束后在德国境内得到了一块占领区。

二　第四共和国军事简史

第四共和国时期，法国依靠西方阵营，紧紧地追随美国，在欧洲推行一系列的集体防御政策，以便保护法国国家的安全和在欧洲的利益。法国于 1947 年 3 月同英国签订了《敦刻尔克条约》，共同抑制德国。它又于 1948 年 3 月同英、荷、比、卢四国签订了《布鲁塞尔条约》，组成西欧军事联盟，把欧洲政策的重点放在遏制苏联上。法国还于 1949 年 4 月签订了《北大西洋公约》，组成北大西洋公约组织，把美国利益与西欧国家捆绑在一起，利用美国强大军事力量承担起遏制苏联的主要责任。此外，法国还提出了建立欧洲防务集团和欧洲共同生产武器装备机构的建议。与此同时，法国倾其物力和财力来扩充军队和军备，对法属殖民地民族民主解放运动进行镇压，以便维护法国在其殖民地的利益，维持法国帝国体系。

法国在印度支那进行殖民主义战争初期，投入 10 万兵力，并在美国援助下逐步增兵，至 1954 年春达到 14.6 万人。在长达 7 年零 6 个月的殖民战争中，法国耗费了 3 万亿旧法郎，付出了伤亡高达 20.6 万官兵的巨大代价。1954 年 3 月 13 日至 5 月 7 日，驻守奠边府的法国部队被越南人民军歼灭 1.6 万余人，法军司令及其指挥部全体人员被俘。法国政府被迫签订停战协议，从而结束了法国长达半个多世纪的殖民统治。越南、老挝、柬埔寨三国终于获得独立。

1954 年 11 月，阿尔及利亚民族解放阵线开始武装反抗法国的统治，法国派遣军队进行镇压和扫荡。1956 年，法国在阿尔及利亚已投入超过 40 万法军。但是，旷日持久的殖民战争，造成法国殖民军 1.8 万人死亡，同时耗尽了法国的财力，引起了法国国内和阿尔及利亚法国侨民的不满，极右势力和极端殖民主义者举行叛乱，导致法国政局危机，使第四共和国走向覆灭。

三　第五共和国军事简史

第五共和国建立初期，戴高乐作为第一任总统依靠法国已经大大增强的经济实力，采取了一系列独立的防务政策，重新改造原有的军事组织。

他同意法属殖民地独立和结束在阿尔及利亚的殖民战争，收缩战线，把战略重点转移到法国本土和欧洲上来。他实施以独立核威慑力量为基础的“全面防务”战略，于1960年2月在撒哈拉大沙漠成功地爆炸了第一个原子装置，并于1964年建立了第一代核打击力量，把核弹头指向各个方位。与此同时，法国逐步地退出北约军事一体化机构，于1959年3月收回法国地中海舰队的指挥权，6月要求美国撤走驻在法国领土上的核轰炸机，于1963年6月宣布法国大西洋舰队在战时不再自动归北约司令部指挥，8月收回在战时自动归北约司令部指挥的法国飞机中队的指挥权，又于1964年4月撤回法国在北约海军司令部的军官，最后终于在1966年3月正式退出北约军事一体化机构，接管驻法美军基地和北约总部。蓬皮杜总统时期，法国于1972年发布了第一版《国防白皮书》，进一步强调了奉行独立核威慑战略的必要性。

吉斯卡尔·德斯坦总统时期，他意识到苏联和华约军事力量日益增长，对欧洲和法国的威胁日益明显。他及时地调整了防务政策，实施“扩大庇护”的战略。这就意味着法国不仅保卫本国，而且还要保护欧洲邻国和地中海作为第一道防卫圈，非洲、印度洋、亚洲、太平洋和大西洋等地则是第二道防卫圈。正是根据这种新的战略思想，实施战略核力量、战术核力量和常规力量同时发展的“三位一体”战略，以随时应付来自外部的各种战争。他还改善与美国和北约的关系，加强与北约的军事合作。

密特朗总统走马上任后认为，自20世纪70年代末以来苏联在“缓和”的幌子下悄悄地部署了能够发射到西欧任何角落的SS－20新型中程导弹，在核武器方面也已超过北约，从而使欧洲两个军事集团的均势被打破。正是在这种形势估计的基础上，他一方面执行“大西洋主义”政策以便借助美国的力量，另一方面根据《1984～1988年军事纲领法》大力发展核威慑力量，力图恢复欧洲的再平衡。他还提出了“三个防御圈”

理论，即第一圈是法国本土，第二圈是欧洲和地中海地区，第三圈是非洲和与法国利益密切相关的其他地区。他奉行有限核威慑战略，或称逐步反应和前沿防御战略。

进入 20 世纪 90 年代，法国于 1994 年发表了第二版《国防白皮书》。该白皮书认为，冷战的结束，以及裁减或销毁苏美核武器的一系列条约和协定的签订，意味着法国已经失去了主要的敌人。但法国安全和稳定面临许多潜在的危险：来自前苏联地区和中、东欧国家，以及巴尔干地区的边境冲突和民族矛盾；宗教冲突；非洲前法属殖民地国家的动乱；非常规武器、核武器、生化武器等扩散对世界构成的威胁；恐怖主义活动和有组织的毒品贩卖对国内和国际的危害。正是在新的安全形势下，法国确立了“总体防务”观念，即在军事防务的基础上，密切协调和组织民防、经济、社会等各方面的行动，增强法国整体综合防务能力。白皮书提出了“足够可靠的”核威慑与常规武装力量相结合的“多方位防御战略”和以“远距离干涉”“防止危机”为重点的作战方针。

希拉克总统时期，法国于 1996 年 2 月宣布一系列空前的防务改革，提出了新的军事战略，对军事理论、建军思想、组织结构、军备方针等进行了全面调整：武装部队逐步走向职业化，总兵力减至 35 万人；发挥法国军工和科技的潜力，使之更加适应欧洲防务的具体情况；取消义务兵役制；核威慑进一步成为欧洲核威慑的一部分；继续履行法国在欧洲军团内的义务。为了实现这些改革，法国公布了《1997 ~ 2002 年军事纲领法》，作为改革总目标第一阶段。第一阶段主要任务是：完成义务兵役制向军人职业化的过渡；继续进行军事装备现代化；进行军事工业结构的调整，提高产品的竞争力，并使之符合欧洲军事一体化和法国军备现代化的要求；完成对指挥系统的调整，将中央指挥系统划分为作战指挥系统和行政管理系统，由总参谋长统一行使作战指挥权，加强诸军种兵种协同作战能力；重点提升了核威慑能力，新的攻击核潜艇投入使用；建成作战计划与控制中心，全方位地改善法军的指挥、控制、通信及情报系统。

“9 · 11”事件后，法国核战略逐渐由威慑向实战方向转变，由被动式核防御向主动式核防御方向发展，核威慑的范围更加广泛，核打击的门槛进一步降低，实战性大幅度提高。法国重视欧洲独立防务的建设，确立新的欧洲安全机制，谋求在欧洲安全事务中发挥主导的作用。法国继续参与北约的集体防御，力促北约进行内部改革，积极扩大法国的影响和作用。

萨科齐总统时期，法国于2008年发布第三版《国防与国家安全白皮书》，把军事战略延伸到国家安全领域，把国防与国家安全结合起来，综合考虑法国军事战略。它对未来15年法国军事发展做出了规划，确立了“预知”“威慑”“保护”“干预”和“预防”等防务与安全重点，并着重强调法国有意重返北约军事一体化机构，凸显了法国军事变革的新概念。

白皮书认为，法国与敌国发生大规模军事冲突的可能性已不复存在，而弹道导弹的威胁、恐怖主义的蔓延、网络战争的出现等，使世界更不稳定、更不可测。白皮书提出了两个新的核观念：其一是合理足够观念，即在满足战略需求的前提下，尽可能减少核武器储备，将法国空军核武器削减1/3。其二是核警告观念，即在核威慑的基础上实施核警告，使核武器更具实战意义。白皮书计划精兵强武，在6~7年内裁减5.4万人，其中空军削减24%，陆军削减17%，海军削减11%。法国在外国的军事重心将从撒哈拉以南非洲转移到自大西洋至地中海和自波斯湾至印度洋的一个弧形危机地带，同时还将关闭近50个军事基地或设施，以节省军费开支。但是，在武器装备更新上却大幅增加经费，从每年155亿欧元增至180亿欧元。法国重返北约军事一体化机构，从而彰显法国在国际防务中的存在，而且可以使北约更加欧洲化。

奥朗德总统时期，他认为冷战阵营已经消失很久，一些新的阵营正在地缘、利益、文化相近的基础上形成，但是它们之间缺少协调性。与此同时，新的威胁已在累积，最严重的不确定性在于核扩散风险及核扩散可能引发的理所当然的恐慌乃至预防性反应，这会直接威胁到和平。

2013年4月，法国发布第四版《国防与国家安全白皮书》，其目标是确保法国主权和战略自主，继续国防现代化计划。同时在确保法国公共财政平衡的前提下，保持国防工业的发展。白皮书指出，核扩散、恐怖主义、网络攻击以及各种类型的走私活动，是法国面临的主要外部威胁。网络安全与情报工作将是法国军事未来的重点。法国将发展包括卫星在内的侦察和情报手段，以便能够做出独立判断。法国还将加强对其计算机系统的保护，防范网络攻击。

为落实《国防与国家安全白皮书》，同时也为了削减财政赤字，法国于2013年8月提出《2014～2019年军事规划法》（LPM）。该军事规划法包括37项内容，其中主要有裁减军事人员、更新武器系统等。不过，2015年11月巴黎恐怖袭击后，法国对《2014～2019年军事规划法》进行修改和调整。

马克龙总统时期，他认为法国处在复杂多变的国际环境，恐怖主义的袭击和国际的纷争，还有大量未知的冒险和威胁在逼近，法国只有保持强大的军事能力才能主宰自己的命运，才能应对当前的各种危机，维护国家的独立，保护自己的利益，维持在联合国安理会的地位，保持外交行动能力。为此，法国要维持核威慑战略，更新海空战略核武，推出新版太空战略，保障武器军备服务于军事使命和军队行动能力。法国首要使命是保护法国人及其国土，推动欧洲的防务，促进欧盟的防务战略自主，履行国际和盟友的义务。法国出台《国内安全法》（俗称反恐法），结束了“紧急状态”，并于2018年设立日常安全警察队，实施新的治安与反恐战略。2018年出台《2019～2025年军事规划法》，增加军费，更新军备，加强国防科技，增加军事人员。

第二节　国防体制与国防预算

一　国防体制

法国的国防体制是在1959年《国防组织法》基础上建立起来的。法国总统是军队的最高统帅，总统主持部长会议、国防和国家安全委员会、国家情报委员会、高级国防会议等4个军事决策机构。部长会议是军事最高决策机构，负责制定防务政策，决定国家总动员和进入各级戒备状态。国防和国家安全委员会由总统、总理、国防部长、外交部长、内政部长、财政部长等组成，统筹制定国防、国家安全、外交、经济等与国家安全密切相关领域的大政方针。国家情报委员会负责统一协调政府各部门的情报工作。高级国防会议由有关的部长和其他高级官员组成，负责研究有关国防的各种问题并提出建议。

总理对国防负有责任，任命军职人员；如果情况需要，总理代替总统主持部长会议、国防和国家安全委员会、国家情报委员会、高级国防会议。第五共和国宪法第20条还规定，政府掌管武装力量。正是根据这两条规定，总理协调和执行既定的国防政策，管理国防事务，行使防务上的一般性指挥权和军事性指挥权，作战的最高指导。

法国国防部长领导国防部，负责统筹和实施国防计划，贯彻军事政策，制定军事预算，组织和领导武装部队，确定军火生产计划，筹备军事物资，发布命令，对三军进行动员，与外国进行军事谈判。法国国防部国务秘书负责退伍军人的事务。法国国防部坐落在巴黎第15区巴拉尔（Balar）“法国五角大楼”（或者称为“巴拉尔六角大楼”）内。

法国国防部长下设总参谋长、行政管理秘书长和军备总代表。总参谋长领导最高军事指挥机构——三军参谋部，总统正是通过国防部和总参谋长指挥全国的武装力量。三军参谋长即总参谋长，负责制定军事战略部署等政策，并向总统和国防部长汇报工作。为确保总参谋长在军事指挥中的核心地位，成立直属总参谋长的诸军种联合参谋部和特种作战司令部，领导和指挥作战任务。诸军种联合参谋部的主要任务是研究和提出作战理论，制订平时计划和战时作战计划，组织各军兵种合成训练和演习以及法军与盟国军队的联合训练和演习。特种作战司令部的主要任务是负责制订陆、海、空三军所属的特种作战部队的作战计划，协调组织训练和实施作战指挥。将三军参谋部和各军种参谋部的作战中心合并为诸军种作战中心，隶属三军参谋部，负责全军的作战值班和危机处理。

总参谋长下设有陆军参谋长、海军参谋长、空军参谋长以及国家宪兵队参谋长，这四大参谋长分别主管国防部的陆、海、空、宪兵队参谋部。陆、海、空三军司令部都安置在国防部大楼内，更有利于各军种指挥层之间的协调，提高决策效率，同时缩短国防部雇员的动员时间。这些参谋长组成参谋长委员会，由国防部长任主席。参谋长委员会研究和协调总统和政府制定的国防政策，拟订执行这些政策所必需的一切计划，负责对有关预算分配的争议问题提供咨询，从事各个军种的行政管理、备战训练和后勤保障工作。

法国国防部部分机构进行了合并和调整。将各军种监察机构合并为三军总监察局，统一负责全军的监察工作。将国防部总研究室、安全保密局、三军情报处理中心、各军种参谋部情报处、三军图像判读中心及武器装备部科技情报室等单位合并成立直属三军参谋部的军事情报局，统一管理、指导和使用各种情报侦察手段，综合分析和处理各种来源的情报信息，提高军事情报的质量和实效。在三军参谋部下还增设了一个航天处，由三军常务副参谋长领导，负责领导研究制定军事航天计划。

此外，法国国防机构还有各军种间最高委员会、军事职务最高委员会、军需总署、军事法庭、对外安全总局、军火安全局、核试验中心等。

二　国防预算

法国的国防预算随着法国防务观念和政策、军事战略的改变而发生变化，同时考虑国家预算各个项目之间的平衡等其他因素。

戴高乐总统和蓬皮杜总统时期，为了建立独立防务、研制和开发核武器、建立独立的核打击力量，以及第五共和国建国初期从事殖民战争等，法国军费开支巨大，1960～1973 年占 PIB 的比例平均为 4.71%，年增长率为 5.9%。吉斯卡尔·德斯坦总统时期，军费开支仍然维持在较高的水平，1973～1982 年国防预算占 PIB 的比例平均为 3.69%。密特朗总统时期，国防预算仍然有所增长，1987 年国防预算占 PIB 的 3.8%。20 世纪 90 年代，根据冷战后的新形势和新任务，法国国防预算占 PIB 的比例有所下降，1995 年为 3.1%，1997 年为 3.0%，1999 年为 2.7%，2000 年为 2.2%，2005 年为 1.9%，2007 年为 1.94%，2012 年为 2.3%。

奥朗德总统时期，为了紧缩财政支出，进一步缩减军费开支，2013～2016 年年均国防预算保持 PIB 的 1.56%。2014 年国防预算实际上为 313.8 亿欧元，占 PIB 的比例为 1.52%。法国国防预算在欧盟国家中仅次于英国，位列第二。但是，2015 年 11 月巴黎恐怖袭击事件后，法国修改《2014～2019 年军事规划法》，增加军事预算和编制。新增部分主要用于加强法军的行动部门和网络安全，打击恐怖主义。为此，法国决定 2015 年的国防预算为 314 亿欧元，2016 年达到 455.6 亿欧元，占 PIB 的比例为 1.7%，2017 年为 327 亿欧元，占 PIB 的比例为 1.8%。

马克龙总统时期，法国继续加强军事实力，同时应对北约成员国将 PIB 的 2% 用于国防开支的要求，从而较大幅度提高国防预算，2018 年为 342 亿欧元，比上一年增加 18 亿欧元，占 PIB 的 1.82%。《2019～2025 年军事规划法》规定，为了更新军人与提供现代化军备，也为法国未来的防务做准备，到 2025 年军事预算将增达 PIB 的 2%，亦即 500 亿欧元。为达到这个目标，规划法规定在 2022 年以前每年增加 17 亿欧元，接着从 2023 年起每年增加 30 亿欧元。

法国国防预算的结构有了很大的变化。1962 年以前的国防预算中，部队的维持费（军人薪金、设备和行政开支、营房维修、行政补贴和其他费用）占 2/3 以上，军事装备费用（科研、军工与技术投资、军事设施）占 1/3。但随着法国军队的现代化、核武器的研发和核打击力量的建立以及军队的改革，军事装备的预算越来越高，在国防预算中的比例也越来越高，致使自 20 世纪 90 年代以来法国每年的军事装备费与部队维持费几乎各占一半。

第三节　军事制度

一　军事编制

法国国防部认为，未来可能采取军事行动的主要形式，将是诸军种合成作战或与盟国联合进行对外干涉，传统的军事编制和行动概念已不能适应形势多变和反恐的要求。为此，法国国防部对全军编制进行了较大的调整和改革。

第一，实行量少质精，防御够用的建军思想。目标是“使一支人数更少的部队拥有更快的反应能力和更大的杀伤力，从而取得作战中的优势”，逐步地减少军人总数。1996 年法军现役部队约 39.89 万人，2002 年减至 37 万人，2009 年为 31.3 万人，2011 年为 29.6 万人，2012 年减少到 28.8 万人，2015 年为应对反恐增加军人编制，从而使军人总数回升到 30 万人，2016 年为 30.1 万人。

第二，简化指挥层次，提高指挥效率。过去，法国陆军、海军、空军三军和国家宪兵部队分散、重叠设置的军区，从 1991 年 9 月 1 日起调整为东北、大西洋和地中海三大防区，设立相应的军种和宪兵分区，并成立领土防御司令部，以统一指挥和协调全国的本土防御作战。这样，各类军区司令部的数量将减少近 50%，从而使本土防御体系更加精干、更便于各军种之间的统一指挥和密切协同，有助于提高工作效率。

第三，压扁部队建制，提高部队机动能力。法国武装力量由陆军、海军、空军和战略核力量组成。陆军原来有军级、师级、旅级、团级、营级、连级、排级建制，经过整编和改革，取消了军级和师级两级建制，最新编成的旅是继承原来师的番号。不过，2015 年 5 月出台“接触”计划（Au contact），对法国本土的陆军进行重组，又恢复了师级建制。

第四，建立空中和太空军事组织。21 世纪，法国把开发空间技术作为国家重点发展战略之一。法国将空军防空司令部改建为空中 - 太空监视司令部，将空军司令部改编为航空 - 航天司令部。近年来，随着法国空间预算的逐年增加，多项军事空间计划陆续出台，其中涉及军事侦察、军用通信以及导航、遥感等许多方面。

二　兵役制度

法国是现代征兵制的创始国，1798 年开始实行义务兵役制，至改革前有近两百年的历史，1983 年改施征募混合制。从 1997 年 1 月 1 日起，在此基础上，又改成全募兵役制。

根据 1996 年 5 月颁布的总统令，凡 1979 年 1 月 1 日后出生的青年，可自行决定是否服现役。凡年满 18 岁的志愿服役人员可在三类部门中服役：第一类是国防和安全部门，如军队、宪兵、警察、海关、消防、民事安全、环境保护等；第二类是社会服务部门，如城市公共服务机构、医院、学校、残疾人协会等；第三类是国际合作和人道援助，如给予受援国提供国际合作和人道主义援助。在国防和安全部门的服役期为 12 个月，在其他民事机构的服役期一般为 12～18 个月。选择在国防和安全部门类服役的志愿者服满法定服役期后，如个人要求延长服役并转为志愿军人，可与军方续签服役合同，但一次不得超过 5 年。各级军官最高服役年限为：将官为 61 岁，其中上将为 61 岁，中将和少将为 60 岁，准将为 58 岁；校官为 57 岁，其中上校为 57 岁，中校为 56 岁，少校为 54 岁；尉官为 52 岁。

法国预备役分为兵役预备役和防务预备役两大类。前者又分在编兵役预备役和待编兵役预备役，与现役部队一起构成战争初期的基本兵力，具有应急预备役的性质。后者主要用于补充战时伤亡和充实保障部队，并可用于组建新的部队。

为了防止公民的国防意识淡化，从 1997 年 1 月 1 日起法国建立公民－国家约会制度，役龄青年必须到国民役选拔中心登记，进行体能、智力检查，接受国防教育。

目前，法国采用单一募兵制，实行军队职业化，即法国军队是以职业军人为主、志愿军人为辅的职业化军队。它使法国军队结构发生变化：第一，法国军队的科技和人员素质大大提高。第二，文职人员在军队中的比例有所增加。第三，女性在法国军队中的比例也有所提高。与此同时，马克龙总统还恢复了普遍国民役（SNU），要求 16 岁以上的公民都要参加，为期一个月，以便让“年轻人认识我们国家、认识我们军队”。

三　军事训练制度

1. 役前军事训练

法国适龄青年经兵役登记并被预选合格后，在年满 18 岁服现役前要进行为期 1～3 个月的役前军事训练。陆军的役前军事训练分为四种：第一种是为将担任军官者开设的军官军事训练；第二种是为拥有中学毕业证书或高级技术员合格证书且经前一种训练合格者的高等预备军事训练；第三种是为准备进入专业技术岗位者开设的专业预备军事训练；第四种是为将进入空降兵部队者而开设的伞兵预备军事训练。海军的役前军事训练安排一个学年两个阶段：第一阶段在各航海组织附属的训练中心进行分期训练，共 16 个半天。在理论学习方面，有海军和海上环境、国防与海军现状、航海知识等；在实践训练方面，有单兵训练、船上灭火训练、参观舰船和海上设施、航行活动等。第二阶段集中起来在某一军港进行。训练后必须获得军事训练合格证书。空军的役前训练也分为分期训练和集中训练两个阶段，军事训练有战斗、行军、射击和熟悉空军情况。

2. 服役训练

作为刚入伍的一般士兵，初训期为 4 个月，其中第一个月为入伍教育和基础军事训练，后 3 个月则全部为专业训练，使新兵全面、系统地学习先进武器系统的操作技能，并达到熟练程度。陆军新兵以连为单位，按兵员批次统一编组的方法，统一安排时间，接受同一课程的训练，使连队训练整齐划一，进度一致，提高训练的实效。法国在新兵训练中，尽量使用模拟训练手段。例如陆军使用三个模拟系统："人员系统"使新兵接受全面的训练，以形成全局和整体意识；"武器系统"使新兵能全面模仿整个武器系统的各种功能；"作战系统"使各个相对独立的武器系统模拟器相互协调，新兵受到模拟战术训练。

法国军官的教育和培训都是在军事院校中进行。1993 年，法国对高等军事教育体制进行了重大的改革，将原来的三军诸军种高级培训班和陆、海、空军以及宪兵的 4 所高等军事院校合并，成立了由三军参谋长直接领导的诸军种国防学院。军官在该学院中学到诸军种合成指挥能力，对国际形势的预测和战略分析能力，掌握军种之间、盟国之间协调行动的方式和方法，提高对欧洲防务建设的思考和研究。在教学内容方面，有诸军种共同科目和各军种专门科目，前者占总教学量的 70%。其主要内容有：学习作战行动，使军官能积极参与制定、组织、指挥在危机处理和人道主义行动中的军事行动；学习参谋业务和了解军事行动中新闻媒介和通信作用；学习国际关系、战略、社会与防务的关系、新技术与防务的关系等知识；与盟国高等军事院校的学员进行学习心得的交流。

3. 预备役训练

退出现役后转入预备役至50岁。在服预备役期间，这些预备役军人还要参加预备役的军事训练，以便随时应召参加军事行动。

在法国各军种的现役部队中都设有各个军种的预备役培训中心，服预备役的军人在和平时期接受军训的累计时间必须达到半年，每次培训通常1~5天。他们根据自己的情况，或到预备役培训中心进行培训，或到某所军事技术学校再学习。经过预备役培训后要进行结业考试，并发给合格证书。服预备役军人还可以参加预备役晋级考试，考试通过可以晋升预备役军官头衔。在预备役军人接受预备役培训期间，服预备役军人工作所在的机构或企业，雇主有义务为其雇员提供方便。

四 军衔制度

军衔制度最早在法国和意大利实行。法国启蒙思想家伏尔泰指出，法国国王路易十四在同西班牙的战争中，由于法军建立了一套完善的军衔制度，“军人的衔级开始成为一种权利，大大优于家庭出身，受人重视的是劳绩战功，而不是祖宗门第”，使得法军所向披靡。正因为军衔制度对军队建设具有积极的促进作用，它逐步被世界各国军队所采用，400年来相沿不衰，显示出强大的生命力。

1569年，法国国王查理九世（Charles Ⅸ）将“大元帅”这个荣誉称号授予其弟昂茹公爵（Anjou），这是历史上首位具有大元帅军衔的人。16世纪，法国封建王朝还建立了元帅和将军等最高级别军衔，先后授予立有卓著战功的18名将领。自此以后，德国、俄国等欧洲国家先后也建立起元帅和将军军衔制度。此外，上校、大尉、中尉和上尉最早也是法国中世纪开始使用，后来普遍为其他国家所效仿。当然，法国建立军衔制度时，也参考和吸收了其他国家的军衔等级。第三共和国建立起比较完备的军衔制度，虽然也经过改革，但基本制度一直沿用至今。

目前，法国无论军种还是兵种（包括宪兵），都实行军衔制，但是，海军和宪兵在士官以下的军衔制与其他军种和兵种略为不同。法国军衔分为五等 19 级（元帅级除外）：元帅一级，只授予德高望重的逝世上将；将官四级，即上将、中将、少将、准将；校官三级，即上校、中校、少校；尉官四级，即上尉、中尉、少尉、准尉；士官分五级（宪兵只有中士长和中士两级），即总军士长、军士长、军士、中士长（海军同级为上士）、中士（海军同级为二级中士）；士兵分三级，即一等兵、二等兵、士兵。军队中的行政军人、文职军人也要根据职务相应地授予各级军衔或技术等级。

第四节　军事战略与军事政策

一　军事战略

2013 年第四版《国防与国家安全白皮书》规定，法国必须在未来 15 年建立保护、预防、威慑和干涉四大军事战略。

1. 保护

法国军事战略的核心和首要任务，就是保护法国领土完整、法国本土人民以及海外侨民的生命和安全，确保其不受勒索、报复或侵犯。确保国家主要职能的连续性，确保国家和政府机构正常地运转及其行动的自由。尽早做出认识和预测，及时采取行动以制止来自恐怖主义的一切袭击，迅速做出反应以减轻后果。与网络威胁作斗争，保护科技潜能的发挥。与大规模杀伤性武器扩散和常规武器的走私作斗争，与人口贩卖和毒品走私作斗争。

保护战略主要包括对法国领土、领海、领空的保护，表现为宪兵部队承担经常性的安全行动，海上救援（反污染、海上营救、反走私等），空中安全（对飞行器的救援、侦察和干预，包括反弹道导弹威胁等）。

2. 预防

法国预防概念包含安全合作和协作的职能。法国把进行预先性的接触来阻止暴力和不稳定状态，或者把其限制在最初状态看作长期和平的最好保证。法国强调预防危机，主张动用政治、经济、外交、军事等多种手段，预防各种危机的发生，以确保国家安全，其中采取包括通过国际合作、和平调解和外交斡旋等方式的政治干预、经济援助和制裁、派出维和部队和进行军事干预等措施，预防危机并将其控制在最低限度。法国要加强网络信息安全的防务，预防黑客的攻击、打击网络犯罪。

3. 威慑

法国核威慑从严格的意义上是防御性的，只是在正当防卫的极端情况下才由共和国总统考虑使用，因此，从这个意义上讲，核威慑是维护国家独立与安全的最后屏障。它在国际责任范围内时时刻刻确保国家自主的决定，保证国家行动自由的权利，包括在危机时刻粉碎对国家讹诈的企图。法国已经将核威慑纳入国防与国家安全的全球范围内，在这个范围内如果法国根本利益受到威胁，法国就要彰显核威慑力量的存在。法国核威慑的存在，确保了大西洋联盟的安全，也确保了欧洲的安全，是法国作为世界大国地位的形象和体现，显示法国在世界各个地区的存在。

2013 年的《国防与国家安全白皮书》指出，法国核威慑主要由空中核力量和海上核力量组成，已经由苦心经营了 30 多年的“三位一体”（陆基核力量、空中核力量和海上核力量）的核打击力量变成了依靠空军和海军实施打击的核威慑力量。在核武器数量方面，法国继续实行“刚好足够的”核威慑政策，少于冷战时期的核武器数量，从而使法国核武器既在质量上有可信度，又在数量上有限度。

4. 干涉

法国对外干涉主要有三个目标：保护在国外法国侨民，因为法国侨民目前人数已经达到 200 万这个不小的数目；捍卫法国战略利益，也包括盟友和伙伴的战略利益；行使国际职责。

为了实现对外干涉的目标，法国除了拥有必要的手段来保护国家领土外，还必须拥有在优先地区从事干涉的能力。这些地区包括：欧洲周边地区、地中海地区、从撒哈拉到赤道非洲的地区、阿拉伯海湾、印度洋。与此同时，法国也要在世界其他地区为国际安全与和平作贡献。

二　军事政策

1. 坚持以核威慑为核心的独立自主防务，维护国家利益与安全

第五共和国创始人戴高乐在确定独立自主外交的同时，也推行以核威

慑为核心的独立自主防务，以便更好地维护法国的根本利益与安全。戴高乐创建和实施的以核威慑为核心的独立自主防务政策，得到了法国人积极拥护，也使全世界刮目相看，赢得了一片赞许声。自那时以来，法国历届总统，从蓬皮杜、吉斯卡尔·德斯坦、密特朗、希拉克、萨科齐到奥朗德，无不继承和坚持戴高乐总统创立的独立自主的防务，走自己的军事发展道路。

现任法国总统马克龙重申法国奉行独立自主的原则，继续实施以核威慑为核心的独立自主防务政策，继续实行国防现代化计划，为军队提供好的训练、好的装备、好的情报支持。他指出，过去50多年核威慑能力是法国国防战略的关键内容，未来仍将在法国国防战略中占据关键地位。他承诺，法国核威慑系统将进行更新完善。为了确保以核威慑为核心的独立自主防务政策的实施，2018年法国国防预算有相当幅度的提升，他指出，“除了军队以外，其他任何一个部的预算都未增加”。

2. “绝对优先”的防恐反恐

自2015年法国发生一系列恐怖袭击后，时任法国总统奥朗德一方面在国内加强治安，另一方面对外采取军事行动，以消灭恐怖主义的策源地。奥朗德命令法军加强在叙利亚和伊拉克针对极端组织“伊斯兰国”的军事打击行动，法国的“戴高乐号”核动力航母参加打击行动。

马克龙总统时期，法国进一步强化防恐反恐政策并把它放在“绝对优先”位置。马克龙认为法国当前反恐任务集中在两大区域：一个在叙利亚和伊拉克，另一个在利比亚和萨赫勒地区。马克龙反恐与奥朗德一样强调不排除使用武力，但他认为军事行动需要在政治解决配合下才有意义。他还强调从经济发展等源头遏制恐怖主义蔓延。马克龙表示会让法军继续驻守马里直至根绝萨赫勒地区的恐怖主义。在2017年7月初举行的萨赫勒五国集团特别峰会上，他也明确表示将为萨赫勒五国集团联合反恐部队提供支持，承诺会加大对马里基建、教育及医疗的投资，以刺激经济发展，彻底铲除恐怖主义滋生的土壤。

3. 推动欧洲防务建设，力主建立欧盟防务和安全新机制

法国一贯主张在建设欧洲经济和政治一体化时，也要推进欧洲军事和

防务一体化，并使法国成为“欧洲共同体安全和防务政策建设的发动机”。

正是在法国的倡议和推动下，1987 年法德两国组建了法德混合旅，随后扩大成为欧洲军团。为迎接后冷战时代面临的传统的和非传统的因素危及法国和欧盟安全的挑战，法国加快了实施欧盟防务一体化的步伐。法国赞同在欧盟理事会下成立政治和安全委员会、军事委员会和军事参谋部三个安全决策与军事指挥机构。法国积极地参与欧盟快速反应部队的建立，并提供 1/5 的兵力，以便维持和平、处理危机和人道主义救援。2003 年 4 月，法国、德国、比利时和卢森堡决定建立独立于北约的指挥联合军事行动的司令部。与此同时，法德的防务合作越来越紧密。2010 年法英两国结成防卫伙伴，建立一支联合军事部队，共享航空母舰，联合进行核武器试验。

马克龙总统是欧洲派，走马上任后特别呼吁欧洲国家进一步加强军事合作，强化欧盟防务与安全措施，希望在 2020 年建立一支欧盟共同干预力量，同时进行欧盟共同防务预算。在情报领域，他希望建立欧盟共同情报中心，确保各国情报能力结合在一起。他还建议成立一个欧盟反恐检察院。《2019 ~ 2025 年军事规划法》规定，法国与欧盟伙伴国军事合作的计划项目将增加 36%。

4. 重返北约军事一体化机构，密切与北约关系

萨科齐总统时期，法国实施重返北约军事一体化机构的政策。首先，法国全面重返北约，不仅可以参与北约的政治决策，而且还可以重新获得在北约中的军事指挥和决策权力。其次，法国完全回归到北约，将对北约的未来和改造拥有全面的发言权。再次，法国一旦彻底融入北约，将有助于打消美国的疑虑，从而减少欧洲防务建设的阻力。最后，法国还可以与西方国家一道，共同应付传统安全和非传统安全的挑战。2009 年 3 月，法国议会以绝对多数通过了法国全面重返北约的决定，从而法国完成了重返北约军事一体化机构的法律程序。

萨科齐在阐述关于全面回归北约的主张时强调了四点：一是法国坚持戴高乐总统的独立核威慑原则，不接受其他国家的指令；二是法国虽然加

入北约军事一体化机构，但是对其军队调动和是否参与某项军事使命依然拥有自主决定权；三是法国回归北约的先决条件是美国认可独立的欧洲防务建设；四是法国改善同美国的关系并不意味着法国完全听命于美国，而是做一个“独立的盟友”。由此可见，法国全面重返北约，仍然坚持独立自主的外交和国防政策，是现代版的“戴高乐主义”。

现任法国总统马克龙重申法国重视北约并加强与北约的紧密关系，承担法国在北约的责任。

5. 积极参与非洲和中东事务，努力维护传统的势力范围

以强大的军事力量和海外军事基地作后盾，维护和加强法国与非洲国家特别是非洲法语国家和中东地区国家的合作关系和经济利益，以及法国传统的势力范围，是历届法国总统的外交与国防政策的目标。

长期以来，法国尽管在印度洋设有吉布提和留尼旺两大军事基地，但是，在波斯湾地区却没有军事存在。2009 年 5 月，法国在阿联酋军事基地的启用，是二战后法国在中东设立的第一个军事基地。在此之前，法国在海外的军事基地无一例外都设立在非洲，它们都是法国殖民时代的产物。

阿联酋的法国军事基地是一个集海、陆、空三军为一体的综合性基地，可容纳 400～500 名军人。这一基地隶属于法国海军印度洋指挥部，是一个后勤支援型基地。然而，在必要的情况下它可以迅速转变成攻击型军事基地。法国在阿联酋设置军事基地证明，波斯湾地区成为法国新战略重点。

马克龙特别强调对非洲大陆军事安全的重视，以及重塑法国与非洲的关系。20 世纪 60 年代，法国在非洲大陆的驻军有 3 万。近 20 多年，法国在非洲的驻军数量一直在缩减，到 2013 年大约为 5000 人。

第五节　武装力量

法国武装力量由陆、海、空军和宪兵组成，总共 30.1 万（2016 年）。其中，战斗人员 24.1 万，文职人员 6 万，战斗人员占 80.1%，文职人员占

19.9%。法国军队实力在欧洲仅次于俄罗斯，排在第二位。法国核武装力量仅次于美国和俄罗斯，在世界排名第三位。法国海军也在世界各国海军排行榜上位列第四。2013年《国防与国家安全白皮书》指出，法国在海、陆、空和核四个战场拥有了实战能力，今后要开辟“第五战场”——网络的实战能力，即不能仅在网络上实施防御，还将发展网络攻击能力。《2019～2025年军事规划法》规定，2025年以前增加6000个岗位，增加人手的部门主要在：电脑信息防卫与数字信息部门（1500人）、情报部门（1500人）、敏感地点的安全保护（750人）等。

一　军种

1. 陆军

法国陆军2016年有11.3万，占军队总数37.5%。根据《防务法典》，法国陆军在法国本土设置五大军区，即法兰西岛军区、西北军区、西南军区、东南军区、东北军区。

1996年军队职业化改革过程中，加强了对外快速反应部队，但驻扎在法国本土的陆军力量有所削弱。根据国际形势的变化和防恐反恐的需要，法国于2015年5月出台对法国本土的陆军进行重组的“接触”计划，旨在使陆军在法国本土的行动更加灵活、机动和强大，以便加强军事的防恐反恐能力。

根据“接触”计划，法国于2016年重组陆军组织结构：①在法国本土设置陆军参谋部，参谋部下设地面部队司令部（设在里尔）、国土司令部、陆军轻装备航空兵司令部、陆军特种部队司令部、陆军各兵种培训和训练司令部、陆军后勤部、陆军人力资源局。②地面部队司令部下设快速反应部队和专门司令部：快速反应部队拥有第一师和第三师，每个师配置三个旅，即一个装甲旅、一个水陆两栖旅、一个空降旅。第一师参谋部设在贝桑松，第三师参谋部设在马赛。快速反应部队中的第四空降旅集中了陆军3/4轻型飞机，即350架武装直升机和运输机。快速反应部队中还包括独立于第一师和第三师之外的法德混合旅和驻扎在海外和外国的法国地面部队。快速反应部队履行保卫国土和对外干涉的使命。专门司令部下设情报指挥部（设在斯特拉斯堡）、信息和通信系统指挥部（设在塞松－塞维涅）、后勤指挥部（设在里尔）、兵力的维持和补充指挥部（设在里尔和凡尔赛）。③国土司令部指挥和领导预备队、巴黎警察厅消防部队、国内安全教育和参与单位、相应的军事服务局、自愿军服务局。④陆军轻装备航空兵司令部指挥和领导第七空战旅、空中机动支援大队、陆军飞机、陆军轻型飞机学校。⑤陆军特种部队司令部指挥和领导陆军特种部队。

法国陆军的任务旨在拥有一种与国家的防务手段相适应的、可靠的、强大的、机动的、能随时调动的和训练有素的新式地空部队。法国陆军的目标是：通过战斗模拟、更新部队和单兵装备、采用高技术武器系统以及加强陆军的防空能力等途径，提高部队效率，凭借信息和作战指挥系统的高性能以及武器系统的反应和摧毁能力对战场实现真正的控制。

《查理周刊》恐袭事件后，法国于 2015 年 1 月实施“桑蒂内尔”行动（l'opération Sentinelle），进一步强化陆军的防恐反恐，动用 10000 名军人在容易遭到恐怖袭击的敏感点进行警戒巡逻，使用军人数量增加了 10 倍。

2016 年，法国陆军拥有各种坦克和装甲车 5340 辆，其中有明星装备“勒克莱尔”式主战坦克（Char Leclerc）200 辆，应急修理坦克 48 辆，步兵战车 629 辆，输送车 2661 辆，轻型装甲车 1714 辆。各种炮 274 门，其中有世界上第一种专为快速反应部队设计的口径为 155 毫米的“凯撒”自行火炮 77 门，由机械牵引的迫击炮 140 门，多管火箭炮 32 门。“西北风”导弹 221 枚。各种直升机 349 架，其中多用途轻型直升机 129 架，攻击型直升机 55 架，中型运输直升机 121 架。无人机 112 架，其中无人侦察机 72 架。

2015 至 2019 年，法国陆军将更换 F3 型作战服，增加 55 架武装直升机，98 辆 VBCI 型装甲车，10 套扫雷机械系统。《2019～2025 年军事规划法》规定，加速更新中型装甲车辆（“蝎子”计划），其中 50% 的新型车辆将于 2025 年以前交付。

2. 海军

法国海军 2016 年有 3.6 万，占军队总数约 12%。法国海军是一个通用的多兵种军种，具有很强的机动性、灵活性、打击力，并能在各种规模和特点的战争中使用常规武器或核武器独立地或在联合部队编成中完成任务。海军参谋长是海军最高首长，通过参谋部和各中央局对海军指挥和领导。

2016 年，法国海军拥有 300 艘以上的舰艇，其中 100 艘战舰，10 艘潜水艇，200 艘支援和后勤舰艇。法国海军舰艇的总满载排水量为 49 万吨，其中，战舰为 26.5 万吨，潜水艇为 7.5 万吨，支援和后勤舰艇为 15 万吨。《2019 ~ 2025 年军事规划法》规定，海军将获得 4 艘新一代补给加油舰，其中两艘预定于 2025 年交付，以及 19 艘巡逻艇。

法国海军在法国本土设置大西洋海军管区司令部（设在布列斯特）、地中海海军管区司令部（设在土伦）、拉芒什海峡与北海海军管区司令部（设在瑟堡）。法国海军还在海外省和海外领地设置安的列斯群岛 - 圭亚纳海军管区司令部、印度洋海军管区司令部、太平洋海军管区司令部。此外，法国还在阿联酋设置法国军事基地。

法国海军由海上舰艇部队、潜艇部队、海军航空兵部队、海军陆战队和特遣队组成。①海上舰艇部队司令部设在土伦海军基地，拥有 12000 名官兵以及各种用途的舰艇编队，如航母编队、两栖编队、扫雷编队等。航母编队拥有一艘“夏尔·戴高乐”号核动力航空母舰及其编队；两栖编队拥有“西北风”级、“雷电”级和“Dixmude”级三大两栖登陆舰和指挥舰及其编队；大型驱逐舰和护卫舰有：四艘防空驱逐舰，多艘“Georges Leygues”级反潜护卫舰，多艘“拉斐特”轻量级隐形护卫舰和近海反潜护卫舰，多艘“阿基坦”级多用途驱逐舰；多艘“波江星座”级扫雷舰；多艘“花月”级警戒舰；多艘“无畏”级巡逻艇。②潜艇部队司令部设在布列斯特海军基地。潜艇部队分为战略海洋部队和攻击型核潜艇部队，前者是法国核威慑力量，专门用于第二次报复性核打击。它的基地设在隆格岛上，拥有一至两艘海上巡逻潜艇以及四艘弹道导弹战略核潜艇。后者的任务则是预防、维护和出击，基地设在土伦，拥有六艘攻击型核潜艇。③海军航空兵部队分设在朗迪维肖（Landivisiau）、朗 - 比武埃（Lann-Bihoué）、耶尔勒巴里韦斯特尔（Hyères Le Palivestre）、兰维奥－普尔米（Lanvéoc-Poulmic）等四个基地。它拥有6800名航空兵和230架飞行器，其中有多个舰载“阵风”（Rafale）战斗机分队、多个舰载“超级军旗”攻击机分队、多个舰载直升机分队等、两个“大西洋”海上巡逻分队、两个“猎鹰”海上侦察机分队以及预警机分队。④海军陆战队和特遣队的基地设在洛里昂（Lorient），拥有1700名军人。海军陆战队共两个战斗部队七个连，分别驻守在布列斯特和土伦。特遣队整编为六个特别行动队，分别从事情报、突击、解救人质、摧毁、潜水行动等。

“戴高乐”号航空母舰是法国海军的第一艘核动力航空母舰，也是迄今欧洲各国海军中排水量最大的一艘核动力水面战斗舰艇，标准排水量为3.55万吨，满载排水量为4.05万吨，舰长261.5米，舰宽64.5米，吃水8.5米，航速27节，续航时间为45天以上。该舰载舰员1950人（包括550名航空人员）。配备有30～33架“阵风”战斗攻击机、3架预警机、4～6架直升机。“戴高乐”号航空母舰的服役，为法国远洋舰队增添了主力军，从而大大地提高了法军远洋的作战能力。“戴高乐”号航空母舰即将在2040年退役，法国国防部于2018年宣布了启动航空母舰更新计划。

3. 空军

法国空军正式诞生于1934年7月2日。2016年，法国空军有4.1万，占军队总数13.6%。

法国空军参谋部下设一个建制司令部和两大作战司令部。建制司令部或者称为空中力量司令部，设在波尔多－梅里尼亚（Bordeaux-Mérignac）106号空军基地。它履行威慑、预防、保护、投放的使命。它领导和指挥六个航空中队，即歼击机中队（拥有“阵风”战斗机、“幻影”2000攻击机），支援和投送中队，空中监视中队（包括地面雷达站、地空导弹和反导弹系统、通信网络），安全和干预中队（包括空军特遣队、伞兵部队、特种部队），空军武器系统中队，空中机动支援中队。

两大作战司令部之一是防空和空中作战司令部，设在法国国防部。它密切地监视法国领空，并紧紧地跟踪法国空中飞机的运作；另一个则是战略空中力量司令部，它坐落在维拉库布莱107号空军基地（Villacoublay），负责指挥法国核战略飞机和空中加油机，如“幻影”

2000N 型核战略轰炸机、C－135FR 型空中加油机等。

法国本土共有 32 个空军基地，其中，18 个空军基地拥有配备跑道的发射台。法国本土拥有三个空军分遣队。在海外或外国，法国空军拥有 6 个空军基地或分遣队。

2015 年，法国空军拥有 605 架飞机，其中，战斗机 224 架，作战支援机 20 架，运输机 79 架，空中加油机 15 架，联络飞机 27 架，教练机 135 架，直升机 79 架，无人机 26 架。在法国空军战斗机群中，“阵风”C 或 B 型多用途战斗机 81 架，“幻影”2000D 型战斗轰炸机 67 架，“幻影”2000－5F 或 C 型歼击机 35 架，“幻影”2000B 型歼击机 6 架，“幻影”2000N 核攻击机 23 架。

法国空军主战机型是“幻影”2000，不过已经相对老旧，正在被“阵风”战机替代。法国在阿联酋和约旦部署了少量“阵风”战机，巴黎恐怖袭击后，第一批报复“伊斯兰国”的战机就是在这里起飞的。

法国拥有 6 架美制“收割者”无人侦察机，2017 年启动无人侦察机武装化的进程，首先将为 6 架“收割者”无人机装配精确制导武器，法国、德国、意大利和西班牙联合研制的下一代无人机也将实现武装化。武装无人机将整合侦察和打击能力，为法军赢得作战效率，减少附带损害的风险。《2019～2025 年军事规划法》规定，空军将加速更新已有 50 年机龄的 KC－135 加油机，将获得 15 架 A330MRTT 型机，其中 12 架将于 2023 年交付。

4. 国家宪兵

2016 年，法国国家宪兵（包括宪兵和宪兵特勤队）共 9.9 万，其中宪兵 9.5 万，占军队总数 31.6%，宪兵特勤队 3420 人，占军队总数 1.1%。

法国国家宪兵成立于法国大革命时期的 1791 年，历史上属于法国武装力量的一部分，负有国防与治安双重使命。2009 年 8 月 3 日的法律决定，国家宪兵仍然属于武装力量，法国国防部名义上保留对国家宪兵的领导，在战时可以征召宪兵执行国防任务，但和平时期国家宪兵的预算以及指挥都由法国内政部负责。国家宪兵与警察同时成为法国内政部直接领导的两支主要治安力量，国家宪兵的主要职责是保护国内公共秩序与安全，主要活动范围是乡村以及城郊地带，国家警察则主要负责城市治安。

法国国家宪兵队被称为“第四军种”，主要由国家宪兵总队、省属宪兵队、机动宪兵队、巴黎保安稽查队、海外宪兵队、国家宪兵特勤队组成。国家宪兵特勤队有：海岸宪兵队、空军宪兵队、航空运输宪兵队、武装宪兵队、核武器安全宪兵队、国家宪兵干预小组。国家宪兵干预小组承担反恐和解救人质的任务。

自2016年起，法国国家宪兵在法国本土按照法国本土行政大区划分为13个管区，每个管区领导和指挥省属宪兵队。巴黎保安稽查队隶属于法兰西岛大区国家宪兵管区领导和指挥。

2014年，法国国家宪兵队拥有各种类型车辆30155辆，直升机56架，此外，还配备有轻型飞机和舰艇等。

二　兵种

1. 核军事力量

法国核武器的按钮掌握在总统手中。1977年，法国在爱丽舍宫地下建造了秘密堡垒——“朱庇特”，一旦形势需要，总统将从这里向核武装部队下达命令。此外，无论总统身在何处，持有核密码及负责传送密码的技术人员和专家都要伴随前往。他们保证在任何时候都能使法国核武器库处于临战状态。法国自2008年承诺核力量透明化以来，公布了拥有核弹头数量和核武器战略部署，也在不断削减核武器的数量。2015年，法国核军费为35亿欧元，占法国PIB 0.2%，占法国国防预算11%。

1996年起，法国核力量由陆、海、空“三位一体”调整为海、空“两位一体”，取消陆基核力量。目前，法国奉行“海基为主，空基为辅”的核力量发展方针。法国约有300枚左右核弹头（2015年），其中，M51型核弹头48枚，ASMP巡航导弹核弹头54枚。

海基战略核力量一直被法国视为核力量的基石，潜射弹道导弹和核潜艇更是重中之重。2010年，凯旋级弹道导弹核潜艇的4号艇“可畏”号正式服役，它装备新型的M51潜射弹道导弹。其他服役的三艘凯旋级核潜艇也将用M51潜射弹道导弹换装，全部完成后，M51潜射弹道导弹成为了法国海基核力量的主力。作为法国全力打造的新一代潜射战略导弹，M51 使用全新的结构、电子系统、更强大的三级火箭推进系统，并搭载着 6 枚核弹头，射程可达 8000 千米到 11000 千米。它有很高的生存能力、突防能力和命中精度，成为法国之重器，核武中坚。

法国空军也承担了部分核打击任务，但执行该任务的“幻影”-2000N 战斗机和“阵风”战斗机，作战范围较小，使用的核弹头载具 ASMP 巡航导弹射程有限，不能有效执行战略核打击任务。因此在法国“二位一体”的核武器库中，凯旋级核潜艇搭载的 M51 潜射弹道导弹才是当之无愧的绝对主力。

《2019～2025 年军事规划法》规定，2019～2025 年的 370 亿欧元预算用于核威慑力量的更新工程。

2. 情报部队

2015 年巴黎遭到恐怖袭击后，法国国防部加大对军事情报部队的投入，以便提高法国军事情报的监视和预警能力。在装备方面，法国重点发展采用光学、红外、电磁电子、雷达等各种技术手段的军事侦察卫星系统，确保法国拥有独立的战略情报保障能力，并进一步提高军事情报的准确性、时效性以及综合分析水平。

法国国防部军事情报局成立于 1992 年，拥有 1635 个员工（2015 年），年预算为 1.55 亿欧元。其主要机构是设置在巴黎北郊克雷尔（Creil）的情报中心。该局还设有情报特工人员培训中心、空中运输大队、蛙人训练中心和无线电监听中心，配有 3500～4000 名特工人员。

《2019～2025 年军事规划法》规定，特别加强“高价值的增值军力”的情报部门，包括额外增加卫星与无人机、8 架轻型侦察机、增加 2 艘侦察舰等。在 2019 年至 2025 年间，电脑系统防卫方面的预算将增加 16 亿欧元。

3. 外籍军团

成立于 1831 年 3 月 10 日，其成员是职业军人，绝大多数来自外籍人，特别是欧洲人。外籍军团为法军正式编制部队，在契约期间军团成员与法军士兵拥有同等身份的保障，并非《日内瓦条约》所禁止的佣兵部队。

外籍军团成立的最初目的是用于保护法国在非洲的殖民利益，但是，自成立以来外籍军团几乎参与了法国所有的对外作战行动，成为法国历史上最有战斗力的部队之一。成立至今，外籍军团共有3.5万名官兵战死，他们被法国人称为“法兰西之子”。

当初，外籍军团总部设在阿尔及利亚，阿尔及利亚独立后总部迁往马赛附近的欧巴涅（Aubagne）。外籍军团的主要标志，是每个成员都穿戴传统的绿色贝雷帽。

外籍军团于20世纪50年代曾经拥有6万名军人。目前，外籍军团总兵力约为7700人，其中，军官为400人，士官为1700人。其中，5600名军人来自146个国家。

外籍军团编有1个装甲团、1个伞兵团、2个骑兵团、6个步兵团、2个工兵团等，其中，6个团驻扎在法国本土，随时听从召唤。

4. 法兰西巡逻兵

成立于1913年，是世界上资格最老的特技飞行表演队。1964年2月，法国国防部正式将“法兰西巡逻兵”这一崇高的荣誉授予普罗旺斯的高级飞行学院特技飞行队。从此，这个飞行队就成为代表法国空军的唯一的特技表演飞行队。

“法兰西巡逻兵”飞行表演队保持着特技飞行表演机数的世界之最——12架。“法兰西巡逻兵”的队徽涂在飞机座舱的两侧，标志中表示飞机的箭头排成该队常用的9机“协和”队形。表演飞机涂饰着与法国国旗一样的蓝、白、红三种颜色。机群也常常把蓝、白、红三色的烟迹留在空中，艺术地把法国人民勇敢、浪漫的传统和美好的愿望勾画在蓝天白云之间。

“法兰西巡逻兵”飞行表演队的队员来自法国空军各个战斗机连队，都是各连队的尖子飞行员。他们在特技飞行队的时间一般为3年，每年要进行35~40次表演。

5. 预备役部队

20世纪90年代以来，法国对现行的预备役法规和制度进行全面的改革，力争把预备役部队建设成一支规模小、训练优、装备良、反应快的精干军事力量。预备役人员数量由原来的450万人缩减到50万人，其中陆军20万人，海军12万人，空军4.5万人，宪兵和三军共同部门13.5万人。

法国预备役人员分为三大类：第一类为在编预备役，即退出现役3年之内的人员，其中退出现役10~18个月的人员编入可召回部队；第二类为志愿人员，即超过3年在编预备役的人员和35岁以下的退役军官、士官和志愿兵。他们按志愿原则与军队签订预备役合同，合同期间随时应召再服役或参加人道主义行动等任务；第三类为专业人员，即从事军事通用职业者，如医生、翻译等工作的人员。部队一旦需要，他们可以随时应召为部队服务。

法国预备役人员由陆、海、空军参谋部和宪兵司令部分别管理。各军种参谋部人事局预备役处是本军种预备役军官的最高管理机构，负责预备役军官的选拔、晋升、分配。陆军参谋部的兵役局、海军参谋部的人事局的海军注册处以及空军参谋部人事局的空军预备役注册和档案中心，分别管理在编预备役人员和志愿人员，负责他们的注册、征召、分配和晋升。

2016年7月14日尼斯遭到恐怖袭击后，法国于2016年10月征召6.6万预备役军人和预备役宪兵成立国民警卫队，其中，6000人作为永久部署以保护法国人的安全。

三 国外驻军

法国在国外的军事基地数量仅次于美国，排名世界第二位。2016年，法国在国外的军事基地和营地共有六个：塞内加尔达喀尔军事基地（300人）、吉布提军事基地（2000人）、阿联酋阿布扎比综合性军事基地（750人）、科特迪瓦阿比让军事营地（450人）、加蓬利伯维尔军事营地（900人）、德国慕尼黑驻军（500人）。2016年，法国在国外的军事基地和营地驻军（不包括法国海外省和海外领地的驻军）总共为4900人。

法国长期驻军之所以集中在非洲，特别是原来法国殖民地的国家，其主要原因是：在这些国家相继独立后，法国与这些国家签订了防务条约，也与许多非洲国家订有军事援助协定。正是根据这些条约和协定，法国在这些国家建立了军事基地和营地，长期驻军。这些军事基地和法国驻军保证了法国在“后院”的地位和利益。一旦这些地区发生危及法国根本利益和法国侨民的事件，法国驻军将配合法国本土的快速反应部队，立即进行干预。近几年来，法国在非洲主要从事反恐斗争和参加联合国维和行动。

第六节　国防科技与国防工业

一　国防科技

法国国防部所属军备总局（DGA）负责国防科技计划制定和研发、军备采购、国防工业、国防科技和工业的国际合作等。军备总局与三军参谋部、行政总秘书处并列，直接向国防部长负责。

20 世纪 90 年代以来，法国通过海湾战争意识到仅仅依靠军人素质的提高和武器装备数量的增加是远远不够的，而精良的高科技武器在现代战争中往往起着决定性的作用。正是基于上述认识，法国特别重视国防科技的创新和发展，继续保持国防科技预算的增长，2015 年法国国防科技研发的投入达到 8.5 亿欧元。2015 年，韩国公布的《2015 国防科技实力调查》报告中，法国国防科技实力在世界主要国家国防科技实力排名中名列第二，仅次于美国，而列在俄罗斯、德国、英国、日本之前。《2019 ~ 2025 年军事规划法》规定，法国国防科技研发的预算每年增加到 10 亿欧元。

法国加快对核武器库的更新和升级，大幅度增加战略核武器研究和开发的拨款。1997 年开始制造新一代改进型 ASMP-A 空射巡航导弹，现在装配在“阵风”战斗机上。该型导弹的射程增加，命中精度有所提高。2000 ~ 2001 年两年时间投入 23 亿欧元用来研究和制造 M51 战略核导弹，其性能可以对抗美国国家导弹防御系统的威胁，也能应付来自中东、印度次大陆和东亚远程导弹的潜在威胁。法国原子能委员会为了配合这方面的工作，拨出专款研制成功更新 M51 型导弹和 ASMP-A 导弹的核弹头，海军核舰艇推进装置的反应堆地面试验开始进行。2015 年 M51 型导弹进行第七次试验。

正在研制的“紫苑”－30B1NT 能够打击所有 1000 千米范围内的近程弹道导弹以及部分 1000～3000 千米范围内的中程弹道导弹。它使用高分辨率 ka 波段（26.5GHz～40GHz）主动雷达导引头配合新的弹载计算器，可使导弹的目标锁定距离加大，并可提供更佳的角坐标分辨率。此外，升级后的导弹还具备了打击不在雷达截面内目标的能力。拓宽“紫苑”－30B1NT 的用户群体是 MBDA 集团目前的主要目标。下一步将开发“紫苑”Block2，并有望使欧洲弹道导弹防御能力与美国开发的系统看齐，例如雷声公司的“标准”SM－3Block IIA 或者洛·马公司的 THAAD 系统。Block2 导弹为“全口径”导弹，配备新的红外导引头，将具备大气层内高空命中即毁的能力，是可打击超过 3000 千米的弹道导弹。

与此同时，法国还重点发展常规武器装备，特别是大型装备发展项目和军事科技含量高的项目。陆军实现数字化，已经研制出使信息和指挥系统成为战场上的“神经”，能够指挥一支数量少但拥有更快反应能力和更大杀伤力的部队。法国正在研制“单兵作战及联络综合装备”，它拥有特殊的防护衣、集成通信装置、活动式日视/夜视装置、用于转过拐角射击的摄像机瞄准系统、一个集中式能源装置。法国还研制出“战地敌友识别系统”，以便在激烈的战斗中和硝烟弥漫的战场上迅速辨别友军或敌军，避免杀伤自己的战友。法国还研制出“快速信息导航决策与报告系统”，它拥有一张由电脑进行处理的地图，能够显示出友军和敌军部队的位置，还能够显示不断变化的战况图，同时能够报告战车的技术状态和后勤状态。法国陆军使用的“勒克莱尔”坦克升级，采用专用接口的新型战场战术数字化通信系统和“蝎子”信息与指挥系统，使其能够与未来“蝎子”联合战术群所有组成部分有效组网。此外，通过开发专用装甲套件提升“勒克莱尔”坦克防护性能，使其能够更有效地抵御新的威胁。正在研制的 EBRC 装甲侦察车具备“猎－歼”式目标打击能力，还将安装包括昼/夜摄像机系统的桅杆式传感器组件，有望从 2020 年开始替换法国陆军现役的老式侦察车。英－法联合研制的 CT40 式 40 毫米埋头弹火炮及其弹药已经完成了射击鉴定试验，并向英国和法国国防部提交了相关文件等待最终审批。

在海军方面，新一代作战系统需要完成诸如反舰、防空、反潜以及打击陆上目标等任务，要具备对数据的实时处理能力。新的系统具有集成各种传感器的能力，还可以进行跟踪。此外，法国正在加速更新服役即将期满的舰艇，将技术更加先进的装备和武器运用于海军，以便21世纪在海洋上占有一席之地。法国军方正在为这些新型舰艇研制数字化的处理系统，如海上一体化战斗系统。它能够同时处理2000条输入的信息，评估潜在的危险并策划武装反应。新型的地平线防空驱逐舰已投入使用。2007年，法国公开了“急风”轻型护卫舰的设计：舰长102米，排水量2000吨，具有雷达和红外等信号小、生命力强和适航性好等特点，可垂直发射舰空导弹。同年，法国开始研制法国“凯旋”号核潜艇在这个领域比美、苏、英等竞争对手领先许多年。“凯旋”号长度是现有核潜艇的1倍（约140米），下潜深度是2倍，噪音极小，将配备世界上最先进的声呐，可听到海底最微弱的声音，从中辨明敌方攻击潜艇，用以躲避各种危险。它的核攻击力量将明显加强。此外，法国正在推进的重大海军项目还有“梭鱼”级攻击型核潜艇、防空型“欧洲多用途护卫舰”、弹道导弹核潜艇升级项目等，并开始建造第四艘“梭鱼”级核潜艇。

在空军方面，为了适应快速行动和远距离军事行动的需要，法国特别加强航空科技的研制和开发。近几年来，法国一直在研制和开发“幻影”2000D战斗轰炸机、“阵风”F4型战斗机、“虎”式直升机（Tiger）和“NH90”直升机。“幻影”2000D战斗轰炸机是在“幻影”2000N战斗机的基础上增加了常规的空对空、空对地昼夜激光制导的武器。法国斥资20亿欧元开发“阵风”F4型战机，将是法国空军“在技术、工业及战略上的一次飞跃”，它将使雷达装备与作战能力加强。2023年将交付30架。“虎”式直升机系列由法国和德国联合研制和开发，专门用于夜间作战，执行反坦克任务以及支援和掩护任务。法国空军也在向数字化的科技迈进：“空中作战指挥及管理系统”拥有8个不同的指挥功能，其中一个负责提供情报。法国研制和开发了为“阵风”提供无源侦察能力及目标探测和识别系统。

法国计划启动名为 FAST-M 的远程导弹项目，以取代“虎”式攻击直升机现装备的 AGM－114“海尔法”导弹。FAST-M 导弹计划 2020 年后服役，装备 2023 年左右服役的标准 3 型“虎”式直升机。

2015 年，法国展示了“螯刺”LG 激光制导火箭弹及“毒蝎”数字化火箭弹发射器。“螯刺”LG 激光制导火箭弹重 8.8 千克，射程 1000～5000 米，战斗部可以将附带毁伤半径控制在 20 米以内，能够摧毁轻型车辆及车上人员，以及运动或静止的轻型装甲车辆目标。“螯刺”LG 激光制导火箭弹具备发射后锁定能力，打击静止目标和运动目标的精度均可控制在 1 米以内。法国军队将于 2019 年装备“螯刺”LG 激光制导火箭弹，首个装备平台为“虎”式攻击直升机。法国已启动“神经元”（Neuron）无人作战飞机（UCAV）技术验证机新一轮国家飞行试验项目。

法军联合太空司令部制定了法国新版太空战略，其预算从 2008 年 3 亿欧元增至 2014 年 6 亿欧元，并从 2019 年至 2025 年财政预算中划拨 36 亿欧元。2018 年 12 月法国成功发射首颗 CSO 军用侦察卫星，2020 年还将发射 3 颗 CSO 系列卫星，2020～2022 年发射 2 颗通信卫星，以加强情报工作以及提高监视、侦查和预警能力。法国新版太空战略将摆脱法国卫星发射和军事导航对外国的依赖，将确保未来法国在陆、海、空、天、电、网领域独立执行作战任务。

二　国防工业

自第五共和国成立以来，法国一直独立自主地建立和发展国防工业，并把它作为巩固国防和维护国家主权的主要手段。为此，法国经过坚持不懈的努力终于在 20 世纪 60 年代建成了完整、独立和具有特色的国防工业体系。从 70 年代开始，法国国防工业得到了迅速的发展，1974～1979 年法国国防工业产值年平均增长 6%，相当于世界军火工业产值增长的 3 倍。法国军火出口额 1970 年仅为 6.6 亿欧元，1979 年猛增至 30.5 亿欧元，10 年增长了近 5 倍。法国已经是世界第三大军火出口国。法国国防科研和生产能力在欧洲名列前茅，在战术导弹、航空航天、光学、军事通信等众多领域处于国际领先的地位，许多军用产品在国际上享有盛誉。军火出口为法国带来巨额的顺差，增加了国内就业机会，对法国国民经济发挥了重要的作用。

但是，20 世纪 80 年代以来，法国国防工业呈现出衰退状态：开工不足，订单减少，利润大幅度下降，出口的顺差迅速减少。法国军火出口的盈余，1986 年曾经达到创纪录的 55 亿欧元，此后逐渐下降，1994 年下跌至 11.4 亿欧元。法国军火在国际市场上的优势在逐渐地丧失，军火出口在世界军火贸易中的地位 20 世纪 90 年代初已经下降至第四位或第五位。为了改变这种状况和提高军事工业产品在国际市场上的竞争力，法国对传统的国防工业政策进行了重大调整，不再坚持完全独立的、庞大的和完整的国防工业体系，不再坚持所有军事装备的自给自足，加强与外国特别是与欧盟国家在军事装备研制和生产领域的联合和合作。

另外，法国决定调整国防工业结构。法国国防工业最大的弱点是经营分散、各自为政，不少产品和技术研制重复，企业之间的激烈竞争，从而削弱了法国国防工业的整体优势。法国决心改变国防工业同类产品分散经营状况，实现强强联合，优势互补。2017 年 5 月，法国成立国家防务投资基金，用于对军工企业的改造，对国防新产品的投资，推动公私军工企业的联合。

法国通过对国有军工企业实行国家保持控制权条件下的私有化改造，推动公私军工企业资本交叉融合、产品研制的合作和联营，进一步增强了泰雷兹集团（Groupe Thales，由汤姆逊集团 2000 年改名）、国家航空航天工业公司（Société Nationale Industrille Aérospatiale，简称 SNIAS）、阿尔卡特电信公司（Société Alcatel Télécom）、达索飞机制造公司（Société Dassault Aviation）、马特拉航空运输总公司（Société Générale de Mécanique-Aviation-Traction，简称 MATRA）五大军工集团或公司的实力。它们囊括了飞机制造、国防电子、空间技术、导弹等各个领域的技术产品。

在舰艇制造方面，法国推动最大的国有德克恩造船厂（Direction des Constructions Navales，简称 DCN）与另一私营造船厂联合，共同建造 2 艘 19000 吨坞式平台登陆舰，主要是代替法国海军现有的“飓风”登陆舰和

"暴风雨"登陆舰。德克恩造船厂作为该项目的总承包商，提供舰艇的推进和武器系统。另一私营造船厂在建造海军舰艇中全面应用商业管理技术，从而能够建造更多的军用船舶，包括法国海军的战略导弹跟踪测量船和快速巡逻艇。

在飞机制造业方面，法国把国家在达索飞机制造公司掌握的46%的股份让与国家航空航天工业公司，为这两家公司的合并做准备。达索飞机制造公司是家族式私营飞机制造公司，已有50多年历史，在军用飞机制造方面拥有独特优势，国际知名的"幻影"2000型战机就是这家公司的杰作。国家航空航天工业公司实行私有化后，与达索合并的障碍已不存在，这两家飞机公司的联合将使法国拥有制造民用和军用飞机的航空工业中心，法国政府仍是这两家公司的第一大股东。

在国防电子工业方面，阿尔卡特电信公司是经营通信设备、高速火车、发电设备、电力供应等高科技产品的综合型私营企业，股市资本高达198.2亿欧元，是法国排名第六的大型高科技工业集团。该公司在与泰雷兹集团和达索飞机制造公司相互投资后，在法国形成了一个国防电子领域的超级工业集团。

在卫星及空间技术方面，泰雷兹集团、阿尔卡特电信公司和国家航空航天工业公司都拥有空间技术产品和卫星制造的实力，阿尔卡特电信公司和国家航空航天工业公司的资本进入泰雷兹集团，为三家公司在卫星空间技术的联营开辟了道路。阿尔卡特电信公司与泰雷兹集团结盟后成立了阿尔卡特空间公司（阿尔卡特控股51%）。1998年阿尔卡特电信公司又决定使该公司的空间技术部门也入盟其中，公司分为卫星制造、民用和军用卫星地面接收系统等部分，营业额达到22.9亿欧元。它是仅次于美国洛克希德－马丁公司和休斯公司的世界第三大卫星制造公司。

在导弹方面，国家航空航天工业公司和马特拉航空运输总公司长期以来是法国导弹工业领域的两大竞争对手。后者的核心产品是导弹，是仅次于休斯公司和洛克希德－马丁公司的世界第三大导弹企业。前者也具有相当规模的导弹生产能力，曾在阿根廷与英国的海战中出名的"飞鱼"导弹以及各种弹道导弹等都是其拳头产品。马特拉航空运输总公司向国家航空航天工业公司注入资本后，形成了一个年营业额近 122 亿欧元的工业集团，排在世界第四位或第五位，居美国波音、洛克希德－马丁和休斯公司之后，与目前位居欧洲之首的英国航空航天公司不相上下。与此同时，法国的导弹工业将结束二虎相争的局面，在欧洲形成一个极有竞争力的导弹研制生产的支柱企业。

正是经过国防工业结构的调整和公私军工企业强强的联合，法国国防工业依然能够生产几乎全套的必要的军备，并提高了国防工业品在国际市场上的竞争力，遏止了国防工业生产和出口的衰退。法国军备出口逐年上升，2008 年为 63 亿欧元，2009 年为 81.6 亿欧元，2011 年达到 65 亿欧元，2012 年降为 48 亿欧元，2013 年为 69 亿欧元，2014 年为 81 亿欧元，2015 年为 160 亿欧元，2016 年为 200 亿欧元并实现盈余 60 亿欧元，达到了历史最高水平。在一般情况下，法国列为全球第四大武器出口国，紧随美国、俄罗斯和中国之后，但 2015 年法国上升为世界第一大武器出口国。

2016 年，法国与澳大利亚达成 12 艘价值 343 亿欧元的“梭鱼”级潜艇（Barracuda）建造合同，与印度签订 36 架总价值 80 亿欧元的“阵风”战斗机（Rafale）合同。法国军火出口使得法国国防部成为法国最活跃的经济领域之一。法国军备设计思路别具一格，即追求“一物多用”，既有助于缩短研发周期、降低研发成本和武器售价，又使零部件通用性强，比较便于修理维护。此外，法国还突破营销的常规理念，以政府间协议的方式促成其出口合同的签订，金融部门负责为军品出口提供更加有效的信贷保证，军方则在推销、签约和履行合同的各阶段，进行装备性能演示、人员培训、售后服务等工作。正是由于上述因素，法国军火吸引了越来越多的国际买家。

2010～2015 年，法国军备出口主要面向中东地区，占 54.0%。其后依次为亚洲占 23.5%，欧洲占 9.7%，美洲占 7.1%，非洲占 3.3%，大洋洲占 0.5%，其他占 1.8%。2006 年至 2015 年间，沙特阿拉伯是法国最大的军事客户，其后是卡塔尔、埃及、巴西、印度、阿联酋、美国、摩洛哥、马来西亚、英国。

2016 年，法国国防工业拥有 10 大世界级的军工集团和 4000 家以上中小军工企业，其中350家被官方认定为战略性的军备企业。法国国防工业职工总数为20万，其中2万是高科技人员，总营业额为150亿欧元，其产品的25%～40%供出口。法国国防工业主要集中在法兰西岛、布列塔尼、法国西南部以及普罗旺斯－阿尔卑斯－蓝岸大区。

第七节 对外军事关系

一 与欧洲军事关系

法国着力加强欧洲防务，确保在欧洲政治事务和欧洲防务中的主导地位，并依靠欧洲经济、政治和军事一体化确立欧洲一极，从而推进世界向着多极化方向发展。法国认为，自20世纪90年代以来欧洲经济一体化取得了举世瞩目的进展，然而政治一体化步履维艰，军事一体化更是落后。为了改变这种不协调的状况，法国主张以西欧联盟为基础，建成欧洲政治联盟的防务实体，真正担负起欧洲防务的重任。

1. 部队的合作

法国首先从双边入手，建立起两国间的联合防务，然后向多边的联合防务发展，最后建立起欧洲联盟的军事一体化。

1992年5月，法德批准了“欧洲军团”的计划。根据这个计划，在组成3.5万人的法德联合军团基础上，吸收西欧联盟其他成员国参加，最终形成6万人的、由多国部队参加的欧洲军团。欧洲军团司令部设在斯特拉斯堡，军长和参谋部各级军官的任职实行轮换制。欧洲军团参加北约和西欧联盟防区内的集体防务，执行保卫欧洲的任务；维持和恢复危机地区的和平；必要时以西欧联盟的名义参加维和行动和提供人道主义援助。自欧洲军团建立以来，该军团曾经多次举行大规模联合军事演习，以便检验欧洲军团的指挥和通信联络系统，协调军参谋部与各部队的作战行动。

自1992年以来，法英加强了在核方面的合作，确定组织联合弹道导弹潜艇巡逻和共同分担核威慑的责任。法英于1994年9月签订了一项两国快速行动部队进行合作的协议，两国快速行动部队在国际维和特别是在前南斯拉夫地区的维和行动中进行了合作。法英于1994年11月建立了联合空军司令部，以便支持联合国维和和人道主义的救援行动。2000年，法英积极筹建两国的海军共同体，法国“乌头”号护卫舰加入一支以航空母舰为中心的、由10来艘军舰组成的英国海军部队。

正是在法德、法英双边合作的感召和影响下，进一步推动了多边和欧盟国家的军事一体化。1994年7月，法国与意大利、西班牙组建了一支联合快速行动部队，并不断地举行联合演习，以便检验三国在紧急情况下进行联合干预的能力、救助三国侨民的协调能力。

接着，法英于1998年12月联合提出建立欧洲共同防务的倡议，法德于1999年5月建议将欧洲军团改建成一支快速行动部队。2000年下半年法国担任欧洲联盟轮值主席国期间，欧盟一致同意批准实施共同安全与防务政策的计划，包括建立欧盟快速反应部队、建立三个常设政治与安全机构、明确欧盟防务与北约之间关系等。2003年正式成立欧盟快速反应部队，法国参与人员的总数，现已达到该部队的20%左右。法国在关键领域相应做出很大贡献。2007年将该部队从地面部队扩展到海、空军部队。

2. 军备研制和生产的合作

为加强法国和欧盟军备力量，以及合理使用军备研制和生产的资金、统一欧盟内部武器的标准，法国积极推动法国军工企业与欧洲其他同类企业建立多种企业联营与合作。法英签订了一项有关合作研制下一代空中系统基础技术的协议，随后德国、瑞士、意大利和西班牙都加入了该项计划。根据该项计划，各国有关公司企业将分工研制和开发欧洲隐形技术，以便赶超美国。除此之外，欧盟国家还将在下一代飞机系统的优先技术如通用/共同的口径、安全的远程数据链接、目标自动识别系统、机上的数据储存和处理等开展合作研制。

在生产方面，法国国家航空航天工业公司与德国航空航天公司合建了欧洲直升机公司，研制先进的“虎”式军用直升机。法国国家航空航天工业公司还参与欧洲四国研制的H－90军用运输直升机。法国联合德国、英国、比利时、卢森堡、西班牙、土耳其组成空中客车军事有限公司，专门生产军用运输机。2013年，该公司生产的首架A400M战略战术双用运输机已交付法国军方。法国国家航空航天工业公司与欧洲其他国家联合研制的阿丽亚娜运载火箭享誉全球。马特拉航空运输总公司同时与英国和德国分别建立了导弹、空间技术、电信等联合公司。泰雷兹集团则参与了这些合作产品的导航、控制等系统电子技术设备的研制，并且与英国通用电气公司在水下监测系统方面合作，建立了世界最大的声呐公司。

随着市场竞争的激化以及美国军工企业的集团化，法、德、英于1997年12月联合做出了实现欧洲国防工业一体化进程的决定，准备把目前松散的经济联合体——空中客车工业公司改造为独立经营的股份公司，使之成为能够与美国抗衡的欧洲航空和国防工业超级集团。

2001年，法国军工与欧盟成员国的合作又迈出了一大步。法国、英国和意大利的三家航空工业集团签署协议，组成航空空间工业集团（简称MBDA集团）。它是欧洲第一大、世界第二大导弹制造集团，仅次于美国的雷声集团。此外，法英合作还包括反水雷舰、空射反舰导弹。法德共同研发未来的空战系统与未来的战斗坦克。

二 与北约军事关系

法国是北约的创始国之一。在二战后初期和第四共和国期间，法国在北约组织内唯美国马首是瞻，失去了自己国家的独立政策和国际地位。

第五共和国成立后，戴高乐决心推行独立外交和独立军事政策，以便提高法国的国际地位，在欧洲和国际事务中发挥自己独特的作用。他首先向美国控制的北约发难，要求分享北约的领导权和指挥权。在遭到美国的拒绝后，法国从1959年开始逐步地退出北约，到1966年最终完成。法国此举在西方国家中引起了强烈的震动，猛烈地冲击了北约军事组织，并推动了西方国家的离心倾向。

吉斯卡尔·德斯坦担任总统期间，他鉴于法国军事战略由“全方位防御”改为重点对东方的“前沿战斗”和“扩大庇护所”，从而加强了与北约联系。密特朗担任总统期间，鉴于欧洲的均势由于苏联部署SS-20新式中程导弹而被突破，他积极向北约靠拢，支持北约的“双重决议”。法国认为这有助于恢复欧洲的均势，遏制苏联在欧洲的扩张势头，因而有利于欧洲的和平与安全。

20 世纪 90 年代，法国意识到冷战虽然结束，但是在欧洲形势多变和西欧联盟还没有发挥有效作用的情况下，还要依赖美国和北约担负起欧洲防务的重任，因此法国不断地改善与北约关系，特别是加强与北约的军事关系。

2009 年 3 月，法国决定重返北约军事一体化机构，究其原因，除了进一步加强与美国和西方在意识形态方面的联系外，更多的还是战略考量：法国只有重返军事一体化机构，才能全面参与北约决策，提升法国在北约内部的影响力；全面回归北约，才能加强盟国对法国的信任，以北约为平台推动法国主张的欧洲防务建设进一步发展。法国重返北约无疑会对欧洲政治与安全格局产生影响。

三 与非洲军事关系

非洲对法国有着极其重要的政治、经济和战略意义，因此，法国于 20 世纪 60 年代同意法属非洲殖民地独立的同时，与 6 个国家（中非、象牙海岸、加蓬、塞内加尔、吉布提、科摩罗）签有“防务协定”，与 22 个国家签有“军事援助协定”，并向非洲派遣了 1000 多名军事顾问，从防务和军事方面确保法国与这些非洲国家的特殊关系。

20 世纪 60 年代，法国对非洲国家的军事干涉达 9 次之多。70 年代后，法国进一步加强了对非洲国家的军事干预：当扎伊尔爆发第一次沙巴战争时，法国向摩洛哥的干预部队提供了后勤支援；当第二次沙巴战争再起时，法国联合比利时派遣空降部队进行直接军事干涉；当中非总统博卡萨加强与利比亚关系时，法国派遣伞兵部队攻占中非首都班吉等各个战略要地，赶走利比亚军事人员，推翻了博卡萨政权；当利比亚雇佣军入侵突尼斯时，法国应邀给予突尼斯军事支持；当乍得爆发内战时，法国一直派兵进行干预。80 年代以来，法国要求非洲国家推进民主化进程，导致了法国进一步的军事干预。

进入 21 世纪，法国从“非洲优先”的“人道主义”出发，进一步加强了对非洲干预的力度。2011 年初，法国在利比亚局势动荡期间率先对卡扎菲军队动武，导致卡扎菲政权的彻底垮台。2011 年 4 月，法国在科特迪瓦政治陷入僵局时明确宣布支持瓦塔拉，向科特迪瓦增兵，与联合国驻科特迪瓦行动团联手活捉了巴博。巴博的倒台为法国恢复在这个地区的政治影响力铺平了道路。

2014 年，法国许诺不充当非洲宪兵，实施减少对非洲介入的新防务政策，主要由非洲自己承担保护非洲安全和实施反恐的任务。法国培训非洲国家的职业士兵，使他们掌握维和的专门知识；帮助组织非洲多国军事演习；为执行联合国或非洲统一组织维和使命的非洲部队提供军事装备。自 2014 年以来，法国主要参加联合国授权的海外军事行动，包括在非洲撒哈拉－萨赫勒地区执行的“新月形沙丘”行动、叙利亚与黎巴嫩的黎凡特地区（Levant）的 Chammall 行动，以及在黎巴嫩的 Finul 行动等，为受到恐怖主义威胁的地区和国家提供支持，并保障法国的自身安全。为了抗击萨赫勒地区伊斯兰极端武装势力，法国在尼日尔尼亚美飞机场驻有包括 500 名法国军人、战机和运输机等装备，负责运输、支援分布在马里、尼日尔、乍得、布基纳法索和毛里塔尼亚地区的 4000 名法国士兵。法国支持和帮助马里、毛里塔尼亚、布基纳法索、尼日尔和乍得成立萨赫勒五国集团联合部队，这支部队将最终接替法军执行任务。

四 维和行动

法国为了显示其在世界各地的存在和提高其在国际事务中的地位，不惜花费巨额经费积极从事维和行动，法国是联合国维和行动的第三大出资国。自 20 世纪 90 年代以来，法国先后向波斯尼亚、克罗地亚、意大利、柬埔寨、阿富汗、土耳其、埃及、卢旺达、萨尔瓦多、黎巴嫩、沙特阿拉伯、索马里、西撒哈拉等派遣过维和部队，总数在 1 万左右。

法国在 2013 年 4 月结束军事介入马里行动后，推动联合国安理会于 4 月 25 日通过设立马里稳定特派团的决议，以帮助马里重建安全环境，推动马里和平进程以及国家重建。这支维和部队已于 7 月 1 日开始在马里部署，兵力将达到 1.12 万人。法国派遣 150 名士兵加入稳定特派团。除了参加马里的维和行动外，法国还保留 1000 人左右的部队继续在马里北部开展反恐行动。联合国安理会还授权法军在其能力范围内通过各种可能的方式在稳定团遇到重大困难时协助展开行动。2014 年年底，法国驻阿富汗的部队全部撤离，正式结束在阿富汗的维和使命。

五　与中国军事关系

自 1964 年建交以来，中法关系以战略性、全球性和时代性而独具特色。20 世纪 80 年代，中、法在军事上开始有所交流，其间曾因“1989 年政治风波”而短暂中断。90 年代法国在欧盟、美国和日本的反对声中一直坚持解除对华武器禁令，并逐步恢复与中国的军事交流。目前，法国仍是呼声最高、最积极推动对华解除武器禁运的国家之一。

进入 21 世纪，中法双方政治对话日益深入，政治互信不断增强，双边贸易不断扩大，各领域交流合作活跃。2010 年，中法两国元首关于发展两军关系的重要共识为两军深化友好务实合作指出了明确方向，不断充实中法新型全面战略伙伴关系内涵。法国和欧洲国家与中国进行半公开的军事合作和军民两用技术交流已经成为众人皆知的秘密。2018 年 1 月马克龙访华期间发表的《法兰西共和国和中华人民共和国联合声明》中，法中两国强调通过双方军事部门互访以及防务战略磋商等双边年度高级别交流机制开展安全与防务对话的重要性。

第六章

社　会

第一节　社会结构与社会关系

一　社会结构的嬗变及其特征

二战后，随着法国经济发展、经济结构、社会分工和职业结构的变动，法国社会结构也随之嬗变。这种嬗变大体上可以分为三个阶段：①初期阶段。二战结束至20世纪50年代初，当法国经济从战争的废墟中重建和恢复时，法国社会结构开始发生变化。②急剧变动阶段。50年代初至70年代初，随着法国经济的高速发展，法国社会结构也同时发生共振，急剧地变动和重组，从而使法国社会结构开始出现了许多二战前未有的特征。③当代法国社会结构诞生的阶段。70年代初至今，最终形成当代法国社会结构，从而诞生了许多新阶级、新阶层、新群体；原有的阶级、阶层、群体也发生了“自我扬弃”，以崭新的面貌出现；各主要阶级、阶层、群体之间的力量对比也发生了质和量的变化。

当代法国社会结构具有以下的特征。

1. 从两极化走向多极化

二战前，法国存在着资产阶级和工人阶级两大基本阶级，旧中产阶级则不断地分化和瓦解：极少部分上升为资产阶级，而绝大部分不断地被抛到工人阶级队伍中来。正是旧中产阶级向两极的集结，使资本主义社会形成了两大营垒，构成两大社会力量，形成了二战前法国工业社会两极化的格局。

二战后，在旧中产阶级进一步没落的同时，以专业人员、管理人员和公务员为核心的新中产阶级则迅速地崛起。在法国社会中，新中产阶级和旧中产阶级构成当代中产阶级，其诞生、形成、发展和壮大，推动法国社会结构朝向多极化方向发展。

2. 从简单化走向复杂化、多层次化和多样化

二战前，法国各个阶级内部，存在着一些阶层，但是它们的层次少，比较简单。二战后，当代法国阶级中诞生了当代中产阶级，使法国社会增添了一个基本阶级和基本社会力量，从而使法国社会结构复杂化。在各个阶级内部，新增加了许多阶层。当代法国资产阶级内部，有国际垄断资本家，新一代财团，雇用的董事长、总经理、经理、经纪人和代理人等高级管理人员，高级文武官员，政党的上层人物，加上二战前就已经存在的大、中、小资本家，从而使当代法国资产阶级内部走向复杂化、多层次化和多样化。当代法国工人阶级内部，有熟练工人、半熟练工人、专业工人、普通工、下层职员，加上二战前法国工人阶级内部的阶层，使当代法国工人阶级内部的阶层走向复杂化、多层次化和多样化。

二战前，法国社会群体有知识分子、失业者、移民、贫民，群体比较少，而且简单。当代法国社会中，由于社会不断的分化，群体多了起来，有知识分子群体、妇女群体、退休者群体、失业者群体、移民群体、被排斥者群体、贫苦线以下的群体、“新穷人”群体等，从而使法国社会群体也走向复杂化、多层次化和多样化。

3. 从小生产者社会走向领工资者社会

二战前法国社会，是小生产者的汪洋大海，是小生产者社会、小资产阶级社会、农民社会。二战后，法国独立经营者在逐渐减少，其中农业经营者和小业主数量的减少最引人注目。与此同时，以领工资为主要特征的新中产阶级、中央和地方的公职人员、公共医疗机构成员的数量迅速膨胀。在就业人口中，非领工资者和领工资者的比例，从1976年分别为16.7%和83.3%到2016年分别为11.8%和88.2%。领工资者反而构成汪洋大海，从而使法国社会转变为领工资者的社会。

4. 中产阶级化

由于当代法国中产阶级已经构成法国社会的中坚和核心，在法国的经济、政治、文化、科技、意识形态中起着重要的作用，有时甚至起着主导和决定性的作用。《法国人的价值观》的编者皮埃尔·布雷雄（Pierre Bréchon）于1999年进行调查时统计，在法国人的阶级意识已经淡化的情况下，近2/3法国人还认为自己属于中产阶级。2006年1月，索福勒斯民意调查机构（SOFRES）的电话调查表明，75%被调查的法国人认为自己应属于中产阶级。可见，法国社会已经中产阶级化，已经从20世纪上半叶的食利社会走向管理人员社会，已经是名副其实的中产阶级社会。

5. 从同质性到差异性

二战前，法国各个阶级、阶层和群体内部结构比较简单，差异性比较小，因而同质性比较多，从而有利于本阶级的团结、思想的统一和步调的一致。

二战后，由于当代法国阶级、阶层和群体内部结构越来越复杂化和多层次化，各个阶级内部还出现了各自的流动阶层和过渡性阶层（亦称为边缘阶层），诞生了结合型、兼职型和持股型的过渡性阶层。所谓结合型，即具有双重阶级或阶层的特征。所谓兼职型，即以一个阶级属性为主，兼有属于另一个阶级或阶层的职业。所谓持股型，即各个阶级、阶层和群体多数持有股份，如果持股达到最大限度，有可能改变其原来的阶级、阶层和群体的属性。

总之，当代法国社会的阶级、阶层和群体在政治地位、经济条件、参与权、持股量、生活条件、文化修养、意识形态等各个方面的逐渐拉大，从而使其同一性越来越少，而差异性则越来越多。

二　阶级、阶层及其特征

1. 资产阶级和资产阶级的阶层及其特征

二战前，法国存在着以“两百家族”为核心的资产阶级。“两百家族”指的是法兰西银行的200大股东，是二战前法国最大的垄断资本集团。二战后，法国金融业进一步发展壮大，前10大银行集团已经控制了

85%以上的零售银行业务，并向欧洲和全世界扩张。法国金融业和银行业在向国内外扩张的过程中，形成了新的金融寡头以及新的国际金融家和银行家。

二战后，随着法国国家垄断资本主义的发展，资本和生产的高度集中和垄断，大型和特大型公司企业的不断涌现，新一代集团不断地诞生和成长，控制这些集团的垄断资本家大大增加。这些大型集团和公司的资产所有者、董事长和总经理等构成了法国社会中的“超级富翁”。

二战后，随着生产资料所有权与经营管理权分离的迅速发展、公司企业的经营管理日益科学化、专业化和现代化，法国资产占有者雇用具备专业知识和丰富实践经验的行家里手负责企业的经营管理、组织和指挥生产，从而使总经理、经理、经纪人和代理人这种类型职务的高级管理人员数量激增，高级管理人员被称为“管理者阶级”，其数量已大大超过传统资产阶级。

二战后，随着法国国家干预经济和社会的加强以及国家行政职能的扩大，政府的高级官员、资产阶级政党头面人物和社会组织的上层人物数量日益增长。他们代表着法国资产阶级的某一阶层或某一政治派别，也是法国资产阶级的组成部分。

二战后，随着法国科技、教育等第三产业蓬蓬勃勃的发展，知识分子上层的一部分如高级教授、高级律师、高级专家、高级顾问等，为当权者提供有关材料、论据和建议，出谋划策，维护当代法国资本主义社会的安全、稳定和发展。他们是法国统治阶级的高级智囊和思想库，是法国资产阶级不可缺少的组成部分。

当代法国资产阶级具有许多新的特征：第一，既存在着与二战前法国资本主义发展各个阶段相联系的阶层，还包括二战后形成的阶层和社会集团。高级管理人员已占主导地位，在当代法国政治、经济和社会中起着举足轻重的作用。第二，通过种种社交活动，法国上流社会加强联系和沟通，高级管理人员在私人企业和国有企业之间经常交换职务，知识分子上层与高级官员之间相互变换工作岗位。第三，随着欧洲一体化进程的加速和欧元区的建立以及经济的全球化，法国垄断资本加速与国外资本联合和合作，从而使法国资产阶级与欧洲和国际资本的关系越来越密切。第四，他们中10%的富裕阶层从百年前占有80%国民财富降至2014年占有55%国民财富。但是，2008年来法国富裕阶层收入增长则特别强劲，从而使法国各阶层收入差距有所拉大，贫富两极化有所发展。

2. 中产阶级和中产阶级的阶层及其特征

当代法国中产阶级，就是介于当代法国资产阶级和当代法国工人阶级之间的阶级，它由旧中产阶级和新中产阶级组成。

旧中产阶级包括农民、小手工业者、小商贩、小雇主、自由职业者（如律师、医生、教员等），其中农民、小手工业者、小商贩、小雇主又称为小资产者或小资产阶级。小资产阶级是法国旧中产阶级的核心，其中又以法国农民为主体。二战后，随着法国农村土地的集中和兼并加快，以及农业的现代化和城乡高度一体化，农民纷纷破产，离开农村流入城市，农村中的中产阶级数量急剧下降，从而使当代法国中小型农业经营者和个体农业经营者，只是一个很小的社会职业群体。

二战后，在法国第三产业发展过程中，以教育、医疗卫生、社会福利、文化艺术等增加“人的价值”的行业发展尤为迅速，从事这些行业的科研人员、教师、医生、社会福利人员、艺术家、文学家等专业人员的数量剧增。今天，法国专业人员的绝大多数都是雇佣劳动者，都是领工资者，因而他们是新中产阶级的重要组成部分。

二战后，由于生产进一步社会化，生产和劳动分工更加精细，出现了新管理工作岗位。在这些管理工作岗位工作的管理人员执行公司企业的管理职能。管理人员根据职位，可以分为高级管理人员（如公司的经理等）、中级管理人员（如正副主任等）和低级管理人员（如技术员等）。中级管理人员和低级管理人员统称为中级管理人员，他们处在资本和劳动之间的中间地位，执行已成为生产力要素之一的管理职能，属于新中产阶级的范畴。

二战后，随着法国国家职能的扩大和国家干预的加强，法国中央政府部门和地方政府部门的增加，法国公务员的队伍大大地膨胀起来。法国公务员分为A、B、C、D四个等级，B和C等级占公务员的绝大多数，属于中级公务员，执行上级的指令，实施行政管理的职能，他们也属于新中产阶级。

当代法国新中产阶级有以下的特征：第一，新中产阶级完全不占有资本或生产资料，但拥有丰富的专业知识和技能，靠出卖脑力劳动来换取工资报酬，因而他们是新型的领工资社会集团。第二，新中产阶级无论在行政岗位上还是生产岗位上，都拥有一部分经营权、管理权或处置权。而这些权力，主要是生产和社会分工的结果，是生产和经营的客观需要。第三，新中产阶级的工资收入、文化程度、消费水平、度假和娱乐方式都处在资产阶级和工人阶级之间的中等水平。第四，知识分子构成了新中产阶级的主体。第五，新中产阶级是当代法国资本主义生产社会化以及政治、社会、科技和文化高度发展的产物，因而具有相对的稳定性。随着当代法国经济、政治、社会、科技和文化的进一步发展，新中产阶级数量还将增长，在法国人口中的比例还将进一步提高。第五，进入21世纪，当代法国中产阶级收入增长有所减缓，生活质量有所下降，“中产阶级正在降级”。

3. 工人阶级和工人阶级的阶层及其特征

当代法国工人阶级由传统工人和新型工人组成。传统工人包括工业和手工业中的熟练工人、非熟练工人、店员和雇农。他们是以体力为主从事直接生产劳动、生产剩余价值的雇佣劳动者，因而被称为“蓝领工人”。二战后，法国传统工人依然存在，产业和手工业的普通工、为个人服务的服务员、部分职员和农业工人，都属于体力劳动的工人。随着法国传统工业的没落，法国传统工人的数量已经锐减，他们仅占法国工人阶级的1/3。

二战后，随着科技在生产中的应用，自动化、合理化、系列化、信息化和机器人的问世，生产和社会分工越来越细，促使劳动发生了质的变化。工人不再亲自参与到具体生产过程中，而是以生产过程中的监督者、调节者和操作者的身份同生产过程发生关系，实现了从传统劳动方式向现代化劳动方式的转变，即体力劳动向脑力劳动和脑体双重劳动的转变，从而诞生了新型工人。他们也被称为熟练工人，占法国工人阶级2/3。

就当代法国农业工人而言，他们中的相当部分也由于农业的机械化和现代化而成为新型的农业工人，成为农业的熟练劳动者。他们的劳动，不仅仅是体力劳动，而且还要运用知识、文化和专业技能，因而也是熟练工人。

法国传统工人、新型工人、农业工人由于法国工业的没落和产业的逐渐机械化、电气化、自动化和智能化，其数量在逐渐地减少。

二战后，随着法国第三产业蓬勃的发展，职员数量迅速激增。职员大体上可以分为两类：一类属于高级职员，其文化、教育、收入和待遇要高于职员收入的平均水平，属于中产阶级的范畴；另一类是低级职员，如售货员、出纳员、电话局话务员等，其收入往往低于职员收入的平均水平，属于法国工人阶级的范畴。高级职员和低级职员各占法国职员的一半。在法国，相当多的工人家庭中丈夫是工人，妻子是低级职员。

当代法国工人阶级具有许多新的特征：第一，二战后脑力劳动和脑体双重劳动的工人已经占当代法国工人阶级的绝对多数，从而在根本上改变了法国工人阶级的劳动和工作性质，改变了法国工人阶级的面貌。第二，非物质生产部门的工人占绝对优势，并构成当代法国工人阶级的核心。第三，绝大多数法国非物质生产部门都是小型企业，这就决定了非物质生产部门工人的分散性，从而造成了这类工人比较落后，组织性差，战斗力弱。第四，从20世纪60年代起，法国工人阶级的主要部分由城市来提供，吸收大、中学生来补充和壮大自己。第五，在法国工人阶级中，妇女的比例大大提高。第六，在法国“蓝领工人”中，妇女、移民及其后代占绝大多数。他们大多分布在建筑业和为个人服务的服务行业中，从事普通工和勤杂工等职业，进行繁重的体力劳动。第七，从总体来看，法国工人阶级不能再等同无产阶级，因为他们中的绝大部分拥有数目不等的动产和不动产，拥有住房、汽车、股票、国债等私人财产。

三 群体及其特征

1. 广义的知识分子及其特征

所谓广义的知识分子，就是泛指受过高等教育或拥有高等学历和文凭并以某种知识技能作为职业的那部分群体。

在法国社会结构中的知识分子，都是垂直型的社会群体。也就是说，广义的知识分子分布在法国社会的各个阶级和阶层中，也分布在其他的社会集团和群体中，因此，知识分子是一个谱系很宽阔的驳杂的社会群体，并不处于同等的社会地位，拥有不同的利益。

二战后，法国知识分子的数量随着法国高等教育事业、经济生产、社会和文化事业的发展而迅速地增加，知识分子在法国社会阶级、阶层和群体中的比例也进一步提高。在法国资产阶级中，凡是大公司企业的领导层、国家和政府部门中最上层领导人物、政党领袖，无不是上过高等学府，其中相当部分持有名牌大学的文凭。中产阶级所从事的行业大多是增加“人的价值”的行业，是高级、有技能的脑力劳动，因此，这些阶层几乎都受过高等教育，几乎都是知识分子。在法国工人阶级中，普遍地受到过义务教育，文盲所占的比例很小；许多脑力劳动者和脑体双重劳动者都是知识分子。知识分子在当代法国阶级、阶层和群体中，都构成了最核心、最有前途、最先进和最有素质的部分，因而成为法国社会结构的轴心。

2. 狭义的知识分子及其特征

所谓狭义的知识分子，就是法语知识分子（intellectuel）词语诞生时所指的那部分群体。1894 年，发生了一起由法国军方制造的德雷福斯冤案。当真相逐渐地显露出来时，引起了一批具有正义感与社会良知的人士的义愤，他们站出来为德雷福斯辩护。左拉于 1898 年 1 月 23 日在《震旦报》上发表了一篇题为《我控诉!》的文章，激进共和党人乔治·克雷孟梭称呼这批具有正义感与社会良知的人士为“知识分子”，从此，知识分子这个名词直接地传播开来。“知识分子”从法国的源头来看，实际上是指那些受过教育，具有批判意识和社会良知的一群人。他们主要都是自由职业者，包括一批律师、医生、文人、作家、艺术家，还有学者和科学家。他们关心主要是社会的和政治的公共问题，从而形成了一个“公共领域”。“公共领域”的主体就是这批知识分子。在这个意义上，这些知识分子与一般的技术专家、技术官僚以及职业性学者是很不相同的，叫作公共知识分子。

实际上，在“知识分子”一词诞生以前，法国就已经存在这样类型的群体。早在 18 世纪，法国启蒙思想家，如伏尔泰、孟德斯鸠、卢梭、狄德罗等，以思想和理论为武器，奋笔疾书，持续不断地、深入地开展了对法国封建专制和神权彻底的揭露和无情的批判，提出未来社会政治和政治制度的构想。18 世纪以来，法国几乎每位大文学家都是“参与性作家”，如雨果、夏多布里昂（Chateaubriand）等。他们可谓是 19 世纪末法国知识分子的先驱。

从法语“知识分子”一词的诞生和近现代法国知识分子群体的出现可以看出：第一，法国知识分子，大多是自由职业者，继承 18 世纪法国启蒙思想家的精神和气质，积极地参与政治和社会事务，在体制外进行战斗，甚至在街道上进行抗争。第二，没有任何其他西方国家知识分子像法国知识分子那样，往往在某一事件上严重地分裂为左翼和右翼，两军对垒十分明显。第三，在德雷福斯事件中，德雷福斯派和反德雷福斯派不仅仅在具体事件中形成反差，而且在意识形态上存在严重分歧。前者主张共和、正义和理性主义，后者维护宗教、秩序和民族主义。

二战后的“辉煌的 30 年”中，法国传统的公共知识分子进一步控制了“文化资本”，并积极地介入政治和社会的各个领域。在意识形态领域，让·保罗·萨特的存在主义哲学和文学流派风靡一时，在其作品中主张作家干预生活，宣扬个人生活、自由、自我存在等。萨特与阿隆（Aron）展开了长达 30 年的争论，并使当时的法国知识界呈现出向萨特一边倒的局面。在政治领域，法国公共知识分子强调正义和平等高于民族利益，萨特等有影响的知识分子签署了《121 人宣言》，反对法国政府的殖民主义政策。他们还在 1968 年“五月风暴”中起着推波助澜的作用。总之，二战后的 30 年间，法国知识界为以萨特为首的左翼知识分子所左右，从而在国际上一提到法国知识分子，必然与激进和左翼相联系。

20 世纪 80 年代以后，法国知识分子中依然存在着这样一部分传统的公共知识分子，他们不属于某个阶级某个阶层，而是独立的群体和特殊的群体。他们依然保持着左拉时代和萨特时代的传统，坚持启蒙思想家的批判和战斗精神，常常为理想、信仰和各种各样的乌托邦信念而奋斗，富有法兰西民族的浪漫主义情怀。他们还积极投身各种社会斗争和社会运动。正是这些公共知识分子，这些知识分子群体，为推动法国社会的发展和进步，做出了自己的贡献。

3. 妇女群体及其特征

尽管二战后特别是20世纪70年代以来，法国妇女在经济和劳动方面的权利有了很大的改善，宪法和法律也规定男女必须同工同酬、缩短劳动时间和限制劳动工种等，但是，在经济和劳动方面的不平等依然存在。与其他周边国家如英国、德国等国的妇女比较，法国妇女表现十分突出。自20世纪末至21世纪初，法国妇女参加工作的比例越来越大（2016年占就业人口48.2%），在第三产业中已经超过男性（2016年占55.8%），但是，女性职工平均工资比男性要低18.5%（2015年）。另外，与男性同等学力的法国妇女上升到高层职位的概率比男性小，法国妇女的失业率要比法国男子高得多。

在公民权利方面，法国妇女享受到的选举权和被选举权也比其他周边国家妇女晚得多，直到二战后初期才获得这种政治权利。在相当长时间内法国妇女代表在民选机构中、中央和地方政府中的比例仍然比较低，直到20世纪90年代末法国妇女的政治地位才有明显的改善，但还没有达到真正的男女政治平等。

在民事权利和家庭地位方面，尽管法国妇女已经在社会上从事各种各样的职业，她们在家庭中的地位和民事身份却仍然没有彻底地改变，相反，法国妇女就业这个现实却往往要受到她们在家庭中扮演角色的影响，因为法国夫权主义十分盛行，因而她们从事的工作是母亲角色的延伸，她们获得的工资和报酬是补贴性的而非家庭主要收入，她们工作的类别也是低级的、辅助性的，等等。

为了获得在政治、经济和社会上的平等权利，法国妇女逐渐地聚集起来，形成女性群体，开展女权主义运动和妇女解放运动。早在19世纪，法国妇女开始意识到要团结一致为女性争取应有的权利，女工则为争取改善劳动条件和与男工同工同酬而进行坚持不懈的斗争。第三共和国成立初期，开始形成群众性的女权主义运动。这些女权主义运动，有的提出在个别领域的平等权的要求，如劳动权、受教育权等；有的则进一步争取在所有领域的平等权。

20世纪70年代，法国妇女群体开展了声势浩大的女权主义运动，它涉及许多领域，对现存的某种制度或某项法律提出异议，诸如劳动权利和工作条件、性关系、家务劳动分工、社会角色的分配、避孕、堕胎、残害妇女的暴力、妓女问题、色情文化等。所有上述问题都不仅是个别人的问题，同时也是整个社会的问题。这个时期女权主义运动的杰出代表是西蒙娜·韦伊夫人，她强力推动议会在1974年通过的《自愿终止妊娠法》（又称"韦伊法"），使法国成为第一个堕胎合法化的主要的天主教国家，对现代法国妇女解放和世俗主义意义重大。

法国女权主义运动具有如下的特点：第一，女权主义运动具有广泛性。如果说19世纪到二战前妇女运动，大多数是妇女的上层人物争取与男子平等的运动，那么20世纪70年代开始的女权主义运动吸引了法国社会各阶级和各阶层，特别是中下层的妇女，因此具有广泛性。第二，女权主义运动具有激进性和不妥协性。第三，女权主义运动在斗争方式和策略方面，主要是采取集会、讲演、发言、辩论、游行、出版等，从而汇合了众多法国妇女的思想和行动，形成了一股巨大的潮流。

4. 退休者群体及其特征

随着劳动人民寿命的延长和退休制度的普及，法国退休者组成了一个庞大的群体。退休者数量，从2005年为1326万到2016年上升为1610万。据统计，2009~2020年法国每年将有70万劳动者退休，累计新增退休人员800万，占全部劳动人口的31%。

自20世纪80年代以来，法国退休者，无论其原职业如何，他们都已经退出原来的工作岗位，都在生活方式方面起了很大的变化，都要面临共同的社会问题，都有着共同的利益和诉求问题，都要面临共同的未来和命运。

法国退休者和老年人是一个十分脆弱的群体：首先，这个群体的退休金和养老金差别较大，其中一些退休者和老年人的退休金和养老金较低，勉强保持温饱，一旦遇到通货膨胀或者经济不景气，则势必入不敷出，陷入贫困。其次，比较富裕的退休者和老年人往往是那些夫妻双方都领取退休金和养老金的家庭，但他们一旦失去配偶或者离异，收入势必大幅度减少，失去富裕生活的条件，甚至陷入贫困的状态。最后，在单身的退休者和老年人中，其中大部分人退休金和养老金较少，是十分脆弱的阶层。

5. 失业者群体及其特征

在“辉煌的30年”期间，由于经济和社会的高速发展，法国保持很低的失业率和失业者数量，1950 年至 1970 年失业率仅占就业人口的 1% ~2%，法国人民基本上处在“安居乐业”的状况。

然而，由于 1975 年石油危机后经济陷入了滞胀和低速发展，法国失业率逐渐地上升，失业者数量也逐渐地增加。法国失业率和失业者数量，从 1976 年分别为 4.3% 和 94.95 万到 2017 年上升为 9.4% 和 278.8 万。

在法国社会中，失业具有广泛性，它涉及各阶级、各阶层和各群体。第一，失业者主要是工人和职员，他们的失业率和失业数量在同行业人员中的比例自始至终都是最高的。第二，从性别来看，女性的失业率和失业数量要比男性高，其失业率要超过 1 至 2 个百分点。第三，15 至 29 岁的失业率要比其他年龄段的失业率高出许多，保持在 14 至 15 个百分点，从而使法国社会的失业群体年轻化。第四，失业波及一向被认为职业比较稳定和可靠的管理人员、干部和中间职业者。第五，在失业队伍中，移民的失业率和失业数量往往要高出平均失业率的 2 倍。

正是法国失业的常态化和广泛性，使法国社会中的失业者构成一个“真正的社会群体”或一个“特殊的社会集团”。他们遭遇共同的不幸，拥有共同的利害关系，具有共同的愿望和诉求，共同面对未来。

在法国社会中，就业者一旦失去工作，就意味着在物质生活和精神生活上的重大变化，特别是那些初期失业者群体。第一，失业者群体意味着原有职位的丧失，雇主和个体工商业者的破产则意味着原雇主地位和个体工商业者地位的丧失，而原所在职位的丧失就意味着社会地位的丧失。第二，失业者群体意味着经济地位的下降。无论是领工资者、雇主和个体工商业者，一旦失去工作，就意味着断绝了原来的收入和经济来源，从而使其经济地位下降。第三，失业往往导致家庭产生危机和走向破裂，如夫妻双方的离异。第四，失业还导致原有的社会生活和社会交往的丧失，甚至出现自杀的极端现象。总之，失业者群体意味着堕入了“下层社会”。

6. 移民群体及其特征

法国在西欧国家中是主要的移民国。早在19世纪就开始了外国人向法国的移民，一战前夕大量外国人涌入法国，挖掘战壕备战。1918年外籍移民占当时法国人口总数的6%。两次世界大战之间，外籍移民形成了第一次高潮。那时，法国是仅次于美国的第二个移民大国。这些欧洲移民经过几十年的共处和定居生活，已经和当地人融为一体。

二战后，法国为了恢复和发展经济大量地吸收外国劳动力，从20世纪40年代中期至60年代初出现了外籍移民的第二次高潮。他们有葡萄牙人、阿拉伯人和法属非洲国家的非洲人，其中70%是来自北非和马格里布国家。20世纪60年代末至70年代出现了第三次外籍移民高潮，在印度支那发生战乱时大批柬埔寨和越南难民迁居法国。此外，还有许多撒哈拉以南非洲人和亚洲其他地区人涌入法国。由于历史上移民的积累，在欧洲联盟国家中，法国接纳移民的数量或者移民占人口的比值，都仅次于德国排在第二位。

20世纪70年代中期法国发生经济危机后，法国劳动力过剩，失业日益严重起来。为了克服经济危机和解决失业问题，法国于1974年起严格地限制移民，于1982年7月建立新的外国人居留证制度。自此，外籍移民浪潮消失了，即便如此，年年都有外籍移民进入法国，非法的移民依然不断。但是，法国外籍移民的数量明显地降了下来。

2015年，外籍移民达到616.9万人，占法国人口总数的9.3%。在移民总数中，非洲移民（主要是北非移民）占44.6%，为275.4万；欧洲移民（主要是欧盟国家移民）占35.4%，为218.5万；亚洲移民占14.3%，为88.3万；美洲和大洋洲的移民占5.6%，为34.6万。

外籍移民为法国经济和社会发展做出了巨大的贡献。但是，在法国社会中移民和多数二代移民往往与失业、贫困、不平等、种族歧视和二等公民联系在一起。在失业方面，移民受到的打击最大。

在收入方面，由于移民绝大部分是工人和职员，有的甚至从事地下职业，所以工资收入都比较低，往往领取法国各行业的最低工资，甚至只领取各行业最低工资的一半，因而，30%的移民家庭处境相对贫困。在居住方面，多数法国移民被安置在远离市中心的郊区和远郊区，居住条件差，其中18%被安置在临时和简陋的住房中，有的被安置在慈善机构的收容所中，还有的流浪在街头。移民家庭子女的学业成功率低。在精神方面，移民经常受到当地人排外主义思潮和极右势力的干扰，受到不公正和不平等的待遇，被视为二等公民。在文化方面，移民中绝大多数为穆斯林，信仰伊斯兰教。他们的宗教信仰、生活方式、思维习惯都与法国传统基督教社会不同，这在客观上造成移民与主流社会产生隔阂。

法国移民有着共同的遭遇和共同的利益，有着共同的愿望和共同的诉求，形成了移民群体。特别是拥有400万之众的穆斯林，更是组成了一个自我封闭的社会、一个特殊的宗教群体。这些移民群体和穆斯林群体，为反对贫穷、不平等和不公正，为真正地融入法国社会而斗争。

7. “社会排斥者”和贫困群体及其特征

在法国社会中，一些社会弱势群体被称为“社会排斥者”（“exclusion sociale”）。“社会排斥者”包括自杀者、身体残疾者、精神病患者、老年病患者、受虐儿童、药物滥用者、不良行为者、单亲家庭成员、多问题家庭成员、边缘人、反社会的人、破产者、其他社会不适应者。

20世纪90年代以来，法国“社会排斥者”和贫困群体有了进一步发展和变化。根据法国国家统计与经济研究所统计，收入只有中等收入60%以下的家庭被列入“相对贫困”的范畴，属于“社会排斥者”群体和贫困群体。他们占法国人口数量和比例，从1970年分别为864.9万和17.9%到2016年分别为878.3万和14.0%。“社会排斥者”和贫困群体越来越多地涉及25岁以下的青年人和单亲家庭，越来越集中在城市的各阶层中，特别是被解雇的领工资者和失业者。

由于法国社会长期地处在经济低速增长和不景气状态，失业不断地发展，“社会排斥者”不断新生，新贫困现象有增无减，因此相对贫困化现象不能从根本上消除，从而使“社会排斥者”和贫困者形成了一个特殊的群体。他们有着共同的遭遇、共同的命运、共同的愿望和诉求，还要面对共同的未来。

四　社会力量对比与社会关系

1. 社会力量对比

综合法国社会观察中心和法国不平等观察所统计，包括资产阶级在内的富裕阶层占法国人口20%，中产阶级占法国人口50%，包括工人阶级在内的平民阶层占法国人口30%。

2. 社会的定型力量、中坚力量、稳定力量和治理力量

正是法国中产阶级、中等收入的阶层和群体，把法国社会定型为贫富两头小、中等收入大的橄榄形的结构。这样的社会结构，促进了社会在经济、政治、科技、文化和社会事业方面的发展，有利于社会的稳定和和谐，减少了社会动乱。

在法国中产阶级中，新中产阶级在20世纪80年代已经占法国就业人口的30%。他们有文化修养，有专业技能，有社会地位和声望，有相当不错的资产和收入，因而获得社会许多阶级、阶层和群体的认同和向往。他们对法国社会中的主流社会价值观和社会规范起着示范和定型的作用。尤其是广义的法国知识分子，已经构成法国中产阶级核心，其社会地位和社会功能向着新社会的社会结构的核心方向发展，左右着法国社会的社会关系。

以新中产阶级为核心的法国中产阶级，直接地或间接地生产物质财富和精神财富，他们通过经营管理、科技革命、革新发明等，创造了新的生产力，提高了生产率。他们垄断了法国的科技、教育、文化和文艺，掌握着法国自然科学、哲学和社会科学，主导着法国社会现代化的发展进程。所以，以新中产阶级为核心的法国中产阶级，构成了法国社会的中坚力量。

以新中产阶级为核心的法国中产阶级有较为丰厚的资产和收入，较高的社会地位和声望，较为安逸的生活，因而他们希望保持现有的生存方式和生活方式，维持现有的社会秩序，稳定现有的社会环境。随着法国中产阶级、中等收入的阶层和群体的进一步发展和壮大，可以和能够缩小贫富差距，缓解阶级和社会矛盾与冲突，从而起着稳定社会秩序和减少社会动

乱的作用。以新中产阶级为核心的法国中产阶级越来越成为稳定法国社会的力量。

以新中产阶级为核心的法国中产阶级，通过它的选民、它的政党、它所控制的议会和它所组织的社会集团，构成了法国社会主要的治理力量。

3. 工人运动和社会运动

（1）工人运动。法国工运主要表现为罢工，而罢工是近代和现代法国工人阶级争得权利、反对资产阶级压迫和剥削的主要手段，也是当代法国工人阶级反对资产阶级压迫和剥削的重要手段。

20 世纪 70 年代是法国工人运动的分水岭。20 世纪 50 年代到 70 年代，法国劳资纠纷和冲突，每年平均为 2000 ~ 4000 次，每年罢工平均损失的工作日为 300 万 ~ 400 万个，几乎是“五天大罢工，天天有游行”。这个时期，法国工人运动的特点是：第一，罢工者和游行示威者不仅提出经济要求，改善劳动条件和环境，提高工资和报酬水平，而且经常提出政治要求，反对当局的侵略战争和殖民主义战争，反对美帝国主义的侵略战争，要求政治革新，要求在企业中参与决策和管理。第二，罢工者和游行者具有强烈的工人阶级的阶级意识、斗争精神和战斗力，往往采取激烈的斗争手段和方法，实行“街头政治”，挖石头，筑街垒，与军警抗衡，或者进行巷战。在工矿企业中，罢工者和游行示威者占领工厂和车间，独立自主地经营管理。在反对侵略战争中，罢工者和游行示威者不仅冲击当局的有关机构，甚至卧轨阻止军车的开行。

20 世纪 70 年代以后，法国工人运动逐渐地走向低迷。罢工损失的工作日，1983 年为 148 万个，2005 年为 176 万个。进入 21 世纪，法国工人运动依然处于低迷状况，即使是在金融和经济危机期间，法国工人运动比 20 世纪 70 年代下降了 90%。这一时期法国工人运动的特点是：第一，罢工者和游行示威者主要着眼于为暂时、局部、具体的利益而斗争，特别是限于提高工资、缩短工时、增加福利、改善劳动条件和生活条件，通常以反对解雇、改善就业条件、弥补因通货膨胀造成的生活水平下降为满足，尤其反对触动现有的社会保障制度和体系以及《劳动法典》，反对进行改革。第二，罢工者和游行示威者在一般情况下，不再采取激烈的斗争手段和方式，不再破坏公共设施和公共秩序。第三，工人运动采取了新的形式，如采取“不停工的集体行动”的数量增加了，展开怠工、拒绝加班、示威和请愿等，有以“冷罢工”代替“热和暴力罢工”的趋势。2016 年 3 月，法国部分职工因反对修改《劳动法典》连续举行罢工和游行示威，3 月 31 日游行示威者留在巴黎共和广场直到深夜，从而诞生了“黑夜站立”（Nuit Debout）运动。“黑夜站立”运动参加者有大学生、职员、失业者以及对各种种类政治语言失望的人。他们抨击时政，表达诉求，从而诞生了又一种工人运动和学运的新形式。2018 年 4 月 3 日，法国铁路工人反对铁路部门改革，进行“两天罢工、三天正常工作”计划，罢工运动一直持续至 6 月底。

法国工人运动之所以走向低迷，其主要原因是：第一，法国工人阶级的斗争精神和战斗力衰退，阶级意识和历史使命感淡化。第二，随着传统的产业部门走向没落，蓝领工人数量锐减，使其革命精神和战斗力消退。第三，工会组织作为工人运动的主要载体日渐式微。它表现为领工资者参加工会的比例下降。1949 年有 40% 的领工资者参加工会，而目前工会会员仅占就业人口的 8%。第四，工会的众多使当代法国工人阶级的团结受到影响，从而导致工人运动处于分裂状态。第五，罢工者和示威者害怕失去工作，特别是在金融和经济危机期间。

尽管法国工人运动处于低迷状态，但是，与德国、英国等邻国比较，法国罢工和游行示威的频率还是比较高的。这是因为二战后，形成了在世界上法国特有的“罢工文化”。也就是说，罢工游行既是一种表达诉求的方式，也是被现代化樊篱隔绝的人们偶尔进行交流的一种方式，久而久之便成为一种生活习惯。金融和经济危机后，法国工人运动有所抬头，每年都有 200 万个罢工日。法国人面对街头罢工能够泰然处之，更多的人会抱着同情和宽容的态度。

（2）社会运动。从二战结束到 20 世纪 60 年代，法国社会运动有所发展，如 50 年代轰轰烈烈的反战运动，60 年代反战运动、反核运动、生态主义运动、女权主义运动、学生造反等。尤其是 1968 年“五月风暴”，工人运动和学潮相结合，从而使阶级斗争和社会革命波澜壮阔，改变了法国社会的面貌，推动着法国从工业社会向知识社会的迈进。

从20世纪70年代起，法国社会运动向着纵深发展。作为社会运动载体的联合会、协会和社团如雨后春笋般地成长起来。20世纪90年代，法国已经拥有70万~80万个这类组织，目前已经达到90万个。平均每两个法国人中，有一个法国人至少参加一个联合会、协会或社团。另外，还有1000万人参与志愿工作。法国当局正式承认他们作为“社会伙伴”的地位，经常地或定期地进行协商和对话。法国当局还在政府部门中纷纷建立起咨询性组织或顾问委员会，吸收有关联合会、协会和社团成员参加，以便直接听取他们的意见和建议。

法国社会运动具有自己的特点：第一，提出和涉及的社会问题广泛而深刻，其中许多问题实际上是当代资本主义基本矛盾的反映。第二，提出的问题涉及当代法国各个阶级、阶层和群体的切身利益，所以，社会运动吸引了广泛的阶级、阶层和群体的兴趣和注意力，促使他们积极地、踊跃地参与。第三，一些联合会、协会和社团在从事社会运动过程中，逐渐地从地区性的组织成长成为全国性的社会组织，又从全国性的社会组织发展成为全国性的政治组织。例如，从20世纪70年代初开始的生态保护运动，1984年1月正式成立了统一的全国生态党组织——“绿色—生态联盟—生态党”，简称“绿党”。绿党要作为完全独立的政治力量以显示自己的身份。第四，极少数社会运动在极端思想的指引下，从事极端的社会活动和社会运动，给法国新社会带来危害。例如，以国民联盟为首的极右政党和极端社团，经常发动排外主义运动和种族主义运动。2018年11月17日星期六开始爆发的具有极端民粹主义性质的“黄马甲”运动在周末持续进行。“黄马甲”每次游行示威几乎都伴随打、砸、抢、烧，对法国社会具有极大的破坏性。

4. 谈判、协商和参与成为解决劳资关系的主要手段

二战后不久，法国政府着手制定法律，应用谈判、协商和参与等手段来调节劳资关系和缓解劳资冲突。1950年法令规定，各个行业必须建立劳资对话和协商制度，就职工的工资和报酬、劳动力市场规则进行谈判和协商。1967年8月颁布了一个新的法令，规定在百人以上的企业中，雇

主和职工之间要推行协商和直接对话制度。1982 年《奥鲁法》进一步规定：改革集体谈判制度，除了坚持每年劳资双方就工资、工时和职工培训进行谈判外，每两年双方还要签订集体公约；职工除了拥有原先的各种权利外，还享有公共自由权、对劳动条件的发言权；恢复劳动的集体性质，禁止使用临时工；加强劳动者的代表性，企业委员会有权了解本企业经营情况和在企业财政困难时提出“警告和查封权”。《奥鲁法》扩大了法国劳动者的权利，提高了他们在企业中的地位，加强了职工在谈判和协商中的砝码，充实了职工的参与制，从而淡化了劳资冲突。2007 年《社会对话现代化法》进一步规定，政府在出台有关劳动、就业和职业培训等方面的新政策之前，必须事先与工会和代表资方的雇主协会等进行协商，以便就此展开谈判。该法律还规定，政府每年须与包括工会和雇主协会等在内的“社会伙伴”举行一次会议，介绍政府有关劳动、就业和职业培训等方面的政策走向及相关日程。该法律有利于促进社会对话，有助于解决改革过程中出现的一些障碍，便于法国劳动就业体制改革和保障劳工权益。2015 年《劳资对话法》进一步规定，11 人以下的微型企业设置职工代表直接与雇主对话。

经过年积月累的改进，对话、谈判、协商和参与已经法制化和制度化，已经成为政府处理与社会伙伴关系，成为调节劳资关系和缓解劳资冲突，成为法国社会调整各阶级、阶层和群体之间关系的主要手段。

目前，法国社会中的对话、谈判、协商制度包含三种形式：第一种是政府、资方和工会三方的谈判和协商。它一般由政府主导，与全国范围的、全社会范围的社会伙伴或劳方和资方，就具有全国性和全社会性的问题进行谈判和协商，并达成具有全国和全社会意义的合同或协议，例如，各行业最低保证工资、职业培训、年工资增长的幅度、职工在企业中的地位和权利等。以这种形式所达成的合同或协议，在一般情况下，容易被大中型企业所接受和遵照执行。第二种是自 20 世纪 80 年代地方权力下放以来法国政府极力鼓励的一种形式，即劳资双方在企业内、行业内和跨行业之间甚至是全国性和全社会性范围内，就劳动条件和环境、工时、职工的参与、工种划分、职工晋升、奖励和惩罚等，进行直接的对话和协商。这种形式特别适用于小型企业。第三种是政府就重大的政治、经济和社会问题组织“全国大讨论”，并根据“全国大讨论”进行总结，制定有关政治、经济和社会政策。

在法国社会中，无论是哪一种的谈判和协商形式，都增强了对话各方的妥协性和灵活性。因为历史证明，无论哪一方在谈判和协商过程中采取强硬的和不妥协的立场，必然导致谈判和协商陷入僵局，甚至导致谈判和协商破裂，引起公众的不满和抗议，诱发罢工或社会运动的浪潮，从而冲击经济和社会生活。

第二节　城市与乡村

一　从初步城市化到高度城市化

当吹响第一次工业革命号角时，法国城市化也迈开了步伐。一座座工厂耸立起来，同时相应的配套设施和服务设施也相继出现，从而使工厂和工业所在的农村或者居民点逐渐地发展成为城镇。第二次工业革命则是以电力为动力，进一步突破了地理条件和环境的限制，生产和资本更加集中，企业和工厂及其相应的服务设施的建设步伐加快，城市化进一步提速。

近代法国城市化过程，是城镇人口占总人口比例增长的过程，特别是农村和农业人口向非农村和农业人口转移并在城市集中的过程。与此同时，法国古老城市得到了改造和扩充。第一帝国时期，拿破仑一世重点对“法兰西的心脏”——巴黎进行扩建和改造。第二帝国时期，巴黎人口从1850年的105万增至1870年的185万，20年间几乎增长了1倍。那时巴黎的工业发展十分迅速，成为全国经济中心和世界金融中心。

二战结束后，法国着手恢复和发展经济，与此同时城市化进程重新启动，原来已经满目疮痍的城市也重新恢复生机活力，农村人口和外国移民不断地流入城市，从而使新城市数量在增加，旧城市在扩大，城市人口在发展。正是在这种情况下，法国城市人口占全国人口的比例不断地上升，

1946 年为 53.2%，1954 年为 55.9%，1962 年为 61.6%，1975 年为 68.4%。法国城市劳动人口占全国劳动人口的比例，1906 年为 56%，1954 年为 73%，1988 年上升到 93.3%。法国城市人口和劳动人口主要集中在巴黎、里昂、马赛等大城市。城市的空间和面积迅速地扩大，仅在 20 世纪 60 年代就扩大了 1/3 强。随着 20 世纪 50 年代至 80 年代法国城市的建设、改造和扩张，城市化达到了较高的水平。

20 世纪 90 年代以来，法国城市化又有了进一步的发展。法国农村人口和外来移民继续向城市特别是大都市和新城市流动。1990 年法国城市人口为 4120 万，占总人口的 72.9%，共有 361 座城市；到了 1999 年，法国城市人口上升到 4400 万，占总人口的 77%，计有城市 354 座。法国城市人口，1999 年比 1936 年翻了一番，而同一个时期法国人口仅增加 40%。这就意味着，3/4 以上的法国人口居住在仅占全国面积 18.4% 的土地上。根据联合国标准，包括法国在内的西方发达国家中，3/4 以上人口居住在城市，都是高度城市化了。

这个时期，法国开展了轰轰烈烈的旧城市改造和新城市建设，使城市继续向周边地区辐射和扩张，使市民生活质量进一步提高，使城市功能进一步扩大和完备，使城市各个区之间的差距进一步缩小。与此同时，法国各个城市突出自己的特色，图卢兹、马赛、蒙彼利埃、罗讷河流域的许多城市以及普罗旺斯地区艾克斯等成为旅游胜地；地中海沿岸——“蓝色海岸”的城市如戛纳、尼斯等成为享受日光浴的度假地；卢瓦尔河、罗讷河和加龙河等流域的城市则是新兴工业和第三产业的城市；各个大区和省的首府则成为所在地方的经济、教育、文化中心。

尽管法国已经高度城市化，但依然存在一些问题：第一，没有彻底地解决城市中特别是老城市中富人区和下层市民居住区的划分问题。这种在历史上形成的社会地理学分布，经常造成社会矛盾和冲突。2005 年 10 月，巴黎郊区乃至全国爆发大规模骚乱都是在城市的贫困居住区和城市边缘地区，就是例证。第二，城市中住房建设的滞后，造成住房的不足和紧张，或者因为房价和房租居高不下，无房户、无家可归者和流浪汉增多。

二 从传统乡村到高度现代化乡村

19世纪上半叶的法国乡村，大地主经营和小农经营并存，却是以小农经济为基础的传统农业社会。以小农为基础的法国传统乡村，在经济上自给自足，在社会关系上自我封闭，在感情和心理上有很强的乡土观念，在宗法上保留本地区和本乡村长久不变的传统和习俗。

然而，自19世纪下半叶起，如火如荼的工业化和城市化极大地冲击着法国传统乡村社会。第二帝国推行惠农政策，大大地促进了乡村经济的发展和农业的现代化。第二帝国因此被称颂为“真正农民的法国鼎盛时期”，它导致“旧式农业制度的终结”。第三共和国延续了第二帝国的惠农政策，并进一步加大了惠农政策的力度，加大了建设乡村的力度，从而使法国传统乡村的面貌发生很大的变化。到了第三共和国后期，铁路、公路、运河、乡间道路、连接村镇和火车站的道路已经建成，并且形成交通运输网络，使工业区、城市和乡村基本上连成一片。乘火车和汽车等交通工具赶集市、逛市场、买卖商品、交流信息，已经成为乡村经济和当地农民乡村生活的一个重要内容，标志着商品经济在传统乡村中日益兴旺发达，标志着法国乡村和城市、农业经济和工业经济建立了相互依存的关系，从而使城乡之间的联系越来越紧密。

二战后，为了重新使法国乡村走上现代化的轨道，法国历届政府在财政、生产组织、行政管理、科学技术等方面，均制定和推行了一系列有利于农业发展的政策和措施。到20世纪60年代末，法国实现了粮食的自给自足，1971年农产品实现自给有余，开始出口。1979年起，法国农业便跃居欧洲第一，成为继美国之后世界第二大农产品和食品出口国，从而使农产品和食品出口成为法国一张显赫的王牌，号称“欧洲粮仓”。到了20世纪80年代，法国平均一个农民的年生产量可以养活30个人。二战前的法国乡村，还是一个由血缘、家族、亲缘、地缘、宗族、民间信仰、乡规民约等深层社会网络联结的乡土社会，二战后到20世纪80年代的“第二次农业革命震撼了一切结构”，法国乡村的古老社会发生了巨大的变化。农民已经不是传统意义上的农民（paysan，或称为小农），而被称为农业经营者（agriculteur）或农场主（fermier）；乡村社会的功能越来越多样化。二战后至20世纪80年代，法国乡村已经达到相当程度的现代化了。

自20世纪90年代以来，法国乡村和农业的发展进入一个新的阶段。法国政府和欧洲联盟进一步加大了对法国农业、乡村和农业经营者支持的力度，使法国农业生产力进一步发展，农业高度现代化，农业产值不断提高，2000年为632.94亿欧元，2010年为601.2亿欧元，2017年上升为711亿欧元。20世纪90年代，法国平均1个农民的年生产量可以养活40个人，21世纪20年代则可以养活89人。在这个时期，法国仍旧保持欧盟中第一大农产品国的地位，仍旧是世界上第二大农产品出口国，其农产品的外贸始终盈余。

在农业高度现代化的同时，法国乡村也进一步高度现代化。法国乡村的功能进一步多样化，不仅是农业和农业经营者所在地，而且还是休闲和疗养的地方，观光的旅游胜地，养老和送终的场所。法国乡村代表着田园风光和山川秀美，它辽阔、天然、野趣、宁静、惬意、舒适，与城市鳞次栉比的高楼、喧哗的闹市、车水马龙的交通、熙来攘往的人流、灯红酒绿的夜生活形成鲜明的对照，使人产生许多联想。由于法国农场和农庄年人均收入2006年达到3.02万欧元，高于当年全国人均收入2.48万欧元的水平，因此，法国乡村和城市并不代表两种不同的生活水平，而只是代表两种不同的生活形式。法国社会的乡村，如同过去工业社会的城市像吸铁石吸引着乡下人一样，现在反而也像吸铁石一样吸引着城市人。

三 城乡一体化

从19世纪到20世纪上半叶，法国在工业化和城市化过程中存在明显和严重的城乡对立与差别，它主要表现在以下几个方面：

第一，城乡在生产方式上的对立和差别。19世纪到20世纪上半叶，法国工业和城市的生产方式在工业化和城市化过程中日新月异，而法国乡村和农业生产基本上保持着欧洲中世纪的、古老的和落后的生产方式，从而与法国工业和城市的生产方式形成了巨大的反差。

第二，城乡在生活方式上的对立和差别。19世纪至20世纪上半叶的工业化和城市化，使市民能够享受现代化的物质生活和精神生活，从而使市民紧跟工业和城市现代化的步伐从传统生活方式向着现代化生活方式不断地转变。而乡村和农民，尽管受到城市化的冲击，为其生活方式增添了一些新的内容，但是从总体上看家庭仍然是最基本的维系力量和生产单位，农民生活尚未摆脱贫困状态，社交活动大体上保持着传统的淳厚古朴的民风，宗教生活依然是农民生活中的重要部分。因此，城市和乡村在生活方式上也形成巨大的反差。

第三，在大多数的情况下，乡村和农民代表了保守的思想，在法国现代化进程中与市民特别与无产阶级相抗衡，起着阻碍和反动的作用。

第四，在乡村和农业内部，由于许多大地主是城市中的资产阶级，地主与农业工人的阶级斗争，大地主与个体农民的斗争，也或多或少地反映了城乡之间的矛盾和冲突。

正是通过二战后的长期努力，进入 21 世纪，法国城乡关系发生了根本性的变化。

第一，法国农业已经高度现代化，农业的生产方式从传统落后的农耕方式向现代化的工业生产方式转变。它主要表现为农业生产机械化和自动化、农业生产信息化、农业生产专业化、农业生产上下游服务体系化，等等。

第二，农民已经基本上市民化。主要通过两个渠道：一方面是在工业化和城市化过程中，大量的农村剩余劳动力转移到城市，政府给进城务工的农民奖励性的赔偿和补助，对其进行职业培训，使其与市民一样同工同酬，鼓励其加入工会组织，从而使农民改变身份为市民；另一方面是对坚持务农的农民普及基础教育和农业科技教育，进行职业培训，提出“有了文凭才能当好农民”的口号，促使农民技术化和意识现代化。此外，不断地提高农民的收入，从而促使法国农民生活方式于 20 世纪 70 年代完成现代化和城市化的转变。这样，法国农民的身份发生了质的变化，已经不再是传统意义上的农民，而是改称为农业经营者或农场主，农民已经市民化了。

第三，乡村已经城镇化。毋庸置疑，农业的工业化和现代化以及农民的市民化，自然而然地促使法国乡村走向城镇化。现在，法国城市和乡村的社会结构相互渗透，可谓你中有我、我中有你。在法国乡村里，除了农业经营者外，还拥有工人、手工业者、商人、雇员、资产者、城市的退休者；在法国城市里，除了原有的社会阶层和群体外，还生活着农业经营者和农业工人。

经过长期的工业化、城市化和现代化过程，法国基本上消除了城乡的对立和差别，打破了相互分割的壁垒，使城乡经济和社会生活紧密结合与协调发展，从而消除了城乡的二元经济结构和二元社会结构，使城市和乡村走向融合，走向一体化。

四 城市与乡村存在的问题

尽管法国总体上和基本上消除了城乡的对立和差别，但是，城乡依然存在一些差别。

在法国城市中，特别是大城市中，豪华街区、普通街区、简陋街区依然十分明显，富人街区、穷人街区、移民街区、种族街区的划分依然十分突出，城区与城乡接合部之间对照鲜明，因而存在着社会不平等、城市贫富两极分化。根据 2014 年统计，法国有 1436 个城市政策优先街区，涉及 530 万人，虽然近 10 年来政府政策对这些贫困街区扶持倾向性明显，但在就业、卫生和教育方面同其他街区相比差距仍然很大。

在法国乡村中，也存在着富饶的乡村、贫穷的乡村、边远落后的乡村的差别，存在着特大型农场主、大农场主、中等农场主和小农业经营者的矛盾和冲突，从而反映为城乡关系之间的矛盾、冲突和斗争。

第三节 社会保障与福利

一 当代社会保障制度的建立

法国社会保障制度发轫于 19 世纪末。1893 年开始实行公费医疗制度，但覆盖面比较窄；1894 年 6 月 29 日，法国议会立法建立起矿工的退休制度，对地下采掘工人实行预防性的强制参保制度；1898 年 4 月 1 日和 4 月 9 日分别通过了两项法律，规定雇主对劳动者的工伤事故和职业病承担免费医疗并发放抚恤金；1905 年颁布《失业保险法》，在世界上率先实行强制性失业保险制度；1919 年法令规定对战争受害者给予补偿；1928～1930 年先后颁布了《疾病与生育保险法》和《伤残、养老和死亡保险法》等法律；1939 年的《家庭法》进一步使家庭补助在更多的行业普及，成为第一个全国性的社会保障法规。但是，二战前法国所建立的社会保险，仍然是以一个简单的社会保险机制来应对一种特定的社会风险，享受社会保险的人仅占全部人口的1/3。

二战后，法国社会保障制度的发展进入了一个新阶段。1945 年 10 月 4 日，法国议会通过的《社会安全保障法》，为每个法国人的社会保障提供了坚实的法律依据。这一天，被视为当代法国社会保障制度的诞生日。此后的 1945～1947 年，法国议会通过了一系列有关社会保障的法律。

从 20 世纪 40 年代末开始，法国社会保障制度通过立法逐步在领工资者中普及和推广，60 年代开始在个体经营者中普及和推广，70 年代把地区、行业和部门的社会保险制度协调起来。1978 年 1 月 2 日，法律进一步在全国普及社会保障，使每个法国人都能享受医疗和生育保障、退休保障、家庭补助三大社会保障。这样就在法国形成了比较完整的当代社会保障制度和体制。到 20 世纪 70 年代末，当代法国社会保障制度已经建立，并已臻于健全和完善。

二　主要特点

1. 具有法国特色

二战后，法国在建立社会保障制度的过程中，既参考了德国模式的经验，肯定了以行业性互助为基础的全国性互助的思路；又汲取了英国模式的某些特点，肯定了普遍性和统一性的原则。所以，法国社会保障制度属于“混合型”的，是既具有俾斯麦模式特点又含有贝弗里奇模式特点的“中间模式”。但是，应该说法国社会保障制度主要是继承了法国几个世纪以来的自发性行业、职业互助和共济的传统，尤其是继承了二战中抵抗运动的精神和《抵抗运动宪章》的原则。

正是在历史传统和抵抗运动精神的基础上，法国参考了英国和德国两种不同的模式，建立起具有法国特色的社会保障制度的模式，亦即欧洲社会保障制度的第三种模式，从而使法国社会保障制度贯彻了四大原则：①普遍性原则，即法国社会保障制度必须覆盖所有的劳动者，必须包含所有的风险；②统一性原则，即法国社会保障体制必须统一，其管理机构也必须统一；③均衡性原则，即法国社会保障制度的补助标准和社会提成标准必须划一和均衡；④独立自主性原则，即法国社会保障机构由资方和劳方双方对等人数组成，共同管理和经营。目前，这样的机构达 1000 个。它们保持着管理和经营的独立自主权利，它们的财政占整个社会保障支出的一半。

2. 法治化和制度化

二战前，第三共和国议会和政府通过和颁布的有关社会保障的法律、法令和条例，主要依靠民间、私人企业和公共部门自己贯彻和实施。二战后，无论是第四共和国还是第五共和国，都把获得社会保障作为公民的最基本权利载入宪法。法国议会和政府不仅通过和颁布有关社会保障的法律、法令和条例，而且还采取有力的措施来保证其具体落实，使之不会成为一纸空文，从而使当代法国社会保障制度走向法治化和制度化。

3. 逐渐普及和提高

当代法国社会保障制度从 1945 年开始建立，当时每两个法国人中只有一个人才能享受社会保障，但是，经过几十年的努力，到 20 世纪 70 年代则覆盖了几乎全国人民，既包括自立人口也包括非自立人口，既包括领工资者也包括非领工资者，既包括城市人口也包括农村人口。总之，它几乎覆盖了法国男女老少，“从摇篮到坟墓”，满足了社会和人民的基本要求。

与此同时，法国社会保障制度提供的保障标准仅次于比利时、芬兰、丹麦和瑞典，高于美国、日本、英国、德国和南欧国家，高于欧盟国家社会保障的平均水平。“人人都有权接受医疗”早已成为社会原则和共识，“鳏寡孤独残疾者皆有所养”的福利制度让法国人引以为豪，也形成了法国特色的社会保障模式。

4. 总支出逐年增长

法国社会保障总支出占 PIB 比例在逐渐地提高，从 1949 年的 12% 提高到 2016 年的 32.1%。2016 年法国社会保障支出占 PIB 的比例要高出欧盟 28 国的平均数（27.5%），自 2014 年以来居全球第一。法国社会保障支出，2016 年达到 7140 亿欧元（比上一年增长 1.8%）。法国社会保障的支出要高于欧洲联盟国家社会保障支出的平均水平。法国政府财政预算中社会保障支出所占的比例，2016 年为 43.3%。2016 年法国社会保障支出中，保健医疗和养老保险占社会保险开支总额的 81%，家庭保险占 8%，就业有关的开支（失业补助金、职业安置等）占 6%，住房、扶贫和反社会排斥的开支只占 5%。

三　管理体制

当代法国社会保障制度的管理体制可以根据不同的标准进行划分和分类，并决定其名称。根据从属关系和重要性，可分为“社会保险制”“志愿保险制”“直接津贴制”“救济制”四种体制。其中，“社会保险制”为主要的制度，其他三种作为补充。根据所保障的人口比例和职业，可划分为普通体制、特别章程体制、专门职业体制和补充体制等四种体制。其中以普通体制为主，其他三种体制为辅。

当代法国社会保障制度从资金来源可以分为两种管理体制：公共财政支出的体制和社会分摊的体制。公共财政支出的体制也称为公共权力干预制度，是由中央和省（以省为主）从税收中拿出一部分对那些特殊的残疾人、处在贫困线以下的人、付不起房租者进行补助和津贴。法国公共财政提供的这部分资金约占法国社会保障总金额的 1/5。

社会分摊的体制是以社会分摊为主、公共财政支援为辅的体制，包含了社会保险制度、雇主制度、互助制度等三种。社会保险制度又可分为普通制度、专门制度、农业制度、非领工资者和非农业制度。

普通制度是社会保险制度的主体，覆盖了工业、商业和服务业中所有领工资者。此外，还补充了其他职业群体，如佣人、公司领导、行商、代理人、推销员、作家、作曲家等。他们总共占就业人口的49.20%。它保险的内容有医疗、老年、家庭三大项目。普通制度设置中央、大区和省三级管理机构，由雇主和雇员双方各出同等数量的代表组成，统一经营管理，并协调普通制度中其他组织机构的工作。普通制度还包含补充制度，它管理老年人、失业者、战争受害者以及政治事件受害者的保险。普通制度的支付，占当代法国社会保障金的一半，占社会保险金的2/3。

专门制度管理政府部门内由特别章程管辖的公务员（如文职公务员、军人、法官、公安人员、公立医院的职工）以及国营企业职工，占就业人口的18.17%。专门制度在社会保障方面的待遇比普通制度要高，交付社会分摊金的年限比普通制度短，退休年龄也比普通制度提前。其中，铁路职工、矿工、巴黎独立运输公司职工的医疗是完全免费的。

农业制度可以追溯到19世纪下半叶，为了预防自然灾害对农业和畜牧业的影响，成立了最初的地方互助组织。1900年7月4日法律决定建立“农业互助保险”，以防范农民的各种风险。1928年4月5日法律和1930年4月30日法律则将农民和农业工人的生、老、病、死纳入社会保险之中。1940年建立“农业社会互助”，管理农业社会保险。1949年则使“农业社会保险”完全采取职业化和民主化管理的模式。自此，农业制度无论保障范围还是保障内涵都日益扩大。目前，农业制度是针对农业、农村及相关行业中（如食品工业）的雇主和雇员及其家庭，占就业人口的11.65%。

非领工资者和非农业的制度，由1966年建立的唯一的医疗保障和1948年建立的多个独立的养老保障组成。它管理个体经营者（零售商、手工业者、自由职业者）、专业人员等，占就业人口的20.98%。它们在家庭保障方面属于普通制度管理的范围。

四 主要内容

根据法国《社会保障法典》的规定，法国社会保障制度包括医疗保险、家庭保险、工伤保险、养老保险四大类。

1. 医疗保险

自2000年开始，即使是不享有任何社会保障的人员，只要证明自己长期在法国居住即可享受医疗保险待遇。同时，每个人得到的医疗保险水平是平等的。2016年1月1日进一步规定：凡是法国公民及在法国有合法身份，稳定、持续居住三个月以上的外国从业者享受病有所治待遇，即“全民疾病保险”（protection universelle maladie，PUMA）；低收入家庭及符合税务规定的部分弱势群体享受医疗费用100%报销，即“补充全民疾病保险”（couverture maladie universelle complémentaire，CMU-C）；没有合法身份的外国人可以申请“国家医疗补助”（AME-Aide médicale de l’Etat），享受者的疾病治疗、生育护理、住院费用可以获得100%的报销。

在医疗保险分摊方面，领工资职工的医疗保险费占工资总额19.6%左右，由企业和职工按比例分摊，通常情况下从职工工资总额中扣除6.8%，其余由企业缴纳。自由职业者根据收入情况按一定比例缴纳医疗保险费，而无收入人员则只需缴纳少额甚至免交保险费就可享受医疗保险，如在校大学生一年缴纳190欧元左右，就能获得基本医疗保险服务。失业人员则可以申请免费的疾病统保。投保人看病有充分选择医疗机构的自由。

投保人首先要为自己选定一位“主导医生”，每次看病首先要经过主导医生的初步诊断，如需进一步治疗，则要在主导医生的推荐下去看专科医生。在普通制度中，投保人就医时可以报销75%门诊费，药费报销比例为40%～100%，住院费报销比例为80%～100%。报销标准因行业和个人收入不同而异。公务员是公费医疗，还享受病假及补助。大多数投保人可以自由选择医院看病，只有矿工和铁路职工要到一个指定的医院看病。本着团结互助的精神，越是疑难杂症、重病大病，参保人员越能享受到近乎100%的医疗报销。

世界卫生组织曾将法国的医疗保险制度列入“最佳制度”的行列，这是因为法国医疗保险制度在覆盖面、医疗设施、医生素质和医疗服务等方面都堪称世界一流水平。

2. 家庭保险

法国家庭保险共有8大类、21种家庭补助：①多子女家庭补助。凡是多子女的家庭，均可以领取多子女的家庭补助。子女越多，家庭补助金额越高。②住房补贴。无论租房付房租，还是买房付贷款，都根据家庭人口、房租或贷款、收入情况以及住房面积和设备条件，发放住房补贴。住房补贴分为三大类：个人住房补贴、家庭住房补贴、社会住房补贴。一般情况下，住房要有客厅、卧室、厨房、浴室、厕所、暖气设备、自来水和电话，但达不到上述舒适标准的家庭也给予补贴。③家庭补充收入。凡有子女的家庭，无论其子女的年龄和数量多少，只要在纳税后的收入低于规定的标准，每月可领取一定金额的补助。除此之外，家庭补充收入还包括学生入学补助、孤儿补助、特种教育补助、父母分居补助、家庭补助和取暖补助等。④出生津贴、生育假和补助、育婴假。孕妇怀孕到第七个月的时候可以领取出生津贴。产妇在生育期间其医疗费和住院费全部报销，并且可以在产假期间领取占工资90%的生育补助。产假一般有16周，如果需要还可以延长4周。为了哺育婴儿或者收养一个不满3周岁的孩子，一对夫妇可以享受三年育婴假，男女各半。在这期间，单位给保留职位，但单位不发工资，不过，享受育婴假的夫妇可以领取家庭补贴。⑤实行幼儿看护费补贴，但对高收入家庭的幼儿看护费补贴有所减少。

3. 工伤保险

受保障者因工伤事故可以享受医疗费100%报销的待遇，可以不必先付款再治疗，直到完全恢复为止，住院费也是100%报销，每天的饭费等也不用自付。工伤事故造成停工，每天可以领取社会保险发放的补助费，直到痊愈为止。每天的补助费在前28天里相当于每日基础工资的60%，从第29天开始每天的补助费相当于每日基础工资的80%。因工伤事故造成永久性残疾，丧失工作能力，社会财富局负责给伤者发放以下补助金：如果残疾度低于10%，发放一次性赔偿金；如果残疾度高于10%，则发放年金，年金的数额根据残疾度和原来的工资计算。

4. 养老保险（退休制度）

根据普通制度的规定，凡年满60岁、工龄和缴纳退休金分摊额达40年的领工资者均可以退休和领取退休金。退休金相当于近10年最高工资平均数的50%。但是，退休金的最高限额不得超过最高工资的一半，也不得超过最低工资标准的105%，还不能低于政府规定的退休金保底数。工龄不足的领工资者退休金占工资的百分比要降低。缴纳退休金分摊额不足40年者，按每季度1.25%的比例递减。但是，年满65岁者不受这个时间的限制。

除了普通制度外，还有一些领工资者、中高级管理人员参加的“补充退休金”制度。参加者不是按缴纳养老保险金的年限，而是根据参加者缴纳养老金的多少，即多交多得。缴纳最高可达到工资的80%，最低为工资的4.6%。退休者可以领取相当于最后工资的55%或65%的退休金。补充退休金的总金额由雇主缴纳60%，雇员缴纳40%。

此外，法国还有“专门退休制度”。一般情况下，他们缴纳养老分摊额的标准按实际工资收入计算，退休金按中止工作时的工资和缴纳养老分摊额的年限确定。法国公务员服务15年以上，且至少缴纳占工资6%的退休储金，在退休后就有权领取退休金。退休金额按公务员的工龄计算：工作一年，退休金为最后工资的2%，依此类推，但最高金额不得超过最后工资的80%。

养老金或伤残抚恤金的领取者去世时，其遗属从55岁开始可以领取死者年金的52%，即“可转换退休金”，但金额总和不得超过最高退休金的70%。不满21岁的子女每人也可领取死者退休金的10%。

法国把75岁以上的人纳入养老体制，让他们离开家自行适应集体生活。目前，法国全国共有7200所养老院，收纳近60万老人安度晚年。2018年5月，法国进一步提出养老改革计划，其中包括夜间急诊、养老院翻新、人员招聘、远程医疗等，旨在提高老年人和失助人群的生活质量。

从总体上看，法国养老保险十分有效。法国在经合组织（OCDE）35个成员国（平均64.4岁）中，既是退休年龄最早，也是退休生活时间最长（平均20.3岁）的国家。2016年，法国人退休平均年龄是60.2岁，“剩余期望寿命”为25.6岁。2017年，经合组织再次指出，退休早和享受退休生活时间长，使法国人的退休生活时间成为富裕国家中最长的，而且每月养老金（2015年为税前1376欧元）高于经合组织成员国的平均水平。

五 福利——失业保险与社会救助

1. 失业保险

1984 年 4 月 1 日，法国开始实行由雇主和雇员强制的双层保险制度和政府的基金式制度。

失业保险基金由个人、雇主和政府三方负担：受保人缴纳收入的 1.92%，雇主缴纳工资总额的 4.08%，政府负担综合方案的全部费用。雇主和雇员还要为保险业务监督人员缴纳附加保险费。

享受失业保险待遇的条件是：年龄 60 岁以下，非因自动离职、犯错误或拒绝适当工作安置而失业，失业前一年连续工作满 150 天，并已向职业介绍所登记失业，能够工作并愿意接受工作介绍的失业者。年满 57.5 岁，已保险 10 年，且至少已失业一年的失业者，可申请救济金到 65 岁为止。享受固定标准津贴的要求是，各种年龄在 16 岁以上，失业已达 6 ~ 12 个月的人。

失业保险制度包括如下几种津贴：第一种基本津贴，专门发给被迫解雇的失业者。根据投保人的年龄、缴费时间不同而享受期限有所不同。投保人缴费 3 个月享受 3 个月津贴，缴费 6 个月享受 15 个月（年满 50 岁享受 21 个月），缴费 12 个月享受 30 个月（年满 50 岁享受 45 个月），缴费 24 个月则享受 45 个月（年满 55 岁享受 60 个月）。第二种特别津贴，专门发给因经济原因被解雇的失业者，期限为一年。一年后，失业者按照基本津贴制度的规定领取失业基本津贴。第三种权宜终止津贴，失业者在终止领取特别津贴或基本津贴后仍然找不到工作，可以领取该津贴。50 岁以下可以领取 6 个月，50 岁以上可以领取 9 个月。第四种定额津贴，专门发给初次进入劳动力市场 25 岁以下的青年、求职的寡妇、求职的原犯人、求职的回国侨民、求职的避难者。领取的期限为一年。

2. 社会救助

根据 2002 年《家庭与社会救助法典》的规定，当代法国社会救助的对象应该为残疾人、病人、老年人以及遇到社会困难和经济陷入贫困的群体，如赤贫群体、失业群体和无住房群体等，或者总称为“社会排斥者”

群体或“新贫困”群体。根据社会救助支出的范围，可以划分为对老年人的社会救助、对残疾人的社会救助和对儿童的社会救助三大部分。

（1）社会救助的数量和支出。法国社会救助的数量，包括对老年人、残疾人和儿童的社会救助数量，再加上获得最低融入补助者，2010 年为 338.9 万，2013 年为 406.3 万，2014 年为 412.7 万，2015 年为 414.9 万。法国社会救助的支出（包括最低融入的补助），2001 年为 113.2 亿欧元，2005 年为 193.5 亿欧元，2013 年为 291 亿欧元，2016 年为 213 亿欧元。

（2）建立救助体系和采取社会行动。法国官方从中央到地方都建立了救助体系。在中央，社会行动总局负责制定有关社会救助的法律法令，决定救助的对象和救助的标准。社会救助委员会则负责实施融入的社会政策和反社会排斥的计划。社会救助高级委员会审查所有的社会救助问题。在大区，大区社会和卫生事务局主管大区的社会救助。在省级，省社会和卫生事务局负责贯彻融入和社会团结的政策，监管省的社会救助工作。在市镇，市镇社会救助中心则主管市镇范围内的社会救助。

民间方面，在巴黎和大中城市都设置救助体系，建立临时安置点。它们对无家可归的流浪汉提供临时救助，紧急救助车随时为流浪者送去食品和御寒衣物，并在本人愿意的情况下将其带到收容所。一大批志愿者组成“法国贫民救济会”“紧急社会救助队”“爱心食堂”“不放假食堂”“排钟协会”等，在平时特别是节假日和圣诞节期间，活跃在城市中的大街小巷，搜索和发现流浪街头的人并提供帮助。

（3）对贫困群体和被排斥群体设置特别补助。2011 年，法国向 410 万个贫穷家庭分发“积极团结补助金”（revenu de solidarité active，RSA）和“特别团结补助金”（allocation de solidarité spécifique，ASS）。2015 年分别为每户 513 欧元和 494 欧元，发给没有工作的人或工资很低的人。2016 年 1 月 1 日向低薪职工发放的“就业活动补助金”（prime d'activité），每月向 258 万个贫困家庭各发放 158 欧元。所有这些都具有降低贫穷率的作用，2016 年贫穷率因此降低了 0.4%。

（4）保障贫困群体和“社会排斥者”群体的就业权、居住权、医疗健康权和受教育权。在保障就业权方面，建立《社会团结合同》制度。

根据规定，企业必须按职工总数的百分比雇用职业能力较弱和身处贫困的人员，其工资的一部分由国家承担。民间也可以开办非营利性的企业，吸收贫困群体和“社会排斥者”就业，国家对企业给予资助。在保障居住权方面，法国政府一方面设立“团结住房基金”和制定《低租金住房条约》，为贫困者和“社会排斥者”群体提供低租金住房（也叫社会住房）和闲置的住房；另一方面对低收入者发放住房补贴。与此同时，法国地方政府出资建立团结基金，对有正当理由交不起房租、水电费的人员给予帮助。在保障医疗健康权方面，贫困群体和被排斥群体可享受免费看病和治疗的权利。在受教育权方面，贫困群体和被排斥群体的子女可以获得上学的多种补助和津贴，避免荒废学业。

六　作用、问题与改革

1. 作用

（1）经济稳定器。法国社会保障制度，几乎对所有的法国人实行生、老、病、死、残的全方位保障，即“从摇篮到坟墓”的全过程的包干，极大地减轻了人们的后顾之忧，也极大地打消了人们对前途的担心，在心理上和物质上满足了劳动力及其家庭的社会需求，从而大大地提高了人们的劳动生产率和附加值的生产能力。1949～1973 年，法国劳动生产率年平均增长 4.6%，1973～1979 年年均为 3.5%，1980～1993 年年均为 1.8%，2001～2007 年年均为 1.4%。在“辉煌的 30 年”里法国劳动生产率增长达到相当的高度，此后逐渐地减少。尽管如此，法国在业的劳动者平均所创造的国内生产总值并没有减少，反而有很大的增长。法国国内生产总值在缓慢增长的年代所创造的财富，仍然比“辉煌的 30 年”高增长期所创造的财富多。

由于法国社会保障制度的实施，法国经济尽管发生过不景气、萧条甚至危机，包括 2008 年下半年开始的金融危机，却没有再出现像 20 世纪 30 年代经济大萧条和大恐慌的年代。法国社会保障制度已经成为法国经济的稳定器，对经济的发展起着保障的作用。

（2）法国人口增长的安全网。正是法国社会保障制度及其对家庭和孩子的津贴补助，激发了法国家庭生儿育女的兴趣，增加了家庭添加子女和组织多子女家庭的愿望，使20世纪40年代中期至50年代法国出生婴儿激增，从而满足了20世纪60和70年代对劳动力的需求，造就了“辉煌的30年”，使法兰西民族得以复兴。也正是社会保障制度对家庭和孩子的津贴补助，使法国出生人口的数量始终处在欧洲各国的前列，增加了年轻人的数量，改变了法国人口年龄的不合理结构，延缓了法国社会老龄化的速度。总之，法国社会保障制度构成了法国人口增长的安全网。

（3）减少社会不平等的调节器。在“辉煌的30年”中，通过社会保障制度和税收制度的调节，法国社会两极分化有所减缓，各阶级和阶层之间的收入差距缩小。20世纪70年代中期开始，法国先后制定了有关的法律、法令和政令，加大社会保障制度对社会不平等的调节力度。为了消除“新贫穷”现象，国家还为“新贫穷”和“社会排斥者”的个人和家庭建立了各种各样的“社会最低保障金”，使被排斥群体融入主流社会中。进入21世纪，法国继续出台新法律、法令和措施，加大分配政策对贫困家庭的倾斜，不断地调整、提高和增加各种贫穷群体和社会排斥群体的补助和津贴的标准，防止贫富差距的扩大，减轻社会不平等现象。

通过法国社会保障制度所采取的种种措施，延缓了法国社会进一步两极分化，缩小贫富差距，减少社会不平等现象，促进社会和谐与公正。正因为如此，法国贫富两极化和贫困化要低于美国、英国和德国等一些西方国家。法国社会保障制度是法国社会不平等的调节器。

（4）缓解阶级矛盾和社会冲突的稳定器。自20世纪70年代末起，法国强调当代法国社会保障制度在维护“全国团结”“全国互助”和“社会凝聚力”方面的作用，出台的许多有关社会保障的法律、法令、措施和计划的目的都是为了达到“全国团结”“全国互助”和“社会凝聚力”，或者直接冠以“团结”“互助”的名称。

正是在“全国团结”“全国互助”和“社会凝聚力”旗帜下的法国社会保障制度发挥了积极的作用，使法国社会阶级矛盾有所缓和，社会冲突的频率有所下降，社会动乱有所减少。

2. 问题

（1）“等级社会保障”加重了社会矛盾和冲突。法国社会保障制度是多层次和互为补充的社会保障体制。它不是统一的制度，每一大类还可以再细分为各类别，而各类别又是由许多的小类别组成，十分庞杂和琐碎。例如，法国退休制度就有 42 个不同的类别和小类别，1/3的法国人“至少向 4 个不同类别”缴纳退休保险征摊金，有些人甚至多达 11 个。各个行业的社会保障自成体系。其主要原因就是在制定法国社会保障制度时，考虑了各阶级、阶层和群体在社会保险方面的既得利益，从而形成了“等级社会保障制度”。法国社会保障制度的宗旨就是要通过财富分配和再分配解决社会公平和公正问题，但是由于制度本身存在的缺陷，加上各制度之间的攀比和竞争，反而加剧了人们之间的不平等关系，激化了社会阶级、阶层和群体的矛盾和冲突。

（2）财政负担沉重。随着法国社会保障制度覆盖面的扩大和保障水平的提高，导致了社会保障开支年年猛增，1959～1974 年年均为 7.6%，1974～1982 年年均为 6.9%，1987～1992 年年均为 7%，它们都高于同年 PIB 增长的水平。进入 21 世纪，社会保障支出的增长率仍然高于国民经济增长率，2000 年为 3%，2005 年为 4.6%，2010 年为 3.2%，2014 年为 2.2%，2015 年为 1.6%，2016 年为 1.8%。社会保障金从 1990 年到 2002 年有 7 年出现赤字，2003 年赤字增大为 62.4 亿欧元，2010 年达到 239 亿欧元。由于对社会保障进行降低赤字的改革，社会保障收入增加，自 2011 年起社会保障赤字开始降到 174 亿欧元，2013 年为 79 亿欧元，2014 年为 77 亿欧元，2015 年为 51 亿欧元，2016 年为 39 亿欧元。尽管如此，社会保障赤字已经成为法国财政的沉重负担。

（3）工作效率和劳动生产率随着受保障者享受的社会福利待遇越来越多而有所下降，从社会再分配中得到的补助和津贴占他们收入或他们家庭收入的比例也越来越大，有的甚至占 2/3。受保障者对工资依赖的减少，势必降低工作和劳动的热情，从而导致工作效率的下降和劳动生产率的降低。

3. 改革

马克龙总统之前，法国对当代社会保障和社会保险的改革，大都是为了降低赤字和减轻国家财政负担。马克龙总统就职后要通过对当代法国社会保障和社会保险结构性的改革，建立“新的社会保障制度”，它“不应再因人而异，而必须更加透明和普及”，把法国建成“21 世纪新型福利国家”。其目标是：①逐渐建立起统一的全民社会保障体系，克服当代法国社会保障和社会保险的等级制和碎片化。②使法国社会保障和社会保险走向收入和支出平衡，从而消灭财政赤字。改革的方向大致如下：鼓励残疾人工作，提高“准入”标准，以节省补助；收紧老人津贴发放范围；审核学生家长收入，进一步减少房补发放。③设立第五种社会保险以保障弱势人群。

目前，法国正在寻找解决贫困的办法。法国八个省议会议长表示准备在自己省里试行“基本收入”（revenu universel）措施，并联名提出一项试行计划，目的是在全法国试行全民基本收入措施。在民间，一场名为“让我们为首份全民基本收入筹资”的众筹运动启动，以试行全民基本收入机制。试行者抽签获得试行机会，一年内将每月领取 1000 欧元，这笔钱应不交税。只要是成年人皆可免费登记抽签，不论性别、年龄和收入，不论是法国人还是定居的外国人。

第四节　社会治理

一　二战后社会治理的诞生和发展

18 世纪，法国国家和政府的职能比较单一，基本上没有承担什么社会管理的职能，官方和民间也不承担共同社会治理的责任，“当时，法语 gouvernance（治理——作者译）一词曾经是启蒙哲学把开明政府与对市民社会的尊重结合起来的向往中的一个要素”。19 世纪末，法国相继颁布了几个覆盖范围较小的社会保险法，开启了官方和民间共同治理的责任。20 世纪 30 年代，为了克服经济危机，救助受到经济危机冲击的贫困群体，又一次颁布了几个社会保障的法律，从而扩大了法国官方、民间和市场共同治理的职能。但是，二战前法国社会治理仅限于局部部门和个别问题，未能建立起全面的和持久的社会治理的机制。

二战后，法国社会治理具备了诞生的条件：①1901 年颁布了《结社法》，从而为政党和民间社团的诞生创造了先决条件。自 19 世纪末以来，法国政党、工会和社团如雨后春笋纷纷诞生和发展起来，二战后又出现许多新的政党、工会和社团。所有这些社会治理的重要角色活跃在法国政治、经济和社会舞台上，从而使社会治理具备了诞生的条件。②第五共和国宪法关于“法兰西是不可分的、世俗的、民主的和社会的共和国”的规定确立了共和制度的社会性，为社会治理的诞生和发展提供了法律依据和保障，同时界定了社会治理的国家职能，也为社会治理开辟了活动的空间。

20 世纪 50 ~60 年代，法国官方、资方和民间共同协商和制定法国社会保障制度和社会保险，建立起企业职工参与制和利润分红制度以便协调劳资关系，探索教育体制和教育内容改革的路径等，但总的来说，法国当局主要还是依靠国家机器特别是暴力机构进行统治和管理。然而，越是依靠暴力机器高压进行统治和管理，越是引起社会的反弹，20 世纪 50 ~60 年代法国工运、学运高涨，社会矛盾错综复杂，阶级斗争十分尖锐。

1968 年，法国爆发震撼欧洲和全世界的“五月风暴”，学生起来造反，工人罢工和游行示威。学运和工潮历时一个月之久，法国经济生活和社会生活陷入瘫痪。当时的蓬皮杜政府虽然动用警察和使用过催泪弹，但在平息学生造反和工人罢工过程中并没有把暴力镇压进一步升级，而是通过官方召集雇主代表和工会代表进行对话和协商，达成三方都能够接受的协议，从而平息了工潮，学运也走向低潮。法国社会学家公认为，1968 年“五月风暴”是法国从以统治和管理为主向以治理为主的转型标志。

20 世纪 70 年代，法国当局把资方、工会和社团法定为官方的“社会伙伴”，从而进一步提高了法国社会治理的民间角色的地位和作用，并把社会治理作为化解社会矛盾的主要手段和方法。特别是 1981 年社会党上台执政，更加强调民主和公正，牢固地树立社会治理的理念，强化社会治理的作用。

自 20 世纪 90 年代起，“治理”和“善治”在国际上大行其道，法国也引入新的社会治理的理念，广泛地应用于社会实践，从而使法国社会治理进一步机制化和现代化，并具有时代的特征。法国进一步推进社会保障制度和福利现代化使之更加健全和完备，加紧城乡一体化的建设和城市中社区的改造，加强环境的治理使之走向生态平衡，中央进一步下放权力从而再次提高地方的自治权力，进一步发展官方与民间双方，官方、资方和工会三方的对话和协商。此外，法国地方政府还可以就地方的社会问题举行民意测验，或者举行地方公民投票，由当地居民和当地政府共同进行决策和治理。总之，法国社会治理的主体和角色已经得到很大的发展。

进入21世纪，法国社会治理进一步扩大其内涵和外延，除了继续解决20世纪80年代以来尚未解决的社会问题外，还要加强对环境和大气的保护，注意人与生态的平衡，制定和实施社会可持续发展战略。总之，经过二战后几十年的发展，可以说，法国社会治理的理念、治理的原则、治理的机制已经比较完善，并建立起符合法国国情的社会治理模式。

二　社会治理的理念和原则

（1）法治化。在国家大法方面，除了规定共和国的社会性、市民社会以及保障公民和人的权利外，第五共和国宪法还增补了有关社会治理的两项内容：①把中央历次向地方下放权力和提高地方自治权作为宪法性的法律条文列入宪法，从而使地方在进行社会治理时有法可依。②将2004年颁布的《环境宪章》列入第五共和国宪法序言中，以表明对环保的重视和把环保作为社会治理的主要内容。

在普通法律方面，涉及的法国社会治理的法律，可以说是多如牛毛。第五共和国时期，根据变化了的法国政治、经济和社会，对《民事诉讼法典》《刑事诉讼法典》《商业法典》《刑法典》《法院编制法》等基本法进行修改和补充，强调法律应着重保护社会利益，突出社会治理中个人义务和社会责任。

法国官方还会同民间组织共同商讨制定单行法，以便弥补基本法的不足。例如，在法国城镇化的过程中，就颁布了许许多多的城镇化法规。仅就调整房屋租赁契约、规定出租人和承租人的权利和义务的法律就有 30 多项。单行法的增加反映了法国社会治理任务的繁重和增量。

总之，法国社会治理有了比较完备的法律体系和法律监督机制，民间，包括政党、工会和其他社团也都具有较强的法律意识，习惯于用法律思维和法律方式来解决纠纷和社会治理中的问题。

（2）社会民主。二战后法国历届政府都在社会治理中突出社会民主这个理念和原则。法国舆论和民间也在社会治理方面为贯彻社会民主提出了长远的目标——“共同控制、共同领导、共同生产、共同经营管理，这个‘共同’从 90 年代早期以来就已经放到了议事日程上”。他们认为：“已经从它身上看到使国家的运作民主化的前景，从而打开社会主动性和新的公民动员的道路。”

（3）社会平等和公正。法国启蒙思想家论述最多的是自由和平等，伏尔泰提倡“人人自由，人人平等”，孟德斯鸠则宣传在法律面前人人平等。法国大革命时期，首次出现“自由、平等、博爱”的口号就把平等纳入其中，可见对这条原则的重视程度。《人和公民的权利宣言》明确规定人的自由平等权利。第五共和国宪法也载入“自由、平等、博爱”，并成为国家格言。可见，渴望“自由、平等、博爱”以及由此引申出社会平等和公正始终是在法国社会治理中贯彻的理念和原则。

（4）缩小贫富差距。鉴于 20 世纪 70 年代中期发生的石油危机和经济危机造成法国居民收入的下降和贫富差距的拉大，法国开始把缩小贫富差距作为社会治理的重要理念和原则。进入 21 世纪，由于经济长期不景气，特别是在 2008 年全球金融和经济危机打击下，法国社会的贫富差距进一步拉大，法国进一步把缩小贫富差距作为社会治理的主要理念和原则，并采取了许多社会政策和措施保障贫困群体和弱势群体，力求取得成效。

三 社会治理的主要模式

1. 通过财富再分配来缩小贫富差距

（1）通过税收方式。法国共有 360 种不同的强制性税收（包括税收和社会保障提成），其原则是富者多交、贫者少交或免交。例如，收入所得税采取了高额累进税制，其税率一般为16%～21%，收入高的家庭征收最高税率可高达56.8%；对拥有超过一定限量的家产（动产和不动产）征收高比例的财富团结税，2018年改为超过一定限量的不动产征收财富团结税，并将征收来的税用来再分配。在遗产税和财产赠送税方面，直系亲属按45%的比例税率计征，旁系亲属按55%比例税率计征。在增值税方面，日常生活消费品税率低（2%～7%），高档商品的税率高（33.3%），对酒类和含酒精饮料、烟草、娱乐、贵金属制品等征收高额的消费税。法国对富人的税率类似“劫富济贫”的方式，一个时期能够遏制暴富，从而缩小贫富差距。

（2）规定收入的下限和收入的上限以及分红制度。法国于1969年开始实行各行业应增至的最低工资制度，它不仅与物价指数挂钩，而且还根据工人的实际工资平均数变化而变化，从而使最低工资紧跟其他工资增长的步伐。

2012年7月，法国对国有企业领导人的工资上限作出规定，其年工资不得超过45万欧元，不得超过企业员工平均最低工资的20倍。法国责成法国雇主协会规范企业行为，引入股东“薪酬话语权”。法国还决定在大集团领导人的报酬上强化法律武器，于2016年6月公布了“萨班法Ⅱ”，规定在企业领导人的报酬方面，全体股东大会的表决结果具有强制性，董事会必须重视全体股东大会的表决结果。这些措施取得一定的成效，例如法国40家上市大公司（CAC40）高管薪酬连续四年下降，2013年总收入（固定薪酬和浮动薪酬）同比下降2.1%。

法国大中型企业的职工拥有利润分红和业绩分红的权利，从而使企业分红制度越来越普及。

（3）对三农的补助以及对边远地区的支援。法国和欧盟对法国农业上下游的支援和津贴、对农村建设的投入以及对农民家庭生活的补助，突出地体现了对三农财富的分配和再分配。法国和欧盟对法国三农的财富分配和再分配已经占到法国农民年收入的25%。

（4）法国累计福利多达420项，其中绝大部分都是向中下层倾斜，特别是向弱势群体、“社会排斥者”群体和青年人倾斜。根据统计，社会补助占中下层家庭可支配收入的比例，从1950年的15%以下提高到2010

年的35%以上。

（5）慈善事业。法国鼓励和支持官方机构和半官方组织特别是民间组织在教育、卫生、保健、福利、科研、文化等各个领域建立慈善基金会和慈善机构，以促进慈善事业的兴旺发达。据研究与社会关注网的第21年度的法国人慷慨程度调查，2015年法国人总共捐款44亿~46亿欧元，比2014年增加4%，2014年已经比2013年增加了4%。法国人的慈善爱心程度不断地提升。

正是通过财富再分配的社会治理，法国10%的最高收入人群与10%的最低收入人群的差距有所缩小，1999年为3.5倍，2013年和2014年为3.4倍，2015年为3.5倍。

2. 通过城乡高度一体化消灭城乡的差别和对立

二战前，法国城市与乡村无论在生产方式、生活方式、政治思想等方面存在巨大的差别和严重的对立，这种差别和对立是城乡二元经济结构和二元社会结构的反映。

二战后法国加强国家对农业的干预，加强惠农的政策和措施，实施工农业并行同步现代化的经济和社会计划，普及农业教育和培训，全面实行农民的社会保障，不断提高对农业生产和农民收入的补贴，发展和完善农业的服务业体系，鼓励和引导农民走联合与合作的道路。所有这些治理措施，进一步推进了法国三农的现代化进程。

正是通过二战后的治理，20世纪90年代法国城乡关系发生了根本性的变化：在生产方式方面，农业已经高度现代化，从而使农业向现代化的工业生产方式转变。在身份和地位方面，农民工市民化，农民成为农业经营者。亨利·孟德拉斯于1984年在为《农民的终结》写的跋中对70年代法国乡下人作了这样的描述："今天的乡下人享有城市生活的一切舒适。统计数据表明，在巴黎人、城市人、郊区人、小城市居民和乡下人之间，已经不像20年前那样具有系统的差别。所有的家庭都配备有浴室、现代化的厨房、洗衣机、电冰箱、电视机和小汽车。在所有这些方面，农业劳动者和乡村居民从1970年起就追上了城市人，在其他方面，他们保留着优势（住宅的面积）。乡村的孩子去上学都有客车接送，在小学和中学里，他们和城里的孩子一起上课。”

3. 通过社区治理来消除“敏感社区”“老大难社区”“危险地带”

在法国大城市中，存在区别鲜明的富人社区和贫困社区。在富人社区中，房屋华丽，生活奢侈，街道和环境整洁、宁静；在贫困社区中，房屋破旧，公共设施年久失修，生活环境恶劣，居住着失业群体、移民群体、赤贫者、卖淫女、吸毒者，经常发生暴力事件、打架斗殴等违法犯罪行为，所以，法国媒体把这样的社区命名为“敏感社区”“老大难社区”“危险地带”。据统计，这样的社区全法国有751个。

20世纪70～80年代，法国进行社区治理，并提出“城市现代化”的综合治理计划。1991年在法国政府中专门设置城市部，与“社会伙伴”一起，制定城市政策以及城区和社区的规划。其主要目标是建设新社区和改造“敏感社区”，从而消除富人社区和贫困社区的不平等，消灭“敏感社区”的不安定因素。

进入21世纪，法国加快了社区治理的步伐。截至2011年，法国在城市化过程中建设了100个拥有8500名以上居民的新社区。在这些社区里，实行“社会混合”，不同的职业、社会、文化素质的居民混居和融合在一起，从而消除不同阶级、阶层和群体的隔阂。在这些社区里，所有居民在就业、学龄教育以及社会活动方面“机会均等”。因此，法国命名这样的社区为“城市自由社区”。与此同时，法国还重点抓旧城区和“敏感社区”的改造。2004～2011年，先后完成贫困社区中40万套破旧住房的改造，重新布置社区的空间，从而使治理后的社区重新焕发青春活力。2014年的《全国市区翻修新计划》，决定给予贫穷和生活条件差的250个街区10年内提供50亿欧元进行改造，整合治理，从而改善生活环境，并提供公共服务和就业机会。2018年设立一套“总动员计划”，动员中央政府、地方行政单位、协会、企业、街区的居民参加城市社区的改造，使城市“不应该只是保留给富人的奢侈品”。与此同时，法国政府承诺将在全国困难街区实行“第戎公约”（“Pacte de Dijon”）① 支持贫困街区的居民，把这些街区纳入当地生

① “第戎公约”是2018年4月6日“法国全国城市日”在第戎闭幕时提出的。

活圈的经济发展中，提高这些街区的住宅及居民的生活水平。

4. 建立和健全社会保障和福利以构建社会安全网

当代法国社会保障制度和福利几乎对所有法国人实行“从摇篮到坟墓”全方位的保障，从而极大地减轻了人们的后顾之忧虑和对前途的担心，在心理上和物质上满足了法国人及其家庭的基本社会需求。也正是通过当代法国社会保障制度和福利所采取的种种措施，法国基尼系数在20世纪80年代至2009年始终保持在0.3以内，金融和经济危机期间曾经突破0.3，但2013年开始又回落到0.3以内。法国基尼系数在欧盟诸国中处在中等偏下，属于分配处于相对合理的状态和社会安全系数较高的级别。

当代法国正是通过社会保障制度和福利的社会治理，减少了社会不平等现象，促进社会和谐与公正，从而使法国社会阶级矛盾有所和缓，社会冲突的频率有所下降，社会动乱有所减少，构建了社会安全网。

5. 通过权力下放化解中央与地方的矛盾

法兰西第一帝国时期，拿破仑一世对法国地方管理制度和地方行政区划进行改革，取消了地方选举制度和地方自治权，建立起省、区和市镇三级地方行政单位。拿破仑一世建立的中央集权的地方管理制度一直延续到二战后。

随着二战后法国经济、政治和社会的发展，中央集权的地方管理制度的弊端日益严重起来。它主要表现在：中央派驻地方机构庞大和重叠，办事效率低下，文牍主义盛行，官僚主义严重，抑制了地方的主动性和积极性。这些弊端已成为“法兰西沉疴”的主要症状。1981年法国社会党上台执政，大刀阔斧地对中央集权式的地方管理制度进行治理，于1982年3月颁布了《关于市镇、省和大区的权力和自主权的法》，决定分期分批地下放权力。

权力下放法案增加了大区行政单位，使地方政府由两个行政层次变为大区、省、市镇三个行政层次。与此同时，中央还向地方行政单位分期分批地下放相当多的权力和自由，使地方民选的机构和官员能够独立自主地管理本地的事务，实现“民选民治”。自此以后，法国历届政府还在加大治理地方的力度，不断地改革地方管理制度和下放中央的权力，特别是经济和社会权力，从而进一步扩展“民选民治”的内涵和外延。

采取扩大地方自治权的治理有利于调动地方的主动性和积极性，从而增加地方的生机活力。它能让地方充分调动本地的财力、人力和物力，发挥各地的自然资源优势，促进地方经济的发展。它能够克服文牍主义和官僚主义，缓解高度集权现象，减轻中央的行政负担，简化审批手续，从而提高了行政效率。更为重要的是，法国采取权力下放的治理，抑制了地方主义和民族主义的滋长，逐步地化解了中央与地方的矛盾和冲突。

6. 建立社会参与制，化解官方与民间、劳方与资方的矛盾和冲突

20世纪30年代，为了克服经济大萧条和劳资冲突，人民阵线政府（1936～1938年）主持劳资谈判并达成《马提翁协议》，从而开创了法国官方与民间对话渠道。但是，二战前的这种社会参与制并没有坚持下来。

二战后不久，法国开始了社会参与制的建设，特别是1968年“五月风暴”平息后加快了社会参与制的建设。20世纪70年代，法国官方把与民间组织的关系正式确定为“伙伴关系”，并且定期和不定期地进行官方、资方、劳方三方的对话和协商。1982年《奥鲁法》使社会参与制制度化。2007年的《社会对话现代化法》进一步扩大了社会参与制的范围。

2008年7月21日经过法国议会两院联席会议的表决通过了就加强法国公民参与权力的宪法修正案。根据宪法新规定，1/5的议员提议，并得到全国1/10公民的支持，就应当组织公民投票；公民有权直接就政府法律法规是否违宪问题提出异议，向宪法委员会以及行政法院和最高法院提出申诉，而原来规定只有总统、总理、议会两院议长或一定数量的议员联署才拥有该项权利；设置“公民权利捍卫人”，由国家元首任命，任期6年，他受理公民在其权益受到行政或公共服务机构侵害时提出的申诉。

地方政府，包括大区、省和市镇，就地方经济和社会问题可以主动，也可以根据当地居民的要求组织地方公民投票。特别是在环保方面，法国民间有权进行调查和公开辩论，1/5选民代表的提议就可以组织地方公民投票，就地方政府有关环保的决议进行投票，投票结果直接影响决策。显然，法国的公众参与环境保护主要包括几个形式：知情、咨询、商讨、最后是共同决策。

总之，建立和深化社会参与制，化解了法国官方与民间之间、官方与劳资之间的矛盾和冲突，促进了法国社会的和谐。

四 近期的社会现象与社会热点及其治理

1. 反恐斗争及其治理

2015 年 1 月 7 日，位于巴黎的讽刺杂志《查理周刊》总部遭到武装分子袭击，造成 12 人死亡，另有多人受伤。2015 年 11 月 13 日，巴黎再次响起枪声，造成 129 人死亡和 350 多人受伤，震惊了全球。“伊斯兰国”宣称对此次事件负责。这次巴黎事件是“9·11”以来最严重的恐怖袭击，其组织之严密，计划之周密，手段之残忍，均表明“伊斯兰国”恐怖组织已取代为害全球近 20 年的“基地”组织，成为践踏人类文明底线的最凶残的敌人。2016 年 7 月 14 日晚，法国南部旅游城市尼斯遭到“独狼式”恐怖袭击，一辆货车撞向观看国庆焰火表演人群，造成 84 人死亡和 200 多人受伤，再次震惊了世界。2017 年和 2018 年，法国发生多次恐怖袭击。至今各种恐袭已造成法国至少 246 人死亡。

巴黎恐怖袭击事件后，奥朗德总统宣布全国进入紧急状态，并称“法国已经进入战争”。在这个过程中，法国国内政策也在迅速调整，安全政策已被大大强化。奥朗德总统颁布了议会通过的将紧急状态期限延长 3 个月的法律，并四度延长。法国议会通过对《紧急状态法》的修改，规定执法机构可以软禁那些危害安全和公共秩序的人员，关闭那些散布极端主义思想的清真寺，解散那些掌管极端和过激清真寺、祈祷场所的激进团体，取消赴中东参加所谓“圣战”的法国人的国籍。城市的军警力量增加，组建一支由预备役军人组成的“国民卫队”，取消原来拟订的裁军计划。对各娱乐场所也加强了监控。之后，法国议会通过刑法改革法案，允许法院判处恐怖分子终身监禁。法国政府还宣布，未来 3 年法国将增加 2680 个执法和情报部门岗位以打击恐怖主义，其中 1100 人在情报部门工作。政府 3 年内将在反恐方面增加 7 亿欧元的支出，包括购买设备、支持反恐机构的建设和运转等。警察部门将购买和更新装备，包括防弹衣和更加精良的武器。2015 年 7 月，法国公布《情报法》，旨在加强防控反恐的情报工作。

自2015年11月13日起，法国宣布进入紧急状态并延续了6次，至2017年11月1日结束。这期间，法国挫败了32起恐袭预谋，缴获600多件武器，其中包括近80件火箭筒、冲锋枪等军用武器。

马克龙总统时期，法国进一步强化防恐反恐政策并把它放在“绝对优先”位置。2017年6月，法国成立总统直辖的国家反恐中心，以加强各反恐部门协调，提升反恐效率。同年10月生效的新《加强国内安全和反恐法》，旨在使紧急状态的某些措施成为长期措施，如对具体空间或事件的保护、关闭某些极端的宗教场所、软禁“可疑人员”、要求被软禁者交出通联方式、行政搜查嫌疑人、扩大调查乘客资料范围、准许赫兹波监听。2018年，法国设立日常安全警察队，以加强日常治安和防恐反恐。

为了遏制极端主义势力和进行反恐斗争，法国除了依靠军事武装和警察加强国内安全以及加紧打击国外恐怖主义来源地外，更主要则要消除国内极端主义的温床。根据法国官方统计，2017年法国极端化分子达到3200人，他们大都是北非裔二代、三代。所以，法国要消除国内恐怖活动，最主要是要加强社会治理，消灭街区的失业和贫困，给予街区青年平等和公正的待遇，使他们融入法国社会中。为此，法国设立“常务科学委员会”，研究伊斯兰极端化和恐怖主义等议题。法国在2016年5月推出一项打击恐怖主义的社会治理方案，在法国每个大区都会设立一个“融入中心”，帮助已走上或正在走上伊斯兰极端化道路的青少年改邪归正。2018年2月，法国进一步公布了一项新的去极端化计划，针对监狱、学校和社交媒体等提出了60条改革措施，将教育、司法、科研、网络、企业等均纳入去极端化领域，预防极端思想的侵袭，保证法国国土安全。法国教育部将加强学生共和思想教育，为及早防范学生出现极端化倾向开发一系列教学计划，以引导学生抵制在网上广泛散布的阴谋论。

2. 宏大的国家扶贫计划

法国总统马克龙在2017年的“世界贫困日”指出，消除贫困应当首先从青少年教育方面入手，使今天的贫困儿童不至于成为明天的穷人。他强调：“我们疯狂地在最低社会保障上撒钱，但这根本不能改变贫困者的状况，穷人依然穷，变穷的照样变穷。我们要有一个行之有效的方法来帮助人们脱贫，比如，教育……”2018 年 9 月 13 日，法国出台了宏大的国家“扶贫计划”。计划从儿童教育开始消除贫富不均，并提出整合现有社会补助为“全民职业普惠收入”（revenu universel d'activité），4 年内共计投入 80 亿欧元，希望用“一代人”的时间消除贫困。

该计划包括：法国义务教育期限延长为 18 年，给年轻人的资源应提供额外的保障。贫困地区增加托儿所。按托儿所接待的贫户小孩的人数，实施奖惩措施。在小学里向学童免费供应早餐，在贫困街区还向初中学生免费供应早餐。提升贫困家庭儿童的就学率，阻止贫穷代代相传。政府还要协助年轻人在就业市场找工作，他要求地方政府能够更加关注当地辍学人员，并向他们提议接受相关职业培训。扩大“年轻人保障”机制受益者人数。

该计划要简化社会补助制度，制定“全民职业普惠收入”的法律，预计 2020 年实施。收入低于某个门槛的人可以申请这项收入，用马克龙的话来讲，“好让每个人都能体面地生活”，这项措施通过整合多种社会补助而简化整个制度，最终目的是协助人们成功实现再次就业。

宏大的国家扶贫计划，加上在此以前的扶贫举措（税收、失业保险、医疗保险、城市和郊区建设）以及实施扶持贫困街区的政策，相信法国在抑制贫富不均方面会取得一定的成效。

3. 严重的失业现象及其治理

结构性失业已经成为法国社会的痼疾，在法国财政紧缩和经济出现衰退的情况下，失业现象在法国社会中越来越突出，成为法国人严重关切的问题。尽管 2017 年法国失业率和失业数量有所下降（失业率为 9.2%），但仍然保持在高位水平，从而使失业越来越成为亟待治理的法国社会问题。

为了治理严重的失业现象，法国近期采取如下的措施：①2016 年和 2017 年先后对《劳动法典》进行一系列改革，给予雇主雇用雇工更多的自由和灵活性，从而激发了雇主雇用雇工的积极性。②推出就业的措施，力拼就业。2015 年 6 月宣布一套支持微型企业和中小企业招工的计划，对 2015 年 6 月至 2016 年 6 月雇用首名领薪职工的微型企业给予一笔 4000 欧元的补助金。2016 年 1 月宣布了斥资 20 亿欧元重振就业的一套整治失业“紧急”计划，设立为期两年的“中小企业雇工补助金”，中小企业雇用一名长期合同工或短期合同工 6 个月以上，可立刻享受一年 2000 欧元的“雇工补助金”。③对失业者进行职业培训。全国就业中心将配置新的培训项目，培训欠缺专业知识技能的失业者，重心是“明日产业”（数字化、环保等）和欠缺人手的行业职业。总共要培训 50 万失业者重新就业。④拨出 30 亿欧元巨款用以建造社会福利住房和公共建筑能源翻新工程，拉动就业。⑤对累次拒绝就业的失业者进行惩罚。

法国力拼就业收到一定的效果，自 2017 年开始失业率有所下降，失业人数有所减少，但是，法国解决结构性失业的社会治理还有很长的路要走。

4. 治安恶化及其治理

近些年，光天化日之下的抢劫、偷盗经常发生，尤其在巴黎针对中国大陆游客明目张胆的抢劫频频发生。对法国社会治安的恶化，法国华人社会产生强烈反响，2016 年 8 月 21 日巴黎华人自发组织了“反暴力要安全”为诉求的万人大游行。同年 9 月 4 日，约 5 万华人在巴黎“游行圣地”——“共和广场”到“巴士底广场”举行声势浩大的抗议游行，他们高喊“反暴力要安全”“反种族歧视”口号。

为了改善社会治安和华人社会的治安状况，一方面，华人所在的地方政府答应加强当地的治安，保护华人的权益。另一方面，我国驻法国领事馆与巴黎警方建立了联动机制，除了定期、不定期座谈反映侨胞诉求以外，还可就具体案件直接、迅速与警方交涉，督促尽快破案，尽量减低当事人的损失。但解决法国社会和巴黎治安问题，仍然是任重而道远。

5. “黄马甲”运动及其治理

马克龙在能源转型的改革中提出提高燃料税是为导火线，法国于 2018 年 11 月 17 日爆发了震惊世界的“黄马甲”运动（Mouvement des gilets jaunes），从而拉开了轰轰烈烈的“黄马甲”运动的序幕。

“黄马甲”运动第 1 个周六有 28.8 万人参与，至第 31 个周末（2019

年6月15日）减至7000人。参与者穿着黄马甲（法国驾驶汽车者在行车发生故障时穿戴，以便示警）游行示威，聚集在各种交通路口、高速公路付费站，拦截车辆，抗议，表达不满。此外，他们还打、砸、抢，燃烧车辆，洗劫商铺，破坏文物，冲击国家机构，攻击官员和议员，甚至演化成大规模的暴力事件。“黄马甲”运动最初的诉求是，取消提高燃料税和提高民众的购买力，但随着运动的发展和深入，“黄马甲”运动提出越来越多的经济、社会和政治诉求，如提高中下层民众和平民的工资和购买力；减轻中下层民众和平民的税负；重征富人税；实行“公民倡议全民公决”（référendum d'initiative citoyenne，RIC）；要求马克龙总统下台。

“黄马甲”运动脱离了法国罢工和游行示威文化传统的窠臼，呈现了极端民粹主义等特点。第一，它不是由政党、工会或社会团体发起，而是个人在网上发起的自发的抗议活动。第二，它反映了当代西方盛行的民粹主义反精英、反建制、仇富、均衡财富、直接民主的特征。第三，有一些法西斯极右小组织如法国民族党（Parti nationaliste français，简称PNF）和极左群体的参与，新一代无政府主义者（une nouvelle génération anarchiste）——“黑衣人”（robes noires）的混入，和平抗议者也情绪激动，使运动染上了浓厚的狭隘民族主义、无政府主义、反犹太主义、极端主义等极右和极左的色彩，从而使“黄马甲”运动具有更大的暴力性和破坏性。第四，根据埃拉伯民调所（Sondage Elabe）2018年11月末的调查，“黄马甲”运动的政治构成，42%是2017年大选时极右国民阵线的总统候选人玛丽娜·勒庞的选民及其同情者，20%是2017年大选时极左不屈服的法国的总统候选人梅郎雄的选民及其同情者。它的社会构成，是以法国外省的市镇和乡村地区的平民阶层，以及传统中产阶级为主体，包括农民、小商贩、小手工业者、小企业主、自由职业者下层那些被法国社会边缘化和忽视的群体，也是在马克龙总统和菲利普政府改革过程中利益受损的群体。

针对“黄马甲”运动的诉求及特点，马克龙总统和菲利普政府采取了如下治理措施：第一，宣布取消燃油税的调涨，2019年起各行业应增至的最低工资每月增加100欧元，减轻月收入低于2000欧元的退休人员税负，免除加班时间工资所得税，更好地让公民参与政治决策，更加重视投弃权票问题。此外，呼吁企业向员工发放年终奖，承诺政府不对这部分奖金征税。马克龙总统和菲利普政府采取这些措施来补偿在改革中利益受损的群体。第二，针对“黄马甲”运动的暴力和破坏行为，一方面，马克龙总统和菲利普政府进行谴责，表示“零容忍”；另一方面，法国议会于2018年12月拒绝警察工会呼吁政府动用军队维持治安的要求，认为“军队的枪杆子是用来对抗敌对势力的，而不是对抗自己的人民的”。之后，法国议会于2019年4月通过《反暴力示威法》，禁止“黄马甲”运动的暴力破坏行为。第三，面对“黄马甲”运动中强硬派的不依不饶，马克龙发起和组织2019年1月15日至3月15日的全国大讨论，“试图将怒火转化为解决方案”。在总结全国大讨论的基础上，当局加大了减税惠民措施及改革的力度，促使“黄马甲”运动平息下来。

第五节　华侨华人社会

一　概述

中国人移民法国已有近200年的历史。最早踏上法兰西土地的中国人是祖籍江西的沈福宗，他追随《论孔子》一书的编者、耶稣会士柏应理来法造访了凡尔赛宫，后在返回祖国途中病故于一艘邮轮上。之后，北京人高仁和杨德望来法11年后，也因“落叶归根”返京。1702年，23岁的福建青年黄嘉略随一位法国传教士乘船来到法国，成为法官方档案上记载的第一位旅法华人。他应聘到巴黎为王室当翻译，于1713年跟法国女子玛丽－克洛德·雷尼埃结为伉俪，夫妇育有一女。黄嘉略1716年在巴黎病逝。19世纪中叶，湖北天门人和浙江青田人、温州人途经西伯利亚辗转来到法国、荷兰等西欧国家。

19世纪末20世纪初，受雇于欧洲远洋航运公司的中国船员（广东香港人）是最早进入欧洲和法国的中国劳工群体，他们与小商贩（青田人和温州人）构成了早期法国华侨华人群体。这些船员或水手登陆法国后与青田人和温州人一起，从事商贩、洗衣、修脚、中餐业等，或成为重工业工人，生活十分艰辛。

一战期间，中国人移民法国成为华侨华人移民法国史上的第一高潮。1916 年 5 月 14 日，法国与中国当局达成输入契约华工的协议。受聘派到法国的劳工是年龄为 20 ~ 35 岁，身强力壮的中国青年，总共 14 多万人，分期分批从上海、威海、青岛等港口坐邮船，历经千辛万苦，到达马赛和英国英吉利海峡的港口登岸，然后被送到法国各个战区充当挖战壕和输送粮草弹药的苦力。一战结束，11 万华工被遣返中国，数万名劳工长眠异国他乡，余下 3000 人留在法国。

20 世纪二三十年代，大约 2000 名中华学子到法国“勤工俭学”，追寻“救国兴邦”的真理，其中就有周恩来、邓小平、朱德、陈毅等老一辈革命家。后来，在留法的青年学子中有 400 ~ 500 人留居法国。与此同时，浙江青田人纷纷到欧洲谋生经商，部分留居法国。

上述的劳工群体、留法的中华学子群体和青田人、温州人群体组成了法国华侨华人社会。总体来说，他们从事法国社会最底层的职业，身份卑贱，经济活动收入少，生活艰难，但是，他们身在异乡却心向祖国，在二战时期积极捐款捐物，支援国内的抗日战争。与此同时，他们也在他们的第二故乡投身从事抗击希特勒法西斯的斗争。

20 世纪 70 年代中后期，印度支那地区战乱，众多的越南、柬埔寨、老挝难民纷纷逃难到国外。1977 ~ 1986 年，法国作为印度支那地区殖民地的原宗主国，官方共接收印支难民 11.2 万，其中华裔约占 60%，达 6.7 万，从而形成了华侨华人移居法国的第二次高潮。法国接收印支难民，一方面是基于人道主义原则，但另一方面实际上对法国自身也有一定作用。接收这些年轻力壮的印支难民，可以尽快缓解法国国内的劳工压力，还有助于改善本国老龄化人口结构。

20 世纪 60 年代后期，法国华侨华人仅为 6000 人左右。印支华裔难民大量涌入后，进一步壮大了法国华侨华人社会。起初，法国把印支华裔难民中大部分人安排到巴黎市 13 区居住。法国有关部门还为他们安排了从语言到工作技能的各种培训，并安排到工厂中当工人。他们较快地适应了新的环境，成为自食其力的劳动者。

自中国改革开放以来，大批中国公民以旅游、探亲、继承财产、家庭团聚等方式抵达法国。另外，许多中国留学生因为法国学费低廉纷纷来到法国，从而使法国成为中国留学生仅次于美国的第二留学目标国家。尤其是2000年起来法的中国学生人数直线上升，中国留学生成为法国最大的外国留学团体。上述的中国公民和留学生来法，形成了中国人移民法国的第三次高潮。其中，来自温州的华侨华人猛增，居法国华侨华人之首（约有13万）。在法国的中国留学生数量也激增，许多人学成后在法国政府或公司企业供职，成为有知识的新一代华侨华人。

目前，法国华侨华人约60万，占该国人口的1%。法国华侨华人的规模在欧洲国家中首屈一指。在这些华侨华人中，浙江温州人和青田人占50%以上，从印支三国和泰国来的华人占40%，其余部分来自中国其他地区。法国华侨华人主要集中在大巴黎地区（约占80%），其余散居于里昂、马赛、尼斯、戛纳、土伦、里尔、斯特拉斯堡等城市。

今天，华侨华人已经广泛地参与到法国政治、经济、文化的方方面面生活之中，成为一支不可忽视的社会群体。华侨华人已成为连接法中经贸投资往来的重要力量，已成为法中民间文化交流的重要桥梁及纽带，已成为法国众多的族群中融入法国社会的“典范”。随着法中两国各领域合作的加深，华侨华人群体或将在未来法国社会生活中发挥更加重要的作用。

二　华侨华人分类

（1）在法国经商的华侨华人。主要是浙江温州人和青田人，还有来自越南、柬埔寨、老挝、泰国的华侨华人。

（2）在法国的中国留学生和专家学者。自20世纪90年代以来，中国留法学生与年俱增。1996～1997学年期间，中国在法国的留学人数仅有千余人，2001～2002学年时为5500人，2005年为1.5万人，2017年飙升到3.7万人。近几年来，中国在法国的留学生以每年1万～1.2万人的增幅上升中。

中国赴法国留学申请的专业主要涉及管理、金融、经济、艺术、文化、设计、语言文化等，其中北京和上海申请人占总数的12%。目前，约40%的中国留学生在法国攻读的是硕士或博士学位，其中，经济管理与行政管理占34%，人文占31%，理科体育占24%，技术学院占5.3%，法律占4.3%，医学占1%，其他占0.4%。大部分留学生首选城市是巴黎，另外尼斯、马赛、图卢兹、里昂、波尔多等法国大城市也有许多中国留学生。近年来，拉罗谢尔、普瓦捷、利摩日、贝桑松等地的大学也出现成群结队的中国留学生。

20世纪80年代的中国留学生，多为公派留学生，有部分留在了法国。这批精英人才，在各自的专业领域取得了一定的成就，多数供职于国家科研机构或大学院校等，一部分创出了自己的事业。他们融入了法国主流社会，生活稳定舒适，同时仍然保持报效祖国的强烈心愿。

（3）接受法国教育的新一代华侨华人。在这些新一代的华侨华人中，有的是出生在法国的新生代，有的是从小跟随父母移民法国。他们接受法国教育，法语水平高，拥有专业知识。他们在思想意识、文化认同等方面，都与父辈产生较大的距离。

（4）非法移民。1999年以来，每年非法进入法国境内的中国人将近5000人。其中，来自温州的占60%；然后是东北人，约占15%。他们偷渡到法国，没有合法身份，又不懂法语，多数通过打黑工谋生，有的甚至出卖肉体。据估计，目前在法国的中国非法移民有6万~8万人。

三　华侨华人社区（唐人街）、经济、社团

1. 华侨华人社区（唐人街）

大巴黎是旅法华侨华人的聚居地，约30万人。华侨华人最早是从巴黎3区开始发展的，是最早的华侨华人聚集区。目前，巴黎主要形成了三个规模较大的华侨华人社区（Quartier chinois de Paris），即13区华侨华人社区，3区和4区的华侨华人社区，10、11、19和20区交界处以美丽城为中心的华侨华人社区。这些华侨华人社区也叫唐人街。

巴黎13区将近20万人口，差不多1/3是华裔。13区的华侨华人社区，在该区的东南，主要集中在绍瓦西（Avenue de Choisy）、伊夫里

（Avenue d'Ivry）和马塞纳（Boulevard Massena）三条大街构成的“三角地带”，故又称为舒瓦西三角（Triangle de Choisy）或小亚洲（Petite Asie）。这里原为废弃的火车站和旧仓库区，房屋颓败、商家稀少，是典型的贫困区。20 世纪 70 年代中叶，法国的一些房地产开发商认识到这个地区未来的发展潜力，兴建了多座 30 层的高楼大厦。但适逢世界性经济危机，房屋长期空置，鲜有租赁入住者。后有大批旅居越、柬、老三国的华侨华人涌入，很快在这里落地生根。新来的移民有的在工厂做工，有的自谋生计，首先解决生存危机。他们克勤克俭，团结互助，在度过最初几年的困难时期后很快发展起了自己的事业。

13 区不仅有中国人，还有许多来自东南亚不同国籍的人，故也称为“小亚洲”。巴黎当局也比较重视这一区域，治安还可以。13 区的华侨华人最多的就数潮州群体，其次是福建、江浙沪、粤港、东北群体等。所以，该区的华侨华人社区主要讲粤语，即广东话和潮州话。当然，普通话和法语也很流行。由于 13 区也有很多东南亚国家的人，因此，13 区华人华侨社区同时也具有浓厚的东南亚特色。中国新年游行在此举行，另外两个在美丽城以及从巴黎市政厅广场到工艺与美术地区（Arts et Métiers quartier）举行。

巴黎 3 区和 4 区的华侨华人社区则主要以来自浙江省的温州人和青田人为主。在这个居住区内遍布具有浙江特色的土特产商场和温州风味的小吃店、中餐馆，更多的则是搞批发零售的皮包、手袋、皮带、钱包的皮革厂商。3 区和 4 区的华侨华人主要讲温州话和青田话。

在巴黎“美丽城”的华侨华人社区大多来自柬埔寨、老挝、越南，近年来增加了中国的温州人和东北人。“美丽城”内的两条主要大街上，随处可见中餐馆、工艺品店、杂货店、金饰店、礼品店等，是仅次于巴黎 13 区的中国城。“美丽城”华侨华人社区主要讲温州话和青田话。

另一个比较有中国特色的地方是位于巴黎东南近郊马恩河畔的“中国城”，这是 20 世纪 90 年代建成的一个气势宏伟的中式建筑群，由牌坊、城楼、船舫、钟楼、建筑长廊、苏州庭院式大花园、旅馆、大型商场以及大型地下停车场等组成，极富中国特色。不管对法国人还是来巴黎旅游的外国人来说，这又是一处可以领略东方灿烂文化的好去处。

此外，在巴黎周围地区、法国一些大中城市也有许多华侨华人居住，他们从事社会经济活动，从而形成了华裔住宅区。

2. 华侨华人经济

1990 年以前，法国华侨华人经济基本是家庭小作坊模式。老一辈华侨华人大多以“三把刀”（菜刀、剪刀、皮具刀）起家，他们以勤俭持家、吃苦耐劳的美德，完成了必经的资本积累的过程。

1990 年起，法国新华侨华人凭借自身良好素质和已有资金、技术等优势，突破了老华侨以“三把刀”为主的传统行业的取向，开始涉足法国的各行各业。从行业整体上看，虽然中餐业、制衣和皮革加工业等劳动密集型产业依然是华侨华人经济中的主要行业，但整体经济的行业多元化发展趋势明显，旅游业、服装设计和进出口贸易便是其中发展较好的行业。

短短的二十几年，法国华侨华人商家如雨后春笋般崛起。13 区的绍瓦西大道和伊夫里大道两条大街沿街的商店几乎都被华侨华人买了下来，其经营范围也不停留于餐馆和商场，而扩展到房地产公司、旅行社、金融兑换店、快餐店、糕饼店、肉店、金行、理发美容店、时装店、照相冲洗店、电信器材店、电脑商店、工艺品商店、印刷厂和出版社等各行各业。现在的 13 区唐人街上，中文广告与法文招牌并行，商场餐馆鳞次栉比，一幅喧嚣繁华、生气勃勃的景象。中国人到了巴黎 13 区，仿佛回到了国内。巴黎 13 区的唐人街已经被法国列入该国的 12 个国际旅游区（即 ZTI）。

餐饮、服装和皮革是法国华侨华人经济的三大支柱产业。在巴黎的 30 多万华侨华人当中，有差不多一半人从事的行业与餐饮有关，大大小小的中餐馆已经超过 5000 家。它集中在唐人街，也分布于巴黎其他街区和法国一些城市，它已经成为法国餐饮业中不可或缺的重要组成部分。许多中餐馆已经跻身法国餐饮行业的中间档次，许多法国人都习惯在中餐馆请客吃饭。在巴黎，以温州人为主开办的制衣厂就有 300 多家，纺织品服装进出口公司 1100 多家。11 区和 2 区就聚集了四条著名的服装街，12 区的圣·马丁街变成了“华人童装批发街”。在销售上多以批发为主，走薄利多销的营销模式，产品定位也多是中低档市场，以成本优势和价格优势占领市场，从而打破犹太人垄断市场的局面，成为中国纺织品在法国乃至欧洲销售的主力军。皮革业以批发为主，也为温州人垄断，多数集中在巴黎第3区的庙街。总之，温州人急剧增加，温州人经济迅速发展，为法国舆论所惊讶和感叹，称为“温州现象”。

法国华侨华人经济总体规模和发展模式位于欧洲华侨华人社会的前列，一批华二代已经顺利接班，正不断提升法国华商的经营水平。旅居法国的华侨华人刻苦耐劳、善于经营，表现出惊人的开拓能力。在赢得自己生活的同时，他们与其他各族和平相处，积极融入、反馈于当地社会，为法国的经济和社会发展做出了贡献，赢得法国社会的认同和赞誉。

3. 华侨华人社团

法国华侨华人社团有100多家，比较活跃的有20多家。他们多以亲缘、业缘和地缘为基础组建，近年来很多专业性社团逐步涌现。法国华侨华人社团中影响力较大的有法国华侨华人会、法国中国和平统一促进会、法国华社促进会、法国潮州会馆、法国青田同乡会、法国华商总会、法国温州商会、法国华人进出口商会、法国华人高尔夫球协会、法国退伍华人战友会等。

法国华侨华人会的前身是1949年成立的旅法华侨工商互助会，1972年改称旅法华侨俱乐部，1998年更名法国华侨华人会。1974年于巴黎4区购置会址，1998年于巴黎近郊建文化中心，设有多项文化设施，长期以来为团结旅法华侨华人、促进中法友谊做出贡献。法国中国和平统一促进会于2000年在巴黎成立，其宗旨就是联合赞成中国和平统一的各界人士和团体，推动有利于两岸和平统一的各种交流，增进两岸人民的了解和互信，为实现中国和平统一做出贡献。

法国华侨华人社团把中文教育列为社团的宗旨之一，纷纷开办中文学校或中文补习班，并以中文学校为依托，继承传统文化，保持对中华文化的认同。目前，在法国有中文学校50所，中文报纸杂志10家。在法国的中文纸媒中，收费报纸有《欧洲时报》和《星岛日报》。免费报纸有《法国侨报》《华人街报》和《欧洲商报》。其中，《法国侨报》是目前所有法国中文媒体中唯一的一份双语报纸，每期都是定点投放，读者自取，深受读者欢迎。

法国华侨华人社团每年还组织学生参加中国夏令营活动，让学生亲自到中国感受中华文化，加深对祖籍国历史的认识。还有一些社团设有文化小组，开办民族舞、书法、太极、气功等学习班，或举行乒乓球、象棋等传统体育运动比赛。这些活动对华裔二代和三代都产生了重要影响，对弘扬民族文化，保持对中华文化的认同起了积极作用。

进入 21 世纪，法国华侨华人社团开始向法国主流社会推介中华文化，推动更多的法国人认识和了解中华文化。每年的春节巡游活动，法国政要都会出席，或到华侨华人社区拜年，参加华侨华人社区的团拜活动。每逢春节，法国华侨华人的彩妆大游行，吸引周围地区的法国民众前来参观。另外，法国华侨华人社团还以中华文化元素积极参加法国举办的各种大型文化活动，从而使中华文化在法国逐渐为当地社会所接受和喜爱。

四 逐渐融入法国社会，参政意识不断增强

1. 融入法国社会

早期的法国华侨华人通过刻苦耐劳、团结互助，取得了经济事业的发展，在法国站稳了脚跟，部分早期移民后裔和经济事业发展较好的华侨华人则跻身中产阶级行列，过上稳定和舒适的生活，基本融入当地社会。但是，由于语言障碍和文化程度不高，这批人的融入程度并不是很高，他们的生意圈子、生活交际圈子多数仍然局限于华侨华人社会。

20 世纪 80 年代以后移居法国的华侨华人（主要是留学生等群体）以及接受法国教育的华侨华人新生代，文化程度高，掌握了熟练的法语，走出了华侨华人生活圈，融入法国主流社会，成为法国社会的精英。其中，一些人以杰出的成就享誉法国社会。在法国这个以文化艺术著称的国度，华侨华人亦能够在最高殿堂中获得殊荣。例如，著名画家朱德群于 1997 年 12 月成为法兰西研究院艺术院第一位华裔院士；赵无极以西方现代绘画的形式和油画的色彩技巧，融合中国传统文化艺术的意蕴，创造了色彩

变幻、笔触有力、富有韵律感和光感的新的绘画空间，被称为“西方现代抒情抽象派的代表”，曾获法国荣誉勋位团第三级勋章、国家勋位团第三级勋章、艺术文学勋位团一级勋章、巴黎市荣誉奖章等，并于2002年他当选法兰西研究院艺术院院士；著名作家程抱一用结构主义和符号分析学的理论，向法国人介绍了中国的诗词和绘画，很受法国人的欢迎，有力地促进了中法文化的交流，因此于2003年当选法兰西研究院的法兰西学院院士；陈其钢旅法18年，获得20多次法国和国际上著名音乐作品奖项，应邀为世界著名的乐团或音乐节作曲或担任评委，已经成为欧洲现代乐坛著名华裔作曲家；朱元发进入法国社会事务与劳动部工作后于1999年参加法国公务员会考，成为第一个考上法国高级公务员的华人。

2. 参政意识增强

法国华侨华人由于移民时间较短，经济实力不强，法语能力有限，一般不参与政治。许多华侨华人虽然有投票权，但不积极参加投票。因此，在很长一段时间内，法国华侨华人给外界的印象是一个自我封闭、不关心当地政治的族群。近年来，随着中国国力迅速增长和法中政治关系的发展，法国华侨华人地位也随之提高，对法国政治的关注程度明显增加，越来越多的新生代华侨华人开始参与法国政党的竞选活动。法国华侨华人投票率亦呈上升趋势。这标志着旅法华人在努力融入当地社会、表达自身诉求、维护华人合法权益方面，迈出了重要一步。

随着时间的推移，法国华侨华人在法国各类选举中的投票率累创新高，从而成为法国政坛上不可忽视的力量。法国媒体都感叹，随着华侨华人越来越多地参与法国的政治生活，参加投票和参政竞选只是时间问题。正因为法国华侨华人逐渐成为“票仓”，法国政要和候选人在各类选举中几乎都来到华侨华人社区和社团，与侨领和华裔选民见面对话，许下诺言，争取华侨华人选民的选票和支持。

与此同时，越来越多入籍的华人通过选举走上了法国政坛。2008年3月市镇选举中，20多名华裔候选人在巴黎及外省参选市镇议员，成为法国市镇选举中一大亮点。其中，陈文雄在巴黎13区获得近70%的选票当选为该区议员、副区长，也是历史上第一位华裔副区长。湖南籍土家妹子何英，1984 年来法留学，在 2001 年法国市镇选举中当选巴黎附近碧西市主管教育的副市长，成为法国历史上第一位华裔女副市长。祖籍广东的颜如玉，1989 年即成为位于巴黎东郊的艾斯波利市镇议员，从 2001 年起多次当选该市副市长。曾宪建则是法国首位华裔国民议会议员，海外省留尼汪顶磅市市长。2014 年 3 月市镇选举中，陈文雄成功当选巴黎市议员，从而创造了首位华裔人主巴黎市议会的纪录，接着在 2017 年 6 月立法选举中当选国民议会议员。另两位“80 后”、在中国出生、后移民法国的华人——王立杰和施伟明也分别当选巴黎 19 区和 20 区议员。华人候选人巴黎“连胜”，在旅法华侨华人中引起热烈反响与期待。

第六节 国民生活

一 就业

法国 15 岁及以上的劳动力人口 2015 年为 2870 万，2016 年为 2956 万，2017 年为 2967 万。其中，就业人口 2015 年为 2580 万，2016 年为 2658 万，2017 年为 2688 万。妇女在法国就业人口中所占比例，2015 年为 48.3%，2016 年为 48.2%，2017 年为 48.1%。

在 2017 年法国 15 岁及以上的劳动力人口中，15 ~24 岁的劳动力人口为 278.0 万，其中男性为 153.2 万，女性为 124.8 万；25 ~49 岁的劳动力人口为 1813.8 万，其中男性为 943.5 万，女性为 870.3 万；50 ~64 岁的劳动力人口为 837.0 万，其中男性为 422.8 万，女性为 414.2 万。

法国就业人口中，2007 年和 2017 年占就业人口的比例分别为：农业经营者为 2.1% 和 1.6%，手工业者、商人和企业主为 6.4% 和 6.5%，高级管理人员和高级知识分子为 15.7% 和 18.0%，中间职业者为 22.9% 和 25.7%，职员占为 29.4% 和 27.2%，工人为 23.2% 和 20.8%。在法国本土就业人口中，2007 年与 2017 年比较，农业经营者、职员、工人在就业人口中所占比例有所下降，而手工业者、商人和企业主，高级管理人员和高级知识分子，中间职业者在就业人口中所占比例在逐渐上升。

二 工资

1. 企业工资概况（包括私人企业和公共企业）

2015 年，法国全日制职工的月平均工资在扣除所有提成后的净收入为 2250 欧元，考虑到当年的通货膨胀率因素，工资实际上比上一年增长了 1.1%，其中女职工工资比上一年增长了 1.2%。

2015 年，法国全日制男职工的月平均工资在扣除所有提成后的净收入为 2438 欧元，女职工为 1986 欧元，男女职工工资差额比例为 18.5%，而 2001 年为 24.6%，2010 年为 19.7%，2014 年为 18.6%。法国男女并未达到同工同酬，但是差距逐年在缩小。

2014 年和 2015 年全日制的小时工资如下：管理人员（包括领工资的企业主）分别为 26.5 欧元和 26.7 欧元，中间职业者分别为 14.8 欧元和 14.9 欧元，职员分别为 11.0 欧元和 11.0 欧元，工人分别为 11.2 欧元和 11.4 欧元。从中可以看出，2015 年与 2014 年比较，管理人员、中间职业者、工人的小时工资有所上涨，而职员的小时工资停滞不前。

2015 年，在企业中，领工资者中在扣除所有提成后的月净中间工资为 1797 欧元，男月净中间工资为 1906 欧元，女月净中间工资为 1650 欧元，男女净中间工资差额比例为 13.4%。2015 年，10% 最低收入群体的月最低工资在 1213 欧元以下，10% 最高收入群体的月最高工资在 3646 欧元以上，两者的差距为 3 倍（1967 年为 4.5 倍）。其中，10% 男性最低收入群体的月最低工资和 10% 男性最高收入群体的月最高工资差距为 3.2 倍，10% 女性最低收入群体的月最低工资和 10% 女性最高收入群体的月最高工资差距为 2.7 倍。

2. 公职人员的工资

法国公职人员分为国家公职人员、地方公职人员和医务人员。

2015 年，全日制的公职人员月平均净工资为 2208 欧元，比上一年上调 0.6%。其中，国家公职人员为 2495 欧元，比上一年上调 0.4%；地方公职人员为 1891 欧元，比上一年上调 0.8%；医务人员为 2239 欧元，比上一年上调 0.6%。

2015年，在扣除纳税和社会提成后的国家公职人员月平均净工资中，A类高级文官为2897欧元，B类政策实施公职人员为2417欧元，C类执行公职人员为1938欧元。在扣除纳税和社会提成后的地方公职人员月平均净工资中，A类高级文官为3277欧元，B类政策实施公职人员为2305欧元，C类执行公职人员为1744欧元。在扣除纳税和社会提成后的医务人员月平均净工资中，医生和药剂师为5417欧元，行政领导和管理人员为2512欧元，中级管理人员为2334欧元，普通行政人员和护士为1795欧元。

2015年，在扣除纳税和社会提成后的国家公职人员月平均净工资中，教师（在法国，教师属于公职人员）为2540欧元，部属公职人员为2544欧元。

法国公职人员的最高工资和最低工资之间的相差幅度平均为1.7倍，比企业中的最高工资和最低工资的相差幅度低。

3. 各行业应增至的最低工资（Smic）

20世纪80年代以来，法国各行业应增至的最低月工资以较快的速度增长，2015年为0.8%，2016年为0.6%，2017年为0.9%，2018年为1.2%，2019年为1.5%。各行业应增至的最低月工资数额，2015年为1457.5欧元，2016年为1466.6欧元，2017年为1480.3欧元，2018年为1498.5欧元，2019年为1521.2欧元。2010年起，法国各行业应增至的最低月工资每年1月1日进行调整。2013年起，公职人员应增至的最低月工资与法国各行业应增至的最低月工资统一标准。在欧盟国家中，法国各行业应增至的最低工资是最高的。

4. 贫困线

法国国家统计与经济研究所和全国贫困与社会排斥观察所制定的贫困线（也是欧盟的贫困线）：只有当年中等生活水平的50%或者60%，就是贫困。按照上述的标准，1970年贫困人口分别为578.5万和864.9万，占全国人口的比例分别为12.0%和17.9%；1990年贫困人口分别为375.1万和784.8万，占全国人口的比例分别为6.6%和13.8%；2000年贫困人口分别为416.5万和783.8万，占全国人口的比例分别为7.2%和

13.6%；2010 年贫困人口分别为 475.5 万和 861.7 万，占全国人口的比例分别为 7.8% 和 14.1%；2015 年贫困人口分别为 502.0 万和 887.5 万，占全国人口的比例分别为 8.0% 和 14.2%。2016 年贫困人口分别为 499.7 万和 878.3 万，占全国人口的比例分别为 8.0% 和 14.0%。2015 年起，无论只有中等生活水平的 50% 还是 60% 的贫困者人数都比 1970 年有所下降，占全国人口的比例下降尤为明显。

2016 年，欧盟的贫困者（占中等生活水平的 60%）占欧盟全部人口的 16.9%，法国则在欧盟贫困者比例以下，属于境况较好的国家之一。

三　消费与物价

1. 消费

法国家庭消费的支出，在 2008 年经济危机前年增长保持在 2% 上下，最高支出是 2001 年的 2.9%，最低支出是 2003 年的 1.6%，但是，在经济危机期间，法国家庭消费支出的增长速度放缓了，2009 年为 0.1%，2012 年为 0.2%，2013 年为 0.6%，2014 年开始回升为 1.1%，2015 年为 1.4%，2016 年为 2.1%，2017 年为 1.0%，回到经济危机前的水平。2016 年法国家庭消费对 PIB 的贡献率为 0.5%。

进入 21 世纪，法国家庭的消费结构发生了改变。食品和不含酒精的饮料消费在法国居民整体消费中的比例下降，酒和烟草消费与服装和鞋类消费下降，住房、取暖设备、照明设备和卫生消费上升，交通、通信消费（包括邮递、电话、互联网等）下降，文化娱乐体育消费和教育消费上升，旅馆、咖啡店和餐馆消费下降。当然，不同的阶级、阶层和群体之间在消费结构方面，是存在着明显差别的。

2017 年，法国家庭消费总支出为 15928 亿欧元，其中，食品和不含酒精的饮料消费为 1598 亿欧元，占法国家庭消费总支出 10.0%；酒精饮料和烟草消费为 450 亿欧元，占法国家庭消费总支出 2.8%；服装和鞋类消费为 454 亿欧元，占法国家庭消费总支出 2.8%；住房、取暖设备和照明消费为 3166 亿欧元，占法国家庭消费总支出 19.9%；住房设备消费为 587 亿欧元，占法国家庭消费总支出 3.7%；卫生消费为 504 亿欧元，占法国家庭消费总支出 3.2%；交通消费为 1640 亿欧元，占法国家庭消费总支出 10.3%；通信消费为 301 亿欧元，占法国家庭消费总支出 1.9%；文化娱乐体育消费为 965 亿欧元，占法国家庭消费总支出 6.1%；教育消费为 55 亿欧元，占法国家庭消费总支出 0.3%；旅馆、饭店和咖啡店消费为 881 亿欧元，占法国家庭消费总支出 5.5%；家政和其他物品消费为 1480 亿欧元，占法国家庭消费总支出 9.3%。

2017 年，法国家庭拥有耐用品的比例是：拥有彩电的家庭占 96.2%，拥有洗衣机的家庭占 96.2%，拥有冷冻柜的家庭占 91.9%，拥有手机的家庭占 94.5%，拥有固定电话的家庭占 84.7%，拥有微波炉的家庭占 89.3%，拥有小轿车的家庭占 84.3%，拥有家用台式电脑和笔记本电脑的家庭占 82.0%，使用互联网的家庭占 83.8%，拥有录像机和 DVD 的家庭占 65.5%，拥有洗碗机的家庭占 61.4%，拥有两辆或两辆以上小轿车的家庭占 36.8%。应该看到，因为职业和收入的差别，法国家庭拥有耐用品的比例方面存在较大的差距，特别是在高档耐用品方面存在的差距更大。这种差别从另一个侧面反映了当代法国社会分配不公正和贫富的差距。

2. 物价

二战后至 80 年代，法国人饱受物价上涨的折磨。法国通货膨胀率，50 年代年平均为 5.9%，1970～1980 年年平均为 9.6%，1980～1985 年年平均为 9.6%，1985～1990 年年平均为 3.1%。这期间，有些年份如 1983 年，通货膨胀率甚至达到两位数，超过 10%。这是由于长期以来推行凯恩斯主义的经济政策、经济危机、经济结构不合理以及国际能源和石油价格上涨等综合因素所带来的后果。那时候，物价不断地攀升，经常超过工资增长的速度，造成法国人购买力下降，影响了法国人生活质量的提高，甚至导致新的贫苦阶层的出现。从 20 世纪 80 年代中期开始，法国采取严厉的经济政策，对物价和工资实行双冻结，加紧调整经济结构和产品结构，加上世界市场上能源和石油价格经常下跌，从而使 20 世纪 90 年代法国通货膨胀率开始回落，年平均保持在 2% 左右。进入 21 世纪，法国通货膨胀率进一步回落，2000 年为 1.6%，2005 年为 1.5%，2010 年为

1.8%。从2011年开始，法国通货萎缩，特别是2014年的国际油价下跌，使法国物价进一步回落。2013年降到0.7%，2014年再降到0.1%，2015年为0.5%，2016年降到0.2%，2017年为1.0%。

20世纪90年代，法国商品中电脑、通信产品、电子产品、家庭电器、小型家电等的价格下降幅度大。电器设备、家电、视听设备、微型电脑的降价给法国家庭带来好处，从而使法国家庭从20世纪80年代末开始迅速走向电气化和现代化。

四 住房

二战后，为了缓解住房困难，法国投入巨资进行重建。20世纪70年代，法国推行社会福利房计划和租赁市场化，国家提供政策扶持，从而使住房建设进入高潮，平均每年有50万套住房交付使用。80~90年代以来住房建设的速度减缓，但平均每年也有20万~30万套住房建成。

从1982年到1990年，法国掀起了购买住宅的高潮，特别是1995年10月又出台了购房改革的措施，规定向几种人发放无息贷款，促使越来越多的法国人拥有自己的住房，从而使私有住宅的拥有量占住户总数的比例逐渐提高，而法国人租房占住户总数中的比例则在逐步下降。由于二战后每年住房建设面积的1/3是廉价的和低租金的住宅，从而使许多低收入法国人也买得起或租得起这类房屋。这不仅改变了战争遗留下来的房荒，而且也改善了1920年以来法国人居住条件的落后面貌。

法国住房总数，2005年为3138.8万套，2010年为3330.6万套，2015年为3509.7万套，2016年为3543.5万套，2017年为3572.0万套。2017年法国住房比2007年增加了1.0%。在2017年法国住房总数中，住宅为2933.0万套（占住房总数的82.1%），别墅为339.5万套（占住房总数的9.5%），无人居住的居所为299.5万套（占住房总数的8.4%）。在2017年住宅总数中，私人住宅为2006.0万套，占住宅总量的56.2%。法国人的私人住宅大致可分为两种：一种是庭院式住宅，大多在农村和城市近郊区；另一种是城市公寓套间。此外，社会福利房也有所增加，2015年为476.1万套，2016年为484.0万套，2017年为491.5万套。

伴随着居住条件的改善，法国人的住房面积也逐渐地扩大和宽敞了。1984 年平均每套住房住有 2.7 人，2013 年则减少为 2.2 人。1984 年，占法国家庭总数 16% 家庭的住宅十分拥挤，2013 年已下降到 8.4%，其中私人住宅下降到 3.0%。

与此同时，法国家庭在住房、照明和取暖方面的消费占家庭全年消费开支总数的比例不断地攀升，这就意味着法国人对住房及其设备的质量要求越来越高。20 世纪 90 年代以来，法国农村住宅现代化的步伐越来越快了。1955 年，87% 的住宅没有基本的卫生设备，如厕所、洗澡间、暖气、中央空调等，2015 年法国住宅基本上配备卫生设备，只有 1% 的住宅还缺乏卫生设备。

法国人的住房有很大的改善，并不意味着法国从根本上解决了住房问题，实际上法国的住房紧张问题依然存在。第一，战后以来，随着工业化和农业现代化的进展，越来越多的农民流入城市，其结果是大城市的住房十分紧张。另外，每年大量增加的独立生活的年轻人也要求住房。第二，在住房问题上的两极分化日益严重。富有的阶级和阶层拥有高级住宅、富丽堂皇的别墅和最时髦的住房设施，如花园、游泳池等；而低收入的阶级和阶层，其居住条件恶劣，其中 2/3 家庭没有自己的房产。第三，法国房价居欧洲第二，住房成为年轻人的奢侈品。第四，目前法国仍有 9% 的家庭，其中主要是农村中老年人家庭和外来移民居住在没有卫生设备的简陋住房中。第五，法国民调和舆论认为，住房领域的差别是法国社会不平等的主要表现。

2000 年，法国推出《城市互助与翻修法》（SRU）贫富混居计划，从而使低收入者与高收入者“同在一个屋檐下”，以此来解决这种差别。

五 工时与休闲

1. 工时

法国人每周法定的劳动时间在逐渐地缩短，1919 年为 48 小时，1936 年为 40 小时，1982 年为 39 小时。2002 年起法国实行 35 小时周工作制。法国还实行劳动者带薪年休假制度，1936 年的带薪年休假为两周，1956 年为三周，1963 年为四周，1981 年为五周。如果再扣除节假日，法国人全年工作和劳动时间 2015 年平均只有 1646 小时，是欧洲国家中工作和劳动时间最少的国家。但是，农业经营者、从事运输的司机、小商贩的劳动时间和营业时间要长一些。法国减少工时和增加带薪休假的做法，没有对法国经济造成损害，反而有益于国民经济的发展。从 20 世纪初至今，法国 PIB 增加了 14 倍，每小时的劳动率提高了 20 倍。

法国盛行部分工作日制度。20 世纪 60 年代末，20 个就业中有一个是部分工作，1983 年则是 10 个就业中有一个是部分工作，2016 年则是 5 个就业中有一个是部分工作。从事部分工作日的绝大多数是妇女，其次是青年人、实习生、非熟练领工资者。此外，从事家庭服务的小时工也越来越多。这是因为法国出现了许多新工种，如为老年人服务、环境保护等，需要这样的劳动者。

法国议会于 2015 年 7 月通过的《马克龙法案》解禁原有周日购物限令，将商店周日营业从每年 5 天增至 12 天，设在“国际旅客观光区”的商店将允许营业至午夜。在这类商店职工的工作时间将延长，他们的报酬也将增加。

2. 休闲

法国是带薪休假制度的发源地。为了更好地享受极富浪漫情调的法式生活，他们还拥有全世界最长的节假日时间。算上每周的双休日、每年带薪长假、法定节假日等，法国人每年大约有 150 天不用上班（2017 年法国在全球生产力的排名中却位列第 12 名，可见法国人工作效率是很高的）。新近的法律还规定，职工下班后不被工作打扰，禁止管理人员在工作时间以外联系部下。劳动和工作时间的减少、节假日的增加使法国人拥有越来越多的休闲时间。法国社会学家做过调查，认为法国领工资者在一年中平均 20% 时间在劳动（或工作）和上下班的路途中，33% 是睡眠时间，47% 用于看电视、修整花园、从事家务、进行体育锻炼和旅游。

2017 年，在法国家庭文化娱乐和休闲支出中，报刊书籍和文具的支出占 15.3%，体育活动、牌类、玩具的支出占 14.4%，庭院、花园和宠物的支出占 14.4%，地方特色的娱乐消遣的支出占 13.2%，文化活动（影院、剧场、博物馆等）的支出占 11.9%，碰运气的赌博（轮盘赌等）

的支出占10.8%，电视机、音响、录像机、照相机的支出占7.6%，日常生活的信息处理的支出占4.8%，唱片、磁带、胶卷的支出占2.0%，其他文化休闲的支出占5.6%。

六　恩格尔系数与基尼系数

1. 恩格尔系数

国际上常常用恩格尔系数来衡量一个国家和地区人民生活水平的状况。恩格尔系数，就是食品消费占个人或家庭消费总额的比例，食品消费的比例越大，说明该国家和地区居民的生活水平越低，反之，则说明该国家和地区居民的生活水平越高。根据联合国粮农组织提出的标准，恩格尔系数在59%以上为贫困，50%～59%为温饱，40%～50%为小康，30%～40%为富裕，低于30%为最富裕。

二战后初期，由于战争的破坏，法国家庭的生活水平较低，但由于法国经济的快速发展和国民收入的迅速提高，1956年的恩格尔系数已经下降到45.4%，达到小康水平。随后，法国的恩格尔系数进一步下降，1960年为30.5%，1970年为24.5%，1980年为20.3%，1990年为18.2%，2000年为16.1%，2005年为16.5%，2010年为13.5%，2016年进一步降为12.7%。法国家庭的恩格尔系数、富裕程度、生活水平在西方国家中，排在前列。

正是恩格尔系数的不断下降，导致法国家庭的消费结构发生根本性的变化。与此同时，法国家庭追求高质量的生活，饮食讲究美食和养生之道，衣着追求时尚，住房追求面积和高质量的设施，文化、娱乐、体育、度假和旅游成为时尚。不过，在经济危机和财政紧缩的打击下，法国家庭厉行节约，减少消费，生活质量也有所下降。

2. 基尼系数

法国基尼系数1984年为0.291，1990年为0.277，1996年为0.279，1997年为0.279，1998年为0.276，1999年为0.284，2000年为0.286，2001年为0.286，2002年为0.281，2003年为0.280，2004年为0.281，2005年为0.286，2006年为0.291，2007年为0.289。20世纪80年代至

21 世纪初，法国基尼系数保持在 0.30 以内，根据联合国的标准，这样的系数属于分配处于相对合理的状态。

但是，法国社会的贫富差距依然存在，近几年来由于失业率居高不下和财富向富裕群体进一步集中，贫富差距逐渐有所拉大。正是法国当局和社会团体组织双方协同，加强社会治理，及时地采取措施，特别是通过财富再分配进行补救，遏制贫富两极分化，从而使基尼系数在金融和经济危机期间略为上升，金融和经济危机后下降。法国基尼系数，2008 年为 0.289，2009 年为 0.290，2010 年为 0.303，2011 年为 0.306，2012 年为 0.305，2013 年回落为 0.288，2014 年为 0.289，2015 年为 0.292，2016 年为 0.288，属于社会安全系数较高的级别。与欧盟 27 国和经济合作与发展组织的国家比较，法国的基尼系数处在中等偏下，虽然略高于北欧国家，但低于南欧国家、英国、G7 中的非欧洲国家。

第七节　医疗卫生

一　医疗卫生概况

法国十分重视医疗卫生事业，这是因为法国已经步入老年社会，需要医疗和保健的人日益增加，鼓励生育的政策也需要医疗和保健的配合，社会的弊端导致精神病、性病、艾滋病的激增，都要求医疗卫生事业的发展。

为此，法国出台了一系列的关于医疗卫生的方针和政策：第一，规定所有的法国人生病就医，无论生活条件、经济状况、受教育程度、居住地点有何差别，待遇一律平等。第二，进一步完善社会保障制度，使医疗保险的覆盖面扩大到还没有医疗保险的人群以及伤残人群、丧失劳动能力的人群等。1999 年 7 月 27 日关于“普遍医疗保险制度”的法律规定，从 2000 年 1 月 1 日起不享有基本医疗保险者（约 15 万人）开始享受医疗保险，向享有基本医疗保险者再提供补充保险（约 600 万人），从而使这些人享受完全免费医疗。2016 年 1 月 1 日起，全民享受医疗保险。第三，注重疾病的预防工作，特别是对艾滋病、性病、精神病、癌症、烟草和酒精中毒的预防。第四，为了繁荣医疗卫生事业，法国实施公立医院和私立医院同时并举的方针。第五，病人可以自由选择医院和医生为其治疗。第六，自2015年起推广医疗第三方承付制，2017年逐步扩大到“所有法国人”。第七，2018年3月，法国公布“治疗之前先预防”的五年国民保健计划，预定总共投资4亿欧元，用于实施25项措施，包括妊娠、婴幼儿保健、报销戒烟治疗费、药房里可接种抗流感疫苗、宫颈癌检查、第三年龄的老年人保健等。

法国逐年增加对卫生和医疗的支出（包括医疗资源和看护、预防、科研、培训、行政），2015年为2620亿欧元，占PIB的11.9%，比上一年增长1.9%；2016年为2666亿欧元，占PIB的11.9%，比上一年增长1.7%；2017年为2708亿欧元，占PIB的11.8%，比上一年增长2.0%。其中，2015年为1946亿欧元，占PIB的8.8%，比上一年增长2.1%；2016年为1985亿欧元，占PIB的8.8%，比上一年增长2.0%；2017年达到1993亿欧元，占PIB的8.7%，比上一年增长1.3%。

法国医疗支出的结构中，主要是医疗社会保险的支出，还有少部分是官方的资助，家庭开支则是有所下降。家庭医疗支出占法国医疗支出的比例，2015年为8.4%，2016年为8.3%，2017年降到7.5%。法国每个人医疗开支也有所下降，2014年为2900欧元，2015年为2930欧元，2016年为2975欧元。

2016年，法国拥有3065家医院，共有40.4万个床位。其中，公立医院1376家，共有25万个床位；私人医院1003家，共有9.7万个床位；非营利性私人医院686家，共有5.7万个床位。

2018年，法国拥有医生22.5万，其中，全科医生10.2万，专科医生12.3万。平均每10万居民中拥有337位医生。2017年，法国拥有护士68.2万，药剂师7.4万，助产士2.3万，心理医生1.2万，外科和牙科医生4.2万。

二 医疗卫生的管理体制

法国爱德华·菲利普政府设置团结与卫生部管理全国医疗卫生工作，

部内设置卫生总局、社会行动司、医院司以及统计、研究和信息系统处等，并通过这些机构来管理全国的公共卫生、医院、医疗保险和老年人疾病保险等事务。爱德华·菲利普政府还设置卫生部际委员会，统一领导和协调政府的医疗卫生工作。

在地方上，法国建立三级医疗卫生管理体制。在大区级，建立两类管理体制：一类是中央派驻机构，如大区卫生和社会事务署、大区医院管理处等。大区卫生和社会事务署协调大区、省和市镇之间的医疗卫生工作，指导大区卫生和医疗的土木工程，在技术上指导大区的护士工作，对大区的医疗卫生工作进行统计。大区医院管理处于 1996 年成立，专门负责大区卫生机构的财政津贴问题。另一类是大区政府领导的大区公用事业部门，负责地方的医疗卫生事务。

在省级也是两类管理体制：一类是中央派驻机构省卫生和社会事务署。它负责执行有关医疗卫生的法律法令，对省卫生事务和医疗机构进行监督，协调省与省之间的医疗卫生事务关系。另一类是省政府领导的省公用事业部门，负责省的医疗卫生事务。

在市镇，市长有权建立相应的地方级的公共医疗卫生机构，兼任医院管理委员会主席以便指导医疗卫生的各项事务。市长还负责施行有关卫生的法律法令，如卫生法、反污染法、反噪音法、水监测法等。

三 医疗卫生种类

法国医疗卫生经过 40 多年的建设和发展，已经从简单到复杂、从单一功能向多功能转变、从简单分工到分工越来越细，从而构成了比较科学、比较完备和比较系统的医疗卫生体系。

1. 公立医院

公立医院有医疗中心和地方医院两种。

医疗中心 医疗中心同时兼有住院就医和门诊两种功能。它分为急性疾病治疗中心、连续治疗中心、长期治疗中心。急性疾病治疗中心包括五种：第一种是简易的治疗中心，该中心配备医科最基本的医疗设备和技术，设有急诊室、内科、外科、妇产科。第二种是专科治疗中心，该中心专门治疗某一种疾病，如癌症治疗中心、精神病治疗中心等。第三种是普通治疗中心，该中心只配备基本的医疗设备。第四种是大区治疗中心，该中心医疗设备齐全，治疗水平高，它拥有内科、外科、妇产科以及急诊救援服务部或戒毒中心，它专门接受周围地区的急性疾病者。第五种是大学治疗中心，该中心通过与某大学签订协议，成为大学治疗中心。其进行门诊的同时，还从事医学科研，培训医务人员。该中心不仅拥有普通医科，而且拥有专门的和特殊的医科，并随着科研的进展而不断提高门诊的医疗水平。

连续治疗中心是病人的病情得到控制后继续在该中心进行护理和药物治疗，以便为病人被社会再接纳创造条件。连续治疗中心包括四种：第一种是疗养之家，专门接纳病情得到控制的精神病患者、毒物癖患者、酗酒者继续治疗。第二种是康复院，专门接纳急性病患者在急性病减轻后的进一步治疗。第三种是慢性病治疗所，专门接纳慢性病人。第四种是病人接受再教育所。

长期治疗中心，是专门收容生活不能自理并要长期地依赖药物治疗和护理的人。

地方医院 指的是农村医院。它也具有一定的规模，同时兼有住院就医和门诊两种功能。

在公立医院中，设有医疗保健常设服务部（Permanence d'accès aux soins de la santé，简称 PASS），其服务对象是身患疾病，却没有医疗保险的社会边缘者。

2016 年 7 月 1 日法国重组全国 1100 余家公立医疗机构，成立 150 余家公立医疗集团，旨在提高公立医院服务水平，减少患者就诊等待时间，缩短住院诊治时间，将医疗资源向地方倾斜、向养老机构倾斜，同时通过信息系统、对外采购、医护人员培训等领域的合作降低成本。

2. 私立医院

有以营利为目的的私立医院和不以营利为目的的私立医院。后一种私立医院绝大多数由某个联合会或协会、基金会、民间公司、合作组织、医疗保险公司等创办，其医疗价格与公立医院完全一样，与公立医院只是在法律地位上有所不同。这种私立医院大多是专科医院，如肿瘤医院、精神病院等，其内部管理和运作方式也大多与公立医院相同。这种私立医院在法国医疗卫生系统中占十分重要的地位，并得到越来越大的发展。

以营利为目的的私立医院，其医疗价格昂贵，但受到一定的控制，即通过当地的省长发布命令规定医疗价格。这种私立医院可以通过签订合同的方式参与公立医院的会诊活动。以营利为目的的私立医院在必要时可以获得国家的资助。

3. 疾病咨询机构或门诊

它不收住院病人，只给患者提供咨询或提供门诊。这种医疗所在法国分布很广，其种类很多，但大体上可以归纳为两大类：预防站和家庭治疗所。

预防站　有防疫站、心理卫生站、癌症先期咨询站、性病预防站、妇女和婴儿保健咨询站等。有些预防站如心理卫生站、妇女和婴儿保健站随着时间的推移越来越突出，发展越来越快，而防疫站则随着患者急剧减少走向衰落。

家庭治疗所　是20世纪80年代初开始建立的医疗机构。它是专门为家庭中需要护理的老年人而设置的，其经费由大区医疗保险公司支付。该家庭治疗所在必要时可以得到公立医院的协助。

4. 专门卫生网

大体分为反精神病斗争网、反癌症斗争网、反结核病斗争网以及反性病、毒物癖、艾滋病、酗酒和烟瘾斗争网。

法国把建立反精神病斗争网作为医疗卫生方面的头等任务，因为在法国社会中这种疾病患者数量增长很快，仅靠前述的医疗系统不能满足患者的需要。为了建立反精神病斗争网，法国推行按地区和人口划分的政策，即在每一个省中将6万~7万名居民划为一片普通精神病预防区，20万名居民划为一片青少年精神病预防区。在每一个预防区内配备一个社会医疗队，从事精神病的预防、早期诊断、住院治疗和家庭治疗、病愈后的护理等。社会医疗队拥有先进的医疗设备和多种医疗手段。

与癌症作斗争在法国医疗卫生中占有优先的地位，为此建立了许多反癌症斗争中心，并构成一个网。该网在普查中检测人们是否患有癌症迹象，进行癌症治疗，从事癌症的社会监测、癌症的研究以及癌症预防的宣传等。

反结核病斗争网有效地进行了反结核病的斗争，从而使结核病在法国基本上消失，该网转而从事向贫苦的人分发药物等工作。

反性病、毒物癖、艾滋病、酗酒和烟瘾斗争网由于法国社会这些丑恶现象日益增加，其任务越来越繁重，法国政府进一步加大了对这种斗争网的投入。

5. “医疗旅馆”（hôtel hospitalier）

2017 年 7 月，法国 41 家医疗保健机构，在 3 年期间参加“医疗旅馆”试行措施。“医疗旅馆”是为某些病人设立的一种住宿服务，作为医院和病人住家之间的一个衔接站。其目的是发展允许病人走动的流动外科（亦即不影响正常活动的外科手术，譬如病人术后当天可返家休养），既让病人免于在医院过夜住院引起昂贵的花费，也提升病人的舒适度。这项新的服务，在病人接受治疗之前或之后，向不需要特殊医疗、独居或本人的住所距离医院较远的病人提供。

四　医学科学研究

法国医学科研在国际上保持较高的名望和地位，进入 21 世纪，法国医学研究者先后于 2008 年和 2011 年两次获得诺贝尔医学奖。它与法国医学科研涌现大量成果有关，而法国医学科研取得的大量成果，又与法国当局和民间在财政上的支持有关。法国财政和民间对医学科研的投入逐年增加，2006 年为 70 亿欧元，2014 年为 75 亿欧元，2015 年为 75 亿欧元，2016 年达到 76 亿欧元。

巴黎公立医院集团（Assistance publique-hôpitaux de Paris，AP-HP）是法国公立医院改革后建立的法国最大也是欧洲最大的医院集团。它除了医院以外，还下辖 8 个联合科研院所，80 个法国国家健康和医学研究所的科研机构、研究中心以及公共服务中心，13 个国家科学研究中心等，并专设临床研发部负责集团的科研管理。

在各个医院中设有临床研究处，对各医院的科研项目进行研究设计、数据管理、质量控制，提供方法论和软件方面的支持。临床研究处的人员由科研人员、医师和方法学专家等专兼职人员组成。巴黎公立医院集团重点抓基础研究，并促进基础研究与临床实践很好地紧密结合起来。

法国国家健康和医学研究院（Institut national de la santé et de la recherche médicale，INSERM） 成立于1964年，是一所公立的科技研究机构，前身是成立于1941年的法国国家卫生研究院，由法国卫生部和研究部共同管理。作为公立的国家级专业健康研究机构，它是从事医学和人体健康研究的国家机构。其主要任务是认识和了解人类的机体、心理和社会构成，从事医学和生物学的基础研究，发现有关疾病的预防和治疗方法。该研究院拥有250个实验室。

巴斯德研究所（Institut Pasteur） 成立于1886年，是私立研究机构。该研究所在病毒学、免疫学和生物技术等领域从事研究并取得许多重大的成果，如先后开发了预防结核病的卡介苗、黄热病疫苗；首先发现了磺胺类药物的抗炎作用等；首次发现艾滋病病毒；完成了结核杆菌的基因组序列分析；开发了乙型肝炎疫苗、单克隆抗体和各种诊断试剂。自1900年以来该所已有10人获得诺贝尔奖。

五　医疗卫生存在的问题与改革

1. 医疗卫生存在的问题

（1）医疗卫生的不平等。尽管法国的医疗保险制度被世界卫生组织列为“最佳制度”，但是，法国社会各阶层在医疗卫生上的差别也体现了法国社会不平等，特别是低收入和贫困家庭在看病时仍然捉襟见肘。2017年9月，Ipsos民调所调查显示，39%的受调查者称，在某些医疗项目上，自己无法暂时垫付社保2～3周后将补偿的费用。具体来说，1/5的受调查者称配不起假牙；16%的人因为缺钱放弃看专科医生；12%的人放弃了配眼镜或某些药品。

（2）“医疗荒漠”现象。许多地区、小市镇、偏远农村缺乏医院、诊疗所以及医生和护理人员，看病难，出现“医疗荒漠”现象。

（3）医疗卫生财政赤字增大。法国医疗体系财政状况进一步恶化，仅公立医疗机构的财政赤字 2017 年就高达 15 亿欧元。

（4）医疗方面浪费大，出现无效的医疗服务，浪费 30% 的医疗保险资金。

2. 改革

（1）全面改革。法国政府表示，对医疗卫生存在的弊端进行小修小补无济于事，要全面地改革。改革涉及医疗护理的质量与适宜性、财政模式与薪酬、医疗服务的数字化、人力资源、区域组织结构等五个重点领域。

（2）实现远程看病。为解决“医疗荒漠”，法国把远程医疗作为主要手段之一。近几年来，法国已经在一些地方实行通过视频通信技术诊病的方式，2018 年 9 月开始把远程视讯看病列入全国疾病保险金库可报销的诊疗行动名单。法国计划 2019 年实现 50 万人次远程诊病，2020 年实现 100 万人次，2021 年实现 130 万人次。

（3）2020 年实现某些眼镜、假牙和助听器的全额报销。

第八节 环境保护

一 环境保护问题的提出

二战后，法国在经济建设和社会发展过程中，在工业和农业现代化过程中，特别在开发和利用本土资源的过程中，在取得明显的成就的同时也对环境造成严重的后果。在大气方面，家庭取暖、工业和汽车排放的二氧化硫和氮氧化物在 20 世纪 60 年代末每年分别达到 200 万吨和 60 万吨。在江河方面，受到污染的长度达到 2500 公里，其中塞纳河、罗讷河的污染最为严重。在土地方面，农村人口的流失导致土地的闲置和荒漠化。总之，法国的环境遭到严重的污染，生态平衡遭到严重的破坏，民众的生命遭到严重的威胁，民众的生活质量日益恶化。

法国政府意识到环境污染的严重性，20 世纪 60 年代开始采取措施和制定法规，70 年代起不仅加大了出台环保法律和措施的力度，而且建立了环保的管理和治理体制。进入 21 世纪，法国把环保提升到国家长期战略的高度，2004 年提出《环境宪章》，翌年将《环境宪章》载入 1958 年宪法，从而成为第五共和国宪法的有机组成部分。

二　环境保护的特征

1. 比较完备的环保管理和治理体制

法国于 1971 年首次在政府机构中建立了自然和环境保护部，以便统一管理和治理环境以及协调各个部门有关环保的事务。此后无论政府的更迭还是政府部门的变动都不影响环保部门的存在，只是名称有所不同罢了。此外，法国政府还成立环保部际委员会和可持续发展部际委员会，专门处理各个部门的环保问题。

自 20 世纪 80 年代权力下放以来，地方的环保由地方政府负责，各个大区设有大区环境指导机构，特别是市镇承担着主要责任。根据权力下放法的规定，市镇必须设置环保管理和治理机构，管理和治理可饮用水的供应、土地、卫生、交通、家庭垃圾的收集和处理等，并制定地方的环保计划和条例。在法国，中央与地方相结合形成了比较完备的环保体制。

2000 年以前，法国用于环保的经费占 PIB 的比例年均为 2.1%，自 2000 年以来用于环保的经费年均增长 3.1%，占 PIB 的比例年均上升为 2.6%。2015 年，法国用于环保的总经费达到 676.9 亿欧元，其中，用于环保的经费为 466.7 亿欧元，用于资源管理的经费为 210.2 亿欧元。在 2015 年用于环保的总经费中，用于城市绿化空间的经费为 37.6 亿欧元，用于再生能源的经费为 267.5 亿欧元。在 2015 年用于环保的经费中，用于垃圾管理的经费占 35%，用于净化水的经费占 27%。

2. 拥有一系列法律和政策体系

法国于 20 世纪 60 年代开始制定环保的法规，如 1960 年的《建立国家公园法》、1964 年的《水污染防治法》、1970 年的《环境保护初步规划》，还开展了“百项措施”运动。“百项措施”规定，每年开展“全国自然环保周”活动，以便提高国民的环保意识和加强他们的责任感。“百项措施”要求自然博物馆、幼儿园、初级和中等教育部门在教材中列入有关环保的知识，修改有关建筑立法，进行噪音控制等。进入 21 世纪，法国从气候、能源、农业、交通等领域多管齐下进行立法，并带动学界、企业、个人等社会各领域成员积极投入绿色环保与低碳经济建设当中。法国还先后颁布了一系列环保的条例和标准以及一系列环保的税收政策，从而形成了一个比较完整的环保法律和政策体系。

1958 年宪法在序言中明确宣布，公共机构和国民要遵守《环境宪章》规定的权利和义务。《环境宪章》特别宣告：每个人都拥有在有益于健康的环境里生活的权利，都有义务保护和改善环境，都应当依法预防或限制其可能对环境造成危害并承担赔偿责任。每个人有权获得公共机构控制的环境信息，有权参与制定有关环保的政策和决定。公共机构有责任预防造成的环境危害并启动环境危害的评估程序，促进环保的研究和开发。

2009 年 7 月通过的新环保法案为法国未来的环保发展明确了方向：在气候方面，法国将力争在 2050 年将温室气体排放量在 1990 年的基础上减少 75%；在能源方面，目标是到 2020 年，将可再生能源占能源总消耗的比例提至 23%；在农业领域，争取到 2020 年将种植生态农产品的农田比例提高到 20%，并从税收方面为生态农业提供优惠；而在占法国能源消耗总量约 40% 的建筑行业，法国亦采取更为严格的标准、根据所建房屋的能耗发放建筑许可。逐步停止销售耗电量大的白炽灯，禁止商家免费提供一次性塑料袋。

3. 鼓励和支持民间的环保活动

法国于 1977 年 7 月 7 日颁布法令，承认保护生活质量、保护自然和资源的联合会、协会等社会组织是国家的正式社会伙伴，并给予津贴和进行对话。进入 21 世纪，法国官方、企业、工会、民间组织达成的协议有：2007 年《格勒内勒环境协议》，2009 年《格勒内勒海洋协议》，2010 年《格勒内勒战略协议（2010～2013）》。正是通过这些协议，法国官方和民间共同参与环保，从而极大地提高了环保的效果，使法国可持续发展打下坚实的基础。在法国，每年都有成千上万志愿者从事环保的活动，欧洲生态－绿党专门从事绿色政治活动，环保已经成为全民的事业。青年人参加环保活动更是引人注目，2014～2015 学年，约有 9.5 万大中小学生参加 1168 个环保组织，从事环保活动。

4. 加强国际合作

20 世纪 80 年代以来，法国积极参加世界和地区的环保活动，签订了 30 多个国际环保公约或条约，以及 100 多个欧洲的环保条约或文件。在许多有关环保的协商中，法国起了发动机的作用。2015 年 11 月 30 日，由法国举办的《联合国气候变化框架公约》第 21 次缔约方大会暨《京都议定书》第 11 次缔约方大会在巴黎召开，大会有 150 位国家元首或政府首脑、近 2000 个非政府组织参加。大会一致通过了《巴黎协定》。协定在总体目标、责任区分、资金技术等多个核心问题上取得进展，被认为是气候谈判过程中历史性的转折点。这是 1997 年达成《京都议定书》以来，范围最广泛的一项气候协定。法国和中国在此次大会上都起着举足轻重的作用，从而为全球的环保和抑制全球温室效应做出了巨大贡献。

5. 进行绿化优等城市的评比

法国全国园艺绿化企业联合会（UNEP）2014 年公布的首届全国绿化优等城市排行榜，昂热、南特、利摩日分别位居前 3 名。进入前 10 名的其他 7 个城市依序为里昂、梅斯、布雷斯特、亚眠、兰斯、南锡及斯特拉斯堡。调查涉及 50 个居民人数超过 8.5 万的大城市，评分标准涉及 5 大类和 50 个指标，包括向公众开放的绿色资产、植物发展方面的投资、生态多样的保护、绿色废料的处理以及绿色空间的推广等。

三　环境保护的主要内容

1. 自然资源的合理使用

法国是自然资源比较匮缺的国家，再加上强调环境保护，所以注重自然资源的合理使用。在法国经济结构和产业结构向着节约型转变过程中，自然资源的消耗总体上明显地减少，1990 年为 8.31 亿吨，1995 年为 7.99 亿吨，2000 年为 8.84 亿吨，2005 年为 8.57 亿吨，2010 年为 7.81 亿吨，2012 年为 7.82 亿吨，2013 年为 7.84 亿吨，2014 年为 7.72 亿吨。其中，生物的消耗从 1990 年 2.04 亿吨到 2014 年 2.59 亿吨，金属矿石和金属制品的消耗从 1990 年 0.30 亿吨到 2014 年 0.18 亿吨，非金属矿物的消耗从 1990 年 4.46 亿吨到 2014 年 3.68 亿吨，矿物燃料（煤、石油、天然气）的消耗从

1990 年 1.46 亿吨到 2014 年 1.22 亿吨，其他自然资源的消耗从 1990 年 0.05 亿吨到 2014 年 0.05 亿吨。上述数据可以看出，除了生物资源的消耗有所增长外，金属矿石和金属制品、非金属矿物、矿物燃料（煤、石油、天然气）的消耗都有明显地下降，对法国的环保做出了贡献。

随着自然资源消耗量的减少，法国每个居民的自然资源的消费也明显下降，1990 年为 14.3 吨，1995 年为 13.5 吨，2000 年为 14.6 吨，2005 年为 13.7 吨，2010 年为 12.1 吨，2012 年为 12.0 吨，2013 年为 11.9 吨，2014 年为 11.7 吨。

在自然资源消耗量减少的同时，法国的自然资源生产率却大大地提高了，自然资源生产率在 PIB 中的比例，1990 年为 1.7%，1995 年为 1.9%，2000 年为 2.0%，2005 年为 2.2%，2010 年为 2.6%，2012 年为 2.6%，2013 年为 2.6%，2014 年为 2.8%，2014 年的自然资源生产率比 1990 年提高了一倍以上。

2. 大气保护

为了执行保护大气的国际公约，法国于 1990 年成立了温室效应部际代表团，统一负责制定保护大气的政策。

自 1974 年爆发石油危机以来，为了减少对石油等化石矿物能源的依赖，也为了降低二氧化硫和氮氧化物的排放量以及减少大气中可吸入颗粒物浓度，法国大力开发和发展电能、核能、风能、太阳能等清洁能源。法国于 2010 年颁布了《空气质量法令》，规定了 PM2.5 和 PM10 的浓度上限，可吸入颗粒物当年超标天数不多于 35 天。此外，法国还实施了一系列旨在减少空气污染的方案，如减排方案、颗粒物方案、碳排放交易体系、地方空气质量方案和大气保护方案等。

法国一方面对旧车辆进行严格的管理，要求他们安装催化装置；另一方面决定全国使用无铅汽油，并推广汽油代用品如天然气、电力等。法国还规定，各种车辆必须贴有绿色小圆点图案的环保标志，否则不予通行。为了执行该项决定，法国在全国各地设置 1500 个监测站，负责对大气污染的监测和对过往车辆的检查。法国还动员环境保护组织在全国建立 30 多个监测网点，对超标的大气污染发出警告。与此同时，法国努力降低新建建筑能耗，改造老旧建筑、优化居民供热系统。

这些措施取得成效，造成温室效应的二氧化碳、一氧化二氮、甲烷等排放量1990年为相当二氧化碳5.47亿吨，2015年降到3.28亿吨，比1990年减少了14.4%。2015年，法国每个居民二氧化碳的排放量为5.1吨，比1990年减少了24.0%，而欧盟每个居民二氧化碳的排放量为6.8吨，法国每个居民二氧化碳排放量要低于欧盟每个居民二氧化碳排放量的水平。2016年，法国温室效应的气体排放量相当二氧化碳4.63亿吨，[①]其中，交通为1.36亿吨（1990年为1.21亿吨），工业制造业为0.81亿吨（1990年为1.48亿吨），农业为0.90亿吨（1990年为0.95亿吨），住宅、第三产业、机构和商业为0.88亿吨（1990年为0.89亿吨），能源工业为0.50亿吨（1990年为0.78亿吨），垃圾处理为0.17亿吨（1990年为0.17亿吨）。2016年，除了交通的二氧化碳排放量有所上升，工业制造业、农业、住宅、第三产业、机构和商业、能源工业的二氧化碳排放量都有大幅度下降。

此外，法国积极执行《蒙特利尔议定书》（Protocole de Montréal），提前于1995年放弃使用含氯氟烃，以便保护臭氧层。

3. 水资源保护

法国为了保护可贵的地表水资源，在各个大型水系分别设置了6个水管理局，其主要职能是控制辖区内水系中污水的排放量，杜绝有毒污水进入河道，在20世纪末使河流的水质达到标准。水管理局在财政上自立，根据用户用水量或排放废水量收取水费或排污费，然后利用这笔收入建立基金，借贷或援助某些企业进行废水处理，以便达到排放的标准。在水管理局内，还成立水系委员会，吸收用户参加，以便双方进行对话和协商，达成双方都能接受的水治理的协议。此外，经过1992年修改过的《水污染防治法》，加强了地方政府在保持河流水质的职责，重申了水资源是国家自然资源的重要组成部分。正是经过20多年的努力，法国废水的排放

① 这是《法国国家统计与经济图表（2018年）》中一个图表的数据，2016年法国二氧化碳排放量比另一图表的2015年法国二氧化碳排放量要高出许多。

量已经减少了70%以上。法国地表水开始清澈起来，水质有了很大的提高。

地下水的污染主要发生在农业区，由于过量使用农肥、农药，以及家禽和家畜粪便，从而使这些污水渗入地下污染了地下水。法国执行1991年欧洲指导法的规定，加大了在这方面的投入，到2005年完成了对农业区废水的收集和处理。

法国还加强了对沿海地区的保护。1986年1月通过的、1989年修改的《沿海法》规定，1100个沿海的市镇及其周围不得建设，必须保持自然状态。同时，对沿海700多个浴场进行监测，每年海水化验的数据必须达到欧洲指导法规定的标准。正是采取了这些严格的措施，使法国沿海沙滩的卫生有了很大的改善，近海水质有了很大的提高。

正是通过水资源的保护措施，法国水资源提取量总体上有所减少的同时，水质也有明显的提高。根据法国国家统计与经济研究所提供的水质标准，2016年法国地表水中，“非常好”占地表水总量8.2%，“良好”占36.0%，“一般”占39.4%，“较差”占12.4%，“差”占3.6%，“未确定”占0.4%。2016年法国地下水中，“良好”占89.8%，“差”占10.2%。

4. 土地的保护

在法国，土地的污染比大气和水质的污染要严重得多，特别是上法兰西大区、法兰西岛大区、奥弗涅－罗讷－阿尔卑斯大区等工业密集的地区，采矿地带，农业集中的地带，居民聚集的大城市，以及高速公路两翼。这些地区积累着高密度的化学物质、重金属物质、有害物质等，被植物吸收或渗入地下，威胁着法国人的身体健康，恶化了土质，破坏了生态平衡。

法国对于土壤及其污染地区的政策主要基于三个方面：预防、治理和重新利用。自1994年以来，有123个污染点得到治理，但又出现226个新的污染点。根据统计，1998年总共有896个污染点亟待清除。目前，法国正在使用先进的除污方法，如用细菌等生物来分解有机物，使用矿物冲洗和中和土壤中的化学物质和有害物质，以消除土地的污染。

在2015年法国本土总共5491.9万公顷土地面积中，有建筑的土地为93.1万公顷，铺有路面的土地为247.9万公顷，其他已开发的土地为175.1万公顷，农业用地为2799.9万公顷，森林土地为1704.1万公顷，荒原为277.9万公顷，自然裸露土地为96.1万公顷，湿地为91.0公顷，禁止开发的地区为6.8万公顷。在2015法国本土土地总面积中，人为改良的土地仅占9.4%。

5. 垃圾的处理

在治理工业垃圾和废弃物方面，1993年1月1日法律规定，企业有义务回收它在市场上出售商品的包装物，到2002年这些包装物的再循环利用率必须达到75%。目前，在法国工业垃圾和废弃物的总量中，大部分被当作填料填埋，一部分可以利用，还有一部分是有毒和危险废料。这些废料，或是焚化掉，或是经过物理和化学处理。法律还规定可以由垃圾场附近的环境保护组织监督工业垃圾和废料的处理过程，发布有关垃圾场的信息，避免有害垃圾危害附近居民生命安全。1995年2月2日法律规定征收工业有害垃圾和废料特别税，以便用于建设有害工业垃圾场和支付管理费。

为了治理家庭垃圾，1992年7月1日的《家庭垃圾法》规定，每个家庭必须对垃圾进行分类：废纸、玻璃、塑料、铝制品、白铁、空油桶等，分别装入特制的袋内，以便让某些垃圾经过提炼或加工后再循环利用。1993年4月1日的《垃圾场税法》规定，凡是到垃圾场倾倒垃圾必须缴纳垃圾税，同时利用这笔资金建立垃圾焚化炉。目前，法国拥有300个大型的垃圾焚化炉，分布在全国各地。它们平均每天焚化3万吨家庭垃圾。焚化垃圾产生的热能用于发电或取暖。2007年，法国政府发布了进一步治理家庭垃圾的规划，计划10年内将家庭产生的垃圾减少到人均200公斤。例如，禁止超市使用塑料袋，鼓励家庭在庭院内就地处理垃圾，增加垃圾焚化炉的数量，加大垃圾回收利用的力度。

正是通过上述的治理，法国垃圾生产量从2007年达到峰值后开始下降，2016年已经降到3.24亿吨。其中，农业和渔业垃圾为130万吨，工业垃圾为2590万吨，建筑垃圾为2.24亿吨，第三产业垃圾为2050万吨，家庭垃圾2920万吨，医疗垃圾和有毒垃圾为2220万吨。

6. 噪声污染的治理

自20世纪80年代以来，法国出台了一系列治理噪声的法律和法令，对飞机、机场、机动车、公路、铁路、工商业活动、建筑工地的噪声以及邻居的噪声都做了严格的规定，并进行跟踪监督，对违反规定进行严格惩罚。

7. 自然和生态的保护和管理

根据1976年的《自然保护法》和1992年的《关于自然生态环境、野生动物和植物群落保护的欧洲指导法》要求，法国开始了自然和生态的保护和管理。到2017年为止，法国已经确定了1.4万个动物和植物生态自然地带，进行保护和管理，开展生态的研究。其中，根据省级发布的关于保护和管理群落生态法令划定的自然和生态地区多达864个，涉及1946平方公里；根据湿地公约（1971年的《拉姆萨尔公约》）划定的湿地有39个，涉及10533平方公里；生物圈保护区13个，涉及41411平方公里；根据欧盟Natura 2000划定的自然保护区有1766个，涉及112162平方公里；国家公园10个，涉及49886平方公里；国家自然保护区171个，涉及5634平方公里；国家狩猎和野生动物保护区10个，涉及383平方公里；公共的或者森林的生态保护区246个，涉及1700平方公里；大区天然公园51个，涉及87911平方公里；海洋自然公园7个，涉及90752平方公里。

在法国10个国家公园中，最著名的有塞文国家公园（Cévennes）、梅康图尔国家公园（Mercantour）、埃克兰国家公园（Écrans）、大帕拉迪索国家公园（Grand Paradiso）、西比利牛斯国家公园（Pyrénées Occidentale）、奥弗涅火山天然公园（Volcans d'Auvergne）、孚日山圆顶峰天然公园（Ballons des Vosges）、普瓦特万沼泽天然公园（Marais Poiteven）。

8. 森林资源的保护和管理

19世纪中叶开始，法国注意到森林面积缩小的严重性，于1827年颁布了第一部较为完善的森林法，并采取措施恢复和更新林木，植树造林。二战后，法国政府和民间在保护生态平衡和改善环境方面首先从保护植物、植被和森林做起。法国于1946年建立了国家森林基金会，对发展森林进行无偿贷款，重建法国的植物和森林资源。为了加强对林木的管理和提高造林的质量，法国于1966年成立了国家森林局，负责造林、更新、改造法国的植被和森林，以及林道、防火、旅游设施的建设。正是经过战后几十年的努力，使法国的植物和森林有了较快的恢复和发展。1945年以来，法国本土的森林面积增加了35%，平均每年递增3万公顷。法国本土的生态和环境有了很大的改善。法国还制定了发展森林的远景规划，到2020年森林面积将扩大到2000万公顷。

四 环境保护的成效、不足与改革

1. 成效

经过半个多世纪的努力，法国环保取得了明显的成效。根据美国耶鲁大学与哥伦比亚大学共同发表的《2016年世界环境保护报告》，法国环保成绩显著，在世界180个国家的排名中位居第10位，在G20国家中是最重视环保的国家。

法国在治理水污染方面的成绩尤为突出，巴黎塞纳·诺曼底水务局的国际部主任奥利维·博麦利先生曾经对记者说：经过治理法国的水质达到很高的标准，“在巴黎，拧开任何一个笼头都可以蓄水喝，即使在卫生间、马桶蓄水缸里的水都完全能饮用”。

从推广“零排放”车辆的效果上看，2017年法国已有超过10万辆注册牌照的电动汽车，使法国成为欧洲电动汽车市场的领军力量；在所有上牌的机动车中，污染排放较高的柴油车比例已从2012年的73%降至52%，而私家车中目前仅有约36%的柴油车。

2. 不足

尽管法国环保工作取得积极成效，但仍存在一些不足，面临新的问题和挑战。

交通运输的二氧化碳排放量继续上升，1990年为1.21亿吨，2016年上升到1.36亿吨。在人口超过10万的城镇中，氧化氨超标的城镇由2008年的18个增加到2011年的24个。法国空气中臭氧含量自2000年以来以8%的年均速度增长。由于温室效应，21世纪法国和巴黎异常天气的天数增加，气温总体偏高。

噪声依然困扰着法国社会和法国人。根据统计，法国有 50 万个点受到噪声干扰，其中法兰西岛就多达 30 万个点。40% 法国人受到家庭噪声的困扰，700 万法国人受到 65 分贝以上噪声的干扰。

3. 改革

为了应对气候变化，法国于 2017 年 9 月公布了首批计划，主要包括旧车换新车奖、能源支票、净纳税额减税优惠改为奖金、更换锅炉补助金等。

2016 年 4 月起，个人将柴油轿车报废并更换为电动汽车，可在购买电动汽车时享受政府提供的最高可达 10000 欧元的补贴。2017 年起，上述补贴的范围将扩充至轻型货运或客运车辆，以鼓励运输行业人士使用电动汽车。同时，购买两轮或三轮电动摩托车可享受 1000 欧元补贴，个人购买电动汽车充电装置也将享受退税待遇。

自 2018 年起，旧车换新奖励机制将扩大到所有 1997 年之前购买的汽油车或 2001 年之前购买柴油车的车主，而所有希望购买电动车的人，旧车换新奖励将提高到 2500 欧元。此外，电动车还有 600 欧元的奖励。凡购买污染车者将提高惩戒金额。同时，污染车二氧化碳排放标准进一步收紧，将从每公里 127 克提高到 120 克。

2018 年起，法国对大约 400 万户贫困家庭发放能源支票，每户家庭的年补助金额达到 200 欧元，以便使贫困家庭用以改进取暖设备和室内保暖装修，从而节约能源。

2019 年起，能源过渡净纳税额减税优惠将改为奖金，凡是住房低能耗装修即可获得这笔补助费，隔热工程一完工就支付。

希望更换重污染的重油锅炉的“最贫寒家庭”将受政策惠及，条件是必须购置再生能源锅炉，如木柴锅炉或其他新型取暖装置。此项补助金额最高可达 3000 欧元。

2040 年以后，法国将不再销售任何柴油或汽油引擎汽车。

第七章

文　化

英国政治咨询和公关公司（Portland Communications）联合美国南加州大学公共外交学院共同编制的《2017 年软实力 30 强》（Soft Power 30）年度报告显示，法国从原先的第五名一下子跃升到了全球软实力排行榜的榜首，超过了美国和英国。以文化为主的软实力，彰显了法国“大国”“强国”的伟大和地位。

法国文化最主要特点是：①多样性和多元化，从而大大增加了法国文化在国内的活力和持久性，在国际的影响力、吸引力、美誉度和文化活力。②坚守“文化例外”，由法国官方主导文化产业的发展，使法国文化较少受到来自自由市场和全球化的侵蚀，保持法国以及法语区文化的独立性和自主性，捍卫法国本土文化的繁荣。

第一节　教育

一　教育简史

法国大革命以前，法国曾经是欧洲文化的中心，巴黎各类学校吸引了法国、欧洲以及其他地区国家的文人、学者、青年前来就学。

18 世纪上半叶，伟大的法国启蒙思想家在猛烈地批判封建专制制度和宗教的同时，也开展了对封建教育制度的鞭挞，并提出了未来新社会中教育和教育制度的理论和原则：

（1）教育的目的。法国启蒙思想家提出了教育的目的，并做出了大体一致的回答。伏尔泰指出，教育的目的是培养具有“健全理性的自由人”，即具有自由、平等、博爱思想和科学知识技能的人。卢梭认为，教育就是要培养“自然人”，一个理想的社会中具有公民品格的人。他还进一步指出，人是教育的产物，“我们在出生的时候所没有的东西，我们在长大的时候所需要的东西，全都由教育赐予我们”。他还指出，人与人之间之所以存在差别，就在于受教育程度的差别。

（2）教育的平等和自由。爱尔维修（Helvétius）认为，每一个具有良好器官的人都具有同样的认识能力，都可以认识真理。狄德罗认为，人人都有优良的天然禀赋，都可以接受教育。他还认为上至首相、下到平民，人人都能读、能写、能算，他主张教育民主化。

（3）教育和学校世俗化。爱尔维修指出教会办教育危害了社会，削弱了国家，而世俗办教育可以激发起人的感情欲望，鼓励人们追求公益、正义、财富和荣誉，培养人们热爱祖国，献身公共事业的思想和行为，从而促进了国家的强大和民族的兴旺。

（4）国家管理教育。狄德罗反对封建主义教育制度的同时，提出实行由国家管理的国民教育制度。

法国启蒙思想家对未来社会教育制度提出的理论和原则，对近代、现代和当代法国教育制度都产生了巨大的影响，也对近代欧洲国家的教育制度产生了不同程度的影响。

法国大革命不仅扫除了封建主义的政治制度，而且也冲击了封建主义的教育制度。1791 年宪法提出，国家应创立一种公共教育制度，授予所有公民不可缺少的知识。塔列朗（Talleyrand）于 1789 年 9 月代表公共教育委员会所提出的教育改革方案，要求国家管理教育，实行免费的初等教育，国家支付中小学教师的工资，推行新教育制度等。吉伦特掌权时期，孔多塞（Condorcet）提出了更加进步、更加完整的教育方案：各级学校实行普及和免费的教育；男女一律平等入学；废除宗教课，使教育世俗化；注重成人教育；建立师资培养制度。1793 年宪法第 22 条规定：“人人都需要受教育。社会应当尽其所能地促进公众理性的发展，让所有公民都能够受到教育。”法国大革命时期所提出的种种教育改革方案，虽然因国内外出现危机而未付诸实践，但对近代、现代和当代法国教育制度具有重大的影响。

第一帝国实行中央集权式的教育制度，建立起帝国大学作为全国最高教育领导机构，管理第一帝国的一切国立教育。全国划分为 29 个“大学区”，大学区设学区总长、学区评议会和学区督学署。上至总长、学督、校长，下至教师都是国家公职人员，都由帝国大学区总监任免。国家统一制定学校的规章制度、课程设置、课时安排，并进行监督。在这个时期，拿破仑还创建了国立高中和市立初中，恢复了巴黎师范学院，整顿了巴黎综合技术学院等。这些高等学府一直开办到今天，为法国培养了一大批高级人才。第一帝国建立的教育体制和教育制度，为近代、现代和当代法国教育体制和教育制度奠定了基础。

第三共和国时期，1881 年和 1882 年先后通过了两个《费里法案》(lois Ferry)，规定了法国教育制度“中立（即世俗化）、义务、免费”三原则。第四共和国时期，法国教育制度改革的基本内容是：强调人人都有受教育的机会，实行社会公正的原则。离开学校后，还有权继续接受社会上的职业培训。

第五共和国初期，法国先后颁布有关教育的法律和法令规定：6～16 岁儿童和青少年一律实行义务教育；普及中学教育，建立短期技术大学，以便加速培养人才；坚持学校与宗教分离的原则；提高职业培训的地位。1959 年《德勃雷法》（loi Debré）规定，私立学校必须与国家签订合同，使用国家制定的教育大纲，接受学生不分阶层，教师由国家统一发放工资，从而使私立学校的绝大部分经费由国家承担。尽管如此，私立学校教学由于质量高和收费高，仍然是比较富裕家庭子女才上得起的学校。

“五月风暴”推动了高等教育的改革，1968 年《高等教育方向指导法案》[即《富尔法案》（loi Faure)] 规定：高等院校享有教学、行政、财政自治权，教职工和学生代表参与学校的管理，保证教学和科研自由；改革大学教学制度，加强其灵活性和多样性；加强科学研究；促进大学教学设备现代化；加强国际交流与合作。这次改革有力地推动了当代法国教育事业的发展。

1984 年《萨瓦里法案》［即《高教指导法案》（loi Savary）］确认，法国高等学校是科学、文化和职业的独立实体，享有教学、科研、行政和财务的自主权；坚持在高等教育和中等教育推行“自治、民主参与管理和多学科”三原则，增加对贫苦学生的资助，减少社会不平等现象；学制进一步灵活，对获得每种学位和文凭所需的时间不再做出硬性的规定；高等教育更广泛地对外开放；中学和高中进一步提高普及率和升学率。

2007 年《大学自由与责任法》规定：推广 LMD（学士、硕士、博士）学制，使法国大学文凭与欧洲高等院校通用文凭同步，同时，在法国采用欧洲学分积累和转换体系。2009 年，法国进一步进行教育改革，旨在赋予公立大学更多的自主权，鼓励大学之间的良性竞争，法国高等教育与国际上通行的制度相衔接，鼓励学业多样化和学制灵活机动，实行可累积的学分制。

为了提高法国教育质量、缩小高等教育不平等差距、提高中小学生就学率以及法文、数学和阅读能力，增加教师数量，21 世纪第二个 10 年法国加快了对法国教育的改革步伐。

2013 年《重建共和国基础教育规划法案》规定，建设公正的、高水平和包容的基础教育，使无文凭学生的人数减少一半，使 80% 以上的学生获得高中毕业会考文凭，50% 的学生获得高等教育文凭。为此，在小学方面，优先发展小学教育，教育经费向贫困地区倾斜，以缩小不平等。在中学方面，加强对基础学科（法语、数学、历史等）的教育；加强培养每个学生的特长，挖掘学生的潜在优势；加强外语教育，注重培养学生的潜在能力；加强学生的公民意识，注重将个人行为与集体活动相结合。与此同时，法国发布了促进教育优先区（非常贫困的街区）的新计划。在这些区域内，强化早期教育、实施个别教学、扩大校外活动、保护儿童健康、加强教师进修等措施，以保证教育质量有所提高。2013 年，法国强势推进“就近入学”方针，保证社会各阶层混合的学校。

2015 年《国家高等教育发展战略》为未来 10 年法国高等教育构建一个开放、包容、平等的高等教育体系。为此，法国将实施五大战略：①建设支持经济发展的学习型社会。到 2025 年，将同龄段具有高等教育文凭的比例从目前的42%提高到60%，保持每年授予博士学位的规模为2万人左右。②提升高等教育欧洲化及国际化水平。将外国留学生占高校学生人数的比例从当前的12.5%提高到2025年的20%，将海外访学及交流的学生人数增加一倍。③推动高等教育民主化，增强教育的公平性和包容性，力求到2025年前将不同阶层之间子女受教育的差距降低50%。提高高等教育学校的入学率。④创新教育教学模式，发展21世纪的教育。积极促成高等教育走向“自主学习或主动教学”，积极推动系统性的信息化教育教学模式。⑤积极回应青年一代的愿望诉求，高等学校奖学金覆盖面由当前的36%提高到50%。

2017年，法国对学校在时间安排、教学和方式上进一步改变：①2018年1月起，大学高等学府招生统一录取平台（Parcoursup）取代以前的高中毕业会考（Bac）后录取平台（Apb）。高考生根据新平台填写最多10个志愿科系，避免因某专业高考生集中采取抽签选择学生的方式。②2021年开始实行高中毕业会考新模式，高中会考减为四个科目（目前为10到15个科目），另加一门口试，其中由考生选择本人希望的两门科目，其余两门为人人都要考的共同科目（包括哲学科目）。考生的平时成绩占考试成绩比例为40%。时间安排：首先考法语；在春假之后，举行两次专业考试；6月举行哲学考试；6月底口试，时间为20分钟。③小学恢复一周上课四天的学制，一周需完成的24小时教学时间。强化教育优先区的2500个小学预备班实行12人小班制。④小学一年级与初一学生开学后接受法语与数学学力评估测验。⑤推广中小学免费“辅导作业”（devoirs faits）措施，以消除社会不平等。⑥从2019年开始，法国义务教育的起始年龄从6岁降到3岁。⑦议会通过新法规，禁止15岁及以下中小学生（幼儿园、小学和初中）在校使用手机。

二 教育概况

法国把教育视为国家长期战略，认为改变法国要从教育抓起。1989年出台的《教育方向指导法》的第一条规定：“教育是国家置于优先地位的事业。”

法国为提高教育的地位采取了许多措施：第一，政府牢牢地控制着教育的领导权，不仅控制着国立学校的领导权，而且还通过经济杠杆等手段干预私立学校的教育。第二，把所有公立学校的职工都纳入国家公职人员的范畴，并根据《教师章程》进行管理。

2016 年，法国拥有初等教育学校（幼儿园和小学）共 51246 所，其中公立初等教育学校 45877 所，占初等教育学校总数 89.5%，私立初等教育学校 5369 所，占初等教育学校总数 10.5%；中等教育学校（初中和高中）共 12160 所，其中公立中等教育学校 8062 所，占中等教育学校总数 66.3%，私立中等教育学校 4098 所，占中等教育学校 33.7%。2016 年，高等院校 1809 所[①]，其中综合性大学（université）都是公立的，共 71 所，余下的高等院校都包含公立和私立的，它们是高等专业学院（grandeécole）111 所、高等师范与教育学院 30 所、工程师学院 266 所、商学院 236 所、高等艺术和文化学院 221 所、医药学院 421 所、建筑学院 22 所、社会事务类专业学院 218 所、其他专业性学院（括法律、行政、新闻、文艺、兽医等）213 所。

2016～2017 学年，属国民教育部和高等教育、研究与创新部管理的院校职工有 123.4 万人。其中，教师 95.4 万人，占 77.3%；其余 28 万为非教师岗位工作人员（包括督学、行政管理、信息技术、健康卫生等工作人员），占 22.7%。在院校职工中，公立院校职工 109.3 万人，占 88.5%；私立院校职工 14.1 万人，占 11.5%。在院校职工中，女性 85.2 万人，占 69%；男性 38.2 万人，占 31%。在教师中，初等教育教师 38.5 万人，其中公立初等教育教师 34.2 万人，私立初等教育教师 4.3 万人；中等教育教师 50.0 万人，其中公立中等教育教师 40.0 万人，私立中等教育教师 10.0 万人；高等教育教师 9 万人（包括全职教师和临时短期教师）。在高等教育教师中，教师－研究员 5.88 万人（其中 23.0% 为大学教授、42.1% 为讲师），具有中等教育教师资格但也在高等教育任教 1.53

① 按法国传统，高级技术员班和高等精英学院预科班属于高等教育范畴。本书所列高等教育院校数量不包括开设有高级技术员班的高中 2388 所和开设有高等精英学院预科班的高中 449 所。

万人，其他岗位的教师（包括临时教学和研究助理、大学医院工作人员等）1.62 万人。

2017 年，法国学生总数达到 1573.8 万人，比上一学年增长 0.7%。其中，初等教育学生 678.3 万人，中等教育学生 563 万人，农业中等教育学生 14.1 万人，学徒培训中心 43.5 万人，卫生学校学生 6.9 万人，高等教育学生 268 万人，已连续 8 年保持增长。

2017 年，在公立初等教育学校中，幼儿园平均每个班 24.1 名幼儿，小学平均每个班 23.0 名学生；在公立中等教育学校中，初中平均每个班 24.9 名学生，职业高中平均每个班 18.9 名学生，普通高中平均每个班 30.1 名学生。高等教育第二阶段平均每位教员带领 9.9 名大学生。

2017 年，在法国综合性大学学生中，农业经营者、手工业者、商人和企业主家庭出身占 9.7%，教授、自由职业和高级管理人员家庭出身占 34.1%，中间职业者家庭出身占 14.4%，职员家庭出身占 15.6%，工人家庭出身占 11.7%，退休者和无业者家庭出身占 14.6%。

法国教育投入历来非常可观，2000 年为 1082 亿欧元，占 PIB 的 7.3%；2010 年为 1393 亿欧元，占 PIB 的 7.0%；2016 年为 1501 亿欧元，占 PIB 的 6.7%；2017 年为 1546 亿欧元，占 PIB 的 6.7%。法国教育的财政预算在政府各部的预算中居首位。据统计，法国教育经费主要有以下几个来源：中央政府、地方政府、其他公共行政机构、企业和家庭，其中由中央政府提供的教育经费占一半以上。

法国教育经费平均每个学生的占有量，2000 年为 7830 欧元，2010 年为 8480 欧元，2016 年为 8480 欧元，2017 年为 8690 欧元。法国教育经费平均每个学生占有量中，初等教育从 2000 年 5580 欧元增加到 2017 年 6550 欧元，中等教育从 2000 年 9280 欧元增加到 2017 年 9890 欧元，高等教育从 2000 年 10680 欧元增加到 2017 年 11670 欧元。由于教育经费的高投入，使法国人受教育的比例逐年上升。

三　教育管理体制

法国政府的国民教育、高等教育与研究部，负责起草和执行教育政策、掌握教育的方向、进行教育的规划、管理教职工人事、负责教育财政、对外交流与合作。此外，法国还设置跨部的教育计划最高委员会、教育高级委员会、全国高等教育和研究委员会等。

法国地方设置大学区（région académique）和学区（académie）以及下属省教育局构成了法国地方教育行政管理体制的主要框架。从 2016 年 1 月 1 日起，法国本土大学区与地方行政大区相对应，设置 13 个；海外设置 4 个大学区，即瓜德罗普大学区、马提尼克大学区、法属圭亚那大学区和留尼旺大学区。在法国本土的大学区中，有的一个大学区只设置一个学区，大学区就是学区，例如布列塔尼大学区就是雷恩学区；还有的大学区设置几个学区，例如法兰西岛大学区下设巴黎、克雷泰尔（Créteil）、凡尔赛三个学区；奥弗涅－罗讷－阿尔卑斯大学区下设克莱蒙费朗、里昂和格勒诺布尔三个学区；勃艮第－弗朗什－孔泰大学区下设第戎、贝桑松两个学区；普罗旺斯－阿尔卑斯－蓝岸大学区下设埃克斯－马赛、尼斯两个学区。在法国，共有 30 个学区，其中法国本土 26 个，海外 4 个。大学区设大学区长，学区设学区长。大学区长贯彻教育部的所有指示，领导、管理和监督大学区、学区和省教育局的教育事务。

法国高等院校以“小而精”著称，然而，“小而精”的模式在综合评分上不占优势，使法国高校在世界大学排名中的“能见度”不高。为了做大做强法国高校及其科研机构，提高其在国际上的影响力、能见度和知名度，2013 年 7 月 22 日的《费奥拉索法》（Fioraso）对院校进行重组，要求公立大专院校联合起来建立大学和机构共同体（Communautés d’universités et d’établissements，COMUE）。于是，法国确定了 25 个国际化教研机构的超级大学，其规模相当于大学区或几个学区中的公立高等院校的联合体。例如，在巴黎南郊以两个大学群为主轴，组建一个全球卓越的学术与科技中心：第一个大学群使用“巴黎－萨克雷大学”（Université Paris-Saclay）的名称，集合巴黎第十一大学（Université Paris-Sud）、Versailles-Saint-Quentin 大学、EVRY 大学、中央理工－高等电力学院、巴黎高等师范学院（ENS）以及巴黎高等光学学院（IOGS）。第二个大学群集合综合理工学院、法国高等科技学院（ENSTA）、国立统计与经济管理学院（ENSAE）、巴黎电信科技学院（Télécom Paris Tech）以及巴黎南部电信学院（Télécom Paris-Sud ）等工程师学院。此外，还有斯特拉斯堡大学共同体、埃克斯－马赛大学共同体、波尔多大学共同体、格勒诺布尔大学共同体等。

四 教育体制

法国教育体制分为三个等级。初等教育包括幼儿园和小学。中等教育包括初中和高中。高等教育主要涉及大学、高等精英学院、大学技术学院、高等精英学院预科班和高级技术员班，后两者设在高中内部。初等教育、中等教育和高等教育中都包含公立学校和私立学院，不过，前者所占的比例要大于后者。

根据规定，2019 年起，3 岁至 16 岁法国青少年实行义务教育。公立大中小学一律免费，包括那些最著名的大学。膳食费用等都按家庭收入水平分许多等级，最低的完全免费。每年 8 月份，法国还会为广大收入较低的家庭发放入学补助。

1. 正规教育学制

幼儿园（école maternelle） 法国幼儿园接受 3 岁幼儿入托。法国现在规定义务教育从 3 岁起后，达到这个年龄段的幼儿必须入托，接受为期 3 年的幼儿教育，但在过去幼儿可入托也可不入托。在幼儿学校中，教师对 3～6 岁的幼儿进行启蒙教育，使儿童养成正确的生活习惯，学会有秩序地玩游戏，与小伙伴相处等。幼儿园设施由市镇管理，教师由国民教育部管辖。残疾儿童教育由国民教育部和卫生部共同管理。

小学（école élémentaire） 儿童自 6 岁起进入小学，小学教育 5 年，都是社区学校，就近入学。第一学年为预备班，第二和第三学年为基础班，第四和第五学年为中级班。小学的课程有法语和算术等基础课程，还有历史、地理、道德、图画、唱歌、体育和观察实习等。小学设施由市镇管理，教师由国民教育部管辖。其中残疾儿童教育由国民教育部和卫生部共同管理。

初中（collège） 法国中等教育的学习年限为 7 年。它分为前 4 年和后3年两个阶段，即初中和高中。法国年级的称谓是倒着数的。第一阶段即初中，从六年级到三年级（同阶段中国学校称为初一、初二、初三、初四）。法国小学毕业生通过省一级委员会的考试才能升入初中。六年级是适应期，五年级和四年级是重要学习期，三年级是方向确定期。成绩不够理想的学生编入技术预备班或职业预备班，毕业后进入短期中学即技术高中或职业高中。成绩良好的学生编入普通班，毕业后可以考长期中学即普通高中。初中结业时，普通班学生获得中等教育初级阶段毕业证书（Brevet d'études du premier cycle du second degré，BEPC），技术班或职业班学生获得专业技能合格证书（Certificat d'aptitude professionnelle，CAP）或职业学校毕业证书（Brevet d'études professionnlles，BEP）。初中设施由省管理，教师由国民教育部管辖。

高中（lycée） 第二阶段即高中，高中分为普通高中、技术高中、职业高中三类，少数为综合性高中（包含普通、技术和职业方向）。普通高中从二年级到毕业班（同阶段中国学校称为高一、高二、高三）。持中等教育初级阶段毕业证书的初中生升入普通高中以后开始分科，根据个人的爱好和专长选择文科、经济或者理工科。无论是哪一科的学生，哲学都是必修课，其目的是要“培养学生的批判性思维，并建立理性分析坐标，以领悟时代的意义”。二年级和毕业班则要完成六组课程：哲学和文学；经济和社会；数学和物理；数学和自然科学；农业科学和技术；数学和技术。[①] 持专业技能合格证书的初中生必须在技术高中学习三年，持职业学校毕业证书的初中生必须在职业高中学习两年或三年，职业高三的学生有两种选择：一种是毕业后立即就业，另一种是能够继续接受高等教育。高中设施由大区管理，教师由国民教育部管辖，部分农业职业高中由农业和食品部管理。巴黎有两所在世界上享有盛誉的公立高中，分别是路易大帝高中（Lycée Louis le Grand，LLG）和亨利四世中学（Lycée Henri-Ⅳ）。他们

① 即将进行的法国高中课程改革，包括在高中末期设置与大学类似的课程，取消文科、经济和理工科三类分科，代之更细化的9大分科：数理化、数学－生物、数学－经济、工程－物理－化学、文学－语言、文学－艺术、经济－历史－地理、文学－哲学。学生需要在以上分科中选择一门主修和两门辅修。

的高中毕业生，都能100%的通过高中毕业会考，取得业士学历。数百年来，法国精英人才，包括总统、部长、各业领袖，40%出自LLG，40%出自Henri-Ⅳ。

结业后学生要参加全国高中毕业会考，毕业会考共分三大类：普通高中会考（baccalauréat général）、技术类会考（baccalauréat technologique）和职业高中会考（baccalauréat professionnel）。其中，普通高中会考又分为理科、文科和经济社会科。作文是三大类必考的第一科目，试卷上会出三道属于哲学的考题（兼顾理性、审美和文化知识），每道作文考题都充满着哲理、思辨和对人生的思考，能以批判的精神去看待社会现实和发展。考生任选其一作答，历时四小时。通过全国高中毕业会考的成绩合格者可取得高中毕业文凭，即普通业士学位（Baccalauréat，BAC）。业士成绩分四等，分别叫作特别优秀（très bien）、优秀（bien）、良好（assez bien）和及格（passable）。前三等占全体业士的10%左右，及格占90%。技术高中生和职业高中生毕业考试合格后可以获得“技术业士证书”或“职业业士证书”，然后到第二产业和第三产业求职。在考试之前半年，普通高中生已经开始在大学高等学府招生统一录取平台上填报志愿，持高中毕业文凭可以直接升入综合性大学。在法国，获得高中毕业文凭的学生占该年龄段（18岁）的比例在逐年上升，20世纪50年代不到10%，1980年约30%，1997年约70%，2016年达到88.6%，2017年高中毕业会考的录取率为87.9%。

2018年总共有76.5万考生报考业士文凭，其中52%报考普通类，20%报考科技类，28%报考职业类。法国业士学位考试的通过率为88.3%，比2017年增加0.4%，全国总共有67.56万考生获得业士文凭。其中，普通类业士的通过率为91.1%，科技类为88.9%，职业类为82.6%。

高等教育 法国高等教育分长期和短期两种。前者为3年以上，相当于我国的大学；后者为期2年，偏重于实用技术，相当于我国的大专。高等教育及设施直接由国民教育、高等教育与研究部管理。

法国大学从2007年开始向欧洲大学看齐，实行本科—硕士—博士三级学位体系，即本科 3 年可获得学士学位（licence，Bac +3），在学士的基础上再学习 2 年可获得硕士学位（master，Bac +5），在硕士基础上攻读 3 年并完成博士论文可获得博士学位（doctorat，Bac +8）。

高等专业学院，俗称为精英学校，如国家行政学院、巴黎政治学院、巴黎高等师范学院、巴黎军事工程学校和综合工科高等学校等。它们都是专门培养行政、教育、军事和外交人才的名牌高等学府，是法国精英的摇篮。正因为如此，报考精英学校的都是高中毕业会考前 10% 的业士。他们还要在一些高中设置的高级技术员班或高等精英学院预科班学习提高，时间为 2 年，之后参加入学考试，择优录取。由于录取人数少，所以竞争十分激烈。高等专业学院对学生要求十分严格，在一般情况下学生至少学习 5 年，获得硕士后才能毕业，走出校门。

法国大学的校历大致相同，工程师高等学校一般在 9 月中旬开学，综合性大学多在 10 月中旬开学。一学年分为三个学期，其中各学期之间约有两周左右的假期间隔，一次在 12 月底的圣诞节前后，另一次在 3 月底或 4 月初的复活节前后，暑假约在 6 月底或 7 月初开始，长达三个月。

为了提高全球排名、影响力和知名度，提高高等院校文凭的含金量，近年来，法国高等院校也在不断转型中。其中，进行资源整合，建立跨学科专业，使用英语授课等项目越来越多地出现在法国高等院校的规划进程之中。2017 年，占全国人口 34.5% 的 25 ~ 64 岁年龄段的法国人拥有高等教育文凭，在欧盟中排在前列。

巴黎大学　它是欧洲著名的古老学府，创建于 9 世纪末，1261 年正式使用巴黎大学名称。第五共和国时期，巴黎大学得到了空前的发展，特别是 1968 年“五月风暴”后，巴黎大学的院系进行调整，组成了 13 所大学，即巴黎第一大学至第十三大学。因此，巴黎大学成为巴黎地区 13 所大学的总称，拥有十几万名学生。新成立的巴黎 13 所大学具有多学科性，但各个大学保留自己的特点。巴黎大学规模之大、学科之齐全、知名教授之多，在欧洲乃至世界亦不多见。国际高等教育资讯组织（Quacquarelli Symonds，QS）世界大学排行榜调查团队公布了 2016 年 QS 最佳学习城市排行榜，巴黎在 75 个国际城市中连续第四年蝉联第一名。

QS 世界大学排行榜调查团队指出，该城市在大学/学院排名、学生的多样性（国际学生的比例）、生活质量，以及学生的金钱负担程度等方面均名列前茅。

2. 残疾儿童和青少年教育

根据 2005 年《残疾人机会均等、参与和公民权法》，法国各省建立“残疾人之家”，并在其内部设立残疾人权利和自主独立委员会，其职能之一是负责残疾儿童和青少年就学就业并给予帮助。残疾儿童和青少年应享有个性化的就学政策，可在普通学校或特殊教育机构接受全日制或非全日制教育。

3. 职业培训和学徒制

1971 年 7 月，法国决定建立起职业培训的管理体制。根据规定，所有进入新职业的职工都有义务接受继续培训，以便适应新工作岗位的需要。对那些义务教育结业后的青年，还要进行一般理论和实践技能的培训。

法国最大的职业培训机构是法国成人职业培训协会，由雇主、雇员及政府三家的代表组成。在企业中，雇主有义务出资接受学生来企业实习，对新来职工进行培训，对原来的职工进行轮训，以便进一步提高他们的技能。

法国行政部门都设有自己的培训学校，对新来的公职人员进行半年至一年的培训，然后分配工作。法国要求每个高级公务员都必须能够使用微电脑与互联网。

学徒制是法国职业教育的一种重要形式。法国 16 ~ 25 岁青年均有权力参加学徒制。学徒制学生通过学校学习和企业实践的交替方式完成学业，学徒既是学生，也是企业员工，领取企业发放的津贴。1971 年，法国颁布了《德洛尔法》（Loi Delors，又称《学徒制法》），确定了学徒制作为法国职业教育体系组成部分。1987 年，《塞甘法》（Loi Séguin）进一步扩大了可通过学徒制获得的证书范围，高等教育的学徒制得到发展。20 世纪 90 年代以来的一系列学徒制改革，使学徒制办学主体、经费来源、涉及专业领域等朝着更加多元化的方向发展。学徒制为法国经济社会发展培养了大量应用技术人才。

4. 远程教育

法国将发展远程教育作为教育的重要组成部分，以便吸引国内外学生。法国国民教育、高等教育与研究部成立了专门的教育多媒体发展指导机构，制定了教育资源计划，在互联网上设立了专门站点对教育多媒体资源的开发提供指导。同时，法国也鼓励公立机构、私营企业等参与教育多媒体的发展，鼓励教师利用多媒体手段进行学术交流、发表论著，鼓励学校图书馆通过互联网进行图书交流等。为了培养网络人才，法国在许多高等院校设置互联网新科技以及网络服务的课程，成立法国第一所命名为“使用互联网新科技学院”的互联网高校，其成为首个提供互联网新科技高等教育的院校。

目前，法国正在推行一种基于互联网，通过 edX、Coursera 或法国高校电子平台（FUN）的大规模开放在线课程——“慕课”（Massive open online course，MOOC）。任何用户，不论是否是在校学生，不论是否在校园，都可以通过网络免费独立学习一门或多门课程。跨学科学习，弥补知识欠缺。据估计，法国每年获得 MOOC 证书的人在 50000 到 100000 之间，其中有 50% 在接受 MOOC 时就已经拥有硕士学位，1/10 已有博士学位。

5. “体制外”交互式学校

“体制外”交互式学校（écoles hors contrat），指与国家教育部无任何联结的学校，管理完全自主，无须按照官方制定的大纲教学，自由招聘教师。它们可以自由选择教育管理模式，很多学校采用前卫的教育理念，甚至抛弃常规的“上课模式”，没有课程安排、没有传统意义上的“教师”，孩子们可以自由选择他们想学的东西、学习时间、方式，以及和谁一同学习，教师只是“促进学生学习”。例如蒙特梭利教育学校（Montessori，强调独立，有限度的自由和对孩子天然的心理、生理及社会性发展的尊重），斯坦纳教育学校（Steiner，注重将艺术手工活动以及智力教育运用于实践，培育创新和分析理解能力），自主管理教育学校，绿色教育学校，民主学校等。这些学校有学前班、小学、中学甚至高中，法国允许“体制外”交互式学校学生报名参加高中毕业会考。“体制外”交互式学校的设立与教育自由权息息相关。这些实施另类教育法的学校越来越吸引法国家长的目光，尤其是精英阶层家庭。2017 年，法国有 1000 家“体制外”交互式学校。

6. 法国汉语教学、中文国际班、孔子学院

近 10 年来，法国汉语教学发展迅速，成为欧洲汉语教学和汉学研究领军力量，特别是在法国中等教育阶段，学习汉语的人数已在短短几年间由第九位跃居第五位。2013 年，法国本土学习汉语的中学生人数达 3.7 万，仅次于学习英语、西班牙语、德语和意大利语的人数，有 613 所中学开设汉语课程。

2008 年，法国国民教育部与中国教育部合作设立中文国际班项目，由中国派出汉语教师，在法国教授各个水平的汉语语言文学课。截至 2016 学年，全法中文国际班总数已达 41 个，分别设立在 10 所法国本土院校和 3 所境外法国学校，共包含 15 个小学项目，14 个初中项目和 12 个高中项目。法国中文国际班的数量在法国所有国际班项目当中位居第三，仅次于美国和英国的英语国际班项目。

从 2005 年建立第一所孔子学院（Institut Confucius）以来，至今在法国已相继建立了 17 所孔子学院。孔子学院由中法高等教育，或者中法地方政府，或者中法高校联合企业合作举办。在一般情况下，孔子学院设置在法国高等院校内。孔子学院的课程设置坚持以学习者为中心，根据学习者的期待和目的分设不同的课程以满足不同群体的需求。孔子学院已经成为法国人学习汉语言文化、了解当代中国的主要窗口。孔子学院在法国迅速的发展，成为法国本土汉语教育机构的有效补充。

五 科学研究

法国科研实行双轨体制，即除了设置独立的科研机构外，还由教育机构承担一部分科研的任务，把教育和科研统一由国民教育、高等教育与研究部来管理，正好说明法国的教育与科研密不可分，同时也表明高等教育中的科研在法国科研中的特殊地位和作用。

事实也正是如此，法国科研首先是从大学开始诞生和成长起来的。远

在中世纪的法国大学，教师一方面向学生传授知识，另一方面进行科学研究。至今，法国高等学府依然保持科研与教学相结合的传统。许多著名的，甚至获得诺贝尔奖的法国科学家都是大学教授。

法国高等学府的科研有明确的分工：综合性大学偏重于基础科学的研究，每所大学都有自己的研究重点，如巴黎大学重点研究物理学和人文科学，其中，第七大学除了在理科、医学、人文学和文学方面开展跨学科的研究，还从事血液、分子生物学、固体物理学、核反应等尖端科学的研究；第十一大学开展电磁辐射的多学科研究。图卢兹第三大学主要从事宇宙空间的研究，格勒诺布尔第一大学主要从事电磁学的研究，南锡第一大学主要从事矿物结晶学和低温物理学的研究。高等学院偏重于应用科学和新技术的研究，如与农业有关的土壤学研究、以气象为主的大气层研究、以应用数学为主的数学研究等。

六　国际交流

1884 年成立的法语联盟，使法国文化、教育、语言在西非、北非、西亚、印度支那等地区的许多国家开展国际交流，从而使这些国家的许多政治精英和社会精英大多拥有法国高等教育文凭。自 20 世纪 90 年代以来，法国接受外国留学生的数量一直在 12 万～13 万，仅次于美国和英国，排名世界第三位。为了在 21 世纪提高法国的国际地位和扩大法国在世界的影响，法国决定增加吸收外国留学生的数量，为此于 1998 年 11 月 6 日宣布成立法国教育国际协作总局，积极地开展法国教育的国际合作与交流。

该机构宗旨是：对外宣传法国的教育、科研和名牌大学，组织各大学赴国外进行教育展览，以吸引更多的留学生来法国学习；为各大学代理招收自费留学生，负责留学生的接机、食宿安排、办理居留手续、开办银行账户、申请住房补贴、联系法语补习学校等。被接待的学生持有教育国际协作总局颁发的通行证，可以在法国享受交通、食宿及旅游等方面的优惠；协调并输出教育资源。

法国计划在今后，将大幅度地提高外国留学生的数量。为实现这一目标，法国将着手改善外国留学生的接待条件，简化签证手续，增加奖学金名额。另外，法国外交部还专门设立了奖学金，以吸引外国学生自费来法国学习。国际高等教育资讯组织公布了2016年最新的世界最佳留学城市排名，巴黎连续四年位居首位。

2017～2018学年，法国高等教育的外国留学生为34.3万，比上一学年增长4.5%。法国是外国留学生最喜欢留学国家的前三名（第一名美国，第二名英国）。在来法留学生中，非洲占46%，欧洲占25%，大洋洲占16%，美洲占9%，中东占4%。外国留学生在法国大学读理工和医学占37%，文学、语言、人文和社会科学占32%，经济和管理学占20%，法律与政治学占12%。

中国学生赴法留学已有近百年历史。老一辈中国革命家周恩来、邓小平、陈毅，文化大师巴金、陈寅恪、钱锺书，科学家、艺术家钱三强、徐悲鸿、冼星海等都有在法国留学的经历。近年来，中国学生留法迎来又一新高潮，学生数量连年快速增长。2017～2018学年，在法国的中国留学生总数仅次于摩洛哥和阿尔及利亚，中国成为赴法留学排名第三的国家，在中国的法国留学生也已达6000人，法国成为欧洲国家中在中国留学人数最多的国家。自2005年以来，法国与中国合作在中国建立以培养工程师为主的六所法中学院，并积极探讨合办大学的途径。2018年巴黎国际大学城内的中国楼——“和园”动工，计划于2020年完工，届时“和园”将为中国留法学生提供300多个住宿房间。

第二节 科学技术

一 科技简况

1. 自然科学简况

法国一向重视和提倡自然科学，在法国大革命前就已经有许多重大的科学发现，涌现出一批世界著名的科学家，推动了世界自然科学的发展。第一帝国时期，拿破仑虽然出身行伍，却喜欢与学者和专家接近，向他们讨教。他任命的内政大臣和财政大臣等都是学者和专家。他建立起一些科研机构，集中了当时一大批科学家从事科学研究。他对那些为国家做出重大贡献的专家、学者和工程技术人员给予一定的奖赏，对发明创造给予巨额的奖金。第一帝国时期，法国在数学、物理学、化学、生物学和解剖学等领域取得了辉煌的成就，并涌现出了一大批科学家。也正是第一帝国时期，法国建立了近代科研机构和科研体制。

19 世纪末至 20 世纪初，法国科技依然处在世界的前列，如 1882 年发明了太阳能印刷机和远距离高压直流输电，1895 年发明自动售货机，1896 年发现铀、钋和镭的放射性，1911 年提出了新的原子结构模型。在这个时期，法国诞生了许多著名的科学家，如居里和居里夫人等。1901～1915 年，法国有 11 位科学家获得诺贝尔奖，而同一时期获得该项奖金的英国科学家只有 7 位，美国科学家只有 2 位。但是，从 20 世纪 30 年代到 50 年代，由于战争的破坏，法国科研大大地落后了。

第五共和国成立后，戴高乐为了维护国家的独立和提高法国的国际地位，大力发展科技，并为此投入大量的财力、人力和物力。到 20 世纪 60 年代末，法国在核能、航空、航天、铁路、电信、医学和农业等许多方面的技术和科学水平都处于世界领先的地位。80 年代，法国先后制定了《科技指导和规划法（1982～1985 年）》《科技指导和规划法（1986～1988 年）》。根据这两个法规的规定：增加民用的科研开支，到 80 年代末用于民间的科研经费要占 PIB 的 3%；健全官方领导机构，在高等教育与研究部内设置由部长亲自主持的研究和技术高级委员会，负责就科研、技术的发展前景，重大政策选择和某些专题研究等提出建议；对国立研究和技术机构进行改革；建立新的规章制度，给予科研人员更优惠的条件和待遇；加紧培养科技人才。

面对 21 世纪国际科技的挑战，法国自 20 世纪 90 年代以来进一步加大了发展自然科学的力度：第一，对法国科研体制和大型科研机构进行体制改革，以适应新形势的需要。与此同时，法国政府增设了两个部际科技组织，如部际科学技术研究委员会，加强对科技的领导，从事对科技的规划，协调各部之间在科技方面的活动。第二，加强科技和科研与企业之间的联系，鼓励科研人员创办企业，促进科研成果向市场转化。第三，大力吸收和培养年轻科研人员，并鼓励年轻有为的科技人员承担重任，提高科研人员的待遇。第四，2009 年首次出台国家科技战略——《法国研究与创新战略》，确定法国未来四年的科技发展方向与思路，明确法国在研究与创新领域中面临的挑战，协调所有参与者的行动，加强法国的竞争力与吸引力。随后，根据欧盟科技“地平线 2020”计划，并为了保持世界一流科技大国的地位，法国于2014 年又出台了新国家科研战略——《法国—欧洲 2020》（Stratégie nationale de recherche France-Europe 2020）。第五，加强在科技方面的国际交流与合作。

2. 人文社会科学简况

法国人文社会科学的历史悠久。17 世纪前后，唯理论创始人笛卡儿提出的“我思故我在”，把“精神实体”和“物质实体”分离，在西方哲学史上开创了二元论的传统。18 世纪下半叶，在开展对宗教蒙昧主义和封建专制主义猛烈批判的启蒙运动中，诞生了著名的法国启蒙思想家如伏尔泰、孟德斯鸠、卢梭、狄德罗以及百科全书派的哲学家，出版了许多世界名著。

18 世纪末至 19 世纪，法国人文社会科学的分科日益细化，除了哲学，还出现政治学、经济学、历史学、社会学、考古学等新研究领域，其研究方法也日趋系统化。这个时期，法国出现了一批空想社会主义者，如圣西门、傅立叶等。托克维尔对法国旧制度以及美国政治制度的研究以及基佐对法国史的研究都具有相当高的水平。以孔德为代表的法国实证主义和以贝格松为代表的法国直觉主义在当时风靡一时。法国考古学家不仅在国内考古，而且活跃在世界上特别是中东和亚洲。

从 20 世纪初到二战，法国人文社会科学又出现了大量的分支学科。以萨特为代表的存在主义开始抬头。他把孤立的个人的非理性意识活动作为真实的存在，并作为全部哲学的出发点，认为人首先存在然后才能选择自己的本质，畏惧、焦虑、死亡是通向个人存在的道路。存在主义哲学逐渐代替直觉主义成为主流，并在二战后的五六十年代风靡一时，迎合了一部分处于苦闷、孤独中的法国和欧洲知识分子的需要。

二战后，法国人文社会学科越分越细，研究领域日益扩大，跨学科的研究、应用性的研究、反思性的研究、开创性的研究、全球性的研究形成热潮，从而使法国人文社会科学十分活跃。进入20世纪90年代，法国加大了对人文社会科学的投入、调整了科研机构、扩大了研究人员的编制和增添了年轻的新生力量，从而使人文社会科学出现生机勃勃的局面。法国出现了许多思潮和学说流派，在世界上产生了重大的影响。

20世纪末至21世纪初，法国人文社会科学在理论和分析方法上进入一个新的转变时期。第一，加强了跨学科的研究，不仅在人文社会科学的各个学科之间进行综合性的研究，而且还结合自然科学进行研究，把自然科学的理论和分析方法引入人文社会科学领域，从而诞生了许多人文社会科学的新理论和新分析法。第二，基础科学研究是法国人文社会科学的传统和强项，进入21世纪，法国越来越重视应用性的人文社会科学的研究，把眼光朝向基层、企业、社会、国家乃至世界的焦点和热点问题上，特别是国内社会问题与全球热点和难点问题上，提出新的研究成果、理论和解决方案。第三，法国人文社会科学的研究手段和工具越来越现代化，越来越信息化、数据化和网络化，越来越走向世界。

二　科技管理体制

法国科研与创新管理体系（包括社会科学）是国家主导型的科研与创新体系。国民教育、高等教育与研究部主管法国的科技机构建设、科技人员的管理、重大和战略性的科技发展规划和科技国际交流，重大的决策经过科学家、工程技术专家、经济学家和社会活动家的代表大会共同讨论决定。该部主管科技研究的职能司主要有：研究和工艺总司，创新、工艺和地区活动司，研究与工艺高级委员会，科学与技术考察团。

科研战略理事会（CSR）根据国民教育、高等教育与研究部领导的部际指导委员会起草国家科研战略（《法国—欧洲2020》）并做最后定稿后，提交政府。该理事会由总理直接领导，其成员包括法国国内外的高水平科学家、专家以及社会、经济和政界人士，共26人组成。部际指导委员会的组成包括：政府相关部长（国防部、工业部、卫生部、农业部、外交部)，跨部机构（未来投资总署、战略与预见总署等）；科学界的五大科研联盟、法国国家科研署、法国国家科研中心、法国原子能与可替代能源署、大学代表会议等；经济界主体与协会，如竞争力集群、卡诺研究所等。

国家科研署按照“国际一流”的标准来挑选科研项目，涉及科研与创新的所有重大领域以及法国国家优先发展重点，并通过项目招标来发放资助，资助期限平均为3~4年。

科技执行机构包括公共部门、私营部门、大学、高教科研集群、竞争力集群、卡诺研究所以及国家科研机构。法国在一些关键领域还成立了科研主题联盟。自2010年以来，法国已在生命科学与健康、能源、信息科学与技术、环境科学、人文与社会科学等5个领域建立了联盟。其主要目的和任务包括：制定与法国国家科研和创新战略相适应的主题研发计划，参与制定国家科研署发展规划，协助超大型科技基础设施指导委员会编写发展路线图，负责管理大科学装置，促进法国与欧洲公共科研机构与私营科研部门之间的合作与协同，参与欧洲科研园区建设，推动科技成果转移转化，不断提高法国科研的效率、价值、能见度和国际影响力。

科研与高等教育评估高级委员会（HCERES）和议会设置的科学技术选择评估局作为主要咨询评议机构，按照国际标准完全独立地进行科研体系的评价，其目标是向科研执行部门、相关政府部门和资助机构提供高质、透明和客观的评估信息，为决策服务，以改善法国科研体系的整体效率。

法国主要通过创新署集团、法国投资公共银行（BPIF）和科研税收信贷来为企业的科研和创新项目提供支持，尤其是对中小企业主导的科研与创新。其主要业务包括支持创新、担保银行贷款、资助投资等。

三 科技投入与科技强项

（一）科技投入

20世纪60年代以来法国不断增加对科研和发展的投入，科研和发展经费（包括政府和企业的投入）占PIB的比例1995年为2.26%，

2000 年为 2.13%，2005 年为 2.08%，2010 年为 2.25%，2016 年为 2.38%。从法国科研和发展经费投入的数量看（包括政府和企业），1995 年为 275.6 亿欧元，2000 年为 314.4 亿欧元，2005 年为 366.5 亿欧元，2010 年为 448.4 亿欧元，2016 年为 530.3 亿欧元，年平均增长在 3% 左右。法国科研和发展的投入在欧盟成员国中仅次于德国，居第二位。在 2016 年科研和发展投入的总额中，企业科研和发展的投入占 60.5%。2016 年，法国从事科研和发展的工作人员（包括研究人员和行政人员）为 43.1 万，其中科研人员为 28.5 万，占总人口比例排名世界前十。法国科研人员的数量年均增长 3%，是这几年经济合作与发展组织国家当中增长最快的国家之一。其中，企业中的科研人员占 59%，国家研究机构中的科研人员占 41%。

（二）科技强项

法国自然科学和人文社会科学拥有许多强项，并在国际上享有盛誉，特别是在航天、能源、材料科学、空间技术等领域具有世界领先水平，在尖端工业、农产品加工业及服务业等方面具有较大优势。从 20 世纪初至今，近 30 名自然科学家和人文社会科学家获得过诺贝尔奖（获奖者数量世界排名第四），19 个菲尔兹奖［（médaille Fields）获得者数量世界排名第二］。2014 年，法国科技论文和科学出版物发表数量位居世界第六。2017 年，法国获得科技创新的国家专利数量达 16247 件，其中法国企业获得科技创新的国家专利达 14198 件，自然人获得科技创新的国家专利达 2049 件。2017 年，法国向欧洲专利局申请的科技创新专利达 10559 件，位居欧洲第二。2018 年，美国智库编制的世界科技大国排行榜上，法国被列为仅次于美国、英国、日本的世界第四科技大国。

1. 自然科学的强项

数学 法国是数学的故乡之一。法国于 17 世纪创立了解析几何，于 19 世纪奠定了微积分学的主要基础。法国于 1935 年建立了布尔巴基团体（groupe Bourbaki），每年出版一期《数学原理》丛书，成为世界各国数学书库中必备的巨著。法国在基础数学如数理逻辑、数论、代数学、几何学、拓扑学、函数论、偏微分方程等方面的研究在国际上享有盛誉，在应用数学如运筹学、信息学、控制论等方面的研究也很出色。世界著名的数学家中法国占1/3，如笛卡儿、帕斯卡、费马、达朗贝尔、拉格朗日、傅立叶、拉普拉斯、柯西、伽罗瓦、阿贝尔、庞加莱，不胜枚举。2015 年一项调研显示，数学创造的财富占法国 PIB 的 15%，创造就业岗位占就业总数的 9%。法国媒体幽默地说，近年来，“法国经济没有增长，但是法国依然有数学！”自享有“数学界诺贝尔奖”美誉的菲尔兹奖设置以来，法国是仅次于美国获得该奖项最多的国家。自 2003 年阿贝尔奖（prix Abel）颁奖以来法国有 3 人获得该奖。这些说明法国数学在国际上的强势地位。

物理学 法国在量子光学、原子物理、固体物理和磁力学、流体动力学、微电子材料等方面处于世界领先水平。

化学 法国在超分子化学、固体化学、高温超导材料合成、芳香化学、药物合成化学、癌症化学疗法、疫苗等方面的研究是强项。

生命科学 在生物学方面，法国在分子遗传学、免疫学、试管内的基因重组、抗艾滋病疫苗研究、内分泌学等方面都是强项。2016 年，法国提出“法国基因组医学 2025”计划，将在人类基因组测序领域大量投资，用四年时间建立至少 12 个人类基因组测序研究平台，旨在取得在该领域的世界领先地位。2018 年已建成法兰西岛大区和奥弗涅 - 罗讷 - 阿尔卑斯大区的两个高速基因组测序分析平台，进行两个涉及癌症、罕见病和糖尿病的基因组医学试点研究项目。

农业 法国从植物和动物生物学角度进行研究，如在试管内培养葡萄、谷物的苗，加快了植物的生长。法国引进专门的基因改良植物和动物品种，增强它们的抗病能力，如杂交油菜等。此外，法国还有先进的农产品加工技术。

地球学和宇宙学 法国推进了地震学和地质板块构造理论，利用卫星管理地球资源、通信、气象预报以及从事天体物理和宇宙学的研究。

航空航天 法国为主与欧洲伙伴共同制造的阿丽亚娜火箭和空中客车在技术上是唯一能够同美国的航空航天开展竞争的推进器和飞行器。阿丽亚娜火箭使用液态氢为燃料，其性能安全可靠，成功地获得了国际上发射业务的大部分订单。空中客车 A380 汇集了法国和欧洲伙伴的最先进的科技。

能源 能源技术也是法国的强项。法国拥有最先进的核能发电技术和利用垃圾生产电力的技术。法国在科唐坦半岛（presqu'île du Cotentin）的阿格角（côte de Hague）建成了世界上最大的核废料处理中心。法国处理核废料的专业技术名扬世界，技术输出到德国、日本等许多国家。法国核能生产既安全又可靠，既能生产能源又不会对环境造成污染。法国的水电站、火力电站技术也十分先进，特别是使用燃气轮机的电站设备，都输出到许多国家。

陆地交通 在陆地交通方面，法国拥有世界上 12% 的专利技术和欧洲 22% 的专利技术。法国在热力驱动交通工具、同步或异步电力驱动交通工具方面具有技术安全性，制动系统材料的可靠性，信号设备的可靠性，抗噪音技术的先进性。在城市内的交通工具，如地铁、有轨电车、自动电梯都在国外承包了建设项目。法国国营铁路公司高速电气列车无论科技含量和速度，都在世界上处于领先地位。

土木工程 法国在土木工程和公共工程的技术方面也是处于世界先进的行列。在巴黎拉德方斯区有巨大拱顶作为该区现代化高楼建筑群的象征，通往英国的拉芒什海峡地下隧道工程、诺曼底大桥、葡萄牙首都里斯本北部 17 公里长的钢索吊桥都是法国土木工程技术的结晶。此外，法国的自来水设施和饮用水的处理技术，以及引水工程技术在国外都享有盛誉。

电子和信息技术 法国在信号和成像处理、邮电、邮电材料、机器人技术、银行业务电脑化系统、计算机通信技术等方面成绩显著。法国于 20 世纪 80 年代发明和在国内推广应用的视频文字终端使法国成为计算机通信的先驱，最新一代的视频文字终端已经作为法国自己的网站与互联网连接。

纳米技术 20 世纪 70 年代，法国在纳米科技领域取得了一些优秀的研究成果，在世界处于领先位置。为了进一步确立在纳米科技领域的优势地位，1999 年以来法国重组了公共研究机构的微技术和纳米技术研究，通过实施中长期计划，促进纳米科学和纳米技术的发展。计划的研发重点则是纳米器件、微纳米系统、纳米生物学和纳米生物技术、建模与仿真、纳米仪器与计量学、纳米材料。

2. 人文社会科学的强项

哲学 法国是西方哲学思潮的重要发源地。从笛卡儿的理性主义、帕斯卡的詹森主义、萨特的存在主义，到克劳德·莱维－斯特劳斯（Claude Lévi-Strauss）的结构主义，再到福柯（Mirkel Foucault）的后现代主义等，法国开创的思想先河深刻影响着西方。萨特之后的法国哲学面貌发生了很大的变化，其理论形态丰富多彩，与传统哲学的距离越来越大，与人文社会科学其他领域的交叉性越来越强。结构主义被广泛地应用于语言学、社会学、历史学、文学理论中，也曾经用来解释马克思主义哲学，具有广泛的影响。后现代主义（或后结构主义）对 20 世纪以前的西方哲学进行清算，反对形而上学，提倡多元性、非中心论、非统一。

经济学 法国出现了世界公认的经济学家莫里斯·阿莱（Maurice Allais）、埃德蒙·马兰沃（Edmond Malinvaud），他们对计划化和分权情况下市场经济运行的研究具有开创性，阿莱因此获得 1988 年诺贝尔经济学奖。1990～2000 年世界经济学家排名第二的让·梯若尔（Jean Tirole）因其“对市场力量及其调控的分析研究”而获得 2014 年诺贝尔经济学奖，从而打破了 15 年来美国经济学家垄断该奖项的局面。托马斯·皮凯蒂（Thomas Piketty）和他的著作《21 世纪资本论》从西方国家税收的历史论证了收入差距拉大等不平等现象，他的著作及其观点近几年风靡世界，构成了法国左翼经济学派。2008 年金融危机爆发后，法国非主流经济学派，包括马克思主义经济学、后凯恩斯主义经济学、演化经济学等于 2012 年提出设立“经济学与社会”新学科，挑战主流经济学即新古典经济学，以体现法国经济学研究的多元化。

历史学 法国历史学具有坚实的基础，在人文社会科学中占有重要的地位。20 世纪，发端于法国的年鉴学派深刻地影响了西方乃至世界史学发展，法国历史学界出现了许多具有世界影响力的学者，如费夫尔（Febvre）、布洛赫（Bloch）和布罗代尔（Braudel）等。在法国史学界兴起了通史热，在研究方法上注重综合性的研究，并深入社会生活的各个领域，如文化史、城市史、乡村史、宗教史等。当代法国历史学界对二战史的研究由于这个时期历史档案的解禁而硕果累累。第四共和国、非殖民化以及戴高乐主义也是研究的重点。20 世纪 80 年代，法国出现法国史革新运动，半个多世纪以来占据主导地位的年鉴学派走向没落，以法兰西学院院士勒内·雷蒙（René Rémond）为代表的当代法国新政治史学派兴起。在法国大革命 200 周年之际再次对大革命中的许多问题展开激烈的辩论，一些历史学家站在新的角度来重新分析和解释大革命。此外，法国历史学界同时出现对心态和文化史的研究、书写被遗忘者（如社会排斥者、外来移民等）的历史等新方向。

社会学 法国是社会学思想和社会学的发源地，孔德于 19 世纪上半叶首先使用“社会学”这一概念。社会学成为一门学科后逐渐进入大学和研究机构。二战后的 30 年间是法国社会学的黄金时期，社会学研究越来越深入，分支越来越细。20 世纪 60 年代，法国建立了许多有关社会学的研究所，出版了大批社会学丛书。70 年代以来，法国涌现了一批具有首创精神的社会学家，如布尔迪厄（Bourdieu）、克罗齐耶（Crozier）等，他们重视用经验的成果来提供理论的依据。与此同时，工业社会学在法国社会学中逐渐占主导地位，其代表人物图雷纳（Touraine）及其代表作《后工业社会》在国际上具有相当大的影响。法国社会学的分支学科已突破 70 个，并有进一步多样化发展的趋势。进入 21 世纪，法国社会学家考虑到社会学分支过细且脱离社会，成为“没有人的社会学”，准备以人类学为基础重构法国社会学。

政治学 20 世纪 70 年代以来，法国政治学有了较大的发展，尤其是政治哲学。此外，法国学者对政治制度、选举和舆论、政党和政治组织、国际问题的研究都有所建树，出版了许多著作。90 年代，法国对国际问题的研究进入蓬勃的发展时期，研究重点则是各国外交、发达国家与发展中国家关系等。进入 21 世纪，法国政治学研究的重点则是政治改革、政党变化、第五共和国走向、世界政治格局等。

语言学 优美的法语出现在 1800 多年前，它融合了拉丁语、凯尔特语、日耳曼语等语言而诞生。18、19 世纪，法语曾经辉煌一时。目前，法语是世界上使用人口最多的第五大语言、商贸领域第三大语言、媒体国际新闻第二大语言、大多数国际组织的第二大工作语言、世界上学习人数最多的第二大语言。全球讲法语人数在不断增长，2018 年共有 2.74 亿人讲法语。法国许多学者从事法语、非洲语言、阿拉伯语言以及东方语言的研究，取得了大量优异的成果。1994 年 8 月法国议会通过《法语使用法》，确立了法语作为教育、工作、交流与公共服务语言的原则，确保了公民的“法语权”。

法学 法国法学研究从传统领域（如宪法学、公共自由、比较法等）走向新领域，如生物伦理学、共同体法、信息法等。

人类学 20 世纪 60 年代，莱维 - 斯特劳斯创立结构人类学理论，提出研究社会中无意识的深层结构，并把这种结构作为分析的基础。他把这种理论用于对亲属关系制度、原始社会图腾的研究。20 世纪 80 年代以来，法国人类学界继承了结构主义的传统，加强了对地区性理论、短期性假设的研究，并使之与相邻学科融合。

考古学 法国考古学在人文社会科学中占据极其重要的地位，不仅研究机构众多，研究人员队伍庞大，而且研究领域超出国界，遍及世界各地，特别是非洲、拉丁美洲、地中海沿岸、阿拉伯世界、东南亚等地法国考古活动十分活跃，并有重大发现。法国考古学的研究时间跨度则是从史前时期至今。法国考古队在国外平均有 200 处发掘考古点，因此在考古界影响巨大。

汉学 法国汉学在西方国家中建立最早，早在第一帝国时期的 1814 年在法兰西学院建立起来，距今已有 200 多年历史。法国汉学硕果累累，涉及中国地域、民族、语言、历史、宗教、文学等方面。其代表人物有译注《史记》的沙畹，因敦煌手稿研究而闻名于世的伯希和、葛兰言、儒莲，写作《中国上古史》的马伯乐，翻译中国四大名著的雷维安等。自称“我是个转世中国公主”的朱迪特·戈蒂埃（Judith Gautier）是最早在 19 世纪下半叶将中国唐宋诗词译成法文并合辑成《白玉诗书》（Livre de jade）的杰出汉学家。当代法国汉学研究旨趣更为多样，包括中国文化的不同领域，并且日趋专业化，在中国文化某个领域深耕细作。法国汉学家注重对中国文本和注释的细致分析，追求对第一手资料的高质量研究，延续重文献学和语言学的学术传统。当代法国汉学家雷米·马蒂厄（Rémi Mathieu）主持出版了《中国诗歌总集》。

四　新国家科研战略：《法国—欧洲2020》

根据2014年欧盟科技“地平线2020”计划并迎接国内外新的挑战，法国及时地调整了国家科研创新的部署，于2014年出台了《法国—欧洲2020》。战略的主要内容包括法国科研需重点应对的十个重大挑战、针对挑战相应部署的优先科研方向，以及将重点采取的五大行动计划。战略计划规定，每五年将审议和调整国家科研战略。

1. 十个重大挑战及其优先科研项目

《法国—欧洲2020》将社会挑战作为战略优先领域，提出了健康、粮食安全、能源、交通、气候、包容性社会与公民安全、工业振兴、建设信息社会、促进欧洲空间开发、保障公民安全等十个重大挑战及其优先科研项目，以促进科技的研究创新。这些优先科技项目主要通过其科研与创新、经济、社会影响力与研究可行性等标准确立，并将全面纳入国家科研署的资助项目以及国立科研机构与高等教育机构的科研目标之中。

节约资源与适应环境变化　地球环境智能监测；自然资源可持续管理；气候与环境变化风险的评估与控制；应用于能源转型的生态与生物技术；海岸带风险模拟。

开发清洁、安全与高效能源　能源体系的协调管理；新能源体系的多级管理；能源效率；战略性资源的减少使用；化石碳能源的替代品。

刺激工业振兴　数字化生产；绿色生产；以人为本的灵活生产；新材料设计理念；微型传感器与测量仪器。

改善生命健康与增进社会福祉　人类生命不同层级的运行机制研究；生物数据的收集与处理；国家健康研究网络。

保障食品安全与应对人口挑战　安全、可持续的食品；农业生产体系的综合研究；生物质的生产与应用。

创建可持续交通与城市体系 城市多元数据监测；新型交通工具与交通方式；应用于新型城市服务的设备与技术；城市基础设施的弹性化设计。

建设信息与通信社会 5G 基础设施；物联网对象；大数据开发；人机互动。

构建创新型、适应型的和谐社会 文化多元性研究；社会创新能力新指标；数据与知识的开放获取；社会创新、教育创新与文化创新。

促进欧洲空间开发 地球环境监测服务；通信卫星光电子技术；关键电子元件；空间探测技术；国防安全服务。

保障公民安全 危险预防；危机管理；安全系统的弹性化设计。

2. 五大行动计划

致力于应用的大数据研究 主要涉及的研究领域包括数字技术（认知工程学、软件技术、信息通信网络、网络安全）、数学、人文社会科学、应用技术（交通、健康、环境、市场、互联网服务）等以及跨领域的研究。

行动计划则是支持非结构化大数据分析研究，以满足科学界、企业与公共组织的需求；创建大数据应用跨学科研究组织，以应对科学、经济、环境、社会挑战；建设不同科学领域大数据存储与处理基础建设；培养数据管理、数据分析、知识获取的专业人才，如数据科学家、知识科学家等。

致力于应对气候变化的地球观测 主要涉及的研究领域包括生命科学、地球科学、物理、化学、数学、信息科学，以及人文社会科学中关于人类在其社会、政治、经济活动中的作用。

行动计划则是开发应用于观测与数据处理设施的突破性技术，尤其是卫星成像技术、传感器嵌入技术等；促进开发应用于气象预报与风险评估、农业生产跟踪、能源探测等气候与环境服务技术；在大型模拟实验室中开展促进可持续食品生产、生物质最佳应用的创新试验，用于农业、绿色化学、生物源材料与能源应用。

致力于医学与产业应用的系统生物学研究 主要涉及的研究领域包括红色生物技术、新治疗手段、预测毒理学、个性化用药，以及白色与绿色生物技术、生物质的利用、生物源材料与产品的开发等。

行动计划则是培养系统生物学研究人员，包括博士生与继续教育阶段；建设系统生物学与合成生物学的多学科中心，开展从物理、数学建模到生物试验的全阶段研发，保证其在医学、环境、食品与化学领域的上游研究与下游开发之间的紧密联系；建设应用于医学的测序平台，便利数据的收集，以应用于生物建模。

致力于服务病患的健康研究 主要涉及的研究领域包括慢性疾病、传染病、罕见病等与延长人类寿命相关的疾病治疗以及疾病预防与筛查。

行动计划则是支持可迅速向社会与产业进行技术转移的健康研究项目，主要依托大学－医学研究所、大学－医学集群与未来投资计划下的大学－医学研究项目。

致力于服务公共政策的人类行为研究 主要涉及的研究领域包括人文社会科学和认知科学在内的历史学、地缘政治学、语言学、经济学以及神经科学、心理学，对人类行为及其内在机制进行研究。

行动计划则是建设跨学科项目接收平台，支持涉及人文科学、生命科学与信息科学领域的文化研究、人类行为模拟、信息转化决策的分析；建设国家及欧洲层面的用于大型人文社会科学调查的数据库；研究风险管理中的人为因素，应用于复杂情况下的决策机制；促进人文社会科学研究成果向社会经济界有效转化，让成果面向公共权力机构、新创企业、产业界及社会大众。

从《法国—欧洲 2020》可以看到，法国国家科研战略有明确的产业发展目标，促进科研成果的转移转化；强调科研应具体应对当前全球性的重大挑战，并将中长期阶段的科研与创新战略转化为具体的行动计划；强调科研对于经济的积极影响作用，希望借助科研活动来重振经济，寻找突破；不同程度地考虑到科研与社会的关系，一方面从战略内容上将重大社会问题、社会福利发展纳入考量范围，另一方面从方法上更民主、更专业地吸纳社会对于科研的意见建议。

五 科研机构

2014 年，法国共有 25 个国立科研机构和 85 家挂靠在大学及高等院校内等的科研中心或小组。在汤森路透 2015 年发布的全球百强科技创新机构排名中，法国凭借上榜 10 家的科技创新机构在欧洲各国中独占鳌头。这里主要介绍法国著名的国立科研机构。

1. 自然科学的科研机构

法国主要的科研机构都是由国家创办的，这里将介绍法国科学院、国家科学研究中心、国家空间研究中心、国家信息技术研究中心、居里研究所和科技园等。

法国科学院（Académie des sciences） 是法兰西学会下属的五个学院之一，创立于 1666 年，原名皇家科学院。它集中了最出色的法国科学家和与法国有联系的外国科学家。现有院士 240 余人，外国合作院士 130 余人，通信院士 110 余人。法国科学院的宗旨是鼓励和保护研究精神，致力于提高教育和出版物的质量，并致力于维护法兰西科学用语的纯洁性。法国科学院有两个学部，即数学、物理及其应用科学学部和化学、自然、生物学、医学及其应用科学学部。

国家科学研究中心（Centre national de la recherche scientifique, CNRS）（自然科学部分） 创建于 1939 年，是法国最大的国家科研机构。该中心确定重大项目和组织攻关，评估科研成果，协调和加强与全体科研机构的联系与合作。该中心设置行政管理委员会和国家科学研究委员会，管理七个学部：核物理学部，数学与基础物理学部，工程物理学部，化学学部，生命科学学部，大地、海洋与空间学部，人文与社会科学学部。该中心领导两个研究所：国家核物理与粒子物理研究所、国家宇宙科学研究所。该中心配备 1330 个实验室，其中许多实验室在国际上享有很高的声誉。此外，该中心还设有一个科技文献中心。该中心拥有 2.6 万名职工，其中科研人员约为 1.1 万人，工程技术人员和行政人员 1.5 万人，每年财政预算约为 19.8 亿欧元。全国科学研究中心自 20 世纪 70 年代以来都与中国签订合作与交流协定。

国家空间研究中心（Centre national d′études spatiales，CNES） 创立于1962年，是一个集科、工、贸三位一体的国家机构。该中心确保国家空间政策的实施，制定未来的空间长期研究计划，管理和执行国家重点空间计划，促进国家空间工业的发展，支持空间基础研究，负责与用户关于空间业务的洽谈，加强与欧洲和其他国家的空间合作。该中心领导图卢兹空间中心、埃夫里空间中心、圭亚那空间中心；配备11个实验室：高层大气物理实验室、宇宙气象观察实验室、卫星与地球物理实验室、动力气象实验室、宇宙气象实验室、天体物理实验室、大地与地球环境物理实验室、空间大地测量实验室、宇宙辐射实验室、宇宙生物实验室、环境物理与化学实验室。全国空间研究中心开发通信卫星、遥感卫星等。它于1987年起参加欧洲空间局的新一代阿丽亚娜火箭、航天飞机的开发计划。全国空间研究中心与中国有良好的合作关系。

国家信息技术研究中心（Centre national de recherche pour l′informatique，CNRI） 成立于1944年，主要任务是研究通信网络现代化，进行未来通信网络及电子技术的研究与开发。该中心分设四个研究中心，承担会议通信、通信系统软件的可靠设备及方法、公共视听电话系统、最大功能的单模态光纤传输系统等大型研究项目。

居里研究所 该研究所从事对癌症的研究，寻找对癌症的预防、诊断和治疗的新方法。

电子与信息技术中心（简称CEA-LETI） 位于格勒诺布尔。2006年成为法国和欧盟的微纳技术创新中心。该中心整合了6家学术机构、18家研究所和28家大型企业。该中心是近10年来法国投资最大的产业研究中心，是实现微纳米技术创新、科研、应用一体化的重要研究基地。

科技园 总共建成71个科技园，其中17个是国际科技园。2005年以来，科技园的所属企业启动了455个项目，调动1万名科研人员、28亿欧元的科研和开发经费以及9.29亿欧元的公共投资。这些科技园已有外国集团的近500家机构和17.35万名员工，迅速步入国际化。

2. 人文社会科学的科研机构

法兰西研究院（Institut de France） 成立于1795年。也称法兰西学会，是法国独具一格、举足轻重的权威学术机构，有“知识界议会”的美誉。它包含法兰西学院（Académie française）、铭文与文艺学院（Académie des inscriptions et belles-lettres）、科学院（Académie des sciences）、艺术院（Académie des beaux-arts）、伦理与政治科学院（Académie des sciences morales et politiques）五大学院。法兰西研究院设院士，由投票选举产生。院士在法国人文社会科学界中享有崇高的地位，因此，法兰西研究院成为众多学术界名流向往的地方。在法兰西研究院中，历史最悠久、荣誉级别最高的是法兰西学院，其院士数量始终保持40名，铭文与文艺学院院士55名，科学院院士262名，艺术院院士59名，伦理与政治科学院院士50名，他们被尊称为“不朽者”。

国家科学研究中心（人文社会科学部分） 负责全国社会科学的规划和领导，对科研成果的评估，开展社会科学的国际交流与合作。人文社会科学部分为人文科学片，语言、百科和创造片，社会科学片共三大片。人文科学片包括考古学、史前学、历史学、人类学，共有196个研究所。语言、百科和创造片包括语言科学、认知科学、文学、哲学、艺术创造和音乐，共有139个研究所。社会科学片包括社会学、法学、政治学、管理学、地理学、建筑学和城市规划，共有268个研究所。人文社会科学学部设有一个社会科学文献资料中心。国家科学研究中心还积极参与了“楔形文字数字图书馆倡议”国际项目，其目标是在互联网上建立一个虚拟博物馆，供读者查阅文字（历史）诞生前1500年间出现的所有文献资料。

社会科学高等研究院（École des hautes études en sciences sociales, EHESS） 成立于1945年，后于1975年独立出来，成为法国社会科学高等研究院。它从事人文社会科学研究，同时兼管教学任务。研究院涵盖了人文学科与社会科学的方方面面，倡导并致力于多学科的交叉研究。研究院的传统优势科目包括历史学、人类学、社会学、心理学、哲学、政治科学等，特别是在历史学、人类学、社会学方面拥有深厚的积淀和研究传统。除此以外，研究院在东亚研究和汉学研究方面也一直在法国遥遥领先。

巴黎政治学院（Institut d’études politiques de Paris，Sciences Po） 成立于1972年，世界著名公立研究型大学，在欧洲乃至世界享有盛名。

它在2015年的QS世界大学排名中，其政治与国际研究排在世界第五名，更是居于欧洲首位。它是法国政治精英和社会精英的摇篮，第五共和国八位总统中就有密特朗、希拉克、萨科齐、奥朗德、马克龙五位总统，23位总理中就有13位总理出自该校，还有12位外国国家元首与政府首脑和1位联合国秘书长出自该校。它的教学部包括本部、博士生院、新闻学院、传播学院、公共事务学院和继续教育学院，设有9个擅长多学科综合与比较研究中心，在政治学、社会学、经济学和历史学四大学科领域享有国际盛誉。2016年，巴黎政治学院拥有1.3万名学生。巴黎政治学院与全球410所大学建立有合作关系，其中包括北京大学、香港大学等。

国家统计与经济研究所（Institut national de la statistique et des études économiques，INSEE） 隶属财政部，拥有职工7000人左右。它的主要任务是：收集统计情报，主要项目是人口统计、家庭消费、就业、生活条件、经济指数等；国家决算；宏观经济模型辅助的短期、中期和长期规划；企业统计系统；大型索引的管理；经济数据库；出版、发行和散发该所出版的刊物。国家统计与经济研究所还进行各种有代表性的抽样调查（如政治、经济、科技、文化、人口、就业等），为政府部门和各行业的决策提供参考和依据。该研究所的统计数字和抽样调查数字以及《法国经济图表》年度统计具有权威性。

国家人口研究所（Institut national d'études démographiques，INED） 成立于1945年。它的主要任务是：从事人口的研究；进行人口统计；收集和了解人口的变化；培训有关人口学专业人才；提供人口的情报。国家人口研究所设置总人口研究室、方法和预测室、历史和医疗人口统计室、精神-社会学室、群体遗传学室、人口经济理论室。

六　国际合作

法国重视国际科技合作，法国还明文规定，一切科研机构和企业在对外合作和交流中必须遵循从上游到下游的连续性原则，即从科技交流、人员培训、共同研究到技术转让、经济合作结束。迄今为止，法国与100个以上的国家和地区签订了双边或多边科技合作和交流协定。

2015 年 5 月，法国政府推出“法国科创奖”（French Tech Ticket），吸引全世界最有才华的人来法国，从事创造性的活动，增强法国的吸引力，从而使法国成为世界科技创新领域的领军国。候选人可以是结束学业想要在法国创业外国留学生，也可以是已经在法国出现的初创公司创始人，没有国籍、年龄、学历和项目创建日期的限制。

法国积极倡导和推进欧盟的科技合作，认为这是关系到法国和欧盟生死存亡的重大战略问题。法国积极参加和推进自 1984 年以来欧洲共同体实施的科技发展和研究框架计划，并于 1985 年发起与欧洲 26 个国家共同完成的高科技研究项目——“尤里卡”计划（Urika）。2014 年，法国再次积极参与欧盟有史以来规模最大的科研创新框架计划——“地平线 2020”，并制定法国的新国家科研战略《法国—欧洲 2020》与“地平线 2020”对接。

法国为了扩大在发展中国家的影响、加强与发展中国家的经济与政治关系，通过技术援助、科技合作、技术转让等各种形式逐步地发展与发展中国家的合作和交流。在非洲，法国主要与前法属殖民地国家以及南非等国进行科技合作和技术援助。在亚洲，法国重点发展与中国、印度、泰国、马来西亚等国家的科技合作和交流。在拉丁美洲，法国与巴西进行科技和工业合作。

法国与中国的科技合作和交流自 1978 年签订协定以来日益密切。目前，两国的合作和交流包括所有的科技领域，如航空航天、新材料、生物技术、医学、石油、化工、气象、海洋、地质、电子、自动化、核能、农业、通信、交通、建筑、机械、企业管理，等等。每年都在 100 个项目以上。法国把和中国的科技合作推进到共同研究、共同开发、技术引进、人员培训等。合作和交流的渠道从最初的政府间的合作发展到民间的合作发展，从中央部门之间的合作和交流进一步发展到城市之间和地方之间的合作和交流。2001 年，法国和中国达成协议，互设文化中心，将把两国的科技合作和交流推向更高的阶段。2017 年 11 月 24 日，法中高级别人文交流机制第四次会议联合声明的决定，加强教育、文化和科学交流领域的合作。特别是双方将通过经验交流与培训等方式积极推进合作，对作为两国文化多样性体现的遗产进行保护和利用。为此，双方支持蓬皮杜文化艺术中心和上海西岸艺术博物馆共办展览和研讨会。双方同意在互利基础上在教育、影视、语言等领域开展交流与合作。双方将继续促进高等教育合作，通过“千人实习生计划”支持双方实习生往来。

第三节　文学艺术

法国文化源远流长，具有优秀的传统，出现过灿烂辉煌的时期。自17世纪路易十四时期起，法国文学艺术就成为整个欧洲文学艺术的典范。进入21世纪，尽管法国文学艺术市场受到视听媒体和互联网络的冲击，但传统的严肃的文学艺术依然受到读者的青睐。直到今天，法国依旧盛产高水平的作家，他们通过其作品探索重大的命题。在世界上，许多人都是通过法国文学艺术（或文学作品，或绘画，或音乐）认识和崇拜法国的，都在学习法国文学艺术中获得启迪和灵感，吸取人类文化的精髓。总之，法国文学艺术在世界上占据极其重要的位置。

法国政府的文化与通信部专门负责管理、保护和利用法国文化遗产，发展现代法国文化，促进和推动艺术创作，组织各项文化活动，培养文化和艺术人才，协调有关文化各部门的关系，扩大法国及其文化在世界的影响。该部下设档案司、博物馆司、图书阅览司、文化遗产司、基金处、音乐舞蹈司、戏剧司和造型艺术司。法国文化与通信部还拥有直属机构国家电影中心和蓬皮杜文化艺术中心。此外，该部还设有很多咨询机构、专门协会及其所属专业中心。

法国政府推行以下的文化政策：通过法律规定，凡是国家的艺术珍品、纪念建筑、文物遗址和游览胜地等都要实行严格的保护；坚持“文化例外”原则，执着保护法兰西文化的特质，刻意追求法兰西文化的标新立异；开展文化数字化工程；支持和鼓励自由的创作，强调文艺工作者的社会责任；对文艺工作者提供充分的社会保障，积极改善他们的物质生活条件，如优先贷款、优先预支稿酬、优先提供图书资料；由国家、地方、学校以及有关的单位和企业培养艺术人员，在社会特别在青年中普及文艺；整理和继承文化遗产，普及、发展和提高文化艺术；促进创新和表演艺术；提倡文化多元主义。

法国文化与通信部的预算 2016 年达到 73 亿欧元，比上一年增长 2.7%。其中，预算的 29 亿欧元用于研究，39 亿欧元用于公众视听，5 亿欧元用于媒体、广播、书籍和文化产业。文化与新闻部近年来的主要任务有三点：第一，进一步促进文化民主化进程，加大对文化欠发达地区的投入，支持地方图书馆的开放，支持卢浮宫博物馆、奥赛博物馆和凡尔赛宫每周开放 7 天，让更多的人特别是年轻人接触文化。第二，促进艺术创作。不仅要促进创作自由，还要为更多的人尤其是年轻人提供艺术创作的可能性。加强对法国电影业的支持，提高法国电影的吸引力和竞争力。第三，发展适应数字化时代发展的媒体，保证艺术家的地位，保护文化遗产。

一 文学

1. 古代文学

公元 842 年首次使用古老法语书写的《斯特拉斯堡誓言》（*Serments de Strasbourg*）一般被认为是法国古代文学史的起点。公元 9 ~ 12 世纪，法国文学主要是骑士文学，体裁是英雄史诗和颂诗，其代表作是《罗兰之歌》（*Chanson de Roland*）。该作品在世界文学史上占据一席之地。13 ~ 15 世纪，在新兴的市民阶层中流行新的诗歌、戏剧剧本和散文。16 世纪，法国文学的主流是人文主义文学，代表作有《巨人传》（*Gargantua et Pantagruel*）等。作者拉伯雷（Rabelais）是法国文艺复兴时期最杰出的代表。17 世纪，法国文学界盛行古典主义文学，无论诗歌、散文、戏剧剧本大多以古希腊和古罗马为典范。主要成就是戏剧剧本方面，高乃依（Corneille）和拉辛（Racine）的古典主义悲剧，其代表作有《西德》（*Cid*）；莫里哀（Molière）的古典主义喜剧，其代表作有《吝啬鬼》（*Avare*）、《伪君子》（*Tartufe*）等。

2. 近代文学

18 世纪，法国诞生了启蒙文学。一些著名的启蒙思想家往往利用小说来宣扬自己的信仰和主张，即通过有趣的故事情节来体现和宣扬哲理，这类小说就被称为哲理小说。它们的共同特点是宣扬启蒙思想，但是每个作家由于气质不同，还形成了各自的独特风格。例如，伏尔泰的《老实人》（*Candide*）和《天真汉》（*Ingénu*）的尖刻讽刺，卢梭的《爱弥儿》（*Emile*）和《新爱洛绮丝》（*Nouvelle Héloise*）的忧郁感伤，孟德斯鸠的《波斯人信札》（*Lettres Persanes*）的寓庄于谐。狄德罗提倡“严肃喜剧”，打破了喜剧和悲剧的界限，更贴近现实生活。受狄德罗的影响，博马舍（Beaumarchais）创作的作品《塞维勒的理发师》（*Barbier de Séville*）和《费加罗的婚礼》（*Mariage de Figaro*）至今仍在法国和世界戏剧舞台上久演不衰。

19 世纪是法国政治上最动荡的时代，也是法国文学史上最辉煌的时代。浪漫主义、批判现实主义、自然主义和象征主义等文学流派相互交错、大放光彩，为人类的文化宝库留下了许多不朽名著和精彩篇章。鉴于浪漫主义还是 19 世纪法国文学的源头，其他一切文学流派都是由浪漫主义孕育和分化出来的，因此 19 世纪理所当然地被称为法国文学的“浪漫主义的世纪”。

19 世纪上半叶，法国浪漫主义文学占据主导地位。法国浪漫主义虽然思想倾向不同，却有着共同的艺术特征，即崇尚自由和幻想，注重抒发个人的感情，极力描绘自然风光，做到借景抒情、情景交融，同时取材于基督教和中世纪以来的法国历史，以及当时国内外的现实生活，从而摆脱了古典主义清规戒律的束缚。浪漫主义一大功绩是丰富发展了小说体裁，使小说从“二等公民”登上大雅之堂，如雨果的《巴黎圣母院》（*Notre-Dame de Paris*）、《悲惨世界》（*Misérables*）和《海上劳工》（*Travailleurs de la mer*），大仲马的通俗历史小说《三个火枪手》（*Trois Mousquetaires*）和《基督山伯爵》（*Comte de Monte-Christo*），女作家乔治·桑（George Sand）的田园小说《魔沼》（*Mare au diable*）、《孔叙埃洛》（Consuelo）特别受人青睐。在诗歌方面，雨果的《东方集》（*Préface des Orientales*）和《惩罚集》（*Châtiments*），拉马丁的《沉思集》（*Méditations Poétiques*）和《新沉思集》（*Nouvelles Méditations Poétiques*）都是浪漫主义的作品。

在戏剧剧本方面，雨果的《欧那尼》（*Hernani*）也被打上了浪漫主义的烙印。

19世纪下半叶占据主导地位的是批判现实主义文学，如司汤达的《红与黑》（*Rouge et le Noir*）和《帕尔默修道院》（*Chartreuse de Parme*）、巴尔扎克的《人间喜剧》（*Comédie Humaine*）从不同的角度深刻反映着当时的社会风貌，反映了当时各阶层的私人生活、巴黎生活、外省生活、军队生活、农村生活和政治生活，不仅在法国文学史上，而且在世界文学史上也占据极其重要的地位。福楼拜的《包法利夫人》（*Madame Bovary*）、梅里美（Mérimée）的《卡门》（*Carmen*）和《高龙巴》（*Colomba*）、小仲马（Dumas fils）的《茶花女》（*Dame aux Camélias*）、中短篇小说家莫泊桑的《羊脂球》（*Boule de Suif*）和《一生》（*une Vie*）等，揭露了资本主义社会的丑恶和腐败。罗曼·罗兰（Romain Rolland）作为批评现实主义和人道主义作家，诞生于19世纪下半叶，其主要作品产生在20世纪上半叶，如长篇巨著《约翰·克利斯朵夫》（*Jean-Christophe*）和《母与子》（*Mère et fils*）。

19世纪末，以左拉为代表的自然主义作家则用科学家的眼光来审视客观世界的发展。左拉创作的《鲁贡－马卡尔家族》（*Rougon-Macquart*），是继《人间喜剧》之后的长篇巨著，其中重要的有《小酒店》（*Assommoir*）、《萌芽》（*Germinal*）等，反映了法国劳动人民的悲惨生活。这个时期，法国还产生了巴黎公社文学，如公社诗人欧仁·鲍狄埃的《国际歌》（*International*）。还出现了如兰波（Rimbaud）、马拉梅（Mallarmé）等象征派诗人，科学幻想小说家凡尔纳（Verne）及其脍炙人口的《气球上的五星期》（*Cinq semaines en ballon*）、《海底两万里》（*Vingt mille lieues sous les mers*）、《神秘岛》（*Île mystérieuse*）等。

3. 现代文学

19世纪末，法国诞生了现代主义文学（又称先锋派或现代派）。它的基本倾向是反传统、非理性。它在思想内容和艺术表现上都对传统文学，尤其是传统现实主义文学有所悖逆。它从个人的角度全面地否定社会的倾向，表现出极端冷漠、残酷、自我中心的思想感情，贬低自我，无法把握自我，对自我感到陌生的特点。在艺术特征上，它广泛运用暗示、象征、荒诞、变形、意识流、黑色幽默等手法，以发掘人的内心奥秘，再现主观化了的世界图景，揭示某种抽象的哲理。先锋派或现代派，在19世纪后期肇始法国文坛后，20世纪20~30年代和50~60年代出现了两个高潮。

一战后，法国文坛上最先是产生了达达主义文学流派，它否定一切传统的写作技巧，企图以文字堆积的方式进行创作。之后，达达主义演变成为超现实主义，认为可以不用任何艺术和思维的定式，把梦幻中看到和体验到的一切绝对真实地写下来。这些超现实主义文学家大多是法国年轻的作家，如布勒东（Breton）等。30年代末，存在主义文学流派盛行起来。在这期间，法国主要的作家有普鲁斯特（Proust）、马尔罗、萨特、安德烈·吉德（André Gide）、阿拉贡（Aragon）等。普鲁斯特是法国意识流小说的鼻祖之一，他以一种直接再现“心路历程”也即精神生活过程的手法创作，其长篇小说《追忆消逝的年华》（*À la Recherche du Temps Perdu*）成为新兴文学形式发轫的一大标志。马尔罗著有《人类的处境》（*Conditions Humaines*），吉德著有《伪币制造者》（*Faux-Monnayeurs*），萨特著有《恶心》（*Nausée*）、《墙》（*Mur*）等小说，阿拉贡著有《巴勒的钟声》（*Cloches de Bâle*）、《高等住宅区》（*Beaux Quartiers*）。

二战中，法国诞生了抵抗文学。许多作家如阿拉贡、马尔罗等积极参加抗德斗争，并化名在地下报纸和刊物上发表文学作品，揭露德国法西斯占领者的暴行，激发人民的抗德热情。在这期间，存在主义文学继续活动，如阿尔贝·加缪（Albert Camus）创作了《局外人》（*Étranger*）。此外，安托万·德·圣-埃克苏佩里（Antoine de Saint-Exupéry）于1942年出版的童话小说《小王子》（*Petit Prince*）风靡世界，被译成270种文字和方言，多次再版，至今全球发行量已达5亿册，被誉为“阅读率仅次于《圣经》”的最佳书籍。

4. 当代文学

二战后，法国是获得诺贝尔文学奖最多的国家，从一个侧面证明当代法国文学在世界文坛上依然占据十分重要的地位。当代法国文学的发展大体上可以划分为三个时期。

（1）二战后至50年代中期。抵抗文学继续存在并出版了大量的作品，揭露法西斯的罪恶，颂扬抗德的英雄和人民，对战后出生的一代人有很大的影响，如阿拉贡的六卷本长篇小说《共产党人》（*Communistes*）。存在主义文学依然风靡一时，如萨特的《理性的年代》（*Âge de Raison*）、《境地》（*Situations*）等，加缪的《鼠疫》（*Peste*）。加缪因《鼠疫》而获得1957年诺贝尔文学奖。此外，这个时期现实主义和自然主义创作手法的传统小说、戏曲和诗歌也出现了不少的作品，如马尔罗的《沉默的声音》（*Voix du silence*）。保持古典主义风格的传统戏剧剧本有萨特的《肮脏的手》（*Mains Sales*）和《可尊敬的妓女》（*Putain Respectueuse*）等。

（2）20世纪50年代中期至80年代。也被称为“现代性文学”时期。在这个时期，法国文坛上多种思潮和多样流派并存，新一代作家不断地涌现，但由于没有哪种流派占主导地位，故作品的内容、形式、风格和创作手法都与过去不同，都朝多元化的方向发展。其中，新小说流派认为艺术形式是最根本的，如萨罗特（Sarraute）的《天象仪》（*Planétarium*）、《黄金果》（*Fruits d' Or*），克洛德·西蒙（Claude Simon）的《风》（*Vent*）、《草》（*Herbe*）等，罗布-格里耶（Robbe-Grillet）的《橡皮》（*Gommes*）、《金三角的回忆》（*Souvenirs du Triangle d'Or*）等。在诗歌方面，法国出现了现代派，如被称为人民诗人的普雷韦（Prévert）的《歌词集》（*Paroles*）等在国际上产生了很大的影响。在戏剧剧本方面诞生了新先锋派或称为荒诞派剧本，如贝凯特（Beckett）的《等待戈多》（*En Attendant Godot*）和《最后一局》（*Fin de Partie*）、约内斯科（Ionesco）的《犀牛》（*Rhinocéros*）和《饥与渴》（*Soif et la Faim*）等。先锋派剧本主要表现人和世界的荒诞性。

（3）20世纪90年代至今。也被称为后现代性文学时期。在这个时期，随着现代派小说的衰落，法国文学走上了通俗之路：一些作家向现实主义靠拢；而一些作家开始创作自传小说；另一些作家热衷于寻根，恢复用历史题材进行创作；还有的作家笃信宗教和写宗教作品。格拉克（Gracq）发表的《阿戈尔城堡》（*Château d'Argol*）说明他已从荒诞小说家向传统主义的创作方法转变。杜拉斯（Duras）的自传体通俗小说《情人》（*Amant*）在她于1996年去世后终于被广大读者接受。在新一代法国作家中，有许多多才多艺并已经成名，作品累累，如索莱尔（Sollers）、帕特里克·莫迪亚诺（Patrick Modiano）、奥塞纳（Orsenna）等。当代世界范围内最畅销的法国作家马克·莱维（Marc Levy）推出了《偷影子的人》（*Voleur d'Ombres*）、《比恐惧更强烈的情感》（*Sentiment Plus Fort Que La Peur*）等一系列作品，温柔、浪漫、风趣。

进入21世纪，在欧洲普遍存在文学疲软的情势下，法国文学可谓风景独好。随着20世纪末法国现代派文学的没落，21世纪法国通俗小说崛起。法国民意调查所在2013年发现被调查人员中有17%至少写过一部小说，每年出版的小说（包括法文小说和外文小说）在500部以上，说明21世纪法国文学有着肥沃的土壤。老一辈作家还在笔耕不辍，年轻作家尤其是“80后”作家不断涌现，外国裔作家特别惹眼，女作家的创作依然保持好势头。文学作品继续宣扬多元文化价值，文学出版繁荣，创作题材多样。书写历史题材和被历史遗忘的小人物或大人物身边的小人物成了主流，以真实存在的人物为主人公的外向虚构作品渐成规模，如西蒙·利贝拉蒂（Simon Liberati）的《爱娃》（*Eva*），与自我虚构作品平分秋色，如克里斯蒂娜·安戈（Christiane Angot）的《假日一周》（*Une Semaine de Vacances*）和《不可能的爱》（*Amour Impossible*）。有评论认为，这是法国小说逐渐回归纯虚构的兆头，如阿涅丝·德萨尔特（Agnès Desarthe）的《这颗变动的心》（*Ce Coeur Changeant*）被认为是法国小说向纯虚构回归的突出代表。后起之秀还有吉耶·勒加尔迪涅（Gilles Legardinier）、米榭·卜熙（Michel Bussi）、侯曼·普耶多拉斯（Romain Puertolas）等。2015年在巴黎发生的两次恐怖袭击事件重创了法国人的心灵，文学是首先用来抵抗的武器和疗伤的方式，涌现了一批聚焦伊斯兰宗教和文化的文学作品。例如，米歇尔·维勒贝克（Michel Houellebecq）的《屈服》（*Soumission*）、纪尧姆·米索（Guillaume Musso）的《此刻》（*Instant Présent*）、马克·莱维的《她和他》（Elle et Lui）。

每年8~11月迎来法国一年一度的“文学回归季”，一大批新文学作品如潮水般集中上市。2018年面市的567部小说中，381部为法语小说，其中包括94部处女作，另有186部翻译小说。当今，在“文化例外”旗帜的指引下，法国文学家追求的是风格独特、技巧创新和个性张扬，他们对潜意识的挖掘、对概念的演绎、对心理的刻画甚至对知识的卖弄，书写着法兰西和海外的故事。

正因为法国文学在欧洲乃至世界的影响力和感染力，截至 2014 年，在 111 位诺贝尔文学奖获奖者中，就有 15 位法国作家，占比超过 10%，高居世界各国之首。2014 年，莫迪亚诺的作品由于“捕捉到了二战法国被占领期间普通人的生活”，以“唤醒了对最不可捉摸的人类命运的记忆”而获得诺贝尔文学奖。他是在继承传统小说的基础上，吸收了现代派文学的手法，创作出了一系列融现实主义与现代主义于一体的新型历史小说。他的代表作有《暗铺街》（*Rue des Boutiques Obscures*）、《环城大道》（*Boulevards de Ceinture*）等。他的作品已被翻译成 36 种语言，被翻译成中文的有《暗铺街》《八月的星期天》《青春咖啡馆》《地平线》。事实证明，法国依旧盛产高水准作家，而将他们的作品简单地归为几种主义，已很难全面概括璀璨辉煌的当代法国文学。

为了繁荣文学和鼓励创作，法国每年颁发的文学奖项高达 1500 种，其中最权威的几大文学奖都集中在每年 10 月底至 11 月初颁发，如著名的法兰西学院小说大奖（Grand prix du roman de l’ Académie française）、龚古尔文学奖（Prix Concourt）、雷诺多文学奖（Prix Renaudot）、费米娜文学奖（Prix Fémina）、美第西文学奖（Prix Médicis）、联合文学奖（Prix Interallié），因而每年这个时期被称为法国的文学奖季。2018 年，获得法兰西学院小说大奖的是卡米耶·帕斯卡尔（Camille Pascal）的《四个国王的夏天》（*Été des Quatre Rois*），获得龚古尔文学奖的是尼古拉·马蒂厄（Nicolas Mathieu）的《他们的孩子追随他们》（*Leurs Enfants Après Eux*），获得雷诺多文学奖的是瓦莱丽·芒托（Valérie Manteau）的《田野》（*Sillon*），获得费米娜文学奖的是菲利普·朗松（Philippe Lançon）的《碎片》（*Lambeau*），获得美第西文学奖的是皮埃尔·居约塔（Pierre Guyotat）的《白痴》（*Idiotie*），获得联合文学奖的是托马·B. 勒韦迪（Thomas B. Reverdy）的《不满意的冬天》（*Hiver du Mécontentement*）。这些评奖活动让我们看到法国文学依然保持着它的丰富面向和创作活力。

此外，法国文化部于1957年设立“法国勋章”，以表扬在文学界或艺术界有杰出贡献的人物，或在世界范围内为宣传法国文化做出突出贡献者，尤其看重他们在法国文艺界的知名度和影响力。法国勋章分为司令勋章、军官勋章、骑士勋章三个等级。迄今为止，超过50位华人获得过这样的荣誉。

二　电影与戏剧

1. 电影

法国是电影的起源国。1895年12月28日，法国吕米埃兄弟（Lumière）在格朗咖啡馆（Grand Café）首次放映了用胶片拍摄的纪录片《工厂的大门》，宣告了世界上第一部电影的诞生。吕米埃兄弟被誉为现代电影之父，法国也成为第七艺术的摇篮。1897年梅里哀（Méliès）创办了世界上第一家电影制片厂，自此以后，电影逐渐成为法国文艺的主要形式。

一战前后法国电影业一直处于世界的前列，20世纪20年代由于美国的竞争走向萧条。为了重振法国电影，1926年巴黎艺术博览会期间举办了国际电影节，开创了国际电影节之先河。电影评论家路易·德吕克（Louis Delluc）发起组织电影俱乐部运动，并以他为中心创立了一个电影流派——印象派。他们不注重影片的故事情节，着重于气氛的创造。他们摄制的影片一般具有诗意的画面、强烈的表现力、以风景或背景作为影片重要表现手段、使用自然主义与主观主义的表现手法或象征主义的比喻手法，如《无家可归的女人》（*Femme de Nulle Part*）。印象派电影对20年代现实生活所持有的直率的感觉方式的表现，实际上是对法国文学中现实主义的继承，从而开创了法国电影现实主义的优秀传统。

20世纪20年代中期，以达达主义和超现实主义为主题的先锋派电影成为法国影坛的新潮，其代表人物有导演勒内·克莱尔（René Clair）等。达达主义的电影没有主题，没有情节，纯粹是一种形式主义的游戏，追求奇异效果的怪诞表演。之后出现的超现实主义电影强调潜意识和心理分析，表现梦幻世界，追求诗意和强烈的效果。他们的代表作有《幕间》（*Entracte*）、《诗人的血》（*Sang d'un Poète*）等。

20 世纪 30 年代，法国电影复苏并得到较大的发展。它形成了一个称为诗意现实主义的流派，即梦或幻想与现实世界结合在一起，自然主义的文学传统与浪漫主义或象征主义的手法结合在一起，充满诗意的画面（特别是大自然的景象）和现实生活的景象或社会底层的生活情景结合在一起。对影片主题的重视，对人物性格的着意刻画，使他们的影片常带有深刻的社会意义。主要代表人物是导演雅克·费代（Jacques Feyder），其代表作是《大西岛》（*Atlantide*）、《英雄的节日》（*Kermesse Héroïque*）等。诗意现实主义一直延续到 1945 年。

二战后，法国电影建立了以导演为中心的体制，从而使电影业有了较大的发展。50 年代末，法国同时涌现了一大批新浪潮和左岸派影片。新浪潮派反对传统电影的做法，如倒叙、反打镜头、背景放映法、划入划出、叠化等，广泛使用短镜头、移动摄影、画外音、内心独白、自然音响和从人物背后拍摄，画面具有相当的真实感。著名导演有弗朗索瓦·特吕弗（Francois Truffaut）、让-吕克·戈达尔（Jean Luc Godard）等，前者的代表作有《四百击》（*Quatre Cents Coups*）等，后者的代表作有《精疲力尽》（*À Bout De Souffle*）等。这个时期，法国著名的演员有布丽吉特·巴多（Brigitte Bardot）、伊夫·蒙唐（Yves Montand）、阿兰·德隆（Alain Delon）等。新浪潮对法国电影乃至世界电影都有很大影响。

左岸派因其成员都住在巴黎塞纳河左岸而得名。他们并没有组成学派和团体，只是一批保持长久友谊关系、艺术趣味相投并在创作上相互帮助的文学作家，故又称为作家电影。作家电影的共同点是把电影看作一种加强文学的表达方式，其导演们重视剧本和导演手法，注重细节的描写，探索人的内心世界，在人们对战争的灾难、原子弹的威胁和对世界的荒谬反应中寻找题材。其成员有导演阿兰·勒奈（Alain Renais）、新小说派作家玛格丽特·迪拉斯（Marguerite Duras）等，前者的代表作有《广岛之恋》（*Hiroshima, mon Amour*），后者的代表作有《她说要摧毁》（*Détruire, Dit-Elle*）、《印度之歌》（*India Song*）。左岸派也追求个人风格，不拘守传统电影手法，因此，他们的电影常常归为新浪潮范畴。虽然作家电影流派持续的时间不长，但他们的主张及其作品对于电影现代性的开拓具有重要的意义与影响。

20 世纪 70 年代，法国电影受到电视和美国电影进口的冲击又进入萧条。为了重振昔日的雄风，法国政府对电影业采取扶植政策，并建立了较为完善的电影管理体制，加大对电影业的资助，在电影生产、发行、放映和出口方面给予优惠，规定美国电影放映的比例，同时电视台和一些同文化机构有关的私人公司也提供资助，从而使法国电影从 90 年代开始走出低谷。

20 世纪 80 年代以来，法国电影流派纷呈，各自探索不同的表现手法，并开始注重现实和情节。在众多的导演中，其作品个性化比较突出的有贝特朗·塔韦尼耶（Bertrand Tavernier）及其影片《乡村的一个星期天》（*Un Dimanche à la Campagne*）、贝特朗·布利耶（Bertrand Blier）及其影片《冷餐会》（*Buffet Froid*）等。高品位影片的导演如让－保罗·拉珀诺（Jean-Paul Rappeneau）、克洛德·贝里（Claude Berri）及其影片《萌芽》（*Germinal*），深受法国人的欢迎。喜剧影片的导演有若西亚纳·巴拉斯科（Josiane Balasko）、米歇尔·勃朗（Michel Blanc）、让－马里·普瓦雷（Jeau-Marie Poiré）等，让－马里·普瓦雷的代表作《参观者》（*Visiteurs*）在 1993 年获得众多好评。还出现了新浪漫主义的电影，其代表作有让－雅克·阿诺（Jean-Jacques Annaud）导演的《熊》（*Ours*）、《情夫》（*Amant*），吕克·贝松（Luc Besson）导演的《尼基塔》（*Nikita*）等，这些影片在表现浪漫主义情调的同时，寄托了一种回归传统人性观的道德理想。此外，新一代导演仍在不断涌现，如奥利维耶·阿萨亚（Olivier Assayas）、萨米埃尔·邦谢特里（Samuel Benchétrit）、纪尧姆·卡内（Guillaume Canet）等。今天的法国明星有热拉尔·德帕尔迪厄（Gérard Depardieu）、安德烈·迪索利耶（André Dussollier）、樊尚·卡塞尔（Vincent Cassel）、伊莎贝尔·阿贾尼（Isabelle Adjani）、让·雷诺（Jeau Reno）、塞德里克·克拉皮斯（Cédric Klapisch）、安娜·穆格拉莉丝（Anna Mouglalis）、朱丽叶·比诺什（Juliette Binoche）等。

2017 年，法国生产了 300 部影片，在法国本土的电影市场占有率为 28.6%，自 20 世纪 80 年代以来有很大的提高。其中，法国艺术电影成为法国文化业的标志，成为法国“文化例外”的象征。2017 年，法国拥有 2046 家电影院和 5913 个放映厅，在欧洲排名第一，全球排名第四。法国所有的放映厅，包括巡回影院都完成数字化，从而使法国成为世界上第一个完成影院数字化的国家。2017 年，法国影院吸引观众为 2.092 亿人次，在欧洲国家中排名第一。

2017 年，法国是仅次于美国的世界第二大电影出口大国，海外观众达 2.09 亿人次。其中，法国名导吕克·贝松自编自导的影片《超体》，海外观众达 5370 万人次，是近 20 年来海外成绩最好的一部法国电影。西欧地区仍是法国电影最大的海外市场，亚洲连续第二年超越北美地区，成为法国电影的第二大海外市场。2014 年，法国电影在中国市场的表现尤其出色，8 部输出影片即取得超过 1700 万观众人次的好成绩。

法国有属于法国文化部旗下的两个半官方电影领导机构：法国国家电影中心（CNC）和法国电影对外传播协会。前者的职责主要是指导电影生产、发行、放映以及与外国在电影方面合作。经费来源主要是依靠征收全国电影发行收入税。后者的主要活动为对外宣传法国电影、推动其在世界的传播。

法国全国约有 150 家制片公司，绝大部分属中小制片商。只要经过法国国家电影中心注册批准，即可进行拍片活动。影片主要通过 5 大发行网来发行影片，它们是高蒙公司、百代公司、UGC 公司、巴拉弗朗兹公司、AMLF 公司。这些公司各拥有 100 ~ 200 家影院，尤其是巴黎一些主要的大影院，是最大的几条发行系统，控制着全国的电影发行。

法国共有 4 个保存电影文化遗产的机构：法国国家电影中心电影档案处、法国电影资料馆、图卢兹电影资料馆、大学电影资料馆。法国电影资料馆是法国历史最长、世界最著名的电影资料馆。该馆收藏有 5 万多部影片、2.5 万部电影史上有价值的原版纪录片、100 多万幅剧照、1 万册电影书籍以及大量海报、广告、布景、剧本和各种刊物。

法国国立视听传播研究所，其任务为收集与发行视听资料、培训专业人员、从事研究工作。法国最著名的电影教育机构为巴黎高等电影学院，创立于 1943 年。其资金由国家提供，学制为四年，一般每年招收 150 名学生。除此之外，法国电影界还有众多的工会、同业公会、电影俱乐部，它们都为促进法国电影的发展起着一定的作用。

法国国内电影的最高奖——凯撒奖（César Awards），有“法国奥斯卡”之称，由法国电影艺术与技术学会和法国电视二台合作主办评选。它以法国著名雕塑家巴勒达西尼·凯撒的名字命名（因凯撒奖奖座由他设计）。始于 1976 年，每年一届。首届设 13 个单项奖，即最佳法国片、导演、编剧、男女主角等。1982 年开始增设最佳处女作奖。1984 年又增设最佳男女青年演员希望奖。2018 年第 43 届法国电影凯撒奖宣布，法国影片《每分钟 120 击》（120 *Battements Par Minute*）获得了最佳影片奖在内的 6 大奖项。此外，法国还举办戛纳国际电影节、法国国际影评人大奖等。

法国与中国早就开始电影的交流与合作。从 2011 年开始，中国在法国每年都要举行电影节，截至 2016 年已经举办了六届中国电影节，吸引法国的观众越来越多。与此同时，法国也在中国举办法国电影节，使中国观众加深了对法国的认识。

2. 戏剧

法国 9 世纪开始出现戏剧，主要有宗教剧和世俗剧两种戏剧形式。15 世纪，法国戏剧行会纷纷出现，推动了世俗戏剧的发展。15 ~ 16 世纪，宗教戏剧日渐式微，从而出现了以喜剧为主的市民戏剧与贵族文人戏剧的分化。17 世纪，法国古典主义戏剧占主导地位，高乃依是古典主义戏剧的创始人。1625 年左右出现巴洛克喜剧，以滑稽怪诞著称，反映了市民个性解放的观点。莫里哀是古典主义时期现实主义喜剧的创建者。他既是剧作家、剧团经理，又是导演、演员。他创作了几十部喜剧。以狄德罗和伏尔泰为代表的启蒙戏剧的共同点是借笔下人物直接传播启蒙思想，而博马舍喜剧的出现意味着古典主义喜剧向近现代喜剧的过渡业已完成。这一时期，巴黎的重要剧院有法兰西喜剧院、意大利喜剧院和喜歌剧院。舞台上的一项重大变化是：自中世纪宗教戏剧演出沿用下来的并列置放布景被取消，改为按幕按场改换布景。舞台机械装置有所发展，灯光照明亦有改进。

19 世纪，法国浪漫主义戏剧占据戏剧舞台。浪漫主义戏剧要求创作自由，强调个人感情，借历史传统题材反映社会现实。浪漫主义戏剧代表作家是雨果等。伴随着浪漫主义戏剧的发展，导演出现了。画家、服装设计家为使演出更接近于真实也作了贡献。浪漫主义戏剧还对歌剧、芭蕾舞剧产生了深远影响。但是，浪漫主义戏剧本身却具有不同倾向，在题材和形式方面都随心所欲，例如题材有历史、风俗、家庭、爱情，体裁有历史剧、情节剧和哲理剧等等，所以浪漫主义戏剧只能是昙花一现，1843 年雨果的《城堡里的伯爵》上演失败之后，浪漫主义戏剧就被各种风俗喜剧、主题喜剧、讽刺喜剧、历史喜剧、通俗喜剧和滑稽剧所取代，此时涌现出欧仁·斯克里布（Eugène Scribe）、欧仁·拉比什（Eugène Labiche）和埃德蒙·罗斯丹（Edmond Rostand）等一批喜剧家。

19 世纪末至 20 世纪初，法国戏剧领域产生了各种流派、思潮，尤其是象征主义、超现实主义、达达主义、神秘主义对法国戏剧影响最为突出，在表演和导演方面对后世具有深远影响。以安德烈·安托万（André Antoine）为首的一批导演和演员通过舞台艺术实践做出重大贡献。安托万于 1887 年创建的自由剧院强烈地追求真实，全面革新舞台的各种形式。吕涅－波厄（Lugné-Poe）于 1893 年创办的“作品剧院”（Théâtre de l'OEuvre），向法国观众介绍了象征主义和神秘主义戏剧。还有对超现实主义、现代黑色幽默派以及荒诞派戏剧均有影响的阿尔弗雷德·雅里（Alfred Jarry）以闹剧《于比当大王》（*Ubu Roi*）闻名于世。

二战后，法国戏剧的新思潮和新流派不断涌现，形成一个多元共存、互相碰撞、互相吸收的局面。著名导演让·维拉尔（Jean Vilar）领导的大众化的、民族的戏剧，与原有的传统节目（即古典剧目）并存。20 世纪 60～70 年代，法国诞生了大量的现代剧种，如生活戏剧、荒诞戏剧、边缘戏剧、咖啡戏剧等，反映了法国各种文艺流派和思潮。荒诞剧又称为反戏剧，其代表作有《等待戈多》等。与此同时，法国涌现了一批著名的戏剧导演，如安托万·维泰（Antoine Vitez）。他虽然于 1990 年早逝，但培养了新一代演员，都能够承担起从莫里哀到雨果、从阿拉贡到克洛代尔（Claudel）剧本的演出任务。

20世纪80年代，法国剧作家的阵容越来越庞大，每年都有10多部新作品面世。戏剧的通俗化和大众化倾向更加突出。20世纪末至21世纪初，法国戏剧主张革新形式，在实验室上演，导演和剧作家轮流担当主角和配角，故事情节似有若无，观众可有可无，重要的是要实现戏剧理想——真实而深刻地再现人类心灵的运行轨迹，从而使当代法国戏剧成为耐人寻味的“文学魔术”。

法国拥有国家级戏剧中心42个，常规的演出公司170个，接受津贴的演出公司398个。总之，自20世纪80年代以来独立的演出公司增长了3倍，已经超过千个大关。2016年，法国戏剧大约演出1728场戏，观众约为82.8万人次。法国每年都举办国内或国际戏剧艺术节，达十几个之多，最著名的有阿维尼翁戏剧节和南锡世界戏剧节。从2011年起，中国戏剧界每年都要选派戏剧参加阿维尼翁戏剧节的“中国日”活动，从而进一步提高了阿维尼翁戏剧节的国际影响力。法国戏剧作品近年也登上了北京青年戏剧节的舞台，走向中国观众，从而促进法中两国文化的交流。

法国拥有六个国家级的剧院：在巴黎有法兰西喜剧院、奥代翁欧洲剧院（Odéon，théâtre de l'europe）、夏乐宫国家剧院（Palais de Chaillet）、巴士底歌剧院（Opéra de la Bastille）、东巴黎人剧院。外省有马赛国家剧院和斯特拉斯堡国家剧院。法兰西戏剧院专门演出保留的古典节目和当代最优秀剧作家的作品。此外，法国还拥有众多的私营剧院，仅在巴黎就有近60家。

三　音乐与舞蹈

1. 音乐

法国音乐的渊源可以追溯到公元前最早居住在法国本土上的凯尔特、高卢等部族的民间音乐。公元前后，罗马人、法兰克人先后占领高卢，哥特人侵入法国西南部，勃艮第人侵入东南部，都带来各自的文化。上述这些部族的音乐，成为法国音乐文化发展的基础。

中世纪，法国音乐的主要形式是歌唱。16世纪，法国音乐得到繁荣发展。代表法国人文主义精神的音乐体裁是世俗的歌谣曲，它反映了市民阶层的爱好，表现了法国式的简洁流畅和描绘性，从而确立了法国音乐的民族性。17 ~18 世纪上半叶的古典主义时期，法国音乐处在巴洛克风格时期，让 - 菲利普 · 拉莫（Jean-Philippe Rameau）和弗朗索瓦 · 库伯兰（Francois Couperin）一同构建了法国巴洛克音乐的辉煌，两者都是拨弦古钢琴领域出色的作曲家，创作以悲歌剧为主的音乐和歌曲。18 世纪下半叶，法国音乐由悲歌剧为主的音乐和歌曲转变成喜歌剧的音乐和歌曲。其中，严肃喜歌剧宣扬人的高贵与卑贱不取决于他的出身，而取决于个人的品质，为法国大革命时期的“拯救歌剧”作了准备。

法国大革命时期，法国音乐走向街头广场，出现了革命群众庆祝活动的露天演出，从而诞生大量的音乐和歌曲，如工兵上尉鲁热 · 德利勒（Rouget de Lisle）于 1792 年 4 月 26 日创作了举世闻名的《马赛曲》（*Marseillaise*），鼓舞着革命人民向专制君主和封建势力进行斗争。弗朗索瓦 - 约瑟夫 · 戈塞克（François-Joseph Gossec）创作了 20 多部交响曲，成为法国交响音乐的奠基者。在歌剧方面，出现了歌颂英雄的“拯救歌剧”，其主要内容是代表封建恶势力的阴谋终不能得逞，受迫害的一方总能在悲剧的最后一刻被拯救出来。法国大革命时期音乐的群众性、社会性和伦理性，给后来的音乐艺术以巨大影响。

19 世纪，法国音乐进入繁荣和缤纷的时期，先后出现浪漫主义音乐、印象主义音乐、现实主义音乐。巴黎已经成为欧洲音乐文化的中心，许多国家的音乐家如肖邦、帕格尼尼、李斯特等都被吸引到这里来。柏辽兹（Hector Louis Berlioz）是标题音乐创作的浪漫派作曲家，著有《罗密欧与朱丽叶》（*Roméo et Juliette*）等交响乐，其特点表现在突出舞台效果和标题性，并把莎士比亚、拜伦、歌德等古典文学大师笔下的人物形象带到音乐中来，恢复了法国大革命时期的群众性、民主性的艺术传统。德彪西（Achille-Claude Debussy）是印象主义音乐的创始人，著有《大海》（*Grande Mer*）等。他将法国印象派艺术手法运用到音乐上，创造出了其别具一格的和声，其音乐对以后的作曲家产生了深远的影响。比才（Georges Bizet）的《卡门》（*Carmen*），标志着法国现实主义歌剧的诞生，使 19 世纪法国歌剧艺术达到顶峰，它也是当今世界上演率最高的一部歌剧。在巴黎公社时期，工人作曲家皮埃尔·狄盖特（Pierre Degeyter）于1888年谱写了《国际歌》（*Internationale*），成为国际无产阶级的传世之作。

20世纪初，巴黎成为世界音乐创作中心。法国音乐呈现丰富多彩，不断创新的景象。埃里克·萨蒂（Erik Satie）和由著名的青年作曲家组成的“六人团”在两次世界大战之间的法国乐坛上是耀眼的明星，他们一反印象主义流派的创作方法，崇尚通俗、轻快和简单的音乐，但缺乏深刻的内涵。奥利维耶·梅西昂（Olivier Messiaen）把本国和外国的音乐、大自然和宗教结合起来，创作出富于灵感和理论思考的作品，从而推动了法国当代音乐的发展。此外，30年代电子合成音乐开始出现并得到了发展。

二战后，梅西昂的学生皮埃尔·布莱（Pierre Boulez）在老师的影响下发起和推广奥地利作曲家创造的12音列音乐，从而形成了以布莱为首的12音列音乐学派，并支撑起现代和当代法国古典音乐的辉煌。与此同时，法国其他形式的音乐，如电声音乐、摇滚乐、爵士乐、源于阿尔及利亚的通俗音乐、吟快板（以快节奏念出歌词）等都受到听众的欢迎。自20世纪90年代起，法国音乐开始了“复古”，推崇巴洛克时代的音乐，即用最简单的乐器演奏16～18世纪中叶的作品。近几年来，歌剧重新受到法国音乐爱好者的青睐。

目前，法国有4300所音乐专门机构，其中著名的有凡尔赛巴洛克音乐中心、国家歌曲和综艺遗产中心、国家爵士乐中心、摇滚乐信息中心。法国有100多所各种类型的音乐院校，学生约有50万人。法国还有14个交响乐团，约3000个小型乐团。法国拥有2万多名音乐家、歌唱家和舞蹈家。每年举办250次音乐、歌剧和舞蹈会演。最著名的有巴黎交响乐团、巴黎歌剧院乐团。1988年落成的巴士底歌剧院安装有最现代化的设备，拥有2700个座位。

法国还经常举办各种音乐比赛，其中著名的有每年一届的巴黎国际音乐比赛。从1982年6月21日起，每年这一天举办法国音乐节。在“全球唯一一个跨越国界、语言和文字障碍的节日”里，所有专业、非专业的音乐人或团体走上街头，向公众免费展示自己的音乐艺术，还可以见到你喜欢的音乐家、著名的歌星和音乐界名人，他们都将在音乐节上免费为人们演唱。法国音乐节已经被全世界许多国家接纳，每年在五大洲 110 个国家的 340 多座城市举行。从 2013 年起，法国音乐节作为“法中文化之春”的组成部分来到中国。

2. 舞蹈

芭蕾是来自法语的 ballet 的译音，诞生于意大利文艺复兴时期，在法国发扬光大。16 世纪以来，法国王宫每逢节日或宴会都要举行舞剧表演。18 世纪上半叶，芭蕾逐渐从歌剧中分离出来，成为独立的节目。18 世纪末至 19 世纪初，法国诞生了第一部以现实主义为题材的芭蕾舞剧《无益的谨慎》（*Fille Mal Gardée*），第一次在舞台上塑造了普通农民的形象。19 世纪，法国芭蕾受到了浪漫主义的影响，产生了许多流传至今的作品，如称为“芭蕾之冠”的《吉赛尔》（*Giselle*），还有《葛蓓莉亚》（*Coppélia*）、《希尔薇亚》（*Sylvia*）等。19 世纪中叶，原在民间流传的“康康舞”（*Cancan*）被搬上舞台，它融古典、现代和时尚为一体，呈现法兰西的浪漫气息。

20 世纪，法国的芭蕾得到了长足的发展，涌现出一些新的剧目。特别是二战后，诞生了一些著名的编导，开拓了新的芭蕾艺术领域，如马吉·马兰（Maguy Marin）及其作品《灰姑娘》（*Cendrillon*）。20 世纪 70 年代，以舞蹈家多米尼克·迪皮伊（Dominique Dupuy）和美籍舞蹈家吉罗姆·安鲁斯（Jérôme Andrews）为代表的法国现代舞先锋共同推出了“法式现代舞”，开创了一种全新的舞蹈形式。20 世纪 90 年代起，法国舞蹈已经突破了古典与现代的严格划分观念，长期保留优秀传统和自己舞蹈风格的巴黎歌剧院芭蕾在世界闻名的舞蹈大师克洛德·贝西（Claude Bessy）的推动下也起了变化。近 20 年来成立的新舞蹈团不断地推陈出新。莫里斯·贝雅尔（Maurice Béjart）以自己的风格创造了舞蹈新天地。90 年代的法国舞蹈新风格通过出国访问或举办国际舞蹈比赛在世界上产生了重要的影响。康康舞作为巴黎红磨坊每天的必演节目，吸引着来自世界各地的游客争相观看，流连忘返。法国著名的芭蕾舞团有香榭丽舍芭蕾舞团、巴黎芭蕾舞团和巴黎歌剧院芭蕾舞团等。法国著名的舞蹈学院有巴黎国立音乐舞蹈学院。

此外，法国还拥有民间舞蹈，特别是地方民间舞蹈，具有浓郁地方风格。

四 美术与雕塑

1. 美术

法国绘画艺术历史悠久，在世界美术史上占有极其重要的地位。中世纪，法国绘画与大多数欧洲国家一样，具有鲜明的宗教性。圣经故事、宗教人物是画家们的主要表现对象。17～19世纪，法国绘画艺术经历了从古典主义、浪漫主义、现实主义到印象主义的创作演变过程，产生了许多流派，涌现了相当数量的世界闻名的绘画大师，创作了题材广泛、内容丰富、风格迥异的历史画、肖像画、宗教画、风俗画、风景画和静物画。作品以油画为主，从各个侧面反映了这几个世纪法国的政治、社会和历史。这个时期的著名画家和代表作有古典主义绘画的奠基人尼古拉·普桑（Nicolas Poussin）及其代表作《阿尔卡迪的牧人》（*Bergers d'Arcadie*）、雅克·路易·大卫（Jacques Louis David）及其作品《马拉之死》（*Marat Assassiné*）；浪漫主义绘画主将欧仁·德拉克鲁瓦（Eugène Delacroix）及其代表作《自由引导着人民》（*Liberté Guidant Le Peuple*），这幅宽3.25米、高2.6米的巨幅油画展现了法国1830年七月革命的雄伟场面，创作出现代法国美术史上第一幅具有浓厚政治色彩的优秀革命作品；此外，还有现实主义绘画代表人物让-弗朗索瓦·米勒（Jean-François Millet）、印象主义绘画代表人物保罗·塞尚（Paul Cézanne）等，不一而足。塞尚、保罗·高更（Paul Gauguin）、樊尚·威廉·梵高（Vincent Willem van Gogh）作为法国后印象派三大巨匠，对现当代绘画的发展有着非常深远的影响。

19世纪末至20世纪中叶，巴黎成为世界各国画家荟萃之地，法国成为现代绘画艺术各种流派诞生的源头：正是在巴黎的蒙马特尔（Montmartre）和蒙帕纳斯（Montparnasse）地区的绘画工作室里，涌现了从立体派到野兽派、从抽象派到超现实主义、从现代派到传统派，总称为巴黎画派，巴勃罗·吕兹·毕加索（Pablo Ruiz Picasso）则是该派的领袖。他一生经历了印象主义、立体主义、新古典主义、新现实主义等流派，死后留下油画 1885 幅和素描 7089 幅，对西方现代艺术流派影响极大。此外，爱德华·马奈（Édouard Manet）是印象主义画派的先锋，保罗·塞尚被称为“现代美术之父”，马塞尔·迪尚（Marcel Duchamp）是超现实主义画派的代表人物，亨利·马蒂斯（Henri Matisse）是野兽派的代表人物。

二战后初期，新现实主义绘画占了上风。20 世纪 50 年代中叶后，法国美术主要有超现实主义和抽象主义。属于抽象主义的塔希主义画派（Tachisme），代表人物有尼古拉·德·斯塔埃尔（Nicolas De Staël）、让·迪比费（Jean Dubuffet）等人；超现实主义的主要代表是让·福特里埃（Jean Fautrier）。50 年代以后，法国画派纷呈，其中较有影响的画家和画派有：波普艺术的马夏尔·雷塞（Martial Raysse）、奥普艺术的维克多·瓦萨雷利（Victor Vasarely）、概念和人体艺术的伊夫·克莱因（Yves Klein）。现今活跃在法国画坛上的画家如贝尔纳·莫尼诺（Bernard Moninot）等。

为了促进美术事业的发展，法国政府建立国立法兰西美术学院，并设置助学金，大力培养美术人才；建立美术成就奖，奖励有创新的画家；创立激励基金以便资助画家举办个人画展或出版个人画集。此外，法国的壁画和漫画也在世界美术中占据重要的地位。

法中两国在美术上的交流早在 17 世纪就开始了，18 世纪交流更加频繁，有些美术史家认为洛可可风格的形成受到中国艺术的影响。著名洛可可画家弗朗索瓦·布歇（Francois Boucher）画过四幅中国油画。18 世纪法国籍传教士艺术家王致诚（Jean Denis Attiret）、贺清泰（Louis Poirot）等把西洋画法（透视和明暗法）传入中国，为东西方的美术交流做出了贡献。19 世纪末和 20 世纪初，中国艺术对西方诸流派艺术颇有影响，中国赴法国学习美术的人络绎不绝，如徐悲鸿、刘海粟、林风眠、刘开渠、吴作人、吴冠中等都曾在法国得到深造。20 世纪后期以来中法两国艺术交流更加频繁，相互举办艺术展览会。来华的法国 19 世纪风景画展览、法国 250 年绘画展、法国现代艺术展及许多艺术家的个展给中国人民留下了极深刻的印象。

2. 雕塑

法国雕塑艺术如同绘画艺术一样源远流长。18 世纪以前，法国雕塑基本上与建筑结合在一起，成为建筑物的附属品。18 世纪下半叶，法国雕塑从建筑艺术中分离出来，成为独立的艺术形式。在历史上，法国雕塑如同建筑艺术形式一样，在各个时期受到巴洛克、洛可可、古典主义、浪漫主义、现实主义等思潮的影响。作为古典主义雕塑的代表人物让－安托万·乌东（Jean-Antoine Houdon）创作了一大批雕塑像，特别是历史名人的雕塑像，如《伏尔泰》《莫里哀》《华盛顿》和《富兰克林》等。

19 世纪，浪漫主义雕塑大师弗朗索瓦·吕德（François Rude）在巴黎凯旋门上创作了《马赛曲》浮雕。19 世纪 30 年代，奥古斯特·罗丹（Auguste Rodin）把法国雕塑艺术推向顶峰，为后世留下了许多不朽的雕塑作品，如《思想家》（*Penseur*）、《巴尔扎克》等。在巴黎，许多建筑特别是古代建筑，如凡尔赛宫、卢浮宫、先贤祠和巴黎圣母院等都有琳琅满目的雕塑，从而使这些建筑成为十分完美的艺术品。在公园、庭院、道路两旁、广场、塞纳河桥上都耸立着琳琅满目的雕塑，令人目不暇接。

二战后，法国雕塑进入了现代化和多元化的时期，除了传统的石雕、木雕外，还创造了许多过去从未见过的形式，如集合艺术、废品雕塑等。诞生了新一代雕塑家，如塞萨尔·巴尔达契尼（César Baldaeeini）、阿尔曼（Arman）、路易·迪朗（Louis Durand）等。路易·迪朗是超现实主义的艺术家。他在新概念的基础上发挥想象，重塑新的日常生活雕塑形式。他致力于把现代科技和新材料运用于当代雕塑艺术中，保留了幽默、娱乐性、青春本色与激情。

法国政府为了扶植雕塑艺术，给予艺术家创造施展才华的条件，规定城市及其建筑必须以雕塑、壁画等进行装饰，并提供一定数量的补贴。法国政府在对历史建筑重新改造时吸收雕塑家参加。正因为如此，法国城市及其建筑充满艺术家的作品，具有极高的文化艺术品味。

五 文化设施

法国拥有各种各样的博物馆1200家，国家级的博物馆34家，珍藏着400万件艺术品。被称为“博物馆城”的巴黎有国家和市属博物馆80多家，其中国家级的博物馆15座。

雄踞榜首的自然是卢浮宫。它以收藏的40多万件重要的艺术珍品闻名于世：有古希腊和古罗马的艺术珍品，其中《维纳斯女神》（*Vénus*）雕塑以其神态优美动人、雕刻技巧之精妙给人无限的遐想；有古代东方艺术珍品；古代埃及艺术珍品；欧洲中世纪、文艺复兴时期和现代的艺术珍品；14～19世纪法国和欧洲国家著名的各种流派绘画作品，其中《蒙娜·丽莎》（*la Joconde*，*ou Portrait de Mona Lisa*，别名《永恒的微笑》）的神秘的、永恒的微笑使人产生丰富的联想和无穷的回味。蓬皮杜文化艺术中心是大众文化活动的场所，其所属的国家现代艺术博物馆（Musée nationale d'art moderne）收藏现代艺术珍品。奥赛博物馆是法国近代艺术博物馆，主要收藏从1848年至1914年间的绘画、雕塑、家具和摄影等艺术珍品。凡尔赛宫的国家历史博物馆收藏大量珍贵的肖像画、雕塑、巨幅历史画和其他艺术珍品。巴黎市现代艺术博物馆（Musée d'art moderne de la ville de Paris），主要收藏20世纪野兽画派、立体派、达达派、超现实主义、新现实主义和巴黎画派的作品，数量达8000余件，包括法国主要现代画家和雕塑家不同流派的各类创作成果。在法国外省，里昂美术博物馆拥有6300件展品，仅次于卢浮宫。总之，法国的博物馆种类繁多，展品琳琅满目，争奇斗艳。

目前，法国拥有1300个享有国家资助的独立演出公司和表演团体，360个被授予国家标签的文化机构以及4000多个艺术节。法国还积极发展群众性的文化活动，在全国各地都建有文化之家、文化活动中心，它们既是文化艺术创作场所，又是群众进行文化娱乐活动的基地。青年与文化之家经常举办各类讲座和学习班、歌舞晚会、电影晚会、文化展览等。大型演出一般在露天广场或多功能体育馆内举行。在巴黎，蓬皮杜文化艺术中心广场是音乐演奏、杂耍等群众艺术表演之地，圣心大教堂旁边的蒙马特尔广场是露天大画室。

法国拥有1.6万座公共图书馆、图书站，覆盖全国83%的人口。在巴黎，最大的图书馆是法国国家图书馆，拥有3000万种书籍，其中包括40多万份期刊，30多万卷古代、近代和现代的手稿。蓬皮杜文化艺术中心内设公共参考图书馆，拥有30万卷开架书籍、1万张唱片，以及各种电影和录像。读者可以随意翻阅图书和观看电影或录像。每个省都设有一个外借图书馆，并在全国各地设立21000个借阅点，其中17000个为固定点，4000个为流动点，由流动图书车进行服务。2017年1月14日，法国文化部举办首届“阅读之夜”活动，近2万家图书馆、图书站和书店延长开放时间并举办文化活动，吸引了大批民众参与。

为了充分利用这些文化设施、文化遗产和实行文化普及教育，法国近年推出如下的新措施：第一，巴黎和外省的100处文化古迹，每月第一个星期日向公众免费开放（夏季除外）。第二，包括卢浮宫在内的34个国家级博物馆每月第一个星期日向公众免费开放（凡尔赛宫等每年4～10月旅游旺季除外）。第三，国有历史古迹向18岁以下青少年免费开放。第四，国立戏剧院每周四的演出票价统一实行优惠价。第五，每年9月的第三个周六和周日为“国家文物开放日”和“欧洲文化遗产日”，观众可以免费参观1.7万处景点与建筑物，其中包括总统府、总理府、国民议会、参议院、外交部、文化部、巴黎市政厅等政府机构。第六，给18岁年轻人发放价值500欧元补助的“文化卡”（passe culture），用于他们的文化开支，包括观赏节目（音乐会、剧院、博物馆、电影院等）门票、艺术学习课程、视频游戏（应会设立适用“标签”）、文化旅游（譬如考古周、艺术职业启蒙周）、数字媒体、网上音乐或视频平台的订阅等。

第四节　体育

一　体育概况

二战前，法国是体育强国之一，在世界近现代体育史上占据重要地位。法国教育家和历史学家皮埃尔·德·顾拜旦男爵（Baron Pierre De Coubertin）是奥林匹克运动的创始者，对推动世界体育的发展有重大历史功绩。他发起奥林匹克运动会，并亲自主持制定国际奥委会章程，设计了奥林匹克会徽、奥林匹克会旗。他借用他的好友亨利·迪东（Henri Didon）参加体育运动的口号“更快，更高，更强”于1900年在巴黎奥运会上首次使用，此后这句话被奥委会确定为奥运会的格言。他在1896～1925年长时间担任国际奥林匹克委员会主席。因此，顾拜旦被誉为“现代奥林匹克之父”。

正是在顾拜旦的“体育兴国”和“奥林匹克精神”的激励下，法国在二战前举办过第2届和第8届夏季奥运会以及第1届冬季奥运会。法国在这两届夏季奥运会上分别获得总分第1名和第3名。二战前，法国体育运动一直处于世界前6名。

二战后，法国重振体育运动，50～60年代大规模建设体育场馆和体育设施，从而为发展体育创造了有利的条件。法国还于1968年和1992年举办过两届冬季奥运会，1998年举办过足球世界杯比赛，所有这些都极大地推动了法国体育事业的发展。

20世纪90年代以来，法国约有3/4的男性和1/2的女性经常从事某项体育锻炼，即平均每4个法国人中有1人经常参加锻炼。法国人喜爱足球、橄榄球等集体体育项目，也喜爱滑雪、滑冰、赛艇、网球、高尔夫球等竞赛体育项目，还有些法国人嗜好探险或冒险性体育项目，如自行车越野、远足、登山、滑翔等。2016年，法国家庭用于体育的开支占全年文化、娱乐开支的13.4%。法国被称为“爱好体育的国家”。

正因为体育运动在法国有着广泛的群众性基础，所以在体育运动中涌现了许多优秀人才，在国际体育项目比赛中取得较好的成绩。在2016年里约第28届奥运会上，法国获得42枚奖牌，其中金牌10枚、银牌18枚、铜牌14枚，奖牌数名列第七位。总之，法国在足球、田径、帆船、柔道、击剑、汽车等国际比赛项目中都能出好的成绩。在2018年平昌第23届冬奥会上，法国获得15枚奖牌，其中金牌5枚、银牌4枚、铜牌6枚，奖牌数名列第9位。法国又赢得了2024年奥运会的举办权。

为了提高体育运动水平，近年来，法国采取了一系列措施，如制定国家关于发展体育的各项政策法令，健全政府体育机构，加强学校体育和业余训练，改组体育学院，把高水平运动员（即国家队）的训练放在法国国家体育运动学院，使训练、教学与科研密切结合，举办国际性体育比赛，开展国际体育交流。

二　体育体制与体育组织

1. 体育体制

法国体育实行官方和民间相结合的管理体制。在官方方面，青年与体育部是管理体育的最高行政机构，该部下设办公厅和 4 个司、处：青年与社会教育活动司；体育运动司；行政管理处；设备总务处。法国青年与体育部任命各大区和省的青体部领导人。省以下设有专门的体育行政机构，每个市都有 1 名副市长专管体育工作。

在民间方面，全国奥林匹克和法国体育委员会（Comité national Olympique et sportif français，CNOSF）领导和管理单项运动联合会。单项运动联合会领导体育协会，管理 1600 个比赛许可证持有者，其中一半属于奥林匹克比赛项目的许可证持有者。体育协会下设俱乐部。

青年与体育部与全国奥委会和法国体育委员会一起进行统一规划和领导，组织建设大型体育场馆设施，举办各种体育运动比赛。地方政府（主要是省和市镇）和民间团体可以开办各类体育设施和体育运动。

为了弥补体育经费的不足，法国建立体育基金会，通过该基金会发行体育彩票、发起社会捐助等筹集经费。

2. 体育组织

法国拥有许多不同等级的体育学校和体育学院，其中最著名的是国家体育和身体训练学院（Institut national du sport de l'expertise et de la performance，INSEP）。该学院专门培养参加奥运会、世界级锦标赛、欧洲体育比赛的运动员。其建筑面积有 8 万平方米，可开展 38 个运动项目，包括田径、划船、羽毛球、自行车、骑马、击剑、美式足球、体操等，其中28个项目为奥运项目。每年，法国体育协会和体育项目联合会都输送一批有培养前途的运动员到这里进修，以便进一步提高。

由青年与体育部资助的单项运动联合会就有150个，其中主要有：法国足球联合会、法国网球联合会、法国自行车联合会、法国马术联合会、法国柔道联合会、法国篮球联合会、法国排球联合会、法国乒乓球联合会、法国橄榄球联合会、法国高尔夫球联合会、法国潜水联合会、法国游泳联合会、法国田径联合会、法国滑冰联合会、法国滑雪联合会、法国体操联合会、法国独木舟联合会、法国滚球联合会、法国滑翔联合会等，不一而足。

三 体育设施与体育项目

1. 体育设施

法国不仅学校体育设施非常完备，而且公共体育设施建设也很到位。其中，最著名的体育设施法兰西体育场（stade de France）、韦洛德隆体育场（stade de Vélodrome）、罗兰·加洛斯体育场（stade de Roland Garros）。

法兰西体育场位于法国巴黎市郊的圣但尼，是一个具有多种用途的大型运动场地，可容纳8万名观众。它主要用于足球、橄榄球和田径比赛，也可举办大型音乐会和各类大型演出。体育场的看台下部（2.5万个座位）可以移动。当进行田径比赛时，只要把下、中部之间的平台降下去，下部看台就可向后退15米，露出田径跑道和跳跃运动场地。这部分看台就像装在一部大滑轮车上，可以推前推后。活动看台的底部装有气垫，以保护跑道。按照目前的设计，一旦出现紧急情况，场内观众可在15分钟内疏散到安全地方。

罗兰·加洛斯体育场在巴黎西部，以在一战中为国捐躯的空中英雄罗兰·加洛斯的名字命名。该体育场共有23个场馆，最大的中央球场最多能容纳1.5万人同时观赛。每年法网国际大满贯比赛就是在这里举行。此外，巴黎还有顾拜旦体育馆、王子体育馆等。

2. 主要体育项目

在法国各项体育运动项目中，足球、环法自行车比赛、滑雪、网球、赛马、国际汽车比赛、帆船运动最受法国人的关注和欢迎。

法国是国际足球联合会发起国之一，又是世界杯足球和欧洲杯足球的创始国。足球是法国人参与最多和最受欢迎的运动。“10个法国人有9个会踢足球”，这是法国人挂在嘴边又引以为傲的一句话。平日里有近2000万人踢足球，在法国足协注册的足球运动员将近300万人。20世纪末至21世纪初，法国国家足球队是世界足球史上第一支“世界杯冠军+欧洲杯冠军”双冠王队，也是全世界唯一取得过“所有男子国家队冠军锦标”的国家队。一时间，“蓝色”（法国足球队蓝色队服）浪潮席卷了全球。蓝衣军团先后于2006年获得足球世界杯亚军，2016年获得欧洲杯亚军。2018年7月15日，蓝衣军团在俄罗斯举行的足球世界杯决赛中以4比2战胜克罗地亚国家足球队夺得冠军，“高卢雄鸡”斗败“巴尔干雄鹰”，时隔20年再次捧回大力神杯。一时间，法国举国欢腾，球迷们用欢呼和泪水表达他们对年轻、多元化的法国足球队的“绝对热爱”。足球成为法国的“社会纽带”，提高了法国民众的士气，增强了法国民众的集体身份认同，促进了法国经济增长。蓝衣军团的夺冠也改变了世界足球的格局。法国著名的足球明星是20世纪50年代的朱斯特·方舟（Just Fontaine），80年代的米歇尔·普拉蒂尼（Michel Platini），90年代的齐内丁·亚兹德·齐达内（Zinedine Yazid Zidane），现在是安托万·格里兹曼（Antoine Griezmann）、基里安·姆巴佩（Kylian Mbappé）等。目前法国设有14所足球培训学院，优秀的青少年球员经过培训学院的学习、选拔后进入职业俱乐部，成为职业球员。其中，培养出最多明星球员的就是法国国家足球学院。

骑自行车也是法国人喜爱的运动之一。从1903年7月1日开始举办环法自行车比赛（tour de France），每年都举行一次。比赛路线大体上是沿着法国六边形国土环绕一周，约有4000公里。环法自行车比赛吸引了世界各国高手前来参加，具有国际性。在比赛期间，法国人沿途夹道观看和欢迎，其场面十分壮观。在比赛中，穿黄色领衫的运动员为总成绩第一，绿衫运动员是冲刺积分第一，圆点衫运动员是爬坡积分第一，白衫运动员是最年轻参赛车手。

法国网球公开赛简称“法网”（Internationaux de France，简称Roland-

Garros)，1891 年开始创办，1925 年成为国际性的网球大满贯赛事。它每年 5 月和 6 月之间在巴黎罗兰·加洛斯球场举行。该网球场是红土球场，标志着红土赛事中的最高荣誉。由于红土场地球速较慢，且男子单打比赛采用五局三胜制，因此参加比赛的选手需要有着超群的技术和惊人的毅力。每年的法国网球公开赛都会吸引众多著名的球员参赛。2017 年，法国男子网球队以 3 比 2 战胜比利时获得戴维斯杯网球团体赛冠军，这是法国队史上第 10 个戴杯冠军。

达卡拉力赛（Rallye Dakar，简称 Dakar）从法国一路横跨到非洲，堪称全球难度最大的赛事之一。在超过 8000 公里的赛事中，选手们必须通过恶劣的地形、气候等种种考验，才能完成比赛。比赛分成摩托车组、汽车组以及卡车组。虽然名称是拉力赛，不过大部分的赛段是远离公路的，需要穿过沙漠、河流、泥浆地、草丛以及岩石等艰难的路段，每天大约要跑 700 公里，对选手的身心都是一大考验。

法国盛行航海文化，单人帆船航行尤其被看成挑战极限的代表，而极为受追捧。法国航海家埃里克·塔巴利（Éric Tabarly）于 1964 年到 1976 年期间两度拿下航海界著名赛事“单独横渡大西洋竞赛”的冠军头衔，写下航海史上最高里程数的纪录，同时终结英国人在这一领域的“霸主”地位。从此，法国帆船运动尤其是单人帆船环球航海称霸世界。

滑雪是法国人冬季喜爱从事的一项体育运动。每年冬天假期，成千上万的法国人背着雪橇到阿尔卑斯山和其他滑雪场地开展滑雪运动。正是在群众性滑雪运动的基础上，法国涌现了许多滑雪好手，并在国际滑雪比赛中获得优异的成绩。

四　国际体育交流

2014 年初，法国提出体育外交理念并出台了《体育外交行动计划》。计划确定了体育外交五大工作目标：提升法国举办世界重要体育赛事的国际吸引力；在国际体育机构中增加法国代表的名额；充分发挥法语作为奥运会官方语言的作用，扩大其应用范围；在体育活动中推崇法国价值理念；帮助法国企业进入海外体育市场。根据计划，中国是实施法国体育外交的重点国家之一。

法国每年都要举办国际性体育比赛，开展体育交流。除了最著名的环法自行车比赛、法网公开赛、达卡拉力赛外，每年还举办其他的国际体育赛事，从而促进了国际体育交流。此外，国家体育和身体训练学院与40多个国家开展体育交流，并接受外国留学生前来进修。法国许多城市的体育学院和体育协会，也积极地与许多国外体育院校和体育组织建立关系，开展体育项目的培训和交流。2024年，法国巴黎将举办第33届夏季奥运会和第17届残奥会，这意味着巴黎成为继伦敦之后第二个三次承办夏季奥运会的国家。根据计划，巴黎2024年奥运会和残运会将创办成为奥运史上第一届团结包容的运动盛会，将围绕零失业、零贫困和零碳放的“三零”目标而展开。

第五节　新闻出版

一　新闻出版简史

法国启蒙思想家在同法国封建专制斗争中，提出了言论和出版自由的口号，同时为传播革命思想和制造革命舆论创造条件。法国大革命伊始，法国革命活动家高举法国启蒙思想家的理性大旗，推动当时的议会通过许多有关保障新闻、出版和言论自由的法律和法令，《人权宣言》第11条指出，“自由传达思想和意见是人类最宝贵的权利之一；因此，各个公民都有言论、著述和出版的自由……”关于出版自由和言论自由的法律和法令犹如洪水，冲破了封建法规的禁锢，报纸、期刊、书籍和宣传品如雨后春笋般大量涌现。

此后一个多世纪，凡实行大资产阶级专政或独裁，都对言论和出版进行严格的限制，或者干脆取消出版和言论自由，实行新闻检查制度，严密控制报刊的出版。第三共和国建立后，1881年7月通过的《新闻自由法》，规定只需向警方申报便可以办报，公民有权建立出版社、经营出版事业和新闻事业、从事出版和新闻活动、自由地从事记者职业。这就基本上结束了一个多世纪对法国出版和新闻的严密控制，使法国报刊大量地涌现，书业也繁荣起来。同年，法国报业集团颁布了《记者公约》。19世纪末至20世纪初，法国出现的新报刊达60多种。1922年，巴黎建立了第一家私人无线电广播电台。1935年，法国在埃菲尔铁塔上设置了第一个电视台。

1945年，法国报业全国联盟发表《报业自由权利与义务宣言》，使新闻出版界的职业权利义务得到了保障。二战后，诞生了许多新的报刊，如《世界报》《解放了的巴黎人报》《法兰西晚报》等。1973年，法国颁布了政府和新闻工作者共同遵守的《新闻公约》，进一步确认新闻和出版的自由，政府保障新闻的独立并确保不被操纵和垄断，政府对报业集团提供财政资助等。

1981年社会党执政后，立即对传播媒介进行了大刀阔斧的改革：允许地方设置私营广播电台，放弃国家对视听的垄断，保证出版的多样性和透明度，保护记者的地位和采访自由。1986年，法国推行了一系列自由主义改革：决定法国电视一台、法国电视广播公司、法国电视电影摄制公司私有化，再次重申出版自由，保证出版业资金来源的透明，限制报刊的垄断，给予出版和新闻的平等和竞争。这些改革大大地放宽了政府对传播媒介的控制，标志着法国传播媒介的发展进入了一个新时期。

法国新闻出版十分发达，新闻、传播媒体和舆论承担着监督和批判的职责，被称为"第四权力"。新闻出版具有如下的特征：第一，多样化。有出版物、无线电广播、电视、互联网、民意测验和调查报告等。第二，官方与私营并存。无论是新闻媒体、出版物、广播台、电视台，都有官方举办和私人经营之分。第三，依附性和独立性并存。法国主要的通讯社、广播电视机构依附国家和政府，但也存在不依附官方、党派和利益集团的新闻出版机构。第四，由于历史上的原因，法国至今没有一部新闻法，但是，法国有行业制定的《新闻公约》来规范和约束自己。

二 新闻与出版的管理体制

1. 新闻的管理体制

为了保证通信手段的独立性，1989年成立了视听最高委员会，它监督广播和电视企业遵守法律规定的义务，负责分配广播和电视频率，促进广播和电视的自由竞争，任命国家广播公司和国家电视公司的董事长，捍卫法兰西语言的纯洁性，保护儿童不受视听的毒害，就广播和电视向政府和议会提出意见和建议，对违反法规的广播和电视企业进行处罚，直至命令停止播放。

法国还通过法律手段对新闻进行管理。法国的《竞争法》《关于新闻多样化和公开性的法律》规定了新闻的特点和发展方向，而新闻行业制定的《新闻公约》和1971年欧洲六国报业工会通过的《新闻记者的责任和权利宣言》规范了法国新闻和记者的律条，包括新闻记者采访和报道新闻的原则，职业道德，新闻记者的义务、权利和生活保障。

2. 出版的管理体制

法国是政府和行业协会共同管理出版事务。法国文化与通信部的图书与阅览司，主管图书的创作、出版、发行和阅览各环节的工作。该机构主要是制定出版政策，主管图书进出口，对全国的出版与阅读活动进行指导与资助，制定有关法规，与行业组织及出版社创设各种图书奖。图书与阅览司还掌握着一笔资金，通过国家出版中心资助作者、出版商、书商和图书馆等。法国政府设立了“图书文化基金”支持图书出版业。

法国最主要的行业协会有全国出版协会、法国书业联谊会、法国书商协会联合会、法国书商联合会等。国外出版行业协会的作用非常广泛，归纳起来主要是维权、服务、沟通、公证和监督等。

三　报刊与通讯社

1. 报刊

2015年，法国各类报刊共有4124种，其中，面向全国发行的政治与综合新闻报刊126种，地方发行的政治与综合新闻报刊428种，专门报刊1981种，专业与技术报刊1292种，免费新闻报纸184种，免费广告报纸113种。

值得注意的是，法国出现了《地铁报》（*Metro*）、《20分钟报》（*20 Minutes*）、《新闻通道》（*CNews*）这样全国性的免费报刊。它们免收费用，获取方便，内容精练，反应迅速并贴近生活，版面生动，从而受到法国民众的青睐。免费报刊通常都放在人流比较集中的地方，如地铁站、机场、大型商场和超市、酒吧及咖啡馆等地，对传统报刊发动了一次革命。2016 年，《20 分钟报》日发行量为 93.3 万份，《新闻通道》日发行量为 91.4 万份，《地铁报》日发行量为 74.5 万份（2014 年）。它们都超过了当年法国著名的收费纸质报纸的日发行量。

法国纸质刊物读者的数量在电视、网络等激烈竞争下总体上有所下降，销售额减少，财务拮据。在这样的困境下，有些报刊如《法兰西晚报》停刊，改为电子版。但是，更多的报刊则是开始了新一波所有权转换浪潮，不断地改版，以便适应读者的口味，使报刊获得新生。与此同时，法国报刊不断推出网站检索、社交网络，创造新媒体。

法国著名的报纸主要有：

《世界报》（*Le Monde*） 创刊于 1944 年 12 月。法国第二大全国性综合日报，也是法国在海外销售量最大的日报。该报为世界报报业集团（Groupe Le Monde）所有。该报属于“中左”倾向。主要读者是法国和法语国家地区的政、经、知识界及专业人士。该报内容全面，信息量大，报道严肃，深层报道和评论、政要专访比较多，措辞讲究。其国际时评言简意赅，有较强的权威性和参考价值，颇受各方关注。该报在国际问题上反映法政府立场。该报紧盯热点，紧随潮流，独家视角，深度解读。该报改版后，增加了欧盟版、经济生活版，扩大了体育版等，版面更加美观大方，从而融知识性、趣味性、信息量、可读性于一体，内容独特，版式新颖，好看耐读。该报拥有近 200 名编辑记者，在全球 30 多个国家派遣常驻或特约记者。该报创刊历史不算长，但在全球命名为《世界报》的好几家报纸中就数它的名声最大，在世界上有很大的影响。2016 年拥有 280 万读者，日发行量为 27.3 万份。

《费加罗报》（*Le Figaro*） 创刊于 1854 年，1866 年改为日报，是法国历史最悠久的日报，也是法国第一大全国性综合日报。该报为马塞尔·达索兴业集团（Groupe industriel Marcel Dassault）所有。该报属于中右观点。该报纸的主要读者是有一定知识文化的保守派，如工厂主、商人、经理、政府官员、上层知识分子等。它的座右铭是“倘若批评不自由，则赞美亦无意义”（博马舍剧作语）。该报政经类新闻占据报纸最大比重，以真实性、权威性与严肃性著称于世，从而使该报新闻报道及言论具有较高公信力和参考价值。该报纸重视社论专栏，文风优雅严谨。该报与《中国日报》合作，推出法文版《中国国家形象专刊》。该报2016年拥有200万读者，日发行量为31万份。

《解放报》（*Libération*） 由哲学家让-保罗·萨特于1973年创办，反映了左翼的心声。主要读者定位在中年知识分子。该报为报刊媒体参与集团（SAS Presse Media Participation，PMP）所有。2015年该报全面改版，分为权力与反权力、空间、未来、思想、文化、生活作风等栏目。2016年拥有130万读者，日发行量为7.6万份。

《巴黎人报》（*Le Parisien*）和《法兰西今日报》（*Aujour d'hui en France*） 前者创刊于1944年，原名《解放了的巴黎人报》，1986年改为现名。该报为法国奢侈品集团酩悦·轩尼诗-路易·威登（LVMH）所有。该报主要报道巴黎和法兰西岛大区的新闻，语言通俗，内容贴近生活，很受当地人的欢迎。该报于1994年向全国发行其姐妹报《法兰西今日报》。2016年共拥有226万读者，日发行量共为34.1万份。

《人道报》（*L'Humanité*） 1904年创刊，原为统一社会党的机关报，1920年成为法共的机关报。《人道报》表达法共的立场和观点，反映法国工人阶级的愿望和要求。读者多为党的活动分子和产业工人。该报1930年首次组织人道报节，此后每年举行。2016年拥有39.8万读者，日发行量为3.8万份。

《十字架报》（*La Croix*） 创刊于1883年，是基督教和天主教报纸。该报为巴亚尔报刊集团（Groupe Bayard Presse）所有。该报主要提供与宗教、政治、经济、文化、科学、家庭、运动等相关的讯息。2016年拥有61万读者，日发行量为10万份。

《回声报》（*Les Échos*） 创刊于1908年，是专门刊登经济类的月刊，一战后改为日报。该报为法国奢侈品集团酩悦·轩尼诗-路易·威登为主的回声报报业集团（Groupe Les Échos）所有。该报内容主要包括法国及国际经济金融资讯、股市行情分析、高科技发展趋势介绍，另外，创见版和辩论版提供了一个讨论的平台，由著名的经济学家各抒己见，畅谈经济远景。2016 年拥有 67 万读者，日发行量为 12.9 万份。

《队报》(*L' Équipe*) 创刊于 19 世纪末，是全国性的体育报纸，也是世界上最早的体育日报。该报由法国媒体公司阿莫里报业集团（Groupe Amaury）所有。2016 年拥有 258 万读者，日发行量为 23.4 万份。

上述的全国性报纸中，《世界报》和《十字架报》为傍晚出版，其他都在上午出版。

与全国性报纸不景气相比，法国地方报纸则欣欣向荣。其一，地方报纸设备得到改造，从而降低了报纸的成本；其二，地方报纸采访点和销售点分布广，信息传播快；其三，地方报纸用 40% 的版面刊登地方新闻（20% ~25% 刊登国内和国际消息，25% ~30% 刊登娱乐性文章），很受当地读者的欢迎。著名的地方报纸有《西部法兰西日报》《西南日报》《北方之声》等。

法国著名的综合性期刊有：《新观察家》《快报》《观点》《巴黎竞赛画报》《玛丽安娜》《鸭鸣周刊》《她》。

《新观察家》(*L' OBS*) 创刊于 1950 年，原名《法兰西观察家》，1964 年改为《新观察家》（*Le Nouvel Observateur*），2014 年 10 月 23 日改为现名。该周刊为皮埃尔·贝尔热（Pierre Bergé）、格扎维埃·尼埃尔（Xavier Niel）、马蒂厄·皮加斯（Matthieu Pigasse）三位商人（占 66% 股份）和佩德里埃尔集团（Groupe Perdriel，占 34% 股份）所有。该周刊代表着法国左翼知识分子的观点。内容主要涉及政治、经济、文化等领域，其政治立场偏向社会民主主义。该周刊有政治、世界、我们的时代、经济、文学 - 艺术 - 戏曲等栏目。2016 年每期发行量为 35.9 万份。

《快报》(*L'Express*) 创刊于 1953 年。该周刊实行股份制，为 SFR 传媒集团（Groupe SFR）所有。该周刊为时事政治性新闻周刊。主要面向中高级管理人员和知识阶层。该周刊注重调查性报道和新闻分析，政治倾向属右翼自由派。2016 年每期发行量为 29.3 万份。

《观点》(*Le Point*) 创刊于 1972 年。由阿泰米斯公司（Artémis）控

股。该周刊模仿美国杂志《时代周刊》《周末新闻》的风格，反映保守派和自由派的立场和观点。2016 年每期发行量为 34 万份。

《巴黎竞赛画报》（*Paris Match*） 创刊于 1949 年。该周刊为阿歇特·菲利帕基传媒集团（Groupe Hachette Filipacchi Médias，HFM）所有。作为法国著名的时政类新闻图片周刊，把“生活就是一部真实的历史”作为箴言。该周刊带有右派审美趣味，以图表和文字描绘宫廷秘录、影星名模的生活百态，但在全球主要事件、热点新闻以及法国时事报道领域作风严谨。2011 年每期发行量为 63.3 万份。

《玛丽安娜》（*Marianne*） 创刊于 1997 年。该刊物采取股份制，由伊夫·德谢兹马丹（Yves de Chaisemartin）控股。它以短小精练的文章和辛辣笔调而闻名。2016 年每期发行量在 14.4 万份。

《鸭鸣周刊》（*Le Canard Enchaîné*） 创刊于 1915 年。法国最大的时政讽刺性周刊。该周刊采取股份制，目前为马雷夏尔出版集团和鸭鸣周刊（SA Les Éditions Maréchal -Le Canard enchaîné）所有。该周刊独立自主，具有批判精神。它不刊登广告，文章大多无署名，官网十分简朴潦草，靠销售的收入维持。它刊登社会新闻和讥讽性文章，常常揭发政治界的丑闻，震动法国政治生活。半世纪来抖出了不少政坛、商界猛料，颇受法国民众欢迎。2016 年每期发行量为 35.8 万份。

《她》（*Elle*） 创刊于 1945 年，属于妇女周刊。该周刊为拉加代尔·阿克蒂夫报业集团（Lagardère Active）所有。该周刊主要是中产阶级以上的都市时尚人士，以女性为主，内容涉及时装、美容、健康、娱乐、艺术和生活等各方面。在世界上用 46 种不同的文字发行。2015 年每期发行量在 34.3 万份。1988 年进入中国，名曰《世界时装之苑——ELLE》。

20 世纪 90 年代以来，法国专业性的刊物一直保持强劲的发展势头，每年都要增加数十种新的刊物，特别是休闲刊物和儿童刊物的数量增长十分迅速。著名的经济刊物有《资本》（*Capital*）、《挑战》（*Challenges*）、《企业》（*L'Entreprise*）、《扩展》（*L'Expansion*）、《当代价值》（*Valeurs actuelles*）、《新经济学家》（*Le Nouvel Économiste*）等。科技刊物著名的有

《科学与生活》（*Science et Vie*）、《科学与未来》（*Sciences et Avenir*）等。广播和电视刊物有《电视杂志》（*TV Magazine*）、《电视之星》（*Télé Star*）、《电视休闲》（*Télé Loisirs*）等。妇女刊物有《当代妇女》（*Femme actuelle*）、《费加罗夫人》（*Madame Figaro*）等。家庭和儿童刊物有《父母》（*Parents*）、《儿童杂志》（*Enfant Magazine*）等。此外，还有青少年刊物和大学生刊物80多种，汽车和摩托车刊物15种，摄影和电影刊物9种，美食学和旅游刊物20种，文学、历史和美术刊物11种。

2. 通讯社

主要有法国新闻社（Agence France-Presse，AFP），简称法新社，世界五大通讯社之一。法新社原名“阿瓦通讯社”（Agence Havas），成立于1835年，1944年9月改为现名。它是西方通讯社中资格最老的一个。进入21世纪，法新社改造为股份制公司，具有独立地位的法人企业，按照商业模式运作。根据该社条例规定，法新社应准确、迅速、清晰并完全独立地一年356天、每天24小时向全世界各地发消息，报道世界政治、金融、体育新闻和传送各种图片。

它的领导机构有董事会、高级委员会和财务委员会等。董事会由18名组成，其中5名为报社主任代表，3名为该社选出的代表，2名为法国广播台和电视台代表，3名为财政部长、外交部长和通讯部长任命的官方代表，5名知名人士，董事长则是由董事会选出的非董事会成员担任，任期3年。高级委员会由8名成员组成。财务委员会由审计院两名成员和经济部长任命的一名专家组成。董事会决策，高级委员会监督法新社整体运行并受理职工的申诉和做出处理的决定，财务委员会监督法新社财务运作。该社的内部设新闻部、技术部和总务部。该社总部在巴黎，直接管理和指挥5个地区业务中心。5个地区业务中心是：巴黎中心管理欧洲和非洲业务，华盛顿中心管理北美业务，香港中心管理亚太业务，尼科西亚（Nicosie）中心管理中东业务，蒙得维的亚（Montevideo）中心管理拉美业务。法新社总部和地区业务中心在150个国家设置200个办事处和50个记者站。该社还拥有650种报纸、400多家广播台和电视台、1500家单位和企业。

2016年，法新社雇用2296名职工，其中1513名为记者。2017年，法新社营业额为3亿欧元。该社每天24小时通过各条线路用法语、英语、西班牙语、德语、葡萄牙语、阿拉伯语等6种语言编发新闻稿，使用法语和英语开通脸书官网。进入21世纪，法新社的对外业务已经占全部业务的一半，其中外国官方（政府和地方机构、大使馆、通讯社、公共机构等）的业务占40%。

法新社的技术设施非常先进，拥有多台计算机、无线电发射台及5颗不同功能的人造卫星。用于编稿的显示终端数十台，拥有电传机数千台。

四 广播与电视

1. 广播电视概述

法国广播电视的发展史可分为四个时期：①公私并存时期（1922～1945年）。1921年，法国国家广播电台——巴黎广播电台诞生，标志着法国广播事业的开始。1922年，第一座私营商业广播电台也获得批准开播。1932年，法国在巴黎建立国营电视台，不定期地播放节目。1923年，法国立法规定广播事业由国家垄断，但实际上许多全国性和地方性的私营广播电台在经营，所以在二战前法国广播电视呈现公私并存的体制。②国家集中和垄断时期（1945～1974年）。二战后，法国于1945年颁布法令，确立了国家对广播电视的垄断地位，并成立了直属政府新闻部的法国广播电视局，集中管理广播电台和电视台，以保证国家对广播电视业的控制和垄断。在这种体制下，法国广播电视管理僵化，编排的节目无论内容还是形式都无法满足听众观众的口味，从而引起社会各界不满，要求对这样的管理体制进行变革。③国家垄断分散经营时期（1974～1982年）。1975年，法国颁布法令解散了法国广播电视局，将它统一行使的职权分散移交给了7个新成立的“各自独立的国营公司”。它旨在提高机构的效率，在公营广电事业中进行有限的竞争，减少政府对广播电视的干预。④公私并存和多元化时期（1982～）。20世纪80年代，法国先后颁布《视听传播法》（1982年）、《传播自由法》（1986年）、《广播法》（1989年），表示尊重新闻、广播和电视机构的独立和自由，推行广播电视私有化和多元化，实施广播电视公私并存、中央和地方并举的方针，从而结束了国家垄断广播电视的局面。

法国广播电视具有如下的特点：①尽管开放广播电视、允许私人经营、并给予独立和自由，但是，国家对广播电视进行不同程度的干预。例如，1989 年成立的法国最高视听委员会（CSA）旨在保证和促进广播电视的自由，任命公共广播电台和电视台主要负责人，发放商业广播电台和电视台的频率和频道，对广播电台和电视台播出的内容进行监督。②法国在“文化例外”方针指导下，保持广播电视中法国本土文化的特色、独立性和排他性，遏制外来文化特别是美国文化的侵蚀。③在广播电视节目中坚持本国语言法语的纯洁性，保持法语的崇高地位。

2. 广播

自 1982 年后，法国广播事业有了很大的发展。这是因为，法国广播事业从此保持相对的独立性和自由发展空间，此外广播具有比电视更大的灵活性，可以在就餐、做家务等活动和移动中收听。因此，广播受到法国人的欢迎。

为了改进公共广播事业，法国国家广播电视公司（RTF）内部进行重组，扩大职能。它决定和指导法国广播事业，领导 50 多个广播电台，其中 5 个国家台，39 个地方台，10 多个附属台。5 个国家广播电台，即联播台、文化台、音乐台、蓝色台、法兰西新闻台。法国国家广播电视公司还专门设置法国国际广播电台，全天用 17 种语言向国外广播，还与 68 个国家的电台建立了录音资料交换的关系。

目前，法国有私营电台约 1300 家，主要有卢森堡电台（Radio-Télé Luxembourg，RTL）、蒙特卡洛电台（Radio Monte-Carlo）和欧洲一台（Europe 1）。

3. 电视

法国有 7 家全国性的电视台，其中国营 4 家（电视二台、电视三台、法德文化台、电视五台），私营 3 家〔电视一台、电视六台、电视四台（Canal Plus）〕。在国营电视台方面，法德文化台播放高品位的文化节目，在欧洲拥有很高的收视率。电视五台作为教育台专门播放知识、培训和就业节目。在私营电视台方面，电视一台的市场占有率为 20.2%（2015 年），是法国收视率最高的电视台。电视四台是加密电视台，收费服务，播放电影和体育比赛节目。电视六台主要用于播放文艺和音乐节目。

法国数字电视 1996 年开始起步，2011 年全部覆盖了收看电视的家庭。法国国际电视台用通信卫星向 80 多个国家转播法语和英语电视节目。

此外，法国还拥有 250 家由法国人和外国人主办的有线电视台和卫星电视台。2015 年，法国华人电视台（Mandarin TV）开播。这是法国首家开播的华人全频道电视台，也标志着法华媒体开始跻身当地主流电视传播平台。该电视台播出中法双语节目，是一个 24 小时综合性服务频道。播出新闻、专题、纪录片、电影、电视剧等栏目，为旅法华侨华人和中资企业提供资讯服务，并向法国观众介绍中国发展情况，传播中国文化。

五　图书出版

法国是西欧第三大图书出版国，也是西方第四大图书出版国。2017 年，法国出版图书 104600 种，其中新书 47500 种，重印 57100 种。2017 年，法国总共出版图书 5.23 亿册，其中新书 3.21 亿册，重印 2.02 亿册。与 2000 年比较，2016 年法国出版图书无论新书或重印都有较大的增长，特别是数字图书（占图书市场 5% ~6%）、口袋书、青少年读物、漫画以及人文和社会科学类书籍呈较快的增长趋势。

法国图书出版业在 2008 年经济危机遭到了重创，不过从 2015 年中期开始好转，其主要原因是：①法国人保持着传统的阅读纸质书的习惯，把读书视为最具文化价值的活动。IFOP 的一项民意调查显示：2016 年 55% 的法国人表示一年阅读 1 ~9 本书，17% 阅读 15 本以上，只有 13% 坦承从不阅读。法国各个城市，无论大小，都有与读书节相关的活动。在地铁里、公园内、高速火车或飞机上，人们都可以看到法国人专心致志地读书、看报的身影。在咖啡馆或酒馆，有人以一杯咖啡或一瓶啤酒，就能“煲”好几个小时的“书粥”。读书成为大多数法国人生活中不可或缺的内容。正因为如此，巴黎与其说是浪漫的城市，不如说是一座阅读的城市。②相较其他国家，图书在法国人的日常生活中被作为最重要的文化消费，2017 年法国人用于购买书籍和报刊的支出占家庭文化产品开支的 15.3%，占当年家庭文化产品开支的首位。③每年国家出版协会、刊物、书店及其他机构举办的各种图书沙龙、书评、读者见面会等活动近距离的交流与接触缩短了作者与读者的距离，提高了读者的阅读能力，增强了读者的购买兴趣。④法国政府在财政和税收上支持，实施书店发展计划。

法国是一个出版大国，大小出版社6000多家。根据法国《图书周刊》（*Livres Hebdo*）2016年的排名，法国前五大出版集团是：

阿歇特出版集团（Hachette Livre）　成立于1826年。初期，它出版教科书、词典和小说获得成功。20世纪60~80年代，它连续兼并了国内外的出版公司，从而变为法国和欧洲第一大出版集团和世界第六大图书贸易出版商。它现为拉加代尔母公司（Lagardère SCA）所有。它拥有图书出版完整的产业链，其业务涵盖了图书的策划、创作、设计、出版、印刷、经销、发行等所有环节。它秉持"奉献精品图书"的理念，以"提供多元化的图书产品，保持图书产品的平衡"为市场策略，形成了以大众文学、教育教辅、图文书（含漫画）、著作集、字典、青少年文学等六大板块为核心的图书产品框架。它的国际出版经营活动已经扩大到全球29个国家。2016年，它拥有7268名职工，营业额为22.64亿欧元，占法国图书市场份额为38%。2004年，它在中国出版了《世界时装之苑》《佳人》《家居廊》《健美女性》《名车志》《博》等杂志。2009年，它又以合资方式成立凤凰阿歇特文化发展（北京）有限公司，进入中国图书市场。

埃迪蒂出版集团（Editis）　成立于2004年，是西班牙Planeta母公司的法国分公司。它主要出版一般性文学、教材、教辅和青少年图书等。2015年，它拥有2600名职工。2016年，它的营业额为8.17亿欧元，占法国图书市场份额的14%。

马德里加尔出版集团（Madrigall）　成立于1992年。它主要出版文学、美术、人文科学、青年、生活等图书。2016年，它的营业额为4.37亿欧元，占法国图书市场份额为7%。

勒菲弗·萨吕出版集团（Lefebvre Sarrut）　成立于1930年。其母集团是法国弗罗吉亚集团（Frojia），由勒菲弗家族控股（66%），主要出版法律、法规、税务等专业图书。2015年，它拥有2200名职工。2016年，它的营业额为4.19亿欧元，占法国图书市场份额为7%。

大众媒体－参与出版集团（Média-Participations） 成立于1986年。它专门出版青年读物、生活实用书籍和宗教图书。2016年，它的营业额为3.52亿欧元，占法国图书市场份额为6%。

除此之外，这里特别介绍子夜出版社（Éditions de minuit）。它创办于1941年，其员工不足10人，年出书50多种。就是这样一家再平凡不过的出版社，却出版了萨特、西蒙娜·德·波伏娃（Simone de Beauvoir）、阿兰·罗布－格里耶（Alain Robbe-Grillet）、萨米埃尔·贝凯特（Samuel Beckett）、克洛德·西蒙（Claude Simon）等蜚声世界的著名作家的图书，促使了“新小说派”的诞生，以出版造就了萨米埃尔·贝凯特、克洛德·西蒙两位后来的诺贝尔文学奖作家，并率先在法国出版了一大批反战文学作品，直接或间接导致了20世纪50、60年代西方世界反战思想的爆发。现今，该出版社依然坚持继承原有的出版风格，在推出文学新人方面不吝投入，每年保持着一定比例的新人新作出现，这在法国出版界可谓独树一帜。该出版社与中国的出版社有合作关系。

中国如今已成为法语书籍的最大版权引进国，仅2016年就有2110余部法语作品的版权转让给了中国出版社。法国驻华大使馆于2009年设立了傅雷翻译出版奖，旨在促进法语文学在中国的翻译和传播。每年，傅雷翻译出版奖评选出两部译自法语的最佳中文译作，其中文学类和社科类各一部；自2013年起，还设立了“新人奖”，以鼓励新一代年轻译者。

六 互联网

法国进入多媒体时代要比美国和其周边邻国晚，这是因为法国在相当长的时间一直坚持使用本国开发的视频文字终端，但自1998年法国提出实现社会信息化行动纲领以来，法国的互联网发展就非常迅速。

2006年6月30日，法国议会通过了《信息社会法》。该法律的核心思想是：从法律上明确每个人的权利与责任，保证网上的通信及交易自由和信息传播的安全可靠，努力实现信息社会的民主化。该法律规定：上网内容必须符合法国的国家文化遗产法、著作权法、国际竞争法和道德标准；用户复制下载的范围，严格执行著作权法及其相关法规；对互联网上的域名实行规范化管理；提高电子商务的安全性和可靠性；电子商务应保护消费者的权益，严格执行销售法和合同法，保证服务质量和符合国际商法，提高网上交易的透明度，企业提供的数据资料必须真实可信；承认数码文件的法律价值和承认电子签名与手写签名具有同等的法律效力；实行加密制，公民可以自由地在网上对自己的文件进行加密；遏制止盗版和网上的剽窃行为，保护知识产权。

正是在《信息社会法》的指导下，法国加快了宽带网络建设和互联网的应用推广，从而使全法国公民都能自由地享受和使用互联网。与此同时，法国还通过增加数字公众服务的内容和项目、推动教育机构教学上网等方式，推动互联网的应用普及。法国教育部为此采取一系列措施，包括组织重点院系实现资源共享以建立数字化大学，提高校园、家庭和青少年的上网率，提供培训帮助教师掌握信息技术等。法国还对企业进行数字化普及，对特小型企业采取优惠政策，以促进企业和地区经济的发展。

2016 年，86% 的法国家庭使用互联网，平均每百人中有 83.8 人上网。2016 年，在法国，16～74 岁年龄段中 70% 使用互联网，其中 16～24 岁年龄段中 90% 使用互联网。2014 年，40% 的法国人使用高速的宽带，这是在欧洲最高的覆盖率，宽带下载的速度达到了每秒 110 兆，是其他欧洲国家的 2 倍。法国是一个“互联网＋”的国家，是高度互联互通的国家。

第八章

外　　交

第一节　外交简史

一　戴高乐总统的纵横捭阖独立外交（1958～1969 年）

临时政府时期，以戴高乐为首脑的法国临时政府以实施“法兰西民族复兴”和追寻法国的“大国梦”“强国梦”为宗旨，在外交上“同样还要在全世界恢复法国的地位和伟大”。正是凭借着戴高乐领导的抵抗运动在二战中所做出的贡献，法国作为战胜国分享德国占领区，成为联合国的发起国和联合国安理会常任理事国，分享二战胜利成果。然而，戴高乐在野期间的第四共和国历届政府却参加冷战“大合唱”，追随美国外交亦步亦趋，甘当美国的小伙伴。

第五共和国成立后，作为第一届和第二届总统戴高乐的“雄心大志”，就是坚持追寻法国的“大国梦”“强国梦”，增强法国的硬实力和软实力，在外交上建立起“纵横捭阖的独立自主的外交模式”。

这种外交模式的主要原则是：第一，坚持独立自主。戴高乐认为，“民族之间是有很大差别的，每个民族有自己的灵魂、自己的历史、自己的语言……因而，它们是有权支配自己和活动的权利的”。因此，他指出：在法国外交上“主要的是我们所说的和所做的必须保持独立性。我重新执政以来，这就是我们的规则！”第二，打破美、苏垄断，突破两极格局，使世界朝向多极化的方向发展。戴高乐对苏、美巨头达成瓜分世界的《雅尔塔协定》十分不满，他从不接受和从不支持这个协定，“把两个集团——你们知道我从一开始就这样认为——强加于欧洲，使之造成分裂。……这种分裂是对我们大陆人民事实上的独立权利的永久性的蹂躏”。“从1958年以来，我们法国人坚持不懈地努力来结束两个集团的制度。”他在法国对外关系中积极建立第三种力量，以便抗衡美、苏两大集团。第三，树立法国在国际舞台上的伟大形象，保持法国在国际政治中的大国地位，发挥法国在对外关系中的大国作用。

这种外交模式的主要战略和政策是：对美国既联合又独立，对苏联既坚定又对话；联合美国抗衡苏联，借助苏联制约美国；建立以法德为核心、以法国为领导的“欧洲人的欧洲”；通过“缓和、谅解、合作”逐步实现“从大西洋到乌拉尔的欧洲”，最终走出雅尔塔体制；在法属殖民地实行“非殖民化”，并以“合作”的名义扩大在第三世界的势力和影响，保住非洲，插足中东，重返亚洲，打入拉丁美洲；坚持独立防务，发展独立的核力量。

正是在纵横捭阖的独立自主外交的原则以及战略和政策实施中，法国一改过去的外交面貌，在世界外交大舞台上扮演了一个极其重要的角色，演出了一幕幕绘声绘色的剧目，令世人赞叹和刮目相看。

二　蓬皮杜总统的“后戴高乐”外交（1969～1974年）

作为戴高乐派的继承人，蓬皮杜继承戴高乐外交的基本原则，但改变戴高乐那种高傲和盛气凌人的外交风格，以随和的态度小心翼翼地处理同美、苏两个超级大国的关系，扩大欧洲经济共同体，加强与非洲、亚洲和拉丁美洲的联系和合作。

蓬皮杜对苏、美两个超级大国开展微笑外交，从而改善了同美国一度紧张和僵化的关系，重新活跃停滞中的法苏关系，把戴高乐作出的“称得上大国的国家就没有朋友”的结论改为“称得上大国的国家都是朋友”。他小心翼翼地建立起同两个超级大国的均势，摆平法国在美、苏天平上的砝码。

蓬皮杜一反前任总统执着拒绝扩大欧洲经济共同体的立场，同意接纳英国等国参加欧洲建设，从而为英国、爱尔兰、挪威、丹麦加入欧洲经济共同体扫清了障碍。他还提高了法国在西欧和西方国家中的威信，使法国成为西欧国家的代言人和政治统领。

蓬皮杜加强了法国同法语非洲国家的合作。在中东，法国继续执行联合国安理会242号决议，对以色列实行全面武器禁运，在客观上也支持了阿拉伯国家反对犹太复国主义的斗争。此外，蓬皮杜还加强了同中华人民共和国的交往，进一步发展了法中关系。

三　吉斯卡尔·德斯坦总统的“世界主义”外交（1974～1981年）

吉斯卡尔·德斯坦总统不属于戴高乐派，但他指出：“我将继续维持前两届总统为法国树立起来的尊严和独立，我将使法国变成一个受重视的和受尊敬的国家。这样，我就能够以它的名义自豪地在世界上讲话。”

他以“吉斯卡尔主义”来继承和发展戴高乐外交，即推行法国独立自主、体现法国作为大国存在以及发挥法国大国作用下的“世界主义”，给戴高乐外交贴上了时代的标签。他主张：“应该把世界看作分成若干大片地区的球体——有美国的一片，欧洲的一片，苏联的一片，中国的一片，等等。”

于是，他推行带有“世界主义”色彩的“多边合作”外交，坚持同所有国家发展关系特别是经济关系，强调在发展与美、苏关系的同时，又保持法国的独立，并显示法国的大国地位。他倡议召开的世界经济首脑会议于1975年召开，1977年演变成为“G7”。他作为“欧洲派”，积极地建设以法、德为轴心的“强大的、独立的欧洲”，建立欧洲货币体系以防范欧洲金融风险，通过普选产生欧洲议会以推动欧洲经济共同体的民主建设。他还加强与非洲、亚洲和拉丁美洲国家的联系与合作，在“要对话，不要对抗”的口号下倡议进行南北对话。

四　密特朗总统的左翼色彩外交（1981～1988年）和新现实主义外交（1988～1995年）

密特朗总统是社会党领袖，他根据新的国内外形势和社会党的理论，把“法国式的社会主义”和“第三条道路”融入戴高乐外交方针和政策中，形成了密特朗的新色彩外交。它具有如下特点：第一，更加重视现实。他把外交部改称“对外关系部”，以便展示他在外交方面的宏图大略。第二，突出均势原则。他认为东西方关系和南北关系均势已经打破，建立它们的再平衡，从而为法国外交的施展留有较大的空间。第三，具有浓厚的社会党色彩。他把社会民主主义移植到国际事务中，在对外政策中注入了“道义”“人权”“社会公正”等新内容。

密特朗第二个总统任期时，根据后冷战的国内外形势，走向了新现实主义的外交，但是，新现实主义外交依然没有脱离左翼色彩外交的窠臼。他采取了如下的基本做法：在国际社会中树立法国是“人权祖国”的形象，在东西方关系中坚持“属于西方”的立场，维护大西洋联盟，强调法美关系；反对“两个帝国主义”的霸权主义和扩张主义，同时保持与苏联对话和发展经济关系；大力推动欧洲一体化，使欧洲经济共同体朝向欧洲联盟的更高级别发展，从而提高了欧洲在国际政治中的地位，推动世界朝多极化的方向发展；重视与非洲、亚洲和拉丁美洲国家的关系，推行“第三世界主义”政策，把法非首脑会议由两年召开一次改为每年召开一次，从而更加密切了法非关系。他进一步推进南北对话。

五　希拉克总统的更加务实外交（1995～2007年）

希拉克是戴高乐派第三代传人，在沿袭戴高乐外交总方针的基础上，根据20世纪90年代中后期和21世纪初的新国际形势，大力调整法国外交政策，从而使法国外交具有新戴高乐主义的外交色彩和风格——“希拉克主义外交”。它具有如下特点：第一，使法国外交更加务实和更加灵活。他指出，戴高乐主义就是实际主义。第二，开展全方位的外交，四面出击，力图从各个方面和在各个地区体现出法国的存在和影响，展示戴高乐主义的“雄心大志”和内涵。第三，突出经济外交，强调法国的商业利益，积极推销法国的资本和产品，为法国开拓市场。

希拉克在外交上的战略是：维护法国在外交上的独立自主；坚持法国对国际事务的独立看法，绝不迎合别人，放弃自己；重新确立法国在世界和欧洲政治中的大国地位，并发挥法国在世界各地的大国作用；在国际事务中确保法国的国家和民族利益，特别是经济和贸易的利益。

希拉克总统的具体做法是：大力推动欧洲一体化的进程，依赖法德轴心建设“新欧洲”和多重联盟；对美国保持既合作又抗争，反对单边主义；加强与俄罗斯的政治和经济关系；重返中东，力图打破美国垄断中东事务的局面；巩固传统势力范围，开拓发展中国家的“新疆界”；与亚洲特别是与中国建立长期和全面的伙伴关系，大力推动经贸合作，开展文化交流，使法中关系推进到历史上最好的时期；借重欧盟和新兴经济体国家之力，树立法国大国形象和发挥其大国作用。

六　萨科齐总统的“真正现实主义”外交（2007～2012 年）

法国自萨科齐担任总统后在国际舞台上努力树立大国形象和领导身份，在西方阵营中扮演激进派或鹰派角色，成为全球耀眼的明星。

萨科齐外交特点是：第一，推行法国外交的“真正现实主义”，更加务实，更加现实，更加实用，更加适应多变的世界形势和全球化时代。为此，他提出具有强烈的“拿破仑风格”的萨科齐主义，为重建法国大国形象乐此不疲。他认为萨科齐主义就是当代的戴高乐主义。第二，提出“相对大国”的理念，即当今时代已经具有多极世界的雏形，不再存在“超级大国”，只存在实力大致均衡的大国。随后，他又指出：“一个新世界正从人类经历的所有功绩和危机中诞生，对于这个新世界，人们不能听之任之，而是必须打造它。”总之，“相对大国”和“新世界、新思维”构成法国“真正现实主义”外交的主要内涵。第三，一些外交政策和措施，出于内政的需要而采取，或者在国内舆论压力下而出台，或者争取在外交上的得分来弥补内政的缺失，更加体现“以外安内”。第四，坚持把民主、人权、人道、公民社会作为“真正现实主义”外交的目标。

萨科齐外交的具体做法是：把欧洲建设视为法国外交重中之重，重新恢复法国在欧洲一体化进程中的领导地位，加强法德轴心，改善法英关系，打造法、德、英铁三角，团结新老欧洲，推动欧盟和欧元区向纵深发展；重新修复法美关系，在向美靠拢过程中，保持法国独立自主的行动自由；全面重返北约军事一体化机构，做一个“独立的盟友”，保持法国核打击力量的独立；促使法俄关系从“冰冻”发展到“特殊关系”；重返非洲，从维和到“人道主义干涉”，倡议建立地中海联盟；在中东和海湾地区采取进一步介入的立场；正视新兴发展中国家崛起的事实，以现实的态度积极地发展与这些国家的外交关系；低估中国维护国家核心利益的决心，造成法中关系一波三折。

七　奥朗德总统的稳健、务实外交（2012～2017年）

奥朗德是社会党领袖，在就任第五共和国第十届总统时期，自然根据左翼的理念和21世纪初国内外变化了的新形势，以追寻法国的“大国梦”“强国梦”为目标，推行稳健、务实的外交，从而使这个时期的法国外交具有如下的特点：第一，坚持戴高乐所制定的法国外交基调。他认为，在这个不稳定和不确定的世界中，法国要在政治、外交、军事上保持独立，在全球范围内“法国的对外行动应该依靠自己的力量，有自己的特色，自己的强项，自己的亮点”。这些力量、特色、强项、亮点主要体现在法国影响力方面。第二，经济外交优先。为了借助外力尽快使法国走出经济和欧债危机的困扰、克服对外贸易的赤字、提高国力和信心，奥朗德提出了“经济外交”和“战略经济伙伴”等新理念。第三，弱化左翼意识形态外交色彩，淡化人权外交。他指出，不能用民主和人权干扰以解救法国经济和财政危机为主要目的的经济外交。第四，他在外事活动中表现平和、稳健和踏实，不张扬，不冒尖，更不飞扬跋扈，在积极和进取中显示法国大国的风范。

奥朗德总统的具体做法是：在欧盟中提出“促增长”，竭力化解欧债危机，建立“默朗德”式的法德关系；促使法美从修补嫌隙分歧到升温到结成“伴侣”关系；使法俄从发展“特殊关系”到制裁，又到缓和，再到紧张；密切法非经贸关系，协助反恐，重启欧盟—地中海联盟项目；巩固和加强法国在中东的存在和影响，先后联手美国和俄罗斯打击“伊斯兰国”，从严厉制裁伊朗到积极发展法伊经贸关系；重视和全面加强与亚洲、大洋洲关系；巩固和发展与拉丁美洲关系；建立和发展紧密持久的法中全面和优先战略伙伴关系；举办巴黎气候变化大会并获得成功。

第二节　马克龙总统的积极、务实外交

马克龙作为第五共和国第十一届国家元首在2017年8月29日和2018年8月27日两次在法国外交使节会议上的讲话，频繁地出访和参加国际会议，访问遍及世界所有大国、地区大国以及五大洲有影响的国家，出席7国集团峰会、20国集团峰会、北约峰会、欧盟首脑会议、达沃斯论坛等。从他的著作《变革》（*Révolution*，XO，Éditions 2016）、两次在法国外交使节会议上的讲话以及出访和参加国际会议发表演讲、谈话和声明中，大体可以看出马克龙总统外交的脉络。

一　马克龙总统的外交理念和风格

（1）坚守独立自主外交，纵横捭阖，彰显法国的大国地位和存在。马克龙认为，“我们应该保持独立自主”。自第五共和国第一届和第二届总统戴高乐制定独立自主外交路线以来，以后的历届第五共和国总统无不继承这种外交传统，作为第五共和国第十一届国家元首的马克龙也不例外。马克龙在2017年竞选总统时，就已经在竞选纲领中和竞选演说中表示在外交上要推行戴高乐主义。马克龙当选总统后在2017年5月14日就职演说中表示，他在五年任期内的主要任务，就是要带领法国人民恢复信心，经历一次非凡的法兰西复兴，把法国塑造成为21世纪的强国。他被法国学术界称为“戴高乐—密特朗主义者”，确立“法国归来”的全球战略，要在世界舞台上彰显法国的大国地位和存在。他在2017年8月29日外交使节会议上宣布，法国的独立地位以及法国在世界上的影响力是法国对外政策的“三大轴心”中的两大轴心。

马克龙认为，“在海事、外交和军事上，我们是举足轻重的世界大国”。他对法国作为世界大国充满自信，同时批评那些认为法国地位大不

如前妄自菲薄的极端思想，如“认为法兰西并不需要自己独立、有用的立场”。他根据第五共和国宪法赋予总统的权力，并遵循第五共和国历届总统的做法，将外交视为总统的“专属领域”，依据独立自主外交的理念和原则，制定法国外交的方针和政策。因此，马克龙总统的外交体现了更多的连续性，而不是别出心裁。

（2）深信法兰西在世界上的使命，要传播普世人文精神。马克龙崇尚法兰西创造的普世人文精神，认为“法兰西之梦从来就是普世之梦”。他还继承法国历史上的神秘主义，“深信法兰西肩负着引领世界的神圣使命”。他指出，“如果我们忘记了自己在这个世界上的使命，法兰西不再是法兰西”。

而当下法国面临的实际情况则是，正如法国前驻中国大使克洛德·马丁（Claude Martin）于 2018 年 5 月 5 日答法国《论坛日报》时所指出，由于法国影响力的下降，近 10 年来世界看得见法国的存在和听得到法国的声音越来越弱了。

马克龙在法国神秘主义驱使下，在法国在世界影响力日益下降的实际情况下深感肩负的使命，要积极和广泛地参与国际事务，维持法国的伟大、地位和影响力。

（3）现实主义和务实主义。马克龙还在其书籍和演讲中提到了一个非常重要的政治和外交原则：要讲究实际，必须实事求是地对待任何问题，必须高效率地解决问题，“我希望大家能够达成共识：要讲究实际”。他的这种政治和外交原则是建立在对时代的认识基础上的：第一，认识到当今世界最主要特征是全球化，“我们已经身处全球化浪潮中，别无选择”。他指出，那些反对全球化的思想是极端的思想，必须坚决地抵制和抛弃。他警告，如果全球化进程失败，那么各种极端势力就会大行其道。他也反对“导致世界下坠”的全球化，例如，全球化创造了大量财富，也在世界范围内缩小了国与国、地区与地区之间的贫富差异，但它同时也在各国、各地区内部加剧了贫富不均。他呼吁实现兼具包容性和可持续性的全球化，反对保护主义和孤立主义。第二，认识到当今世界另一主要特征则是各国之间的联系越来越密切，已经在“相互依存”，“我们共享一个地球，所以必须共同采取行动……”马克龙总统接受欧洲 8 家报纸采访时承认他的外交是“适应形势发展而做的变化”的现实主义的外交。

马克龙在处理国际事务中开放而不排斥，“去意识形态化”，强调不左不右的“务实主义”。他在国际场合屡屡发出法国声音，为法国争取话语权。他在同法兰西科学院院士让·多尔梅松（Jean d'Ormesson）生前的一次对话中说过，“我只有一个想法，那就是达到我想要的结果”。马克龙外交的务实主义不拘泥于俗套，他根据国内外变化了的新形势对原有外交政策进行调整，在形式和内容上大胆创新，试图最大程度地施展法国外交魅力和独特风格。

（4）“新全球契约”。马克龙于 2018 年 1 月 24 日在达沃斯世界经济论坛上的演讲中，提出实现兼具包容性和可持续性的全球化发展的同时，呼吁各国携手打造一个“新全球契约”，以对抗此前“导致世界下坠”的全球化模式。他警告说，如果这一事业不能成功，那么在 10 到 15 年，极端主义可能会在各国相继获得“胜利”。他要求世界政治精英和经济精英肩负起三重责任：投资，尤其是教育领域的投资责任；拒绝掠夺，承担分享的责任；保护弱势群体的责任。马克龙提出的“新全球契约”获得了国际社会广泛的和积极的响应。

中国国家主席习近平在此前会见马克龙时，谈到“构建人类命运共同体”时曾指出，“法国也持相似的理念，两国可以超越社会制度、发展阶段、文化传统差异，增进政治互信，充分挖掘合作潜力”。

（5）马克龙总统的外交风格。如果说法国的外交风格，往往不同于其他西方大国的话，年轻的马克龙总统虽然缺乏外交经验，但长袖善舞，外交手腕纯熟，其外交风格也明显区别于其前任。

他一改奥朗德时期的沉闷外交，让法国外交恢复了活力，在欧洲和世界舞台上积极展示，绘声绘色。他独立自主，敢为人先，积极应对。他注重处理优先问题，不畏首畏尾。他审时度势，顺势而为，灵活创新。他行事果断，充满自信。他无论盟友和非盟友，都勇于面对现实，直言不讳，坦诚以见，不回避分歧。他在国际事务中去意识形态化的同时，将对方的历史文化因素融入多边和双边关系之中。

凭借着灵活创新的外交策略以及老到纯熟的外交手腕，耀眼的外交风格，马克龙成为当今国际政治舞台上备受瞩目的外交明星人物，十分抢眼。

二　马克龙总统的外交方针和政策

（1）防恐反恐绝对优先。为了贯彻法国外交三大轴心之一——保护法国人的安全，“法国人的安全是我们外交的理由，这个要求生死攸关，非常重要，我们必须满足这个要求，不能松劲”。“打击伊斯兰原教旨主义是我们外交政策的首项优先行动。”马克龙将反恐作为法国对外政策的首要目标，积极参与国际反恐行动。他认为只有根除国际上恐怖主义源头，才能真正实现法国人的安全。他明确地宣布：“‘伊斯兰国’是我们的敌人。”

为此，他任命前国防部长、萨赫勒地区军事行动总指挥、对非洲事务有丰富经验的让-伊夫·勒德里昂（Jean-Yves Le Drian）为法国外交部部长，再次证明马克龙把反恐置于法国外交的绝对优先地位。马克龙表示法国在反恐外交中会和各方广泛开展对话，但不排除使用武力。此外，他还重视发挥法国同美国、德国以及其他欧洲国家的反恐合作，与俄罗斯的反恐合作，努力建立国际反恐联盟。

（2）欧洲为首选。马克龙是坚定的欧洲派，积极地支持欧洲一体化建设。他说：“是否有必要在此提醒这些人：欧盟即我们，我们即欧盟呢？地理和历史因素将我们摆在了欧盟中心的位置，是我们成立了欧盟，选择了欧盟。”可以这么说，马克龙是在法国内外疑欧、反欧和脱欧甚嚣尘上的时刻作为挺欧派当选法国总统的，之后，在他就职总统的演说中、在他首次召开的使节会议的讲话中、在2018年新年祝词中，“欧洲”成为他的关键词、常用语和口头禅，可见他把欧洲置于法国外交的首选位置。

他认为，欧盟的诞生让欧洲有史以来第一次在和平、民主的气氛中实现了统一，成功地建立了一个世界范围内绝无仅有的新型经济和社会模式。然而，进入21世纪以后，特别是2008年金融和经济危机以后，欧盟停滞不前，萎靡不振，“我认为过去十年是欧盟建设白白荒废的十年”。这是由于欧盟思维枯竭，工作方法无创意，制度形同虚设。

马克龙总统的雄心是要重新拾起欧洲梦，要从根本上和源头上创建欧洲，让欧洲更加强大。他的宗旨在于：其一，法国重新在欧盟事务中获得话语权和掌握欧盟建设的主导权。其二，依托强大的欧盟显示法国在国际政治中的存在、地位和伟大。其三，使欧盟作为世界强大的一极，与美国和中国并存以及与之应对和均衡。因此，欧盟成为马克龙总统外交的首选。

（3）大国平衡和均势外交。马克龙继承“戴高乐—密特朗主义者”的外交，也复活了“法国古典主义外交”，这样的说法有一定的道理。他在盟友、价值观和利益之间更看重国家利益，推行大国平衡外交和均势外交。

马克龙在处理大国之间关系中，讲究大国之间的平衡，寻求大国之间的均势。他于2017年5月北约首脑会议期间，在同美国总统特朗普初次会晤时“比腕力”，赢得对方的尊重，也获得国际舆论的赞扬。他要建设欧洲强大的一极，其目的之一就是要与美、中平起平坐，“我想要欧洲成为势力可与美国和中国势力相比的一个大陆……”他追寻法国的“大国梦”和“强国梦”，其主要宗旨也是在与盟友美国“热恋”之时，同时寻求西方与俄罗斯长年对峙和紧张关系的突破口。当特朗普宣布中国和俄罗斯是美国的主要竞争对手时，马克龙则架起了西方世界通向中国和俄罗斯的桥梁。他还呼吁，“对七国集团（G7）进行改革，以加强发达国家和中国、印度以及非洲国家的对话”。

马克龙指出，地区国家“只有取得相关各方的平衡，才能重建当地和平”。他认为，大国之间实施平衡外交和均势外交，才能维持世界局势的稳定。如果大国之间的平衡关系和均势关系被打破，则需要重新平衡双方之间的关系。

（4）新型多边主义外交。马克龙高调颂扬多极世界和多边主义，实施新型多边主义外交，从而使新型多边主义外交构成当今法国外交政策的轴心之一。马克龙在希拉克基金会（la Fondation Chirac）2017年11月颁奖仪式上说："多边主义对于希拉克来说，如此重要，因为在外交层面，这也是对于其他国家的尊重……在这一点上，我可以非常谦逊地说，我试图身体力行地追随着他的步伐。"马克龙推行法国多边主义外交，是为了实现他的外交理念以及防恐反恐绝对优先、欧洲优先、大国平衡和均势外交的需要，也顺应了世界发展的潮流。

马克龙坚决反对和直面批评特朗普新型的单边主义。马克龙访问美国期间于2018年4月25日在美国国会发表演说，直言不讳地批评特朗普的单边主义，呼吁用"强大的多边主义"代替"自我退缩的民族主义"。他认为，"21世纪的全球秩序是以新型的多边主义为基础"，只有选择"强有力的、更好的多边主义"，才能建立永久和平，世界才能获得安宁和稳定。

在重大地区事务上，马克龙呼吁通过加强多边主义或者双边主义解决更广泛地区的各种问题。在应对全球性挑战上，马克龙也认为多边主义是最佳的解决方式。

马克龙自2017年5月14日正式就职起至2018年5月14日，在其执政第一年内共出访27个国家，超过历次前任总统同时期的出访纪录，成为第五共和国历史上执政首年出访最多的总统。马克龙频频出访传递出了法国"重返国际舞台"和法国总统"跟全世界对话"的信息，反映了马克龙新型多边主义外交的特征。

三 实施马克龙总统外交理念、方针和政策的有利因素和制约因素

1. 有利因素

（1）西方世界中一枝独秀。美国总统特朗普在"美国优先"的理念下，在外交上实施单边主义、孤立主义、某些领域的"退缩主义"，从而扩大了马克龙外交在西方世界和国际上的话语和活动空间。英国退欧后遭到欧盟和许多欧洲国家的谴责，使英国在欧盟和欧洲的影响力下降，也客观上抬升了同处欧洲的法国外交价值和地位。连任德国总理的默克尔，由于受到"大联盟政府"中一些政党和议会中反动派的牵制，削弱了德国在欧盟和欧洲的领头羊地位和作用，也使一贯挺欧的马克龙外交有了更多

和更好地展现。

马克龙积极地参加各种国际会议，提出各种主张和建议，代表欧盟国家率先与美、俄两大国缓和关系，2017 年 12 月召开捍卫巴黎气候变化大会成果的“同一个地球峰会”，2018 年新年伊始是当年首位西方国家访问中国的国家元首，在非洲和中东的热点问题中提出新建议，从而打破国际关系中沉闷和僵化的局面，为国际政治舞台带来清新的气象，使世界舆论另眼相看。

（2）法国国内的需要和支持。马克龙总统的改革和内政不一定会得到全体法国民众和舆论的赞同，但马克龙总统的外交理念、方针和政策获得法国民众和舆论很高的支持率。这是由于长期以来法国在世界上失去了竞争力和影响力，法国民众和舆论十分沮丧，而马克龙总统的外交理念、方针和政策是为了恢复法国民众信心和增强法国硬实力、努力争取一个发展经济的好环境、实现 21 世纪法国的“大国梦”和“强国梦”，正好顺应了法国民意的要求。在法国各种民意机构频繁的调查中，马克龙各项政绩中唯有外交始终获得很高的满意度和支持率。

（3）法国拥有相当强的硬实力。法国近十多年来虽然经济不景气，但依然是世界第六大经济体和欧洲第二大经济体，拥有相当强的经济实力作为对外活动的支撑。法国的军事实力虽然大不如前，其军事地位也在世界军事排名中下降，但法国是核大国，在海外拥有军事基地，其军事实力依然能够从事在中东和非洲的军事干预，满足法国外交活动的需要。

（4）法国拥有强大的软实力。由英国政治咨询和公关公司联合美国南加州大学公共外交学院联合编制的《2017 年软实力 30 强》报告显示，法国问鼎全球“软实力 30 强”（Soft Power 30）的排行榜榜首，超过了传统强国美国、英国以及德国，说明法国拥有强大的软实力，而马克龙正是依靠这一软实力开展其积极和务实的外交。

法国是联合国安理会五个常任理事国之一，如同其他常任理事国一样拥有否决权，法语又是联合国工作语言之一，从而使法国在联合国中成为不可忽视的力量。法语除了是法国官方语言外，还是世界上使用人口最多的第五大语言、商贸领域第三大语言、媒体国际新闻第二大语言、大多数国际组织的第二大工作语言、世界上学习人数最多的第二大语言。全球讲法语人数在不断增长，2018 年共有 2.74 亿人讲法语。法国外交通过法语作为载体而扩大影响。法国的文化和艺术软实力，历来受到世界各国文化人和艺术家的仰慕，也为马克龙的文化外交增添了光彩。

法国的文化和教育软实力对发展中国家，特别是前法属殖民地拥有不可忽视的影响。法语文化圈的存在使法国高校成为以法语为母语的国家的精英接受高等教育的不二选择，如摩洛哥国王、阿尔及利亚总理、突尼斯总统、几内亚总统、马里总统和塞内加尔总统等北非和西非 14 个国家现任领导人均持有法国高等教育文凭。在这些国家，在法国留学的经历常常成为上层精英圈子的准入门槛。1884 年就成立的法语联盟在这些国家拥有大量的分支机构，面向普通民众推广法国文化，维系这些前殖民地国家与法国的文化联结。

2016 年，在全世界的国际机构中工作的 205481 名公务人员中，共有 18900 名法国人，约占总数的 9.2%，仅次于美国居世界第二。在欧盟内部，法国人同样长期占据要职，其欧盟公务员总数高于其他任何一个欧洲国家。欧盟三大核心机构之一欧洲议会就设在法国斯特拉斯堡。在国际机构中，有 8741 名法国人是高级管理人员或管理人员，如国际货币基金组织总裁克里斯蒂娜·拉加德（Christine Lagarde），联合国教科文组织总干事奥德蕾·阿祖莱（Audrey Azoulay），联合国秘书长创新发展融资特别顾问菲利普·杜斯特－布拉吉（Philippe Douste-Blazy），欧盟首席谈判代表、负责与英国就“脱欧”事宜展开谈判的米歇尔·巴尼耶（Michel Barnier），欧盟执委会中担任专员（负责欧盟经济、金融、财政及海关事务）的皮埃尔·莫斯科维奇，欧洲足球联合会主席米歇尔·普拉蒂尼（Michel Platini）等。法国人在国际舞台上参与国际事务治理、施加影响、维护法国利益，为马克龙的外交增添了动力和影响。

此外，法国的外交网络也非常发达。按驻外使馆和领事馆的数量来算，它是全球仅次于美国的第二大外交网络，在国外拥有 160 多座大使馆和 89 座领事馆。庞大的外交网络为马克龙实施外交理念、外交方针和政策创造了有利条件。

2. 制约因素

(1) 经济的制约。进入21世纪以来，法国经济无论绝对实力还是相对实力都有所下降（2016年法国经济总量仅占世界经济总量的3.3%），导致法国在世界上的竞争力和影响力的减弱，从而影响了马克龙推行的外交理念、方针和政策的效果，特别是在实施“单打独奏”的外交越来越难以为继。

(2) 军事的制约。进入21世纪，法国军事实力和地位也相对的下降，使马克龙全方位外交以及在对外军事关系和对外军事行动中往往力不从心，不能达到预期的效果。

(3) 某些国际舆论的“拉黑”。某些国际舆论揶揄道，法国在世界上的地位和作用相当于“持二等车票坐头等车厢”。法国经常被“拉黑”，自然不利于马克龙外交理念、方针和政策的推行。

四 对国际热点的政策

1. 对叙利亚问题的政策

马克龙在叙利亚问题上体现了他的积极和务实的对外政策，他于2017年6月接受欧洲8家报纸采访时谈到叙利亚问题说：“我的路线明确。第一条就是坚决打击所有的恐怖主义团伙，他们是我们的敌人。为了消灭他们，我们需要与所有的人合作，特别是俄罗斯。”

他对叙利亚问题的政策基于两点：第一，反恐作为首要目标。为此，他宣布法国不再以叙利亚总统巴沙尔·阿萨德下台为解决叙利亚问题的先决条件，这与美国立场拉开了距离。正是以反恐为首要目标，马克龙一方面认为必须与积极参与叙利亚事务的俄罗斯进行合作，共同打击“伊斯兰国”；另一方面也要与阿萨德政权谈判合作，共同抵抗恐怖主义，允许阿萨德参与叙利亚危机政治解决的议程，反恐战争结束后由叙利亚人民选择其领导人。第二，重申其不能逾越的“红线”：绝对禁止使用化学武器，允许人道组织进入叙利亚，马克龙表示在这两点上不会退让。他重申，如果使用化学武器，法国将对对方实施打击。

然而，2018年4月，在禁止化武组织针对叙利亚东古塔地区杜马镇化武袭击还未提供出可靠证据的情况下，法国与美英一道以“阿萨德政权动用化武”为名，发动新一轮空中打击，则是偏离了马克龙原来确立的对叙利亚问题解决的立场。与此同时，马克龙对叙动武也导致法国国内的分歧，某些法国媒体指责马克龙外交向特朗普靠拢，使法国走上“狭窄之路”。

2. 捍卫巴黎气候变化大会的成果

2015 年 12 月 12 日是一个应当载入史册的日子：全球 196 个缔约方在巴黎做出庄严承诺，为应对气候变化挑战做出共同努力。但是，美国总统特朗普于 2017 年 6 月 1 日宣布美国将退出巴黎气候协定，使国际应对气候变化的合作遭受了沉重打击。随后，法国、德国、意大利等多个欧盟国家纷纷对特朗普这一决定表示“遗憾”，并重申执行《巴黎协定》的立场。马克龙怒斥特朗普宣布退出《巴黎协定》是“错误”之举。马克龙宣布，《巴黎协定》不容谈判，法国将与所有始终关注这一直接涉及全人类前途命运问题的国家一道，如期实施《巴黎协定》。法、德、意三国领导人在特朗普宣布将退出《巴黎协定》的当晚发表联合声明表示：《巴黎协定》不容重新谈判。

为了捍卫巴黎气候变化协定、加强国际间合作和弥合美国退出巴黎气候协定的缺失，马克龙作为欧洲大国的领导人勇于担当，倡议再次召开气候峰会。2017 年 12 月 12 日，在巴黎气候协议签署两周年之机，由法国与联合国和世界银行联合主办的气候变化大会再度在巴黎召开，引起全球舆论的关注。该大会取名为“同一个地球”峰会。

在“同一个地球”峰会的大会上，作为东道主的马克龙推出的宣传口号是“让我们的星球再次伟大”，希望各方拿出具体可行的方案并努力落到实处，只有“重在行动”才能让“我们的星球再次伟大”。

法国还开通了一家名为“让地球再次伟大”的网站，来凝聚气候治理的创意。目前有英、法两种语言版本，以后会有中文版。法国认为，应对全球气候变化只有与中国合作才能取得成功。

3. 对伊朗核协议的政策

在中东总体政策上，马克龙拒绝在中东地区的两大敌对势力（逊尼派的沙特阿拉伯和什叶派的伊朗）之间选边站，他重申法国重视 2015 年与伊朗签订的伊核问题全面协议。

然而，2018 年 5 月 8 日，特朗普正式宣布美国退出伊核问题全面协议，从而导致伊核协议危机。

马克龙明确表示，放弃伊核协议将是“重大的错误”，因为协议建立在防核扩散基础上，如果否认这项协议而又提不出新的方案将是一大错误决定；不遵守这项协议将是不负责任的，因为协议是有益处的，特别是对和平有益。

马克龙还表示，法国仍然支持伊朗核问题全面协议，“我们要是抛弃这份协议，可能立即促发一场战争或局势失控的状态”。马克龙关于捍卫伊核协议的政策，与参加签订该协议除美国之外的国家立场一致。不过，马克龙就伊朗的弹道导弹问题表示，“我们应当展开谈判”。伊朗外交部发言人则回应，伊朗的弹道导弹为防御性质，与伊朗核问题全面协议没有关联，不可能被拿来谈判。

4. 关于难民问题政策

马克龙认为，目前法国安置难民的行政程序既不人道，也缺乏效率。法国将在难民事务方面进行多项改革，提高效率，帮助难民融入法国社会，同时更严格地遣返不符合避难条件的人。

马克龙采取多管齐下的举措应对难民潮。他建议成立欧盟共同边境警察部队与安置难民组织，以便有效控制欧盟边境及对难民进行安置；建立跨国信息联网系统提高难民申请审查效率以及推出让难民融入社会的欧盟培训计划。这样做既可协调共同难民政策，又可防止难民危机扩大。

法国还将和联合国难民署密切合作，以推动法国和德国在立法层面就难民安置进行改革。他表示，法国此前未能完全履行配合联合国难民署工作的诺言，他希望法国能在合理范围内承担自己的责任。

马克龙承诺说，法国将在未来为来自土耳其、黎巴嫩、约旦、尼日尔和乍得的难民提供 1 万个安置名额。此外，法国也愿意在今后将对联合国难民署和国际移民组织的资助额提高到 1000 万欧元，重点支持这些机构在利比亚处理难民事务。

法国在征得西非国家尼日尔、乍得同意后，首次向两国派出工作组，以便根据联合国难民署提供的避难申请名单，在当地直接开展难民身份审查工作。这一举措旨在从源头上避免过多难民涌入法国。

5. 朝鲜核问题

在朝鲜核问题上，马克龙推行“21世纪新型多边主义”外交，强调表示坚定维护国际核不扩散体系，坚定维护东北亚和平稳定，主张通过包括对话协商在内的和平方式解决问题。在马克龙看来，“在目前的地缘政治情况下，武力干预会使局势更加复杂”，因此他主张加强多边合作、多方施压促使朝鲜谈判解决核危机。

第三节　与西欧和中东欧关系

一　法国与欧洲一体化

二战后，法国一直积极地推进西欧联合，其主要原因：第一，经济发展增强了法国在欧洲和世界上生存的需要。第二，为了维护法国自身的安全和利益，加强西欧的稳定和安全。第三，法国要恢复和保持大国地位特别是在欧洲的政治地位。第四，建设欧洲使其成为第三种力量，来与美、苏两个超级大国抗衡，突破两极世界的格局，以促进世界向多极化的方向发展。

第四共和国期间，法国外长罗贝尔·舒曼早于1950年5月提出舒曼计划，从而成为西欧建设的起点和西欧联合的先驱。因为正是在舒曼计划的基础上和让·莫内的具体操作下，成立了欧洲煤钢共同体，从而形成了西欧共同市场，把欧洲联合推向新的阶段。

戴高乐当政期间，看到西欧共同市场给法国经济特别是农业带来的巨大好处，决心加速欧洲经济共同体的建设。1960年，法国倡议提前实施《罗马条约》，推动欧洲经济共同体于1962年1月达成了共同农业政策的协议。当欧洲经济共同体委员会要求成员国出让某些主权转交给共同体和欧洲议会时，法国代表于1965年6月30日表示反对并退出欧洲经济共同体所有的机构，酿成了一次严重的“空椅子”危机。于是，欧洲经济共同体成员国于1966年1月在卢森堡举行会议，积极寻求解决的途径。法国终于与其他成员国达成了妥协：欧洲经济共同体委员会放弃原来的主张，在决定事关每个成员国的重大利益时不采用多数制而使用协商一致的原则。这个协议基本上满足了法国的要求，法国欣然地回到“空椅子”上来，从而使欧洲经济共同体的机构重新运转起来。

蓬皮杜继任总统后，认为法国只有加强西欧联合和对西欧拥有领导权，才能拥有大国地位和发挥在世界上的大国作用。他同意接纳英国等国参加欧洲一体化，满足国内欧洲派的要求，同时平息欧洲经济共同体其他成员国对法国一味从中作梗的不满。1972年1月，英国、爱尔兰、丹麦和挪威四国签订了参加欧洲经济共同体的《布鲁塞尔条约》。

吉斯卡尔·德斯坦执政期间，主张建立一个“强大而独立的欧洲”，积极推进与西欧的联合，大力支持欧洲议会的直接选举，努力创建欧洲货币体系。

密特朗执政后，强调要建立一个独立的欧洲，并提高欧洲在国际政治中的地位和作用。正是在法德双“发动机”的努力下，1986年2月欧洲经济共同体部长理事会通过了《单一欧洲文件》。该文件决定在共同体内实现商品、资本、劳务和人员自由流通的统一大市场，将部长理事会“一致通过”原则改为“特定多数表决”制。密特朗从政治、经济、货币、科技、军事各个方面推进欧洲一体化，特别是突出了欧洲联合史上敏感而又屡遭挫折的政治联盟和防务合作。

法国主张在世界货币领域建立“第三个极”，即与美元和日元平起平坐的“欧洲货币极”。于是，法国于1988年1月率先提出货币统一问题，并积极推动经货联盟的建立。1989年4月欧共体委员会主席提出的关于欧洲共同体经货联盟的报告在很大程度上反映了法国的意见。《马斯特里赫特条约》于1992年9月20日获得法国公民投票的通过，对其他欧洲联盟成员国起了示范作用。

希拉克当选总统后，进一步推动欧洲一体化。为实现经货联盟，他在国内实行紧缩政策，使法国达到规定的标准，被确认为首批加入经货联盟的国家。法国还提出建立“欧洲外交和共同安全机制”，推动了欧洲政治一体化。他宣布法国重返北约军事委员会和北约国防部长会议，要对北约进行彻底改革，以便发挥法国在欧洲防务支柱中的作用。他还促使《阿姆斯特丹条约》的签订。

2000 年，法国利用担任欧洲联盟轮值主席国的机会，于 12 月在尼斯召开的欧洲联盟首脑会议上提出《欧洲安全与防务政策》的报告并获得会议审议通过。该报告确定建立欧盟快速反应部队、批准建立三个常设政治与安全机构、明确欧盟防务与北约之间的关系。也正是经过法国轮值国的努力，欧盟尼斯首脑会议就欧盟机构改革达成协议，使得欧洲建设拥有继续前进的动力。

2001 年，希拉克提出制定欧洲宪法，为欧洲的未来进行设计，以解决长期以来关于“欧洲联邦”和“双速欧洲”的争论，确定欧洲联盟未来的发展方向。于是，成立了以法国前总统吉斯卡尔·德斯坦领导的制宪筹备委员会，制定一部欧洲宪法。但是，法国于 2005 年 5 月 29 日就《欧洲宪法条约》举行的公民投票被否决，这使欧洲政治一体化遭到重大的挫折，然而它并没有影响欧洲一体化东扩的步伐。

萨科齐走马上任后，意识到欧盟分裂和法国在欧洲地位下降，进一步调整对欧盟的政策，把欧洲建设视为外交的重中之重，力图依托欧盟来恢复法国在欧洲的主导作用。他推出欧洲宪法简化版，并努力说服持有异议的波兰和英国，终于在 2007 年底被 27 国签字接受，但在 2008 年被爱尔兰公民投票所否决。目前，欧盟实施的是 2009 年 12 月 1 日生效的《里斯本条约》以代替《欧洲宪法条约》。法国对欧盟扩大要求谨慎，对土耳其入盟持保留态度。在国际金融危机中，法国推动欧盟努力采取措施，共同渡过难关。与此同时，法国要求加强欧盟的防务能力。

奥朗德总统就职后明确地指出，欧盟是世界上第一大经济体，必须在国际事务中显示自身的力量，欧盟的未来是建立强大的政治联盟和共同防务。他既要把欧盟作为法国发挥国际影响力的后盾和依托，也要在欧洲一体化进程中起着政治上的主导作用，他要“重建欧洲”。于是，他于 2012 年 6 月 14 日向欧盟提交了总额为 1200 亿欧元的《欧洲增长契约》，以促进经济增长来化解欧债危机、加速欧盟经济复苏和解决欧盟失业问题。法国的主张于6月底的欧盟首脑会议上获得通过，补充了此前的财政契约的不足。奥朗德还提出“互助一体化”，使希腊等国度过了财政和债务危机，从而增强了欧盟和欧元区的向心力。法国还坚持提出发行欧元债券的主张，为此，法国愿意让渡主权。2013年5月16日，奥朗德表示对欧盟经济的重振充满信心，并呼吁建立一个欧盟的经济政府。在英国脱欧后，奥朗德呼吁欧盟进行“深刻改革”，启动新的欧洲建设计划以“再次崛起”。

马克龙是挺欧派，从某种意义上讲就是他是在这个标签下得以当选法国总统的。马克龙把欧洲一体化放在外交的首要位置的基本思想除了与以前法国总统主张欧洲一体化的基本思想相同外，还增加了“紧迫感”。这是因为：第一，法国硬实力的下降更要借重欧盟在世界上彰显其大国地位和影响力。第二，欧盟建设近来踟蹰不前，在英国脱欧后信心下降，亟待恢复欧洲建设信心和动力。马克龙指出：“今天，在外交和军事方面，我们比过去任何时候都更急需为欧洲制定一个为期十年的战略计划。”第三，欧洲的民粹主义、极端主义思潮上升，一些欧盟成员国中的民粹主义和极右政党进入政府，或者成为议会中最大的反对党，为欧洲一体化前景带来不确定性。第四，英国脱欧后，法国成为唯一代表欧洲的联合国安理会常任理事国。第五，美国总统特朗普多次声称要和北约传统盟国保持距离，从欧洲和欧盟退缩，放弃责任。

2017年9月26日，马克龙在巴黎索邦大学发表演说，提出一系列“重塑欧洲”的建议，打造“欧盟2.0”的梦想，使欧洲与美国和中国“三足鼎立”。内容涉及经济、防务、难民、机构建设、人员交流、共同农业政策和共同碳排放税等多个领域，并设定了时间表。其中，欧元区改革、防务建设和难民问题是目前欧盟改革的主要问题。在欧元区改革方面，他提出在欧元区核心建立强有力的共同预算、设立欧元区议会和财政部长，目的是在不附加财政紧缩条件和不需要全体成员国同意的前提下，为陷入危机的国家提供资金帮助。在防务建设方面，马克龙要强化欧洲安全，“主张欧盟必须停止依赖美国的强大军力”，建议“在未来的10年之初，欧洲必须有一支联合的干预武装、一个共同的防卫预算和一个共同的行动纲领”。在难民问题方面，马克龙认为，接纳难民是“欧洲人的共同义务”，但不应成为接待国的负担，为此他提议改革各国步调不一致的难民庇护程序。他在2018年新年致辞中再次强调：“我深信，欧洲能成为经济、社会、生态和科技强大的欧洲。”

为了实现“重塑欧洲”的计划，马克龙在就任后一年多的时间里几乎遍访或者接待了欧盟和欧洲国家领导人，细说他的“重塑欧洲”的主张。2017年10月19日，法国还宣布已经正式启动程序，承认包括欧盟旗帜在内的欧盟象征，以便向欧洲证明法国对欧盟和欧元区的信心。2018年4月20日，马克龙在欧洲议会首度发表演讲，主张欧盟应获得更多的主权和行动能力，建立一个牢固的欧盟。马克龙高调推出“重塑欧洲”计划，获得国际和欧洲舆论的赞扬。“查理曼奖”年度评选认为，马克龙总统上任以来多次呼吁推动欧盟的整合与重塑，给予“一个新欧洲的强有力愿景”，因此2017年12月决定授予马克龙“查理曼奖”。这也是第二位法国总统获得查理曼奖，此前密特朗曾于1988年因对欧洲一体化的贡献而获奖。查理曼奖于1950年起在德国亚琛设立，以表彰促进欧洲一体化的人物。

二　法德关系

法德关系是二战后法国对外关系中的中心问题之一。法国对德关系经历了一个“肢解—和解—合作”的曲折过程。

二战后初期，法国主张肢解德国，建成像1871年以前那样松散的联邦，鲁尔地区由国际管理，萨尔地区在经济上与法国联系。但是，法国的对德主张遭到美国和苏联的冷淡、抵制和反对。法国不得已改变对德国的立场，采取了和解的政策，从而促进了法国与联邦德国两国的接近，在第四共和国期间两国开始建立经济联盟。

第五共和国初期，戴高乐把联邦德国作为欧洲建设的关键。1958年9月，戴高乐与联邦德国总理阿登纳举行了第一次会谈。在会谈中，戴高乐指出欧洲联合的极端重要性，而这种联合首先要求巴黎和波恩的合作，使两个民族言归于好，并把两者的力量和能力结合起来。1963 年 1 月 23 日签订了《法德合作条约》。根据条约规定，两国就外交政策的重大问题和共同利害的问题定期磋商；两国首脑每年进行两次会晤，两国外交部长每季度举行一次会谈。法德不仅取得了相互谅解，而且形成了巴黎—波恩轴心。从此，法德轴心构成了欧洲联合的基础，成为推进欧洲一体化向前发展的主要动力。

蓬皮杜执政期间，担心联邦德国经济的发展导致其在欧洲经济共同体内的支配地位，还对联邦德国的东方政策有所疑虑和保留，决定接近美、苏、英来抑制联邦德国，因此法德关系有所松弛。但从总的方面来看，蓬皮杜为了推进西欧联合，还是要借助联邦德国，在欧洲经济共同体内部加强两国间的合作。

吉斯卡尔·德斯坦认为，法德两国是西欧联合的基础，应该把两国关系推向纵深方向发展。1978 年，法德双方为了加强政策协调，规定两国首脑会晤从每年两次增加到每年四次。

密特朗为了平息欧洲经济共同体成员国对法德轴心提法的不满，避免使用法德轴心，但为了欧洲建设的需要仍然要保持法德特殊关系。他声称："从来不存在什么巴黎—波恩轴心，倒是存在特殊友谊。特殊友谊，我赞成。"法德两国在 20 世纪 80 ~ 90 年代初密切合作和紧密的配合，加速了欧洲一体化前进的步伐，加深了两国在各个方面的关系，特别是军事方面的关系，如 1986 年 2 月两国决定实行战略和军事合作，1987 年 3 月两国决定联合生产一种新型武装直升机，从而使两国形成了某种"联盟中的联盟"。

希拉克当选总统后，积极推动欧洲一体化建设。为了维护法国的大国地位、对美国单边主义的抗争、造就欧洲一极，他首先加强法德的合作，重申了法德轴心的重要性，指出"欧洲双发动机"作为推动欧盟发展的联合力量仍然有其现实的意义，在欧洲一体化中发挥关键性的作用。于是，两国首脑的非正式会晤今后将定期举行，每 6 周到 8 周举行一次，两国外长每月会晤一次，以便加强法德两国在欧洲建设政策上的协调以及双边的合作。自此，法德从峰会到部长等各个级别的会议经常召开，就双边关系到准备欧洲联盟文件进行协调或起草。法德两国从政治、经济、货币、军事、社会、文化、青年各方面开展了密切的合作与交流。这在两国关系史上是空前的，在国际关系史上前所未有。

萨科齐总统也进一步强调法德轴心的作用，就职典礼结束后立即前往德国与德国总理会晤，出席欧盟首脑会议。他还担心法德在推进欧洲一体化时力不从心，因此努力联合英国、意大利和西班牙共同作出努力。但是，萨科齐在克服欧债危机和财政赤字问题上没有自己的主张，跟着默克尔亦步亦趋，受到舆论的责难。

奥朗德总统在对待欧债危机和财政赤字问题上是“增长救助派”，而德国总理默克尔则是“紧缩救助派”。奥朗德和默克尔在理念和政策上的分歧，使得两人貌合神离，失去了相互信任，从而使法德关系处于不稳定状态，从而或多或少地使欧洲一体化的进程受到影响。德国从 2012 年起宣布“德法之年”，以此为契机，法德重新建立了相互信任关系，默克尔和奥朗德也成了“默朗德”新象征。

马克龙总统意识到，“重塑欧洲”和打造“欧盟 2.0”的梦想离不开德国，他要重建法德轴心，激活其前任奥朗德执政期间有所降温的两国关系。如同前任总统一样，马克龙总统就职后立即启程前往柏林会晤默克尔，就欧盟建设和两国关系交换看法。法德两国决定共同起草欧盟建设蓝图，举行法德联席部长会议，强化法德纽带。在爱丽舍宫条约签署 55 年之际，马克龙和默克尔在 2018 年 1 月 21 日的联合声明中强调，法德两国将重新修订《爱丽舍宫条约》，在应对未来经济挑战、推动两国社会和民众交流、共同应对安全与发展问题、应对全球化挑战等方面深化合作。法德双方就建立欧洲军达成共识。2019 年 1 月，马克龙和默克尔在德国亚琛签署了旨在加强法德双边关系的《亚琛条约》。同年 3 月，法国国民议会和德国联邦议院正式创立“法德联合议会”，以加深法德轴心之间的友谊，加强推动欧盟建设计划，从而使双方合作从政府层面进一步扩大到议会层面。但是，新形势下的法德轴心已不同于往日，默克尔受制于国内反对意见和议会保守力量的制约，对马克龙大胆的“重塑欧洲”持谨慎态度，德国对马克龙的欧元区改革方案有所保留，再加上默克尔承诺不再谋求竞选基民盟党主席，使法德轴心作为欧洲一体化的发动机作用减弱。此外，英国脱欧以及欧洲盛行的民粹主义运动和反全球化运动，使马克龙“重塑欧洲”计划充满变数。

三　法英关系、法意关系和法国与中东欧关系

1. 法英关系

二战后，法国始终从欧洲建设的立场和对德关系上来处理与英国的关系。

战后初期，法国为了防范和抑制德国，于 1947 年 3 月在敦刻尔克与英国签订了同盟互助条约。自从法德和解、欧洲一体化启动后，法国疏远了与英国的关系（除了在苏伊士运河事件中两国有过密切的合作外），这致使英国参加欧洲经济共同体的申请先后于 1961 年和 1967 年两次被法国否决。法国认为，英国与美国保持特殊的关系，是美国在欧洲的“特洛伊木马”。一旦英国加入，美国则必然通过英国来控制欧洲经济共同体，因此法国力排众议，关死了英国加入的大门。

20 世纪 70 年代，蓬皮杜与英国接近起来，以此来平衡德国和抑制德国膨胀的势头。英国则在 1970 年宣布放弃英美的特殊关系，并在经济上做出一些让步。这样，蓬皮杜总统才同意英国加入欧洲经济共同体。吉斯卡尔·德斯坦担任总统时期，建立了两国首脑每年会晤一次的机制，还成立了法英委员会来讨论两国之间的问题，从而使法英关系有了新的发展。

20 世纪 80 年代，法英两国加强了首脑会晤的磋商和会谈机制，解决了英国预算摊款和农业政策等老大难问题，从而化解了两国在欧洲经济共同体内长期争执的问题。1986 年，法英两国共同建设英吉利海峡海底隧道，使两国关系进一步密切起来。特别是后冷战时期，英国进一步成为法国平衡和抑制德国的因素，成为法国在欧洲联盟中占主导地位的支持力量，因此，法国进一步加强了与英国各方面的合作，在军事合作方面也有进展。

萨科齐总统为了更好地推动欧洲一体化进程，于 2008 年 3 月访问英国，表示希望法英两国建立“新型兄弟关系”，并结成防务伙伴，以便保

持两国的“全球角色”。自此，在欧盟内形成了法、德、英“铁三角”关系，团结新老欧洲，对推动欧洲一体化以及欧美关系的发展产生影响。奥朗德上任后，在欧洲一体化的框架内继续发展法英关系。

尽管英国要脱欧，马克龙总统有意加强法英两国的合作，“法国希望同英国继续保持牢固且优先的关系，但不会以欧盟解体为代价”。马克龙于2017年6月与到访的英国首相特雷莎·梅举行联合新闻发布会，强调法英两国将继续推动经济、防务、移民等多领域合作；将实施新的共同反恐计划。这一计划除推动法英两国情报和反恐部门加强合作外，还将推动两国加强互联网反恐合作。2018年1月，马克龙访英，开展“挂毯外交”。法英领导人就难民问题、英国脱欧以及防务合作进行磋商，并就两国在难民问题和防务问题上达成共识，深化了两国在这两个领域的合作。

2. 法意关系

近年来，法意两国之间经济合作密切，投资项目增多，两国的贸易额约达800亿欧元。法意互为对方的第二大合作伙伴。基于法意关系的重要性，马克龙于2018年1月访问意大利。访问期间，法意两国决定将制定新的双边协议，定义新法意关系，从而进一步稳固法意两国关系，为欧盟的未来做出贡献。马克龙赞扬了意大利对移民问题所做的贡献，包括派兵赴尼日尔，协助法国在当地展开打击人口走私的行动。意大利总理表示：意大利和法国之间有着重要的、历史性的、非凡的关系。但是，法意在处理难民问题上出现分歧，意大利官方支持“黄马甲”运动，触怒法国，法国于2019年2月召回法国驻意大利大使，从而使法意两国关系陷入低谷。直到2019年5月，法意两国总统利用共同纪念欧洲文艺复兴巨匠达·芬奇逝世500周年之际，重申两国关系的重要性，法意关系开始走向缓和。

3. 法国与中东欧关系

2017年8月，马克龙巡访欧洲，畅谈“重塑欧洲”计划，加强法国与中东欧的双边关系。8月23日，马克龙首先在奥地利与奥地利、捷克和斯洛伐克三国领导人会面。法国希望这三个国家在劳务派遣方面与法国密切合作，纠正劳动力的“倾销”。8月24日，马克龙在罗马尼亚与罗马尼亚领导人会面，25 日与保加利亚领导人会面，旨在加强多年来被忽视的双边关系，特别是要加强在这些国家的经济纽带。

四 法国与地中海联盟

把地中海周边国家联合起来，组建一个“地中海联盟”，是萨科齐竞选总统期间提出的最为耀眼的外交构想。法国也属于地中海国家，与沿岸国家在政治、经济和安全等方面有着密切联系，地中海又是法国与非洲特别是北非和撒哈拉以南非洲法语国家的连接地带，也是法国通向中东和海湾的必经之地。因此，加强和扩大与这个地区的合作成为萨科齐任内一个重要外交目标。法国提出“地中海联盟”，就是希望在共同经贸发展、打击国际恐怖主义、协调移民问题和推进民主化方面发挥作用。经过法国外交努力，地中海联盟的构想取得了实质性的进展。2008 年 7 月 13 日，欧盟、北非、中东和东南欧 43 个国家的元首和政府首脑在巴黎举行会议，宣布成立地中海联盟，从而取代了 1995 年开始的以欧盟与地中海国家合作为目标的巴塞罗那进程。从此，“地盟”这个“地中海联盟”的简称作为全球化背景下的一个区域性合作新实体，同“欧盟”“阿盟”“非盟”“东盟”等国际政治词语一样并存，而法国有望通过这个新的地区组织来不断提升自身的影响力，特别是在欧盟和欧洲的影响力、地位和作用。

奥朗德总统意识到“地中海两岸有很多互补性，以这样务实的方式，我们可以有效控制移民；增加职业交流和高等教育交流；帮助这些国家实现公共行政机构现代化；并且鼓励商务往来”。为此，他继续推进“地中海联盟”，特别任命一位主管地中海事务的部长级代表，规划“地中海联盟”的未来发展蓝图，建立“地中海项目共同基金”，重启欧盟—地中海项目。不过，由于阿拉伯国家与以色列的冲突，地中海联盟没有太大的作为。

马克龙在竞选总统时许诺推出全新的地中海政策，强调“我们应该重新将阿拉伯和地中海地区作为外交事务的重点”。因为自地中海联盟成立以来，地中海的国际环境不仅没有好转，反而急剧恶化，恐怖袭击、非法移民等问题持续发酵，法国稳定地中海的政策并未取得成效。马克龙转变思路，提出新的地中海政策，认为地中海沿岸国家尽量不要单方面用武力达成自己的目标，地中海地区问题的解决必须平等协商解决。他倡导地中海沿岸民众放下历史仇恨，面向未来展开合作。他还许诺加大对地中海南岸国家的投资、贷款以及援助等，承诺将支持和鼓励法国和北非民众之间的交流，特别是青年一代的交流。马克龙的新地中海政策雄心勃勃，试图让法国走出殖民时代的历史阴影，在获得地中海沿岸国家民众信任的基础上全面扩大法国在这一地区的影响力。

第四节　法美关系

一　戴高乐总统时期的法美关系

远在二战中，法美就已经存在芥蒂。美国认为法国已经削弱，只能听从其他国家的安排。在盟国的国际会议上美国排斥法国参加。领导抵抗运动的戴高乐，“面对着美国的广大资源和罗斯福要在全世界发号施令的做法，我感到独立的确受到威胁”。他呼吁尊重法国主权的同时，迅速调整法英和法苏关系，以此抗衡美国，迫使美国承认法国作为主权国家应该享有的权利。

第五共和国的建立标志着法国的实力已经增强，法国从外交、政治、军事和经济各个领域对美国的霸主地位发起挑战。

戴高乐对美国在大西洋联盟内的颐指气使的政治领导地位极为不满，于 1958 年 9 月向美英两国提出秘密备忘录，要求建立美、法、英三国的“指导机构”来处理世界事务，决定全球范围的政治、战略和核武器使用等重大问题，并使法国有机会参加大西洋联盟内的最高决策，分享领导权。美国拒绝戴高乐的建议，拒绝与法国平起平坐，但法国此举使美国在大西洋联盟内的政治霸主地位受到冲击。

戴高乐对美国的军事霸权极为不满，从 1959 年开始逐步退出北约军事一体化机构，最终于 1966 年完成。法国此举打乱了北约军事机构和部署，引起了欧洲人对美国的信任危机，并一度使北约处于“半瘫痪”或

"半休眠"的状态。

戴高乐对以美元为中心的西方货币金融体系和以美国为中心的西方贸易体系极为不满，于是，法国对美国的经济霸主地位提出了挑战：采取措施限制美资进入法国，反对美国控制的《关税及贸易总协定》。法国代表在"十国集团"（即巴黎俱乐部）历次会议上反对美元的特权，并陆续将美元兑换成黄金，从而加速了美国黄金的流失。法国此举削弱和动摇了美元的地位和威信，成为20世纪70年代初以美元为中心的资本主义货币体系崩溃的信号。

此外，戴高乐在欧洲建设中提出"欧洲人的欧洲"来反对美国所提倡的"大西洋的欧洲"。在亚洲，戴高乐主张东南亚"中立化"以抗衡美国控制的东南亚条约组织，并拒绝与该组织合作。戴高乐不顾美国的警告和反对，以如实的态度承认中华人民共和国，并与新中国建立了外交关系。在拉丁美洲，戴高乐于1964年在美国"后院"访问期间鼓动拉丁美洲国家独立自主，反对一切外来干涉，促进了拉丁美洲一些国家对美的离心倾向的发展。在中东，戴高乐在1967年中东"六日战争"中对阿、以双方采取较为平衡的做法，彰显法国与美国偏袒以色列的立场存在明显的差别。

当然，法国属于西方阵营，在根本利益上与美国是一致的。在古巴导弹危机和两次柏林危机期间，当美苏两国之间处于摊牌的关键时刻，当苏联直接威胁西方根本利益和生存时，法国毫不含糊地支持美国。但是，在美国充当"世界宪兵"盛气凌人、不可一世的情况下，戴高乐对美国的霸权发起挑战，从而提高了法国在国际事务中的地位和作用。

二 蓬皮杜总统时期的法美关系

蓬皮杜总统任职后，及时地调整了戴高乐后期业已僵化的法美关系。蓬皮杜于1970年2月访美，两国决定建立直接热线。自此，法国不再主动发起对美国的挑战，同北约进行某些军事合作，放宽对美国在法国投资的限制，为美国与越南在巴黎举行秘密谈判提供种种方便，向中国转达美国要改善中美关系的愿望。

但是，蓬皮杜仍然坚持戴高乐的独立自主的外交方针，与美国的霸权外交格格不入，因而法美两国时有冲突，特别在经济和货币领域。当美国于 1971 年宣布停止各国用美元向美国兑换黄金并迫使西方国家的货币升值时，蓬皮杜主张欧洲国家联合起来对付美国。蓬皮杜以西欧代言人的身份与美国总统会谈，为西方主要货币确定了比价。1973 年 2 月，美元再次贬值，法国被迫与欧洲经济共同体联合实行“蛇形浮动汇率”。自此，以美元为主的资本主义货币体系实际已分崩离析。

蓬皮杜执政的后期，法美矛盾激化并达到新高潮。1973 年，美国宣布这年为“欧洲年”，并提出缔结“新大西洋宪章”的建议。法国认为美国的意图是通过新宪章把西欧对美的依附关系固定下来，强化其霸主的地位，因此坚决反对，并联合欧洲经济共同体国家用“一个声音”对付美国，致使美国的计划遭受挫折。在中东战争和石油危机中，法美的中东政策南辕北辙：美国要独揽中东问题并达成有利于以色列的停火决议，对大幅度提价的石油输出国组织采取强硬立场；法国主张在日内瓦会议上讨论全面解决中东问题，对石油输出国组织采取怀柔政策，还提议把美国撇在一边进行欧阿对话。法美在中东问题上的政策针锋相对，相持不下，从而使两国关系达到十分紧张的程度。

三　吉斯卡尔·德斯坦总统时期的法美关系

吉斯卡尔·德斯坦上台后，根据国内外形势的变化调整了对美国的关系以便加强与苏联对话的地位，表示愿在平等伙伴关系基础上加强与美国的合作，使法美关系趋向缓和。法美两国领导人互访增多，加强了合作和磋商，在一些重大的国际问题上相互配合和协调。法国接受了维护美元地位的《牙买加协定》；取消了不准美资进入法国核能、电子和航空等尖端部门的禁令；加强与北约的合作，参加北约的军事演习；等等。

但法美在中东问题上看法仍然不一致，在苏联入侵阿富汗后是否对苏联进行经济制裁问题上，法国说“不”。特别是在经济问题上，法国在“东京回合”贸易谈判中抵制美国的压力，并与美国在高科技领域开展竞争等。

四　密特朗总统时期的法美关系

密特朗总统上任初期，认为欧洲的均势已被突破。他要借助美国的力量恢复欧洲的均势，于是着手调整与美国和北约的关系，明确地支持美国在欧洲部署中程弹道导弹。他多次访美或同美国总统会晤，就国际形势和对苏政策交换意见，协调双方的立场。他支持北约的“双重决议”。他认为，法美关系的改善和对苏联战略上的防范，有助于恢复欧洲均势，遏制苏联在欧洲的扩展势头，因而有利于欧洲和平和安全。法国舆论把密特朗的这种对美政策叫“大西洋主义”。

20 世纪 80 年代中期，密特朗担心美国的“星球大战计划”引起美苏新一轮核军备竞赛，从而打破了业已建立起来的欧洲军事均衡。因此，法国反对美国的“星球大战计划”，并联合西欧国家搞“尤里卡计划”，力图在高科技领域增加同美国平等对话的筹码。另外，密特朗周旋于美苏之间，敦促两国尽早恢复核裁军谈判。

冷战结束后，密特朗失去了周旋于两个超级大国的空间和在东西方之间桥梁的作用，不得不调整法美的关系。1990 年 8 月伊拉克入侵科威特，法国为了保护其在中东和海湾地区的利益和影响，以自己的方式积极介入，并在海湾战争中与美国缩小了距离，度过了简短的“蜜月期”。但法美两国由于对冷战后形势估计的不同，经常出现矛盾，有时达到十分尖锐的程度。法美在北约首脑会议上多次针锋相对，气氛十分紧张。法美在欧洲防务问题上也是明争暗斗。在海湾战争后，法国对美国全面控制中东十分不满，认为美国乘机要把法国挤出中东和海湾地区。法美还在关贸总协定的农产品补贴上发生了激烈的冲突，为航空客运量以及美国进口法国葡萄酒、奶酪、音像制品等大打贸易战。总之，法美两国既有密切的合作，又有不断的矛盾和冲突。

五　希拉克总统时期的法美关系

希拉克上任后，根据 20 世纪 90 年代中后期的国内外形势调整与美国的关系，采取既合作又抗争的政策。希拉克继续深化法美的经济关系，扩大法国在美国的投资和出口，以及吸引美资到法国投资，从而使两国在经济领域开展更加广泛的交流。希拉克多次表示法国是“西方联盟忠实的一员”，在共同解决全球性问题和欧洲安全问题方面与美国保持密切的合作，在维持前南斯拉夫地区的和平、中东和平、防止核扩散以及支持原苏联东欧国家改革方面采取相互配合的立场。

但是，希拉克在冷战后继续推行独立自主的外交、谋求大国的地位和作用、推动世界向多极化方向发展。因此，法美两国对外方针的碰撞必然导致两国在各个领域的摩擦、矛盾和冲突，在相当长时期对美的抗争多于对美的合作。法国常常在不同的场合指责美国是冷战后的“特号超级大国”，在国际重大问题上搞“单边主义”，谋求美国的私利而损害他国利益。

法国认为美发展导弹防御系统可能引发新一轮军备竞赛，从而破坏目前的世界均衡关系，威胁着世界的和平和安宁。更主要的是，美国通过建立导弹防御系统实际上是为了维持单极世界和美国的霸主地位。因此，法国对美国的导弹防御系统计划有“很大的保留意见”，持怀疑态度。

在中东，法国外交方针是实现持久的、公正的、以和平为基础的地区稳定，保持与中东国家的传统关系，保护法国在中东的利益。在2000年2月伊拉克武器核查危机当中，法国以印有“法兰西共和国”字样的总统专机将联合国秘书长安南送抵巴格达进行斡旋，在美英即将动武的最后关头化解了危机。2001年8月，美英飞机再次空袭伊拉克时，法国表示强烈的不满和反对。

在解决2000年空袭南联盟冲突时，法国主张将有关结束空袭的和平谈判纳入联合国框架中，并把一度打算退出的俄罗斯拉回谈判桌。2003年，法国旗帜鲜明地反对美国发动伊拉克战争，可以说是“希拉克时代”最具象征意义的举动，赢得了国际舆论的高度评价，而美国陷入伊战泥潭难以自拔的事实证明了希拉克的预见性。然而，希拉克反对单边主义的立场引起美国极度反感，造成法美关系持续紧张。不合作甚至对立，几乎成为两国在众多国际事务中的明显特点。

法国对美国在非洲迅速的扩张保持高度的警觉，针锋相对地提出了“保持与开拓”的战略，一方面加大对传统影响地区的工作力度，另一方面借助多边对话机制在非洲南部和非洲其他地区建立法国的新据点。

六 萨科齐总统时期的法美关系

萨科齐总统走马上任后，决定调整对美国的政策，努力修补因伊拉克战争而冷淡的法美关系。原因有二：其一，萨科齐在《见证——萨科齐自述》一书中承认：“我并不迷恋美国的模式。不过，如果必须加以选择，那我就会感到自己比世界上许多人更加接近美国社会。”萨科齐被美国媒体称为“巴黎的美国人”“亲美分子”；其二，萨科齐决心改变现状，修复法美关系。他宣称法国将回到传统的美国、以色列等盟友的阵营，“美国人过去是、现在是，将来也继续是我们的朋友和盟友”。

萨科齐当选总统后第一个休假地选在美国，与布什总统举行私人会谈，开展“庭院外交”。从2008年起，法美领导人互访不断，两国关系日益升温，在军事上的交流不断加强。法美保持着特殊的友谊。法美两国在阿富汗、北约、伊朗等一系列国际问题上“观点一致”。尤其是法国重返北约军事一体化机构，受到美国极为热忱的欢迎。

但是，作为忠实的“戴高乐主义者”，他仍然奉行独立自主的外交，强调法国是美国“独立的朋友和盟友”。他反对北约过度发展并与联合国形成竞争，要求美国在全球气候变暖问题上承担自己的责任，不同意美国在土耳其加入欧盟问题上的支持态度。在伊朗核问题上，他表示伊朗核武计划“不可接受”，国际社会应毫不犹豫地加强制裁措施，但是反对对伊朗动武。

七 奥朗德总统时期的法美关系

奥朗德在第20届法国驻外使节会议上强调，法国与美国是盟国，它以信任为标志；奥朗德和奥巴马在执政理念上大体相同；法、美在重大国际问题，如经济危机、必要的经济增长等方面有许多共同点，今后法美关系将会继续发展。奥朗德还于2012年的北约芝加哥峰会上重申了法国在大西洋联盟中的承诺。

与此同时，奥朗德也根据变化中的国内外形势，对法美关系进行了一些调整。奥朗德宣布2012年底完全撤出在阿富汗的法国作战部队，从而打乱了美国从阿富汗撤军的计划；法国对北约启动在欧洲部署反导弹系统计划问题持保留态度，提出一些条件；奥朗德还表示要对法国重返北约军事一体化指挥机构的实际效果进行评估。此外，法美之间还在叙利亚反对派建立临时政府问题上意见不一：奥朗德表示，只要代表新叙利亚的临时政府一成立，法国将予以承认，美国则对此持保留态度，认为目前建立临时政府的时机不成熟。2014年2月，奥朗德访美，促进两国在伊朗、叙利亚、反恐、援助非洲、经贸和气候变化等问题开展合作，从而使法美关系处于二战后最好时期。

八　马克龙总统执政以来的法美关系

马克龙总统执政以来的法美关系已不同往昔。第一，法国彰显在国际事务中的独立外交、大国地位和影响，需要借重作为世界头号大国和强国的美国，与美国加强联系和关系，能够表达马克龙的大国平衡政策和多边主义的立场。第二，在特朗普推行“美国优先”、孤立主义、贸易保护主义的立场受到国际舆论谴责的时候，马克龙代表法国充当了东西方之间以及美国与其盟友之间的沟通桥梁，从而使东西方之间紧张关系有所缓和，使美国与其盟友之间的尖锐矛盾和冲突有所缓解。第三，马克龙希望通过法美外交渠道劝说特朗普回心转意，放弃单边主义、贸易保护主义的立场，充当欧洲的代言人和美欧关系的调停人。

在马克龙总统执政的第一年，法美频繁地互动，马克龙和特朗普实现了互访。从布鲁塞尔北约峰会的“握力比拼”，到马克龙谴责美国退出《巴黎协定》是错误之举，到G20汉堡峰会上马克龙给特朗普“上课”，再到加拿大魁北克省夏洛瓦镇G7峰会就欧美贸易的辩论，继而开展法国和欧盟一起与美国的贸易战，马克龙就“美国优先”、单边主义、贸易保护主义、民族主义与特朗普直面交锋，法美间的火药味甚浓。但是，特朗普于2017年7月访法受到高规格接待，从历史的深度突出美国作为欧洲盟友的重要意义。在法美建交250周年之际，作为美国“第一盟友”的马克龙于2018年4月访美，与特朗普在白宫花园里共同种下“友谊树”，显示法美是传统盟友，在历史、文化以及政治和社会等方面有难以割断的联系，法美关系有着牢固的基础。然而，马克龙和特朗普虽然都是“反建制”人物，但两人的外交理念、方针和政策却是南辕北辙的，法美在合作的同时，在经贸、欧洲建设、欧洲军队等诸多国际问题上已经或将继续产生龃龉。

第五节 法俄关系（包括苏联和苏东剧变前的东欧）

一 戴高乐总统时期的法苏关系

二战中和第四共和国时期，苏联往往是法国的“一张牌”，既可以成为抗衡美国的筹码，也可以作为平衡东西方关系的手段，倚苏抑德，还可以在发展法苏关系中捞取经济实惠。

第五共和国成立后，戴高乐对苏联的霸权十分敏感，存有戒心，主张加强法国的军事力量和依靠大西洋联盟来遏制苏联的影响和扩张。因此，法国作为大西洋联盟的主要成员国，在东西方对抗的关键时刻对苏联采取了坚定的、毫不妥协的立场。1960年5月，美、苏、英、法四国首脑在巴黎举行的最高级会议上，当赫鲁晓夫就美U－2飞机入侵苏联领空要求美国公开道歉而美国总统和英国首相准备退让时，戴高乐则鼓励他们采取强硬的立场。在1961年柏林危机和1962年古巴导弹危机中，法国坚决地站在西方盟国一边。

然而，戴高乐主张“建立一种新秩序来代替冷战”，这种新秩序就是东西方的缓和。他表示法国不仅要为国际紧张局势的普遍缓和而努力，而且还要成为“缓和的榜样”。他认为缓和的主要内容是改善东西方关系，首先是改善与苏联的关系。

法国从1959年开始对苏联采取接二连三的行动，1960年3月邀请赫鲁晓夫正式访问法国，法苏两国领导人就重大的国际问题交换了意见，同意为缓和东西方关系做进一步努力。法苏有关部门还签订了一项文化技术协定。1961~1963年，法苏关系由于1961年的柏林危机和1962年的古巴导弹危机而停滞不前。直到1964年，法苏关系才开始解冻。1966年6月，戴高乐应邀对苏联进行正式访问，受到了盛大的欢迎和高规格的礼遇。双方决定在两国政府间进行经常性的磋商；同意在爱丽舍宫和克里姆林宫之间建立直接通话的热线；两国签订了贸易、文化协定以及和平利用空间探索和研究合作协定；建立了法苏混合委员会，负责定期研究在执行经济、贸易和科技协定过程中存在的实际问题。

此后，戴高乐继续推行以“缓和、谅解、合作”为内容的东方政策，作为法国元首于1967年和1968年相继访问了波兰和罗马尼亚，从而使法国与苏联和东欧全面开展了经济、贸易、科技和文化交流，建立了密切的关系。

二　蓬皮杜总统时期的法苏关系

蓬皮杜作为戴高乐的忠实门徒和亲信，继续推行戴高乐的东方政策，不过，他根据20世纪70年代的国内外形势进行了某些调整。

蓬皮杜意识到，苏联在推行“勃列日涅夫主义”，出兵捷克斯洛伐克，在全球各个地区寻求扩张，因而对苏联的不信任感增加，对苏联的一举一动保持高度的警觉。但是，蓬皮杜同时认为，苏联也需要在政治、经济和军事上谋求与西方的缓和，特别在欧洲地区。蓬皮杜还看到，法国只有继续戴高乐的“缓和、谅解、合作”政策，才能遏制联邦德国新东方政策的发展势头，才能借苏抗美，才能建立起美苏的均衡关系。于是，蓬皮杜一改前任总统生硬和粗暴的做法，加强了与苏联的对话。

蓬皮杜于1970年10月首次访问苏联。在共同发表的联合公报中，首次提出“召开欧洲会议将有利于欧洲的缓和”的建议。通过访问保持和发展了法苏两国的特殊关系，加强了两国之间的政治对话，建立起两国外长定期政治磋商的机制。1971年10月，勃列日涅夫正式回访，并签订了有关合作原则的文件，又把两国关系推进一步。1974年3月，正当法美关系紧张之时，蓬皮杜抱病再次访问苏联，进一步密切了两国关系，增加了抗衡美国的资本。

三　吉斯卡尔·德斯坦总统时期的法苏关系

吉斯卡尔·德斯坦根据国内外新的形势也调整了对苏联的政策，采取了防务加缓和的方针。法国面对苏联日益增长的威胁，一方面不断增加防务经费和加强国防，并改组和加强海外干涉部队以防范苏联的迂回包抄；另一方面，他认为国际之间的缓和已进入高潮，“缓和无法替代”，因而主张“保护缓和成果”，继续执行同苏联保持特殊关系的政策，坚持与苏联保持对话以及经济贸易的往来。

1974 年 12 月，勃列日涅夫首先访问法国。访问期间，法苏两国确认了定期政治磋商制度，特别是在首脑一级的政治磋商。法苏签订了《1975 ~ 1979 年经济合作协定》，从而使这个时期两国贸易额翻了一番。1975 年 10 月，吉斯卡尔·德斯坦对苏联正式进行国事访问。访问期间，在与苏联首脑会谈中，法国总统强调缓和不仅限于经济和军事方面，还应当扩及意识形态领域。此后，吉斯卡尔·德斯坦又对苏联进行了两次国事访问。其中 1979 年 4 月最后一次的访问，法国同苏联签订了一份 10 年合作计划，稳定地发展法苏经济贸易，使法国成为西方仅次于联邦德国的苏联第二大贸易伙伴。

1979 年 12 月，苏联武装入侵阿富汗，吉斯卡尔·德斯坦公开表示反对对苏联进行任何形式的制裁，于 1980 年 5 月 19 日到华沙与勃列日涅夫会晤长达三个小时，引起了盟国的极大不满。法国之所以采取这样的行动，是出于政治和经济的需要，显示其外交的独立自主，但遭到苏联愚弄之后也成了外交上的笑柄。吉斯卡尔·德斯坦不得不承认，缓和政策没有向人们意料的方向发展，而是造成了有利于苏联力量对比的变化。

四　密特朗总统时期的法苏（俄）关系

20 世纪 80 年代初，密特朗对苏联的扩张主义采取了强硬的针锋相对的立场，明确表示欧洲军事力量的不平衡、苏联入侵阿富汗、苏联威胁波兰构成法苏关系的三大障碍。如果这些障碍不消除，法国就不会与苏联保持正常的关系。法国由此中断了两国首脑定期举行的政治会晤，把两国交往降到最低水平。法苏特殊关系的时代一去不复返了。但是，法国在冻结对苏联政治关系的同时，却继续开展与苏联的经济、贸易和科技交流，以便减轻法国外贸逆差的压力和获取经济实惠。法国于1982年1月同苏联签订为期25年的天然气供应合同，并决定向苏联出口输气管设备。1983年1月，法苏混合委员会强调还要在“更平衡的基础上发展经济关系”。密特朗对苏联采取政经分离的原则，可以增加法国与美国打交道的筹码，也为将来对苏联在政治关系上的解冻留下后路。

20世纪80年代中期，僵冷多年的法苏关系开始解冻。1984年6月密特朗到苏联正式访问，访问期间，法苏两国表示反对美国的“星球大战计划”，反对联邦德国染指核武器。通过访问，法苏两国重新恢复了特殊关系。此后，法苏首脑又多次进行互访。1988年11月，密特朗的访苏，把双方的政治对话提高到每年一次首脑会晤和两次外长会晤的新水平。法国向苏联提供20亿美元贷款，投资兴建铝品合资企业。双方还着手拟订经济、工业和技术合作的长期计划。1989年7月，戈尔巴乔夫访法，签署了22项文件和协定，其中包括航空航天、农业、林业、运输、文化、电视和人员培训等，从而加深了法苏在各个领域的合作。法苏还确定了未来20年双方合作的目标。

苏东剧变后，密特朗及时地调整了对俄罗斯、独联体和东欧的政策，于1992年2月邀请俄罗斯总统叶利钦访法。访问期间，法俄双方在总统联合记者招待会上宣布，两国不再是“潜在的敌人”，两国传统的友好关系进入了更加亲密的新阶段。两国签署了《法俄条约》，以替代1990年签订的《法苏谅解与合作条约》。法国还慷慨地向俄罗斯提供经济援助。1994年，法俄签订了军事合作协定，深化了两国的关系。在这期间，密特朗还访问了波罗的海沿岸三国，恢复了与这些国家在政治、经济和文化方面的“传统联系”，1994年又签订了军事合作协定。法国还与乌克兰等独联体其他国家加强了联系。

五　希拉克总统时期的法俄关系

希拉克当选总统后，继续调整法俄关系。他与西方国家一道强调应该保持俄罗斯政治的稳定，利用一切手段支持叶利钦，推进俄罗斯的改革进程。

1996 年 1 月，希拉克和叶利钦在巴黎会晤时商定建立法俄经济合作委员会，以便提升两国经济和贸易往来的水平。法俄签订了经济合作委员会总协议以及能源、环境保护、信息技术、石油化工、工业资本等六项经济合作协议。法国还向俄罗斯提供 8 亿美元的贷款。1997 年 9 月，希拉克总统访问俄罗斯，把两国的政治、经济和贸易提高到新水平，并建立了“优先伙伴”和“特殊伙伴”的关系，这为俄罗斯融入欧洲和建立“大欧洲”创造了有利的条件。

此后，法俄关系一波三折。一向标榜是“人权故乡”和“人权旗手”的法国支持车臣的非法武装活动，频频地向俄罗斯施加压力。法国还不顾国际关系准则接待了车臣非法武装的“外交部长”，从而恶化了法俄关系，使两国关系陷入低谷。

但是，希拉克意识到法俄关系的恶化不仅使法国失去了俄罗斯这样广阔的市场，而且也丧失了对付超级大国美国的一张牌。因此，希拉克调整了对俄罗斯的政策。法国外交部长韦德里纳在 2000 年 8 月法国第八届使节会议上声称，法国对俄外交政策是：第一，坦诚对话；第二，援助；第三，对援助的使用保持警惕；第四，对提供援助方向做出规定；第五，为政治解决车臣问题保持压力。

正是双方的需要使法俄开始接近起来。2000 年 10 月底，普京应邀首次对法国进行了为期一天半的访问。访问期间，法俄两国总统会晤取得了“双方满意”的成果，从而使法俄关系解冻。俄罗斯强烈反对美国提出的在欧洲部署导弹防御计划，法国则是对这项计划持保留态度。双方大体相同的立场使法俄关系进一步发展。2001 年 7 月希拉克访问俄罗斯，与普京展开议题广泛的会谈，有关战略安全、航空及太空事务是会谈的重点。通过访问，法俄还签署了一项双边航空协定，赋予双方航空公司飞行优先权。自此，法俄关系逐渐升温。

六　萨科齐总统时期的法俄关系

萨科齐执政后的相当长时间内，法俄两国在诸如美国在东欧部署导弹防御系统、科索沃前途、伊朗核计划、中东局势等一些国际问题上的观点和立场南辕北辙，相互指责。尽管2007年10月萨科齐访问莫斯科，法俄紧张关系有所改善，但是，由于两国缺乏相互信任，两国关系实际上进入了“冷冻期”。

2008年，法国调整对俄政策。萨科齐把俄罗斯列入“相对大国”的范畴，指出俄罗斯作为一个恢复元气的大国将成为未来多极世界的一员，法国必须同俄罗斯和世界上所有大国建立起稳定的平衡关系。俄罗斯也认为，改善俄法关系是当务之急。

2008年5月，俄罗斯总理普京访问法国，法俄关系开始解冻。2009年11月，法俄签署了20余项涉及经济、能源、环境、科技、文化、教育等领域的协议。2009年法国在俄罗斯举办文化交流年，2010年俄罗斯在法国举办文化交流年，双方在对方进行数百项文化交流活动，以推动两国的相互了解与往来，增进两国的友谊。

2010年法俄两国领导人进行互访，并签署一系列经贸合作项目。自此，法俄再次建立起“特殊关系”，从而把两国关系提升到前所未有的紧密程度。法俄的经贸往来从2006年起以每年25%的速度增长。法国成为俄罗斯的第七大投资国，对俄出口列在法国出口的第9位。

此外，通过法俄的特殊关系，还带动了法国与德国的关系发展。被称为“头脑风暴”会议的法、德、俄三国首脑会议于2010年10月18日至19日在法国海滨城市多维尔举行。萨科齐、默克尔和梅德韦杰夫就欧洲安全战略、欧盟与俄罗斯关系、北约与俄罗斯关系、伊朗核问题、中东和平进程、阿富汗问题等进行了磋商。三国承诺改善欧洲与大西洋地区及欧亚地区的安全状况，加强欧俄安全合作及北约—俄罗斯理事会内的安全合作。

七　奥朗德总统时期的法俄关系

奥朗德认为，俄罗斯是金砖国家之一，而金砖国家人口占世界人口的40%，占全球PIB总值的30%。法国重视俄罗斯作为新兴大国的崛起，认为它构成多极世界的一极。奥朗德还认为，法国与俄罗斯保持着特殊的传统关系，维持着经济、军事、文化的联系。正是基于上述的考量，法国要加强与俄罗斯合作，共同寻求解决国际危机和应对全球治理问题之道。

2012 年 11 月，俄罗斯总理梅德韦杰夫访法。访问期间，法俄两国就欧元区经济形势和双边合作关系等问题进行会谈，并签署了一些合作协议，其中包括能源效率以及交流投资经验两项协议。2013 年 3 月，奥朗德访俄，与俄罗斯总统普京就双边合作、国际热点问题交换了意见，表示有必要继续维护两国长期稳定的合作伙伴关系。法俄双方签订了 9 项协议，涉及铁路、金融等多个领域的合作。其中最引人关注的是，双方签署的简化签证制度协议，法国同意放宽对俄商务人员和大学生的签证手续。普京在发布会上还特别指出，两国在高科技领域将落实一批大型合作项目，包括在航空航天、能源和核能方面。此外，法俄两国还加强了在军事领域的合作。

由于奥朗德总统和普京总统政治理念的不同和外交政策的差别，双方在中东和北非局势、叙利亚问题、克里米亚问题、乌克兰问题以及人权问题上存在分歧，奥朗德当政后期法俄关系趋冷，从“特殊关系”转变到对俄罗斯进行制裁，法俄关系趋于紧张。

八　马克龙总统执政以来的法俄关系

马克龙总统对俄罗斯的方针和政策基于如下的考量：第一，重视法俄历史纽带，“我们与俄罗斯处在同一片大陆，有着互相关联的历史……如果我们割断与这个东欧大国的联络纽带，而不是与之建立长期的联系，那就会铸下大错”。第二，希望在打击恐怖主义及能源战略方面，与俄罗斯建立务实的伙伴关系。第三，在法俄关系上，既不能盲目地追随美国路线，也不能“附和一个备受批评的政权”。马克龙要重新构建法俄关系。

正是基于上述的考量，利用纪念俄国沙皇彼得大帝访法 300 周年之机，在西方继续制裁俄罗斯、孤立普京的背景下，马克龙于 2017 年 5 月 29 日邀请俄罗斯总统普京访法。在这期间，马克龙与普京就广泛的双边关系议题，包括经贸合作项目、文化互动等进行磋商，就许多存在分歧的问题进行极其坦诚的对话。在叙利亚问题上，马克龙和普京都强调了打击恐怖主义的必要性，愿意在未来加强合作。马克龙还重申，在政治解决叙利亚问题上有一条“红线”，那就是绝不允许使用化学武器。普京则强调，打击恐怖主义不能侵犯他国主权。在乌克兰问题上，马克龙和普京都希望尽快举行新一轮的“诺曼底模式”会谈，也就是由俄、乌、德、法四方共同参与磋商的机制。法国舆论认为，法俄关系不可能在一次访问后全面修复，但在叙利亚、克里米亚等问题上法国希望继续与俄罗斯对话。2018 年 5 月 24 日，马克龙访俄。在这期间，马克龙就叙利亚和乌克兰问题想与俄罗斯寻找共同点，但未获得进展。无论怎样，马克龙表现出积极的态度，充当西方与俄罗斯的桥梁，寻求改善与俄罗斯关系。

第六节　与非洲、亚洲、大洋洲和拉丁美洲的关系

一　戴高乐总统时期与非洲、亚洲、大洋洲和拉丁美洲的关系

法国原是一个老牌殖民主义国家。早在 16 世纪资本主义萌芽时期，法国就开始了在非洲和北美的殖民活动。进入自由资本主义时期，法国开始了殖民战争，大规模掠夺殖民地。到 20 世纪初，法国的殖民地扩大到 1060 万平方公里，人口为 5640 万。法国殖民地几乎遍布世界各大洲，成为继英国之后的第二大殖民帝国。

从法国入侵殖民地的第一天起，当地的人民就开始了反法的活动和斗争。二战后至第四共和国期间，法国当局为了维护殖民帝国的利益，对殖民地的人民斗争进行残酷的镇压。在镇压未能奏效的情况下，法国被迫承认一些国家的独立，例如，1946 年法国结束叙利亚和黎巴嫩的委任统治，1951 年英法共同占领的利比亚获得独立，1954 年法国声明尊重柬埔寨、老挝和越南三国独立，1956 年法国同意摩洛哥和突尼斯独立，但是，这仅仅是法兰西帝国的很小部分，大部分的殖民地依然在法兰西帝国的统治和压迫之下。

戴高乐重新执政的初期，并未放弃法兰西帝国的思想。当戴高乐于 1958 年 8 月到几内亚访问时，迎接他的却是要求独立的标语和口号。他十分沮丧地向几内亚领导人指出：独立就意味着同法国一刀两断。这番威胁的话不仅是说给几内亚听的，而且也是在告诫其他法属殖民地国家。

但是，在一股势不可当的民族民主解放运动的潮流冲击下，戴高乐意识到军事上的镇压和政治上的点滴改革均不能奏效，不得不顺应时代的潮流。他还看到，美国正在利用法国殖民帝国分崩离析之机，积极插手，企图取而代之。于是，他被迫改弦更张，提出非殖民化—合作的政策。为了让新政策以法律形式固定下来，法国议会两院于1960年通过修改宪法第86条。经过修改的该条文规定，法属殖民地在获得独立并同法国签订合作协定后，可以参加法兰西共同体。

1960年这一年，在法国被称为“非洲独立之年”。正是这一年，除吉布提外，法属非洲殖民地和托管地相继获得独立，仅法属撒哈拉以南非洲就有12个国家取得独立。在这之前，已经有几内亚、马里等获得了独立。

接着，戴高乐着手解决急迫和棘手的阿尔及利亚问题。1958年6月至1959年9月，戴高乐采取以军事征服为主、绥靖和改革为辅的方针。戴高乐企图一举歼灭阿尔及利亚民族解放阵线和阿尔及利亚民族解放军，取得军事上的胜利。与此同时，他呼吁通过调停或谈判来实现停火和“体面的和平”，同意实现和平后实施一项为期五年的经济和社会发展计划，或叫“消灭贫困计划”，但遭到阿尔及利亚民族解放阵线的拒绝。1959年9月至1961年5月，戴高乐在上述政策破产的情况下提出民族自决的政策，阿尔及利亚临时政府做出了反应，并准备就阿尔及利亚的政治前途与法国进行对话。于是，1961年5月至1962年3月法国与阿方谈判，几经周折，终于签订了《埃维昂协议》，同意停火和举行公民投票，从而结束了历时8年的殖民战争。1962年7月，阿尔及利亚公投赞成并宣布独立，从而结束了法国在阿尔及利亚长达132年的统治。

戴高乐的“非殖民化”目标，是要创立一种新的合作。在法属殖民地和托管地独立之后，法国立即与这些国家分别签订了一系列的合作协定和军事协定，还通过支持法语非洲国家会议和非洲—马达加斯加共同体组织等区域性的合作等方式，维持和发展法国在这些国家的传统势力、利益和影响，防止美国和其他国家的渗透。

1963年以后，戴高乐强调法国与发展中国家相互依存的重要性，进一步把合作政策变成世界性的政策，推广到法国传统势力以外的非洲、亚洲和拉丁美洲国家中，为法国资本开辟新的市场。法国的策略是保持非洲，重返亚洲，插手东欧和拉丁美洲。

1964 年 1 月，法国不顾美国的警告以“如实地承认世界”的现实态度，承认了中华人民共和国并与新中国建立了外交关系。同年 3 月，戴高乐第一次到美国的“后院”墨西哥访问，强调法国“重新关注拉丁美洲”。同年 4 月，法国在东南亚条约组织部长会议上主张越南中立，赞扬柬埔寨拒绝该组织的保护。同年 9 月，他又访问拉丁美洲 10 国，并同这些国家签订了一系列文化、技术、贸易和经济协定。在访问期间，他鼓励拉丁美洲国家独立自主，反对一切外来干涉。

戴高乐的“非殖民化—合作”政策，实质上是在新形势和新条件下采用新的形式和手段来维护法国在这些国家和地区的传统利益和影响，特别是通过各种经济、政治、军事和文化合作协定来维持与这些国家和地区的联系，并极力扩展法国利益和影响的新空间。

二 蓬皮杜总统时期与非洲、亚洲、大洋洲和拉丁美洲的关系

蓬皮杜上台后，把一向视为法国本土的延伸和战略后方的非洲和地中海放在仅次于欧洲政策的地位，他要巩固法国在非洲的地位，扩大法国在中东的影响。

1971 年 2 月，蓬皮杜沿着前任总统访问过的路线在非洲兜了一大圈，加强了法国与非洲法语国家的合作。他巩固和发展了同北非三国的特殊关系，特别是缓和了因没收法国石油公司引起的与阿尔及利亚的紧张关系，从而使两国仍然以特殊的纽带联系在一起。

1973 年 11 月，在法国的倡议下，在巴黎召开了首次法非首脑会议，即法国与非洲法语国家的国家元首和政府首脑举行的定期会晤，以更好地维护和加强法国与前法属非洲国家之间的政治、经济和文化纽带。法非首脑会议定为每两年举行一次，在不举行首脑会议的年份，法非外长举行磋商会议。法国正是通过法非首脑会议进一步加强了与非洲地区法语国家的联系，并扩大了法国在非洲的影响。

在中东，蓬皮杜一方面在中东十月战争中采取亲阿拉伯国家的政策，对以色列禁运武器和向埃及提供武器装备；另一方面谴责美国支持以色列的立场。当阿拉伯石油输出国决定使用石油武器对付美国等国，美国等13个石油消费国决定进行回击时，蓬皮杜考虑本国石油主要依赖中东地区的供应，不敢得罪阿拉伯国家，因而反对美国等国采取强硬的态度，严厉地批评美国的中东政策和欧洲伙伴国随声附和的立场，提出欧洲要和阿拉伯国家进行对话。蓬皮杜的中东政策在西方国家中独树一帜，有助于推动中东地区从紧张走向缓和，也有利于阿拉伯国家反犹太复国主义的斗争。

三 吉斯卡尔·德斯坦总统时期与非洲、亚洲、大洋洲和拉丁美洲的关系

吉斯卡尔·德斯坦当政时，在其提出的世界主义的外交政策中，把改善和加强与非洲、亚洲和拉丁美洲的关系作为一项重要的战略目标。他自诩是一个“黑非洲或阿拉伯非洲或穆斯林非洲的特殊总统”。

吉斯卡尔·德斯坦强调法国在非洲的存在，竭力维持与非洲国家的特殊关系。他频繁地访问撒哈拉以南非洲和马格里布三国，是自1962年以来首个访问阿尔及利亚的法国国家元首。当乍得发生内乱时，他立即于1978年8月派兵干预，从而阻止了内乱，稳定了政局。他对利比亚出兵干涉乍得内政做出强烈反应。鉴于中非皇帝博卡萨亲自参与屠杀100名儿童引起国际社会的哗然，他于1979年终止对该国的财政和军事援助，并支持该国反对派推翻帝制和恢复共和制。此举不仅维护了法国在中非的利益，而且还博得了非洲国家的好感。他还于1977年和1978年两次采取军事行动击退了古巴雇佣军入侵扎伊尔，从而挫败了苏联在非洲扩张的企图和从非洲“来改变西欧地位”的包抄战术。

他继续实行在阿以冲突中支持阿拉伯国家的政策，并随着法国对中东石油依赖的加深，法阿关系也愈加密切。1974年，吉斯卡尔·德斯坦不顾美国的阻挠提出“南北对话”的倡议。1975年12月，在巴黎召开了国际经济合作会议，初步进行了部分南北国家的对话。1980年3月，他对

科威特、巴林等阿拉伯6个国家进行了国事访问，并在访问中提出欧—阿—非三方对话的建议，以欧洲的技术、阿拉伯的资金、非洲的资源建立一个巨大的联合体，作为多极世界中的平衡因素。他的构想得到了海湾国家和许多非洲国家的积极响应。此外，法国还首次表示支持巴勒斯坦人民的自决权。法国此举有助于缓和发达国家和发展中国家的紧张关系。

四　密特朗总统时期与非洲、亚洲、大洋洲和拉丁美洲的关系

密特朗为了确保法国的经济利益、传统势力范围和发挥在非洲、亚洲和拉丁美洲的特殊作用，采取了“有利于南方”的政策，即主张恢复南北之间的平衡，彻底改革南北即发达国家与发展中国家之间的关系。他还从民族自决、基本人权、富国尽可能援助穷国、支持民族民主运动等社会民主主义的观点出发，提倡改变现存的国际经济秩序，建立国际经济新秩序。因此，法国积极主张和推进南北全球性的谈判，建立南北国家在政治上和经济上相互依存的关系。法国决定把发展援助资金由1980年占PIB0.35%提高到1988年的0.7%，其中对最不发达国家的援助于1985年达到0.15%。这些措施有助于改善和提升法国在非洲、亚洲和拉丁美洲的形象，促进南北对话，缓和南北紧张的关系。

与此同时，密特朗把保持非洲的传统阵地和开拓非洲其他地区的势力范围作为“第三世界主义”的重点，开展了一系列的外交活动。在中东，密特朗一改前任“一边倒”的做法，宣布实行承认以色列有权在国境内生存、巴勒斯坦享有自决权、黎巴嫩恢复统一和独立的“存在、平衡与和平”的政策。这项政策扩大了法国在中东的回旋余地，增加了法国在该地区的分量。

法国以“人权”和“道义”为制定中美洲政策的出发点，加强外交行动，向尼加拉瓜出售军火，对智利实行军火禁运。法国在美国后院打进一个楔子。

在亚洲，密特朗把印度作为法国“第三世界主义”外交的三大支柱之一（另两个是阿尔及利亚和墨西哥），发展与印度的“特殊关系”。在东南亚，密特朗推行重返印度支那的政策，并随着柬埔寨问题逐步走向政

治解决加快重返印度支那的步伐，与印度支那三国建立了长期和全面的合作关系。

法国还积极推进南北对话与合作，主张减免发展中国家的债务。密特朗以新现实主义为主要内容的“第三世界主义”外交政策为法国树立了开明大国的形象，维护了法国在非洲的利益，扩大了法国在非洲、亚洲和拉丁美洲的影响。

五　希拉克总统时期与非洲、亚洲、大洋洲和拉丁美洲的关系

希拉克执政后，根据国内外形势的变化调整了与非洲、亚洲和拉丁美洲的关系。

法国考虑到财力和防务改革的要求，决定大幅度调整对非洲的政策，并使法国在非洲的伙伴关系多样化。在军事上，素有“非洲宪兵”之称的法国于1997年开始将驻非洲六国的8000人部队削减1/4，同时精简那里的军事设施，不再进行无利可图的武装干涉和“人道行动”，而是要借助欧洲联盟国家共同干预非洲事务。

与此同时，法国强调在非洲的存在，积极出资培训和装备非洲国家的维和部队，并坚持在非洲参与维和行动。在经济和贸易往来方面，法国已经占非洲市场份额的21%，成为非洲最大的贸易伙伴，但近年来美国逐渐扩大在非洲市场的份额，与法国展开激烈的争夺。法国不仅要巩固法语国家的经济和贸易阵地，而且还加强与南非、安哥拉、埃塞俄比亚的经贸联系，并积极打开与肯尼亚、坦桑尼亚和乌干达等英语国家的经贸通道，使法国在非洲的伙伴关系多样化。法国这一新的非洲政策正是通过希拉克总统1998年对南部非洲进行访问体现出来的。

法非首脑会议仍然是法国对非洲发挥影响力的主要平台。1996年，第19届法非首脑会议邀请除索马里外的所有非洲国家出席，共有44个非洲国家首脑与会。2001年1月，第21届法非首脑会议在喀麦隆首都雅温得举行。出席此次会议的非洲国家共有51个，为历届之最，其中25个国家国家元首与会。本届会议的主题是“非洲面临全球化挑战”。希拉克在

会上继续强调民主、人权等原则的重要性；提出“合作、不干涉、不漠视加约束”的对非政策，宣布额外免除 19 个贫穷国（含 15 个非洲国家）5 亿欧元的商业债务；承诺继续充当非洲国家的代言人，推动其他西方大国进一步增加对非援助，尽快履行对非减债承诺。

希拉克提出重返中东，力图打破美国垄断中东事务的局面。他多次访问中东和阿拉伯国家。与此同时，法国外长就解决巴以冲突于 1996 年提出了“八点和平方案”，得到了许多阿拉伯国家的支持。法国在对伊朗政策上有意与美国的政策拉开一定的距离，保持与伊朗的对话关系，要求停止对伊拉克的禁运，从而为法国重返中东的政策铺平了道路。

希拉克还开拓亚洲的“外交新疆界”，制定与亚洲国家发展伙伴关系的战略。法国领导人及部长多次访问亚洲国家，与其领导人进行广泛的接触，加强与他们的关系，开创了过去没有的磋商习惯，进一步密切与亚洲国家的经济、文化、政治和外交关系。

在拉丁美洲，希拉克于 1997 年初访问了巴西、阿根廷、巴拉圭、乌拉圭和玻利维亚等国家，倡导召开欧洲—拉美首脑会议，从而扩大了法国在拉美的政治、经贸和文化影响。

六　萨科齐总统时期与非洲、亚洲、大洋洲和拉丁美洲的关系

萨科齐总统提出“非洲优先”，并要转换法国在非洲的角色，原因是：第一，北非、西非和中非历来是法国传统势力范围，必须捍卫法国在该地区的利益。第二，伊拉克战争期间和战后，美国加紧渗入非洲，使法国感到威胁。第三，随着金砖四国经济的发展，中国、印度、巴西和俄罗斯加强了与非洲国家的经贸关系，也使法国疑虑重重。所有这些，使萨科齐在处理非洲关系上有了某种紧迫感。

在萨科齐总统执政的初期，法国推行维持和稳定非洲的政策，“稳定……是一切外交行动的关键词”。正是在稳定非洲政策的指导下，法国淡化对非洲腐败和缺乏民主的价值观外交取向，收缩在非洲的军事基地和减少在非洲的驻军，强调法非平等的政治关系，发展法非的经贸联系，深

化与非洲特别是与北非、西非和中非的合作。萨科齐在 2007 年 7 月先后访问阿尔及利亚、突尼斯、利比亚、塞内加尔、加蓬等国，希望法非基于现实建立一种新型、平衡的合作伙伴关系。自此，法非及其领导人之间的交往日益频繁和密切。萨科齐主张通过政治途径解决达尔富尔问题以实现该地区和平。2010 年 5 月，第 25 届法非首脑会议一扫往日“政治色彩”，改由“经济挂帅”。此次峰会还邀请近 250 名法非商业和企业界人士参加，就经贸合作等议题进行讨论，以加强法非的经贸联系。2010 年是法国“非洲独立之年”50 周年，法国总统萨科齐邀请多达 12 个非洲国家元首参加法国国庆观礼，13 个非洲前殖民地国家军队参加法国国庆阅兵。萨科齐还特别宣称，非洲是法国“后院”的观念已经成为过去，法国不再也不会以非洲的特殊伙伴自居。

2011 年风云突变，北非、中东和西非一些阿拉伯国家先后掀起了民主化浪潮，被称为“阿拉伯之春”，利比亚和科特迪瓦爆发内战，法国不再推行维持和稳定非洲的政策。于是，法国开始转换在非洲的角色，从维和外交改变为“人道主义干涉”：第一，重新强调人权、人道、民主等法国价值观外交，承认北非、中东和西非一些伊斯兰国家出现民主化潮流。第二，2011 年年初，当突尼斯和埃及发生“茉莉花革命”时，法国的反应则是犹豫和迟钝的，这招致国内舆论的批评。为了恢复法国以“人权祖国”自居的形象，争取国内舆论的支持，变法国外交被动为主动，法国不得不在非洲政策上改弦更张。第三，在国内，萨科齐为了提高威信和赢得 2012 年大选，他必须争取在外交上得分。

2011 年年初，利比亚局势发生动荡，政府军与反政府力量发生武装冲突。法国与英国联手倡议经济制裁利比亚并于 2 月 26 日获得安理会通过，3 月 10 日法国抢先正式承认了利比亚反对派组织的“全国过渡委员会”，又推动安理会 3 月 17 日通过了在利比亚设立“禁飞区”的决议，允许动用一切手段保护平民，实际上是授权西方对利比亚发动战争。3 月 19 日法国战机率先起飞轰炸利比亚，从而拉开了多国部队对利比亚展开军事行动的序幕。法国还扶持反对派的武装力量，提供武器弹药和培训武装人员，最终帮助反对派于 8 月中旬攻占首都的黎波里，导致卡扎菲政权的彻底倒台。法国对利比亚军事干预获得了法国从政界到媒体一致的支持，从而使萨科齐的人气有所上升。

科特迪瓦总统巴博自2000年执政以来，同法国的关系不和，甚至发生过科特迪瓦军队袭击法国驻当地军营的事件。2010年11月28日科特迪瓦进行的总统选举第二轮投票中，巴博和另一位总统候选人、前总理瓦塔拉互相指责对方舞弊。12月4日，巴博和瓦塔拉各自宣誓就任总统，科特迪瓦从而陷入政治僵局，暴力事件频发，最终酿成武装冲突。法国在这场战乱中明确支持瓦塔拉，并且积极推动联合国安理会通过了要求巴博下台和对科实施制裁的决议。2011年4月，法国军队与联合国驻科行动团联手向巴博的兵营和驻地发动袭击，最终活捉了巴博，并把他交给了瓦塔拉政权。巴博政权的倒台为法国恢复在这个地区的政治影响力铺平了道路。

萨科齐在苏丹问题上采取更为坚决和积极的态度。在萨科齐本人的倡议和推动下，苏丹达尔富尔问题的部长级国际会议于2007年6月下旬在巴黎举行。此后，法国又在联合国积极斡旋最终使安理会通过决议，决定向达尔富尔地区派遣由联合国和非洲联盟共同组建的维和部队。

在中东，萨科齐改变了以往亲阿远以的立场，同时对巴以之间的冲突进行积极的斡旋。2008年年底，以色列军队开始对加沙地带发动大规模军事打击，萨科齐前往中东地区展开斡旋。自2011年6月1日起，法国外长朱佩前往中东穿梭访问，力促阿以和谈，并使双方达成妥协。2008年1月初，萨科齐率领庞大的代表团前往沙特阿拉伯、卡塔尔和阿联酋等海湾三国进行访问，同这些国家就经贸合作达成了多项协议，签署了多个供货合同。法国与阿联酋签署了一项重要的军事协议，根据这一协议法国将在阿联酋首都阿布扎比设立永久性海军基地。自2011年3月叙利亚爆发内部动荡后，法国立即改变对叙利亚现政权的政策，率先承认了叙利亚反对派组织“全国委员会”。法国还以叙利亚总统巴沙尔·阿萨德镇压反对派和屠杀平民为由，力促联合国安理会通过谴责或制裁大马士革的决议。法国深深地陷入干预叙利亚内政之中。

法国以往一直承认伊朗有和平利用核能的权利，愿意在伊朗放弃谋求核武器的基础上与之发展正常外交关系，进行经济合作。但是，萨科齐总统上台后，以“价值观外交取向”和推进伊朗民主化对待伊朗，其外交立场强硬起来，并以武力相威胁。在国际原子能机构于2011年11月发表伊朗可能制造核弹的报告以及法国驻伊朗外交官遭殴打后，法国立即进行报复，缩小驻伊朗使馆规模，并推动欧盟对伊朗进行经济制裁。法伊关系进一步恶化。此外，法国加快了介入伊拉克的步伐。

萨科齐总统于2010年12月访问印度期间，称赞印度是正在崛起中的新兴强国，承诺法国将支持印度争取获得联合国安理会常任理事国的努力。法印两国签订了高达150亿欧元的商业协议，其中最为引人关注的是70亿欧元的核电合作协议和50亿欧元的军售协议。法国通过加强法印关系，扩大对亚洲的影响。与此同时，法国还加强与日本、韩国、巴基斯坦、柬埔寨等亚洲国家的战略关系。

法国重视与巴西的关系，应萨科齐的邀请，巴西总统卢拉在2009年三次访法，且都是在重要的多边会谈之前，充分显示了法国对两国关系的高度重视。萨科齐2009年9月7日访巴期间，两国签署了一项总金额达123亿美元的军售大单。法国通过加强与巴西的关系，巩固和扩大了法国在拉丁美洲的地位和影响力。

七 奥朗德总统时期与非洲、亚洲、大洋洲和拉丁美洲的关系

在非洲，奥朗德谋求与非洲国家建立相互尊重和透明的新关系，建立新的格局。2012年12月，奥朗德出访阿尔及利亚。访问期间，奥朗德不仅承认1945年5月8日在塞提夫（Setif）进行的大屠杀，而且正式以法兰西共和国的名义承认1961年10月17日法国警方在巴黎对阿尔及利亚示威民众进行了血腥镇压。法阿两国签署《法阿友好与合作阿尔及尔宣言》以及10余项政治、经济、文化、国防等领域的合作协议，决定双方建立全面战略伙伴合作关系。2013年4月，奥朗德出访摩洛哥，双方签署30多项意向书和合作协议。合作的领域包括农业、食品、废水再处理、再生能源和交通。

2012年3月，马里发生政变，反政府武装占领北部基达尔、加奥、通布图三个大区。2013年1月，马里反政府武装南下，攻占多座城镇，首都巴马科告急，马里政府向法国寻求援助。1月11日，法国应马里政府要求在马里开展军事行动，共计投入4500人左右的兵力。法军与马里军队向马里北方推进，先后夺回加奥、通布图、基达尔等北方主要城市。4月，法国宣称在马里的军事行动已达到目的，阻止极端势力武装分子的攻势，夺回被占领的城市并搜寻武装分子藏身地。法国开始从马里撤军。2014年8月，法军在非洲撒哈拉－萨赫勒地区启动"新月形沙丘行动"，打击恐怖主义。法国对马里和中非采取的行动有别于过去的干预方式，它得到了联合国的授权，也得到了国际社会和非盟的支持。

在西亚，奥朗德率先承认叙利亚反对派联盟为叙利亚唯一合法政权，积极参加"叙利亚之友"会议，坚持寻求在叙利亚实现政治过渡，并以巴沙尔下台为前提条件。在政治解决叙利亚危机宣告失败后，法国与英国一道推动国际社会增加对叙反对派的支持以及解除对叙反对派武器禁运。与此同时，法国先后联手美国和俄罗斯打击"伊斯兰国"。法国对加沙地带和以色列南部"新的暴力行为"表示严重关切，呼吁巴以双方保持克制，防止事态进一步升级。法国支持巴勒斯坦成为联合国观察员国。法国信任并支持也门总统哈迪在过渡任期内为国家稳定和经济发展所做的努力。2013年，奥朗德频繁和密集地访问中东国家，推动法国与中东国家的经济、政治、军事和文化的交流和合作。2017年1月，法国倡议的中东和平会议在巴黎召开，敦促巴以和谈，承认"两国方案"。伊核协议达成后，法伊两国开展全面的合作，从而打破了中东地区地缘政治的平衡。

在南亚，奥朗德率团于2013年2月访问印度。奥朗德总统相当看重印度之行，促进法国和印度国防合作升级，争取军售大单，扩大能源贸易，两国联合开展武器的研发和生产，深化双方于1998年结成的战略伙伴关系。2016年，奥朗德再次访印，从而使两国达成包括国防、航天、核能等领域的几十项协议，把法印两国关系提升到新的战略高度。

在东亚，法国外交重点放在中国和日本。2013年6月，奥朗德对日本进行了国事访问，他是17年来对日本进行国事访问的首位法国总统，一改前任法国总统忽视日本的状况。通过访问，法日两国就拓展特殊伙伴关系达成协议。法日两国未来将在特殊伙伴关系的框架下，在国际政治、双边经贸、文化交流三大领域共同展开合作。2014 年 5 月，安倍晋三访法，从而使法日在经济、工业、安全、核能防务和军工合作领域保持发展势头。

法国与澳大利亚于 2017 年 3 月签署关于加强战略合作伙伴关系的联合声明，加强在经济、防务、安全、文化和教育等方面的合作。

八 马克龙总统执政以来与非洲、亚洲、大洋洲和拉丁美洲的关系

马克龙总统执政以来，非洲仍然是法国外交的优先地区，这是由于：第一，非洲特别是以法语为通用语的西非地区、北非地区等，是法国前殖民地，历来与法国维系着传统的纽带，有着紧密的政治、经济、贸易关系，“非洲不仅是法国的近邻，因为共同的历史，更是法国身份认同的一部分”“非洲是法国实现世界未来平衡的盟友”。法国要在这些国家继续保持存在和影响。第二，近年来，“伊斯兰国”在非洲撒哈拉 - 萨赫勒地区建立分支，在马里、科特迪瓦等国频频制造恐怖袭击。马克龙实施“反恐绝对优先”的外交，视非洲为“反恐绝对优先”的地区，目的在于保持该地区的稳定，协助该地区的国家打击恐怖组织。第三，巩固和发展与非洲特别是以法语为通用语的西非和北非的经济关系。正因为如此，马克龙要重塑法国与非洲国家的关系，使法国与非洲的关系更加“接地气”，使法国更加靠近非洲社会。为此，马克龙成立直接隶属于总统的非洲事务委员会，拓展法非在安全和难民领域之外的合作。他还专门任命一名萨赫勒问题特使，协助总统处理该地区的反恐事宜。第四，法国宣布要重整对外援助计划，2019 年财政预算增加 10 亿欧元对非洲的援助。

马克龙总统执政以来，多次访问马里，鼓励反恐法军的士气。2017 年 6 月，马克龙访问摩洛哥，争取该国对法国反恐的支持。2017 年 11 月，马克龙开展首次非洲多国访问之行，先后前往布基纳法索、科特迪瓦和加纳，希望能推动企业合作和投资，强调教育和企业发展的重要性，以

期帮助非洲年轻人在国内就业，而无须承担极大风险偷渡至欧洲谋生。2018年2月，马克龙访问突尼斯和塞内加尔。访问期间，法国与突尼斯签订一系列经济合作协定，包括实现法国在突尼斯投资增长翻倍、设立专项资金支持中小企业和青年人发展等。法国也与塞内加尔签署了一系列在高等教育、水利、能源、航空等领域的经贸合同。法国将在塞内加尔的贾姆尼亚贾设立一所法塞大学以及一家网络安全培训中心，作为地区网络安全的枢纽。马克龙的非洲新政策将有助于非洲经济、安全、教育等领域发展。但一些非洲舆论认为，马克龙的新非洲政策难以完全实现。

在中东，马克龙也以积极务实的态度调整了外交政策，其主要理由是：第一，马克龙的反恐外交重点是叙利亚和伊拉克，要消灭“伊斯兰国”，摧毁中东和法国国内恐怖袭击发生的策源地，并在禁止使用化学武器的基础上恢复叙利亚的稳定。第二，马克龙强调，在中东地区的两大敌对势力（逊尼派的沙特阿拉伯和什叶派的伊朗）之间，法国不会“选边站队”，以积极务实的立场与各方对话。第三，基于俄罗斯插手叙利亚事务并站在阿萨德政权的现实，法国不仅要与西方国家联手而且也要同俄罗斯联手反恐。第四，关于叙利亚，马克龙指出：“我们最终的目的是要在叙利亚找到一个包容性的政治解决方案。”第五，维持和发展同中东国家传统的政治、经贸和军事关系。

2017年6月22日，马克龙正式宣布法国在叙利亚的新务实外交政策，优先行动仍是反恐，不再以要求阿萨德下台为先决条件，并且将优先以政治解决办法来解决叙利亚冲突。他还表示：为了消灭恐怖主义团伙，法国需要与所有的人合作，特别是俄罗斯。同年7月，法国外长访问沙特和卡塔尔，为化解沙特等四国与卡塔尔的断交危机斡旋。同年7月16日，法国举行二战期间法国犹太人遭大逮捕事件75周年纪念之际，马克龙代表法兰西再次认罪，同时重申在巴以冲突中支持美国的“两国方案”。同年11月9日，马克龙在出访阿联酋后突访沙特，与阿联酋签订经贸大单，并积极斡旋此前黎巴嫩总理哈里里宣布辞职导致的沙特与伊朗的尖锐矛盾，给紧张气氛“降温”。2018年4月，法国与美英在未核实的情况下以阿萨德使用化武为借口轰炸叙利亚，使叙利亚和中东局势再度紧张。同年

4 月，沙特王储访法期间，沙特与法国确定打下战略合作的基础，双方签署了 20 多项经贸合同，总值 180 亿美元。马克龙 2018 年 4 月 16 日在接受《世界报》采访时表示，法国坚持伊朗应严格遵守 2015 年达成的伊核问题全面协议，协议内容在 2025 年之后可以继续完善。

马克龙制定法国在亚洲、大洋洲的外交政策，基于以下的考量：第一，根据他的大国平衡和多边主义的理念，淡化意识形态外交，强调历史的渊源和传统的纽带，深化与中国、印度、日本、印支三国（越南、柬埔寨、老挝）、澳大利亚等的合作关系，同时发展与亚洲其他国家如印度尼西亚、韩国、马来西亚等的新合作关系，从而使法国与亚洲的外交多元化。第二，加强与亚洲新经济体（中国、印度）和日本的经贸合作，促使法国经济走出不景气的阴影。与此同时，在法国人安全和地区安全政策下，开展与一些亚洲国家和澳大利亚的军事合作。第三，以“善于创新”的法国新形象展现，改变亚洲国家民众对法国僵化的看法，从而提高法国在这个地区的影响力，也为扩大法国产品在这个地区的销路铺路搭桥。

正是基于上述的考量，马克龙布局了亚洲、大洋洲外交新蓝图，开展了法国对亚洲、大洲洋的新外交。2017 年 5 月，马克龙利用参加 G7 峰会与日本首相安倍举行会谈，双方就强化法日两国安保合作达成一致，同时确认将在确保《巴黎协定》框架实效性问题上提供相互支持。2018 年 1 月，马克龙对中国进行国事访问。同年 3 月，他在巴黎同来访的越南领导人会晤后宣布，法越两国将深化经贸和防务合作，助推双边关系发展。同年 3 月，马克龙访问印度，目标在于全方位巩固法印的战略合作伙伴关系。法印两国签署 14 项协议，包括航天和高速铁路等领域合作，还签订协议规定两国武装部队相互提供后勤支持。莫迪强调，签署这一协议是两国朝着密切防务合作迈出的重要一步。马克龙在会谈中希望建立法、印、澳战略同盟。法国欲要取代英国成为印度在欧洲的首选伙伴。同年 5 月，马克龙访问澳大利亚。根据法澳的联合声明，两国将在防务、经贸、网络等方面加强合作。两国将向对方军队提供后勤支援，以更好应对人道主义危机和自然灾难；将设立专门机制，加强国防工业合作；将进一步加强网络安全合作等。在访问期间，马克龙再次提出建立一个“巴黎—新德里一堪培拉轴心”，加强战略关系，但恐怕未能如愿。2018 年 11 月，法国总理菲利普访问越南，深化法越战略伙伴关系，发展两国经贸关系，从而扩大法国在亚太地区的影响力。

第七节　中法关系

一　早期中法关系

法中两国有着悠久的交往历史，根据史书记载可追溯到 13 世纪。1248 年，法国国王路易九世首次派遣以安德烈·隆瑞莫（André Longjumeau，或作 Longjumel）为首的使团到达蒙古，获得了有关蒙古风俗习惯的第一手资料。1252 年，路易九世再次派遣特使纪尧姆·德·吕布鲁克（Guillaume de Rubrouck）出使蒙古，吕布鲁克于 1254 年 8 月带回蒙古大汗给路易九世的回信归国后，写了一部介绍中国的游记，从而使当时的法国人对中国有了一鳞半爪的认识：原来欧洲人传言的“丝国”就是中国，一个遥远的东方国度，一个人口众多和手工业发达的国家。这本旅行记述，要比意大利人马可·波罗（Marco Polo）早半个世纪向欧洲人提供了有关中国的信息。此后，路易九世多次派遣使者前来中国。由于元朝对各种宗教采取兼容并蓄的宽容态度，罗马教皇开始派遣传教士来华传教，其中就有几个是法国人。明朝末年，在西方传教士来华传教里，第一个来华的就是法国耶稣会士尼古拉·特里戈（Nicolas Trigault，原译金尼阁），他于 1610 年和 1620 年两度来华，1628 年死于杭州。此后至 1773 年耶稣会解散为止，法国有 100 多人先后到中国传教。

1698 年 11 月 2 日，路易十四派遣第一艘法国商船“昂菲德里特号”抵达广州，从此法中两国开始了海运的直接贸易。法国为此设立“中国公司”，专门从事对华贸易。自此，法国对华贸易迅速发展，到 18 世纪上半叶，法中贸易已接近英国、荷兰等国对华贸易的水平。1776 年，法国在广州设立领事，以保护法国在中国的利益。18 世纪，法中文化交流十分活跃，法国掀起一股“中国热”，中国文化在当时法国思想界、学术界、艺术界乃至民间，一直是为人津津乐道的话题。法国学者维吉尔·比诺曾说："当人们翻阅 18 世纪法国思想家、经济学家撰写的作品、游记或报刊文章时，会惊讶地发现中国的名字是如此频繁地出现，激起了那么多的赞誉之词。"

从 19 世纪中叶起，法国资本主义竭力对外扩张，掠夺海外殖民地。法国继葡萄牙、荷兰、英国和西班牙之后入侵中国，与帝国主义列强一起通过两次鸦片战争、中法战争、镇压义和团运动等侵略战争与中国签订了一系列不平等条约，强迫中国开港通商，控制中国关税，索要赔款，获得最惠国待遇和瓜分中国领土。自那时以来，法中关系进入了最不堪回首的时期。

但是，法国当局的侵略行径并不能阻挡两国的民间往来。近代中国早期的翻译家严复、林纾，学者王韬，维新派康有为、梁启超等在他们的著作中大量地介绍了法国先进的思想和文化。具有光荣革命传统的法国吸引了追求革命和理想的中国青年，五四运动后全国各地纷纷组织赴法勤工俭学活动，一大批革命青年如周恩来、蔡和森、陈毅、邓小平、李富春、聂荣臻等赴法寻求救国的真理，为中国革命培养了一大批杰出的无产阶级革命家。自大革命以来，法国也有许多思想家、革命家和文学家同情和向往中国，以他们的作品介绍中国的革命、哲学、文化和文学。法中文化交流进入了第二次高潮。

二　第四共和国时期中法关系

中华人民共和国成立初期，第四共和国追随美国敌视新中国，一度对中国采取孤立的政策。但是，随着中华人民共和国日益巩固和发展并在国际舞台上起着越来越大的作用，第四共和国政府不能无视新中国存在的事实，从 20 世纪 50 年代开始采取措施加强法中两国之间的官方和半官方的关系，至于民间的友好交往从来没有中断过。

1952 年 5 月，法国科学家、作家、艺术家和工会等民间人士发起成立了法中友好协会，并在许多地方成立法中友好协会分会。1954 年 9 月，法中友好协会代表团首次访问了新中国，从此，法中两国的民间交往通过这个渠道和其他渠道进一步开展起来，从而促进了两国关系的发展。

1952年8月，中国进出口总公司和法国政府代表签订了第一个中法易货合同，从而揭开了两国贸易往来的序幕。1953年5月两国签订了《关于易货贸易的协定》。从1954年下半年开始，由于日内瓦会议达成印度支那停战的协议，从而扫除了法中关系的障碍，使两国各方面的交往开展起来。1955年10月，法国议会代表团访华。1956年1月，法国经济代表团访华，并发表联合声明。1957年5月，一向对发展法中关系持积极态度的法国前总理埃德加·富尔（Edegard Faure）及其夫人应邀访华，受到中国高规格的接待。在华访问期间，他向记者表示法国应该承认中华人民共和国，并建立正式的外交关系。

三　第五共和国时期中法关系

1. 戴高乐总统时期中法关系

戴高乐重新执政后，法中关系进入快车道。第一，法国结束了阿尔及利亚的殖民战争，为法中关系的发展扫除了一大障碍。第二，法国执行独立自主的外交，不必再受到美国的干预和约束。第三，新中国已经相继获得英国、挪威、丹麦、芬兰、瑞典、瑞士和荷兰等西方国家的承认，作为西方和西欧主要国家的法国要及时弥补这一过失，面对新中国存在的现实和赶上时代的潮流。第四，法国要借用东方的中国共同打破美苏主宰世界的格局，推动世界向多极化的方向发展。第五，法国需要在新中国开辟资本和商品市场。

正是基于上述考虑，法国加快了法中两国接触的步伐。1961年和1962年，法中两国外长在参加关于和平解决老挝问题的日内瓦会议期间进行了多次会晤，双方都表达建交的愿望。1963年10月，法国前总理埃德加·富尔携带一封戴高乐亲笔授权富尔代表他同中国领导人商谈两国关系问题的信件访问中国。在访华期间，富尔同中国领导人就建交的条件、建交的规格和方法进行深入和详尽的讨论，从而为两国未来达成协议奠定了基础。

1964年1月9日，法中两国就建交的具体事宜进行谈判，并于1月18日达成协议。1月27日，法中两国同时发表建交联合公报。公报宣布：

“法兰西共和国政府和中华人民共和国政府一致决定建立外交关系。”1月31日，戴高乐举行记者招待会，正式宣布承认中国并与中国建立大使级外交关系。他称赞中国有“比有记载的历史还要悠久”的古老文明，确认新中国重要的国际地位和作用。他认为法国应该“如实地承认世界”，不能无视新中国的存在。他还指出，要解决世界的问题，特别是亚洲的问题，撇开中国是绝对不能想象的。法国作为西方大国，冲破美国和台湾方面的重重阻力，率先与新中国建立正式大使级外交关系，表现了戴高乐总统的非凡勇气和远见卓识，深得中国人民的敬佩。

法中建交后，在法国立即掀起了一股“中国热”。法中两国在政治、经济、科技和文化的交往日益开展起来。1965年，戴高乐总统的特使、法国国务部长安德烈·马尔罗访华，他是法中建交后第一个正式来访的法国部长。1966年6月，法中两国签订航空协定，开通了北京至巴黎的空中交通，从而缩短了两国交往的距离。

戴高乐十分向往中国，在任总统期间如此，在下野后多次提到访问中国：“到中国去，对我来说是一个美梦！”十分惋惜的是戴高乐猝然逝世，来不及实现他的计划，为中法关系带来不可弥补的损失。

2. 蓬皮杜总统时期中法关系

20世纪70年代初，鉴于中美关系的大门已打开、中华人民共和国在联合国的合法席位已恢复、西欧国家出现了与中国建交的高潮，作为第一个打开对华关系局面的西方大国的法国，决心积极推动法中关系，开展与中国的高级政治对话，发展与中国的经济和贸易关系，开展科技和文化的交流，因此，法中两国的交往越来越频繁，交往的级别也越来越高。

1973年9月，蓬皮杜总统怀着对古老东方文明的向往和被新中国所吸引，不顾癌症缠身，应邀访华。在访华期间，法中两国领导人就国际重大问题和两国关系交换了意见。《法中公报》表明两国进一步发展双边关系的愿望，显示了两国在许多国际问题上有着广泛的一致或近似的看法，“双方商定，将进一步研究发展经济关系方面的现实可能性以及在技术、工业方面，特别是在发达的石油化工、航空、机械和电气工业方面加强交流的问题”。双方还决定签订海运协定和加强在航空运输方面的合作。自此，法中关系通过蓬皮杜总统的访问上了一个新的台阶。

3. 吉斯卡尔·德斯坦总统时期中法关系

吉斯卡尔·德斯坦总统对推进法中关系给予高度关注，首先，他认为两国都推行独立自主的外交政策，在国际基本问题上“两国做出同样的反应，寻求同样的解决办法，而且通过不同的途径得出同样的结论”。其次，中国是多极化世界的一极，法国可以利用中国作为砝码在美苏两个超级大国中进行周旋。最后，法国要进一步发展与中国的经贸关系，以缓解处于滞胀阶段的法国经济。

正是出于上述考虑，法国主动邀请邓小平副总理于1975年5月访法。在访问期间，两国商定法中外长不定期地就重大国际问题进行磋商，成立经济贸易混合委员会。1978年1月，法国雷蒙·巴尔总理访华，两国签订了科技合作协定。1979年10月，中国总理访问法国，两国签订了《关于法中经济关系的发展》《关于互设领事机构》《关于1980年至1981年文化交流计划》等文件。1980年10月，怀着对中国浓厚兴趣的吉斯卡尔·德斯坦总统正式对中国进行访问，同中国国家领导人就国际重大问题和发展双边关系深入地进行讨论。吉斯卡尔·德斯坦总统还到西安和拉萨访问，他是第一位访问西藏的西方国家领导人。他还到上海复旦大学发表演讲，也是第一个在中国公开演讲的西方国家元首。吉斯卡尔·德斯坦总统访华富有成果，决定两国外交部进行定期磋商，两国合作建设广东大亚湾核电站，决定在上海和马赛互设总领事馆。中法两国关系在吉斯卡尔·德斯坦总统任期有了进一步发展。

4. 密特朗总统时期中法关系

密特朗总统时期的法中关系大体上可以分为三个阶段。

1981年至1989年5月为第一阶段。密特朗欲借重中国反对世界两极的格局和均衡世界多种力量，借重中国解决印度支那问题，与中国协调以便使法国在发展中国家发挥作用，进一步加强与中国的经贸联系。为此，1983年5月，密特朗对中国进行正式访问。两国领导人就东西方关系、南北关系、建立国际经济新秩序取得相同和相近似的看法。两国领导人就柬埔寨问题进行磋商，缩小分歧，消除误解。双方都认为越南军队全部撤出柬埔寨是政治解决柬埔寨问题的关键。法中两国还签订了法国向中国提供四个核反应堆的谅解备忘录。从此，法国把中国看作它在亚洲的特殊伙伴。20 世纪 80 年代中期，法中两国高级领导人互访十分频繁，经贸和科技合作也有进一步发展。

1989 年 6 月至 1993 年为第二阶段。密特朗和社会党执政以来，对外推行“人权外交”，对中国亦是如此。1989 年夏季在中国发生政治风波后，法国对华进行制裁，中止了法中的政治对话和高层往来，冻结了两国军事方面的合作，从而使法中两国关系跌入低谷。

法国不久立即意识到，制裁对中国不仅没有效果，反而对法国在政治、经济和贸易上带来十分不利的影响。因此，1991 年 4 月法国外长对中国进行访问，认为法中关系已经正常化。法中经贸混合委员会也开始恢复工作，从而使两国的经贸有了较大的发展。但是，法国不顾中国方面的严正交涉和强烈反对，于 1991 年和 1992 年分别批准向台湾出售护卫舰和战斗机，从而使法中关系又进入困难时期。

1994 年至 1995 年为第三阶段。1993 年 3 月，巴拉迪尔任总理后，着手调整对华政策。1994 年 1 月，两国政府发表联合公报：法国承诺不再批准法国企业参与武装台湾，从而使法中两国关系开始正常化。自此，两国高层互访增加，两国在经济、科技、贸易和文化上的交往日益频繁。

5. 希拉克总统时期中法关系

1995 年希拉克当选总统后，大力调整法国外交，确定开拓亚洲“外交新疆界”，并以中国为重点的方针。

1997 年 5 月，希拉克应邀访华，两国签署了联合声明。联合声明宣布，在 21 世纪即将来临之际，法中两国应承前启后建立长期、稳定、友好的全面伙伴关系，从而使两国关系进入一个新的发展阶段。双方决定进一步密切合作，推动世界多极化进程，推动联合国改革，促进裁军，保护环境，加强发展援助，反对毒品、犯罪和恐怖主义。法中两国决定建立交往和磋商机制，每年至少安排一次双边高层会晤和至少两次外长会晤，以便保持两国领导人之间的密切接触和经常性的联系，加深相互信任和了解，促进双边关系持续发展。双方还决定建立外交部之间各级的磋商并使之制度化，继续深化有关战略问题的对话。双方鼓励两国议会、地方、团体和行业组织之间的交往与合作。两国决心发展双方的经贸伙伴关系，鼓励在对方的投资，加强技术和工业的合作，推动两国中小企业参与双边贸易。双方将加深文化、教育和科技交流。希拉克的访华把两国关系推向新阶段，从而扩大了法国在亚洲的影响，也推动了世界向多极化方向发展。

自此以后，法中各层次往来不断，两国关系进一步发展。2000 年 10 月希拉克再次访华，双方确认在当今世界发生重大而深刻变化的新形势下，法中更应该密切在国际社会中的协调与合作，巩固和加强两国面向 21 世纪的全面伙伴关系，继续保持和密切两国领导人之间的接触与联系，促进两国在各个领域的互利合作。2001 年 4 月，两国决定于 2003 年和 2004 年互办文化年活动，在双方首都互设文化中心。在 2004 年中法建交 40 周年之际，法中两国领导人在年内进行了互访，表明法中两国关系进入历史上最好时期。希拉克访华期间，为在中国的法国文化年活动揭幕，并与中国签署了核能、交通、航空和农业等方面的 20 多项贸易合同或协议。由于法中贸易获得了长足的发展，法国成为欧盟第二大对华出口国，中国也成为法国在亚洲的第一大贸易伙伴。

6. 萨科齐总统时期中法关系

萨科齐认为，中国是“一个重要的国家”，甚至是“一个极其重要的国家”，中国在国际事务上的态度对世界和平稳定有关键影响。他指出，法中之间的全面战略伙伴关系是法国外交政策中极为重要的一个基点，他要在保持两国传统友好关系的基本框架上，把两国关系推向更加“务实”，促成“双赢”的局面。2007 年 11 月，萨科齐把中国作为出访的第一个亚洲国家。通过访问，进一步扩大了法中两国合作的领域，深化了两国的经贸关系。

但是，2008 年，奥运会火炬在巴黎传递过程中发生“藏独”分子袭击事件，达赖访问欧盟受到轮值主席国法国“隆重欢迎”，由此中方随即取消了原定于同期举行的中欧峰会。由于萨科齐和法国的原因，中法关系跌入低谷。

"解铃还需系铃人"，萨科齐三次致信中国国家主席表达改善两国关系的愿望。在2009年4月G20峰会中，法中两国领导人实现了会晤，就法中关系和国际问题交换看法。萨科齐宣称，无论法中关系如何变化，他都坚持认为只有一个中国，台湾和西藏都是中国领土不可分割的一部分；希望今后双方关系在政治、经济、外交等各领域稳定和谐地发展；法方愿同中方携手合作，共同推进国际金融机构改革。中国领导人强调，在当前国际形势复杂多变、国际金融危机不断蔓延和深化的背景下，双方应该坚持两国关系发展的正确方向，排除干扰，携手努力，推动两国关系向前发展；两国应该加强高层交往及各领域的合作，就应对国际金融危机加强沟通和协调。法中两国高层领导人的会晤，恢复了全面战略伙伴关系，从而使两国关系走上了正常的轨道。

7. 奥朗德总统时期中法关系

奥朗德在第20届法国使节会议的讲话中，把中国列为新兴大国之首，高度重视法中的全面战略伙伴关系。他认为，中国和新兴大国的崛起符合法国关于世界多极化的理念，对法国和世界来说是机遇。他还认为，中国和新兴国家能够更多地在全球治理中扮演积极角色，而法国在处理国际问题时需要与包括中国在内的新兴国家保持更密切的沟通和协调。他确认其战略意义的同时，对华关系上更加强调扩大经贸、投资、能源、航空等领域合作的重要性。

2012年6月，奥朗德在出席20国集团首脑会议期间与中国国家主席胡锦涛第一次见面。他在会见中强调了法国坚定不移致力于发展法中全面战略伙伴关系的基本立场。同年7月初，法比尤斯外长访问中国时表示，法国将发展法中关系作为外交上的一个优先选择，希望从战略高度和长远角度处理好法中关系。他希望双方建立起更高质量的伙伴关系。

奥朗德于2013年4月25～26日对中国进行国事访问。两国元首就双边关系和重大国际问题深入交换意见，达成重要共识。双方发表《中法联合新闻公报——共建和平、民主、繁荣、进步的世界》。公报宣称，两国决定深化政治和战略互信，延续元首年度会晤机制，加强战略对话，为在各领域进一步深化法中新型全面战略伙伴关系注入新活力。两国强调将本着互利和共同发展原则加强经贸合作，强调推动能够长期促进经济增长和就业投资的重要性和为对方国家投资提供透明、有利的环境的必要性。两国同意加强法中在经济和财经问题上的合作，决定建立高级别经济财经对话机制。两国将核安全合作作为彼此伙伴关系的第四支柱。双方愿进一步加强两国民航的交流与合作。双方同意扩大在铁路、现代农业、食品加工、工业节能、新能源、城市可持续发展、卫生和数字化领域的合作。双方将加强双边社会保险协定谈判，支持两国中小企业的交流并提供便利。双方还要深化在文化、教育、大学、科技等领域的合作。双方表示愿在两国推广汉语和法语。

2014 年是法中建交 50 周年，法中两国举办了庆祝活动。同年 3 月中国国家主席习近平访法，法中双方发表《法兰西共和国和中华人民共和国联合声明——开创紧密持久的法中全面战略伙伴关系新时代》和《法中关系中长期规划》，为法中全面战略伙伴关系注入新活力，为提升两国关系的稳定性、连续性、建设性和创新性提供契机。2015 年堪称法中高层交往的大年，奥朗德再次访华并发表《法中元首气候变化联合声明》，两国共同努力使气候变化巴黎大会取得成功。2016 年，法中继续深化经贸和人文领域的合作，其中包括推动地方间、第三方市场以及“一带一路”倡议沿线地区的战略合作。

8. 马克龙总统执政以来的中法关系

马克龙重视法中关系，着意将法中关系不断提升至历史高点，这是因为：第一，他如同历届前任法国国家元首那样，尊重法中两国的历史文化传统，以法国作为西方大国率先承认并与中华人民共和国建交、建交后法中关系始终走在中国同西方主要发达国家关系的前列而自豪，在西方大国与中国交往中，法国开创了许多“第一”（第一个与中国建交、第一个与中国文化交流、第一个国家元首访华、第一个与中国建立伙伴关系、第一个与中国建立战略对话即磋商机制、第一个与中国举办文化年等）。他珍惜、维护和发展法中合作的历史，确认历史和文化交流也是两国外交的重点。第二，他认识到中国，“这是一个强大的国家，并即将成为全球最大的经济体”。中国是法国第二大商品供应国，第八大出口市场。法国可以以外促内，通过加强法中经贸合作促进法国经济的发展，解决法国经济不景气和严重的失业问题。第三，法国的大国平衡外交、务实主义和多边主义外交在法中交往中有广阔的空间。第四，马克龙意识到，法国以欧盟为依托，作为世界强大的一极同中国这一极并存，是机遇也是对手，但机遇和合作大于对手和竞争。他认为："如果我们能够放弃成见，调整做法，中国对我们来说不但不是威胁，反而是机会。"马克龙从地缘政治出发有防范中国的意识，如提出建立"巴黎—新德里—堪培拉轴心"，与日本、印度和澳大利亚开展军事合作等，但在维护《巴黎气候协定》、建设强大欧洲极、环保问题、重大的国际问题上需要与中国合作或者深化两国关系。第五，以前总理拉法兰为首的法国保守派和知华派都支持和促进中法关系。

2017 年 7 月，在德国汉堡 G20 峰会期间，中法两国领导人会晤时表示，要共同维护和进一步发展两国全面战略伙伴关系，在新起点上迈上新台阶。2018 年 1 月 8 日至 10 日，马克龙访华，成为中共召开十九大以来首位访问中国的欧洲国家领导人，这也是他首次亚洲之行。他将中国置于首位，体现对中国的格外重视。马克龙此次访华，走丝路起点，谈文化融合，挺创新经济，送法国骏马，敬一战华工，赞旅法华人。在访华第一天，马克龙力挺"一带一路"，在西安的大明宫发表讲话时提出了"法国 - 欧盟 - 中国联合"（Alliance France-Europe-Chine）的设想。在马克龙访华期间，法中两国发表联合声明，决定在相互信任、互惠互利原则的基础上进一步提升紧密持久的法中全面战略伙伴关系水平。法中两国将加强教育、文化、科学、影视、语言、军事交流领域的合作，推进《中国制造 2025》与法国"未来工业计划"对接，开拓第三方市场合作，探讨"一带一路"具体合作项目，建立法中企业家委员会。法国企业可以在新能源、垃圾处理、养老、旅游、文化等产业扩大中国市场份额，中国投资可以为法国项目提供资金，活跃市场氛围，还能为法国创造就业。两国企业也能在"一带一路"倡议覆盖的国家联手开拓市场。同年 5 月中国外交部长王毅访法和 6 月法国总理菲利普访华，进一步落实两国国家元首共同为新时期法中关系发展做出全面规划。

2019年是中法建交55周年和中国留法勤工俭学运动100周年。正是这一年3月，中国国家主席习近平正式访问法国，受到法方高规格的接待。在会谈中，法中两国元首一致同意，法中要承前启后，继往开来，在新的历史起点上打造更加坚实、稳固、富有活力的法中全面战略伙伴关系。马克龙表示，法中全面战略伙伴关系的基调是合作，法方对法中关系的未来充满信心。法方愿同中方加强航空、航天、核能、农业、金融、科研、汽车制造、养老服务等领域合作，对接法国“未来工业计划”和《中国制造2025》。法方支持大力促进两国教育、文化、体育、旅游以及军事防务方面的交流合作。

大事纪年

公元前 4000 年	新石器时代。
公元前 2000 年	铜器时代。
公元前 600 年	凯尔特人进入高卢。
公元前 275 ~ 260 年	高卢帝国。
公元前 58 年	恺撒远征高卢。
公元前 56 年	高卢沦为罗马行省。
355 年	法兰克人入侵高卢。
476 年	西罗马帝国灭亡。
481 ~ 751 年	墨洛温王朝。
573 年	格雷戈里任图尔主教。撰写《法兰克人史》。
751 ~ 987 年	洛林王朝。
754 ~ 756 年	丕平两次出兵意大利。“丕平献土”。
771 年	查理即位法兰克人国王。“加洛林文艺复兴”。
842 年	“斯特拉斯堡誓言”。
843 年	《凡尔登条约》签订。
987 ~ 1328 年	加佩王朝。
1066 年	诺曼人征服英国。
1095 ~ 1099 年	第一次十字军东征。
1147 ~ 1149 年	第二次十字军东征。
1163 年	巴黎圣母院破土动工。
1179 年	奥古斯特 · 菲利普二世加冕。

1214 年	布汶大捷。
1226 年	圣路易登基。
1231 年	教皇颁布“科学之父”教谕，标志着巴黎大学的正式创立。
1257 年	创建索邦学院。
1285 年	“美男子”菲利普四世登基。
1302 年	第一次三级会议召开。
1309 ~ 1378 年	“阿维尼翁之囚”。
1328 ~ 1589 年	伐卢瓦王朝。
1337 ~ 1453 年	英法百年战争。
1345 年	黑死病流行。
1429 年	贞德解奥尔良之围。
1431 年	贞德在鲁昂被处火刑。
1461 ~ 1483 年	路易十一在位。
1463 年	维庸作《绞刑架之歌》。
1527 年	修建卢浮宫。
1530 年	法兰西学院（Collège de France）建立。
1536 年	加尔文发表《基督教原理》。
1564 年	拉伯雷的《巨人传》全书问世。
1572 年	圣巴托罗缪节大屠杀。
1575 年	博丹发表《论共和制》。
1580 年	蒙田的《随笔集》一、二卷出版。
1589 ~ 1792 年	波旁王朝。
1594 年	亨利四世进入巴黎。
1598 年	南特赦令。
1604 年	法国东印度公司成立。
1635 年	法兰西学院（Académie française）建立。
1636 年	高乃依的《勒·熙德》问世。
1637 年	笛卡儿出版《方法论》。

1643 年	路易十三去世。奥地利的安娜和马扎然掌权。
1648 年	《威斯特伐利亚和约》签订，欧洲三十年战争结束。马扎然创建王家绘画雕塑学院。
1661 年	路易十四亲政。修建凡尔赛宫，成立王家舞蹈研究院。
1664 年	莫里哀的《伪君子》初次上演。
1665 年	柯尔贝任财政总监，推行重商主义政策。
1666 年	皇家科学院成立。
1668 年	《亚琛和约》签订，奥地利王位继承战争结束。
1669 年	创设王家音乐研究院（即今巴黎歌剧院）。
1671 年	成立王家舞蹈学校。
1685 年	法国派遣 5 名耶稣会修士来华，1688 年到达北京。
1715 年	路易十四去世，路易十五即位。
1734 年	伏尔泰的《哲学通信》出版。
1748 年	孟德斯鸠的《法的精神》出版。
1751 年	狄德罗主编的《百科全书》第一卷问世。
1753 年	伏尔泰写成《中国孤儿》，两年后在巴黎上演。
1758 年	舒瓦瑟尔掌权。魁奈发表《经济表》。
1762 年	卢梭发表《社会契约论》。
1763 年	《凡尔赛和约》签订，七年战争结束。
1766 年	洛林归属法国。
1767 年	魁奈的《中国专制制度》出版。
1768 年	科西嘉归属法国。
1774 年	路易十六登基。杜哥执政。
1777 年	拉法耶特前往美洲。内克掌管财政。
1783 年	博马舍的《费加罗的婚礼》公演。孟特格菲兄弟发明热气球。
1789 年	西耶斯的《第三等级是什么?》出版。三级会议开幕。攻陷巴士底狱，法国大革命开始。发

	表《人权宣言》。
1792年	人民起义。废除国王。国民公会开幕。第一共和国成立。
1793年	处死路易十六。开始雅各宾专政。通过1793年宪法。
1794年	罗伯斯庇尔等人被处死。创建巴黎师范学校(巴黎高等师范学院前身)。
1795年	通过共和三年宪法。成立督政府。
1796年	拉普拉斯出版《宇宙体系论》,提出星云学说。巴贝夫被捕,"平等派密谋"失败。
1799年	雾月十八日政变。制定《共和八年宪法》(也称《拿破仑宪法》)。
1800年	斯塔尔夫人发表《论文学》。开办法兰西银行。公民投票表决《共和八年宪法》。
1801年	教务协议。夏多布里昂发表《阿塔丽》。
1802年	拿破仑·波拿巴任法兰西共和国终身执政。
1804年	颁布《民法典》。建立第一帝国。拿破仑加冕称帝。
1814年	拿破仑退位。
1815年	拿破仑"百日王朝"。滑铁卢战役。
1820年	拉马丁发表《诗的沉思》。圣西门发表《实业制度》。
1821年	拿破仑去世。法国第一家铁路公司成立。
1826年	孔德讲授《实证哲学教程》。《费加罗报》创刊。
1827年	雨果发表《〈克伦威尔〉序》。傅里叶发表《经济的和协作的新世界》。
1829年	巴尔扎克发表《人间喜剧》的第一部作品《舒昂党人》。
1830年	七月革命。柏辽兹作《幻想交响曲》。司汤达发表《红与黑》。

1831 年	德拉克鲁瓦创作《自由引导着人民》。
1833 年	通过《基佐教育法》。
1835 年	托克维尔的《论美国的民主》第一卷问世。
1836 年	巴黎凯旋门落成。
1841 年	颁布《劳动保护法》。
1848 年	二月革命。成立第二共和国。路易·拿破仑当选总统。
1851 年	路易·拿破仑政变。
1852 年	建立法兰西第二帝国。
1856 年	托克维尔的《旧制度与大革命》出版。法国参加第二次鸦片战争。
1857 年	波德莱尔发表《恶之花》诗集。福楼拜发表《包法利夫人》。米勒创作《拾穗者》。
1858 年	签订《天津条约》。
1860 年	萨瓦、尼斯归属法国。英法联军焚毁圆明园。修建巴黎排放污水工程。
1863 年	马奈创作《草地上的午餐》和《奥林匹克》。
1867 年	拿破仑三世宣布改革。
1869 年	苏伊士运河通航。
1870～1871 年	普法战争。
1870 年	拿破仑三世向普鲁士投降。推翻帝制，法兰西第三共和国成立。王韬编订《法国志略》。凡尔纳发表《海底两万里》。
1871 年	梯也尔任政府首脑。巴黎公社成立。
1875 年	第三共和国宪法颁布。比才的歌剧《卡门》上演。
1880 年	左拉发表《实验小说论》。工人党成立。
1881 年	《自由集会法》。《新闻出版自由法》。
1883～1885 年	中法战争。
1889 年	第二国际成立大会在巴黎召开。巴黎世界博览

	会举办，埃菲尔铁塔揭幕。
1891 年	法国网球公开赛创办。
1892 年	巴拿马丑闻。
1894 ~ 1899 年	德雷福斯事件。
1895 年	总工会成立。
1896 年	法国人顾拜旦倡议的现代奥林匹克运动会在雅典首次举行。
1898 年	左拉在《震旦报》发表《我控诉》。
1901 年	《结社自由法》。激进党成立。
1902 年	社会党成立。
1903 年	创办环法自行车赛。
1905 年	统一社会党成立。《世俗法》确立了政教分离原则。
1913 年	普鲁斯特发表《追忆似水年华》。
1914 年	饶勒斯被刺。德国向法国宣战。法国总动员。
1918 年	《协约国和参战各国对德和约》签订，该和约简称《凡尔赛条约》。
1920 年	法共成立。
1924 年	布勒东首次发表《超现实主义宣言》。
1928 年	第一艘航空母舰“贝亚恩”号服役。
1936 年	人民阵线赢得议会选举，勃鲁姆组阁。签订《马提翁协定》。
1938 年	《慕尼黑协定》签订。
1939 年	英法相继向德国宣战。
1940 年	敦刻尔克大撤退。德军占领巴黎。戴高乐在伦敦发表《告法国人民书》。
1943 年	萨特发表《存在与虚无》。
1944 年	盟军在诺曼底登陆。巴黎解放。法新社成立。
1945 年	法西斯德国无条件宣布投降。宣布戴高乐就任

临时政府总理。

1946 年 戴高乐辞职，并发表著名的“贝叶演说”。法兰西第四共和国宪法获通过。

1947 年 法共被驱逐出内阁，三党联合破裂。法国接受马歇尔计划。萨尔被并入法国。

1948 年 《布鲁塞尔条约》签订，建立布鲁塞尔条约组织。

1949 年 参与成立北大西洋公约组织。

1950 年 提出“舒曼计划”。

1951 年 签署《欧洲煤钢共同体条约》。

1953 年 400 万工人大罢工，致法国公用事业陷入瘫痪。

1954 年 签署日内瓦会议关于印度支那战争停战协议。戴高乐《战争回忆录》第 1 卷问世。

1956 年 戴高乐《战争回忆录》第 2 卷问世。法英发动苏伊士运河战争。

1958 年 法兰西第五共和国宪法获通过。戴高乐当选第五共和国第一届总统，追寻“大国梦”“强国梦”，并实施纵横捭阖、独立自主外交，反对美国霸权和控制。

1959 年 戴高乐《战争回忆录》第 3 卷问世。戴高乐宣布阿尔及利亚人民享有自决权。颁布由国家控制私立学校财政和人事的《德勃雷法》。

1960 年 发行新法郎。法国在非洲撒哈拉成功进行首次核试验。非洲法属殖民地国家纷纷独立。

1961 年 公民投票通过关于阿尔及利亚自决政策。“克列孟梭”号航空母舰开始服役。

1962 年 法国正式承认阿尔及利亚独立。公民投票通过修改宪法，总统由普选产生。

1963 年 《法德友好合作条约》签订。“福煦”号航空母舰服役。

1964 年	法中建交。
1965 年	戴高乐再次当选总统。法国暂停与共同市场的合作，酿成“空椅子”危机。法国首次成功发射人造卫星。
1966 年	法国宣布退出北约军事一体化机构。
1968 年	法国爆发“五月风暴”。法国第一颗氢弹爆炸成功。
1969 年	戴高乐辞职。蓬皮杜当选第五共和国第三届总统，并实施原则性和灵活性相结合的外交，不反对英国加入欧洲经济共同体。
1970 年	《戴高乐言论书信集》第 1 卷和《希望回忆录》第 1 卷问世。戴高乐逝世。
1971 年	《希望回忆录》第 2 卷（前两章）问世。社会党成立，密特朗当选社会党第一书记。
1972 年	法共和社会党签署共同执政纲领，结为左翼联盟。极右翼政党国民阵线成立。
1973 年	首届法非首脑会议在巴黎举行。
1974 年	吉斯卡尔·德斯坦当选第五共和国第四届总统，并实施“世界主义”外交。希拉克当选为共和国民主人士联盟总书记。
1975 年	法国倡议召开的西方主要工业国家首脑会议在巴黎举行。
1976 年	共和国民主人士联盟更名为保卫共和联盟。
1978 年	左翼联盟破裂。法国民主联盟成立。
1981 年	密特朗当选第五共和国第五届总统，法共进入政府，推行扩大国有化等政策，并实施新现实主义外交。废除死刑法案获得通过。颁布《关于市镇、省和大区的权力和自主权的法令》。
1982 年	颁布国有化法案。法国已掌握制造中子弹技术。法德加强防务和安全的合作。

1983年	法国以间谍罪驱逐47名苏联外交官、记者和侨民。
1985年	巴黎毕加索博物馆开放。发起“尤里卡计划”。
1986年	第一次“左右共治”。签订《申根协定》。首届法语国家首脑会议在巴黎举行。
1987年	《单一欧洲文件》正式生效。“法德混合旅”成立。
1988年	制定《政治生活资金透明法》，建立高官和民选代表的财产申报制度。
1989年	法国隆重举行纪念大革命200周年活动。
1991年	迪马外长访华，标志着中法关系正常化。
1992年	全民公决批准《马斯特里赫特条约》。参加《不扩散核武器条约》。
1993年	第二次“左右共治”。
1994年	法英海底隧道开通。
1995年	希拉克当选第五共和国第七届总统，并实施更加务实的外交。铁路职工大罢工酿成法国社会危机。“法国社会模式”大讨论。
1996年	签署《全面禁止核试验条约》。制定《1997～2002年军事纲领法》，用6年时间完成军队职业化。颁布《新兵役法》，实行募兵制。
1997年	希拉克总统访华，发表《法中联合声明》，建立全面伙伴关系。第三次“左右共治”。社会党第71次全国代表大会通过决议，全国第一书记和省联合会第一书记由直选产生。
1998年	批准《全面禁止核试验条约》。法国国家足球队夺得足球世界杯冠军。
2000年	全民公决决定总统任期由7年改为5年。实行35小时工作制。各级选举女性候选人必须占一半的法案获得通过。

2001 年　法中签署互设文化中心互办文化年的《会谈纪要》。核动力航空母舰“戴高乐”号投入使用。

2002 年　希拉克连任总统。欧元开始流通，法郎退出历史舞台。勒庞在总统选举第一轮投票中领先进入第二轮，造成法国政治大地震。保卫共和联盟改名为人民运动联盟。

2003 年　法国最后一个煤矿关闭。

2004 年　《公立学校内禁止佩戴明显宗教标志法案》获得通过。“法国衰落”大讨论。

2005 年　《环境宪章》获议会通过。全民公决否决《欧洲宪法条约》。巴黎北郊两名移民男孩在躲避警察时不幸触电身亡，引发巴黎和全国的青少年的抗议和骚动，法国政府宣布全国进入紧急状态。第一所孔子学院建立。

2006 年　议会通过《移民与社会融入法》，实施选择性移民政策。法国首次庆祝废除奴隶制 158 周年。制定“出口中国”计划，支持法国企业进入中国市场。

2007 年　萨科齐当选为第五共和国第九届总统，实施真正现实主义外交。法国加入《东南亚友好合作条约》。议会通过宪法修正案，加入取消死刑的条款。巴黎 - 斯特拉斯堡线高铁创造每小时 574.8 公里破纪录的速度。颁布《大学自由与责任法》，规定按照 LMD 学制（学士、硕士、博士）使法国大学文凭与欧洲高等院校通用文凭同步，采用欧洲学分积累和转换体系。

2008 年　修改宪法，限制总统权力和扩大议会权力。受金融危机袭击，法国出台 3600 亿欧元金融援助方案。法国与阿联酋达成协议，将在阿布扎比建立永久性海军基地。法国核弹头数量减至

	300 枚以下。“地中海联盟”计划启动。
2009 年	议会通过法重返北约军事一体化机构的决定。
2010 年	启动第一轮未来投资计划。成立特别反恐部门，应对以核能、放射物质、生物及化学手段对社会构成威胁的恐怖事件。法英签署防务合作协议。
2011 年	法承认利比亚反对派成立的“全国委员会”，成为首个承认该委员会的国家。法国向卡扎菲的地面部队发动空袭。联合国和法国军队联合对科特迪瓦前总统巴博阵营采取武装行动。左翼政党在参议院选举中获得过半数席位，在第五共和国历史上第一次成为参议院多数派。
2012 年	奥朗德当选第五共和国第十届总统。颁布《政府成员职业道德宪章》。社会党新党章规定，中央到地方各级党首、党的总统候选人和党的地方行政长官由党员直选产生。其他左翼政党和右翼政党纷纷效仿。奥朗德以“法兰西共和国”名义对 1961 年和平示威的阿尔及利亚裔民众遭“血腥镇压”表示道歉和对遇害者表示敬意。奥朗德实施稳健和务实的外交。法国提出《欧洲增长契约》。
2013 年	推出“简政手续猛药疗法”。宣布实施“新工业法国计划”。发布第四版《国防与国家安全白皮书》。通过《2014～2019 年军事规划法》。颁布《重建共和国基础教育规划法案》，重建教育公平。颁布《同性恋婚姻及其收养子女法案》。奥朗德访华。法中发表联合新闻公报。
2014 年	通过“可弹劾总统”法案。通过《男女实际平等法》。通过《地方行政组织改革法》，将法国本土 22 个大区合并为 13 个大区。教育改革，

强调“就近入学”方针。欧洲议会选举中国民阵线得票率跃居群党之首。纪念法中建交50周年。

2015 年 《马克龙法案》获得通过。颁布第二期“新工业法国计划”。发布《国家高等教育发展战略》。发生一系列恐怖袭击事件，全国进入紧急状态。举办巴黎气候变化大会并获得成功。大区选举中国民阵线强势崛起。人民运动联盟更名为共和党。宣布加入亚洲基础设施投资银行。重启欧盟—地中海联盟项目。

2016 年 简化《劳动法典》。议会通过“为所有遭镇压的1871年巴黎公社社员平反”决议。议会通过反腐败的《萨班法Ⅱ》（即《提高经济生活透明法》）。前进党成立。

2017 年 马克龙当选第五共和国第十一届总统。前进党更名为共和国前进党，赢得立法选举胜利，成为第一大党。法国 PIB 增长 2.2%，法国经济走出低谷。深化《劳动法典》改革。推行“创新经济发展模式”。马克龙实施积极和务实外交，推行防恐反恐绝对优先，重启欧洲一体化，实施新型多边主义，保持大国平衡。“同一个地球”峰会召开，捍卫巴黎气候变化协定。

2018 年 马克龙访华，两国共同发表了联合声明。马克龙呼吁建立“新全球契约”。马克龙提出建设“21世纪新型福利国家”。出台《2019～2025年军事规划法》。国民阵线更名为国民联盟。法国海外领地新喀里多尼亚于11月4日举行独立公投，56.4%的选民希望继续留在法国版图内。爆发“黄马甲”运动。

2019年　法德签署《亚琛条约》。法国国民议会和德国联邦议会创立“法德联合议会”。举行全国大讨论，化“黄马甲”运动的愤怒为解决方案。中法建交55周年和中国留法勤工俭学运动100周年之际，中国国家主席习近平访法。巴黎圣母院发生火灾。欧洲议会选举，国民联盟继续保持优势，共和国前进党取得进展，欧洲生态－绿党上升为第三大政治力量，共和党和社会党严重受挫。

参考文献

一　中文参考文献

中国人民大学法律系编著《中外宪法选编》，人民出版社，1982。

皮埃尔·米盖尔：《法国史》，商务印书馆，1985。

阿尔贝·索布尔：《法国大革命史》，中国社会科学出版社，1989。

维·彼·沃尔金：《十八世纪法国社会思想的发展》，商务印书馆，1983。

皮埃尔·特鲁仕主编《法国司法制度》，北京大学出版社，2012。

卢梭：《社会契约论》，商务印书馆，2003。

卢梭：《爱弥儿》第四卷，商务印书馆，1978。

孟德斯鸠：《论法的精神》上下册，商务印书馆，1987。

《潘恩选集》，商务印书馆，1982。

戴高乐：《希望回忆录》第一卷，国际关系研究所编译，上海人民出版社，1973。

《戴高乐言论集》，世界知识出版社，1964。

戴高乐：《战争回忆录·召唤》，世界知识出版社，1959。

戴高乐：《战争回忆录·团结》，世界知识出版社，1965。

戴高乐：《战争回忆录·拯救》，世界知识出版社，1964。

托克维尔：《旧制度与大革命》，商务印书馆，1996。

托克维尔：《论美国的民主》上下卷，商务印书馆，1988。

雅克·夏普萨尔等：《1940 年以来的法国政治生活》，上海译文出版社，1981。

米歇尔·克罗齐埃:《被封锁的社会》，商务印书馆，1989。

阿兰·佩雷菲特:《官僚主义的弊害》，商务印书馆，1981。

胡伟、H. 孟德拉斯、M. 威莱特主编:《当代法国社会学》，生活·读书·新知三联书店，1988。

马克·布洛赫:《法国农村史》，商务印书馆，2003。

亨利·孟德拉斯:《农民的终结》，社会科学文献出版社，2005。

雷吉娜·佩尔努:《法国资产阶级史》上下册，上海译文出版社，1991。

费迪南·布伦蒂埃等:《批判知识分子的批判》，中国社会科学出版社，2007。

米歇尔·阿尔贝尔:《资本主义反对资本主义》，社会科学文献出版社，1999。

丹尼尔·贝尔:《后工业社会的来临》，商务印书馆，1984。

洛朗·若弗兰:《1968 年 5 月——法国的“文化大革命”》，长江文艺出版社，2004。

让-多米尼克·拉费、雅克·勒卡莱:《混合经济》，商务印书馆，1995。

克洛德·芒塞隆、贝纳尔·潘戈:《密特朗传》，新华出版社，1984。

密特朗:《此时此地》，商务印书馆，1982。

蓬皮杜:《恢复事实真相》，世界知识出版社，1984。

吉斯卡尔·德斯坦:《法兰西民主》，商务印书馆，1982。

尼古拉·萨科齐:《见证——萨科齐自述》，上海辞书出版社，2007。

弗朗索瓦·奥朗德:《改变命运——奥朗德自述》，译林出版社，2013。

埃马纽埃尔·马克龙:《变革》，四川人民出版社，2018。

卡龙:《现代法国经济史》，商务印书馆，1991。

费尔南·布罗代尔主编:《法国经济与社会史（50 年代至今）》，复旦大学出版社，1990。

让·卢日金内、皮埃尔·库尔-萨利、米歇尔·瓦卡卢利斯:《新阶级斗争》，社会科学文献出版社，2009。

让·鲍德里亚:《消费社会》，南京大学出版社，2008。

尼古拉·埃尔潘：《消费社会学》，社会科学文献出版社，2005。

约翰·肯尼思·加尔布雷斯：《富裕社会》，江苏人民出版社，2009。

凡勃伦：《有闲阶级论》，商务印书馆，2002。

西奥多·泽尔丁：《法国人》，上海译文出版社，1989。

北京大学哲学系编译《十八世纪法国哲学》，商务印书馆，1963。

诺曼·戴维斯：《欧洲史》，世界知识出版社，2007。

张芝联主编《法国通史》，北京大学出版社，1988。

吴国庆：《当代法国政治制度研究》，社会科学文献出版社，1993。

吴国庆：《法国政党和政党制度》，社会科学文献出版社，2008。

吴国庆：《法国“新社会”剖析》，社会科学文献出版社，2010。

吴国庆：《战后法国政治史（1945~1988）》（第一版），社会科学文献出版社，1990。

吴国庆：《战后法国政治史（1945~2002）》（第二版），社会科学文献出版社，2004。

吴国庆：《法国政治史（1958~2012）》（第三版），社会科学文献出版社，2014。

吴国庆：《法国政治史（1958~2017）》（第四版），社会科学文献出版社，2018。

吴国庆：《列国志·法国》（第一版），社会科学文献出版社，2003。

吴国庆：《列国志·法国》（第二版），社会科学文献出版社，2011。

吴国庆：《列国志·法国》（第三版），社会科学文献出版社，2014。

米歇尔·米绍、张杰、邹欢主编《法国城市规划40年》，社会科学文献出版社，2007。

孙蕙双译：《欧洲第一公民：让·莫奈回忆录》，成都出版社，1993。

李巍、王学玉编《欧洲一体化理论与历史文献选读》，山东人民出版社，2001。

瞿葆奎主编、张人杰选编《法国教育改革》，人民教育出版社，1994。

张锡昌、周剑卿：《战后法国外交史（1944~1992年）》，世界知识出版社，1993。

罗芃、冯棠、孟华:《法国文化史》，北京大学出版社，1997。

军事科学院:《世界军事年鉴》，解放军出版社。

中国驻法国大使馆教育处、旅法教育研究者协会:《法国教育通讯》2018 年第 5 期（总第 5 期）。

二　外文参考文献

Jacques Fauvet, *La Ⅳ République*, Fayard, 1959.

Jean-Jacques Becker, *Histoire politique de la France depuis* 1945, Armand Colin, 2011.

Jean-Jacques Becker, *Crises et alternances* (1974 - 2000), Édition du Seuil, 2002.

Jacques Fauvet, *La Ⅳ République*, Fayard, 1959.

Christophe Verneuil, *Histoire politique de la France* (1914 - 2007), Ellipses, 2007.

Éric Duhamel, Olivier Forcade, *Histoire et vie politique en France depuis* 1945, Paris, Nathan, 2001.

Roger Faligot et Jean Guisnel, *Histoire secrète de la* Ⅴ*e République*, La Découverte,

Paris, 2006.

Alain Touraine, *La sociét Post-industrielle*, Paris, Denoël-Gonthier, 1969.

Eric Maurin, *L'égalité des possibles: la nouvelle société française*, Seuil, Paris, 2002.

Pierre Bréchon, *Les partis politiques français*, La Documentation Française, 2002.

Henri Mendras, *La seconde révolution française* 1965 - 1984, Gallimard, 1994.

Louis Dirn, *La société française en tendance* 1975 - 1995, PUF, 1998.

Sous la direction de Olivier Galland et Yannick Lemel, *La nouvelle société française—Trente années de mutation*, Armand Colin, Paris, 1998.

Ralph Schor, *Histoire de la société française au* XX*e siècle*, Belin, 2004.

Yves Crozet, Dominique Bolliet, François Faure, Jean Fleury, *Les grandes questions de la société française*, Nathan, 2000.

Jean-Michel Berthelot, *La sociologie française contemporaine*, PUF, 2000.

Tableaux de L'Économie Française (1975 – 2018), INSEE.

Les revenues et le patrimoine des ménages (2014 – 2018), INSEE.

Emploi et Salaires (2014 – 2018), INSEE.

Trente ans de vie économique et sociale, INSEE, 2014.

La France dans l'Union européenne, INSEE, 2014.

L'État de la France, Édition La Découverte.

三　主要网站

https://www.elysee.fr/

https://www.legifrance.gouv.fr/

https://www.gouvernement.fr/

https://www.data.gouv.fr/

https://www.interieur.gouv.fr/

https://www.defense.gouv.fr/

http://www.justice.gouv.fr/

https://www.diplomatie.gouv.fr/

http://www.culture.gouv.fr/

https://www.education.gouv.fr/

https://travail-emploi.gouv.fr/

https://www.collectivites-locales.gouv.fr/

https://www.assemblee-nationale.fr/

https://www.senat.fr/

https://www.insee.fr/

索　引

新版《列国志》总书目

亚洲

阿富汗
阿拉伯联合酋长国
阿曼
阿塞拜疆
巴基斯坦
巴勒斯坦
巴林
不丹
朝鲜
东帝汶
菲律宾
格鲁吉亚
哈萨克斯坦
韩国
吉尔吉斯斯坦
柬埔寨
卡塔尔
科威特
老挝
黎巴嫩
马尔代夫
马来西亚
蒙古国
孟加拉国
缅甸
尼泊尔
日本
沙特阿拉伯
斯里兰卡
塔吉克斯坦
泰国
土耳其
土库曼斯坦
文莱
乌兹别克斯坦
新加坡
叙利亚
亚美尼亚
也门
伊拉克
伊朗
以色列
印度
印度尼西亚
约旦
越南

非洲

阿尔及利亚
埃及
埃塞俄比亚
安哥拉
贝宁
博茨瓦纳
布基纳法索
布隆迪
赤道几内亚
多哥
厄立特里亚
佛得角
冈比亚
刚果
刚果民主共和国
吉布提
几内亚
几内亚比绍
加纳
加蓬
津巴布韦
喀麦隆
科摩罗
科特迪瓦
肯尼亚
莱索托
利比里亚
利比亚
卢旺达
马达加斯加
马拉维
马里
毛里求斯
毛里塔尼亚
摩洛哥
莫桑比克
纳米比亚
南非
南苏丹
尼日尔
尼日利亚
塞拉利昂
塞内加尔
塞舌尔
圣多美和普林西比
斯威士兰
苏丹
索马里
坦桑尼亚
突尼斯
乌干达
赞比亚
乍得
中非

欧洲

阿尔巴尼亚
爱尔兰
爱沙尼亚
安道尔

美洲

尼加拉瓜
萨尔瓦多
圣基茨和尼维斯
圣卢西亚
圣文森特和格林纳丁斯
苏里南
特立尼达和多巴哥
危地马拉
委内瑞拉
乌拉圭
牙买加
智利

大洋洲

澳大利亚
巴布亚新几内亚
斐济
基里巴斯
库克群岛
马绍尔群岛
密克罗尼西亚
瑙鲁
纽埃
帕劳
萨摩亚
所罗门群岛
汤加
图瓦卢
瓦努阿图
新西兰

国别区域与全球治理数据平台

www.crggcn.com

“国别区域与全球治理数据平台”（Countries，Regions and Global Governance，CRGG）是社会科学文献出版社重点打造的学术型数字产品，对接国别区域这一重点新兴学科，围绕国别研究、区域研究、国际组织、全球智库等领域，全方位整合基础信息、一手资料、科研成果，文献量达30余万篇。该产品已建设成为国别区域与全球治理数据资源与研究成果整合发布平台，可提供包括资源获取、科研技术服务、成果发布与传播等在内的多层次、全方位的学术服务。

从国别区域和全球治理研究角度出发，“国别区域与全球治理数据平台”下设国别研究数据库、区域研究数据库、国际组织数据库、全球智库数据库、学术专题数据库和学术资讯数据库6大数据库。在资源类型方面，除专题图书、智库报告和学术论文外，平台还包括数据图表、档案文件和学术资讯。在文献检索方面，平台支持全文检索、高级检索，并可按照相关度和出版时间进行排序。

“国别区域与全球治理数据平台”应用广泛。针对高校及国别区域科研机构，平台可提供专业的知识服务，通过丰富的研究参考资料和学术服务推动国别区域研究的学科建设与发展，提升智库学术科研及政策建言能力；针对政府及外事机构，平台可提供资政参考，为相关国际事务决策提供理论依据与资讯支持，切实服务国家对外战略。

数据库体验卡服务指南

※100元数据库体验卡，可在“国别区域与全球治理数据平台”充值和使用

充值卡使用说明：

第1步 刮开附赠充值卡的涂层；

第2步 登录国别区域与全球治理数据平台（www.crggcn.com），注册账号；

第3步 登录并进入“会员中心”→“在线充值”→“充值卡充值”，充值成功后即可使用。

声明

最终解释权归社会科学文献出版社所有

客服QQ：671079496

客服邮箱：crgg@ssap.cn

欢迎登录社会科学文献出版社官网（www.ssap.com.cn）和国别区域与全球治理数据平台（www.crggcn.com）了解更多信息

图书在版编目（CIP）数据

法国 / 吴国庆著. --4 版. --北京：社会科学文献出版社，2019.7（2021.5 重印）

（列国志：新版）

ISBN 978 -7 -5201 -4990 -7

Ⅰ.①法… Ⅱ.①吴… Ⅲ.①法国-概况 Ⅳ.①K956.5

中国版本图书馆 CIP 数据核字（2019）第 104872 号

·列国志（新版）·

法国（France）

著　　者 / 吴国庆

出 版 人 / 王利民

责任编辑 / 邓　翃

出　　版 / 社会科学文献出版社 · 国别区域分社（010）59367078

地址：北京市北三环中路甲 29 号院华龙大厦　邮编：100029

网址：www.ssap.com.cn

发　　行 / 市场营销中心（010）59367081　59367083

印　　装 / 北京玺诚印务有限公司

规　　格 / 开　本：787mm × 1092mm　1/16

印　张：38.75　插　页：1　字　数：582 千字

版　　次 / 2019 年 7 月第 4 版　2021 年 5 月第 2 次印刷

书　　号 / ISBN 978 -7 -5201 -4990 -7

定　　价 / 98.00 元